MW01709862

LES DIEUX DU BOUDDHISME

Guide iconographique

Louis Frédéric

LES DIEUX DU BOUDDHISME

Guide iconographique

Flammarion

TRAN NGUYEN-HAU
667 RUE CARIGNAN
LONGUEUIL, QUEBEC
J4L 2R3 CANADA

Chez le même éditeur :

La Bible et les saints. Guide iconographique
par Gaston Duchet-Suchaux et Michel Pastoureau

À paraître :
Dieux et héros antiques. Guide iconographique
par Irène Aghion, Claire Barbillon et François Lissarrague

Illustrations de la couverture : photo R.M.N.
Planches XIX *et* XXIV *: documents Shimizu*

© Flammarion, Paris, 1992
ISBN: 2-08-011741-6

SOMMAIRE

Avant-propos	7
Introduction	9
Généralités	13

I ÉVOLUTION DES REPRÉSENTATIONS BOUDDHIQUES 17
En Inde et à Ceylan, 18
En Asie du Sud-Est, 20
Au Tibet et au Nepâl, 23
En Chine et en Corée, 24
Au Japon, 26

II GÉNÉRALITÉS ICONOGRAPHIQUES 29
Les diagrammes (mandala), 30
Les gestes symboliques (mudrâ), 35
Les postures de divinités, 48
Les sièges des divinités, 54
Les auréoles des divinités, 57
Les attributs et accessoires (lakshana), 58
Les accessoires du culte, 69

III LE BOUDDHA ET LES GRANDS BOUDDHA 73
Le Bouddha historique, 77
Les Bouddha de vénération (Jina), 107
Les Bouddha du passé, 128
Le Bouddha du futur, Maitreya, 130

IV LES GRANDS BOUDDHA DE SAGESSE ET L'ÂDI-BUDDHA 133
Les Cinq Grands Bouddha de sagesse, 134
Mahâvairochana, 137
Akshobhya, 142
Ratnasambhava, 144
Amitâbha, 145
Amoghasiddhi, 145
L'Âdhi-Buddha, 146

V LES BODHISATTVA DE COMPASSION 149
Avalokiteshvara, 153
Divinités « donneuses d'enfants », 179

VI LES BODHISATTVA ORDINAIRES 181
Mañjushrî, 182
Samantabhadra, 187
Akâshagarbha, 188
Kshitigarbha, 190
Yaku-ô et Yakujô Bosatsu, 196
Sarvanîvaranavishkambhin, 196
Mahâpratisarâ, 197
Simhanâda, 197

VII LES ROIS DE SCIENCE MAGIQUE 199
Achalanâtha, 201
Trailokyavijaya, 206
Kuñdalî, 207
Yamântaka, 208
Vajrayaksha (Vajrapâni), 209
Râgavidyârâja, 211
Les autres Vidyârâja, 212

VIII LES DIVINITÉS FÉMININES 217
Les Târâ, 218
Prajñâpâramitâ, 221
Sarasvatî, 222
Vasudhârâ, 225
Mârîchî (Vajravarâhî), 227
Divinités féminines mineures, 227
Les groupes de divinités féminines, 229

IX DÉFENSEURS ET GARDIENS DE LA LOI BOUDDHIQUE 233
Les Dharmapâla, 234
Les rois-gardiens, 241
Les Ni-ô, 247
Les animaux-gardiens, 249

X LES GROUPES DE DIVINITÉS 251
Les dix rois des enfers, 252
Les cinq grands rois, 255
Les Yi-dam, 256
Les Deva, 258
Divinités mineures et syncrétiques, 269

XI ÊTRES DIVINS ET PERSONNAGES HISTORIQUES DIVINISÉS 275
Les protecteurs du monde, 276
Les divinités astrales, 282
Les personnages historiques, 283
Les lamas tibétains, 284
Shôtoku Taishi, 286
Autres personnages religieux, 287

Table de caractères japonais 289
Correspondances sanskrit-japonais 297
Notes 301
Bibliographie 344
Index général 351

AVANT-PROPOS

« Maintenant s'ouvre le magasin des paroles mystiques
Où les trésors cachés viennent tous au jour,
Où toutes les vertus et les puissances se concrétisent.
Les Bouddha dans les innombrables royaumes bouddhiques
Ne sont pas autre chose que l'Unique Bouddha au fond de notre âme ;
Et les lotus d'or, aussi nombreux que les gouttes d'eau de l'océan,
C'est notre corps. »

Kôbô Daishi (774-835)

Cet ouvrage a pour but principal de décrire la plupart des divinités du bouddhisme qui ont fait l'objet de représentations en Inde, à Ceylan, en Asie du Sud-Est, au Tibet, en Chine, en Corée et au Japon, et de faciliter leur identification. Tâche à première vue difficile, en raison de leur nombre et de leur organisation au sein d'un panthéon touffu et quelque peu déroutant pour le lecteur ou l'amateur d'art occidental. Donner une liste de ces divinités par ordre alphabétique n'aurait pas été d'une grande utilité, les noms de ces divinités n'étant pas familiers à la plupart d'entre nous. Aussi avons-nous préféré les présenter selon l'ordre traditionnel bouddhique qui les classe en groupes selon leur importance. Un index final permettra cependant de retrouver aisément telle ou telle divinité dans l'arborescence des représentations.

Chaque divinité est donc décrite ici sous ses noms traditionnels (avec leurs transcriptions dans les différentes langues asiatiques) et sous ses divers aspects religieux, populaires ou locaux. Suit une sorte d'historique des représentations ainsi que leur signification religieuse, les rites de vénération qui leur sont attachés et les légendes les concernant. Pour chaque grande divinité, on a tenté de décrire ses aspects divers ainsi que les personnages divins qui lui sont rattachés. De très nombreuses notes permettront au lecteur curieux d'approfondir ses connaissances de se reporter, si besoin est, à des ouvrages particuliers. Dans ces notes, nous avons donné, lorsque cela nous était possible, la localisation des peintures, gravures et sculptures des divinités décrites, dans des musées ou des temples.

Les premiers chapitres sont consacrés à une brève histoire du bouddhisme et à l'évolution de ses manifestations artistiques dans tous les pays concernés ainsi qu'à la description des « accessoires » particuliers aux divinités bouddhiques, comme les postures (âsana), les mouvements des mains (mudrâ), les sièges, les auréoles, attributs, etc., qui souvent permettent une identification précise. Chacun des chapitres suivants est consacré à un groupe de divinités, le Bouddha et les bouddha, les Bodhisattva, les « rois de Science magique », les dieux ordinaires, etc.

En ce qui concerne les divinités du lamaïsme tibétain, une forme tout à fait particulière du bouddhisme, nous n'avons ici décrit que les principales. Une iconographie du bouddhisme tibétain demanderait en effet un volume à elle seule, tant le sujet est complexe et foisonnant. Le lecteur pourra néanmoins, si le sujet l'intéresse plus particulièrement, se référer aux ouvrages cités dans la bibliographie générale.

En fin de volume, on voudra bien trouver, outre une bibliographie succincte, des tables de correspondance des noms de divinités (sanskrit, japonais, chinois) avec leurs caractères idéographiques, ainsi qu'un index général destiné à faciliter les recherches dans le corpus de l'ouvrage.

La présentation logique des divinités du bouddhisme posait de nombreux problèmes, lesquels ne sont pas encore tous résolus, mais il nous a semblé utile d'exposer dans toute sa complexité le panthéon bouddhique « international » afin que le lecteur puisse plus facilement se retrouver dans son arborescence et mieux comprendre la raison d'être de divinités qui sont vénérées dans une grande partie du monde asiatique.

INTRODUCTION

Si, selon une idée judéo-chrétienne, la Divinité a créé l'homme à son image, celui-ci, en tout temps et en tout lieu, a cherché à retrouver l'image de cette Divinité. Parfois unique, mais vue de différentes manières, parfois multiple dans ses manifestations comme dans son essence. Les divinités ainsi créées par les hommes (ou dont l'image s'est imposée à eux, par intuition ou par révélation) ont pu être impersonnelles, abstraites – ou encore des idoles, des fétiches, des supports, des symboles –, très frustes ou au contraire très évoluées. Dans la majorité des cas, l'idée même de la Divinité a fait l'objet de représentations, concrètes ou symboliques. Ces représentations sont extrêmement nombreuses. Le même Dieu (ou la même Divinité) fut représenté de diverses façons selon les pays et les époques. Ces formes innombrables ont été conçues pour illustrer des mythologies, des concepts philosophiques, métaphysiques ou même sociaux, et leurs représentations ont, à leur tour, donné naissance à d'autres mythes, d'autres croyances : il y eut sans cesse, à travers âges et pays, interaction entre l'idée que les hommes se faisaient de la Divinité et les représentations qu'ils en donnaient. Comprendre les raisons d'être de ces dieux ou divinités, de leurs représentations et de l'évolution de ces dernières, c'est pénétrer plus avant dans la mythologie des peuples, et, par là même, mieux comprendre la psychologie de l'être humain. Car en définitive, on ne peut concevoir (même si cela existe) de Divinité sans l'être humain.

L'ouvrage que nous présentons ici est consacré aux divinités du bouddhisme, des bouddhismes, devrait-on dire, tant les philosophies comme les formes de représentation de ses divinités sont différentes suivant les régions, Inde, Sud-Est asiatique, Tibet et Mongolie, Chine, Corée ou Japon. Il a donc pour but essentiel de décrire les divinités des panthéons bouddhiques, leurs raisons d'être comme leurs différences, de donner une idée de leur origine, leur appartenance, leur signification, de signaler les variations des formes iconographiques qu'elles ont prises au cours des siècles ou selon les doctrines et les pays, et enfin de fournir des informations sur les représentations de celles qui ont donné lieu à des manifestations artistiques, soit en sculpture, soit en gravure ou en peinture.

Il est bien évident qu'il ne saurait être question de présenter ici, dans leur complexité, toutes les divinités du bouddhisme. Beaucoup de celles-ci sont toujours demeurées théoriques, seulement décrites dans les innombrables *sûtra* ou écritures canoniques, et n'ont jamais fait l'objet d'une représentation ou même d'un culte. Nous avons donc délibérément laissé de côté ces divinités théoriques pour ne décrire que celles qui ont fait (ou font encore de nos jours) l'objet d'une vénération, ou dont le souvenir demeure encore dans l'esprit des hommes. Nous avons distingué dans cet ouvrage trois sortes de bouddhismes : celui des écoles du Sud, qui prolonge la tradition des écoles anciennes, et dont les diverses sectes ont évolué en Inde, à Ceylan et dans les pays du Sud-Est asiatique ; le bouddhisme « lamaïque » et tantrique, plus particulier au Nepâl, au Tibet et à la Mongolie ; enfin le bouddhisme du Nord, qui se développa principalement en Chine, en Corée, au Japon et au Viêt-nam.

En ce qui concerne le bouddhisme du Nord, nous avons plus particulièrement mis l'accent sur le bouddhisme japonais. Le Japon, en effet, nous paraît être une sorte de « conservatoire » de toutes les traditions bouddhiques aujourd'hui perdues en Chine ou ailleurs. À ce titre, il garde intactes de nombreuses formes iconographiques qui depuis longtemps ont disparu des autres pays. De plus, les sectes « ésotériques » de ce pays ont représenté de très nombreuses divinités qui ne furent jamais (ou presque) l'objet d'un culte ou de représentation dans les autres régions de l'Asie. Le bouddhisme japonais concentra donc une grande partie de notre attention, et nous nous sommes attachés à en décrire les formes en détail, dans le cadre général du bouddhisme du Nord.

Afin de bien replacer toutes les divinités du panthéon bouddhique dans leur contexte historique ou artistique, nous avons fait précéder leur description de brèves histoires de l'évolution des sectes bouddhiques dans les divers pays où elles prospérèrent. Avant de passer aux descriptions des divinités elles-mêmes, nous avons consacré quelques pages aux accessoires des représentations de ces divinités, tels que positions du corps, mouvements des mains (*mudrâ*), sièges et attributs divers, afin que le lecteur puisse plus aisément se retrouver dans la forêt des symboles caractérisant ces divinités.

Un appendice comportera pour chaque chapitre tout l'appareil scientifique de notes, explications, localisation des principales œuvres artistiques ; à la fin, une bibliographie et des index, indispensables à un tel ouvrage, devront permettre au lecteur curieux d'approfondir ses connaissances s'il le désire.

Les noms des divinités bouddhiques ainsi que ceux des ouvrages religieux étant pour la plupart tirés des sources indiennes et variant selon les langues ou les pays, il nous a paru indispensable de joindre un index multilingue, afin de faciliter les recherches à l'intérieur de l'ouvrage.

Les illustrations au trait ont, pour la plupart, été tirées d'un ouvrage japonais sur les divinités du bouddhisme, le *Butsuzô-zu-i*, édité en gravure sur bois au XVIIe siècle. Elles nous parurent en effet utiles à plus d'un titre car elles décrivent en quelques traits simples les divinités dans leurs formes communes à toutes les sectes du bouddhisme du Nord ; elles indiquent en caractères sino-japonais le nom de cette divinité ; enfin elles donnent, en japonais, quelques explications. De plus, sur ces gravures sont indiqués les *bîja* correspondant à ces divinités. Ces gravures sur bois ont, pour la plupart des divinités anciennes, été dessinées d'après des mandala chinois. Elles représentent donc bien la plupart des formes iconographiques que nous décrivons ici.

Nous aimerions que cette étude (qui doit beaucoup, l'auteur se plaît à le reconnaître, aux auteurs cités dans la bibliographie et dans les notes) permette au lecteur de faire des distinctions parmi toutes les divinités du panthéon bouddhique et de mieux comprendre leur raison d'être, leur organisation et les cultes qui leur sont attachés. Le bouddhisme, en effet, est une des religions majeures du monde. Il a modelé l'esprit et les sentiments, apporté des philosophies et des métaphysiques à toute l'Asie, à une époque ou à une autre, à des degrés divers. Et des centaines de millions d'hommes lui sont redevables de la civilisation dans laquelle ils vivent. Bien qu'il ait disparu de certains pays d'Asie, qu'il soit en régression devant les idées modernes dans d'autres, il n'en fut pas moins, pendant plus de deux mille ans, l'esprit même des peuples asiatiques. Dans notre effort de compréhension de ceux-ci, c'est un fait à ne pas oublier. De même, les formes artistiques, architecturales, sculpturales ou picturales qu'il engendra constituent encore la majorité des œuvres d'art de la plupart des pays d'Asie. À ces titres, le bouddhisme dans son ensemble est un fait culturel extrêmement important qu'il est nécessaire de bien connaître.

Nous espérons que cet ouvrage contribuera à la diffusion de la connaissance et à l'appréciation de la pensée bouddhique, en permettant au lecteur de pénétrer plus avant dans une des formes essentielles de la pensée asiatique.

C'est ici pour moi un agréable devoir que celui de remercier mes maîtres et amis qui, nombreux, ont bien voulu s'intéresser à mon projet depuis le début et qui, par leurs encouragements, leurs suggestions et leurs remarques, ont permis à cet ouvrage d'être plus qu'un simple catalogue. À ce titre nous aimerions remercier plus particulièrement M. le Professeur Paul Lévy, qui fut mon directeur à l'École pratique des hautes études, M. Bernard Frank, professeur au Collège de France, qui jamais ne ménagea sa peine en dirigeant avec compétence et gentillesse mes recherches, et surtout M. André Bareau, professeur au Collège de France, qui a bien voulu relire entièrement cet ouvrage et y apporter de nombreuses corrections et précisions.

Ma gratitude va également à M.Ôtani Chôjun, religieux bouddhiste japonais et professeur à Kyôto, ainsi qu'aux nombreux amis qui m'ont soutenu tout au long de l'élaboration du manuscrit de ce livre.

Louis Frédéric
(Tôkyô-Paris, 1989)

Note sur les transcriptions

Dans cet ouvrage nous avons utilisé diverses transcriptions des noms et mots d'origine asiatique, ce qui nous a amené à modifier quelque peu les transcriptions dites « scientifiques » afin que le lecteur ne soit pas dérouté par leur aspect rébarbatif. Notons qu'en général, les voyelles longues sont indiquées par un accent circonflexe, comme en français dans « âme » ou « pôle ».

En **sanskrit**, nous avons conservé la forme universellement acceptée, en supprimant toutefois les signes diacritiques. Les sanskritistes comme ceux qui sont familiarisés avec cette langue pourront sans difficulté retrouver les signes diacritiques faisant ici défaut. C'est ainsi que nous avons transcrit chaque fois les *s* suscrits et les *s* souscrits par *sh*. La voyelle *r* souscrit a été rendue par *ri*. Le *c* se prononçant comme notre « tch », nous l'avons transcrit par *ch*. On voudra bien se souvenir que la lettre *u* a toujours le son « ou », que le *g* est toujours dur, comme dans gare, et que les voyelles longues sont indiquées par un accent circonflexe (â, î, û). Notons enfin qu'en sanskrit les voyelles sont toujours longues.

En **chinois**, nous avons utilisé la méthode moderne dite Pinyin, sans toutefois noter les tons. Rappelons que dans ce système de transcription, le *c* se prononce un peu comme « ts », que le *q* est l'équivalent de « tch », et que *zh* est quelque peu similaire à notre « dj ». Enfin la lettre *u* se prononce normalement « ou », sauf lorsqu'elle suit les consonnes j, q et x, cas dans lesquels elle se prononce comme le « u » français (ou le « ü » allemand).

Le **japonais** a été transcrit selon le système Hepburn, maintenant universellement adopté, et dans lequel toutes les lettres se prononcent comme en latin. Notons cependant que le son « r » se prononce entre « r » et « l ».

Le **mongol** a posé quelques problèmes, étant donné les différences de transcription préconisées par les auteurs. Nous avons de préférence utilisé les systèmes de transcription du système allemand, avec toutefois quelques variantes.

En **tibétain**, les groupes de consonnes ne sont pas toujours prononcés comme ils sont écrits, et quelques auteurs érudits transcrivent parfois les « lettres muettes » en minuscule, écrivant les consonnes réelles avec des majuscules (ou le contraire). Nous avons pris ici le parti de transcrire toutes les lettres, sans nous occuper de leur prononciation. Indiquons seulement que les lettres *g*, *d*, *b* et *m*, généralement muettes lorsqu'elles se trouvent au début d'un phonème, sont vocalisées lorsqu'elles suivent un mot se terminant par une voyelle : c'est ainsi, par exemple, que *Sku-bum* se prononcera « Kum-bum », et que *Bla-ma* se lira « La-ma ». En règle générale, on prononce seulement les lettres précédant ou suivant une voyelle. Enfin, notons que, lorsque les voyelles *a*, *o* et *u* se trouvent suivies par les lettres muettes *d*, *n*, *l* ou *s*, elles se prononcent comme les lettres allemandes « ä », « ö » et « ü ».

Les autres langues sont transcrites selon la prononciation généralement en usage.

Note sur les légendes des illustrations

En japonais, les suffixes -ji, -tera (-dera) ou -dô indiquent des temples bouddhiques, -jinja et -jingû désignent des sanctuaires shintô, enfin le suffixe -si en chinois signale un temple ou monastère bouddhique (par exemple : Kôryû-ji, le temple Kôryû). C'est sous cette forme qu'ont été localisées les peintures et sculptures dans les légendes des illustrations.

GÉNÉRALITÉS

Né en Inde au VIe siècle avant notre ère, le bouddhisme, ou « philosophie du Bouddha », n'était, à l'origine, qu'une secte parmi beaucoup d'autres, vivant généralement en bons termes avec celles-ci, recherchant également une méthode de salut, une explication à la condition humaine et un remède aux maux dont souffre l'humanité. Il est probable que le Bouddha – un personnage historique, le fils d'un petit souverain des marches indo-népalaises – n'inventa pas Sa doctrine. Il ne fit que concrétiser les pensées et réflexions de nombreux ascètes errant comme Lui à la recherche de la Vérité. Il eut le mérite de formuler Sa philosophie en termes simples, accessibles à tous, et de proposer à travers celle-ci une solution aux problèmes de l'humanité qui satisfaisait l'esprit hindou de l'époque. Il eut également la chance d'avoir l'appui des puissants, bien qu'Il prônât une sorte d'égalité des hommes au sein de Sa communauté. Ne se heurtant pas aux conceptions religieuses fondamentales de son époque ni aux institutions politiques, Sa philosophie fut facilement acceptée et se développa relativement rapidement en Inde du Nord, puis, grâce à l'impulsion que lui donnèrent quelques souverains puissants – comme le célèbre Ashoka au IIIe siècle avant notre ère –, conquit rapidement toute l'Inde, des marches indo-grecques du Nord-Ouest à l'île de Ceylan. Dès les premières années de notre ère (avant même, selon certains), le bouddhisme franchit les montagnes et les mers pour se répandre dans les pays de l'Asie du Sud-Est, puis, à travers les déserts d'Asie centrale, en Chine. De là, il passa tout naturellement en Corée puis au Japon où il arriva vers 538. Du Bengale il conquit le Nepâl, puis se répandit au Tibet vers le VIIe siècle, s'étendant sur toute la Mongolie. Le bouddhisme est attesté en Chine dès le IIe siècle de notre ère, bien que certaines traditions peu sûres le fassent remonter au Ier siècle. Mais après six siècles d'existence, c'est-à-dire aux environs de notre ère ou un peu avant, la doctrine bouddhique exposée par le Bouddha subissait une sorte de crise : de simple philosophie de vie qu'elle se voulait être, destinée avant toute chose à permettre aux hommes de vivre en harmonie tout en leur faisant réaliser un plus grand progrès spirituel (et ainsi d'abréger le nombre de leurs réincarnations afin d'échapper plus rapidement au cercle infernal des naissances et renaissances qui, selon la croyance commune en Inde, conditionnait leur existence terrestre), le bouddhisme devint progressivement un ensemble de doctrines religieuses, faisant de la personne du Bouddha une divinité au même titre que les divinités hindoues. Si le Bouddha Lui-

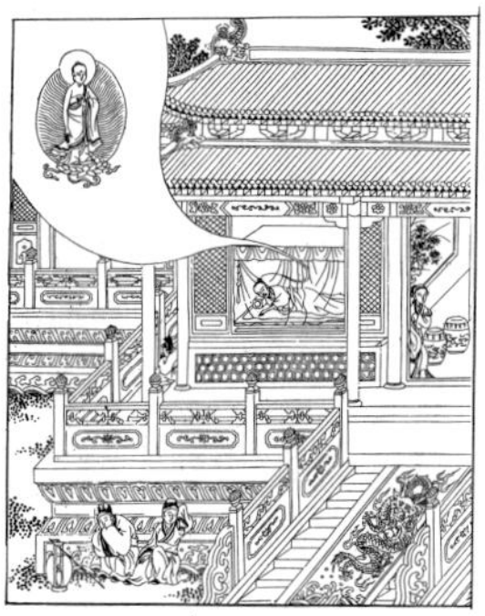

L'empereur de Chine voit le Bouddha lui apparaître en songe, gravure sur bois extraite du *Shijia Rulai Yinghua Siji* chinois, époque Ming même se préoccupait surtout de mettre un terme aux renaissances successives des êtres, s'Il ne prêcha jamais l'adoration d'une divinité particulière (bien qu'Il admît, en bon Indien, l'existence de nombre de divinités du panthéon brâhmanique), Ses fidèles (venus pour la plupart de la religion brâhmanique) désiraient néanmoins avoir une foi moins austère et plus chargée d'espérance : en un mot, ils se sentaient dépendants d'une Entité supérieure et ne pouvaient concevoir une vie qui puisse se passer d'une foi en Celle-ci. L'homme est ainsi fait qu'il peut difficilement vivre seul avec sa raison, fût-ce celle d'un Bouddha. Son imagination, les rêves qu'il chérit, la soif de l'Inconnu qui, depuis qu'il est sur terre, le hantent et le poussent sans cesse à la recherche de lui-même, l'ont toujours incité à projeter sur l'infini, l'inconcevable et l'inconnaissable un moi idéal qu'il ne parvient pas à définir... Or le Bouddha Lui-même ne Se posait nullement en incarnation divine et encore moins en divinité, ni même ne S'imposait en maître absolu : Il ne demandait à chacun qu'une réalisation personnelle, par un effort de réflexion, des vérités qu'Il énonçait, à savoir que tout ici-bas est éphémère, sujet à changement et, par conséquent, source de douleur ; que ce sont les désirs qui engendrent en ronde incessante cette impermanence et cette douleur ; et qu'il est donc nécessaire de se débarrasser de ces désirs pour parvenir à se libérer du cycle des renaissances (*Samsâra*) et à atteindre enfin le Nirvâna, cet état de béatitude absolue et d'absence de désir dans lequel il n'existe plus de renaissance possible. Les voies qu'il proposait pour arriver à la réalisation de ces vérités, appelées le « Noble Octuple Sentier », supposaient un effort constant de la part des hommes, effort qui ne pouvait porter réellement de fruits que s'ils abandonnaient le monde pour entrer dans la Communauté monastique (*Samgha*) afin d'y suivre avec application la Bonne Loi (*Dharma*), ce qui, évidemment, n'était possible que pour une minorité. Les laïcs, eux, avaient peu d'espoir d'arriver au salut dans cette vie-ci (ou même dans une autre plus proche). Cette vue « élitiste » ne pouvait satisfaire les aspirations de la plus grande masse, celle des laïcs. Aussi des schismes ne tardèrent-ils pas à se produire car, dès l'époque même du Bouddha ou peu après la mort de Celui-ci, nous voyons des conceptions proprement religieuses se greffer sur Ses enseignements. Les divinités brâhmaniques (qui, nous l'avons vu, n'étaient pas formellement récusées par le Bouddha) furent annexées par certains moines bouddhistes, puis plus tard la personne même du Bouddha fut conçue comme une entité divine pouvant prendre différents aspects, et tout un panthéon, tiré en grande partie de celui de l'hindouisme, s'organisa autour de cette nouvelle Réalité suprême qui avait nom le Bouddha, le *Tathâgata*, « Celui qui est venu », ou le *Jina*, « Vainqueur ». De nombreuses théories vinrent étoffer ce thème ; les paroles que le Bouddha avait prononcées, et qui formaient jusqu'alors le fond des textes canoniques du bouddhisme (*sûtra*, d'un mot sanskrit qui veut dire « fil »), s'accrurent d'innombrables textes d'exégèse ou d'explication, souvent assez fantaisistes, où l'imagination avait une large part. Ces nouvelles théories religieuses, conçues à l'origine par des moines pour des moines, furent bien acceptées par les laïcs indiens qui se retrouvaient en pays de connaissance et voyaient en elles un aliment à leurs espoirs. Cependant, quelques moines refusaient ces nouvelles théories et s'en tenaient à la lettre des Écritures. Il y eut donc deux grandes « écoles » de bouddhisme, l'une plus ou moins fidèle à la doctrine

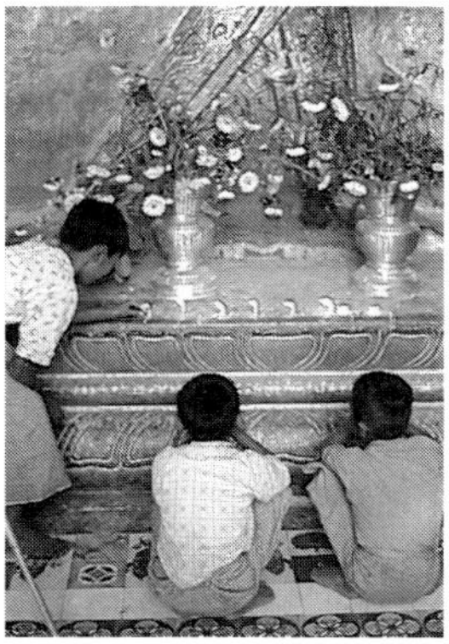

Fidèles birmans en adoration devant une image du Bouddha

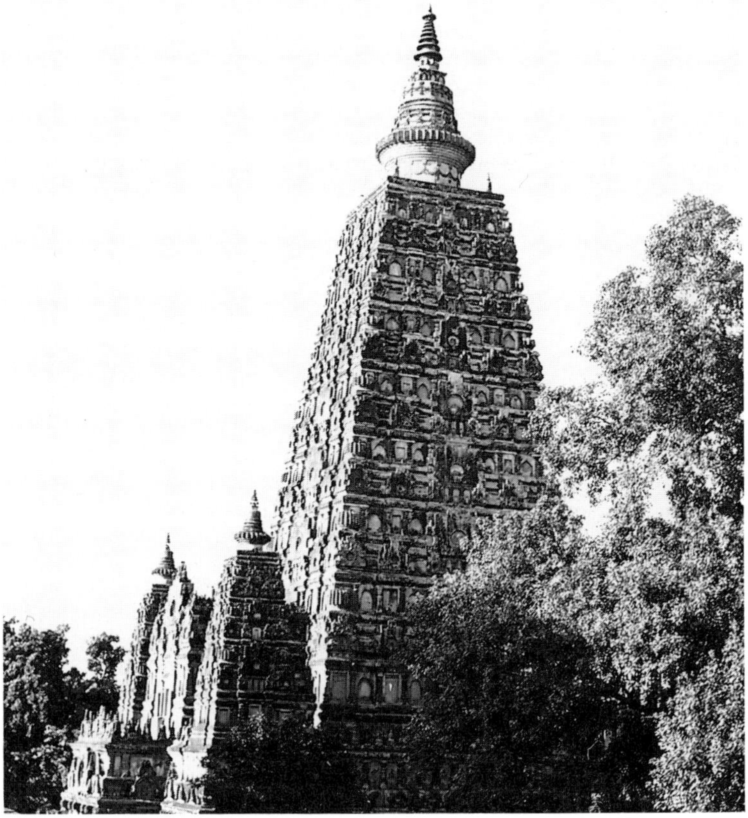

Le plus grand temple bouddhique de Boddh-Gayâ en Inde

philosophique et monastique prêchée en Son temps par le Bouddha, représentant l'ensemble des sectes antiques, l'autre recouvrant un mouvement complexe composé de philosophies diverses et dont les premiers éléments apparurent peu avant notre ère. Elles furent désignées, la première sous le vocable de *Hînayâna*, « Petit Moyen de Progression » ou « Petit Véhicule », terme quelque peu dérogatoire forgé par les tenants de la seconde, le *Mahâyâna*, « Grand Moyen de Progression » ou « Grand Véhicule ». Ces deux « véhicules » étaient des voies, étroite ou large, permettant d'accéder au même Nirvâna. Il y eut, bien entendu, un certain nombre d'écoles intermédiaires qui prétendaient concilier les deux points de vue...

Les sectes du Mahâyâna se répandirent en Inde, au Nepâl, au Tibet, en Chine, en Corée et au Japon, plus tard au Viêt-nam. Quant à celles appartenant au Hînayâna, si elles accompagnèrent les autres jusqu'au Japon, elles connurent un bien moindre succès auprès des masses ; elles finirent même par disparaître peu à peu de leur pays d'origine et ne se trouvent plus maintenant qu'à Ceylan et dans quelques pays du Sud-Est asiatique (Birmanie, Thaïlande, Laos, Cambodge) où elles demeurent très vivaces. En Chine, les théories du Mahâyâna furent confrontées aux philosophies confucéennes et taoïques et même, par l'intermédiaire de l'Asie centrale, aux religions iraniennes et chrétiennes (nestorianisme). En Chine, le bouddhisme fut même confondu, dans les premiers siècles, avec le taoïsme, auquel il emprunta certains termes religieux. De ce fait, il donna naissance à de nombreuses sectes locales. Au Tibet, où il ne parvint qu'assez tardivement, au VIIe siècle, il se teinta de pratiques appartenant aux cultes indigènes (bön-po) et se développa en une sorte de bouddhisme particulier, participant des doctrines tantriques indiennes, qui déborda sur les pays de Mongolie et ne tarda pas à imprégner les doctrines de quelques sectes mahâyânistes chinoises.

Le bouddhisme du Mahâyâna s'éloigna ainsi progressivement de la pensée du Bouddha Gautama, et se divisa en de nombreuses sectes et sous-sectes, le panthéon de ses dieux et demi-dieux s'accroissant sans cesse d'éléments nouveaux puisés aux différents folklores : ce fut une des raisons de son rayonnement et de sa popularité. Ce bouddhisme du Mahâyâna, ou bouddhisme des sectes, est également appelé, d'une manière générale, « bouddhisme des écoles du Nord », par opposition aux sectes bouddhiques traditionnelles qui forment le « bouddhisme des écoles anciennes » (*Theravâda*) ou « bouddhisme du Sud ».

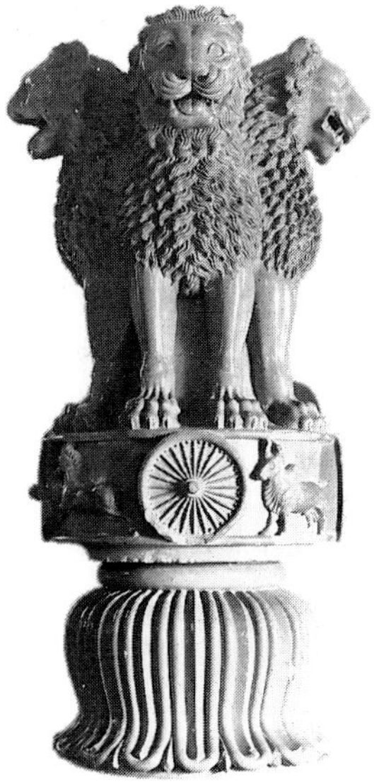

Lions d'Ashoka, symbolisant la force de la Loi du Bouddha, Inde, Sarnâth, IIIe siècle avant notre ère

Le bouddhisme des écoles du Nord, qui appartient pour l'essentiel aux philosophies religieuses des sectes du Mahâyâna, diffère assez fortement des formes de bouddhisme élaborées en Inde, tant dans ses conceptions philosophiques que par les représentations qu'il donne des divinités et des « forces » vénérées par ses nombreuses sectes et écoles.

C'est au Japon, peut-être, que ces divinités du Mahâyâna furent les plus diversifiées et les plus couramment représentées. Afin de présenter dans un ordre plus cohérent les nombreuses divinités du bouddhisme du Nord, nous nous sommes fondés sur deux *mandala* (diagrammes cosmologiques) particuliers aux sectes ésotériques ou tantriques. En effet, les représentations des divinités du bouddhisme japonais relèvent en grande partie (surtout à partir du début du IXe siècle) de la tradition du bouddhisme ésotérique, c'est-à-dire du bouddhisme dans sa forme la plus élaborée, où les « forces » des divinités sont les plus différenciées et représentées. Il s'agit ici de deux grands mandala complémentaires, le Vajradhâtu, « monde du Diamant » (jap. *Kongô-kai Mandara*), et le Garbhadhâtu (ou *Mahâkarunâgarbha Mandala*), « monde de l'Embryon » (jap. *Taizô-kai Mandara*). Les représentations des divinités n'appartenant pas à ces deux mandala majeurs participent soit de la tradition du bouddhisme ancien (mêlé au Japon de certains éléments ésotériques dès avant le IXe siècle, parfois appelé *Ko-mikkyô* ou ésotérisme ancien), soit à des formes du bouddhisme ésotérique tels que le chan chinois (le zen japonais) ou les sectes vénérant Amitâbha, soit au bouddhisme lamaïque du Tibet et de Mongolie, soit enfin au bouddhisme populaire qui, en Chine, en Corée et surtout au Japon, est très souvent syncrétique, mêlant à ses croyances des formes appartenant au taoïsme, au confucianisme religieux ou encore à des cultes indigènes anciens (au shintô dans le cas du Japon).

On voit que la matière est généreuse. Et l'on pourrait appliquer au bouddhisme en général cette opinion d'un moine japonais : « Le bouddhisme [...] est un système si vaste, un tel conglomérat de différentes tendances qu'aucun observateur, sans une ample connaissance de son arrière-plan historique, ne saurait s'empêcher d'errer en essayant de trouver tout ce que cela signifie. »

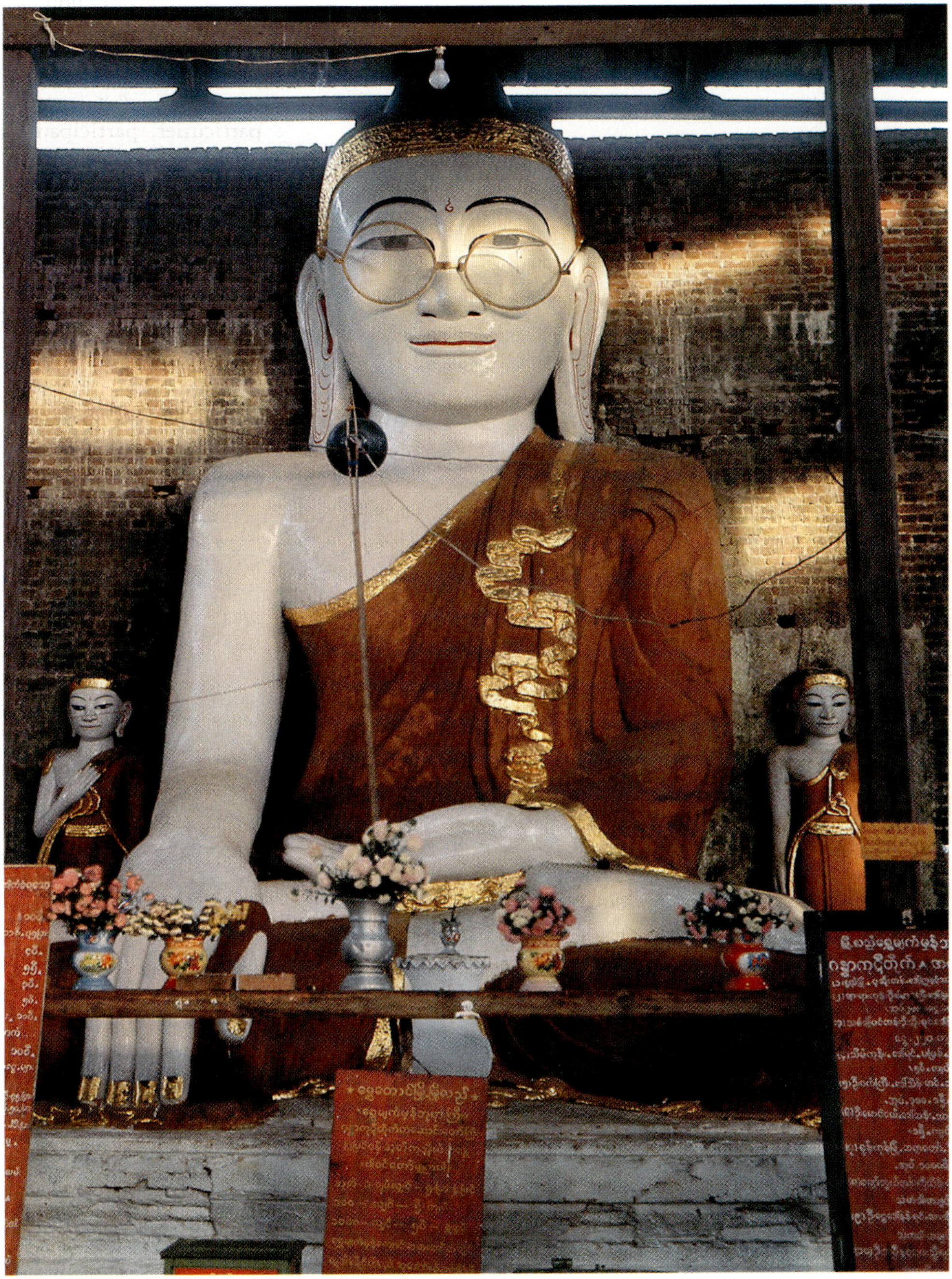

Grand Bouddha, Birmanie, près de Mandalay, XIXe siècle.

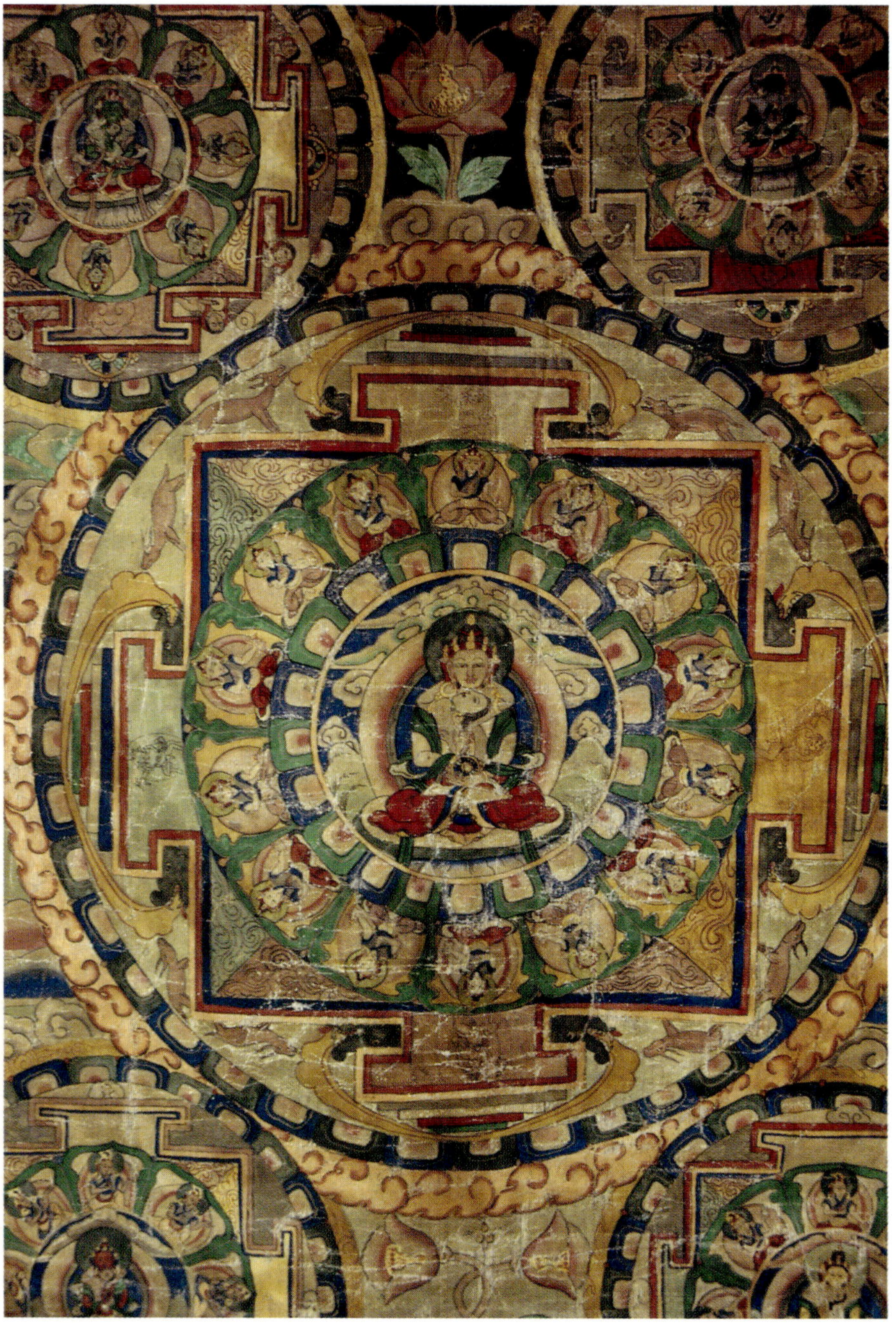

Mandala d'Âdi-Buddha, peinture sur toile, Tibet, XIXe siècle, collection privée.

I

ÉVOLUTION DES REPRÉSENTATIONS BOUDDHIQUES

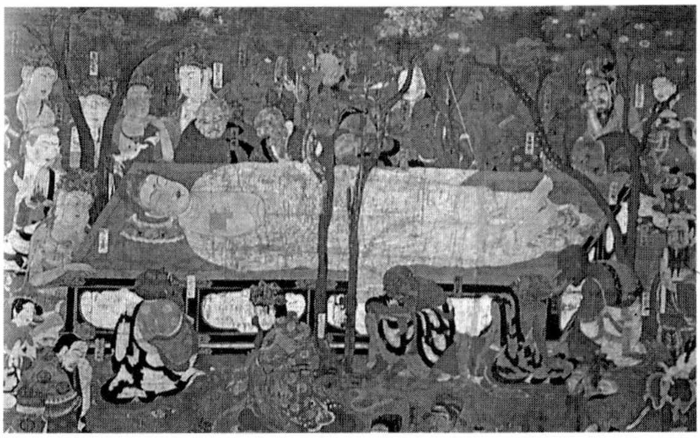

Le Parinirvâna du Bouddha,
Japon, Kongôbu-ji, daté 1086

En Inde et à Ceylan
En Asie du Sud-Est
Au Tibet et au Nepâl
En Chine et en Corée
Au Japon

EN INDE ET À CEYLAN

Les tout débuts de la statuaire bouddhique en Inde ne nous sont pratiquement pas connus. Tout au plus avons-nous retrouvé quelques petits bas-reliefs représentant une femme nue aux cheveux épars dans d'anciens stûpa, associés à des reliques. Encore n'est-on pas certain que ce soient là des effigies appartenant au bouddhisme. Parmi les premières œuvres d'art proprement bouddhiques – mises à part les statues d'animaux (lions de Sarnâth, taureau de Râmpurwâ, etc.) de l'époque du roi Ashoka et qui s'apparentent au style des Achéménides –, on ne peut guère citer avec une relative certitude que les statues, souvent colossales, de Yaksha (génies locaux) retrouvées à Parkham, Mathurâ ou Pâtaliputra dans la vallée du Gange. La ronde-bosse est encore assez fruste et un style « indien » proprement dit ne commence à faire son apparition que vers le Ier siècle avant notre ère, avec d'une part les bas-reliefs ornant les portes (*torana*) du stûpa de Bharhût et les peintures des premières grottes d'Ajantâ (grotte n°10). Les bas-reliefs et sculptures bouddhiques des portes du stûpa de Sâñchî (Ier siècle de notre ère) montrent déjà un certain progrès dans l'organisation de l'espace, bien que la ronde-bosse ne soit pas encore très affirmée. En revanche, la peinture semble bénéficier d'une technique déjà remarquablement élaborée. Aux environs de notre ère, trois écoles artistiques bouddhiques font leur apparition presque simultanément : celle du Gandhâra, celle de Mathurâ et celle d'Amarâvatî (dans le Sud-Est de l'Inde). Les sites de l'école d'Amarâvatî (Amarâvatî, Jagayapeta, Nâgarjunâkonda, Goli, etc.) nous ont livré de nombreux vestiges de stûpa ornés de plaques de marbre sculptées en bas-relief. Les premières écoles bouddhiques ne représentent pas la personne même du Bouddha qui est seulement symbolisée par un trône, une fleur de lotus, une empreinte de pas, etc. Les divinités brâhmaniques associées aux cultes bouddhiques suivent généralement les canons hindous. Parmi les rares sculptures en ronde-bosse de ce temps, on peut citer les « divinités des arbres » des portes des stûpa de Bharhût et de Sâñchî. À Amarâvatî, la ronde-bosse était rare. Dans le Nord-Est de l'Inde, en revanche, là où les satrapies d'origine grecque étaient florissantes, la confluence de la plastique grecque et des canons indiens aboutit à une représentation de la personne humaine du Bouddha et des diverses divinités ou êtres divins honorés par le bouddhisme. L'élégance des silhouettes laïques de l'art d'Amarâvatî se mêlant d'heureuse manière aux canons grecs, apparaissent des images de moines et des Bouddha, le Bouddha historique ayant peut-être succédé, dans Ses représentations, à celles du Bouddha futur, Maitreya. Le profil des

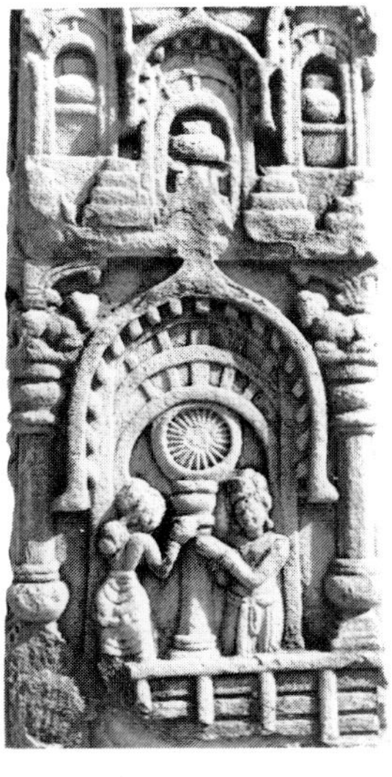

Fidèle vénérant la roue de la Loi, Inde, Sâñchî, Ier siècle

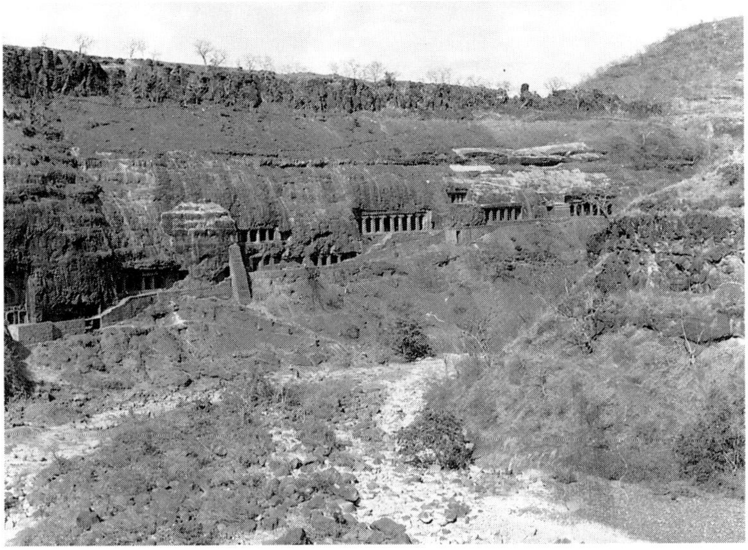

Vue générale des grottes de Sâñchî, Inde

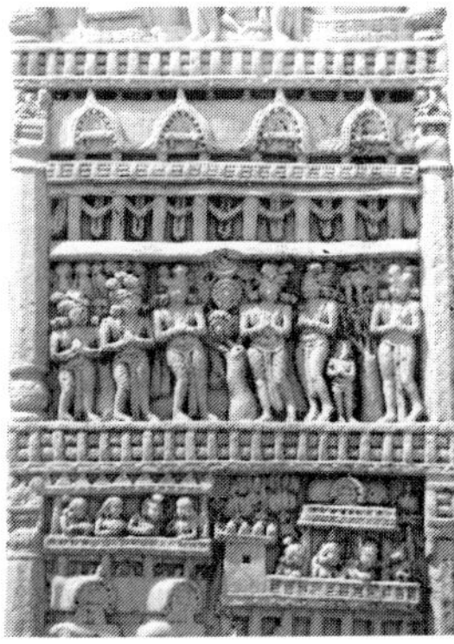

Réunion des fidèles bouddhistes, Inde, Sâñchî, pilier de torana (portique), stûpa n° 1

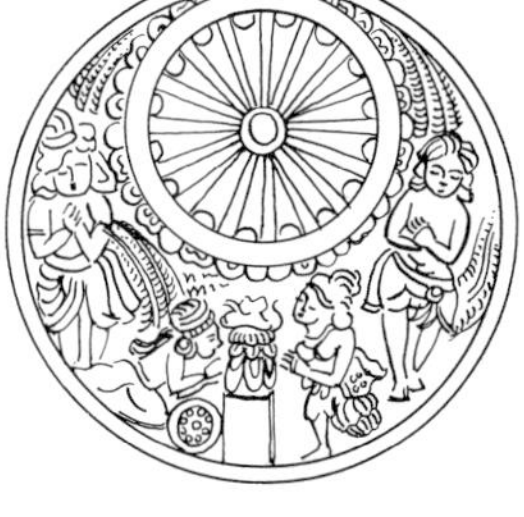

Vénération de la roue de la Loi, Inde, médaillon de Sâñchî, Ier siècle

visages, tout d'abord nettement grec, s'indianise progressivement, à l'exemple de la statuaire de Mathurâ : la protubérance crânienne, d'abord un simple chignon de cheveux, devient plus plate et s'orne de bouclettes ; le drapé de la robe monastique, d'abord traité en plis amples à la manière du *khitôn* grec, s'assouplit et adhère au corps en plis réguliers. Apparaissent aux côtés des Bouddha des êtres divins tels que les anges ailés et nombre de personnages accessoires, de facture hellénique ou très influencée par l'art grec tardif. Ces critères voyageront avec les missionnaires et seront à l'origine des styles bouddhiques anciens de Ceylan et de la Chine.

La période de l'empire des Gupta (Ve-IXe siècles), marquant une sorte de floraison des arts indiens en général, voit l'art bouddhique parvenir au classicisme. Les caractères de la personne du Bouddha sont alors nettement définis et, tirant la leçon des styles précédents, s'indianisent complètement. L'art suit alors les préceptes des anciens traités techniques (les *Shilpashâstra*) et se conforme aux traditions esthétiques indiennes, recherchant dans l'appréhension des sujets la stabilité et la sérénité. En sculpture comme en peinture, Bouddha et Bodhisattva sont d'un style élégant, d'une pureté de lignes extrême. Les statues du Bouddha sont souvent de grande taille, et leur robe s'applique étroitement au corps, dont la musculature est seulement suggérée. À partir du Ve siècle, le drapé devient à peine visible, laissant apparaître le modelé très subtil du corps. En contraste, les images des Bodhisattva et des êtres divins sont plus décorées. Généralement représentées nues jusqu'à la taille, avec une jupe longue à grands plis (comme les *dhoti* actuels), elles sont ornées de bijoux (colliers, diadèmes, bracelets, boucles d'oreilles), à l'image du vêtement des princes indiens de l'époque. Les auréoles, autrefois rares, deviennent de plus en plus courantes et sont, dans le cas surtout des images du Bouddha, parfois très ornées. Avec les VIe et VIIe siècles, les positions se « standardisent », et les parures et bijoux des Bodhisattva et êtres divins divers s'alourdissent. Les attitudes, de souples qu'elles étaient, deviennent plus hiératiques. Sculptures en ronde-bosse et bas-reliefs tombent facilement dans le poncif, alors que la peinture se développe pleinement (notamment à Ajantâ) et complète les représentations divines avec des scènes laïques et des décors floraux et animaux très réalistes. La figure humaine (divinités ou jolies femmes) est infiniment gracieuse (Sigirîya, Ve siècle, Bâgh, par exemple). Mais à partir du IXe siècle, alors que l'art hindou semble se diversifier, l'art bouddhique se sclérose un peu : il ne survit véritablement que dans les écoles d'art locales, notamment celles des dynasties Pâla et Sena au Bengale (XIIIe siècle). Ce sont ces écoles locales qui influencent à leur tour, grâce aux échanges de moines, les écoles artistiques du Nepâl et du Tibet. En revanche, les arts bouddhiques élaborés jusqu'au VIe siècle environ dans le Gandhâra se propagent en Afghânistân et en Asie centrale, et de leur côté influencent les styles chinois dès le IVe siècle.

Il ne nous reste pratiquement pas d'œuvre sur bois, bien qu'il ait dû en exister. La plupart des sculptures en ronde-bosse sont réalisées en pierre, en général un grès relativement tendre de la vallée du Gange (carrière de Chûnar), ainsi que les bas-reliefs. À Amarâvatî, c'est le marbre qui domine, merveilleusement traité en bas-reliefs dont le style se retrouvera d'ailleurs à la même époque dans le Gandhâra, sur les plaquettes d'ivoire retrouvées à Begrâm. Par ailleurs, dans le Gandhâra, les premières statues sont faites en schiste, matière difficile à travailler, et qui fut assez tôt remplacée par la terre cuite, puis par le stuc, surtout pour les sculptures décorant les stûpa. Le bronze est principalement utilisé pour les œuvres transportables dans le Sud-Est de l'Inde et au Nepâl, comme d'ailleurs à Ceylan. Dans cette dernière, la pierre est réservée aux images plus grandes et fixes, qui ornent les monuments et édifices. Dans certains monastères bouddhiques tardifs de l'Inde, comme à Nâlandâ, les styles des bas-reliefs et sculptures bouddhiques montrent d'une part une certaine dégénérescence de l'esthétique, et de l'autre des influences étrangères, chinoise surtout, apportées par les nombreux pèlerins qui venaient étudier dans cette célèbre université.

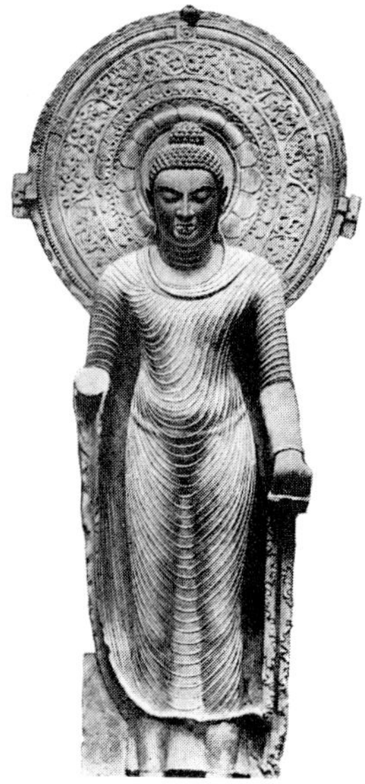

Grand Bouddha de Mâthurâ, Inde, Ve siècle, musée de Delhi

Le bouddhisme, dégénérant en Inde du Nord, se réfugie pour un temps dans le sud de la péninsule, mais ne produit plus d'œuvre majeure dans cette région, Ceylan excepté. L'art bouddhique se cantonne dès lors, et cela jusqu'à l'arrivée des musulmans au début du XIIIe siècle, au Bengale d'où il disparaît à son tour...

EN ASIE DU SUD-EST

Les missionnaires bouddhistes ont très tôt apporté leurs doctrines et leurs canons esthétiques dans les pays du Sud-Est asiatique, avec plus ou moins de succès. Dès les premiers siècles de notre ère, des statues en bois du Bouddha debout apparurent en Cochinchine (Go-oc-éo) et dans le Funan (sud du Cambodge). Les missionnaires ayant également pénétré dans la basse vallée de l'Irawady et dans celle du Menam Chao Phraya, des États bouddhistes se créent (Dvâravatî), qui élèvent de grands monuments (*stûpa*, monastères), décorés de sculptures de facture indienne obéissant plus ou moins aux canons des écoles Gupta et post-Gupta. Cependant, les effigies représentant le Bouddha prennent une allure locale, les visages des divinités étant influencés par les types ethniques et les canons esthétiques de ces régions. Les attitudes sont encore raides. On utilise surtout la pierre, parfois la brique sculptée. Sur la côte orientale de l'Indochine, le bouddhisme se développe concurremment avec le brâhmanisme, mais ce n'est qu'au IXe siècle que l'on voit apparaître au Champâ de grandes œuvres bouddhiques avec

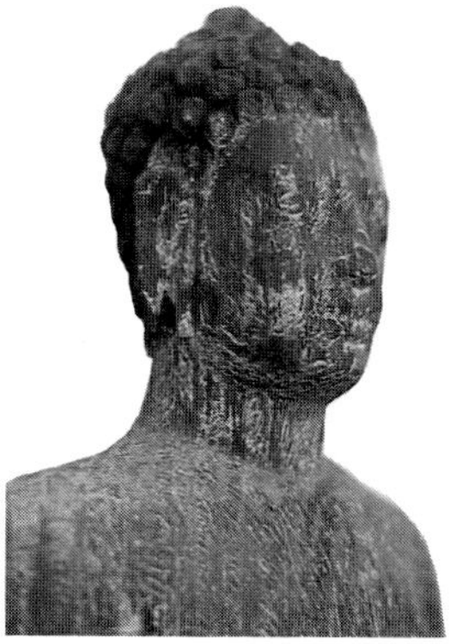

Tête de Bouddha, bois, Viêt-nam, Go-oc-éo, Ier-IIe siècles

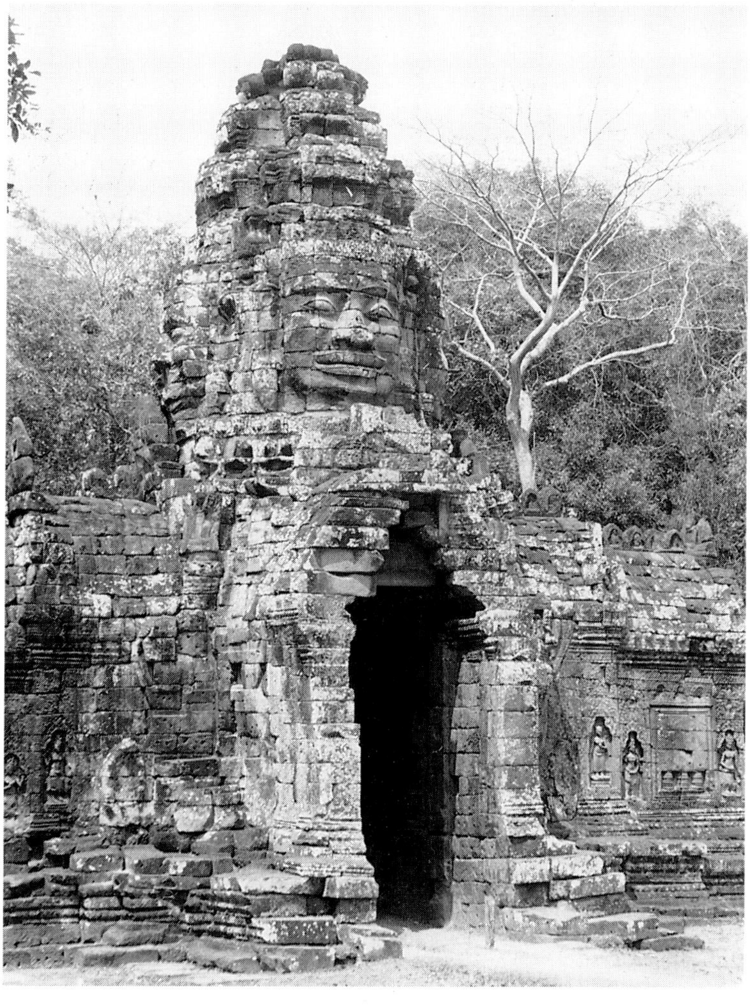

Effigie de Lokeshvara, Cambodge, Angkor, Banteay-kdei, fin XIIe siècle

le monastère de Dông-du'o'ng. Ces œuvres, des sculptures et des bas-reliefs, appartiennent non plus aux sectes du Petit Véhicule comme en Basse-Birmanie et dans le royaume de Dvâravatî, mais au Mahâyâna. Les personnages représentés ne sont plus seulement la personne du Bouddha historique, mais d'autres divinités appartenant aux panthéons du Mahâyâna. Les silhouettes des personnages sont trapues et leur type ethnique est accusé : lèvres épaisses, moustaches, arcades sourcilières continues, peut-être sous l'influence de l'art bouddhique de Java. Vers la même époque le Champâ produit quelques images de bronze, représentant principalement Avalokiteshvara.

En Indonésie, où il semble que le bouddhisme soit arrivé très tôt (on a retrouvé des statues en bronze de facture indienne, sur les côtes occidentales de Bornéo, datant du Ve siècle), le bouddhisme du Mahâyâna se développe considérablement au VIIIe siècle, principalement à Java, avec les ensembles monumentaux du Borobudur. L'art du bas-relief atteint ici son apogée pour représenter, à côté des images des Jina (de facture influencée par les styles Gupta), d'innombrables divinités sur des bas-reliefs historiés. Les grandes statues sont rares (Bouddha assis du Borobudur, statues du Chandi Mendut), mais d'excellentes proportions. Elles sont en pierre. Le bronze ne fut, semble-t-il, utilisé que pour de très petites statuettes. Après le IXe siècle, l'art bouddhique semble décroître pour faire place à l'art brâhmanique.

Au Cambodge, après un certain déclin, l'art bouddhique connaît un renouveau avec l'arrivée au pouvoir de rois bouddhistes. Le plus célèbre de ceux-ci, Jayavarman VII (1180-vers 1218), couvre le pays de monuments, d'images bouddhiques. C'est alors le triomphe des représentations de Lokeshvara et de divinités mineures du Mahâyâna, ainsi que des Apsarâs dont les danses décorent la plupart des monuments.

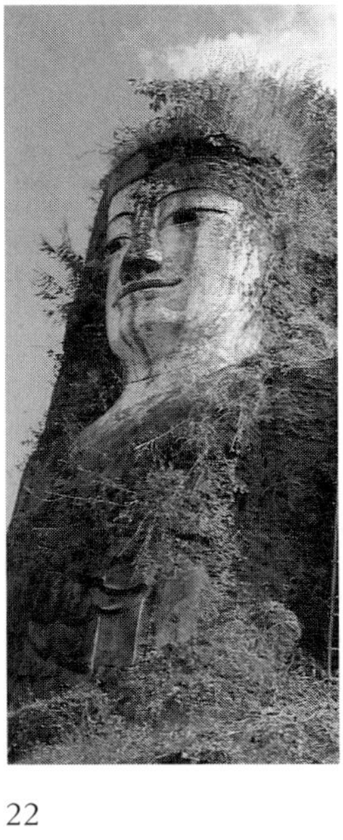

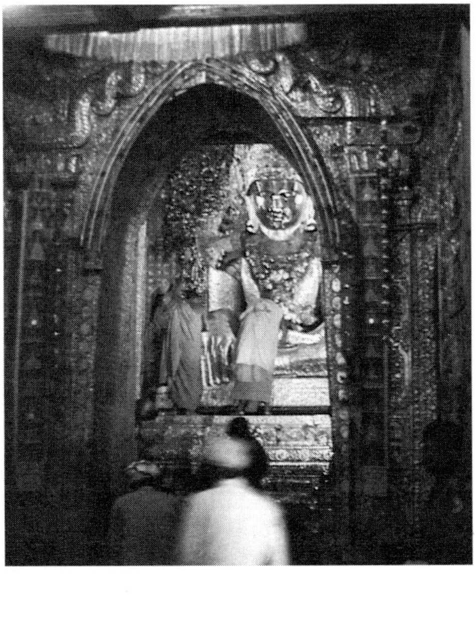

Grand Bouddha du Kyaik Pun, Birmanie, Pegu, 1476

Bouddha de l'Arakan Birmanie, Mandalay, restauré au XVIIIe siècle

En Birmanie, après une brève apparition des doctrines du Mahâyâna venues du Bengale, ce sont les sectes du Petit Véhicule qui s'imposent, surtout à Pagan, où des apports de Ceylan viennent quelque peu modifier l'ancien style créé dans la basse vallée de l'Irawady : c'est alors la brique sculptée qui prédomine, la pierre étant relativement rare. Les statues sont alors réalisées en brique, en terre cuite ou en bois. Nombre de celles-ci sont d'ailleurs influencées par les styles indiens du Bengale. Par la suite, ce style continuera, mais en se dégradant. Le gigantisme sera de règle pour représenter le Bouddha assis ou couché. Les corps en brique seront recouverts d'enduit et peints, souvent de brillantes couleurs.

En Thaïlande, le bouddhisme des écoles de Dvâravatî se perpétue dans le Nord et se transforme petit à petit, d'une part sous l'influence des Khmers, qui occupent un temps la vallée du Chao Phraya, et de l'autre par une sorte de « siamisation » des attitudes, qui suivent à la lettre certains textes appartenant aux doctrines du Hînayâna. Les têtes des Bouddha s'allongent, les nez se recourbent en « bec de perroquet », les attitudes se font très souples, presque fluides. Nombre d'écoles se créent, et l'art du bronze est florissant. Par la suite, cet art devient plus hiératique et perd la plupart de ses caractéristiques : les poses deviennent raides, les doigts sont tous de la même longueur, les ornements surchargent les silhouettes. L'art laotien suit la tendance siamoise, avec cependant des différences locales... Là aussi le bronze est utilisé de préférence, ainsi que le bois. Apparaissent dans ces styles le type du « Bouddha marchant », et les frises de soubassement des stûpa formées de protomés d'éléphant (comme à Ceylan et au Siam) ou de processions de disciples. De nombreuses statues du Bouddha assis ou debout ornent les faces et les étages des stûpa.

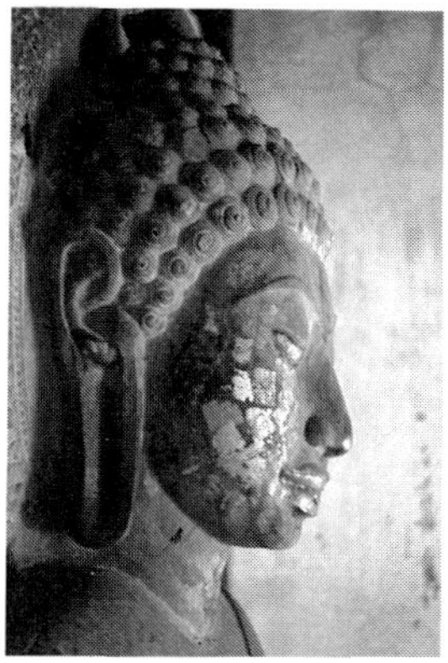

Bouddha de Nakhon Pathom, Thaïlande, VIe siècle

AU TIBET ET AU NEPÂL

L'art bouddhique ne pénètre au Tibet qu'avec l'introduction des doctrines bouddhiques dans ce pays au VIIe siècle, venues de diverses régions de l'Inde, mais principalement du Bengale où s'est développée une forme particulière de bouddhisme du Mahâyâna, fortement teintée de doctrines syncrétiques et tantriques. L'art tibétain (et, par voie de conséquence, népalais) obéit donc aux canons indiens et s'efforce de reproduire fidèlement les images des divinités telles qu'elles se trouvent décrites dans les textes sanskrits, lesquels appartiennent presque tous aux doctrines du Mahâyâna. Les imagiers, des moines pour la plupart, ajoutent au panthéon mahâyânique indien de nombreuses divinités « de circonstance » ou évoluées du panthéon de l'ancienne religion populaire tibétaine, le bön-po. L'art tibétain se concentre principalement dans la réalisation de peintures (*thangka*) devant servir à la méditation des moines. Ces peintures sont le plus souvent réalisées sur toile. Elles sont ainsi plus aisément transportables. La sculpture ne comprend pas (ou à peu d'exceptions près) de grandes œuvres mais de petites statuettes de métal, dont le style est tout d'abord inspiré par

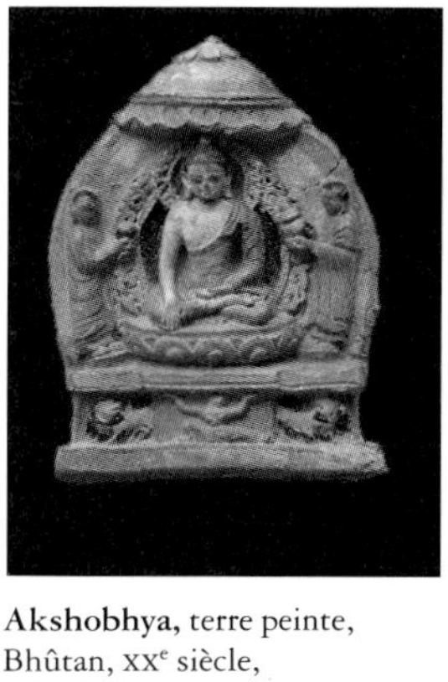

Akshobhya, terre peinte, Bhûtan, XXe siècle, coll. de l'auteur

les modèles venus du Bengale. De nombreuses écoles voient le jour par la suite, créées par les grands monastères. Peintures et sculptures, à partir du XVIe siècle, révèlent souvent une nette influence chinoise. Les statues de plus grande taille, qui ornent les lamaseries, sont en général faites en terre moulée et séchée, alors que les décors de taille moyenne sont le plus souvent réalisés en bois sculpté et doré (parfois sur fond de laque rouge). La pierre est rarement utilisée. La plupart des œuvres sont polychromes, d'autres dorées. Les sculptures de métal, tout d'abord réalisées selon le procédé de la cire perdue, sont par la suite moulées en deux ou plusieurs parties, puis soudées entre elles, ou bien travaillées au repoussé et soudées de la même manière.

EN CHINE ET EN CORÉE

Les premières images sculptées de divinités bouddhiques qui apparaissent en Chine, probablement en provenance du Gandhâra par le truchement des oasis de l'Asie centrale, dans les premiers siècles de notre ère, sont copiées sur les modèles importés. Il s'ensuit que les plus anciennes images du Bouddha réalisées en Chine (probablement vers le milieu du IVe siècle) sont fortement influencées par le style indo-grec. Les sculptures représentant les divinités du panthéon mahâyânique ornent tout d'abord les grottes, lesquelles sont creusées selon des modèles indiens. Elles sont rarement exécutées en pleine ronde-bosse, mais plutôt en haut-relief, pour être vues frontalement, et décorent les murs des chapelles et des grottes. Dès la première époque, les styles apparaissent différents selon les régions. Cependant, le style majeur, celui de l'époque des Wei, montre des images des personnages divins avec un large front, un nez à l'arête aiguë, une petite bouche souriante. Les plis du vêtement retombent largement en ondulations qui se superposent, recouvrant le socle de la statue, laissant seulement un ou deux pieds apparents (comme à Longmen). Les attitudes sont raides et hiératiques, pleines de majesté, les visages et les corps sont maigres, élancés. Les auréoles sont larges et en forme de feuilles pointues. Bien que la terre soit le matériau de prédilection des sculpteurs chinois jusqu'au VIe siècle, de petits bronzes du même style sont coulés en assez grand nombre. Ces derniers sont exportés, notamment en Corée, où ils sont copiés.

Au cours des siècles suivants, les images bouddhiques subissent une transformation radicale : de nouveaux modèles sont alors venus de l'Inde, présentant les caractéristiques des styles Gupta. Les débuts de la période des Tang voient donc se transformer les images des Bouddha qui se dénudent de plus en plus et ont tendance à prendre des formes plus pleines. Les vêtements des Bodhisattva commencent à se surcharger d'ornements (bijoux, diadèmes, bracelets, pendentifs, etc.). Les corps prennent une attitude plus souple, en Tribhanga, « triple flexion » chère à la plastique indienne, surtout dans les images des divinités debout. Les halos deviennent, comme dans l'art des Gupta, ronds, et sont décorés de motifs floraux. Cependant, les lignes générales demeu-

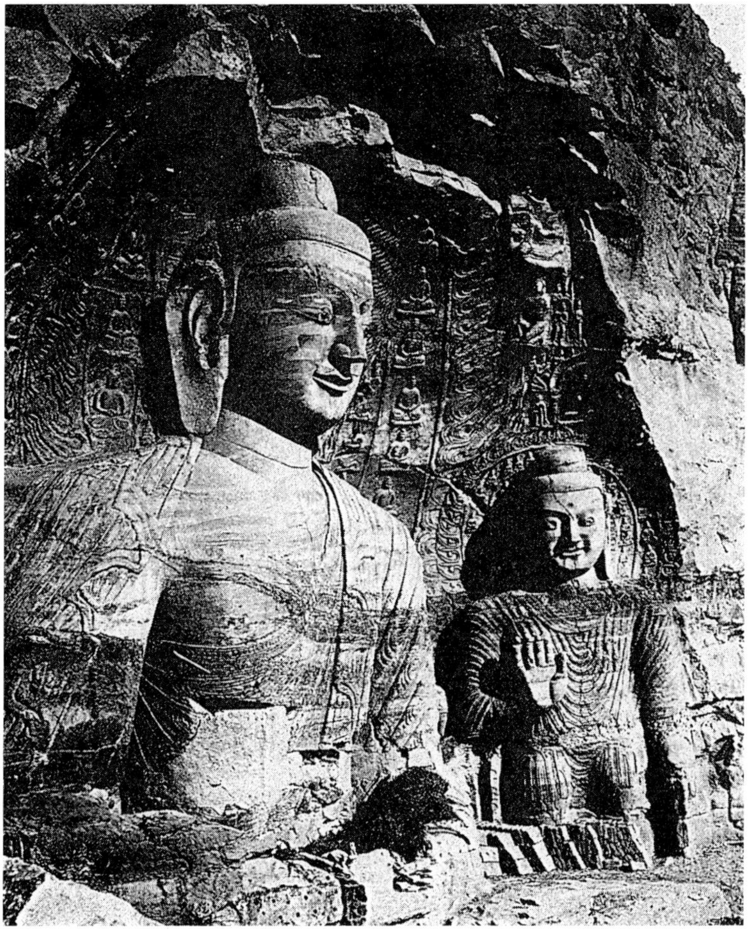

Grand Bouddha des grottes de Yüngang,
Chine, VIe siècle

rent encore raides et l'allure des Bouddha hiératique. Les visages s'humanisent néanmoins quelque peu et deviennent plus réalistes (sculptures du Tianlongshan). Les traditions chinoises et indiennes tentent de s'interpénétrer, au bénéfice toutefois des styles indiens. Des écoles locales se forment, les unes où seuls des artistes chinois travaillent, d'autres où il semble que viennent œuvrer des artistes indiens. Les cous des images des Bouddha s'ornent, comme en Inde, des « trois plis de beauté », et les décorations de lotus apparaissent de plus en plus nombreuses. Les robes, à peine esquissées, ne recouvrent plus le siège des divinités...

Vers la fin du VIIe siècle, les styles évoluent sensiblement et suivent plus franchement les canons chinois : les visages deviennent plus réalistes, la flexion du corps plus accusée. Les plis des vêtements sont arrangés avec ordre. Les visages sont maintenant pleins, avec des paupières lourdes ; les coiffures sont compliquées et les bijoux nombreux et détaillés. C'est toujours l'art de la décoration des grottes qui prédomine, la statuaire de petite taille étant plus rare, en bois ou en pierre.

C'est à l'époque des Tang que commence à apparaître la sculpture bouddhique en poterie, art qui atteindra son plein développement pendant la période suivante, celle des Song. Mais il semble qu'à partir de la fin du IXe siècle l'art de la sculpture tombe quelque peu en défaveur au profit de la peinture. Les parois des grottes (Dunhuang) et les murs des monastères d'Asie centrale se couvrent de fresques admirables, alors que la peinture sur rouleaux se développe pleinement en Chine même. Les peintres de cour abordent tous les sujets bouddhiques, bien que leur préférence aille à des sujets moins austères, comme la représentation des Luohan ou des divinités mineures. Ces peintres suivent les tendances générales des arts de leur époque. Par la suite, l'art bouddhique chinois tombe en décadence : on reproduit sans cesse les mêmes images, on copie avec plus ou moins de bonheur les œuvres anciennes... Après les persécutions de 845, le bouddhisme déclinant en Chine, les moines-artistes ne produisent plus que des images médiocres.

En Corée, où les premières images bouddhiques arrivent de Chine, les styles suivent d'assez près, quoique comme une école provinciale, les leçons chinoises. Les Coréens, cependant, n'accordent pas toujours leur prédilection aux mêmes sujets que les Chinois, et les imagiers paraissent plus à l'aise dans la représentation des divinités bouddhiques appartenant aux écoles ésotériques, représentations qui influenceront largement les images japonaises...

AU JAPON

On peut décomposer l'art bouddhique japonais en périodes correspondant approximativement aux périodes historiques. Cet art présente une évolution continue, presque jusqu'à nos jours.

À l'époque de Nara (710-794), les sculptures, jusqu'alors importées de Corée et de Chine, ou réalisées au Japon suivant le style particulier qui caractérise les œuvres de la période précédente (Asuka, 538-710), prennent au début une allure plus spécifiquement japonaise. À cette époque, les arts de la Chine des Tang sont, dans une certaine mesure, influencés par les œuvres de la statuaire bouddhique de l'Inde, des religieux-voyageurs comme Xuanzang ayant rapporté de ce pays écritures sacrées et images des monastères bouddhiques alors florissants du Cachemire et de Nâlandâ. Les artistes japonais (pour la plupart des religieux), qui se sont rendus en Chine et en ont à leur tour rapporté des images, suivent la même ligne d'inspiration, et leurs œuvres portent tout naturellement la marque de l'influence Gupta. Un certain réalisme, déjà discernable dans les statues de l'époque d'Asuka (la plupart d'origine coréenne), semble s'accentuer, et le sourire archaïsant typique de cette période disparaît de presque tous les visages. Le traitement des plis du vêtement a tendance à se simplifier. Les peintures (fresques du Kondô du Hôryû-ji) montrent un traitement qui n'est pas sans analogie avec celui des peintures des grottes d'Ajantâ en Inde. À la fin

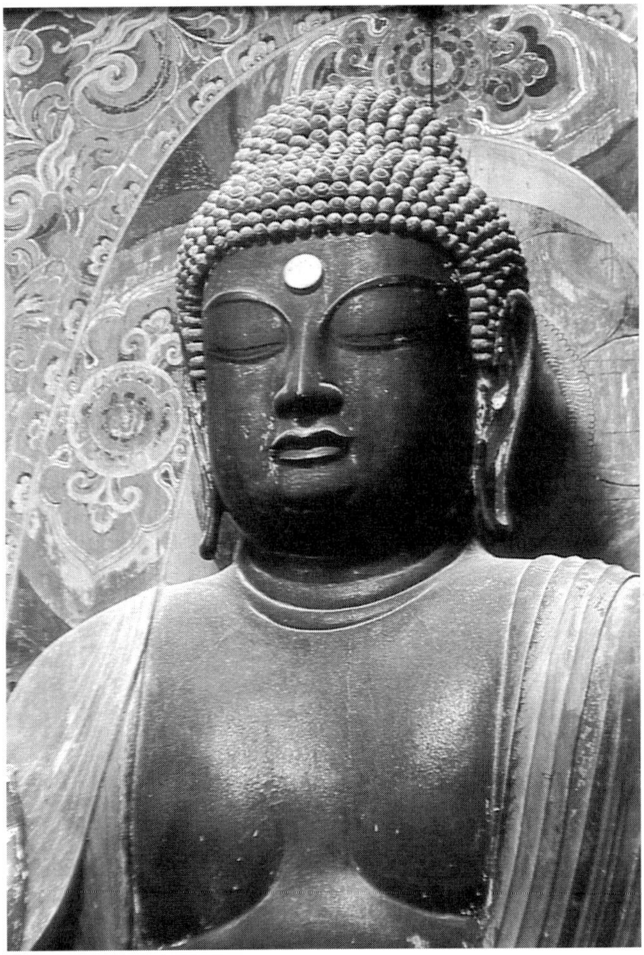

Statue de Skaka Nyorai,
bronze, Japon, VIIIe siècle

de l'époque de Nara, l'art bouddhique japonais semble se détacher quelque peu de l'influence de l'art des Tang. Le bronze est de moins en moins utilisé, au profit de matériaux plus souples, tels que le bois, la laque sèche, la terre. Bien que les corps deviennent plus raides, les images acquièrent plus de puissance. Les visages sont plus réalistes et expressifs, les auréoles prennent l'allure de véritables travaux d'orfèvrerie. De grandes statues de bronze sont encore réalisées (Daibutsu du Tôdai-ji, 749), mais elles sont rares. On préfère maintenant tailler en plein bois. Quant à la peinture religieuse, confiée aux peintres des bureaux officiels (qui comptaient des artistes chinois dans leurs rangs), elle se limite à l'illustration de sûtra et à la confection d'images tracées à l'encre de Chine et brillamment colorées, à l'imitation des œuvres chinoises ou d'Asie centrale.

L'époque suivante, celle de Heian (794-1185), voit, avec l'apparition des doctrines ésotériques et leur cortège de divinités, l'apogée de l'art bouddhique au Japon. Cette période marque la transition entre l'art d'influence Tang de l'époque de Nara et l'art de style proprement japonais qui s'imposera à partir de l'époque des régents Fujiwara, au Xe siècle. Les moines ont rapporté de Chine de nombreuses images, peintes et sculptées, des divinités du panthéon ésotérique. Les textes, mieux connus, inspirent les artistes qui vont s'efforcer de produire d'innombrables images des divinités conformes à ceux-ci mais également à leur génie propre. L'heure n'est plus à la servile imitation des modèles coréens ou chinois, mais à une véritable recréation. Le bois est désormais presque uniquement utilisé, parfois laissé nu (bois odoriférants), mais le plus souvent laqué et doré. Trois styles se partagent alors la faveur des artistes : ceux qui sont directement dérivés de la période précédente, ceux qui sont influencés par les styles chinois de la fin de la période des Tang, enfin les styles provinciaux... Vers la fin de la période, les sculptures en plein bois font progressivement place à des œuvres composites, en morceaux assemblés, ce qui permet de fabriquer des séries. Les peintures consistent surtout en mandala et en bannières, puis, à partir du XIIe siècle, la peinture est presque exclusivement vouée aux représentations caractéristiques des cultes d'Amida.

L'époque de Kamakura (1185-1333) voit le triomphe de la sculpture réaliste, en bois coloré, avec incrustations d'yeux en verre. De véritables portraits de moines sont réalisés, et l'anatomie est mieux rendue. Les peintures deviennent de véritables tableaux, et d'innombrables rouleaux sont peints, parfois avec un sens caricatural très incisif, sur des sujets bouddhiques.

Après cette période, l'art de la sculpture décline et disparaît presque complètement au profit des images peintes. L'iconographie populaire tend à remplacer l'iconographie bouddhique traditionnelle qui, depuis le XIVe siècle, ne s'est pratiquement pas renouvelée. Cette iconographie populaire, extrêmement riche, formera l'essentiel des représentations bouddhiques japonaises jusqu'à l'époque moderne.

II

GÉNÉRALITÉS ICONOGRAPHIQUES

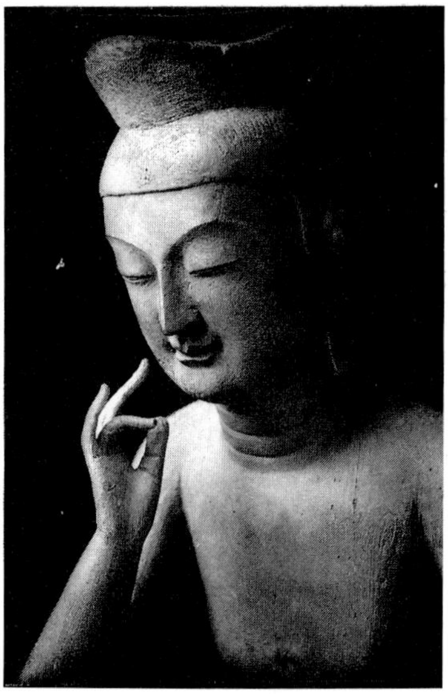

Miroku Bosatsu, bois de pin, Japon,
fin du VIIe siècle, Kôryû-ji, Kyôto.

Les diagrammes (mandala)
Les gestes symboliques (mudrâ)
Les postures des divinités
Les sièges des divinités
Les auréoles des divinités
Les attributs et accessoires des divinités (lakshana)
Les accessoires du culte

LES DIAGRAMMES (mandala)

Ancienne tradition brâhmanique reprise par le tantrisme, la confection de diagrammes représentant la Divinité et ses forces, ou bien des groupements de divinités, demeure la meilleure manière de représenter l'univers invisible des forces qui régissent le cosmos. Ces représentations « organisées » de l'univers divin sont encore largement utilisées en Inde même en de nombreuses occasions, rituelles ou autres, pour invoquer la Divinité, éloigner les esprits maléfiques, se concilier les âmes errantes ou encore demander une faveur aux puissances célestes. En témoignent encore de nos jours les dessins rituels tracés sur le sol devant leur maison par les femmes dans les campagnes indiennes (Alpona du Bengale, Aripana du Mithilâ, Osa en Orissâ, Chowk en Uttar Pradesh, Mehndi Mandana du Râjasthân, Rangoli au Mahârâshtra, Kolam au Tamilnadu, Sathia au Gujarât, etc.). Ces diagrammes rituels sont en fait une sorte d'écriture pour correspondre avec les divinités et tirent peut-être leur origine de signes magiques. L'*Agni Purâna*, un des plus anciens textes en sanskrit, décrit l'un de ces diagrammes, le *Sarvatobhadra*, considéré comme l'un des plus puissants, constitué de quarante-deux croix attachées ensemble... Ces représentations collectives de symboles ou de divinités sont réputées avoir une très grande force magique. Il n'est donc pas étonnant que le bouddhisme se soit emparé de cette idée et ait élaboré lui aussi des mandala servant son besoin d'organisation du monde matériel comme du monde subtil. Dans un mandala (jap. *mandara* ; tib. *dkyil-'kor*) les divinités (ou leurs symboles), assemblées selon un certain ordre, représentent « l'univers entier dans ses lignes essentielles, dans le dualisme de son processus, d'une émanation divine et de sa résorption dans l'humain, dans sa dialectique de désintégration et de réintégration, un cosmogramme qui est le paradigme de l'évolution et de l'involution cosmique[1] ».

Un mandala est toujours organisé autour d'une divinité, d'un point (*bindu*) ou d'un symbole majeur. Au Tibet, il est parfois centré sur un personnage historique, comme Padmasambhava ou le traducteur Marpa. Il est formé d'enceintes concentriques circulaires ou carrées, munies de quatre « portes » orientées suivant les points du compas (au Tibet, le Sud est représenté à gauche, le Nord à droite, l'Est et le Zénith étant en bas, l'Ouest et le Nadir en haut). Chaque cercle ou enceinte est occupé par des divinités ou des symboles. Lorsque la divinité centrale est une divinité « courroucée », un cercle extérieur renferme des images des lieux de crémation ou des « huit charniers ».

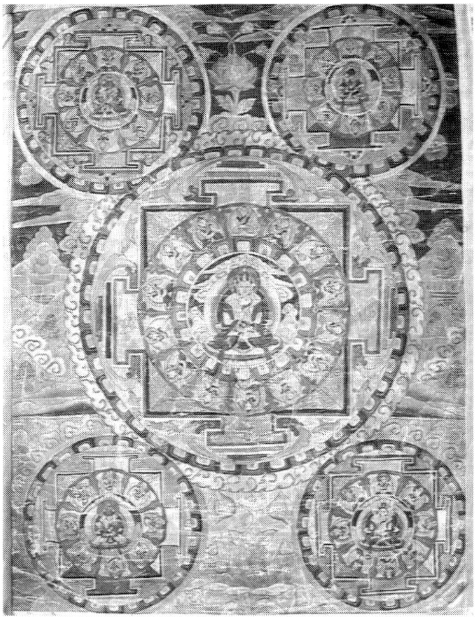

Grand mandala d'Âdi-Buddha, Tibet, XIXe siècle, coll. de l'auteur

Généralement, la divinité centrale est entourée de trois cercles de pétales de lotus, de *vajra* (foudres) et de flammes. Mais cela n'est qu'une convention, et les mandala peuvent avoir de très nombreuses enceintes. En fait toute figure formée par une divinité centrale entourée d'autres divinités (aspects, émanations, acolytes, symboles et personnages accessoires) constitue un mandala.

On distingue en général, dans le monde bouddhique, quatre catégories de mandala, représentations graphiques dans lesquelles sont groupées, iconographiquement et symboliquement, toutes les puissances et forces du monde phénoménal et de l'esprit, et dont la réunion organisée forme la personne, l'entité du Bouddha identifié à l'univers. Ces mandala, décrits en détail dans de nombreux sûtra, différents les uns des autres suivant les textes, sont en général peints sur soie, coton ou papier, parfois sur bois, gravés sur métal ou bois. Au Japon, certains furent réalisés en bas-reliefs de bronze. Dans de nombreux temples bouddhiques, au Tibet comme en Chine ou au Japon (par exemple au Tôdai-ji de Kyôto ou au Sangatsudô du Tôdai-ji de Nara), les statues des divinités, par leur groupement même, forment des mandala. Le plus grand mandala bouddhique est sans conteste formé par les terrasses concentriques du stûpa du Borobudur, à Java, datant du VIIIe siècle. Ce gigantesque monument, coiffant le sommet d'une colline, est en effet composé de plusieurs terrasses carrées surmontées d'une triple terrasse circulaire que couronne un stûpa central. C'est un monument initiatique, sorte de labyrinthe cosmique. La structure même du complexe tend à devenir une représentation du cosmos. Elle comprend trois niveaux : le monde des Désirs (Kâmadhâtu), caché par une grande terrasse additionnelle ; le monde de la Forme (Rûpadhâtu), consistant en quatre

Mandala des Gochi Nyorai du Kongô-kai

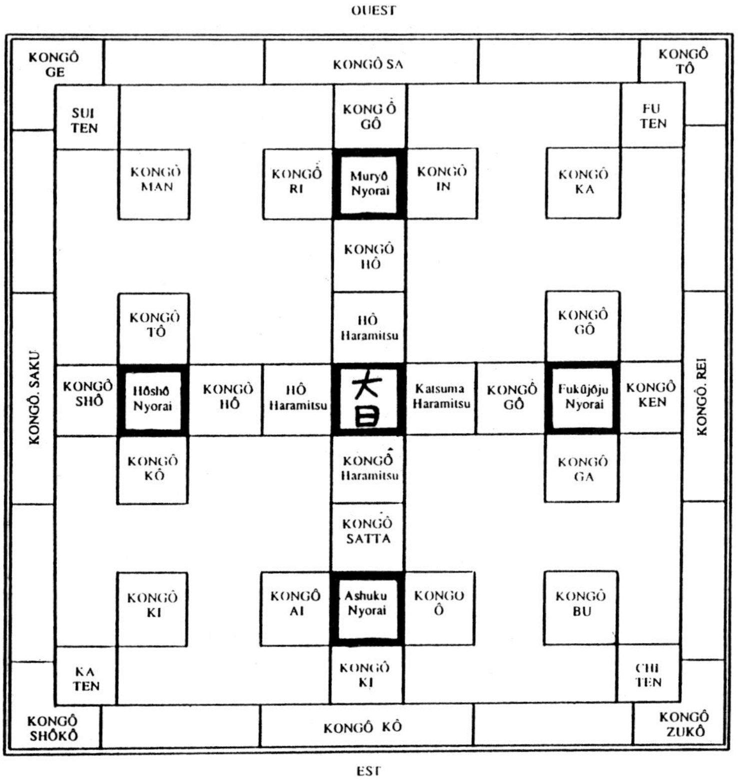

terrasses carrées décorées de mille huit cents bas-reliefs représentant la vie du Bouddha Shâkyamuni Gautama, les *Jâtaka* (2e et 3e galeries), puis les Bouddha à venir ; enfin le monde sans forme ou de Pure Perception, qui est représenté par les quatre autres terrasses circulaires : la première sans décoration, les trois autres ornées de Bouddha à demi cachés dans des stûpa ajourés (soixante-douze en tout). Le croyant qui fait l'ascension de ce prodigieux monument parcourt les cercles successifs d'un mandala, partant de la terre et de ses désirs, suit l'enseignement du Bouddha en parcourant les galeries carrées (aspect terrestre), pour enfin arriver aux cercles où plus rien ne vient le distraire de sa méditation ambulante. Face au grand stûpa central, il peut alors méditer sur le Tout sans forme, la personne même du Bouddha suprême jamais atteinte, qui ne peut être perçue ni conçue, et qui n'a ni commencement ni fin. En fait, tout temple ou stûpa est un mandala en lui-même, et les terrasses dont s'entourent les stûpa, en Inde comme ailleurs, sont les enceintes concentriques qui entourent la divinité centrale. En Inde brâhmanique, le plan des temples était également conçu comme un mandala.

Les quatre grandes catégories de mandala se trouvent en fait réunies dans les deux grands mandala que nous avons choisis pour ordonner notre propos. Ils se trouvent également tous les quatre dans l'un d'eux, le *Vajradhâtu Mandala* : le mandala des Éléments (*Mahâbhûta Mandala ;*

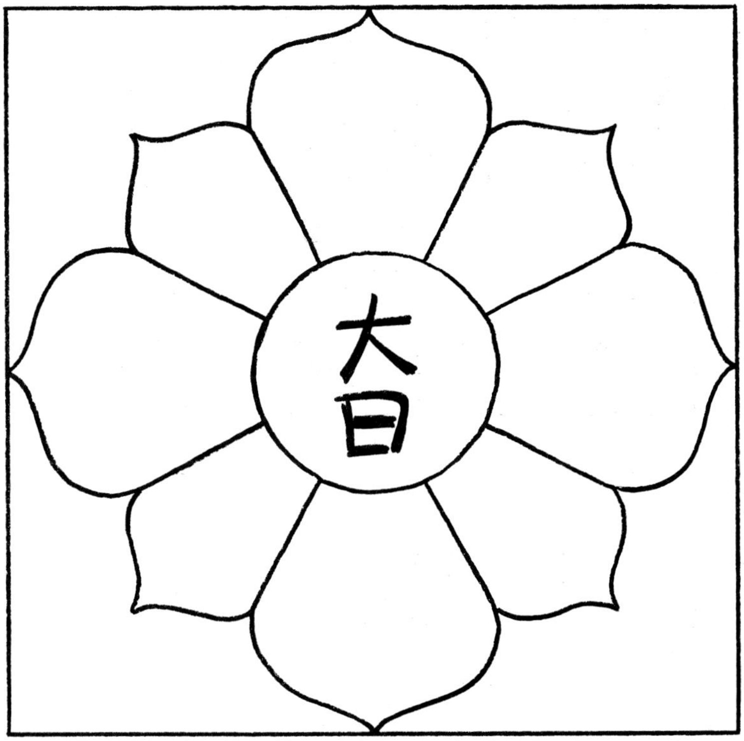

Mandala des Gochi Nyorai du Taizô-kai

jap. *Dai Mandara*), le mandala des Attributs (*Samaya Mandala* ; jap. *Sanmaya Mandara*), le mandala des Lettres-Symboles (*Dharma Mandala* ou *Bîja Mandala* ; jap. *Hô Mandara*) et le mandala des Actions (*Karma Mandala* ; jap. *Katsuma Mandara*)[2].

Selon le *Guhya Tantra*, le nombre des mandala pouvant entrer dans ces catégories serait de trois mille cinq cents. Mais ce nombre n'est aucunement limitatif, les mandala pouvant, théoriquement, être une infinité. Bien que leur origine soit indienne, ils furent utilisés au Tibet et en Chine pour les besoins des sectes tantriques et ésotériques. Leur apparition au Japon coïncide avec la création, sur le modèle chinois du Shenyan, de la secte Shingon, au début du IXe siècle. Ces mandala furent rapportés de Chine par les moines qui s'y étaient rendus, bravant les dangers des voyages sur mer, pour y chercher de nouvelles doctrines. Ils ont alors revêtu au Japon une importance extrême, bien plus qu'en Chine, car ils permirent aux moines-artistes de se fonder sur eux pour élaborer les innombrables statues et peintures de divinités que les sectes et les temples réclamaient. En effet, la plupart des divinités bouddhiques vénérées au Japon dans le cadre des doctrines ésotériques ont été tirées principalement des deux grands mandala adoptés par la secte Shingon, ainsi que par d'autres, telle celle du Tendai (chin. *Tiantai*), ceux du mandala double des Deux Mondes (jap. *Ryôkai Mandara*), le *Garbhadhâtu Mandala* (jap.*Taizô-kai*), parfois appelé « mandala des

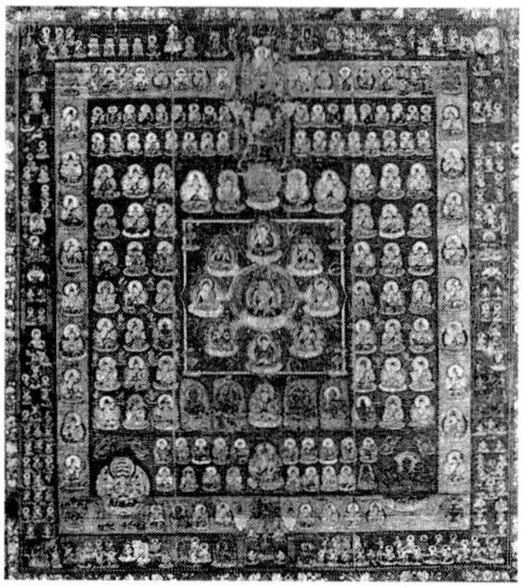
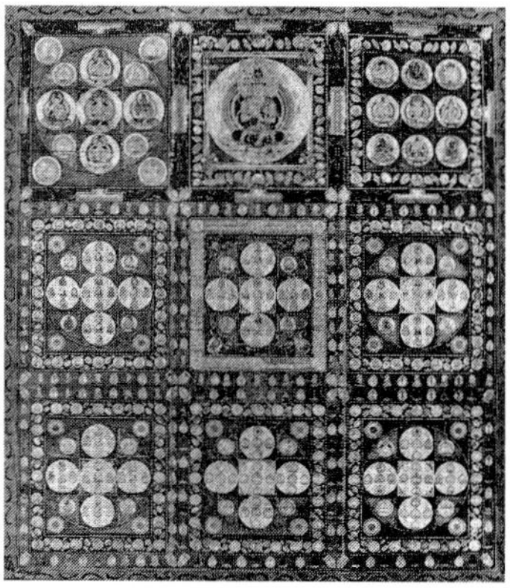

Les deux mandala du Taizô-kai et du Kongô-kai, peinture sur soie, Japon, Kyôto, Tô-ji, IXe siècle

Émanations des Trois Étages » (jap. *Sanju Mandara*), et le *Vajradhâtu Mandala* (jap. *Kongô-kai*), dont nous avons déjà parlé.

Le *Garbhadhâtu Mandala* (*Mahâkarunâgarbha Mandala*) est symétriquement disposé : autour du Grand Illuminateur, le Bouddha Mahâvairochana (jap. Dainichi Nyorai), se trouvent répartis, dans l'ordre de leur importance et suivant leur horizon, tous les groupes de divinités du panthéon du bouddhisme ésotérique, lesquelles sont représentées telles que le veut la tradition iconographique religieuse. Ces groupes de divinités sont divisés en « classes » suivant leurs fonctions. Le *Vajradhâtu Mandala* qui le complète est composé de neuf mandala différents, appartenant aux quatre catégories sus-mentionnées, disposés, à partir du centre, en spirale en tournant dans le sens des aiguilles d'une montre, et chacun est consacré à une certaine catégorie de divinités, de symboles ou de lettres-symboles (*bîja* ; jap. *shûji*). Il est plus abstrait et symbolique que le premier mandala, qui ne représente que le monde des apparences, alors que le mandala du Vajradhâtu symbolise les forces spirituelles. Néanmoins, ces deux mandala sont inséparables.

En dehors de ces deux grands mandala, les mandala divers qui ont, soit en Chine, soit au Tibet et au Japon, inspiré peintres et sculpteurs en définissant pour eux formes et attitudes des divinités bouddhiques, sont relativement nombreux. Tous ces mandala eurent une très grande importance, non seulement en tant que support matériel pour les méditations des moines, mais également pour l'enseignement. Ils définissent en effet visuellement chaque divinité en lui assignant une place précise dans l'ordre cosmique par rapport à la divinité centrale et par rapport à l'homme, en incluant ce dernier dans des classes « qualitatives », selon les lois de la logique bouddhique. Un mandala représente donc à la fois la Divinité suprême dans son Unité ou sa Diversité, le monde créé dans son organisation cosmique, l'ensemble de l'humanité par rapport à cette dernière, et finalement l'homme lui-même dans sa totalité, matérielle et spirituelle. Il est donc à lui seul une visualisation particulière de tout l'univers.

Tout cela n'était bien compris que des moines. Pour l'homme du commun, la véritable signification des mandala demeurait impénétrable : il n'y voyait qu'une sorte de reflet protéiforme de la Divinité.

LES GESTES SYMBOLIQUES (MUDRÂ)

De très nombreuses positions de mains furent utilisées dans la sculpture et la peinture bouddhiques, tant en Inde qu'au Tibet, en Chine, en Corée et au Japon, pour indiquer au fidèle, de manière simple, la nature et la fonction des divinités représentées.

Ces mudrâ (jap. *in-zô* ; chin. *yin*) sont des « signes » ou « sceaux[3]» qui symbolisent des forces ou des manifestations divines. Utilisées par les moines dans leurs exercices spirituels de méditation et de concentration, elles sont censées créer des « forces » et « appeler » la Divinité. Ces mudrâ sont utilisées de façon courante par les moines dans leurs pratiques rituelles d'adoration, de conjuration ou de concentration. Toutefois, les écoles du Sud ne les utilisent pas lors de leurs pratiques (hormis peut-être la mudrâ de vénération, Añjali, pour la prière) et n'en ont gardé que quelques-unes pour leurs représentations de la personne du Bouddha, principalement celles de l'absence de crainte (Abhaya-mudrâ), réalisée avec une ou deux mains, celle de l'accueil ou de l'offrande (Varada-mudrâ), celle de la prédication de la Doctrine (Dharmachakra-mudrâ), ou de l'argumentation (Vitarka-mudrâ), enfin celle de la prise à témoin de la terre par le Bouddha (Bhûmishparsha-mudrâ). Rares sont les représentations du Bouddha en Inde, à Ceylan ou dans le Sud-Est asiatique qui présentent des mudrâ différentes de celles-ci. L'Añjali (vénération) est de règle pour les représentations d'orants. Dans les écoles du Nord, en revanche, les mudrâ furent largement utilisées. Elles correspondent pour la plupart à celles qui furent pratiquées par le bouddhisme indien des sectes du Mahâyâna et qui, relativement tardivement, furent complétées par les religieux des sectes du bouddhisme lamaïque tibétain, et des sectes chinoises et japonaises. Au Japon, elles ne furent pas utilisées systématiquement avant le retour de Chine de Kûkai (Kôbô Daishi) [4]. On en rencontre donc très peu au Japon avant le début du IXe siècle, sauf peut-être sur des copies d'œuvres chinoises ou coréennes. On remarque une de ces mudrâ dans un groupe de cinq personnages ornant une

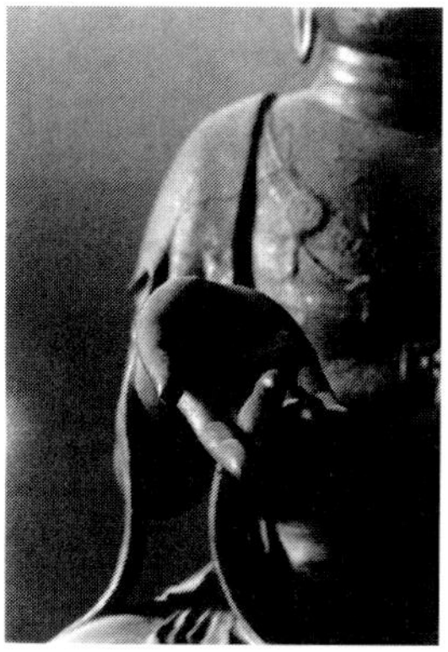

Main de Miroku Bosatsu, bois et laque sèche, Japon, Nara, Hôryû-ji, VIIIe siècle

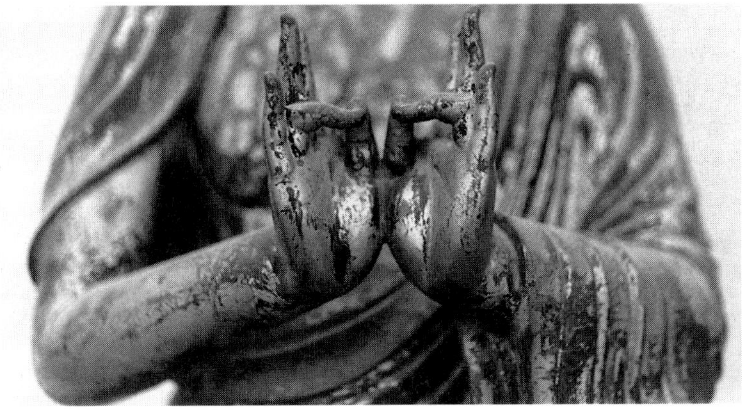

Main d'Amida en accueil (Jô-in), bois et laque sèche, Japon, Xe siècle

plaque de cuivre repoussé montrant le Bouddha Shâkyamuni en Dharmachakra entouré de Bodhisattva et de deux « auditeurs », datant du VIIIe siècle (au Hôryû-ji) : c'est peut-être là l'exemple le plus ancien d'une représentation de mudrâ dans ce pays.

La classification traditionnelle reconnaît deux catégories de mudrâ : sans forme, c'est-à-dire sans attribut (jap. *mugyô*), et avec forme ou attribut (jap. *ugyô*)[5]. Nous ne nous occuperons dans ce chapitre que des mudrâ de la première catégorie, les autres devant naturellement découler des descriptions des divinités qui utilisent dans leurs représentations des accessoires ou attributs (*lakshana*). Pour plus de commodité, nous diviserons ces mudrâ « sans forme » en trois classes :

1. mudrâ des Grands Bouddha ;
2. mudrâ utilisées principalement par les divinités mineures et les Bodhisattva ;
3. mudrâ des forces terribles.

Certaines mudrâ peuvent cependant appartenir à plusieurs de ces classes à la fois.

Les mudrâ sont très nombreuses : le *Mahâvairochana-sûtra*, au chapitre IX, en énumère trente et une pour les Grands Bouddha, cinquante-sept pour les grandes divinités et quarante-cinq pour les autres. Dans le chapitre XIV du même sûtra, il est précisé que les neuf mudrâ ésotériques correspondent aux Cinq Bouddha de sagesse et aux quatre grands acolytes de ceux-ci[6]. Cependant, nombre de mudrâ citées dans les sûtra et autres textes canoniques ne furent pas (ou seulement très rarement) utilisées pour les représentations de divinités. Seules nous occuperont ici les mudrâ que l'on rencontre associées à des images de divinités qui ont été ou qui sont encore vénérées en Asie. Quant aux autres mudrâ, plus ou moins rares ou théoriques, nous ne les décrirons qu'à l'occasion de la description des divinités qui les utilisent exceptionnellement.

LES MUDRÂ DES GRANDS BOUDDHA

Ce sont celles qui caractérisent les effigies du Bouddha dans les écoles du Sud, et les Cinq Jina (parfois appelés dans certaines formes du bouddhisme du nom collectif de Dhyâni-Buddha) symbolisant des « moments » de la vie du Bouddha historique. Ces mudrâ, qui concrétisent la nature et les fonctions de ces Bouddha, sont souvent réalisées avec les deux mains, soit séparées, soit réunies. Elles sont cependant parfois utilisées par des Bodhisattva ou par d'autres divinités, sauf toutefois celles qui sont particulières à Mahâvairochana et à ses diverses formes ésotériques.

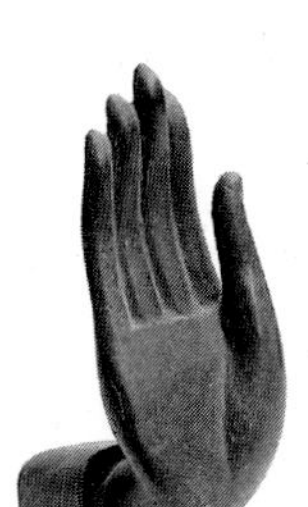

Main en Abhaya-mudrâ,
Thaïlande, XVIIIe siècle,
coll. de l'auteur

Abhaya-mudrâ (chin. *Shiwuwei Yin* ; jap. *Semui-in*)

Cette mudrâ symbolise l'absence de crainte, la protection, la bienveillance, la paix. Dans les écoles du Sud, elle est généralement faite avec la main droite levée à la hauteur des épaules, le bras replié, la paume de la main en avant, les doigts levés et joints. Dans ce cas, la main gauche pend le long du corps. Cette mudrâ est associée, en Thaïlande et au Laos surtout, au mouvement du Bouddha marchant (aussi appelé Bouddha posant l'empreinte de Son pied). Elle est presque toujours utilisée par les images montrant le Bouddha debout, soit immobile et les pieds réunis, soit marchant. Dans le Sud-Est asiatique, on rencontre surtout des statues du Bouddha debout faisant cette mudrâ avec les deux mains disposées symétriquement de part et d'autre de la poitrine. Une variante de cette mudrâ, appelée alors *Buddhasmarana*, « du fait de fixer son attention sur le Bouddha », est parfois, quoique assez rarement, utilisée dans le Sud-Est asiatique : elle se fait avec la main droite en Abhaya, levée à la hauteur de la tête. L'Abhaya-mudrâ est très rarement réalisée par d'autres divinités que les Grands Bouddha ou les Bodhisattva.

En Chine et au Japon comme en Corée, cette mudrâ de la main droite est souvent utilisée en combinaison avec une autre mudrâ faite de la main gauche. Au Japon, selon l'opinion de quelques religieux, lorsque le majeur de la main droite en Abhaya se trouve légèrement projeté en avant, cela indiquerait que la divinité relève de la secte Shingon. Cette mudrâ, qui paraît de prime abord un geste naturel, fut probablement utilisée dès la préhistoire en signe de bonne intention : la main levée et sans arme propose l'amitié, ou tout au moins la paix. Ce fut également, depuis l'Antiquité, un geste affirmant la puissance : c'est la *magna manus* des empereurs romains, qui légifère et donne la paix en même temps. Ce fut, traditionnellement, le geste d'apaisement que fit le Bouddha alors qu'Il était attaqué par un éléphant furieux, geste qui eut comme effet immédiat de calmer l'animal. De fait, cette mudrâ indique non seulement l'apaisement des sens, mais est aussi l'absence de crainte. Elle confère également aux autres cette absence de peur qui est libératrice. Dans l'art du Gandhâra, cette mudrâ fut parfois utilisée pour indiquer l'action de prêcher, de même qu'en Chine. En effet, elle se rencontre très communément dans ce pays pour les images du Bouddha des époques Wei et Sui principalement (IVe-VIe siècles).

Dans les représentations bouddhiques des écoles du Nord, cette mudrâ est souvent réalisée par les divinités, en association avec une autre, faite de la main gauche, soit en Varada-mudrâ, soit, pour les positions assises, posée paume tournée vers le haut, sur les jambes croisées. Ces deux dernières positions de mains (Abhaya-Varada) se nomment au Japon *Segan Semui-in* (ou *Yogan Semui-in*).

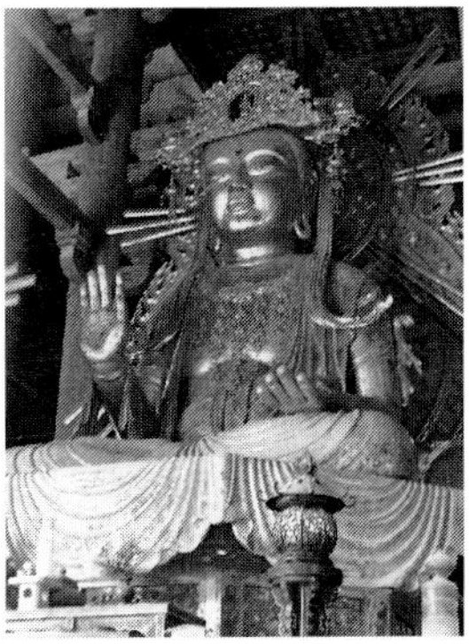

Un des Bouddha du Tôdai-ji, bois doré, Japon, Nara, XVIIIe siècle

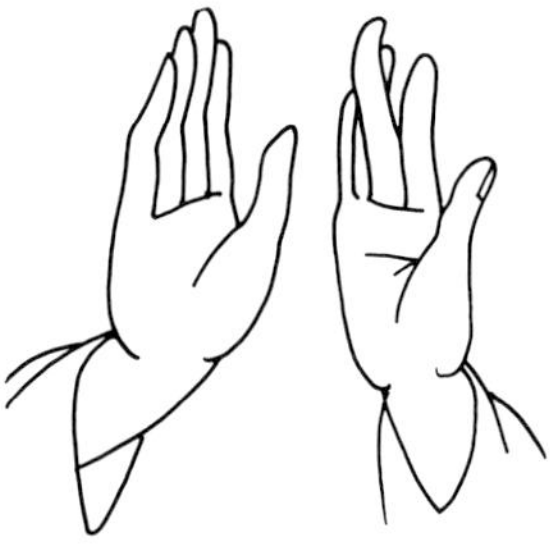

Abhaya-mudrâ

Varada-mudrâ (jap. *Yogan-in, Segan-in, Seyo-in* ; chin. *Shiyuan Yin*)

Cette mudrâ symbolise l'offrande, le don, l'accueil, la charité, la compassion, la sincérité. C'est la mudrâ de l'accomplissement du vœu de se consacrer au salut des humains. Elle est presque toujours réalisée avec la main gauche[7]. Elle peut être faite avec le bras pendant naturellement le long du corps, la paume de la main ouverte se trouvant vers l'avant (cas le plus répandu dans les statues indiennes et du Sud-Est asiatique), ou bien le bras replié, la paume offerte ou bien légèrement tournée vers le haut, ou bien encore le bras replié sur le côté du corps, la paume tournée vers le haut, les doigts allongés ou très légèrement pliés. Cette mudrâ est rarement utilisée seule, mais le plus souvent en combinaison avec une autre mudrâ faite avec la main droite (en Abhaya ou autre). Abhaya et Varada sont souvent réalisées ensemble (main droite, main gauche), mudrâ double très courante, surtout dans les représentations chinoises et japonaises (jap. *Yogan Semui-in, Segan Semui-in*).

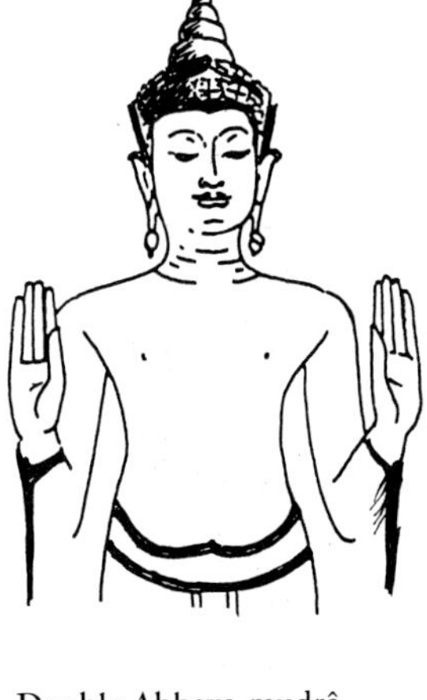

Double Abhaya-mudrâ, Asie du Sud-Est

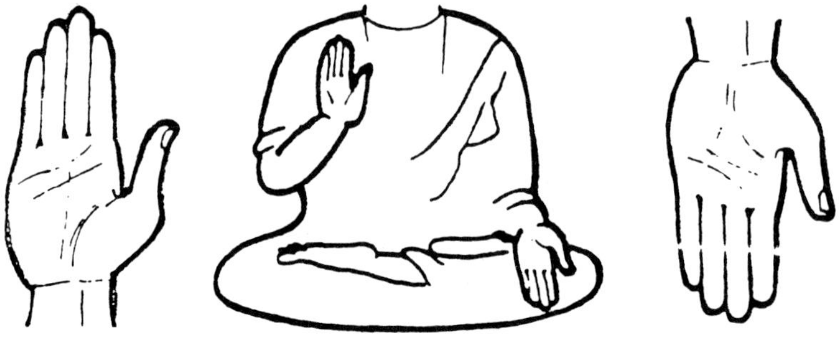

Abhaya-Varada mudrâ

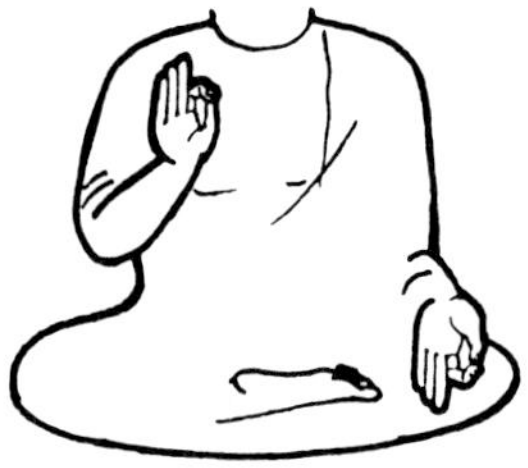

Vitarka-mudrâ

Dans les statues de l'époque Wei en Chine et de la période Asuka au Japon, les doigts sont raides, puis, petit à petit, les doigts s'assouplissent, le majeur et l'index sont séparés des autres doigts, ou bien, dans certaines statues comme celles de Yakushi dans le Kondô du Hôryû-ji, le petit doigt et l'annulaire sont seuls détachés. Finalement, à l'époque des Tang, les doigts perdent toute rigidité et s'incurvent naturellement. Alors que les textes canoniques disent que cette mudrâ peut être réalisée avec la main droite, rares sont les Bouddha ou les Bodhisattva représentés avec cette position. Certaines statues (Kichijôten du Hôryû-ji, Kyôto) l'utilisent, cependant que la main droite tient un attribut.

Cette mudrâ est, en Inde, caractéristique des images d'Avalokiteshvara, depuis la période Gupta (IVe-Ve siècles). Dans le *Kâranda-vyûha*, il est dit qu'Avalokiteshvara, visitant le royaume des morts, laisse couler de sa main en Varada-mudrâ l'eau de vie qui ressuscite les morts.

Lorsque les mains en Abhaya-Varada-mudrâ ont les pouces qui se touchent (position principalement japonaise et appelée *An-i-in*), elles indiquent l'apaisement des sens [8]. Cette mudrâ composite est souvent confondue avec la Vitarka-mudrâ, qui est celle de l'argumentation ou de la discussion de la Doctrine. Cette dernière ressemble en effet à l'An-i-in japonaise, mais alors que dans celle-ci la main gauche repose sur le genou (dans les postures assises), elle en est nettement séparée dans celle-là (voir à *Vitarka-mudrâ*).

Vitarka-mudrâ (Vyâkhyâna-mudrâ ; jap. *Seppô-in, An-i-in* ; chin. *Anwei Yin*)

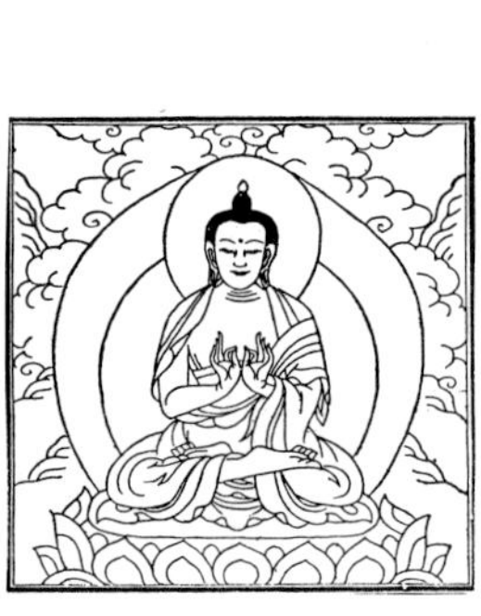

Vitarka-mudrâ, Tibet

Cette mudrâ ressemble soit à l'Abhaya, soit à Varada, mais se fait avec les deux mains en Abhaya-Varada, les pouces touchant le bout des index. Elle est surtout utilisée pour les images des Grands Bouddha, et symbolise alors une des phases de la prédication du Bouddha, celle de la discussion (ou argumentation) de la Doctrine. C'est la mudrâ qui convainc l'auditeur, qui entraîne sa conversion en lui expliquant la Bonne Loi. On lui donne donc parfois le nom de « mudrâ de l'explication ». Lorsque la main droite est en Varada (Abhaya avec pouce et index joints) et que la main gauche tient un pan de la robe, la Vitarka-mudrâ ainsi formée est dénommée *Kesa Ken-in* au Japon. Cette dernière mudrâ est particulière aux effigies de Ratnaketu (jap. Hôtô

Nyorai), qui la réalise loin du corps (*Gai-Segan-in*, main droite en Yogan-in extérieur, main gauche tenant le pan de la robe devant la poitrine), et à Samkusumitarâja (jap. Kaifuke-ô Nyorai), alors appelée *Nai-Segan-in* (main droite en Yogan-in devant la poitrine, main gauche tenant le pan de la robe sur la cuisse). Quelques autres divinités peuvent également réaliser ce Kesa Ken-in, mais dans ce cas, la main gauche qui tient le pan de la robe est écartée du corps. Ces dernières positions sont surtout représentées sur les peintures et les mandala.

Une variante de cette Vitarka-mudrâ, particulière aux effigies chinoises et japonaises de Bhaishajyaguru (jap. Yakushi Nyorai), est appelée *Yakushi-in* au Japon : la main droite est en Abhaya, la gauche en Varada ou en Vitarka, tenant un pot à médecine.

Cette Vitarka-mudrâ peut présenter quelques variantes. C'est ainsi que le pouce peut ne pas toucher complètement l'index, ou qu'il peut le dépasser sur le côté. Une variante chinoise et japonaise (jap. *An-i-shôshu-in* ; chin. *Anwei Shechu Yin*), qui prend le sens de tranquilliser et de consoler, se présente comme une Vitarka-mudrâ faite de la main gauche, cependant que la droite est ouverte en Varada à la hauteur de la hanche.

Au Japon, une autre variante montre l'annulaire joint au pouce : c'est la mudrâ de Bonne Fortune (*Kichijô*) particulière à la déesse Kichijô-ten. Rares sont les Bouddha représentés avec cette mudrâ (*Kichijô-in*).

Lorsque le pouce et l'index se joignent par leur extrémité, cela forme un cercle qui représente la perfection, ce qui est éternel, notions assimilées à la Loi du Bouddha. Au Tibet, ce cercle est réalisé par les Târâ et les Bodhisattva par la jonction du pouce et de l'un ou l'autre des autres doigts (tib. *Pa-dan rtse-gsum*). Dans le bouddhisme ésotérique et les cultes consacrés à Amitâbha, différentes sortes de Vitarka-mudrâ sont utilisées. Nous les étudierons à propos des représentations d'Amitâbha. Au Tibet, une variante utilisée surtout par les divinités en Yab-yum (embrassement), les mains croisées aux poignets, paumes vers la poitrine, doigts légèrement écartés, est appelée *Prajñâlinganâbhinaya*.

Dans le stûpa du Borobudur à Java, les statues des Bouddha de la cinquième balustrade, qui couronnent les étages carrés du monument-mandala, montrent toutes la main droite en Vitarka-mudrâ, la main gauche demeurant sur le giron, paume tournée vers le haut. Cette mudrâ semble alors être particulière au Bodhisattva Samantabhadra.

Dharmachakra-mudrâ (jap. *Tenbôrin-in, Chikichi-jô-in, Hôshin-seppô-in* ; chin. *Juanfalun Yin*)

Lorsque les deux mains sont rapprochées l'une de l'autre devant la poitrine, la droite en Vitarka, paume en avant, la gauche également en Vitarka, paume tournée vers le haut ou vers la poitrine, les doigts écartés d'une des mains touchant presque ceux de l'autre main, c'est la position de la mise en branle de la roue de la Loi, caractéristique du Bouddha prêchant, et généralement réservée aux effigies du Bouddha Shâkyamuni. Cette mudrâ connut plusieurs variantes. Dans les fresques d'Ajantâ (Inde), les deux mains sont nettement séparées et les doigts ne se touchent pas. Dans les images du style indo-grec du Gandhâra, le poing fermé de la main droite semble coiffer les doigts réunis au pouce de la main gauche. Dans les fresques du Hôryû-ji au Japon, les deux mains en Dharmachakra classique sont superposées, la droite étant

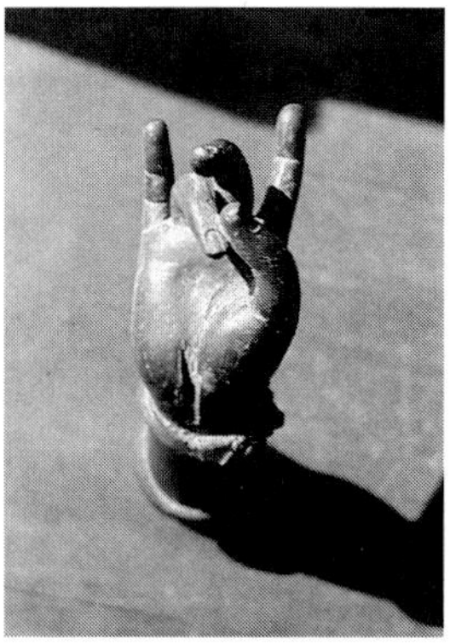

Main en Dharmachakra-mudrâ, Java, XIIe siècle

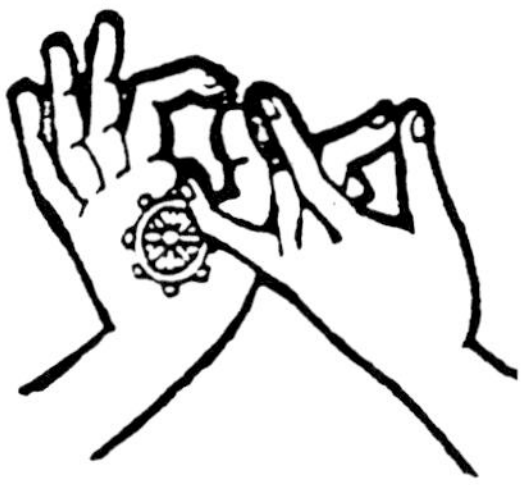

Dharmachakra-mudrâ

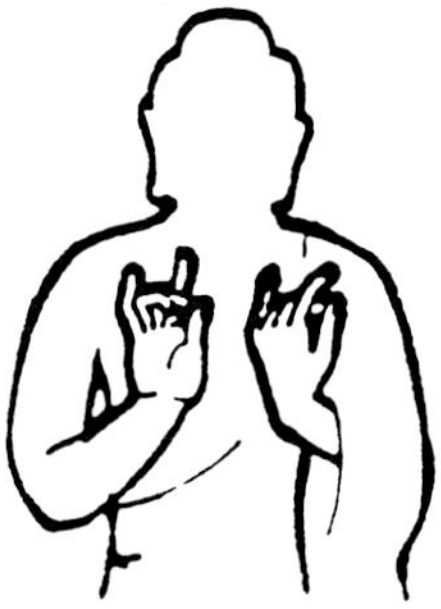

Dharmachakra-mudrâ
(autre forme)

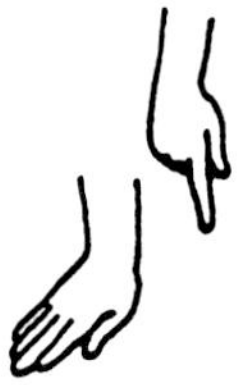

Mains droites de
la Bhûmishparsha-mudrâ
(variantes)

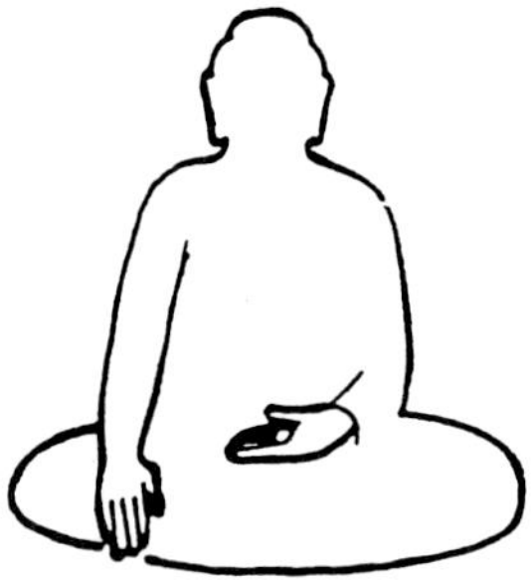

Bhûmishparsha-mudrâ
(normale)

au-dessus. Enfin une autre variante, très différente, inconnue en dehors du Japon (où elle est également très rare), montre les mains dos à dos, doigts entrelacés se touchant du bout des phalanges.

Cette mudrâ qui fait tourner la roue de la Loi est une mudrâ solaire, symbolisant le roi Chakravartin de l'Inde classique. Le Bouddha est ainsi assimilé, lorsqu'Il réalise cette mudrâ, à un Chakravartin dont l'empire est universel, et qui « fait tourner le disque du soleil », dissipant de la clarté de son enseignement les ténèbres de l'ignorance. Les deux mains, composant chacune un « cercle mystique », forment en quelque sorte les deux roues d'un chariot dont les pouces réunis seraient l'essieu commun, montrant ainsi que les deux roues symbolisant les deux aspects majeurs du monde, le matériel et le spirituel, sont indissolublement liées et perpétuellement en mouvement. Ce symbole de la roue (qui dans les premières œuvres bouddhiques indiennes représentait la personne du Bouddha) est assimilé à celui de la fleur de lotus (qui elle aussi symbolisait le Bouddha), dont les pétales seraient les huit rayons de la roue représentant le Noble Octuple Sentier de la Doctrine bouddhique.

Pour le populaire, cette Dharmachakra-mudrâ symbolise un des moments les plus importants de la vie du Bouddha, celui du premier prêche de la Loi à Ses anciens compagnons dans le parc des Gazelles à Sarnâth.

Seul en dehors du Bouddha Gautama, Maitreya, le Bouddha à venir, peut, en tant que dispensateur de la Loi, former cette mudrâ. En Inde, Maitreya est parfois représenté dans la position assise « à l'européenne », et réalisant cette mudrâ. Cependant, quelques figures d'Amitâbha montrant celle-ci furent représentées au Japon, avant le IXe siècle.

Bhûmishparsha-mudrâ (jap. *Gôma-in, Anzan-in, Anchi-in, Sokuchi-in* ; chin. *Chudi Yin*)

Cette mudrâ, qui est celle du geste de la prise à témoin de la terre, symbolise le moment de la vie du Bouddha historique, où, fort de Sa résolution de demeurer assis sous l'arbre pippal à Bodh-Gâya jusqu'à ce qu'Il ait résolu le problème de la suppression de la douleur, Il prit la terre à témoin des mérites qu'Il avait accumulés lors de Ses précédentes incarnations. Elle est donc le symbole d'une foi et d'une résolution inébranlables [9]. Elle est typique des représentations du Bouddha historique et de celles d'Akshobhya. Le Bouddha étant représenté assis en lotus (Padmâsana), la main droite touche la terre du bout des doigts près du genou droit, tous les doigts allongés, ou seulement du bout de l'index, tandis que la main gauche repose, paume vers le haut, sur le creux des cuisses. Quelques variantes peuvent se trouver, dans lesquelles la main droite se trouve à plat sur le sol ou étendue, paume en bas, parallèlement à celui-ci. Au Japon, ces variantes se nomment *Anzan-in* (pacification de la montagne) ou *Anchi-in* (pacification de la terre).

On trouve dans les textes de nombreuses versions de la légende du Bouddha prenant la terre à témoin : tantôt Il prend la terre à témoin de Sa fermeté, et celle-ci proclame que Gautama, de par Ses expériences passées, a le droit de S'asseoir sur le « trône de diamant » (*vajrâsana*) ; tantôt la terre envoie à la prière du Bouddha une armée de divinités qui tuent les démons de la horde de Mâra. C'est alors la mudrâ de

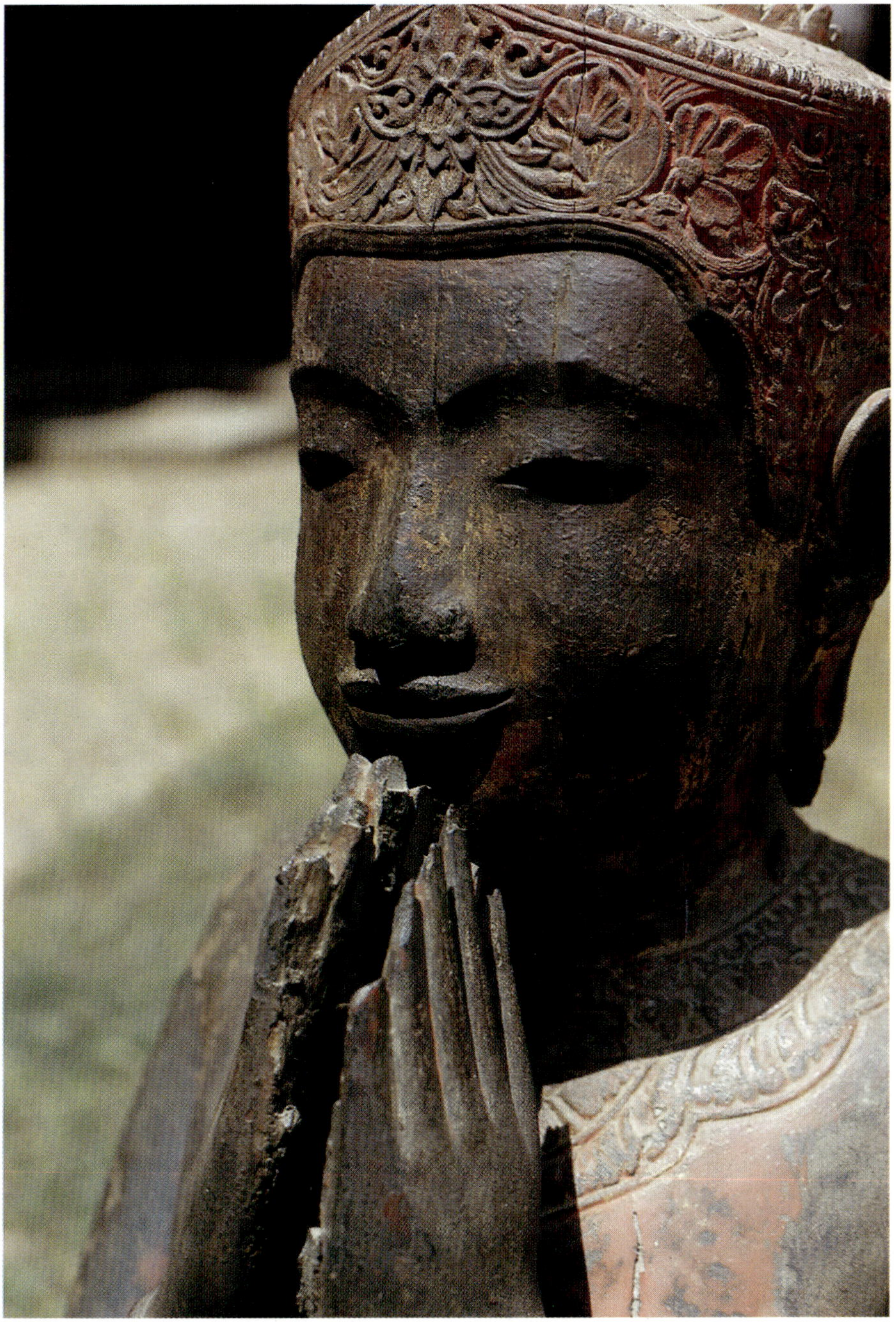

Orant, bois coloré, Cambodge, Udong, XVIIIe siècle, musée de Phnom-penh.

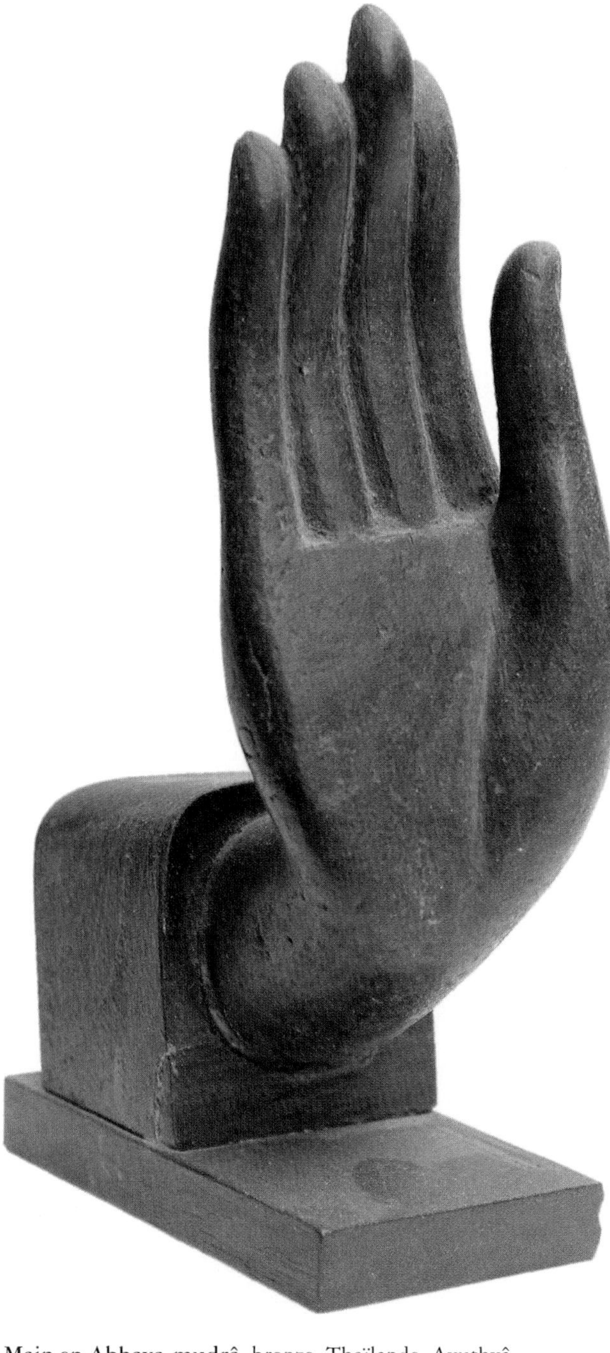

Main en Abhaya-mudrâ, bronze, Thaïlande, Ayuthyâ, XVIIIe siècle, collection privée.

subjugation des démons. Dans certaines représentations ésotériques, on voit Akshobhya touchant la terre de la main droite, cependant qu'il tient de la main gauche un pan de sa robe sur sa poitrine. En Corée, une confusion se produisit parfois, à haute époque, et de rares images d'Amitâbha furent représentées avec cette mudrâ.

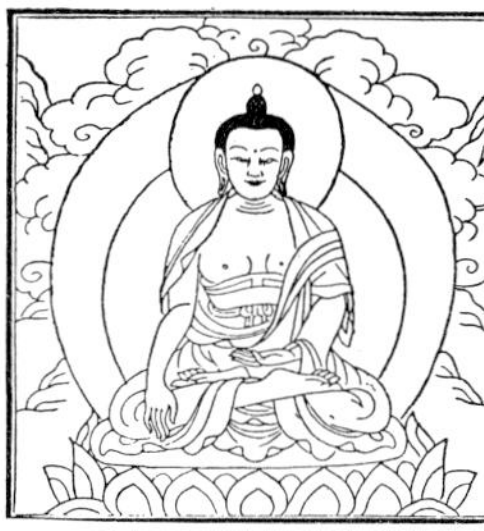

Bhûmishparsha-mudrâ,
gravure tibétaine

Dhyâna-mudrâ (Samadhi-mudrâ ; jap. *Jô-in, Hôkai Jô-in*[10] ; chin. *Ding Yin*)

C'est la mudrâ de concentration sur le Dharma (la Loi bouddhique), d'atteinte à la *Bodhi*, à la perfection. Elle est généralement réalisée à la hauteur de l'estomac ou sur les cuisses, les mains superposées, paumes tournées vers le haut, doigts allongés et pouces se touchant par leur extrémité, formant ainsi un triangle mystique, symbolique du feu spirituel[11]. Cette mudrâ, particulière à Amitâbha, est parfois utilisée dans certaines représentations de Bhaishajyaguru en tant que Bouddha de la médecine (Yakushi Nyorai au Japon). Dans ce cas un bol à médecine est posé sur les mains. Cette mudrâ n'est utilisée que pour les représentations assises des Grands Bouddha. Elle comporte de nombreuses variantes et différents noms.

Le type le plus commun, celui décrit plus haut, avec la main droite au-dessus de la gauche, se rencontre souvent en Inde où il semble avoir son origine dans le Gandhâra, et dans la Chine des Wei. Quelquefois les doigts sont entrecroisés, d'autres fois les paumes des mains sont croisées à quarante-cinq degrés. Cette mudrâ est fréquemment utilisée dans les images du Bouddha assis du Sud-Est asiatique. Cependant, les pouces joints ne forment pas de « triangle mystique » et sont accolés à la paume des mains.

Un autre type, semblable mais formant avec les pouces un triangle mystique, se trouve plus fréquemment en Chine, à partir l'époque des Wei. On ne le rencontre que tout à fait exceptionnellement en Inde et dans le Sud-Est asiatique. Des variantes de ce type sont assez nombreuses. Dans l'une de celles-ci, les pouces sont légèrement écartés l'un de l'autre ; dans une autre, c'est la main gauche qui se trouve placée sur la droite (très rare).

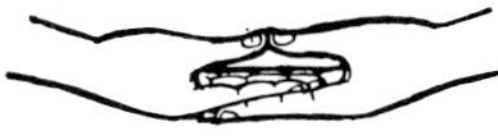

Dhyâna-mudrâ

Un troisième type de Dhyâna-mudrâ, absent dans les représentations indiennes, peu fréquent en Chine mais plus souvent utilisé au Japon, surtout à partir du Xe siècle, montre les doigts des deux mains (index, majeurs ou annulaires) repliés à angle droit vers le haut, dos à dos et rejoignant les pouces. Ces positions des doigts, particulières au culte japonais d'Amitâbha (jap. Amida) et appelées *Amida Jô-in*, représentent la méditation, l'enseignement et l'accueil dans le paradis d'Amida (la Terre pure), et correspondent aux neuf catégories entre lesquelles se répartissent les êtres à leur entrée dans la Terre pure. Elles se font avec les deux mains réunies sur le creux formé par les jambes croisées, en Dhyâna-mudrâ normal, avec les deux mains symétriquement disposées devant la poitrine en trois variétés de Seppô-in ou avec les deux mains en Raigô-in (la main droite levée à hauteur de l'épaule en Vitarka-mudrâ, la gauche en Varada-mudrâ). Lorsque les pouces sont joints aux index, c'est la position supérieure (jap. *Jô-bon*) ; les pouces joints aux majeurs, c'est la position moyenne (jap. *Chûbon*) ; les pouces joints aux annulaires, c'est la position inférieure (jap. *Gebon*). Nous décrirons ces mudrâ lorsque nous étudierons le personnage d'Amitâbha dans ses représentations japonaises.

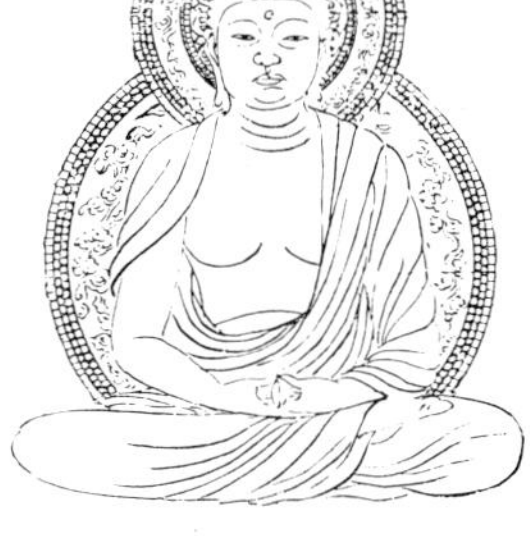

Posture de méditation,
gravure japonaise

Selon la tradition, la position normale de la Dhyâna-mudrâ dériverait de celle qu'avait prise le Bouddha lorsque, assis sous l'arbre pippal à Bodh-Gâya, Il s'était livré à une intense méditation pour obtenir le Samâdhi et découvrir le secret de la cessation de la douleur. C'est une position qui était naturellement déjà prise, dès avant son époque, par les yogin pendant leurs exercices de méditation et de concentration. Cette position indique aussi le parfait équilibre de la pensée, le repos des sens, la tranquillité.

La position de la Dhyâna-mudrâ, avec les pouces joints formant un triangle, est symbolique du *Triratna* (Trois Joyaux) que constituent le Bouddha Lui-même, le *Dharma* (Loi bouddhique) et le *Samgha* (Communauté monastique). Cette forme triangulaire stable indique également la fermeté du corps (qui, dans la position du Padmâsana, est extrêmement stable) et celle de l'esprit. Les sectes ésotériques ont évidemment accordé à ce triangle mystique une multitude de significations, dont la plus importante est celle de l'identification au feu mystique qui consume toutes les impuretés. Au Japon, dans l'interprétation ésotérique des deux grands mandala complémentaires du Vajradhâtu et du Garbhadhâtu, les deux cercles formés dans la Dhyâna-mudrâ (troisième variante) représenteraient ces mandala. Et dans ce cas, elle est réalisée par Dainichi Nyorai (Mahâvairochana) dans le Garbhadhâtu. Cependant, les mudrâ qu'Amida peut prendre et qui font partie des mudrâ de concentration peuvent être assez diverses et avoir différents noms, selon qu'ils appartiennent à l'un ou l'autre des mandala des Deux Mondes.

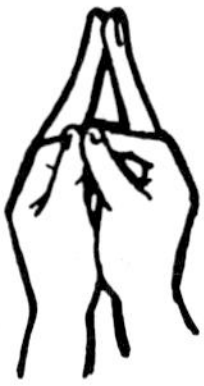

Dainichi Ken-in

Dainichi Ken-in (Mushofushi-in, Ritô-in ; chin. *Wusobuzhi Yin*)

Cette mudrâ du glaive de la Connaissance, typique de la Corée et du Japon, est particulière aux représentations de Dainichi Nyorai (Mahâvairochana) dans le mandala du Taizô-kai où elle symbolise l'ubiquité des Trois Mystères (parole, pensée, action). Appelée également *Mushofushi-in, Ritô-in* (du stûpa principal) et *Tô-in* (du stûpa), elle est formée par les mains jointes en attitude de prière, mais avec les deux index repliés et joints par leurs extrémités, les autres doigts de la main se touchant également par leurs extrémités, mais allongés. Cette mudrâ ne se rencontre guère que dans les mandala et sur certaines peintures des sectes ésotériques. Les trois ouvertures des doigts ainsi agencés signifieraient les trois mystères de l'ésotérisme : parole, pensée et action. Selon les sectes, divers noms ont été donnés à cette mudrâ, plus théorique que pratique, tels que *Biroshana-in* (mudrâ de Vairochana) ou *Mushofushi Tô-in* (mudrâ de l'ubiquité du stûpa), ou encore *Sanmitsu-in* (mudrâ des Trois Mystères).

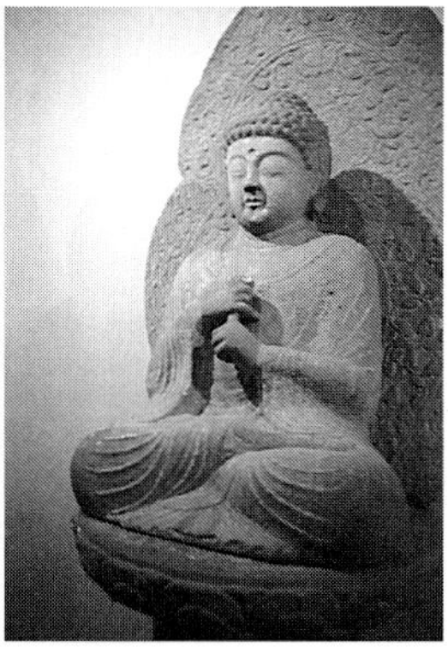

Dainichi Nyorai,
pierre, Corée, IXe siècle
Séoul, musée national

Chiken-in (chin. *Zhiquan Yin*)

Cette mudrâ, elle aussi typique de Corée et du Japon, mais inconnue en Inde, est particulière à Dainichi Nyorai (Mahâvairochana) dans le mandala du Kongô-kai (Vajradhâtu). Appelée « mudrâ des six éléments » ou encore « mudrâ du poing de sagesse », elle est réalisée par l'emprisonnement de l'index dressé de la main gauche enfermée dans le poing droit. Elle représenterait également l'union mystique de la divinité avec sa Shakti (énergie féminine passive de la divinité dans les doctrines tantriques). Elle est également appelée au Japon *Kakushô-in* et *Daichi-in* (mudrâ de la grande sagesse). Peu représentée en Chine, sauf sur des mandala, elle le fut parfois au Japon et en Corée dans la sculpture. Peut-être correspond-elle aux formes sanskrites *Vajramudrâ, Bodhyangi-mudrâ* ou *Jñâna-mudrâ*[12].

Une variante de cette mudrâ, appelée *Nyorai Ken-in* (poings de sagesse de Nyorai), les deux poings fermés et superposés devant la poitrine, est rare. Parfois c'est le poing gauche qui enferme l'index droit.

Cette mudrâ met l'accent sur l'importance de la Connaissance dans le monde spirituel. Les cinq doigts de la main droite représenteraient également les cinq éléments (terre, eau, air, feu, éther) protégeant le sixième, l'homme.

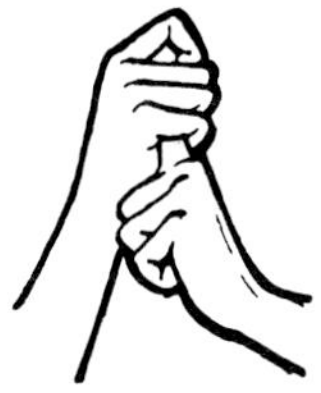

Chiken-in (Vajra-mudrâ ?)

Une autre interprétation voudrait que l'index dressé représentât la Connaissance, laquelle se trouve cachée par le monde des apparences (le poing droit). Au Tibet, cette même mudrâ représenterait l'union parfaite entre la divinité et sa Shakti en étroite union sexuelle, Yab-yum, de même qu'en Inde le *lingam* de Shiva est représenté enfoncé dans la *yoni*. Cette mudrâ trouve donc peut-être son origine en Inde (où elle semble inconnue) à travers ce symbolisme sexuel. Elle est aussi utilisée dans l'art tibétain (*Bodhyagrî-mudrâ*).

Buddhapâtra-mudrâ (jap. *Buppatsu-in* ; chin. *Fobo Yin*)

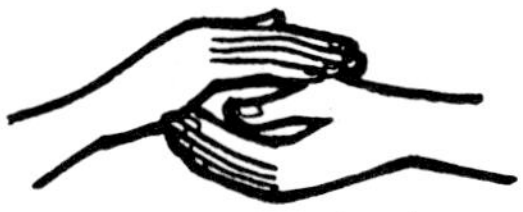

Buddhapâtra-mudrâ

Cette mudrâ est particulière aux représentations du Bouddha historique et à celles de quelques autres personnages du panthéon bouddhique, tels certains Bodhisattva. Les deux mains placées horizontalement en opposition tiennent à hauteur de la poitrine un bol à aumônes (*pâtra* ; jap. *hachi*) par-dessus et par-dessous. Le bol est parfois (accidentellement) absent de certaines représentations. Une forme particulière de cette mudrâ, dans laquelle le bol est remplacé par un « Joyau qui exauce tous les désirs » (*mani* ; jap. *hôshu*) et est tenu très serré, prend le nom de « mudrâ du bol-trésor » (jap. *Hôbuppatsu-in*). Chez quelques autres divinités du bouddhisme japonais, comme par exemple Senju Kannon Bosatsu, les deux mains réunies tiennent le bol par en dessous : c'est alors la mudrâ du bol (*Hachi-in*). Une autre variante, utilisée principalement par Seishi Bosatsu et Shô Kannon Bosatsu, est appelée *Hôkyô-in* (mudrâ de la cassette-trésor) : les deux mains en opposition semblent vouloir protéger un petit objet. Cette dernière mudrâ, laquelle ressemble beaucoup à celle dite *Hôbuppatsu-in*, fut surtout représentée au Japon et en Corée avant l'apparition des doctrines ésotériques dans ces pays. Celles-ci sont utilisées par les divinités en position debout, alors que la Buddhapâtra-mudrâ est généralement réalisée par la divinité assise en Yogâsana. Très peu utilisée en Inde, cette mudrâ semble apparaître dans l'art du Gandhâra avec les premières images du Bouddha, représenté en moine quêtant sa nourriture.

LES MUDRÂ DES AUTRES DIVINITÉS ET DES BODHISATTVA

Les mudrâ utilisées par les Bodhisattva et divinités ordinaires sont relativement peu nombreuses, et généralement représentatives d'une catégorie bien définie de divinités. Elles servent principalement à les distinguer les unes des autres, tout en symbolisant leur nature et leurs fonctions. Nous ne décrirons dans ce paragraphe que les mudrâ les plus

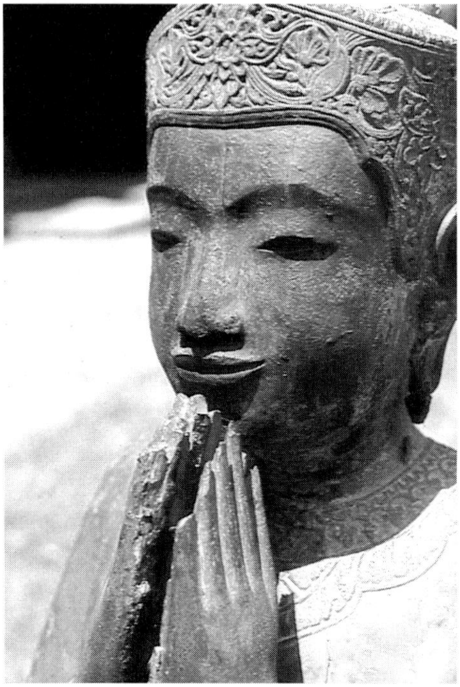

Orant avec les mains en Anjali-mudrâ,
bois coloré, Cambodge, musée de Phnom-penh, XVe siècle

couramment utilisées, nous réservant de décrire les moins communes lorsque nous les rencontrerons au cours de notre étude sur les diverses divinités.

Añjali-mudrâ (jap. *Gasshô-in, Renge Gasshô-in, Sashu Gasshô-in, Kimyô Gasshô-in,* etc. ; chin. *Hezhang Yin*)

C'est la mudrâ de l'offrande, de la vénération. Elle n'est évidemment jamais réalisée par les Grands Bouddha, lesquels se trouvent au sommet de la hiérarchie bouddhique dans le Mahâyâna, ni par le Bouddha dans les représentations de Celui-ci appartenant au Hînayâna. Elle se fait les deux mains jointes verticalement devant la poitrine, comme dans l'attitude de la prière. C'est la mudrâ réservée aux orants qui souvent accompagnent une statue du Bouddha dans l'art de l'Inde ou du Sud-Est asiatique. Elle est cependant exceptionnellement utilisée par Amitâbha lorsque ce Grand Bouddha assume la fonction d'un Bodhisattva (notamment sous sa forme japonaise de Gokôshiyui Amida).

Cette mudrâ, universellement utilisée par le commun des mortels en Inde et dans le Sud-Est asiatique pour la salutation, évoque une offrande (de bons sentiments, de sa personne, d'un art, etc.) et indique également la vénération si elle est faite à la hauteur du visage.

Il existe plusieurs variantes de cette mudrâ, variantes qui ont été élaborées tardivement par les sectes ésotériques et que l'on ne rencontre jamais dans l'art bouddhique du Sud. La *Vajra-Añjalikarma-mudrâ* (jap. *Kongô Gasshô-in* ; chin. *Jingang Hezhang Yin*) se fait comme l'Añjali-

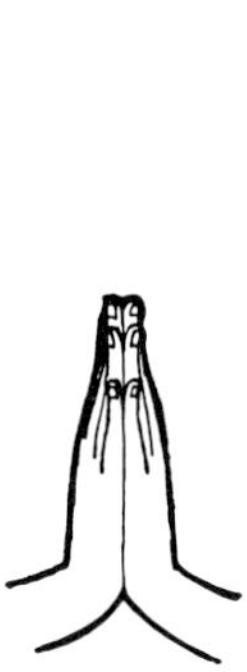

Añjali-mudrâ

mudrâ, mais avec les pouces croisés l'un sur l'autre et les bouts des doigts entrelacés, les bras étant légèrement projetés en avant au lieu d'être collés à la poitrine. Une variante de cette position montre les mains jointes en Añjali avec seulement les pouces croisés, elle est utilisée dans les rites d'ordination de certaines sectes ésotériques. Dans la symbolique de ces sectes, l'union des deux mains représente celle des deux parties du grand mandala des divinités, le Vajradhâtu et le Garbhadhâtu. Elle symbolise également l'union intime du monde des êtres (main gauche) et du monde du Bouddha (main droite). Cette position est également appelée *Kimyô-Gasshô* ou bien *Kenjitsushi-in* au Japon. Dans le cas particulier de Fukûkensaku Kannon Bosatsu, cette mudrâ (qui prend alors le nom de *Jû-in*) montre les deux mains face à face comme pour l'Añjali, mais très légèrement espacées et maintenant entre elles une petite boule de cristal (laquelle a souvent disparu dans les sculptures).

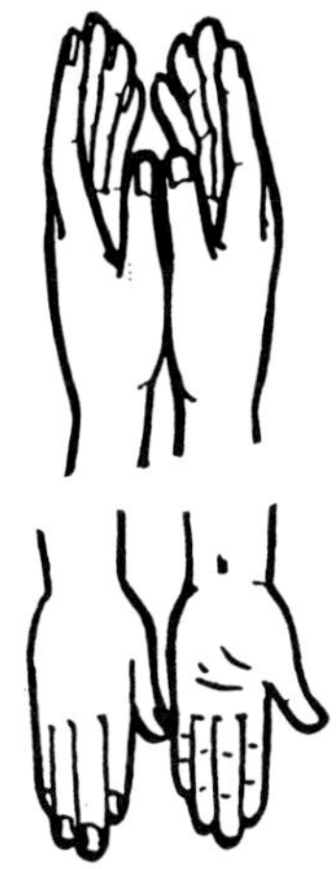

Añjali-mudrâ (variantes)

Ongyô-in (chin. *Yinxing Yin*)

Cette mudrâ de la dissimulation des formes, utilisée uniquement au Japon et en Chine dans quelques rares occasions, appelée également *Marishi-ten Hôbyô-in* (du précieux réceptacle de Mârîchî), est censée conférer l'invisibilité. C'est une mudrâ magique, spécifique des sectes ésotériques. Elle se fait avec la main droite étendue, paume vers le bas, sur le poing gauche tenu fermé devant la poitrine[13]. Nous la décrirons plus en détail dans le chapitre consacré à Mârîchî. Cette mudrâ, pour être efficace, doit être faite en même temps que sont récités les *mantra* correspondants, c'est-à-dire les formules rituelles d'invocation à la divinité considérée (en l'occurrence Mârîchî). Elle est utilisée non seulement pour se rendre invisible, mais également pour exorciser les démons. Dans certaines sectes ésotériques, elle sert à la concentration : le poing gauche non complètement fermé forme une cavité dans laquelle celui qui se concentre doit tenter de pénétrer par l'esprit afin de s'y lover tout entier, cependant qu'en un lent mouvement de rotation la main droite vient obturer le creux du poing gauche.

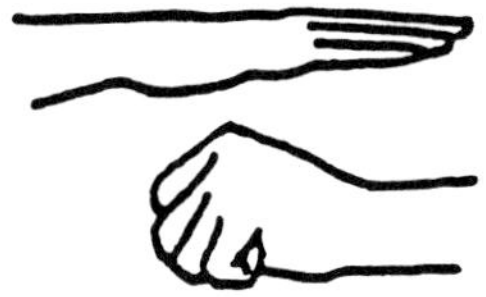

Ongyô-in

Hôshu-in

Cette mudrâ du Joyau qui exauce tous les désirs (ce joyau étant appelé *mani, chintâmani* en skt., *hôshu, nyo-i hôshu* en jap., *ruyizu* en chin., *nor-bu* en tib.) est spécifiquement japonaise et particulière à Jizô Bosastu (chin. Dizang). On la rencontre parfois en Chine sur les représentations de ce dernier. Elle est utilisée par d'autres personnages du panthéon bouddhique, surtout en peinture et dans les mandala. On la nomme également *Jizô-in*. Une forme exceptionnelle de cette mudrâ est réalisée par la statue de la Guze Kannon du Hôryû-ji, à Nara. Il arrive parfois que le chintâmani ait disparu et que la main soit vide.

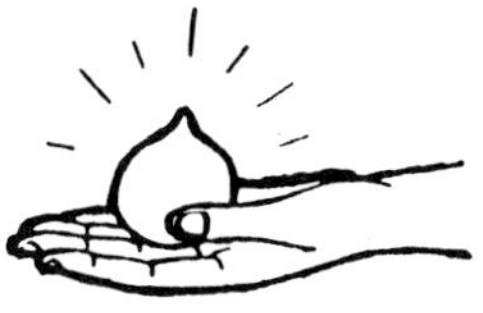

Hôshu-in

Kichijô-in

Cette mudrâ japonaise « dispensatrice de Bonne Fortune » serait, selon la tradition, particulière à Kichijô-ten, mais on ne la trouve que rarement associée à cette divinité de la Fortune. Elle se fait avec une seule main, le pouce réuni à l'annulaire, les autres doigts restant allongés. Cette mudrâ est, théoriquement, une des trois mudrâ de Shâkyamuni prêchant Sa Loi[14]. Ce serait alors une forme de la Vitarka-mudrâ. On la nomme aussi *Chikichijô-in*.

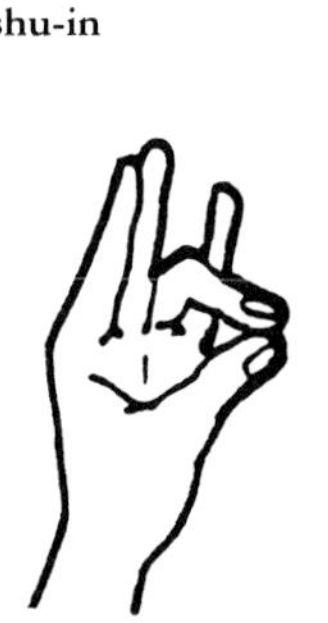

Kichijô-in

Maitreya-mudrâ (jap. *Shiyui-in*)

Cette mudrâ de Maitreya ou de la réflexion est surtout utilisée pour les images de Maitreya (jap. Miroku ; cor. Mi-rüg) des représentations coréennes de la période d'Asuka au Japon (VIe-VIIe siècle). La main gauche est posée sur la cheville droite (dans la pose dite *Hanka-shiyui*, « de la pensée ») tandis que la droite, l'index et le majeur allongés, touche la joue.

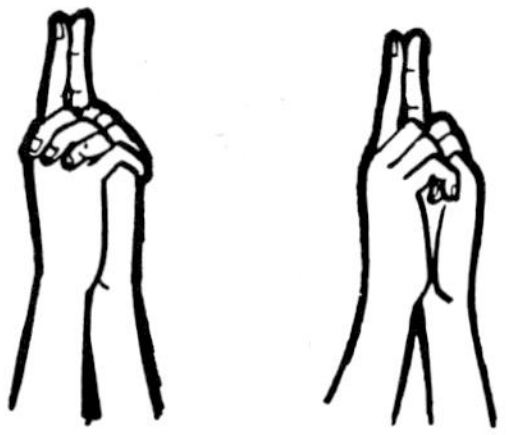

Abhishekha-mudrâ

Abhisheka-mudrâ (jap. *Kanjô-in* ; chin. *Guanding Yin*)

C'est la mudrâ de l'onction, caractéristique des saints personnages [15]. Les mains sont entrelacées, paume contre paume, index dressés l'un contre l'autre. Elle est qualifiée au Japon de *Nairenge-in* lorsque les doigts sont entrelacés vers l'intérieur et de *Gairenge-in* lorsqu'ils le sont vers l'extérieur. Ces positions se nomment également *Naibaku-in* et *Gebaku-in*. C'est une mudrâ qui est uniquement utilisée par les sectes ésotériques pour la cérémonie de l'onction, faite lors de l'entrée d'un néophyte dans la communauté bouddhique. Elle tire probablement son origine de l'ancienne habitude d'oindre la tête d'un souverain pour montrer, lors de son investiture, qu'il a été choisi. Les *Veda* indiens décrivent cette cérémonie. Dans le bouddhisme ésotérique, cette pratique d'ondoiement d'un néophyte lui confère, magiquement, les aptitudes nécessaires à ses études spirituelles. Cette mudrâ est alors réalisée par celui qui reçoit l'onction. Il peut être un Bodhisattva, une « force » ou bien une simple divinité, un personnage des Écritures, ou encore un moine.

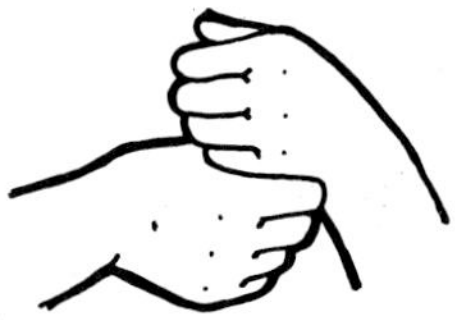

Nyorai Ken-in

Mushti-mudrâ (jap. *Ken-in*)

On appelle ainsi toute une catégorie de mudrâ (dont la Dainichi-ken-in, déjà évoquée) appartenant aux poings de sagesse et utilisées par de nombreuses divinités du panthéon ésotérique. Dans les représentations appartenant au domaine du Vajradhâtu, le poing est tenu fermé, pouce à l'intérieur : elle est alors appelée *Vajramushti-mudrâ* (jap. *Kongô ken-in* ; chin. *Jingang Yin*) et symbolise la fermeté de l'esprit. Dans celles qui appartiennent au domaine du Garbhadhâtu, le pouce est à l'extérieur du poing fermé : on la nomme *Garbhamushti-mudrâ* (jap. *Taizô-ken-in*). Lorsque ces poings de sagesse sont croisés aux poignets, paumes vers l'intérieur sur la poitrine, cette mudrâ se nomme *Trailokyavijayarâja-mudrâ* (jap. *Sankaisaishô-in*), c'est-à-dire « mudrâ du Vainqueur des Trois Mondes ». Lorsque les paumes sont tournées vers l'extérieur, c'est la *Vajrahûmkara-mudrâ* (jap. *Bazara-kongô-in* ; chin. *Juanyuelehong Jingang Yin*), mudrâ dans laquelle la main droite tient parfois un *vajra* (foudre), et la gauche une *ghantâ* (clochette). Ces mudrâ sont caractéristiques des images de Vajrasattva et, au Japon, de Kongô-zô-ô.

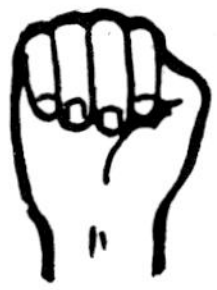

"Poing de colère" (Funnu-in)

Les Mushti-mudrâ peuvent être faites avec une seule main (généralement la main gauche), posée sur la hanche ou sur le creux de la cuisse. Mais parfois aussi la même Mushti-mudrâ, pouce à l'intérieur, paume tournée vers l'extérieur, est utilisée par la forme terrible d'une divinité. C'est une mudrâ de colère. Elle se nomme au Japon *Funnu-ken-in*.

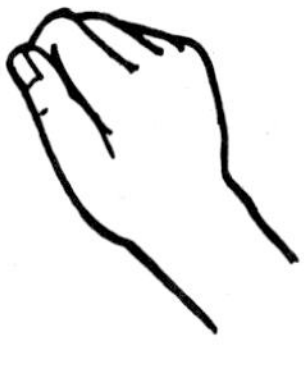

Mushti-mudrâ

Un autre aspect de ces Mushti-mudrâ, cependant quelque peu différent, est celui de la *Vajrarâja-mudrâ* (jap. *Kongô-ô-in* ; chin. *Jingang Wang Yin*) : les poings fermés sont croisés sur la poitrine comme pour la mudrâ du Vainqueur des Trois Mondes, mais avec les index dressés. Une autre forme, peu courante, montre les deux poings fermés avec les pouces en dedans, paumes vers l'intérieur, superposés à quelque distance l'un de l'autre, la gauche en dessous de la droite : c'est la *Vajramushti-mudrâ* (jap. *Kongô-ken-in*).

LES MUDRÂ DES FORMES TERRIBLES

Ces mudrâ (qui comprennent certaines Mushti-mudrâ) sont particulières aux formes terribles (parfois dites colériques) émanées des Grands Bouddha ou des Bodhisattva pour vaincre les désirs, les passions et les forces du mal, formes généralement appelées Vidyârâja (jap. Myô-ô), ou « des rois de Science magique », entrant dans la catégorie générale des forces menaçantes (Tarjanî ; jap. Funnu).

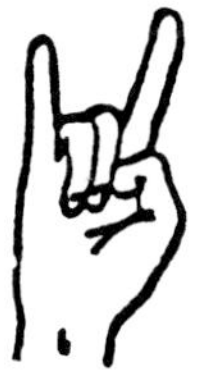

Tarjanî-mudrâ

Tarjanî-mudrâ (jap. *Funnu-in, Fudô-in*)

Cette mudrâ, particulière à Achalanâtha (jap. Fudô Myô-ô), indiquant la menace, se fait parfois avec une seule main, l'auriculaire et l'index dressés, les autres doigts repliés. Il est curieux de constater que cette mudrâ, qui est censée avoir une puissance magique de malédiction, est toujours pratiquée par nombre de peuples latins lors de la *jettatura*, pour menacer d'une malédiction ou pour jeter un sort. Ce sont les « cornes du diable » des folklores occidentaux.

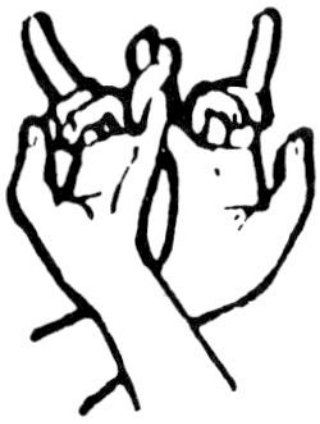

Gôzanze-in (Niwa-in)

Gôzanze-in

Cette mudrâ des sectes ésotériques japonaises, aussi appelée *Niwa-in* (des deux ailes) ou *Shisetsu-in*, est caractéristique du Vidyârâjâ Trailokyavijayarâja (jap. Gôzanze Myô-ô). Les deux mains sont réunies sur la poitrine par les auriculaires entrelacés, paumes tournées vers l'extérieur, pouces réunis aux majeurs.

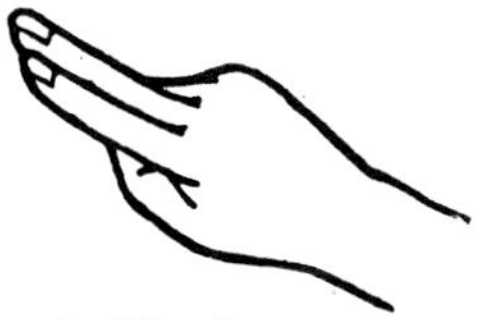

Gundari Ken-in

Gundari-in

Cette mudrâ est particulière à la forme ésotérique japonaise du Vidyârâja Gundari (Kundalî), appelé Gundari Myô-ô. Elle est réalisée avec une seule main (la droite généralement), l'index et le majeur allongés, les autres doigts repliés, la paume tournée vers le sol. Une variante de cette mudrâ, appelée *Tsurugi-in* (du glaive), montre la main droite enserrant les deux doigts de la main gauche en Gundari Ken-in. On la nomme également *Myô-ô-in.*

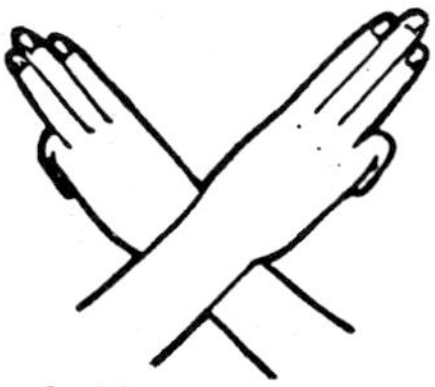

Gundari-in

Batô-in

Cette mudrâ japonaise est particulière à Batô-myô-ô, une forme de Hayagrîvâ : les deux mains sont face à face avec les doigts entrelacés, doigts à l'intérieur (*Nai-batô-in* ou *Nai-baku-in*) ou à l'extérieur (*Ge-batô-in* ou *Ge-baku-in*), sauf les majeurs et les auriculaires qui sont dressés les uns contre les autres.

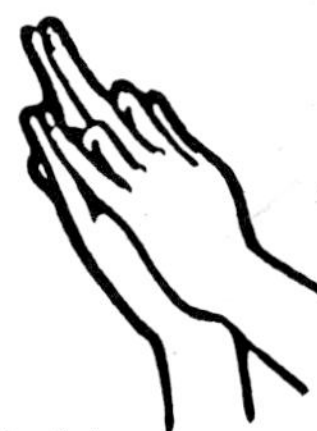

Batô-in

Baku-in (chin. *Quan Yin*)

Cette mudrâ ésotérique est formée par les doigts entrecroisés, à l'extérieur (*Gai-baku-in*) ou à l'intérieur (*Nai-baku-in*), paumes l'une contre l'autre, pouces croisés, le droit sur le gauche. Elle serait censée signifier

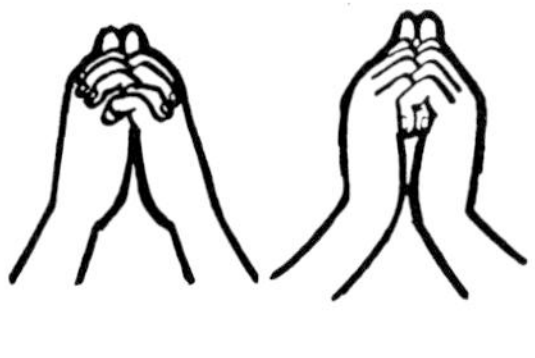

A - Gai-baku-in
B - Nai-baku-in

que celui qui la réalise s'est libéré des liens du désir qui l'attachaient au monde et a atteint la perfection des dix étapes de la Connaissance. Elle n'est jamais réalisée par un Bouddha.

De nombreuses autres sortes de mudrâ, généralement dérivées des principales, existent en théorie, parfois décrites sur les mandala, mais qui ne se trouvent qu'exceptionnellement représentées par les sectes ésotériques. Cependant, indépendamment des mudrâ que nous venons d'exposer ici, il existe de nombreuses autres positions de mains, classées dans la catégorie traditionnelle des « mudrâ avec forme » (jap. *ugyô-in*), lesquelles sont en réalité des manières de tenir en main des objets rituels ou des attributs. Ce ne sont pas à proprement parler des mudrâ.

LES POSTURES DES DIVINITÉS

Les postures (*âsana*) que les représentations des divinités peuvent adopter, tant dans la statuaire que dans la peinture, sont très diverses et caractéristiques de la nature et de la fonction de ces divinités, tout comme les mudrâ. On peut les diviser en deux groupes principaux : les postures stables et les postures dynamiques.

LES POSTURES STABLES

Elles sont généralement adoptées par la plupart des Bouddha et Bodhisattva, ainsi que par beaucoup de Deva. Ces personnages sont donc le plus souvent représentés soit debout, les pieds légèrement écartés, les jambes tendues (*Kâyotsarga* ; jap. *Ritsu-zô*), sur un lotus, un trône ou un animal, soit en appui sur une seule jambe, le corps se trouvant alors légèrement déhanché (*Tribhanga* ; jap. *Yûkyaku-zô*).

Les postures assises ou couchées

Elles sont à la fois les plus nombreuses et les plus diversifiées. En général réservées aux Grands Bouddha, elles peuvent aussi avoir été adoptées par d'autres divinités.

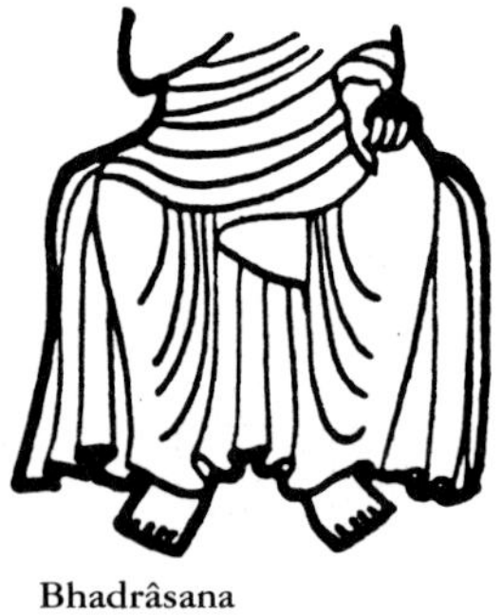

Bhadrâsana

Bhadrâsana, Pralambapâdâsana (jap. *I-zô*). C'est la posture assise dite « à l'européenne », ou encore « à la chinoise »[16], soit la posture heureuse (*Bhadrâsana*), soit la posture aux pieds pendants (*Pralambapâdâsana*), sur un siège quelconque, les deux jambes pendantes, pieds au sol, parfois croisés aux chevilles (jap. *Kôkyaku-zô*), genoux écartés. C'est une posture typique de Shâkyamuni et de quelques images de Maitreya. On rencontre cette posture dans tous les pays bouddhiques. Dans l'art du Gandhâra notamment, les pieds peuvent être posés sur une sorte de petit tabouret, ce qui relève les genoux. C'est en Inde une posture (*âsana*) typique de la royauté. On rencontre cette posture « à l'européenne » très tôt dans le Gandhâra et en Inde (Bouddha de Sarnâth, d'époque Gupta, IVe-Ve siècles), comme en Asie du Sud-Est (Chandi Mendut près du Borobudur, Java,

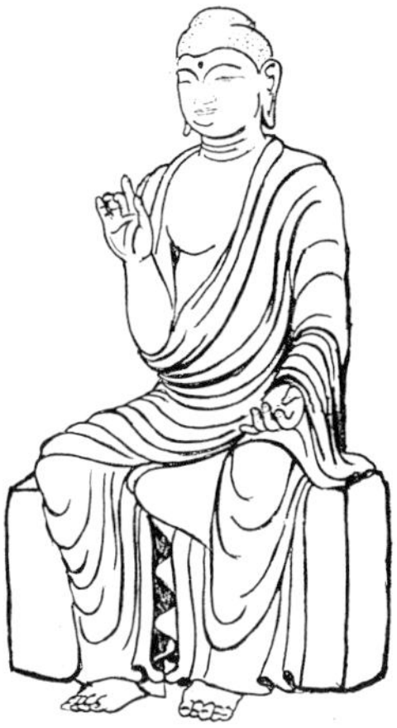

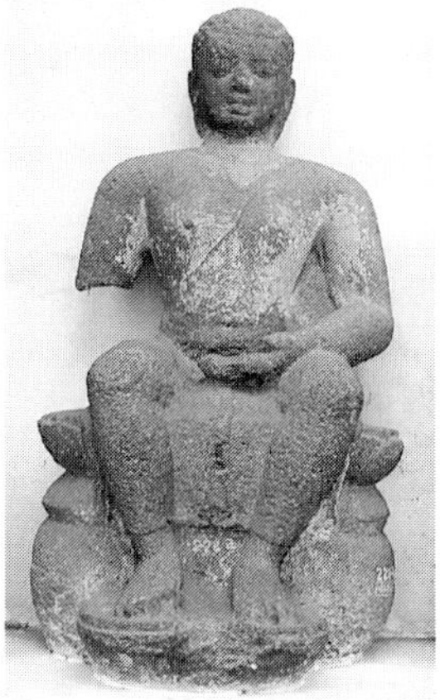

Bhadrâsana

Bouddha en Bhadrâsana, pierre, Java, IXe siècle
musée de Jakarta

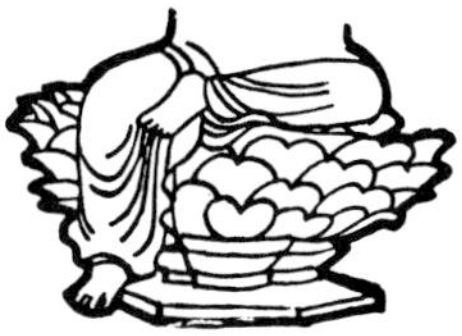

Lalîtâsana

VIIIe siècle), ainsi que dans nombre de statues et de peintures du Tibet, de Chine, de Corée et du Japon (dans ces derniers pays, c'est une posture typique de Maitreya).

Kiza-zô. Cette posture agenouillée, aussi appelée *Sonkyô-zô*, est fréquemment utilisée en Inde et en Asie du Sud-Est comme au Japon pour les orants et les fidèles. En Asie du Sud-Est, les images du Bouddha sont souvent flanquées de statues d'orants agenouillés dans cette posture sur les talons, les mains en Añjali. Au Japon, où cette posture est relativement rare (bien que ce soit là la posture habituelle des femmes japonaises), elle est également réservée aux orants et personnages mineurs représentés dans l'attitude typique de la vénération. Les personnages de Seishi Kannon (Mahâstamaprapta) et Shô Kannon (Âryâvalokiteshvara), en particulier, sont parfois représentés dans cette posture lorsqu'ils sont considérés comme les acolytes d'une autre divinité (en général Amitâbha).

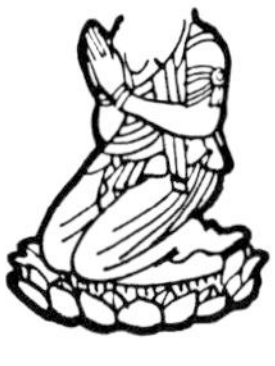

Kiza-zô

Lalîtâsana (jap. *Tôka-zô*). C'est la posture de la relaxation, une jambe repliée (la gauche généralement, mais parfois la droite) sur le siège, l'autre pendante ou reposant sur le sol, le genou plus ou moins relevé. La jambe pendante peut se trouver sur le côté ou bien ramenée au milieu, et reposer sur un piédestal ou une fleur de lotus. Cette posture est souvent adoptée pour les effigies des divinités reposant sur le dos d'animaux-supports, bien qu'elle soit habituelle pour des représentations assises sur un trône ou tout autre siège. Elle est typique des images des Bodhisattva sur les peintures des grottes d'Ajantâ comme des représentations chinoises de Guanyin (Avalokiteshvara) à partir des époques Tang et Song.

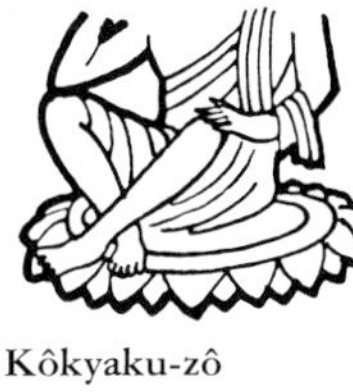

Kôkyaku-zô

Une variante de cette posture, la *Râjalîlâsana* (ou *Mahârâjalîlâsana*), posture de l'aise royale : jambe gauche repliée à l'horizontale, la droite repliée à la verticale, talons se touchant ou bien pied droit sur talon gauche, est caractéristique de nombreuses images de Mañjushrî et d'Avalokiteshvara, bien qu'elle soit de temps à autre réalisée par d'autres divinités. Réservée aux personnages royaux, cette posture n'est jamais utilisée par des divinités mineures ou accessoires. Les person-

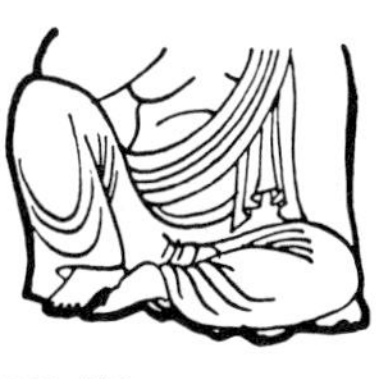

Râjalîlâsana

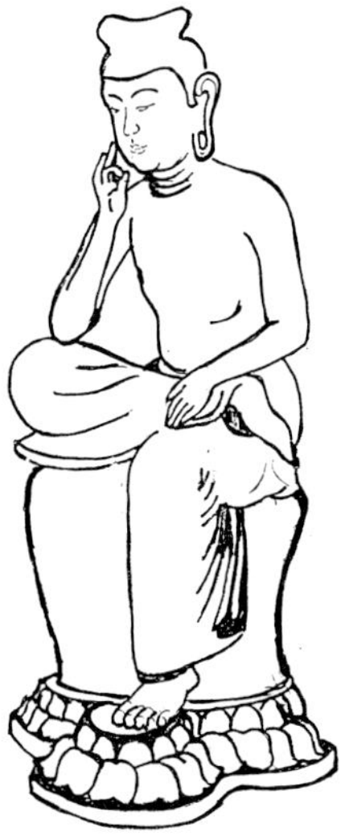

Maitreyâsana

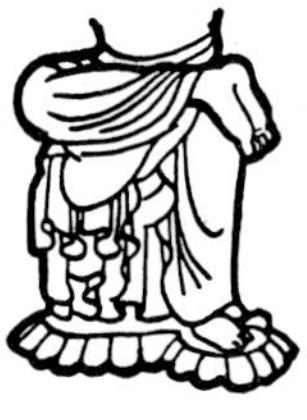

Maitreyâsana

nages qui adoptent cette attitude sont souvent représentés avec le coude (droit ou gauche, selon la jambe qui est relevée) nonchalamment appuyé sur le genou, l'autre bras prenant appui sur le sol (ou le siège) derrière la cuisse repliée à plat, afin de maintenir l'équilibre. Une variante montre parfois le personnage en Lalîtâsana, avec la main droite en Varadamudrâ posée sur le genou de la jambe pendante : c'est l'*Ardhaparyanka-âsana*.

Le Bouddha Lui-même fut, en de rares occasions (voir A. Getty, pl. X), représenté dans cette attitude, soit sur des images du Gandhâra, soit sur des œuvres relativement récentes (dans ce cas, les deux mains prennent appui sur le genou relevé). Cette posture en Mahârâjalîlâsana est appelée *Rinnô-zô* (ou *Rinnô-za-zô*) au Japon.

Maitreyâsana (jap. *Hanka-shiyui-zô*). C'est la posture du « penseur », une jambe pendante (pied posé sur le sol ou sur un lotus), l'autre jambe reposant horizontalement, la cheville sur le genou de la jambe pendante. Les mains sont en Shiyui-zô, c'est-à-dire légèrement appuyées sur la joue. Cette posture est typique des anciennes représentations de Maitreya en Chine, en Corée et au Japon, où elle est également nommée *Hanka-i-zô*. Au Japon et en Corée, Maitreya représenté dans cette posture a le coude droit reposant sur le genou droit, la main gauche étant posée sur la cheville du pied droit. Le plus ancien exemple d'image montrant cette attitude de réflexion date de l'époque de Mathurâ en Inde (IIe siècle ?). Cette attitude fut reprise par l'art du Gandhâra d'où il est probable qu'elle passa en Chine (époque des Wei). Elle connut un grand succès en Corée dès le VIe siècle, et surtout en Chine sous les Tang et les Song. Le Japon importa cette image de Corée et en réalisa de magnifiques exemples (statue de Maitreya du Chûgû-ji, à Nara). Au Japon toujours, cette attitude a également été adoptée pour représenter Nyoirin Kannon (voir à *Avalokiteshvara*).

Parinirvânâsana (jap. *Ga-zô, Nehan-zô* ; chin. *Daniepan*). C'est l'attitude du Bouddha lors de Son Parinirvâna, couché sur le côté droit, la main droite soutenant la tête, les pieds joints, le bras gauche allongé sur la hanche gauche. La tête est parfois montrée reposant sur un coussin. Dans quelques rares représentations peintes japonaises et chinoises, cependant, la main droite, au lieu de soutenir la tête, repose près de celle-ci, en

Grand Bouddha couché,
Birmanie, Pegu, Swetalyaung, restauré au XXe siècle

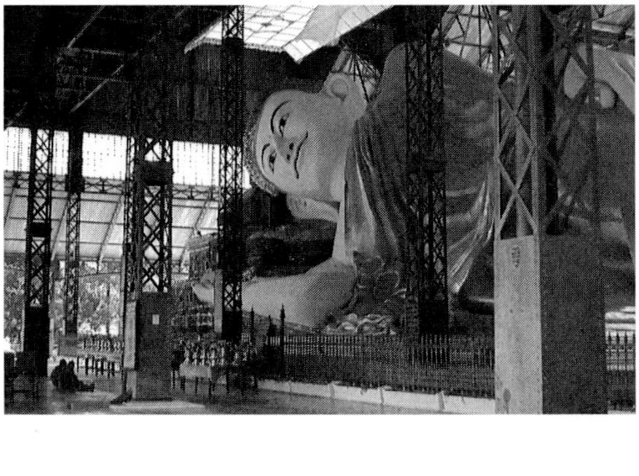

Parinirvânâsana

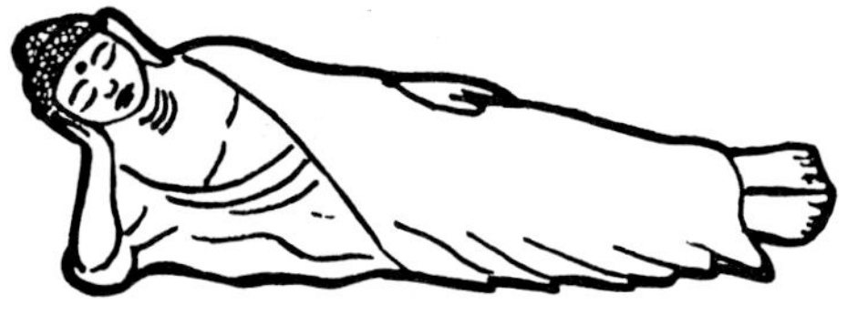

Varada-mudrâ. Cette position du Bouddha entrant dans le Nirvâna est une des quatre positions majeures du Bouddha, concrétisant le dernier « moment » de la vie du Maître. À ce titre elle est très souvent représentée dans les images de l'Inde et du Sud-Est asiatique, tant par l'iconographie des sectes anciennes que par celle des sectes du Mahâyâna.

Les postures assises en lotus (*Padmâsana*)

Ce sont les postures les plus fréquemment représentées pour les images des Grands Bouddha. Elles ont plusieurs variantes :

Vajraparyanka (jap. *Goma-za-zô*). Posture avec le pied gauche sur la cuisse droite.

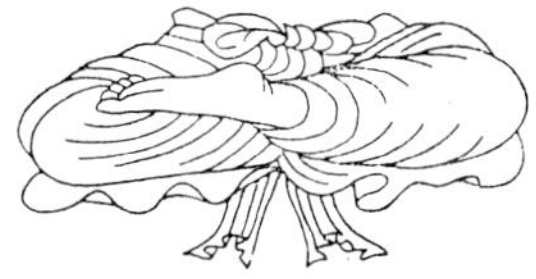

Vajraparyanka (Goma-za-zô)

Kichijô-za-zô (jap.). Posture avec le pied droit sur la cuisse gauche. Ces deux postures sont surtout utilisées pour les effigies assises des Grands Bouddha. Cependant, la Kichijô-za-zô est plus généralement utilisée dans les représentations appartenant aux sectes ésotériques que la Gôma-za-zô, plus volontiers utilisée par les sectes non ésotériques. Lorsque les deux pieds sont cachés par la robe, cela indiquerait la nature ésotérique (cachée) de la divinité représentée : c'est le Paryankâsana. Ces postures du lotus (jap. *Kekka-zô, Kekka-fuza-zô, Renge-za-zô*) sont des postures universellement adoptées depuis la plus haute Antiquité (sceau de Mohenjo-darô) par les hommes et les femmes dans tout l'Orient, et particulièrement en Inde. C'est la position prise par tout ascète pour la méditation. Dans les sectes non ésotériques, tous les Bouddha assis sont représentés dans cette posture. Dans les représentations ésotériques, c'est toujours le pied gauche qui est placé le premier sur la cuisse droite. Cette posture est aussi appelée *Vajraparyanka*.

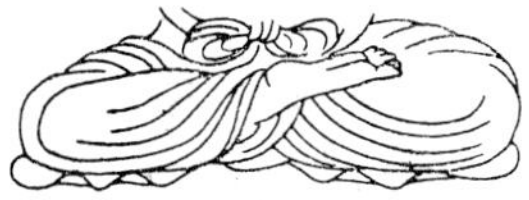

Kichijô-za-zô

Sattvaparyanka. Le Sattvaparyanka, ou « attitude noble », représente la posture assise « en tailleur », les deux jambes repliées, les pieds ne reposant pas sur les cuisses mais sur le sol ou le siège. C'est la position dite *Yûga-za-zô* en japonais. Lorsque les genoux sont relevés et les jambes maintenues par une bande de tissu, afin de faciliter la tenue de la posture pendant de longues heures de méditation, c'est le *Yogâsana*, souvent représenté en Inde et dans le Sud-Est asiatique pour les ascètes en méditation.

Vîrâsana (posture du héros), ou **Vajrâsana** (posture du diamant), ou encore **Ardhapadmâsana** (posture du demi-lotus). C'est une Padmâsana avec un seul pied apparent. Il en existe également deux variantes dans les représentations des sectes ésotériques : Gôma Hanka-za-zô (jambe gauche sur jambe droite) ; Kichijô Hanka-za-zô (jambe droite sur jambe gauche).

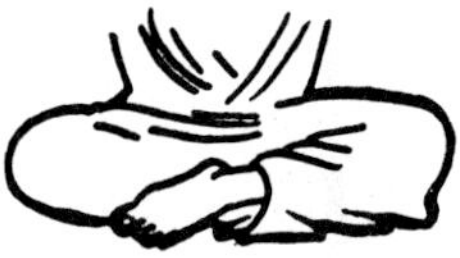

Sattvaparyanka

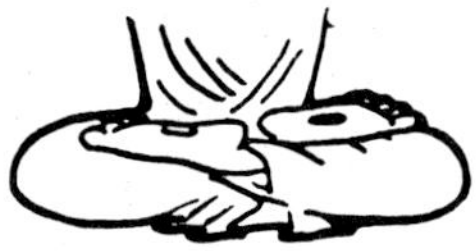

Padmâsana

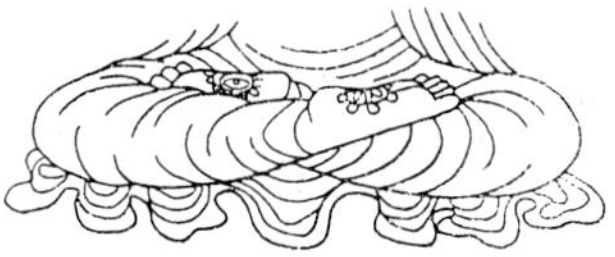

Padmâsana

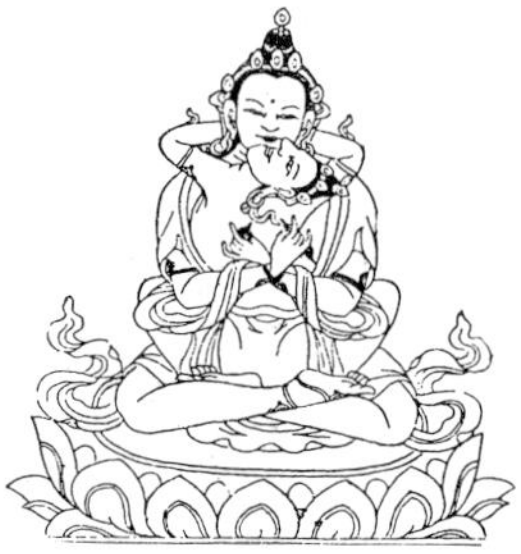

Yab-yum

Les postures en embrassement

Ces postures, particulières aux représentations tantriques des divinités au Tibet et au Nepâl, montrent deux divinités complémentaires, une divinité principale et sa Shakti ou « énergie », face à face, en embrassement très étroit, sexes joints. Le dieu est généralement assis en Padmâsana (mais peut également avoir une jambe qui pend hors du siège, sa parèdre étant face à lui, enserrant ses reins avec ses jambes). C'est la posture appelée *Yab-yum* (père-mère). Dans les plus anciennes représentations, la Shakti est simplement assise sur l'un des genoux du dieu. Cette dernière représentation, que l'on trouve fréquemment dans les images hindoues de l'Inde, fut parfois utilisée dans l'art khmer. Mais c'est principalement au Nepâl et au Tibet que les attitudes dites « d'embrassement étroit » sont les plus courantes. Elles représentent la force divine de création, du « don de la vie ».

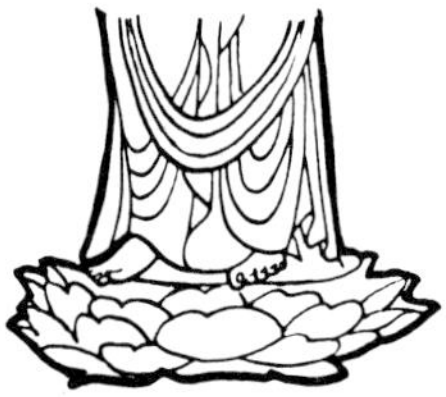

Kâyotsarga

Les postures debout

Elles peuvent être rangées en deux catégories : debout et en position parfaitement frontale (*Samâpada, Kâyotsarga*), ou au contraire adoptant la « triple flexion » (*Tribhânga*) indiquée dans les traités d'art (*Shilpashâstra*) indiens. Ces positions peuvent être très raides et symétriques ou bien plus ou moins déhanchées. Dans ce dernier cas, c'est le plus souvent la jambe gauche qui sert d'appui, la droite étant très légèrement avancée. Ce sont des postures que peuvent prendre pratiquement toutes les divinités, sauf toutefois les « émanations terribles » (Vidyârâja) et nombre de divinités mineures du tantrisme (tibétain, entre autres).

LES POSTURES DYNAMIQUES

Ces postures « dynamiques » ou « en mouvement » sont relativement nombreuses dans les sectes du Mahâyâna et tantriques. Dans les sectes des écoles du Sud, on en rencontre fort peu. La plus caractéristique semble être l'image du « Bouddha marchant » (ou « posant l'empreinte de Son pied ») de l'art thaï et laotien. Dans ces images, qui semblent avoir été « inventées » d'après certains textes à l'époque de Sukhôthai, peut-être même dès le règne de Rama Khamheng (fin du XIIIe siècle), cette forme correspond généralement à la description donnée du Bouddha dans quelques interprétations du canon pâli. Certaines représentations sont réalisées en brique et stuc et dressées contre un mur (à Sukhôthai), d'autres fondues en bronze. L'attitude générale montre le Bouddha marchant, le pied gauche soutenant le corps, le droit un peu en arrière et légèrement soulevé. Dans ces images, la main gauche est en Abhaya-mudrâ. Cependant, il existe quelques images où c'est la main droite qui est en Abhaya-mudrâ, l'autre pendant le long du corps. Mais ce serait là une mauvaise interprétation des textes, selon certains religieux. Cette attitude de marche se retrouve, à Sukhôthai également, dans des frises en ronde-bosse entourant la base d'un stûpa et montrant une file de disciples. Chez ceux-ci c'est le pied droit qui soutient le corps, le gauche étant en arrière. Ces disciples ont les mains en Añjali-mudrâ sur la poitrine. Ces effigies sont, à notre connaissance, les seules postures « dynamiques » présentes dans l'art bouddhique des sectes du Hînayâna, si l'on excepte peut-être certaines images de Tevoda ou de Kimnara représentées dans l'art thaï comme des divinités volantes.

Dans les sectes tantriques et ésotériques du Mahâyâna, les postures dynamiques sont beaucoup plus fréquentes. Elles sont adoptées par les rois-gardiens (Chaturmahârâja), les émanations colériques (Vidyârâja), les formes terribles (Khrodarâja) et leurs acolytes, les Dharmapâla, certaines déesses du panthéon tibétain et les divinités masculines farouches.

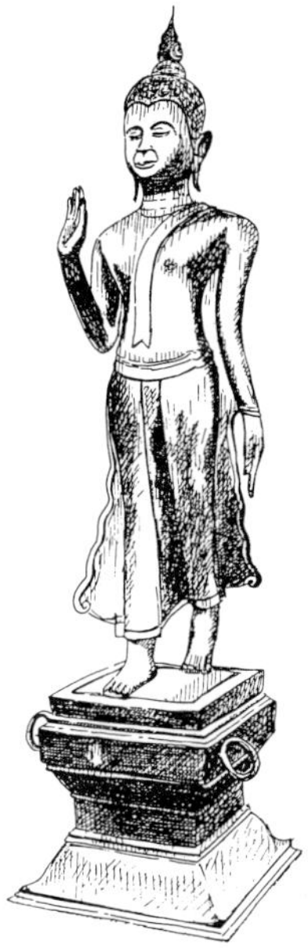

Bouddha marchant, bronze, Viêt-nam, XVIIe siècle musée de Hanoï

Achala Âsana

C'est, théoriquement, une attitude typique d'Achalanâtha. Elle est réalisée en flexion, le pied droit sur le sol, le genou gauche touchant terre en arrière du corps, le pied gauche relevé vers les fesses. Cette attitude « de danse » est encore typique de certains moments des danses traditionnelles de la Birmanie (*pwe*), de Thaïlande et du Cambodge. Elle tendrait à représenter dans ces spectacles une divinité « volant dans les airs ». C'est ainsi que nombre d'« êtres volants » (Tevoda, Tepanom, Apsarâs, etc.) sont représentés dans les arts de l'Asie du Sud-Est. On rencontre cette attitude dans la représentation des Hi-ten (êtres célestes) au Japon (Sui-en du Yakushi-ji, Nara) et des Tiannü (divinités féminines célestes) de l'art de la Chine. Au Tibet, son usage paraît avoir été assez restreint. On la trouve cependant représentée sur quelques statuettes de Mahâsiddha (Los Angeles County Museum of Art), et évidemment sur des images représentant Achalanâtha (coll. Al Farahnik, Bruxelles).

Ardhaparyanka

C'est une attitude dansante beaucoup plus commune, surtout au Tibet et dans l'art khmer. Elle est typique au Tibet et en Chine de certaines déesses ou Dâkinî telles que Vajravarâhî, Simhavaktrâ (Victoria and Albert Museum), de Hevajra et, au Cambodge notamment, de certaines Apsarâs (piliers du Bayon, Angkor). Dans cette attitude de danse, la jambe gauche en légère flexion repose sur le sol, soutenant tout le poids du corps, cependant que la jambe droite est repliée très haut dans l'entre-jambes. C'est parfois plus une attitude de « piétinement farouche » que celle d'une danse. Elle est peut-être une évolution de l'attitude du Shiva Nâtarâja, roi de la danse du panthéon hindou, montrant Shiva « dansant » la création et la destruction du monde, tout en piétinant le nain Mulâyaka, symbole des passions humaines. Cette attitude de piétinement est également à rapprocher de certaines représentations japonaises caractéristiques des Chaturmahârâja (jap. Shi Tennô) et de certains Vidyârâja (jap. Myô-ô) montrés en position debout sur des démons, des animaux ou un rocher, un pied légèrement plus haut que l'autre qui est fermement ancré au sol. Certains acolytes de divinités (Achalanâtha, par exemple) et certaines formes colériques spécifiquement japonaises, comme Zao Gongen, sont également montrées en position de marche ou de piétinement, le pied droit soulevé. Ces deux positions sont appelées *Ja-ritsu-zô* et *Teiji-ritsu-zô* au Japon.

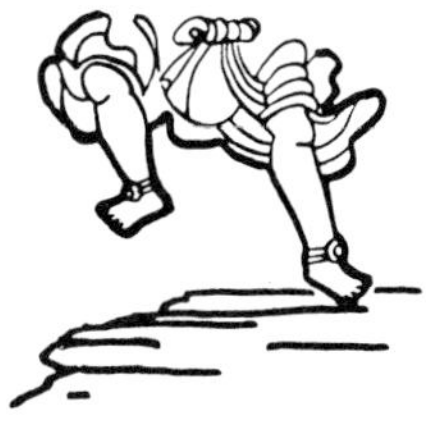

Ardhaparyanka

Pratyâlîdha (posture fendue vers la droite), **Alîdha** (posture fendue vers la gauche)

Ces postures sont plus communes, surtout dans les représentations tibétaines des Dâkinî et des divinités masculines farouches. Le corps est alors en flexion sur la jambe droite ou gauche, la jambe opposée étant tendue latéralement et très éloignée de l'autre. Hevajra est ainsi parfois représenté, embrassant sa parèdre dont la jambe gauche suit celle de la divinité. Les divinités qui adoptent cette posture sont souvent juchées sur des animaux ou des dieux d'origine hindoue. Cependant, alors que les divinités masculines farouches (Kâlachakra, Yamântaka, Hayagrîva, Hevajra, Samvara, Mahâkâla, Mahâvajrabhairava) du panthéon tibétain adoptent plus volontiers l'attitude fendue vers la droite (Pratyâlîdha), les Dhâranî optent plus souvent pour celle fendue vers la gauche (Âlîdha), bien que souvent elles soient, elles aussi, représentées en posture fendue vers la droite.

LES SIÈGES DES DIVINITÉS

Sièges et piédestaux sur lesquels se trouvent placées les divinités conditionnent souvent les postures (*âsana*) prises par celles-ci. Ces sièges (*pithâ ;* jap. *za, daiza* ; chin. *zuo*) apparaissent en Inde à Amarâvatî et au Gandhâra vers le IIe siècle de notre ère[17]. Ils furent par la suite universellement utilisés dans l'iconographie bouddhique. On les divise généralement en plusieurs catégories : les sièges-lotus (*padmapîtha*), les socles ou chaises (*pîthikâ*), les démons et divinités inférieures (comme les Yaksha, par exemple) ou hindoues, enfin les animaux-supports, souvent des vâhana.

LES SIÈGES ET PIÉDESTAUX DE LOTUS
(*padmapîtha* ; jap. *renge-za*)

Ils symbolisent la naissance divine, la pureté totale de l'être divin qu'ils supportent. Ces fleurs de lotus comportent généralement trois rangées de pétales, la rangée inférieure avec les pétales recourbés vers le bas, la rangée supérieure soutenant le plateau sur lequel repose la divinité. Cependant certains lotus-supports peuvent avoir de nombreuses rangées de pétales. Ils peuvent être simples, à pétales normaux ou inversés (jap. *kaeribana*), ou doubles, c'est-à-dire posés sur une plate-forme ou un piédestal, soit encore en lotus double, avec la corolle du lotus supérieur normale (jap. *renben*) et la corolle du lotus inférieur inversée (jap. *kaeribana*) séparées par une boule ou une couronne de sépales horizontaux et des cols ou tiges (jap. *shikinasu*). Ce piédestal particulier se nomme *kamachi-za* au Japon.

Siège de lotus

Le plateau supérieur supporté par les pétales du lotus, et sur lequel se trouve, assise ou debout, la divinité, est parfois bordé par les étamines de la fleur de lotus (jap. *renniku*). Le lotus peut d'ailleurs lui-même être posé sur une grande feuille de lotus (jap. *kayô*). Il peut également y avoir deux lotus, un pour chaque pied de la divinité (jap. *fumiwari-renge-za*). Enfin ces fleurs de lotus peuvent se trouver posées sur le dos de montures animales (*vâhana*) correspondant aux divinités qu'elles supportent : éléphant, lion, tortue, oies, etc. (jap. *chôjû-za, kinjû-za*), ou sur des nuages stylisés (jap. *kumo-za*).

Certaines images de Maitreya en Hanka Shiyui-zô ont un siège simple, mais comportent une projection supportant une fleur de lotus sur laquelle se trouve posé le pied gauche. Il arrive également, surtout dans le cas de la représentation d'une divinité « à cheval » sur le dos de son vâhana, que les pieds de ce dernier reposent sur des lotus. Enfin certaines divinités sont représentées, debout ou assises, sur des feuilles de lotus (jap. *kayô-za*).

LES SOCLES (*pîthikâ* ; jap. *za*)

Ils peuvent être carrés, cubiques (jap. *hô-za, kongô-za*) ou rédentés, imitant le mont mythologique Meru, appelé pour cette raison Shumi-za au Japon. Ce trône particulier est formé de deux pyramides inversées, chacune ayant théoriquement seize gradins correspondant ainsi aux trente-deux divinités principales du monde du Vajradhâtu. Ce trône de diamant (appelé également *vajrâsana*) rappelle le siège de pierre sur lequel le Bouddha s'était assis pendant Sa méditation solitaire sous l'arbre pippal à Bodh-Gâya. Ce type de socle est surtout utilisé pour les images des Grands Bouddha (particulièrement en Chine et au Japon), bien qu'il ait également été employé pour supporter d'autres divinités, parfois Achalanâtha. Il indique la fermeté d'esprit (*vajra*) de la divinité. On les nomme au Japon *shumi-za, sendai-za, shitsushitsu-za*.

Les autres socles simples peuvent être à plusieurs étages, carrés, rectangulaires ou octogonaux. Lorsqu'ils sont recouverts d'un tissu retombant en nombreux plis, ces sièges sont appelés au Japon *ten-i-za*. Ce dernier type fut probablement créé dans le Gandhâra et se retrouve dans tous les pays bouddhistes. Les socles peuvent également être constitués par un rocher, symbole de stabilité et de fermeté (jap. *iwa-za*). Les Vidyârâja sont souvent représentés sur des rocs, plus ou moins

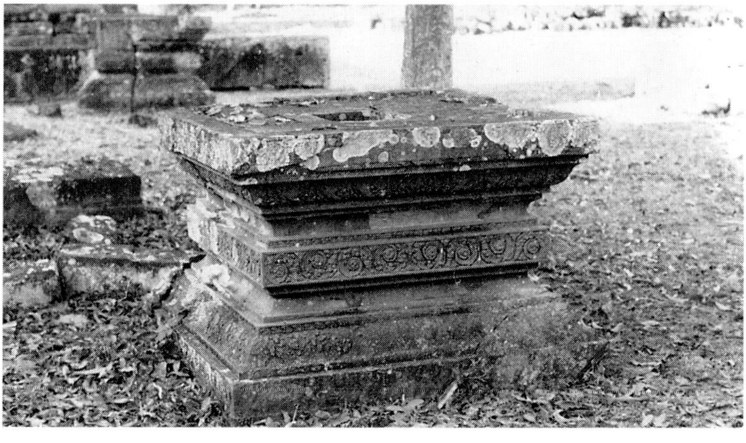

Piédestal de statue,
Cambodge, Angkor,
Bakheng, XIe siècle

stylisés. On trouve également des « bords de rivière ou de plage » (jap. *suhama-za*), un tatami très épais (jap. *agedatami-za*), une peau d'animal (jap. *senku-za, jûhi-za*), une feuille de lotus aux bords inversés (jap. *kashô-za*), ou bien un socle rectangulaire orné de panneaux historiés sur les côtés (jap. *raiban-za*).

Quant aux chaises et aux trônes (*pîthikâ*)[18], on distingue, surtout au Japon, les chaises pliantes simples (jap. *kyokuroku-za*), les fauteuils des religieux (jap. *shô-za*) et les trônes proprement dits. Ces derniers se trouvent le plus souvent, avec ou sans dossier, sur des peintures ou fresques (au Kondô du Hôryû-ji, à Nara, Japon)[19].

LES DÉMONS ET DIVINITÉS INFÉRIEURES

Les démons qui servent de socle (ou de support) aux représentations des divinités sont en général des Yaksha ou des divinités inférieures (comme Vinâyaka). Ces socles-démons sont appelés au Japon, où ils sont nombreux, *shôryô-za*. Parfois ce sont des démons-animaux qui remplacent les démons ordinaires, mais cela est plus rare (Shi Tennô du Hôryû-ji, au Japon).

Dans l'art du Tibet, les animaux-symboles, divers personnages et des dieux hindous servent souvent de socle (et d'objet de piétinement) aux Dâkinî et aux divinités masculines farouches.

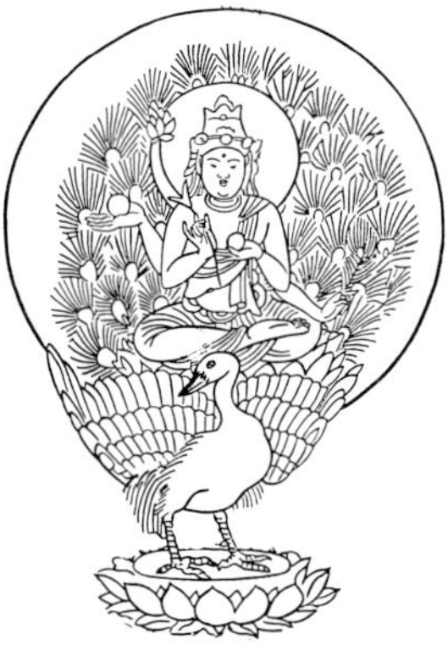

Mahâmayûrî sur son paon

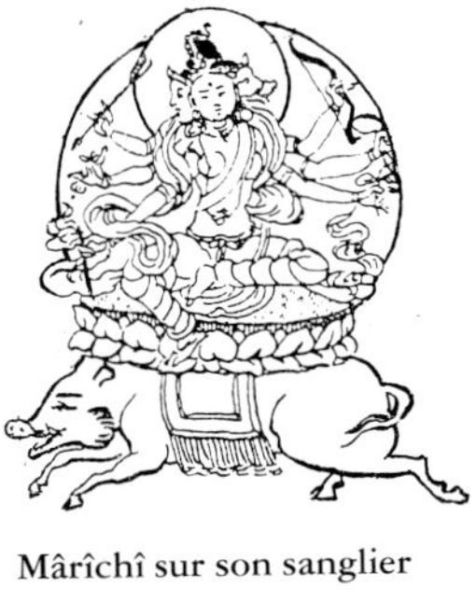

Mârîchî sur son sanglier

LES MONTURES ANIMALES (*vâhana* ; jap. *chôjû-za, kinjû-za*)

L'iconographie bouddhique associe souvent un animal à une divinité, tout comme l'iconographie hindoue. On rencontre, tant en peinture qu'en sculpture, de nombreuses divinités juchées sur leur animal-support (*vâhana*). Le bouddhisme des écoles du Nord ayant adopté comme divinités accessoires de nombreuses divinités hindoues, celles-ci sont évidemment symbolisées par leur animal-support et sont souvent montrées juchées sur leur dos. C'est ainsi que l'on rencontre des lions (Grands Bouddha et Bodhisattva, tels Mañjushrî), des éléphants (Bodhisattva, Indra), des paons, des Garuda, des chevaux, des buffles de diverses couleurs, et parfois, pour certaines divinités particulières, des tortues (pour Varuna), des daims, des oies (pour Chandra, Brahmâ), un sanglier (pour Mârîchî), des boucs ou béliers, etc. L'iconographie tibétaine, et surtout japonaise et chinoise, fait un grand usage de ces animaux-supports, alors qu'ils sont très rares dans les représentations des divinités appartenant aux écoles du Sud.

LES AURÉOLES DES DIVINITÉS (*chakra* ; jap. *kôhai*)

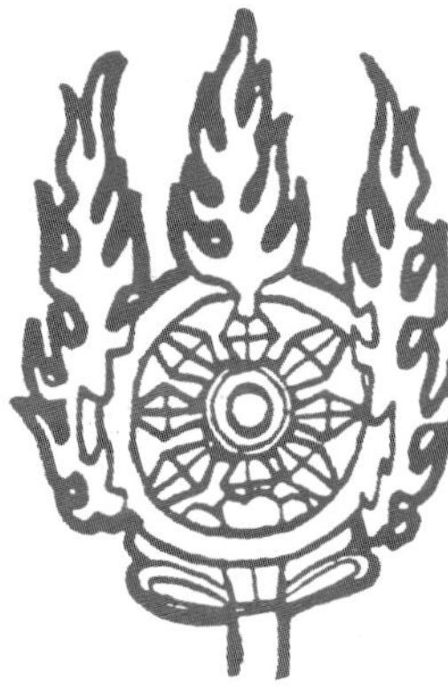

Shirashchakra enflammé

Les auréoles, nimbes ou gloires qui indiquent la divinité d'un personnage (ou sa sainteté) se trouvent placées derrière la statue ou l'image, soit entière, soit seulement derrière la tête. Ces *chakra* sont de deux sortes principales : les nimbes ou auréoles de tête (*shirashchakra* ; jap. *zukôhai*) et les auréoles de corps ou gloires (*prabhâvali* ; jap. *kyoshinkôhai*). Ces diverses auréoles peuvent être simples, en plusieurs parties, flammées (*jvâla*) ou composites. Elles peuvent être pleines, évidées, ornées de rayons, de fleurs de lotus, d'Apsarâs, d'oiseaux célestes (Kalavinka), de musiciens célestes (Kimnara, Gandharva) ou bien, dans le bouddhisme ésotérique, de « corps de transformation, d'apparition » (jap. *Kebutsu*). Ces derniers sont parfois remplacés par des joyaux sacrés (*chintâmani, mani* ; jap. *hôshu*), ou encore par des lettres-germes sanskrites (*bîja* ; jap. *shûji*). Ces auréoles, en métal ou en bois pour les sculptures, sont parfois de délicats ouvrages d'orfèvrerie. Elles sont soit fixées au socle de la statue, soit, dans certains cas (comme dans la période Asuka au Japon), au corps de la statue.

En Inde, les auréoles se remarquent très tôt dans l'art bouddhique, mais cependant pas avant l'art du Gandhâra et l'art Kushâna au IIe siècle de notre ère. Elles sont alors rondes, parfois très décorées. Certains Nâgarâja (Ajantâ, cave n° 19) ont une sorte d'auréole formée de capuchons de serpents Nâga. Dans l'art Pâla et Sena du Bengale, à partir des XIe et XIIe siècles, cette auréole s'agrandit pour englober tout le corps, « en gloire », et les têtes des Bouddha et Bodhisattva s'ornent également d'auréoles plus petites, de forme allongée, qui semblent être attachées aux épaules. Dans le Sud-Est asiatique, les auréoles sont plus rares et généralement simples, parfois allongées et fixées aux épaules. En Asie centrale et en Chine, dès la période des Wei, le corps des Bouddha s'orne parfois d'une « mandorle », cependant que la tête elle-même est souvent auréolée d'une sorte de nimbe pointu attaché aux épaules, parfois orné de décors symbolisant les flammes de l'esprit. De nombreux personnages sont représentés avec un nimbe de corps pointu au sommet comme une feuille de pippal. Ce nimbe se double d'une auréole de tête. Les auréoles composites apparaissent à l'époque des Tang et seront couramment utilisées au Japon par les sectes ésotériques. L'art du Tibet fera un grand usage de ces auréoles composites.

LES AURÉOLES DE TÊTE (*shirashchakra* ; jap. *zukôhai*)

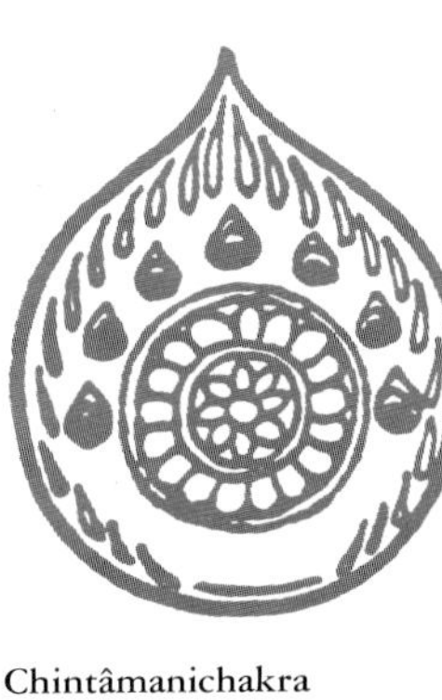

Chintâmanichakra

Elles sont le plus souvent de forme circulaire (*chakra* ; jap. *enkôhai*) et sont constituées par un cercle doré ou de couleur, ajouré ou plein, soit encore constitué par un simple cercle (jap. *rinkôhai*) parfois entouré de rayons débordants. Ces auréoles prennent parfois la forme (dans le cas des images des Chaturmahârâja, entre autres) de roues à quatre ou huit rayons (jap. *rinbôkôhai*). Certaines de ces auréoles de tête affectent une forme légèrement pointue vers le haut, soit en feuille de pippal (rare), soit en chintâmani (*chintâmanichakra* ; jap. *hôshugatakôhai*). D'autres sont ornées de courtes flammes. Ces auréoles de tête sont le plus souvent

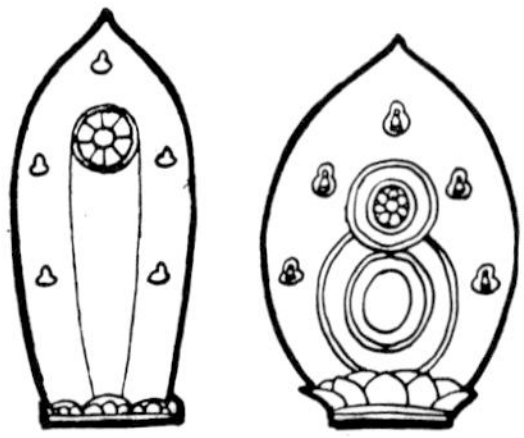

A B

A - Kofunagatakôhai
B - Shin-funagatakôhai

fixées au corps de la statue, mais certaines d'entre elles peuvent être fixées au socle ou au trône. En règle générale, plus l'auréole est ornée, plus la divinité est importante. Mais ici comme ailleurs, rien n'est codifié, et les artistes ont fait jouer leur imagination.

LES AURÉOLES DE CORPS (*prabhâvali* ; jap. *kyoshinkôhai*)

Nous avons vu qu'elles peuvent affecter plusieurs formes : les auréoles simples peuvent être rectangulaires (rare) et légèrement pointues au sommet, comme des pétales de fleurs de lotus (jap. *rengengatakôhai*), soit avoir la forme d'un bateau, étroites à la base (jap. *kofunagatakôhai*), soit une forme en carène très pointue et recourbée en avant comme pour protéger la tête de la divinité (jap. *shin-funagatakôhai*). Ces auréoles simples sont parfois décorées de nuages (jap. *kumo-kôhai*) ou d'êtres célestes (jap. *hiten-kôhai*). Elles sont caractéristiques de certaines images divines de l'époque des Wei en Chine et des images d'Amida au Japon.

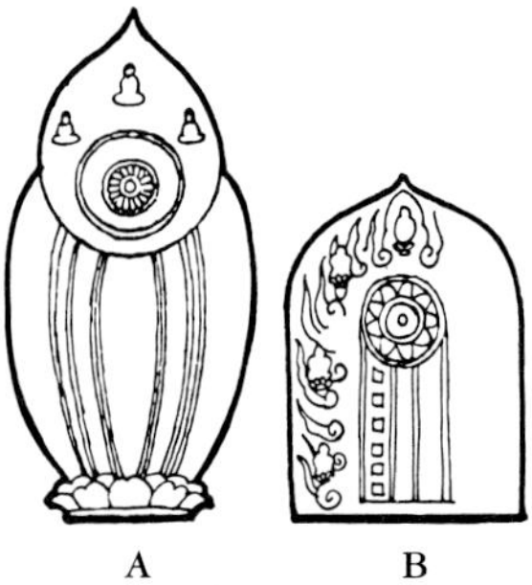

A B

A - Kyoshinkôhai
B - Kumo-kôhai

Les auréoles en plusieurs parties sont habituellement composées de deux auréoles rondes placées l'une au-dessus de l'autre, soit simplement superposées et se touchant bord à bord, soit se chevauchant, la plus haute (celle de la tête) étant plus petite que celle qui entoure le corps et chevauchant celle-ci, soit encore inscrites dans un troisième cercle (jap. *ensôkôhai*), ou encore formées par une auréole de tête placée sur une sorte de paravent rectangulaire (jap. *mibu-kôhai*). Elles indiquent la plupart du temps que la divinité qu'elles entourent appartient au domaine de l'ésotérisme.

Les auréoles flammées (*jvâla*) sont celles qui entourent la tête des divinités terribles ou farouches comme les Vidyârâja. Cependant, quelques auréoles flammées peuvent également entourer la tête des Bouddha. Elles peuvent être également constituées par des flammes libres entourant le corps tout entier (cas des Vidyârâja, par exemple) : ces flammes dévorent les passions et consument les désirs ; elles sont significatives de l'ardeur des divinités à défendre la Loi et le Bouddha. Les auréoles composites sont relativement diverses, soit en mandorles très ouvragées et ornées de rayons divergents (Fukûkensaku Kannon du Tôdai-ji, au Japon), ou bien ornées de « mille Bouddha » (jap. *senbutsu-kôhai*).

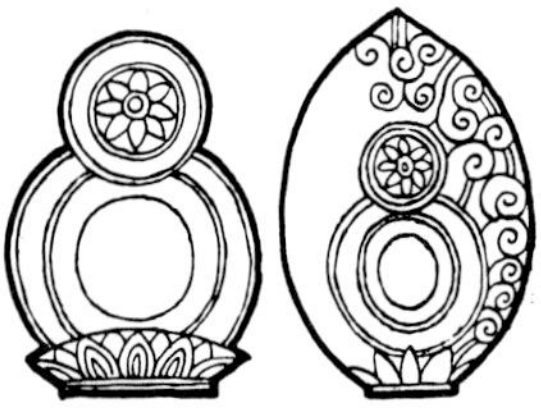

A B

A - Tokoshin-kôhai
B - Kumo-kôhai

LES ATTRIBUTS ET ACCESSOIRES DES DIVINITÉS

Dans la catégorie traditionnelle des mudrâ avec forme (jap. *ugyô-in*), les mains des divinités sont pourvues d'attributs divers qui symbolisent les vertus et les pouvoirs (aussi bien matériels que spirituels) de ces divinités. Ces attributs ou accessoires, *lakshana* (jap. *jimotsu* ?)[20] ou *chihna*, « emblèmes » (aussi appelés *dhvaja*, « étendard »), peuvent, pour la commodité de notre description, être rangés en plusieurs catégories, tout au moins pour les plus importants d'entre eux : les lotus (*padma*), les foudres (*vajra*), les clochettes (*ghanta), les roues (chakra*), les armes (*âyudha*), les vases (*kalasha*), les bâtons ou massues (*gadâ*), les instruments et accessoires de culte typiques de certaines sectes. La liste que nous donnons ici ne saurait cependant être exhaustive, ces attributs étant extrêmement nombreux et variant selon les sectes et les régions.

L'art du bouddhisme des écoles du Sud n'utilise qu'un nombre restreint de ces attributs. En effet, les effigies du Bouddha n'en comportent aucun. Celles des Bodhisattva se réduisent en général à une fleur de lotus, et parfois, dans le cas de Bhaishajyaguru, à une branche de saule ou un pot à onguent. En revanche, les sectes du Mahâyâna ont utilisé une grande quantité de ces « signes ».

LES LOTUS (*padma* ; jap. *renge* ; chin. *lianhua*)

Les lotus sont des symboles de régénération « spontanée » (*svâyambhû*) et symbolisent à ce titre la naissance divine. Selon le *Lalîtavistara*, « l'esprit du meilleur des hommes [...] est sans tache, comme le lotus nouveau dans l'eau [boueuse] qui n'adhère pas à lui[21] », et, selon Tajima Ryôjun[22], « dans le bouddhisme ésotérique, le cœur des êtres est comme un lotus non ouvert : quand s'y développent les vertus du Bouddha, le lotus s'épanouit ; c'est pourquoi le Bouddha siège sur un lotus bien épanoui ». Dans le tantrisme, il est le symbole du principe féminin et, dans le shaktisme, il représente le sexe féminin car, selon le *Shatapatha Brâhmana*, la feuille de lotus symbolise la matrice. Les lotus sont généralement différenciés par leur couleur et par leur groupement, en trois ou cinq fleurs, associées ou non avec des feuilles.

Le lotus blanc (*pundarîka* ; jap. *byakurenge*)

Il symbolise la pacification de notre nature et la *Bodhi*, l'état de pureté mentale totale et de perfection spirituelle. Il a généralement huit pétales correspondant au Noble Octuple Sentier de la Doctrine. C'est lui qui se trouve au cœur du mandala du Garbhadhâtu, étant la matrice ou l'embryon du monde. C'est donc le lotus des Bouddha.

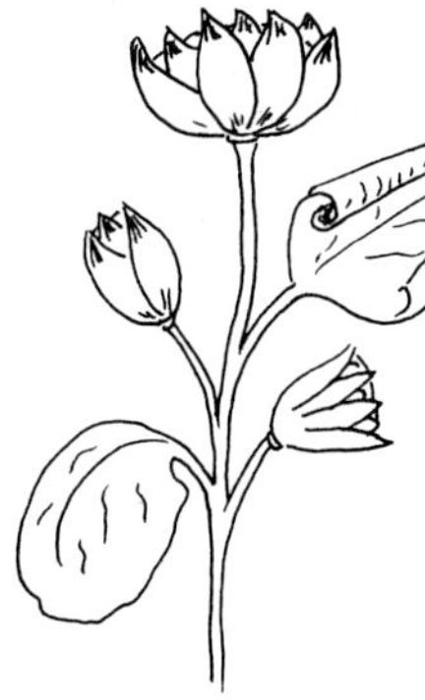

Feuilles et fleurs de lotus

Le lotus rouge (*kamala* ; jap. *gurenge*)

Il symbolise la nature originelle du cœur (*hridaya*). C'est le lotus de l'amour, de la compassion, de la passion, de l'activité et de toutes les qualités du cœur ; c'est le lotus d'Avalokiteshvara.

Le lotus bleu (*utpâla, nîlotpâla* ; jap. *seirenge, shôrenge*)

C'est le symbole de la victoire[23] de l'esprit sur les sens, de l'intelligence et de la sagesse, de la Connaissance. C'est celui qu'arbore Mañjushrî. Il est également un des attributs de Prajñâpâramitâ, la « Toute Sagesse ». Ce lotus bleu est toujours représenté en bouton plus ou moins épanoui, et on ne voit jamais son centre, contrairement au lotus rouge.

Le lotus rose (*padma* ; jap. *renge* ; chin. *lianhua*)

C'est le lotus suprême, en général réservé à la plus haute divinité, parfois confondu avec le lotus blanc (bien que ce dernier soit caractéristique des sectes ésotériques). C'est le lotus du Bouddha historique.

Le lotus pourpre (*kamala* ? ; jap. *shirenge*)

C'est le lotus mystique, uniquement représenté dans les images appartenant à quelques sectes ésotériques.

Ces fleurs de lotus peuvent être largement épanouies et montrer leur cœur (jap. *kairenge*), ou en bouton (jap. *jirenge*). Elles peuvent être supportées par une tige simple, triple (symbolisant les trois divisions du Garbhadhâtu : Vairochana, lotus et vajra)[24] ou quintuple (symbolisant les Cinq Connaissances du Vajradhâtu). Les huit pétales représentent le Noble Octuple Sentier et les huit principales divinités acolytes de la divinité centrale sur les mandala. Les fleurs de lotus peuvent également être présentées sur une coupe ou un plateau, en symbole d'hommage (jap. *rengedai*).

À la place d'une fleur de lotus, il arrive que certaines divinités, comme Bhaishajyaguru ou Avalokiteshvara, tiennent à la main une branche de saule (représentant la médecine) ou une grappe de raisins, ou encore une autre fleur (ce qui est rare). Les plantes et les fleurs autres que celles-ci ne sont pas attribuées aux divinités mais aux saints personnages et acolytes.

LES FOUDRES (*vajra* ; tib. *rdo-rje* ; jap. *kongô-sho* ; chin. *jingangchu*)

Les *vajra* ou « foudres » ont une origine lointaine (on les rencontre sur des effigies mésopotamiennes) et mal définie. On ignore comment ils en sont venus à symboliser, dans le bouddhisme, les forces spirituelles et la fermeté de l'esprit [25]. Peu utilisés en Inde même, ils furent surtout employés par le bouddhisme tantrique au Tibet, et dans les sectes ésotériques chinoises et japonaises. Peut-être peut-on les rapprocher des tridents, souvent utilisés en Inde pour symboliser la puissance.

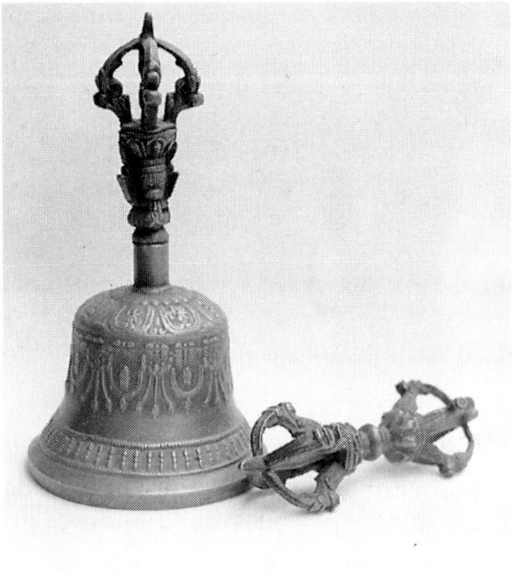

Clochette et vajra, symboles ésotériques, bronze, Tibet, coll. de l'auteur

C'est l'arme favorite d'Indra dans le panthéon hindou, grâce à laquelle, suivant la tradition bouddhique, il pourfend les ennemis de la Loi bouddhique.

Le vajra représente dans nombre de sectes tantriques (et notamment dans le shaktisme) l'organe mâle, géniteur, et est alors souvent associé à la fleur de lotus et à la clochette (*gantha)*, contreparties bouddhiques du linga et de la *yoni* hindous. C'est le diamant des sectes ésotériques, la Vérité qui ne peut être détruite par aucune force ni par aucune arme. Il symbolise (en tant qu'arme absolue) la puissance victorieuse de la Connaissance sur l'ignorance, celle de l'esprit sur les passions. « Le vajra symbolise la Connaissance comme la fleur de lotus la raison innée[26]. » Il est censé annihiler les poisons spirituels et être une arme efficace contre les mauvaises pensées et les désirs. Les vajra sont presque toujours doubles. Ils sont alors placés de part et d'autre d'un manche court et ouvragé. Dans quelques cas, le vajra est simple et monté en manche de clochette ou au bout d'une corde. Objets de culte, les vajra sont souvent utilisés dans le rituel des sectes ésotériques, et sont l'attribut principal de nombre de divinités.

Parmi les vajra utilisés comme accessoires du culte, on distingue plusieurs sortes :

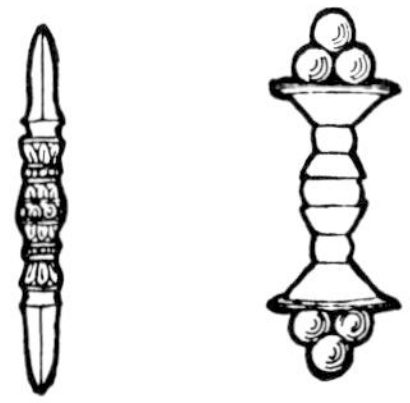

A B

A - Vajra à une pointe
B - Chintâmanivajra

Le vajra à une pointe (jap. *tokkosho)*

Il possède une pointe seulement de chaque côté d'un manche court. La pointe est de section carrée, courte et peu effilée. Ce vajra symboliserait l'axe vertical de l'univers [27] et l'union du monde matériel avec le monde spirituel, ainsi que celle des deux grands mandala, le Vajradhâtu et le Garbhadhâtu.

Dans les sectes tantriques, cet instrument n'est utilisé que par les religieux d'un rang inférieur (voir E. Dale Saunders, *op. cit.*, p. 186). Il représenterait l'Unique Réalité du Dharma.

Le vajra à deux pointes (jap. *nikosho)*

Il ressemble aux pinces du perce-oreille et représenterait la dualité des apparences. Il est très rarement utilisé ou représenté.

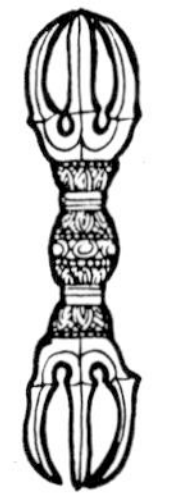

Vajra à trois pointes

Le vajra à trois pointes (jap. *sankosho)*

C'est le plus courant, auquel s'applique le plus souvent le terme de vajra. Il comporte trois pointes de chaque côté, les deux pointes extérieures se recourbant vers la pointe droite du centre, ou bien trois pointes recourbées vers le milieu. Ces trois pointes représenteraient, dans les univers matériel et spirituel, le *Triratna*, les Trois Trésors du bouddhisme qui sont le Bouddha, le Dharma et le Samgha, ainsi que les Trois Mystères de la parole, de la pensée et de l'acte [28]. Le *karmavajra* (jap. *katsumasho)* est formé de deux doubles vajra à trois pointes mis en croix. Il symboliserait les Quatre Connaissances et correspondrait à la roue de la Loi (*dharmachakra*). Il est également appelé *vishvavarnavajra* (jap. *jûji kongôsho*).

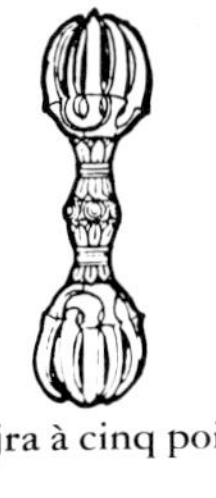

Vajra à cinq pointes

Le vajra à quatre pointes (jap. *shikosho)*

C'est une forme assez rare. Il symboliserait les quatre « moments » de la vie du Bouddha Shâkyamuni, les quatre périodes bouddhiques, les Quatre Grands Bouddha, etc. [29].

Le vajra à cinq pointes (jap. *gokosho*)

Les pointes de ce vajra sont disposées soit en couronne, soit en groupes de quatre disposés autour d'un axe. Il en existe de nombreuses variétés selon leur forme ou leur décoration. Nombre de ces quintuples vajra décorent le manche de clochettes (*ghanta*). Ils symboliseraient les cinq éléments, les Cinq Jina (les Gochi Nyorai au Japon), les cinq sortes de sagesse, etc.

Le vajra à neuf pointes (jap. *kyûkosho, kukosho*)

Ce vajra, assez rare, est pourvu de neuf pointes de chaque côté, en général groupées en couronne. Sa signification est imprécise. Peut-être symbolise-t-il les Cinq Jina et les quatre grands Bodhisattva ? Il est surtout utilisé au Tibet. On trouve souvent ce vajra dans la main opposée à celle qui tient une clochette dont il formerait le pendant, ou serait le complément d'un ensemble.

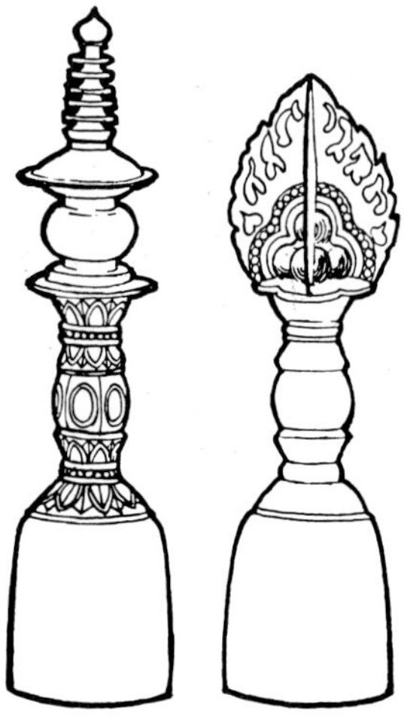

A B

A - Clochette à stûpa
B - Clochette à chintâmani

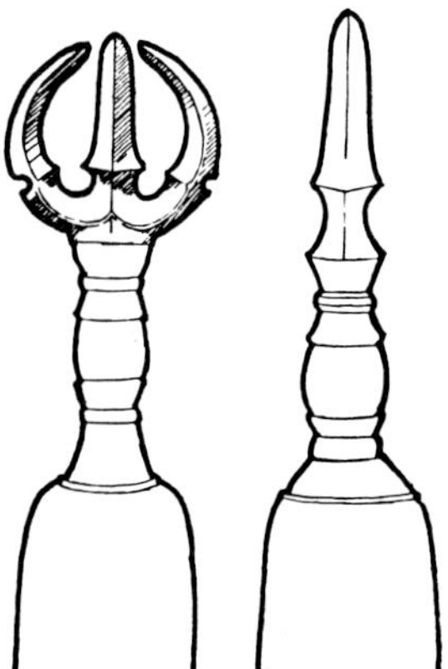

C D

C - Vajraghanta à trois pointes
D - Vajraghanta à une seule pointe

LES CLOCHETTES (*ghanta* ; jap. *kongôrei, kane* ; chin. *zhong* ; tib. *dril-bu*)

Les clochettes se trouvent souvent, comme nous venons de le voir, en opposition (ou en complément) des vajra dans les représentations des divinités ésotériques. Elles servent également, tout comme les vajra, d'instrument de culte dans ces mêmes sectes. Elles sont en général de petites dimensions et possèdent un manche court terminé soit par un vajra, soit par un petit stûpa ou un triple joyau (*chintâmani*). Elles symboliseraient le son, le verbe créateur, la vibration engendrée par la répétition d'un mantrâ et du bîja, et auraient ainsi une fonction créatrice, invocatrice. Elles seraient également destinées à appeler les cœurs à l'Éveil. Lorsque vajra et ghanta sont associés, ils représenteraient les deux grands mandala du Vajradhâtu et du Garbhadhâtu. Dans les sectes tantriques, si le vajra symbolise le principe masculin, la clochette représenterait le principe féminin. Le son étant généralement assez bref, la cloche représente à travers son tintement tout ce qui dure peu, ce qui est éphémère. On trouve au moins sept sortes de clochettes, selon la forme de leur manche : avec vajra à une pointe (jap. *tokkorei*), avec vajra à trois pointes (jap. *sankorei*), avec vajra à quatre pointes (jap. *shikorei*), avec vajra à cinq pointes (jap. *gokorei*, *godai myô-ô-rei*), avec vajra à neuf pointes (jap. *kyûkorei*), avec manche terminé par un triple joyau (jap. *hôshurei*), avec manche terminé par un petit stûpa (jap. *tôrei*).

LES ROUES (*chakra, dharmachakra* ; jap. *rinbô, hôrin*)

Les roues symbolisent la roue de la Loi bouddhique, le cycle (*Samsâra*) sans fin des naissances et renaissances. Elles sont rondes, à quatre ou huit rayons, ou octogonales. Dans ce dernier cas, elles symbolisent le Noble Octuple Sentier. Dans le premier cas, elles symbolisent les Quatre Jina ou les quatre « moments » de la vie du Bouddha. Les rayons parfois dépassent le cercle, en pointes. Ces roues, représentées dans l'art de l'Inde dès avant la période du roi Ashoka, étaient en général posées

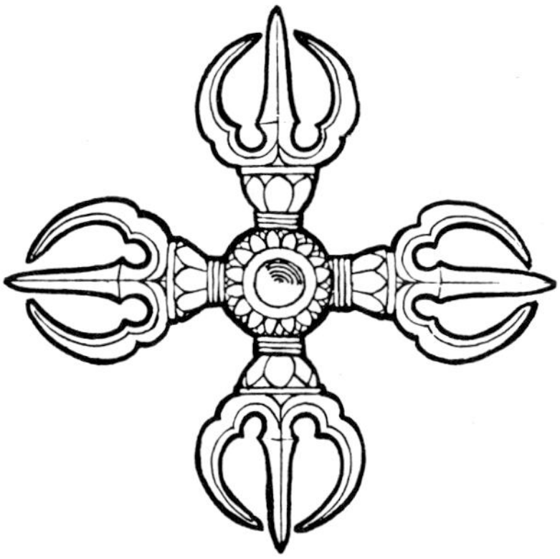

Karmavajra

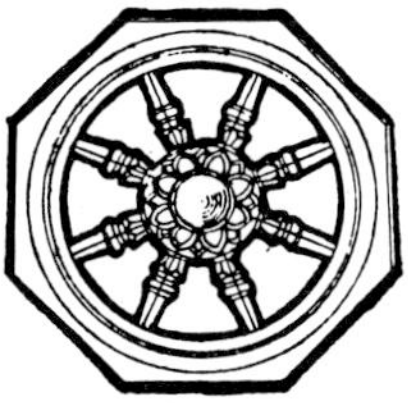

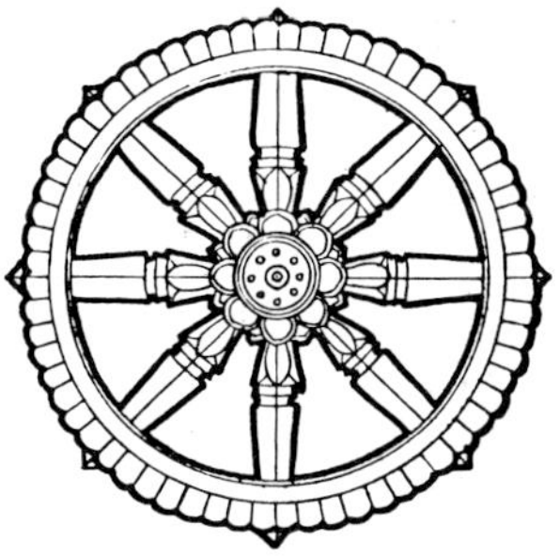

Deux formes de Dharmachakra

sur quatre lions adossés et regardant les quatre points du compas. Elles sont également la contrepartie bouddhique du « disque » de Vishnu et représentent, tout comme le vajra, l'arme absolue qui vainc les passions et anéantit les désirs. Les vajra entrecroisés (Karmavajra) sont parfois considérés comme des roues.

LES ARMES (*âyudha* ; jap. *buki*)

Les armes tenues par les divinités servent à symboliser les combats livrés par celles-ci aux forces adverses et aux démons, à l'ignorance, à la sottise, et à protéger le Bouddha et la Loi bouddhique. Elles représentent aussi, dans certains cas, des vertus et des pouvoirs. Ces armes ne se trouvent jamais sur les représentations appartenant aux sectes du Hînayâna. Elles furent au contraire largement employées pour les représentations des divinités appartenant au tantrisme et aux sectes ésotériques, tant au Tibet qu'en Chine et au Japon. On peut les diviser en quatre grands groupes (mis à part les vajra et les chakra que nous venons de passer en revue) : les glaives (*khadga*) ; les lances et tridents (*kunta, trishula, shula*) ; les haches (*parasu, tanka*) ; les arcs et les flèches (*châpa, shara*).

Les glaives (*khadga* ; jap. *ken, tsurugi, katana* ; chin. *jian*)

Ils servent à trancher l'ignorance et à attaquer les puissances du mal. Ils sont aussi un signe de commandement et de sagesse, de Connaissance suprême, d'intelligence parfaite. On en compte de nombreuses variétés :

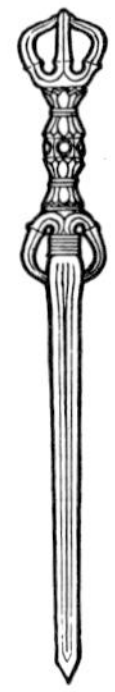

Vajrakhadga

Les glaives droits à deux tranchants. Ils ont une poignée dont la garde est constituée soit par un vajra à trois pointes (la lame formant la pointe centrale du vajra), soit par un vajra à cinq pointes (jap. *sankotsuka-no-ken, gokotsuka-no-ken*). Le glaive de la Connaissance que tient souvent, verticalement, Achalanâtha, est souvent représenté entouré de flammes ou d'un dragon. Ces glaives sont également appelés au Japon *gomagatana* ou *shibauchi*.

Les sabres courbes à un seul tranchant. Typiquement japonais (jap. *katana, tachi*), ils ne sont guère utilisés que par des personnages mineurs ou des Chaturmahârâja ou Dharmapâla, au Japon.

Les lances et tridents (*kunta, trishula, shula* ; jap. *sho, kô, hoko, sankogeki* ; chin. *mou, sanguji*)

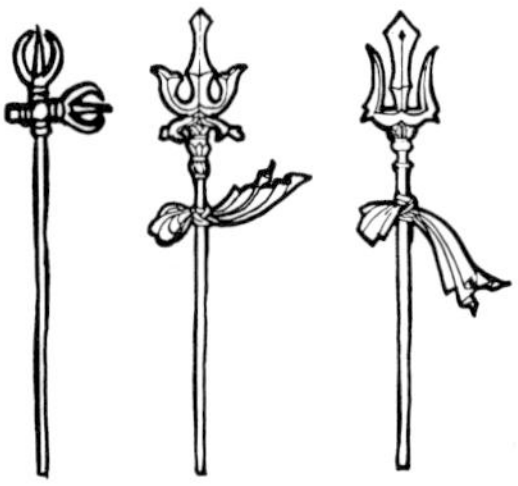

Trishula (trois formes)

Les lances, associées à l'idée du feu et de la virilité, symbolisent la puissance mâle de pénétration des forces du Bien et de la Vérité sur l'ignorance. Elles sont simples, terminées par un vajra à une pointe, ou bien par un trident. Ces derniers sont des symboles du Triratna et du Tripitaka. Elles sont très anciennes, et on peut les voir sur au moins un sceau de la vallée de l'Indus, couronnant une divinité assise. Dès les premiers témoins de l'art bouddhique, elles sont représentées couronnant des roues de la Loi (comme à Sâñchî). Un « triple bâton » qui pourrait être assimilé à un trident, appelé *tridanda*, est, selon M.-Th. de Mallmann, un des attributs d'Avalokiteshvara en Inde, qui devait servir à l'origine de support à un vase. Les tridents sont nommés au Japon *sankogeki, sansageki* ou *sansabô*. Lorsque les lances comportent à leur extrémité deux vajra à trois pointes fixés à angle droit, on les nomme *ko* (chin. *ge*), ou encore *hôko*. Lorsqu'elles comportent en bout de pique trois vajra, elles se nomment au Japon *katsuma-sho*.

Les haches (*parashu, tanka* ; jap. *ono* ; chin. *fu*)

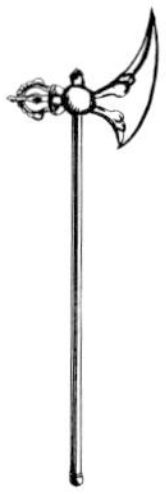

Parashu

Elles symbolisent l'acte d'abattre les arbres, donc de commencer une tâche, de débroussailler le chemin qui conduit à la Connaissance. Elles servent également aux divinités mineures (ou à celles aux bras multiples) pour indiquer leur rôle de protection (du Bouddha ou de la Loi). Au Japon, elles sont également nommées *etsufu, eppu*.

Les arcs et les flèches (*châpa, shara* ; jap. *yumi, sen, ya* ; chin. *gong, shi*)

En même temps que ces armes servent à abattre les passions, elles symbolisent la concentration et la sagesse. Leur union (arc et flèche) peut également symboliser l'amour. Ces armes sont tenues chacune dans une main correspondante par les divinités à plusieurs bras (certaines divinités tiennent arc et flèche dans une seule main). Quelques flèches sont terminées par une pointe à trois dents (*trishulashara*) ou bien par des fleurs, comme c'est le cas pour Aizen Myô-ô au Japon, où on nomme également ces armes *hôkyô* et *hôsen*. La flèche de Kâma, la divinité de l'amour charnel, est constituée par cinq fleurs mises bout à bout.

LES VASES (*kalasha, kamandalu* ; jap. *byô* ; chin. *ping*)

Les vases symbolisent les offrandes faites à la divinité et parfois l'offrande de trésors : « Les fleurs du vase représentent les innombrables vertus dont l'épanouissement résulte de l'union de la raison innée et de la Connaissance [29]. » On en distingue plusieurs sortes [30] :

Les vases à fleurs (*kalasha, bhadraghata* ; jap. *kebyô*)

À panse rebondie et à col large, ils sont souvent utilisés dans le rituel des sectes ésotériques. Le vase à fleurs de lotus est un des attributs

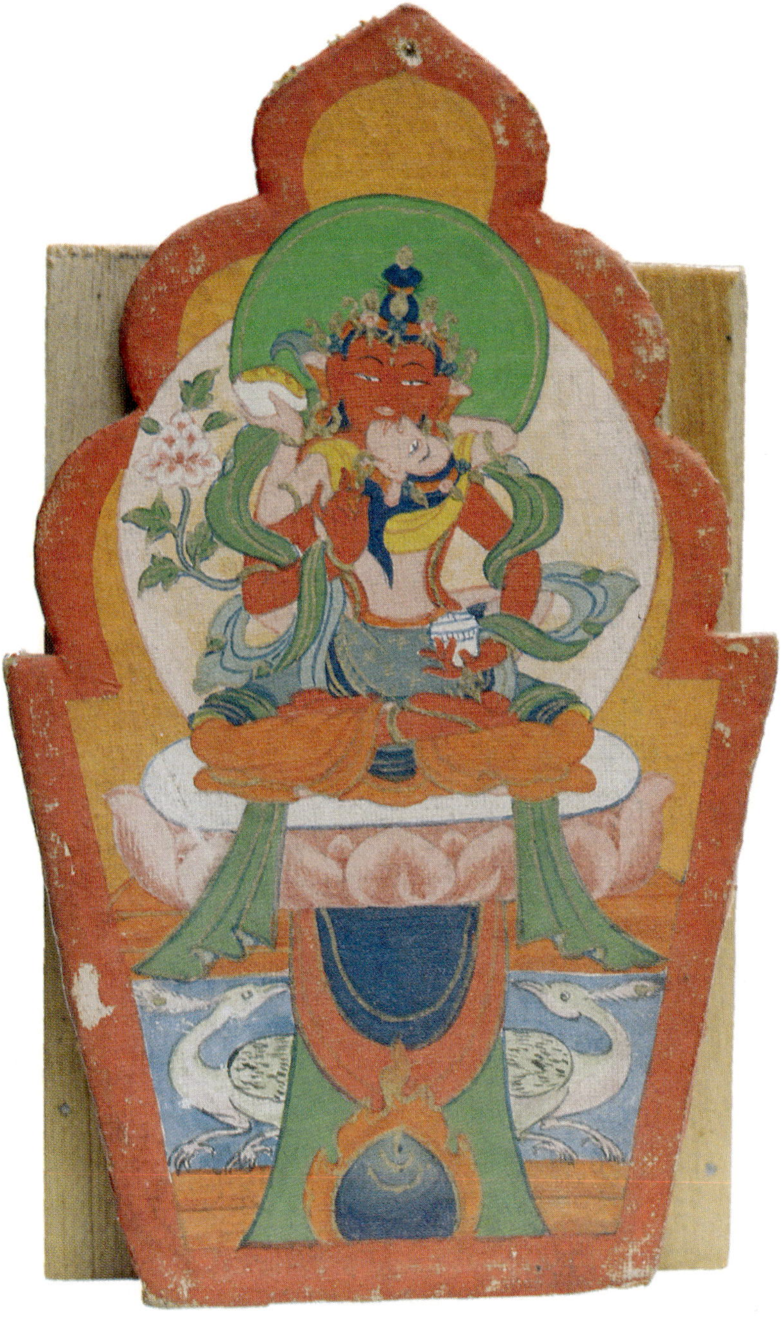

Bonnet d'un lama du Tibet, détail représentant une divinité en Yab-yum, Tibet, XXe siècle, collection privée.

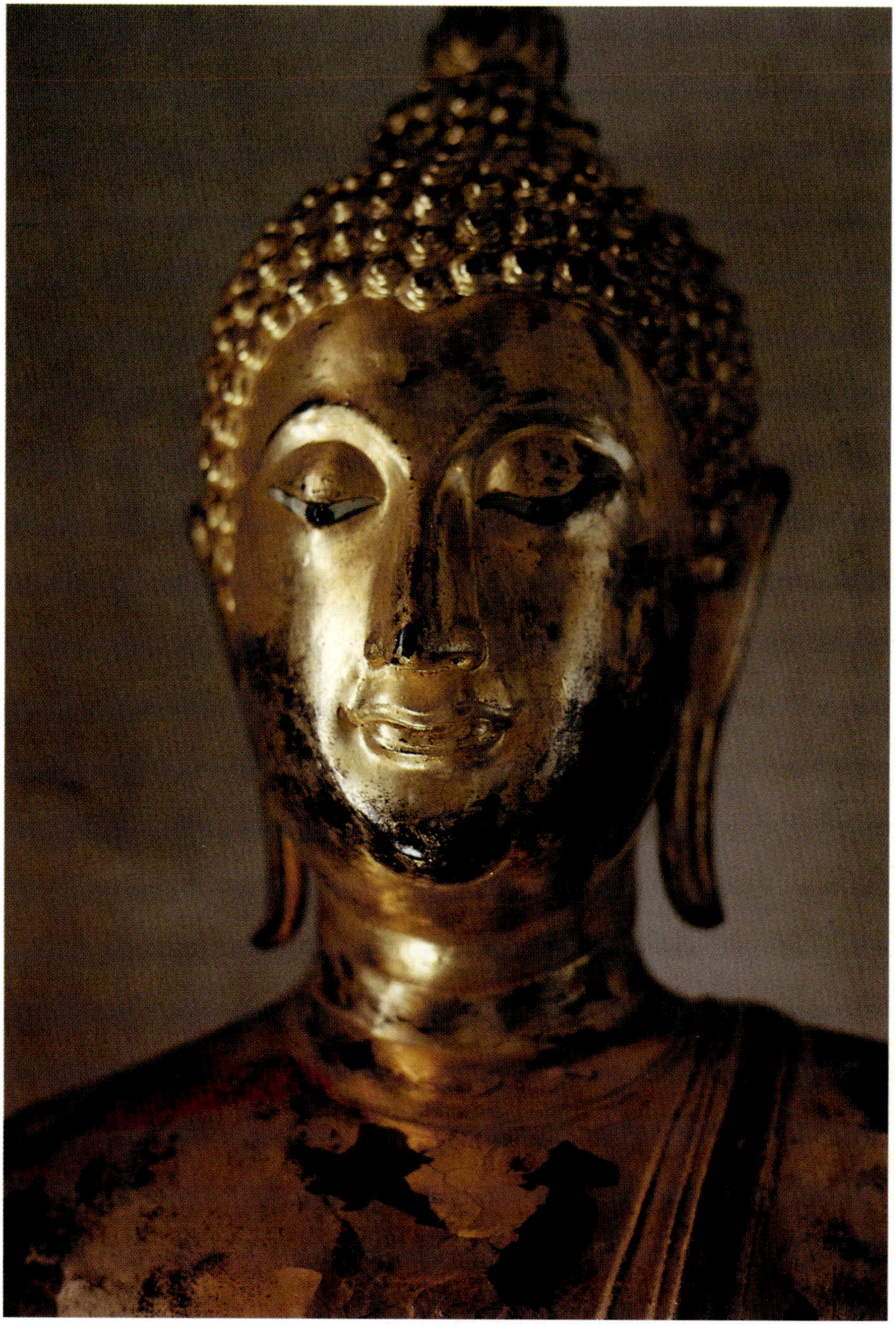

Tête d'un Bouddha marchant, bronze doré, Thaïlande, Sukhôthai, XIVe siècle, musée de Bangkok.

d'Avalokiteshvara, certains textes ésotériques assurant que l'union du lotus et du vase est symbolique de l'union des deux grands mandala. Le vase à fleurs a une origine très ancienne, et on le retrouve en Inde dès les débuts de l'art bouddhique, soit en base de pilier, soit en chapiteau, ou encore en décoration, symbolisant la terre et ses richesses (*pûrnagatha*, ou « vases fastes » ; jap. *honnôgata, hichijôbyô*).

Les vases à eau ou à nectar (*amrita-kalasha*, *kuñdikâ*)

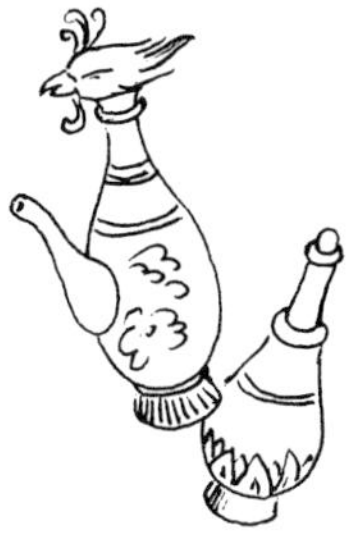

Kalasha (Kuñdikâ)

Ils sont également divers et peuvent avoir plusieurs formes. Ils ont en général un long col et sont souvent munis d'un bec verseur (jap. *suibyô, gunji, sôbyô, suikan*), ou bien sont ornés d'une tête d'oiseau (jap. *hôbyô, kôbyô*). Cependant, la forme traditionnelle de la *kuñdikâ* comporte un couvercle soudé, au centre duquel se trouve un col étroit. Ces vases à eau sont également anciens et servaient en Inde au rituel de consécration des rois. Ils jouent un rôle très important dans tous les cultes ésotériques, étant presque toujours associés au lotus, qui symbolise l'Intelligence suprême. Dans le cas d'Avalokiteshvara, le vase est censé contenir le nectar de sa Compassion : il apaise la soif de ceux qui l'implorent. Les vases représentent aussi les Cinq Jina, et sont à ce titre généralement placés aux quatre angles et au centre des autels. Ils sont censés contenir toutes les médecines, toutes les nourritures, toutes les bonnes choses et l'eau parfumée. Tout l'art du Mahâyâna a utilisé cet instrument-symbole.

LES BÂTONS (*danda*) et LES MASSUES (*gadâ*)

On distingue plusieurs types de ces accessoires :

Le bâton de Sagesse (ou du Trésor) (jap. *hôbô*)

Il symbolise la possession par celui qui le porte du Trésor infini de la Sagesse du Bouddha. Il est aussi appelé *khatvângha*.

Le sceptre de religieux (jap. *nyo-i* ; chin. *ruyi*)

Celui-ci possède une spatule recourbée en grattoir. Il est censé contenir un joyau (*mani*) et est également appelé *sekaki* au Japon.

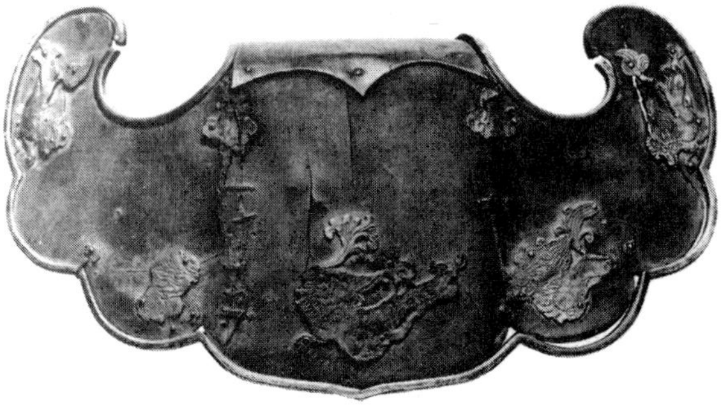

Sceptre de religieux
décoré de cinq lions,
écaille de tortue, or et argent,
Japon, IXe siècle

Khakkara à six anneaux,
symbolique de Kshitigarbha

Le khakkhara (jap. *shakujô* ; chin. *xizhang*)

Ce bâton de pèlerin ou d'alarme, orné à son extrémité supérieure d'anneaux libres en métal, au nombre de six pour les Boddhisattva (symbolisant les Six Voies – *Gâti* – de l'existence) et de deux pour les Arahant et les sages mortels, est distinctif de certaines divinités (Bodhisattva) et des saints du bouddhisme. Il semblerait que son origine soit en Asie centrale, car les plus anciennes représentations de ce type de bâton furent retrouvées sur les peintures murales de Dunhuang (vers le Vᵉ siècle) et à Turfân. Il ne semble pas avoir été utilisé en Inde. En revanche, il le fut souvent en Chine, au Tibet et au Japon. Ce bâton de religieux, destiné à avertir les animaux du passage d'un saint homme, à prévenir les villageois qu'un religieux arrive pour quêter sa nourriture, fut utilisé au Tibet pour chasser les démons [31]. En Chine, il fait partie des dix-huit objets qu'un moine doit posséder. Sa hampe est généralement en bois, de section hexagonale (ou ronde), et les anneaux sont en métal afin de faire du bruit en s'entrechoquant. Le nombre de ces anneaux varie sur les représentations. Théoriquement, le Bouddha Lui-même a droit à un khakkhara avec douze anneaux. Les autres personnages peuvent avoir quatre, six ou huit anneaux selon les contrées et les époques, des symbolismes différents étant attachés à ces nombres. Il est l'attribut typique de Kshitigarbha (jap. Jizô Bosatsu ; chin. Dizang) mais peut être tenu par Amoghapâsha ou Bhaishajyaguru en Chine, notamment (monté sur un éléphant, voir *De Visser, Ancient Buddhism in Japan*, p. 566). Ce bâton est également appelé au Japon *chi-jô* (bâton de la Connaissance), *tokujô* (bâton de la Vertu), ou encore *yûshôjô*.

Les bâtons terminés par un crâne (jap. *dokurojô*)

Ils peuvent être aussi terminés par une tête humaine posée sur un croissant de lune [32] (jap. *jintôjô*), ou encore par une tête posée sur un miroir [33], ou enfin par deux têtes humaines (attribut de Yamarâja) et symbolisent l'impermanence ici-bas. Ce sont des accessoires magiques utilisés pour chasser les démons.

AUTRES INSTRUMENTS ET ACCESSOIRES

Le bol à aumônes (*pâtra* ; jap. *hachi* ; chin. *bo*)

Le bol à aumônes, que tous les moines bouddhistes doivent posséder et qui leur sert à collecter la nourriture offerte par les fidèles, tire son origine de la légende selon laquelle le Bouddha, ayant reçu de la nourriture de marchands et n'ayant rien pour la contenir, réunit magiquement en un seul quatre bols de pierre qui leur avaient été offerts par les quatre rois-gardiens. Il devint par la suite symbole de la Loi (*Dharma*), c'est-à-dire du Bouddha Lui-même. Son origine est indiscutablement indienne : on trouve des images du Bouddha tenant à la main le bol dans l'art du Gandhâra. Les représentations du Bouddha historique (ou parfois d'Amitâbha, plus rarement d'Avalokiteshvara) montrent ces divinités tenant le bol soit dans une main, soit avec les deux mains (voir plus haut à *Buddha-pâtra*). Bhaishajyaguru est également représenté portant un pot à onguent dans ses deux mains (ou plus souvent dans la main gauche).

Le rosaire (*mâlâ* ; jap. *nenju* ; chin. *nianzhu*)

Probablement une adoption par le bouddhisme du rosaire hindou, la *mâlâ* prit une grande importance dans les rites tantriques, au Tibet et au Japon surtout. Ce rosaire a ordinairement cent huit grains (de même d'ailleurs que le rosaire hindou) plus quatre grains de séparation (destinés à un compte plus aisé) appelés Chaturmahârâja. Les rosaires peuvent cependant différer légèrement suivant les régions. Au Tibet ils sont généralement terminés par trois gros grains censés représenter le *Triratna*. Au Japon, le symbolisme du Shingon compliqua sa forme, les cent huit grains étant partagés en deux séries de cinquante-quatre par une ou deux grosses perles (*bindu* ; jap. *odome* et *oyadama*). C'est en Inde, depuis l'époque Gupta, un attribut constant d'Avalokiteshvara ; les cent huit grains doivent théoriquement symboliser les cent huit passions humaines qu'Avalokiteshvara assume en égrenant le chapelet. Amitâbha est également représenté tenant un rosaire, ainsi que quelques autres divinités et, bien entendu, les représentations des saints hommes. Cependant on rencontre, bien que très rarement, des rosaires à neuf, dix-huit, vingt et un, quarante-deux ou cinquante-quatre grains. En Chine, celui de dix-huit grains représenterait les dix-huit Arahant.

Le « Joyau qui exauce tous les désirs » (*chintâmani, mani* ; jap. *hôshu, nyo-i-shu* ; chin. *ruyizhu*)

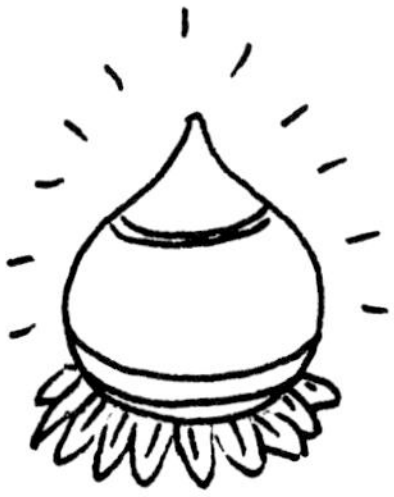

Chintâmani, le "Joyau qui exauce tous les désirs"

C'est le Joyau (perle ?) ou « gemme de la pensée » qui « permet d'exaucer tous les désirs » (peut-être une schématisation du fruit du myrobolam ?), en forme de boule pointue vers le haut. C'est l'un des *Saptaratna*, les « sept joyaux » (jap. *shippô, shichihô*)[34]. Il a le pouvoir de clarifier l'eau trouble, c'est-à-dire le cœur[35]. Ce joyau est tantôt représenté seul, tantôt triple ou entouré de flammes. Les triples joyaux placés au bout d'un court manche, à la manière d'un vajra, constituent un instrument utilisé dans les rituels ésotériques et sont appelés au Japon *hôshusho*. Le *chintâmani* symbolise le Bouddha et Sa doctrine ; c'est un emblème de la pureté de l'esprit. De nombreuses légendes racontent l'origine de cette « perle magique ». Elle représente tous les trésors, et plus particulièrement celui qui est constitué par la Connaissance de la Loi bouddhique. Celui qui connaît cette Loi, étant affranchi de tous les désirs, voit évidemment ceux-ci comblés.

Le chasse-mouches (*châmara* ; jap. *hossu* ; chin. *fuzi*)

Il symbolise l'obéissance à la Loi bouddhique. Il est théoriquement formé de poils blancs (de yak ou de cheval) ou de fines cordelettes fixés sur un manche court. Certains textes le disent fait de poils de daim. En Inde brâhmanique, il était l'insigne des courtisans. Dans l'art bouddhique indien, l'effigie du Bouddha est souvent accompagnée de deux porteurs de *châmara*. En fait, il devint l'accessoire type de toutes les représentations de saints hommes. Le chasse-mouches, évitant de tuer les insectes, est devenu un symbole de la Compassion d'Avalokiteshvara envers tous les êtres, fussent-ils aussi minuscules que des mouches.

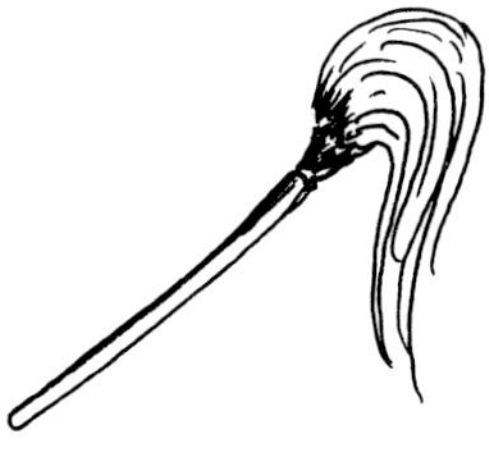

Châmara ou chasse-mouches

La conque marine (*dharmashankha* ; jap. *hôra* ; chin. *faluo* ; tib. *dung-dkar*)

Utilisée comme trompe en Inde lors des cérémonies religieuses et par les armées, la conque marine, par son son grave et prolongé, symbolise le Son de la Loi bouddhique. Ce symbole, d'origine indienne (il est l'un des quatre attributs majeurs de Vishnu), fut adopté par le bouddhisme pour symboliser la diffusion de la Loi par la voix du Bouddha.

Le miroir (*adarsha* ; jap. *kagami* ; chin. *jing*)

Il symbolise la vacuité, ce qui est « idée » et opposé à ce qui est « phénomène »[36]. Reflétant les choses matérielles, il ne donne d'elles que des idées et leur ôte toute réalité. C'est donc un symbole de l'illusion de l'existence. Mais il peut également représenter le disque du soleil comme pour la divinité japonaise Nichi-ten.

Les cordes (*pâsha* ; jap. *saku, kensaku, ryûsaku* ; chin. *luoso*)

Les cordes peuvent être simples, chaque bout étant terminé par un nœud, un vajra ou un crochet, ou bien être des nœuds coulants (terminés ou non par une tête de dragon). Elles symbolisent l'instrument avec lequel les âmes sont liées, accrochées et attirées par la Loi bouddhique. Dans les mains de quelques divinités, elles sont les liens qui empêchent les démons de nuire. Mais elles symbolisent également les liens qui enchaînent l'âme au monde matériel des désirs.

Le livre des Écritures (*pushtaka* ; jap. *kyô, ô-kyô* ; chin. *jing*)

Il représente le Canon bouddhique qui détient la Loi, le *Tripitaka*. Il est parfois associé au pinceau, et parfois remplacé par un rouleau.

Le reliquaire (*stûpa* ; jap. *sotoba, tô* ; chin. *shuaidupo, ta* ; tib. *mchod-rten, chorten*)

Tenu à la main par certaines divinités, ou bien posé sur leur tête, le stûpa en réduction (aussi considéré comme un reliquaire) participe du même symbolisme que le stûpa, et représente le corps du Bouddha et Sa Loi. Il symbolise également la personne du Bouddha historique, ainsi que le « corps spirituel » (*Dharmakâya*) de Celui-ci. Dans le symbolisme ésotérique, sa forme fut schématisée en une succession de figures géométriques simples (du bas vers le haut : carré, cercle, triangle,

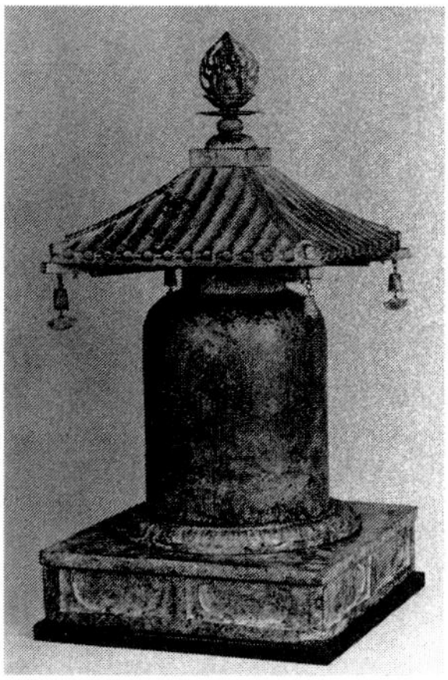

Reliquaire, bronze, Japon, XIIe siècle Kyôto, Kurama-dera

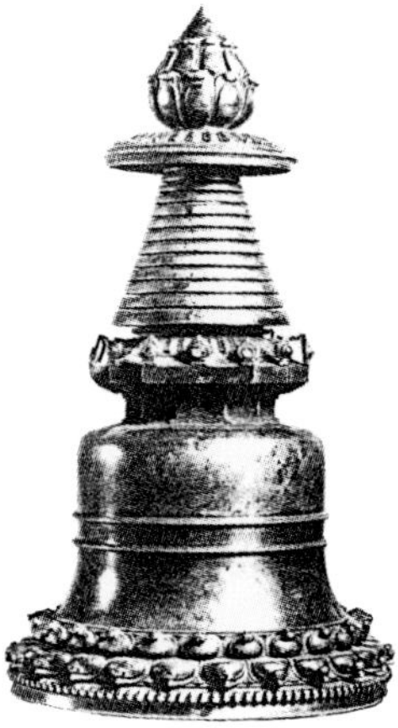

Reliquaire, bronze, Tibet

demi-cercle, mani ou flamme) superposées et censées représenter le cosmos. Le carré pour la matière, le cercle pour la Connaissance, le triangle pour l'Esprit, le demi-cercle pour la Loi et la flamme pour le Principe suprême. Cependant, d'autres interprétations de ces symboles ont été données qui diffèrent suivant les sectes et les auteurs. Il symbolise la Divinité suprême. C'est le *Gorintô* (stûpa des cinq sens) japonais. En pratique, si la forme originelle du stûpa se maintint en Inde, elle se modifia légèrement dans le Gandhâra et au Tibet, pour devenir des « pagodes » en Chine et au Japon. Dans ces derniers pays, la forme originale du stûpa ne se conserva que dans les reliquaires et dans certaines pagodes appelées *tahô-tô* au Japon. En Inde, il est un attribut de Maitreya, le futur Bouddha, alors qu'en Chine et au Japon il est distinctif des effigies de Vaishravana, l'un des quatre rois-gardiens (Lokapâla, Chaturmahârâja). Dans le mandala du Garbhadhâtu, il est l'attribut particulier de Mahâvairochana.

ATTRIBUTS ET ACCESSOIRES DIVERS

Ils sont tenus par les divinités à multiples bras, afin de symboliser leurs pouvoirs matériels et spirituels, surtout dans le cas d'Avalokiteshvara à mille bras. Ils varient également avec les divinités mineures, indiquant leur nature, ésotérique ou non.

Parmi les plus communs de ces accessoires (voir liste à *Avalokiteshvara*), on notera :

le crochet à éléphants (*angkusha* ; jap. *kô*) ; la clé (*kunchikâ* ; jap. *kagi* ou *hôyaku*) ; l'éventail, généralement non pliant (appelé au Japon *uchiwa* ou *tensen*, et *jôsen* s'il est en plumes de paon), ou *ôgi* s'il peut être plié ; les sandales de paille (jap. *waraji*) ; la boîte à sûtra (jap. *kyôkyô*) ; les cassolettes à encens, à manche (jap. *egôrô*) ou sans manche (jap. *gôrô*), qui sont également des accessoires de culte ; le bouclier (*khetaka* ; jap. *bôhai*), parfois orné d'une tête de monstre ; le sceau (ou cachet), appelé *hô-in* en japonais ; le « nuage de cinq couleurs » (jap. *goshiki-un*), etc.

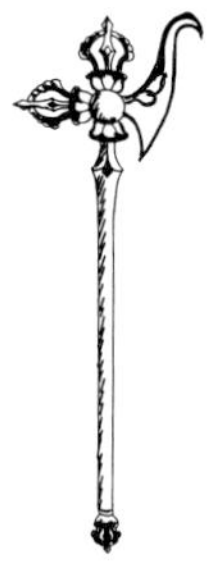

Angkusha,
crochet à éléphant

LES ACCESSOIRES DU CULTE

Ils sont parfois représentés sur les images montrant plusieurs divinités et leurs officiants, surtout au Japon, tels que (en plus des cassolettes à encens) :

Le gong

En bois sphérique, en forme de poisson (jap. *mokugyo*) ou plat, également en forme de poisson (jap. *gyoban*), en métal, en forme de bol (jap. *in-kin, kinsu*), et servant à ponctuer la lecture des sûtra.

Les bâtons des moines zen (jap. *shippei*)

Utilisés pour maintenir les moines éveillés pendant les séances de zazen.

Les paniers à fleurs (jap. *keko*)

Ou les plateaux destinés à contenir les divers instruments des cultes ésotériques, comme les vajra et ghantâ, et appelés *kongôban* au Japon.

Les armoires portatives

Elles servent à contenir les effets personnels des moines itinérants, ainsi que les accessoires des cultes et les rouleaux de sûtra, utilisés en Chine dès le VIe siècle et appelés au Japon *oi* et *katabako*, etc.

Au Tibet, on utilise dans le rituel, outre les instruments déjà décrits, trois autres « objets de culte » qui jouent un rôle très important lors des cérémonies : le moulin à prières, le phur-bu et le couperet.

Le moulin à prières (*hkor-brten*)

Il est généralement constitué par un corps cylindrique en métal repoussé, traversé dans sa plus grande longueur par un manche en bois ou en métal. Le cylindre peut tourner autour du manche, avec une légère rotation du poignet, grâce à une cordelette ou une chaînette lestée qui le maintient en mouvement. À l'intérieur de ce cylindre se trouvent, écrits sur du papier ou de la peau, des textes sacrés, le plus souvent des formules d'invocation (*dharanî* ou *mantra),* la plus commune étant celle d'Avalokiteshvara : « *Om Mani Padme Hûm* » (« Ô Toi le Joyau dans le Lotus »). Ces moulins à prières peuvent être de petites dimensions et portés par les pèlerins, ou plus grands et fixés à la porte des monastères ou autour des stûpa et mchod-rten (comme à Bodhnâth, au Nepâl). Le mouvement doit aller de droite à gauche. Chaque révolution du cylindre équivaut théoriquement à la lecture du sûtra ou de la formule qui y est enfermée. Ces objets sont également appelés en tibétain *chhos-hkor*, « tourner la Doctrine ». Certains, très grands et enfermés dans de petites structures, tournent grâce à l'action d'un « moulin » entraîné par de l'eau.

Moulins à prières, extérieur et intérieur, cuivre repoussé, Tibet

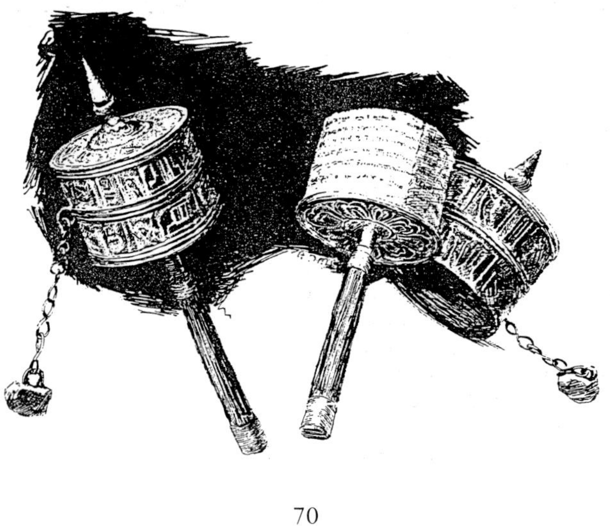

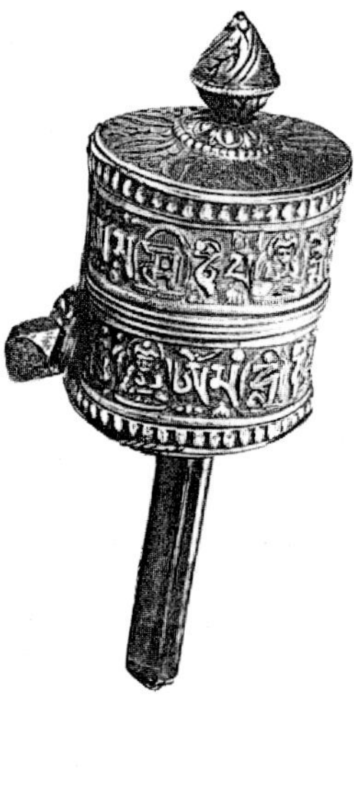

Le phur-bu

Le phur-bu (littéralement « clou ») peut être réalisé en métal, simplement dessiné ou peint. Il affecte la forme d'un poignard court à lame triangulaire, avec un manche orné d'une tête et d'un vajra. Cette figure magique est utilisée dans les rituels pour chasser les forces démoniaques ou les maladies. Des *dhâranî* sont souvent inscrites sur le manche ou à la base de la lame. Trois phur-bu réunis forment un instrument réputé très efficace.

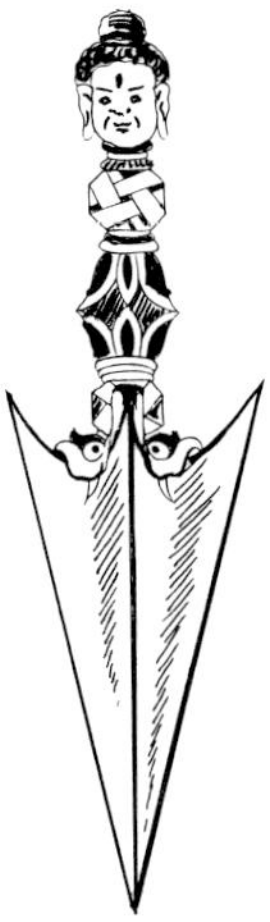

Phur-bu, poignard magique. Tibet

Le couperet (*kartrikâ* ; tib. *gri-gug*)

C'est une sorte de lame semi-circulaire emmanchée au milieu du cercle intérieur et servant à « trancher l'ignorance ».

SYMBOLES DIVERS

Les instruments de musique

Aucun instrument de musique ne semble avoir été spécifiquement représenté en connection avec les personnages du panthéon bouddhique en Inde comme en Asie du Sud-Est, si l'on excepte quelques représentations d'instruments entre les mains de personnages célestes (Kimnara et Gandharva) ou laïcs (bas-reliefs d'Amarâvatî). La plupart des instruments typiquement indiens furent cependant utilisés comme attributs des divinités hindoues. Certains de ces instruments ont été adoptés par des sectes du bouddhisme ésotérique des écoles du Nord, notamment au Tibet et, exceptionnellement, au Japon. Les tambours à une ou deux peaux, ainsi que les diverses cymbales en usage en Asie, font partie des instruments du culte, de même que certains instruments à vent, conques et trompes diverses. Au Tibet, une sorte de trompe courte (tib. *rkang-gling*), faite dans un fémur humain ou animal, est parfois représentée dans les mains des divinités. Au Tibet également fut adopté un instrument d'origine indienne, le *damarû*, petit tambour à deux faces frappées par un petit poids fixé au bout d'une corde et qui, par un mouvement de rotation du poignet, frappe alternativement chacune des deux peaux. Ce damarû est souvent fabriqué avec deux calottes crâniennes accolées. Enfin n'oublions pas les clochettes (tib. *dril-bu*), elles aussi originaires de l'Inde.

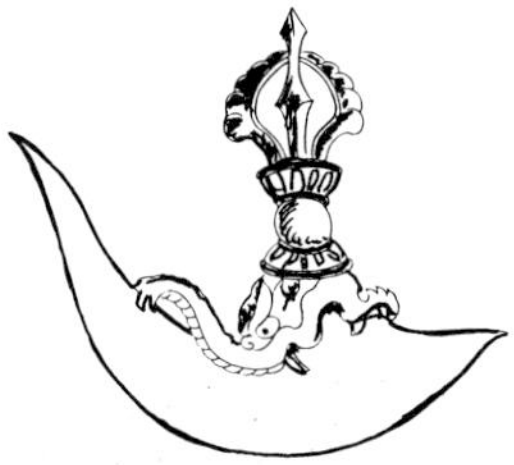

Kartrikâ, couperet magique, Tibet

Les divinités hindoues adoptées par le bouddhisme (comme Sarasvatî, par exemple, au Japon Benzai-ten) gardent leur instrument de musique spécifique, quoique celui-ci soit parfois remplacé par un instrument local correspondant.

Les sons-symboles (*bîja* ; jap. *shûji*)

Les sons-symboles ou lettres-germes représentent symboliquement l'essence de chaque divinité. Ce sont des lettres sanskrites tirées de l'alphabet dit Siddham, dont la prononciation est censée évoquer la divinité correspondante. On les trouve presque toujours associés aux représentations des divinités ésotériques. Diverses opinions ont été émises quant à leur origine et à leur attribution aux diverses divinités, sans que l'on puisse les préciser avec certitude. Dans cette étude, nous donnons ces bijâ, tirées du *Butsuzô zu-i*, dans les illustrations où elles accompagnent le nom de la divinité correspondante. Ces bîja peuvent, en peinture comme en sculpture, se trouver représentées avec elles, souvent sur les auréoles ou gloires qui les nimbent.

Les empreintes

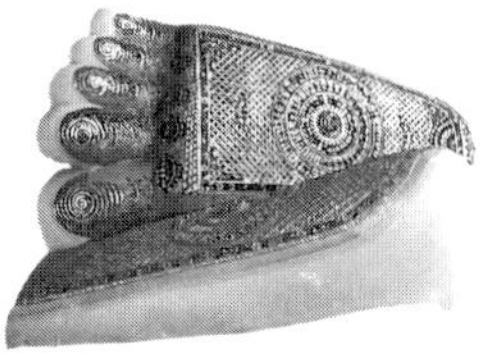

Marques des pieds du Bouddha, Birmanie, Pegu, XXe siècle

Enfin, un mot à propos de quelques images rencontrées principalement au Tibet sur les thangka : les empreintes des mains et des pieds des saints personnages, généralement apposées lors de la cérémonie de consécration de l'image. Dans tous les pays bouddhistes sont vénérées des empreintes du pied du Bouddha. Ces empreintes (*buddhapâda*), très schématisées, montrant généralement tous les orteils de la même longueur, représentées en creux dans la pierre, portent souvent des marques qui les distinguent (notamment, en Inde, celles des pieds de Vishnu), soit un chakra au centre de la plante du pied, soit les cent huit ou cent trente-deux signes distinctifs du Bouddha (parfois seulement trente-deux) gravés ou peints sur la plante du pied et inscrits dans une sorte de damier. Ces empreintes sont plus particulièrement vénérées dans les contrées d'obédience Hînayâna où on les protège dans des structures spéciales, parfois très élaborées.

Les parures et les robes

La personne même du Bouddha historique est rarement représentée autrement que vêtue d'une robe monastique (*kashâya* ; jap. *kesa*) laissant une épaule à découvert (généralement la droite), dans les représentations appartenant aux écoles du Sud, bien que certaines effigies dites « Bouddha paré » aient pu apparaître tardivement au Laos et en Thaïlande. Dans les représentations des Grands Bouddha ou Jina des écoles du Mahâyâna, les deux épaules peuvent être couvertes, différemment suivant les sectes. Le Bouddha futur, lui, est presque toujours représenté en Bouddha paré, avec une robe lui couvrant les deux épaules, une couronne (*mukuta*) ou un diadème, et de nombreux bijoux (bracelets, pendants d'oreille, bijoux de poitrine, etc.). Amitâbha peut, lui aussi, ainsi que les autres Jina, être représenté couvert de bijoux et couronné. Presque tous les Bodhisattva sont habillés d'une robe (couvrant ou non les deux épaules), et sont richement ornés de bijoux et de tiares. Nous décrirons ces vêtements avec les personnages du panthéon bouddhique. Les moines sont habillés selon la coutume de leur secte. Ils ne portent presque jamais de bijoux.

La svastikâ (jap. *manji* ; chin. *wanzi* ; tib. *gyung-drung, gzag-gsang*)

Elle apparaît parfois, soit dessinée sur la poitrine du Bouddha ou de l'un des Jina, soit sur la paume des mains ou la plante des pieds de ceux-ci. Ce signe, très ancien, d'origine indienne (et même indo-européenne), symbolise la roue de la Loi en train de tourner. Il est utilisé dans tous les pays bouddhiques pour indiquer l'appartenance au bouddhisme d'une structure, d'une image ou d'un instrument.

III

LE BOUDDHA ET LES GRANDS BOUDDHA DE VÉNÉRATION (JINA)

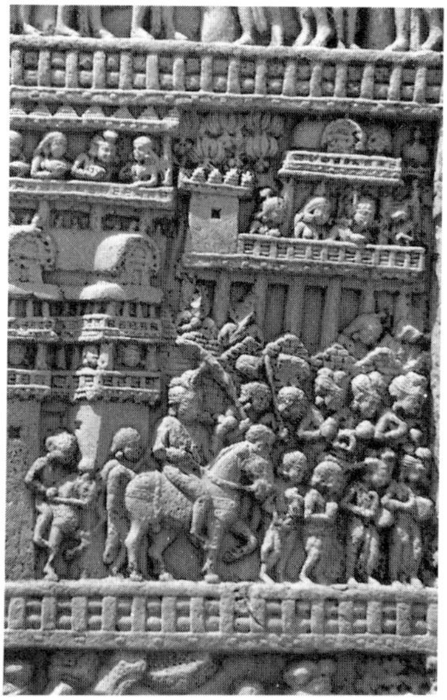

La sortie du palais de Kapilavastu, Inde, Sâñchi, pilier de stûpa nº 1, Iᵉʳ siècle

Le Bouddha historique
Les Bouddha de vénération (Jina)
Les Bouddha du passé
Le Bouddha du futur, Maitreya

Si, dans le bouddhisme des écoles du Sud, les types de représentation du Bouddha historique, Siddhârtha Gautama Shâkyamuni, Celui-là même qui vécut et prêcha dans le nord de l'Inde au VIe siècle avant notre ère et dont la doctrine philosophique donna naissance aux diverses « religions » bouddhiques qui s'épanouirent par la suite en Asie, sont relativement peu nombreux, et réduits à symboliser quelques « moments » de Sa vie terrestre, les représentations imaginées par les tenants des diverses sectes du Mahâyâna sont extrêmement nombreuses et diversifiées. On nomme ces aspects des Tathâgata [1] (jap. Butsu, Nyorai; chin. Rulai). L'épithète de « Bouddha » signifie « Celui qui est éveillé », « Celui qui a atteint la Bodhi » (c'est-à-dire la Connaissance suprême, la Vérité) et qui n'est plus soumis au cycle des renaissances [2]. Dans tout le bouddhisme, le personnage historique du Bouddha est devenu, plutôt qu'une divinité, un exemple de perfection que tous ceux qui veulent faire leur salut personnel, ou qui désirent se dévouer pour aider les autres à le réaliser, doivent suivre. De nombreuses fois représenté, tant en peinture qu'en sculpture, plus souvent encore décrit dans les récits que colportaient les moines ou mis en relief dans les histoires édifiantes racontées aux gens du peuple (légendes ou contes des *Jâtaka*), le personnage du Bouddha est rapidement devenu familier aux foules de l'Asie, autant en Inde, où on Le désigne sous le nom de Bouddha, de Jina ou de Tathâgata, qu'en Asie du Sud-Est, au Tibet, en Chine, en Corée et au Japon (où le populaire Le désigne, sans bien concevoir Son historicité ni mettre en doute les actions qu'on Lui prête, du nom générique de Hotoke, terme qui est également appliqué à ses divers aspects ainsi qu'à toutes sortes d'autres divinités bouddhiques ou syncrétiques). Dans les pays où les doctrines du Mahâyâna triomphèrent, le peuple n'a, semble-t-il, jamais été très soucieux de faire des différences marquées entre les noms des diverses « fonctions divines » qu'il vénérait, sauf les moines et les lettrés, bien sûr. De même qu'on attribue à ces Hotoke ou Bouddha de très nombreuses épithètes [3], on les vénère de manière différente selon les pays, les époques, les sectes... et les individus. Si les sectes du Petit Véhicule, à l'exception peut-être des Mahâsâmghika, n'admettent qu'un seul Bouddha historique à la fois dans le temps (Gautama aurait été précédé dans les *Kalpa*, ou ères antérieures, de nombreux autres êtres eux aussi arrivés à l'état d'« éveillés » à la Connaissance parfaite), la plupart des sectes du Mahâyâna en acceptent plusieurs. Ces divers Bouddha ne seraient, selon l'interprétation de Paul Mus [4], que les représentations de divers « moments » caractéristiques de la carrière du seul et unique Bouddha historique dont l'existence est attestée. Les sectes du Mahâyâna ont généralement groupé les divers aspects du Bouddha pour en faire l'objet d'une vénération collective ; cependant, elles les considèrent tous comme des expressions différentes d'une même Réalité immanente. C'est ainsi, par exemple, que les moines et religieux ont été amenés à vénérer ensemble deux Bouddha, Shâkyamuni (le Bouddha historique) et Prabhûtaratna, un Bouddha des âges passés, ou bien des groupes de trois divinités correspondant à des « corps de transformation[5] » (*Nirmânakâya* ; jap. *Busshin* ; chin. *Yinghua*), vénérées en tant que « triades cosmiques » (jap. *Sanzon*). Ils considèrent également les Quatre Bouddha de l'espace (résidant aux quatre horizons[6] et les gouvernant), et enfin un autre groupe de cinq Bouddha qui assument, selon les textes ésotériques et les deux grands mandala du Vajradhâtu et du Garbhadâtu, des noms différents, en ayant toutefois un commun dénominateur en l'aspect divin « total » du Grand Bouddha solaire Mahâvairochana (jap. Dainichi Nyorai), transfiguration purement divine (au sens occidental de cet adjectif), omnisciente et omnipotente de la personnalité humaine du Bouddha, parfois qualifié dans certaines sectes (du lamaïsme tibétain surtout) d'Âdi-Buddha ou « Bouddha primordial ».

Il faut aussi ajouter à ces groupes artificiels faisant partie des mandala ou des croyances de certaines sectes (qui tentent ainsi une explication cosmique de la Divinité) d'autres groupes, pratiquement ignorés au Japon et n'y faisant l'objet d'aucune vénération particulière, dont celui des Sept Bouddha du passé ou Manushi-Buddha (Shâkyamuni et les Six Éveillés l'ayant précédé[7]). Quant au populaire, il en est venu, par syncrétisme, à assigner (tout comme nous l'avons fait dans le calendrier chrétien) à chaque jour du mois son Bouddha spécifique, formant ainsi un ensemble de divinités plus théoriques que pratiques (surtout au Japon) et qui sont plus ou moins invoquées au cours de cérémonies particulières à chaque secte [8].

Cependant, au Japon comme en Chine, on ne reconnaît en réalité qu'un petit nombre de ces Jina (d'un terme sanskrit signifiant « vainqueur », appelés Nyorai au Japon, Dhyâni-Buddha par certaines sectes du Tibet, Rulai en Chine), les autres étant laissés aux soins des savants religieux, aux exégètes des Écritures sacrées (*sûtra*) et aux dévotions des mystiques et pratiquants de disciplines particulières (*sâdhaka*). Les plus vénérés de ces Grands Bouddha sont donc le Bouddha historique, Shâkyamuni, un Bouddha « guérisseur » par excellence (Bhaishajyaguru), et, parmi les Grands Bouddha de sagesse que nous étudierons plus loin, Amitâbha dont la popularité fut, tant au Tibet qu'en Chine, en Corée et au Japon, immense. Quant aux autres Bouddha et Jina, Bouddha de sagesse ou de méditation, représentés sous des noms et des aspects différents selon qu'ils sont considérés par les doctrines ésotériques ou populaires et la place qui leur est assignée dans la cosmologie religieuse, ils ont connu, au cours des âges et selon les pays, des faveurs fort diverses. Cependant, malgré leurs dénominations nombreuses et la diversité des aspects qui leur ont été donnés, il ne faut pas oublier qu'ils ne sont que des apparences d'une même Réalité, transcendentale et immanente. Ils n'existent qu'en tant que modèles de perfection, guides suprêmes des hommes cheminant vers une Vérité totale qui, une fois atteinte, devrait permettre aux fidèles de s'évader définitivement du cycle infernal des renaissances (*Samsâra*) inhérent au monde d'impermanence de cette vallée de larmes de l'existence où, selon les paroles mêmes du Bouddha Gautama, tout n'est que douleur. Ils peuvent ainsi

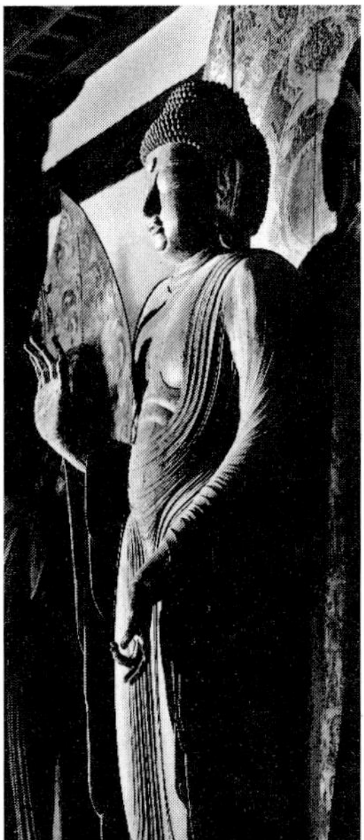

Shaka Nyorai, bois, Japon, Mûro-ji, IXe siècle

parvenir au but suprême de l'existence, au Nirvâna, c'est-à-dire à la cessation de tout désir ou encore à l'union intime avec le Grand Tout, à la Connaissance totale de soi-même, en fait à la Permanence, à la Grande Paix.

Le bouddhiste ne recherche pas la surhumanité ni un bonheur illusoire qui peut, selon les individus et les sociétés, prendre des formes totalement différentes les unes des autres. Obligé de vivre dans un monde troublé, il n'aspire qu'à la cessation de ce trouble, au repos de l'âme, à la paix des sens. Et les exemples sont légion de cette recherche désespérée des âmes de l'Asie, à travers les pratiques des cultes populaires comme à travers les extases mystiques ou les expériences du zen, qui nous montrent l'homme ayant accompli sa tâche terrestre (ou croyant l'avoir accomplie, ce qui revient au même), sans excès mais avec zèle, brusquement décidé à rechercher la paix ultime en abandonnant le siècle pour se raser la tête, prendre un nom et l'habit religieux, et se retirer dans un monastère ou en quelque ermitage perdu dans la nature.

ATTRIBUTS CARACTÉRISTIQUES DES IMAGES DU BOUDDHA

Les Bouddha peuvent être représentés en « Bouddha simple » ou en « Bouddha paré ». Le Bouddha simple (quel que soit le nom qu'on lui donne) est presque toujours représenté vêtu d'une robe monastique lui couvrant l'épaule gauche ou les deux épaules. Dans quelques rares cas, il est torse nu. Le Bouddha paré est vêtu en prince, avec de nombreux bijoux et une couronne. Il peut être debout ou assis. Mais dans tous les cas il possède quelques signes distinctifs tels que les longs lobes d'oreille (de même que les Bodhisattva), souvenir des nobles de l'Inde ancienne qui avaient leurs oreilles étirées par le poids des bijoux; la protubérance crânienne, souvenir du chignon de cheveux des premières représentations du Bouddha, appelée *ushnîsha*, et une touffe de poils blancs au milieu du front ou entre les sourcils d'où est censée émaner la lumière : cette *ûrnâ* est la plupart du temps symbolisée par une tache (protubérante ou non) ronde, ou un joyau.

D'autres signes peuvent être distinctifs des Bouddha (la tradition en énumère trente-deux principaux et de nombreux autres, accessoires, pouvant aller jusqu'à cent huit en tout) tels que les mains aux doigts palmés, le nez « comme celui d'un perroquet » (surtout au Siam et au Laos), mais ils peuvent varier selon les types ou les régions. C'est ainsi que l'ushnîsha de la plupart des représentations du Bouddha à Ceylan et dans le Sud-Est asiatique est surmonté d'une flamme plus ou moins stylisée.

Mais quelles sont ces divinités, ces êtres divinisés, ces Grands Bouddha auxquels l'imagination des hommes a conféré des formes visibles, sculptées, gravées ou peintes, afin qu'elles puissent toujours être présentes pour lui, si oublieux de ses devoirs, afin de lui rappeler sans cesse la réalité de l'existence et au besoin le guider sur le fil du rasoir du chemin hérissé d'épines qui conduit vers elle ? C'est ce que, maintenant, nous allons essayer d'exposer.

LE BOUDDHA HISTORIQUE

En tant que maître fondateur du bouddhisme et plus ancien maître de la Loi, de la Doctrine (aussi appelée la « Bonne Loi »), il était tout naturel qu'en Asie, Siddhârtha Gautama le Bouddha soit vénéré par ceux qui se réclamaient de Son enseignement. En fait, Il fut vénéré par toutes les sectes bouddhiques, à l'exception peut-être de la secte japonaise du Jôdo-Shinshû[9] ou « vraie secte de la Terre pure », qui consacre presque exclusivement sa vénération à une de ses formes, Amida Butsu (Amitâbha). Mais, au Japon comme ailleurs en Asie, les hommes ne se sont point mépris sur le personnage historique de Gautama : sauf peut-être dans quelques cas aberrants et non officiellement reconnus, nulle part on ne considère réellement Shâkyamuni comme une divinité mais bien plutôt comme le plus parfait des saints hommes, comme un exemple idéal des vertus bouddhiques [10]. Bien que le culte qui Lui est rendu (culte de vénération, un peu comme celui que l'on voue à un ancêtre ou à une mémoire chère, à un maître disparu) semble avoir joui d'une faveur fluctuante à travers âges et pays (comme par exemple au Japon pendant la période de Heian, 794-1185) [11], il ne fut cependant jamais complètement abandonné et se trouva au contraire exalté par les religieux des sectes Chan en Chine, Zen et de Nichiren au Japon ; dans les temples relevant de ces sectes, des salles de prière Lui furent spécialement réservées (*shakadô* au Japon). Il s'ensuivit que les représentations du Bouddha historique furent très nombreuses dans tous les pays d'Asie. Rappelons ici brièvement l'origine de ces représentations. Selon les textes rapportés d'Inde en Chine par les pèlerins chinois Faxian (jap. Hokken, vers 340-420 ?) et Xuanzang (jap. Genjô, VIIe siècle), la tradition mahâyâniste veut que les premières images représentant le Boud-

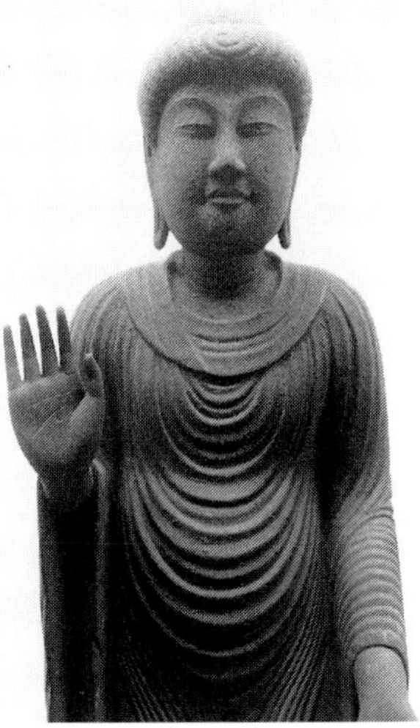

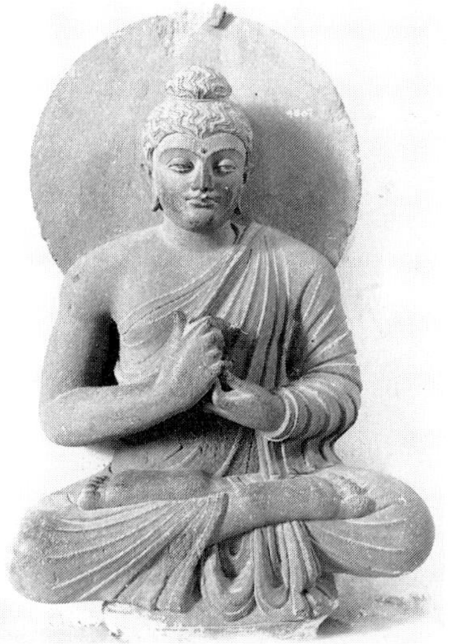

Bouddha du Seiryô-ji, bois, Japon, XIVe-XVe siècles

Bouddha enseignant, schiste poli, Inde, Gandhâra, Ve siècle dha Gautama aient été réalisées de Son vivant, pendant une absence de Celui-ci, alors qu'Il était monté au Ciel des trentre-trois dieux [12] (Trâiyastrimsha; jap. Tôriten) afin d'y rendre visite à Sa mère décédée, la reine Mâyâ, par deux de Ses plus fidèles disciples, les rois indiens Prasenajit et Udâyâna. Ceux-ci auraient alors fait réaliser deux statues à l'image de leur maître spirituel, l'une en or, l'autre en bois de santal rouge [13]. Cette dernière image (on voit déjà que ce portrait du sage idéal n'a aucune prétention d'être une représentation de la Divinité, mais avait la valeur d'un souvenir) aurait été emportée par la suite en Chine (?) par le moine indien Kumârajîva (340-409), en même temps que de nombreux textes sacrés. La tradition japonaise voudrait que ce soit justement cette statue (laquelle se trouve maintenant au Seiryô-ji à Kyôto) qui ait fourni le modèle de toutes les autres statues japonaises représentant le Bouddha [14]. Cette dernière tradition pourrait avoir pris naissance tardivement (vers le VIIe siècle ?) en raison d'une similitude de style existant entre cette statue du Seiryô-ji [15] et le célèbre « Bouddha debout » provenant de la cité de Mathurâ en Inde et maintenant au musée de Delhi, représenté vêtu d'une robe monastique adhérant étroitement au corps comme une robe mouillée, formant de nombreux plis réguliers et couvrant les deux épaules, la main droite en geste de l'absence de crainte (Abhaya-mudrâ), doigts légèrement écartés, l'autre en geste d'offrande (Varada-mudrâ) [16]. Cette tradition ne tient évidemment pas compte des six siècles qui séparent l'œuvre du roi Udâyâna de celle qui fait maintenant l'orgueil du musée de Delhi et dont des images de style semblable avaient dû parvenir en Chine par l'intermédiaire des moines-voyageurs et, de là, passer au Japon. Mais les religieux d'autrefois n'avaient pas du temps, surtout en Asie, une notion aussi précise que celle que nous avons aujourd'hui. Cette première image du Bouddha descendant du Ciel des trente-trois dieux dénotait l'impatience qu'avaient ses fidèles de voir revenir le Maître parmi eux. Les représentations de cette phase de la vie du Bouddha sont relativement rares en sculpture [17], et cette rareté même a dû, dans les périodes tardives, aiguiser les imaginations...

On sait que dans les débuts de l'art bouddhique, peut-être par déférence envers le Maître, les artistes évitaient de représenter la personne du Bouddha, laquelle était symbolisée par un trône vide, une fleur de lotus, l'empreinte d'un pied, une roue de la Loi (*chakra*), un stûpa..., alors que les divinités du panthéon brâhmanique adoptées par le bouddhisme ancien comme « accompagnant » le Bouddha étaient représentées sous leur forme traditionnelle hindoue. Ce n'est qu'aux environs de notre ère que les premières représentations de la personne humaine du Bouddha apparurent dans le Gandhâra, issues de l'influence de l'art hellénistique sur le style d'Amarâvatî (sud-est de l'Inde). Il est impossible de savoir quelle fut la première de ces sculptures. Certains auteurs ont avancé que les premières images du Maître furent réalisées dans la région de Mathurâ, vers la même époque, les souverains Kushâna étant devenus de fervents bouddhistes (voir la thèse de Coomaraswamy). En fait la plus ancienne statue censée être celle d'un Bouddha est une statue en grès rouge, provenant de Mathurâ (maintenant au musée de Sarnâth), et qui porte une inscription indiquant qu'elle était un don du moine Bala. Cette statue, tant par son style que par son traitement, ressemble beaucoup aux statues Kushâna des Yaksha ou d'autres personnages. La robe monastique laisse l'épaule

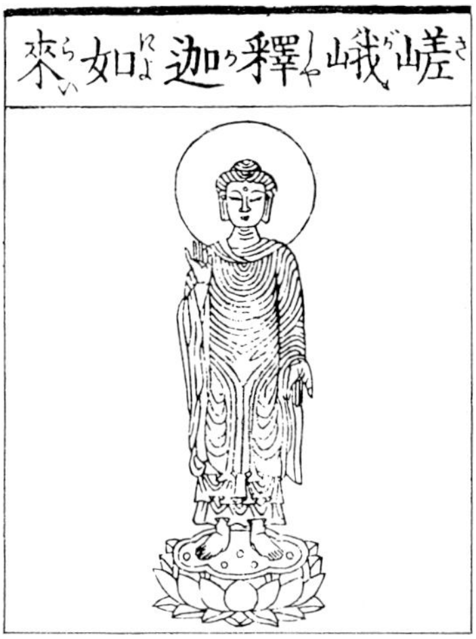

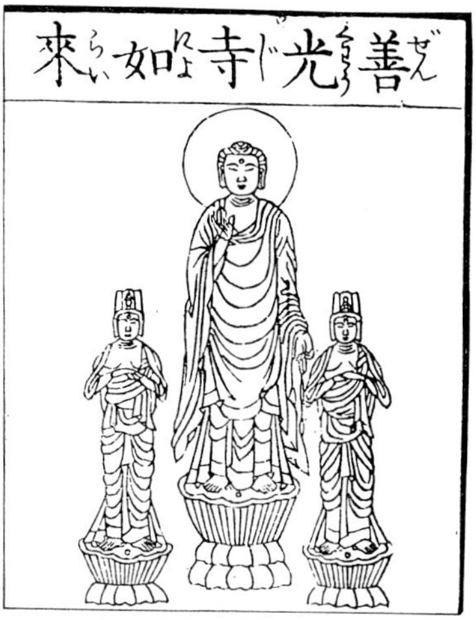

Shaka Nyorai de Saga, Japon, Kyôto

Shaka Nyorai du Zenkô-ji avec deux acolytes, Japon, Nagano

droite à découvert, le poing gauche retient un pan de la robe sur la hanche. Le bras droit est malheureusement cassé. Cette statue, qui est datée de 131 (ou 147) de notre ère, pour n'être probablement pas la plus ancienne, montre néanmoins que déjà à cette époque on se souciait de représenter le Bouddha sous Sa forme humaine. Celle-ci connut un succès grandissant dans tout le nord-ouest de l'Inde et notamment au Gandhâra, d'où il est probable qu'elle passa en pays Ândhra, à Amarâvatî. Nous savons en effet qu'il existait des liens étroits entre ces deux régions éloignées. Sur les plus anciennes représentations d'Amarâvatî, des médaillons de marbre traités en bas-relief, on peut en effet voir apparaître le personnage du Bouddha, la robe couvrant les deux épaules, pacifiant un éléphant furieux. Dans ces premières images du Bouddha, la coiffure du Sage est seulement formée d'un chignon sur le haut du crâne. L'art gréco-bouddhique du Gandhâra semble cependant avoir représenté tout d'abord (mais cela n'est pas assuré) des Bodhisattva et Maitreya, le Bouddha du futur, peut-être afin de parfaire une image du Maître en faisant des essais sur des personnages moins importants.

Or l'art grec (hellénistique) diffère profondément de l'art indien en ce sens que son idéal se trouve dans la personne humaine et sa perfection plastique, tandis que la tendance indienne, plus intérieure, cherche à faire transparaître l'esprit sous l'apparence. Les premiers Bouddha représentés ont donc ces deux caractéristiques, un corps et une âme. Le corps est vêtu, un peu à la mode grecque, d'une sorte de *khitôn*. La coiffure est tout d'abord traitée à la grecque, en larges ondulations. Les cheveux sont réunis au sommet en un volumineux chignon. Peu à peu la coiffure change, ou plutôt se schématise : les cheveux sont bouclés vers la droite, le chignon devient une bosse du crâne (*ushnîsha*) symbolisant la puissance spirituelle. Plus tard les cheveux forment une infinité de petites boucles « en escargot » tournées vers la droite et, dans le sud de l'Inde et le Sud-Est asiatique, le chignon est remplacé par une fleur de lotus ou une flamme. Tout un symbolisme

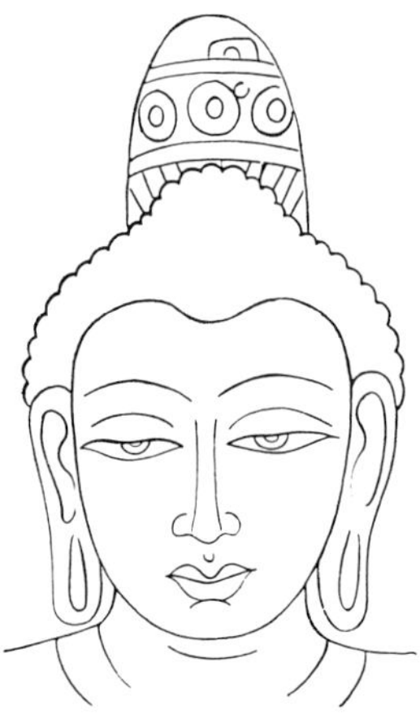

Bouddha couronné d'Âjantâ, Inde, grotte n° 1, vers 600 (relevé)

et toute une iconographie vont par la suite se développer autour de cette image. Les plis des vêtements, encore traités de manière réaliste pendant la période Kushâna, font place à de simples lignes qui, à l'époque Gupta, disparaissent parfois complètement. La robe, qui au début couvrait les deux épaules, n'en couvre plus qu'une, à la manière du vêtement des moines. Le visage même du Bouddha s'indianise. Apparaissent peu après, vers le Ve siècle, les socles de lotus sur lesquels on le voit bientôt presque toujours installé. Avec les apports de la peinture et de la sculpture chinoises, il prend l'aspect que nous Lui connaissons maintenant. Cependant, il semble que les bouddhistes indiens aient souvent hésité à représenter le Bouddha Lui-même, et Lui aient préféré maintes fois Son aspect de Bodhisattva qui permettait plus de liberté dans la facture (certains Bodhisattva ou Maitreya de l'art du Gandhâra portent moustache) et dans l'ornementation.

C'est, semble-t-il, vers la période des Gupta (IVe-VIe siècles) que l'image du Bouddha paraît se fixer. Les traits sont alors sereins, la face est pleine, le lobe des oreilles est allongé (distendu par le port des bijoux que les nobles avaient accoutumé de porter). La robe couvre toujours les deux épaules, et Il est représenté debout, les pieds légèrement écartés, dans une posture frontale, soit les mains en Abhaya-Varada, soit la main droite en Abhaya et la gauche en Varada tenant un pan de la robe, ou assis en Padmâsana, la plante des pieds visible, ou faisant le geste de tourner la roue de la Loi (Dharmachakra-mudrâ). Le Bouddha de Sarnâth est ainsi représenté, assis sur un trône, une large auréole ouvragée derrière la tête. Entre les pieds du trône est sculptée une scène montrant les premiers disciples vénérant la roue de la Loi. Deux êtres célestes (peut-être des divinités hindoues) ornent l'auréole. Une autre effigie du Bouddha, debout celle-ci, provenant elle aussi de Sarnâth, peut-être plus récente que la précédente, est moins décorée. Un grand nimbe entoure tout le corps. Sur un des piliers octogonaux de la grotte no 9 d'Ajantâ, une peinture datant vraisemblablement de la fin du Ve siècle montre le Bouddha debout avec une auréole ronde derrière la tête. Les sculptures du Bouddha des grottes d'Ellorâ, un peu plus tardives, montrent dans le même style le Sage assis en posture « à l'européenne » et tournant la roue de la Loi (grotte no 2 et chaitya no 10 par exemple). Au VIe siècle, on rencontre toujours dans les grottes (comme à Kanherî) des images du Bouddha debout, dans une posture non « canonique » : la main droite est allongée le long de la cuisse, en Varada-mudrâ, tandis que de la main gauche il retient un pan de la robe, à la hauteur de l'épaule. À cette époque, les positions du Bouddha ne sont pas encore tout à fait définies. Elles ne commenceront à être codifiées que vers la fin de la période Gupta, dans des bas-reliefs décrivant les « huit épisodes de la vie du Bouddha » (musée de Sarnâth), c'est-à-dire Sa naissance, Sa vie d'ascète, Sa quête de la Vérité, Sa méditation sous l'arbre pippal à Bodh-Gâya, Sa « prise à témoin de la terre », Sa victoire sur les forces de Mâra, Son premier prêche à Ses disciples à Sarnâth, et enfin Son entrée dans le Nirvâna. Ces huit scènes sont bientôt réduites à quatre, considérées comme essentielles : Sa méditation, Sa « prise à témoin de la terre », Son prêche et Son entrée dans le Nirvâna. Ces quatre « attitudes » sont adoptées par le bouddhisme du Mahâyâna qui les transforme en « émanations » ayant chacune des caractères différents et qui constituent les Quatre Grands Jina. Le bouddhisme des écoles du Sud conserve ces quatre attitudes

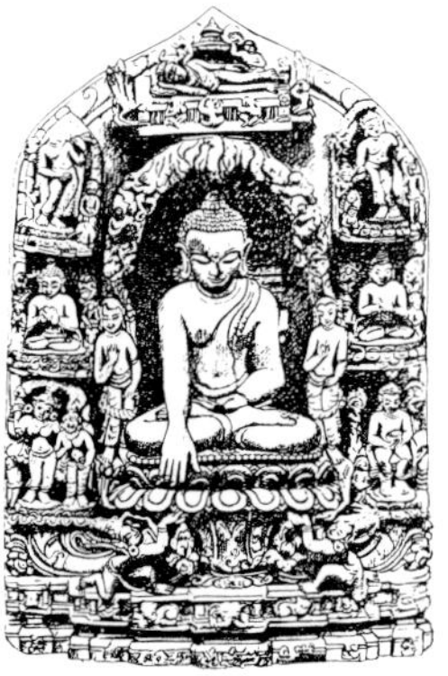

Les huits moments de la vie du Bouddha, dessin d'après une terre cuite, Birmanie, Pagan, XIIe siècle

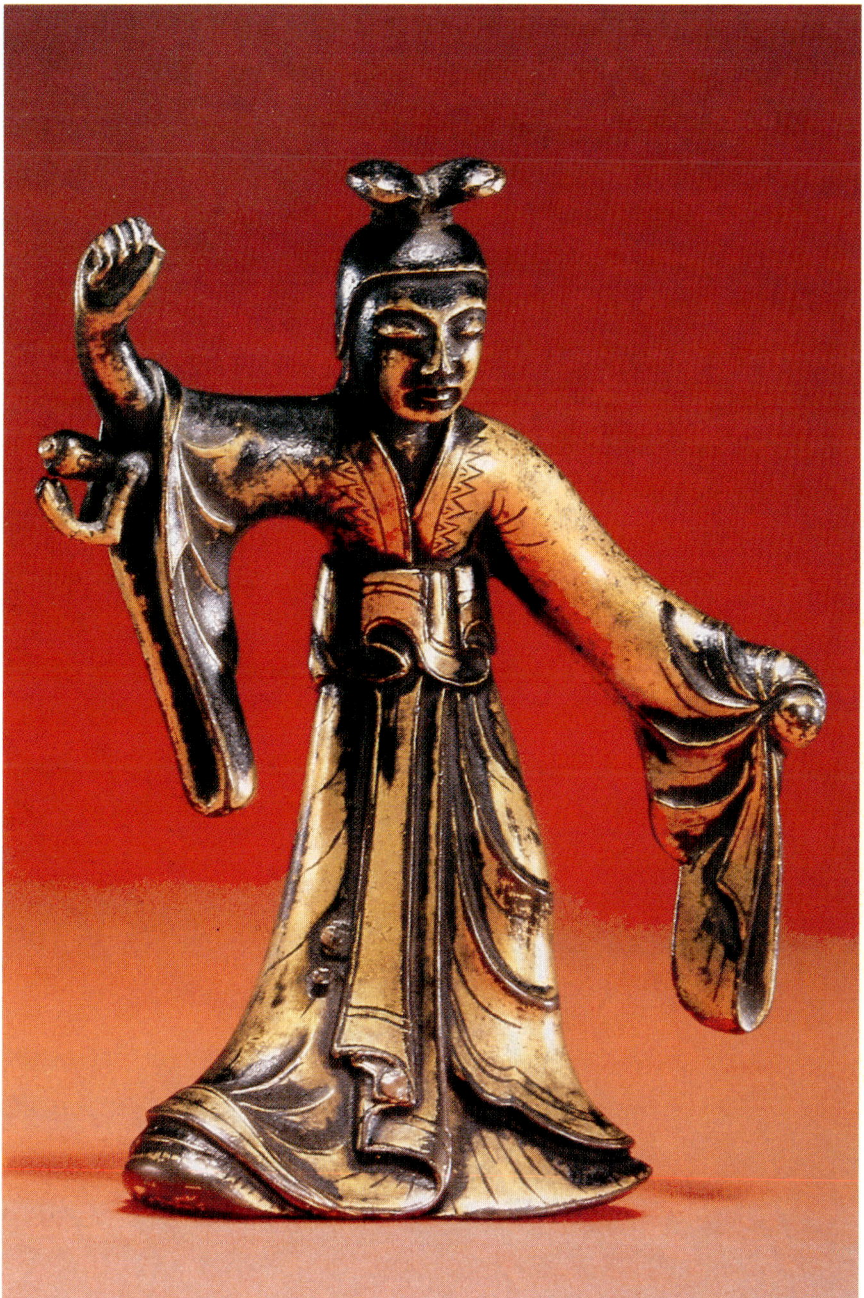

La naissance du Bouddha, bronze doré, Japon, VIIIe siècle, musée de Nara.

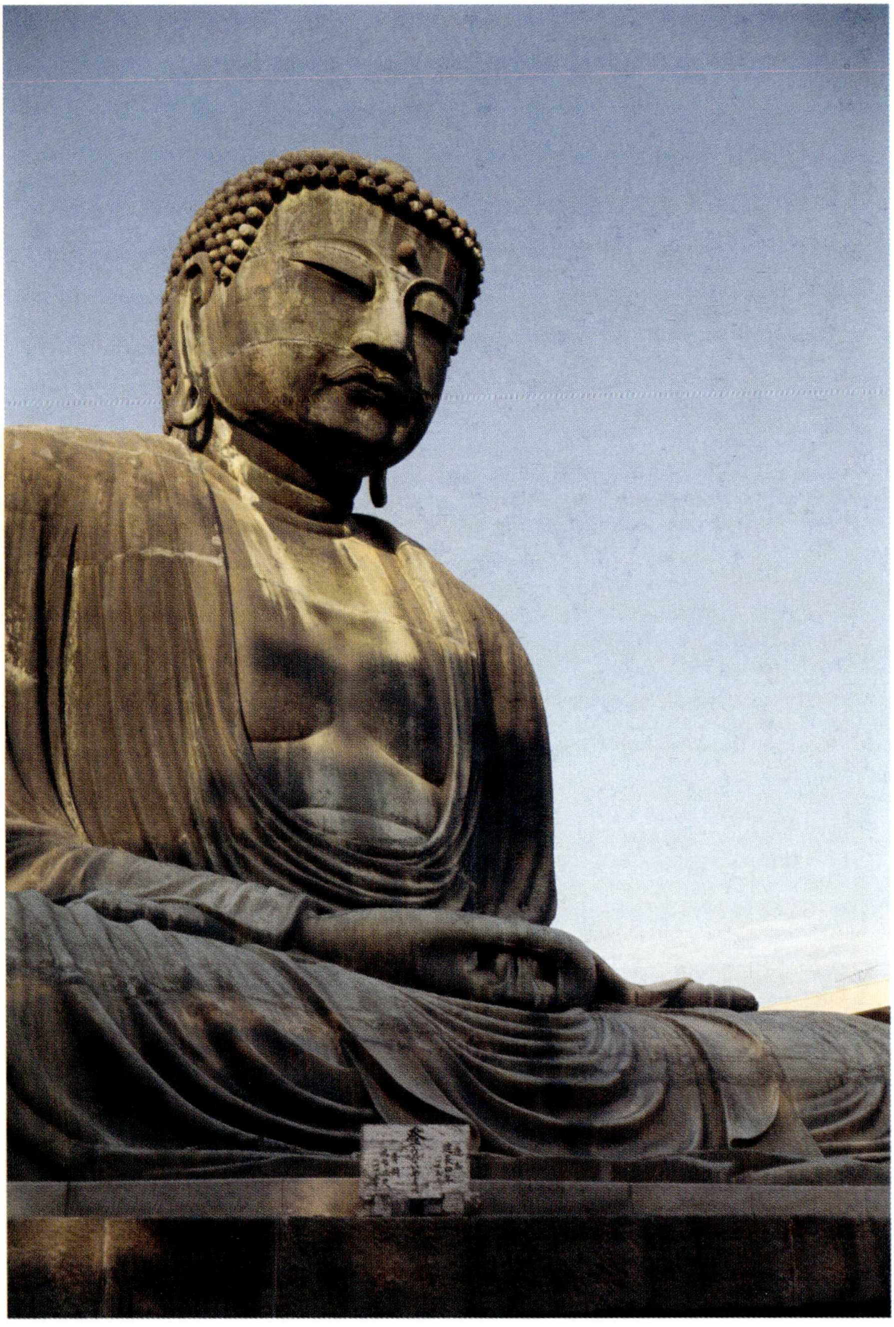

Daibutsu de Kamakura, bronze (hauteur : 15 m.), Japon, 1252.

comme symboliques des quatre plus grands événements de la vie du Maître et les répètent sans cesse, tant en sculpture qu'en peinture. Dans le Sud-Est asiatique, on a souvent ajouté à ces quatre attitudes une cinquième, représentant le Bouddha debout, avec les deux mains en Abhaya-mudrâ. Au Laos et en Thaïlande fut également adoptée une autre attitude, celle du Bouddha marchant ou posant l'empreinte de Son pied.

Au Tibet, en Chine, en Corée et au Japon, les quatre attitudes fondamentales ont été, nous venons de le voir, réservées aux Jina. Le Bouddha Lui-même peut être représenté soit debout, en Abhaya-Varada (statue du Seiryô-ji, Japon), ou dans l'attitude de tourner la roue de la Loi. Son image ne diffère guère (en dehors des styles) de l'effigie indienne.

On ignore quand exactement les premières images représentant le Bouddha furent introduites en Chine, par l'intermédiaire sans doute de moines venus des oasis de l'Asie centrale. Le bouddhisme progressant rapidement dans toutes les directions à partir de l'époque Gupta, et les moines établissant des monastères jusqu'en Afghânistân (Grands Bouddha de Bâmiyân, de style Gupta tardif, robe couvrant les deux épaules), les exemples de la statuaire et de la peinture bouddhiques voyageaient avec les pèlerins. Il est donc probable que des images du Bouddha existaient en Chine dès le IIIe siècle de notre ère. Cependant, c'est seulement à la fin du Ve siècle, avec la dynastie des Wei du Nord, que nous verrons apparaître de manière courante des effigies de Shâkyamuni. Pendant la période des Six Dynasties (220-589), le bouddhisme se développant considérablement en Chine, on vit l'excavation de nombreuses grottes bouddhiques. Le style des Bouddha semble se préciser tout d'abord dans les grottes de Yüngang jusque vers 495, puis dans celles de Longmen jusque vers le milieu du VIe siècle; enfin il paraît atteindre sa maturité avec la dynastie des Tang (620-910). Le style des Wei du Nord montre des figures du Bouddha ayant encore des traces d'influence hellénistique (Yüngang), alors que le style évolué dans les grottes de Longmen montre des statues plus allongées, avec une profusion de draperies. La robe couvre toujours les deux épaules. Ce style passera en Corée, puis de là au Japon, où il arrivera vers 538. Le style des Sui et des Tang fera lui aussi école dans ces deux derniers pays et y connaîtra une grande faveur, avant d'être « nationalisé ».

Au Tibet, où le bouddhisme n'apparaît qu'au VIIe siècle, on conservera plus ou moins l'image traditionnelle indienne. Cependant, avec la faveur dont jouirent dans ce pays les traditions du tantrisme et du Mahâyâna, la personne du Bouddha historique sera moins souvent représentée que celles des Jina. Elle continuera d'être montrée dans l'une des quatre attitudes marquant l'évolution spirituelle du Maître.

Au Japon, il semble bien que l'introduction de la première image représentant le Bouddha historique (très différente de celle du Seiryô-ji) ait eu lieu en 538, lors de l'envoi d'une statue de bronze de Celui-ci et de textes sacrés (parmi lesquels probablement un manuscrit enluminé, *Inga-kyô*, sur les « Relations de cause à effet » prêchées par le Bouddha) à la cour du Yamato alors établie à Asuka, par le roi de Kudara, un royaume de Corée[18]. Cette image de bronze aurait été confiée par l'empereur au chef du clan des Soga, alors chancelier du royaume. Mais une épidémie de variole s'étant déclarée dans le pays, les adversaires de l'introduction du bouddhisme, religion étrangère au Japon (et aussi adversaires politiques du clan des Soga), s'empressèrent de déclarer que cette statue était responsable des maux qui accablaient le peuple. En conséquence, l'empereur, qui n'était sans doute pas loin de partager cette conviction, ordonna de jeter cette statue réputée maléfique dans les eaux de la rivière Naniwa, non loin de son palais, alors situé à proximité de la ville actuelle d'Ôsaka[19]. À cette époque, les Japonais appartenaient tous au shintô (bien que cet ensemble de croyances ne portât pas encore ce nom), dont les adeptes croyaient aux « esprits supérieurs » ou Kami et usaient de pratiques apparentées à celles du chamanisme coréano-sibérien : pour eux, un objet pouvait se trouver habité par des puissances et, par là même, être pour les hommes bénéfique ou maléfique. Cette statue de Shâkyamuni, repêchée après la victoire du clan des Soga et le triomphe à la cour des partisans du bouddhisme, se trouverait être celle qui est actuellement installée dans la salle principale (Hondô) de l'Ango-in (temple également nommé Asuka-dera)[20]. Cette statue assise est de grande taille (2, 80 m). Cette dernière correspondrait à la hauteur (jap. *1 jô 6 shaku*)[21] attribuée par une tradition tardive à la personne physique du Bouddha et, partant, aux représentations de celle-ci. Le Bouddha, grand par la pensée, ne pouvait être petit par la taille : cette idée correspond bien à l'esprit ancien qui voulait que, sur les représentations, les personnages importants fussent dépeints plus grands que ceux de condition inférieure, de manière à frapper les esprits des simples mortels qui se sentaient saisis d'un respectueux effroi face à la taille gigantesque des puissants de ce monde. On peut imaginer que les légendes concernant les géants de l'ancien temps ont pris naissance dans cette conception de la représentation des divinités ou rois... Mais en réalité, il est fort peu probable que la statue de l'Ango-in soit celle qui fut apportée de Corée : son transport eût posé des problèmes insolubles à cette époque. Peut-être n'est-elle simplement qu'une copie, faite aux dimensions prescrites par la tradition d'après un modèle portatif et réalisée sur place par des bronziers venus, comme celui-ci, de Corée. Par ailleurs son style, loin d'être indien, serait au contraire à rapprocher de celui de certains Bouddha coréens de même époque et de celui, plus monumental, de Binyangdong à Longmen, en Chine[22]. Quant à la statue du Seiryô-ji dont il a été question plus haut[23], elle pourrait être d'origine chinoise : une tradition rapporte qu'elle aurait été apportée de Chine en 987 par un moine du nom de Chônen[24] et installée au monastère du Tôdai-ji à Nara. À la mode chinoise, en effet, cette statue est creuse et contient, outre des objets de bronze, d'argent et des invocations écrites (*dhâranî*), des reproductions de viscères réalisées en tissu[25]. Ce dernier élément montre bien qu'aux yeux des fidèles de l'époque, cette statue représentait un être humain et non une divinité. Il y a là une distinction très nette qui, par la suite, s'estompera peu à peu.

Les Japonais ont pris l'habitude de vénérer la personne du Bouddha, non pas toujours seule, mais en groupe avec d'autres personnages. C'est ainsi par exemple que dans le Nison-in de Kyôto (temple d'obédience Tendai) et au Kenkô-in (temple de l'Envoi et de l'Accueil, près de Takagamine)[26], les statues de Shaka (Shâkyamuni) et d'Amida (Amitâbha) se trouvent placées côte à côte sur le même autel et font, symétriquement, les gestes de l'absence de crainte (Abhaya) et du don (Varada). Selon les religieux de ces temples, les brochures distribuées aux fidèles du temple du Kenkô-in (pourtant d'obédience Jôdo-Shinshû)[27] et un texte de la secte Tendai (le *Nihon Shaji Taikan*), une formule attribuée aux deux « sauveurs » (Shaka consolant les âmes sur terre, Amida les consolant dans l'au-delà) dit que sur cette rive-ci (du fleuve de l'existence séparant la vie de la mort), Shaka nous envoie en disant : « Va », tandis que sur l'autre rive, Mida (Amida)[28] nous accueille en disant : « Viens[29].»

De même, dans le temple de Sennyû-ji (Mitera)[30] de Kyôto, temple qui appartenait autrefois aux sectes Shingon, Tendai, Zen et Ritsu, se trouvent les images associées de trois Bouddha, celle de Shaka (le Bouddha historique) étant encadrée par Amida[31] (le Bouddha de l'au-delà) et par Miroku (Maitreya, le Bouddha futur)[32]. Ce *Sanzon* (groupe des trois vénérables) symboliserait donc les trois mondes ou périodes bouddhiques. Ces statues ne font pas véritablement l'objet d'un culte, mais ensemble elles rappellent au fidèle que la Doctrine existe pour les hommes d'ici-bas, aussi bien que pour ceux du monde de l'au-delà, et qu'il en sera de même dans le futur[33].

Mais en Asie bouddhique, le peuple ne se contente pas de vénérer la personne du Bouddha. S'il ne Lui rend pas, à proprement parler, de culte, du moins honore-t-il Sa mémoire en de multiples occasions et surtout, comme on le ferait pour un membre de la famille, lors des anniversaires, naissances et décès... C'est ainsi qu'en Chine (Yufuhui) et au Japon (Kanbutsu-e), le 8 avril est l'anniversaire de la naissance du Bouddha : on baigne Ses statues d'eau parfumée et de décoctions particulières. On fait de même en Asie du Sud-Est. Le Bouddha ne pouvant être absent des activités quotidiennes des fidèles, ceux-ci ont accoutumé, surtout en Chine, en Corée et au Japon, de Lui accorder, selon les jours, une influence faste ou néfaste : c'est ainsi qu'au Japon, et cela d'après l'ancien calendrier chinois, le jour de la semaine qualifié de *Butsumetsu* (mort du Bouddha) est réputé particulièrement néfaste. On ne doit rien entreprendre ce jour-là : les enterrements sont seuls possibles. La mort du Bouddha étant considérée comme un grand malheur pour l'humanité, les Japonais ont ainsi « bouddhisé » un jour néfaste selon le calendrier taoïste chinois.

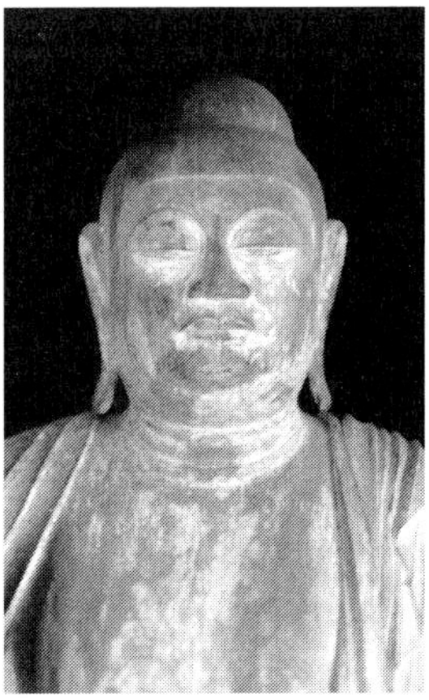

Shaka Nyorai, bois, Japon, IXe siècle

Toute statue représentant le Bouddha est censée être animée et posséder une certaine puissance. Selon A.B. Griswold, «dans la croyance traditionnelle, chaque image du Bouddha hérite d'une fraction du *tejas*, "énergie" que le Bouddha Lui-même possède en extrême abondance, et qui est conventionnellement représentée par un halo, une flamme surgissant du sommet de sa tête, de la surface dorée de son corps [...].» Il n'est donc pas étonnant que le populaire attribue une partie de ce tejas, de cette énergie divine, aux statues qui Le représentent. Dans le Sud-Est asiatique, surtout en Birmanie et en Thaïlande, on confectionne de très nombreuses petites statuettes du Bouddha que l'on insère dans les grandes, afin que les tejas cumulés lui donnent plus de puissance. C'est également la raison pour laquelle de nombreux bouddhistes portent en sautoir autour du cou une petite image du Bouddha : elle est censée leur conférer une certaine puissance, et même l'invincibilité selon certaines croyances populaires.

Une statue du Bouddha (ou d'un autre personnage bouddhique) ne peut cependant avoir la vie que si elle est « animée », en d'autres termes si on l'a consacrée par la cérémonie de l'ouverture des yeux (chin. Kaiguang ; jap. Kaigen-kugyô), une ancienne coutume brâhmanique. Pour ce faire, il était autrefois courant de ménager au dos de la statue une cavité dans laquelle on insérait un petit animal, ou des images des viscères. La cavité refermée et les offrandes rituelles faites, un moine peignait (ou sculptait) les pupilles des yeux. L'image ainsi animée était réputée vivante. En Thaïlande, à l'époque d'Ayuthyâ, la mutilation d'une image du Bouddha était considérée comme un crime, et punie comme tel. Toujours en Thaïlande, on croit communément que certaines statues du Bouddha sont plus puissantes que d'autres et qu'il arrive même que deux statues se détestent (cas du « Bouddha d'émeraude » et du Phra Bang, au XVIIIe siècle, à Thonburi et Bangkok, où leur « combat » provoqua en 1867 une révolution et de mauvaises récoltes)... On croit même qu'en certaines circonstances, les effigies du Bouddha peuvent porter malheur à qui les possède : le seul remède est de confier ces images à un monastère... Des miracles ont d'ailleurs été attribués à quelques statues du Bouddha réputées très puissantes, telle celle appelée Jinarâja, à Phitshanulok (Thaïlande), qui pleura des larmes de sang lorsque la région fut conquise par le prince d'Ayuthyâ, en 1438... Les exemples de cette croyance sont nombreux. De même il arrive fréquemment que, dans les pays du Theravâda (Doctrine des Anciens), les fidèles offrent des écharpes jaunes ou dorées aux statues, afin de les honorer. L'auteur de ces lignes eut l'occasion de rencontrer, en Birmanie, un grand Bouddha de brique et de stuc, fraîchement repeint, et que la piété villageoise avait orné de lunettes, « parce que le Bouddha était un grand savant », expliqua un bonze.

Il est d'usage d'offrir aux statues du Bouddha des robes monastiques et parfois des couronnes richement ornées. En Thaïlande, le « Bouddha d'émeraude » (Bangkok) a ainsi trois sortes de costumes : l'un, de prince, pour la saison chaude, une robe monastique pour la saison des pluies (saison du jeûne annuel) et un manteau d'or pour la saison fraîche.

Une statue du Bouddha, plus d'ailleurs qu'une peinture, est généralement considérée comme un stûpa : elle est un substitut de la personne physique du Maître, et elle contient souvent des reliques, tout comme nos reliquaires du Moyen Âge chrétien étaient parfois façonnés à l'image du saint dont ils contenaient les ossements. C'est acquérir des mérites (*punya* ; thaï *tam-pun*) que d'ériger un stûpa ou une statue représentant le Maître, de taille colossale ou de dimensions très réduites. Au Tibet et au Nepâl, les pèlerins, afin d'acquérir des mérites, ont coutume de fabriquer des images de stûpa ou du Bouddha au moyen de blocs de bois spécialement gravés, ou de moules en métal.

De même, une statue représentant le Bouddha doit être traitée avec déférence : le fidèle qui en installe une chez lui le fera de telle manière que les pieds de la statue se trouvent à la hauteur de son visage. Ainsi le Bouddha sera-t-il toujours placé plus haut que les hommes, et ne risquera-t-il pas d'être souillé. Il sera toujours installé dans la partie la plus belle du logement. Il est rare qu'un fidèle considère une statue du Bouddha comme une simple œuvre d'art. Si un étranger trouve une certaine joie en exposant chez lui une partie d'une statue du Bouddha, tête ou main, le fidèle bouddhiste trouverait cela sacrilège et morbide. Qui plus est, une telle pratique risquerait d'apporter un mauvais sort dans la maison. Si une partie de la statue est trouvée ou déterrée, on doit la déposer immédiatement dans un monastère : les moines l'enfermeront dans un reliquaire et l'inhumeront avec les prières requises, au sein d'un stûpa érigé pour cet usage.

LES REPRÉSENTATIONS DU BOUDDHA HISTORIQUE

Nous avons vu que la personne du Bouddha historique avait été représentée sous de nombreuses formes. Celles-ci décrivent les huit scènes ou aspects de Sa vie (jap. *Hassô*, *Hachisô*), rappelant ainsi les « moments » les plus caractéristiques ou les plus importants de Sa carrière terrestre.

La descente du ciel Tushita (jap. *Tosotsu Ten*)

Le Tushita est le « ciel » où Gautama se trouvait en tant que Bodhisattva avant sa dernière incarnation. Cette scène, où le futur Bouddha est montré sous l'aspect d'un éléphanteau blanc descendant des nues (médaillon du stûpa de Bharhût, en Inde), n'est pratiquement jamais représentée en dehors de l'Inde. La plupart des tenants du Mahâyâna ont quelque peu négligé cet aspect, tout en le conservant sous sa forme théorique à la première place parmi les « huit scènes ». Cette scène est appelée *Ge-ten* ou encore *Ge-tosotsu* au Japon.

L'entrée du futur Bouddha dans la matrice de sa mère

Elle est représentée sous la forme d'un éléphanteau blanc entrant par le flanc droit de la reine Mâyâ (médaillon de Bharhût, Inde). Cette image, souvent confondue avec la première, n'est représentée que rarement (en peinture surtout) hors de l'Inde. Elle est appelée *Nyûtai*, *Nittai* et *Takutai* au Japon.

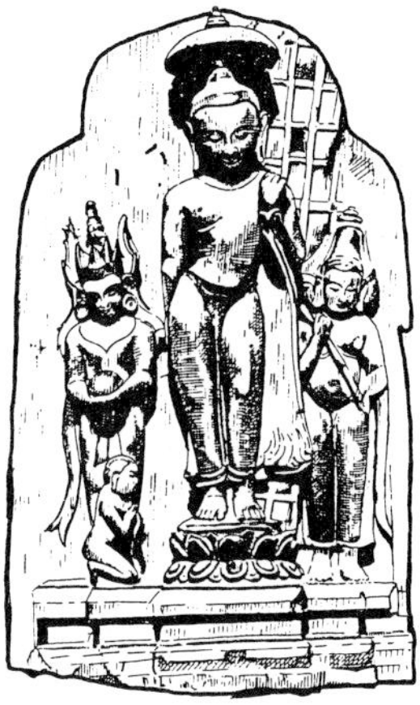

La descente du ciel Tushita, dessin d'après une sculpture en bois, Birmanie, Pagan, XIIe siècle

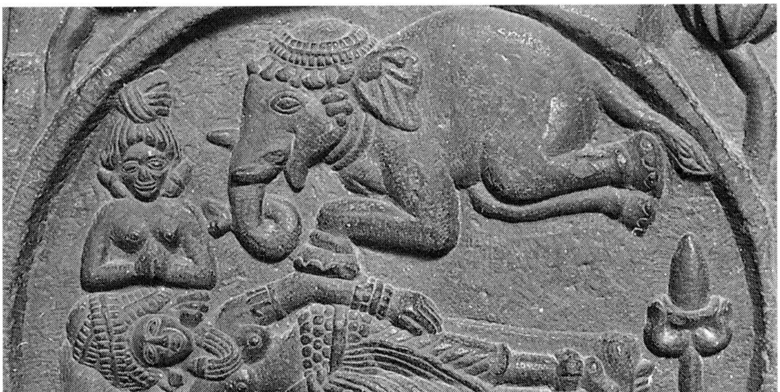

La conception du Bouddha, médaillon d'une balustrade de Bhârhut, Inde, IIe siècle avant notre ère

La naissance du futur Bouddha

Cet aspect fut très souvent représenté, tant en Inde[34] qu'en Chine et au Japon, car il est plus concret et appelle plus au sentiment qu'une légende incontrôlable. Les hommes savent ce qu'est une naissance, tout ce qu'elle peut apporter de joie dans un foyer. Et la naissance d'un

Naissance du Bouddha, bronze, Inde, Nâlandâ, Xe siècle

Naissance du Bouddha, bronze doré, Japon, VIIe siècle, musée national de Tôkyô,

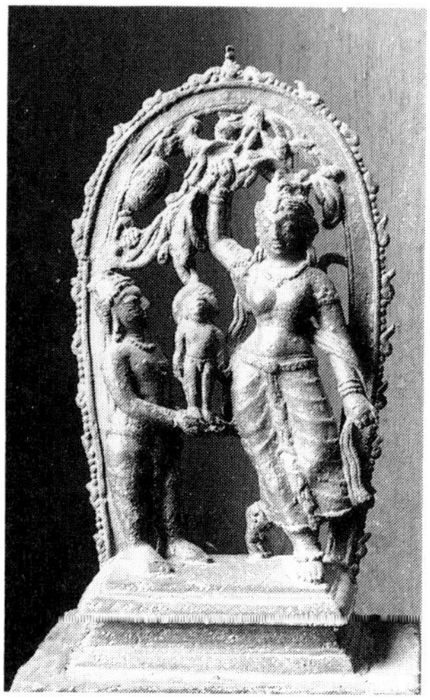

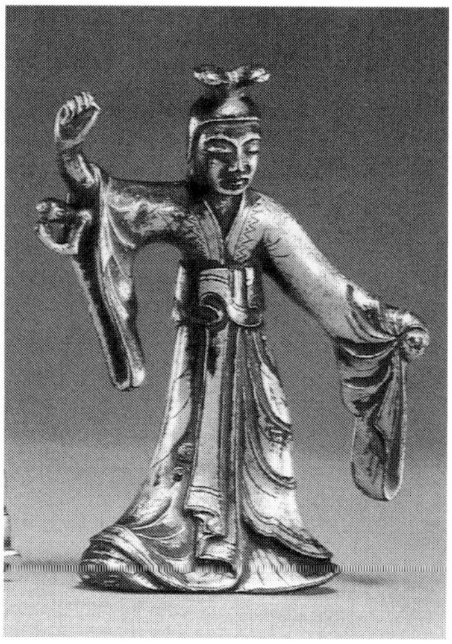

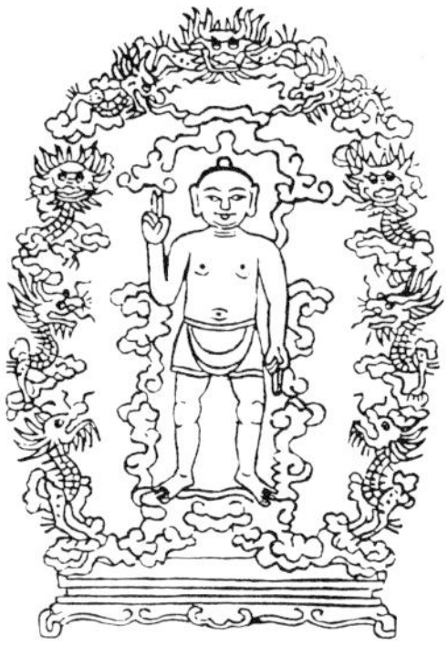

Naissance du Bouddha, gravure chinoise

futur Bouddha ne pouvait qu'émouvoir le cœur profondément familial des Asiatiques, tout comme dans le monde chrétien la naissance de l'enfant Jésus toucha profondément le cœur des hommes. Le texte du *Dîrghâgama-sûtra* (jap. *Chô Agongyô* ; chin. *Foshuo chang, Ahang Jing*) allègue que le jeune prince Siddhârtha Gautama aurait, dès après sa naissance (il serait, selon la tradition indienne, sorti du flanc droit de sa mère), fait sept pas vers chacun des horizons et proclamé : « Dans les Cieux et sur la terre, je suis le seul qui soit vénérable[35] », expression qui est devenue courante en Chine et au Japon où elle est employée quelque peu ironiquement pour taquiner quelqu'un qui affirme trop sa supériorité. On montre donc l'enfant Bouddha debout, nu jusqu'à la ceinture, le bras droit pointé vers le ciel. Sous cette forme, au Japon, il est généralement placé au centre d'un bassin circulaire destiné à contenir et à recueillir du thé doux (*amacha*)[36] que les fidèles ont coutume de verser sur la statue, chaque année le jour anniversaire de la naissance du Bouddha, jour traditionnellement fixé au 8e jour du 4e mois (8 avril)[37]. Cette fête est observée par tous les fidèles des sectes coréennes et japonaises (y compris celle du Jôdo-Shinshû), ainsi que par de nombreux non-pratiquants, car elle est prétexte à des réjouissances familiales. Elle est appelée Kanbutsu-e (chin. Yufuhui) ou «fête de l'aspersion du Bouddha», populairement dénommée au Japon Hana Matsuri, « fête des fleurs[38] », parce que le templion élevé dans la cour des temples pour abriter la statuette du Bouddha naissant (jap. Tanjô-Butsu) est décoré de fleurs (d'où son nom de *Hanamidô*, salle de vision des fleurs)[39], la tradition rapportant que, lors de la naissance de Siddhârtha Gautama, les dieux (du panthéon hindou) en liesse laissèrent tomber sur lui, du haut de leur séjour céleste, une pluie de fleurs[40] et l'arrosèrent de jets de poudres parfumées... Une coutume populaire au Japon veut que si l'on frotte le corps des enfants malades avec de l'amacha qui a coulé sur la statue en ce jour anniversaire, ces enfants seront guéris[41]. C'est là une association naturelle en Asie qui veut qu'un médecin des âmes soit également un médecin des corps. À l'occasion de cette fête les enfants calligraphient des poèmes. Mêlé à de l'encre de Chine, l'amacha recueilli, décoction purificatrice, « aurait aussi la vertu de donner aux enfants une belle écriture[42] ».

Cette coutume d'asperger d'eau les statues du Bouddha pour fêter Son anniversaire est universellement répandue en Inde bouddhique, à Ceylan et dans les pays du Sud-Est asiatique. Mais on n'y baigne pas une statue spéciale. En ce jour anniversaire, toutes les statues représentant le Bouddha historique sont lavées à grande eau, repeintes et parfois revêtues de feuilles d'or.

Sur certains tanghka du Tibet (au musée Guimet), l'enfant Bouddha est représenté nu, dans l'attitude de l'Abhaya, et les sept pas qu'il fit dans chaque direction sont symbolisés par autant de fleurs de lotus. Au Japon les peintures sont nombreuses qui montrent la naissance de Shaka, et que l'on nomme *Tanjô-e* [43]. Parmi les œuvres sculptées traitant ce sujet et qui, pour la plupart, représentent l'enfant Bouddha le bras levé, il convient de mentionner ici une petite statuette de bronze, peut-être d'origine chinoise, représentant la reine Mâyâ en robe chinoise à larges manches, de l'une desquelles (la droite) sort le jeune prince Siddhârtha, les mains jointes[44], allusion à la manière surnaturelle dont la reine accoucha.

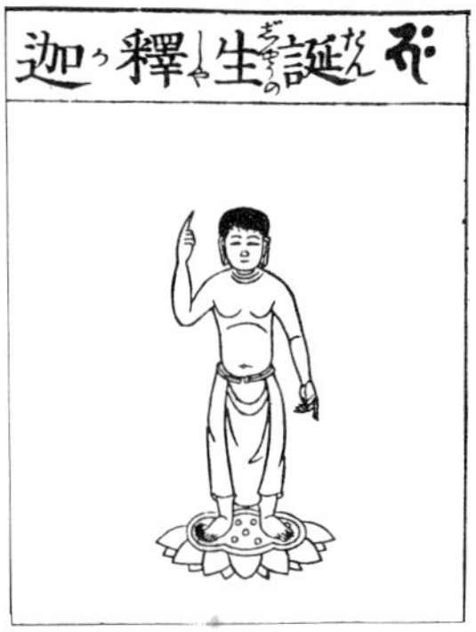

Naissance du Bouddha
(Tanjô-e)

La sortie de la famille

C'est la fuite du prince Siddhârtha du palais royal de Kapilavastu, et parfois les rencontres traditionnelles qu'à cette occasion le futur Bouddha fit d'un vieillard, d'un malade, d'un cadavre et d'un ascète, et dont parlent les textes canoniques les plus anciens. Cet aspect, représenté en Inde dès les premiers temps[45] de l'iconographie bouddhique et appelé *Shukke* au Japon, est rarement montré, sauf sur des manuscrits enluminés décrivant la vie du Bouddha, ou encore sur des bas-reliefs illustrant celle-ci. Il est la plupart du temps remplacé par des représentations de « Shâkyamuni descendant de la montagne », où Il S'était tout d'abord retiré pour pratiquer l'ascèse. Cette partie de la vie du futur Bouddha est assez souvent représentée, surtout en peinture, dans les pays où le Mahâyâna est prédominant, et dans le Gandhâra. Cet aspect (dénommé *Shussan no Shaka*, *Shutsuzan no Shaka*, *Shussan Butsu* au Japon) symbolise l'accomplissement du futur Bouddha qui descend des hauteurs (spirituelles) dans lesquelles Il s'était réfugié afin de chercher le moyen de sauver les êtres, adoptant ainsi la conduite vertueuse et salvatrice d'un Bodhisattva[46]. Le 4e jour du 12e mois de l'année, en souvenir du jour où le Bouddha Se résolut à abandonner les pratiques ascétiques comme étant vaines, les pieux bouddhistes célèbrent une fête (jap. *Jôdo-e*) de l'illumination du Bouddha. À cette occasion, en Chine, les fidèles ont coutume de manger un brouet spécialement préparé à cet effet par les moines et appelés *labazhu*. Cette fête est célébrée le 8e jour de la 12e lune (voir Doré). Les bouddhistes prennent alors la ferme résolution d'aider, tel un Bodhisattva, les autres êtres à faire leur salut et de résister à la tentation égoïste d'un salut personnel [47]. Les représentations de ce « moment » de la vie du Bouddha ne sont pas très communes. Les plus anciennes semblent avoir été « inventées » au Gandhâra (*voir* le « Bouddha ascétique » du musée de Peshâwar). Quant aux peintures de ce type, elles paraissent avoir eu

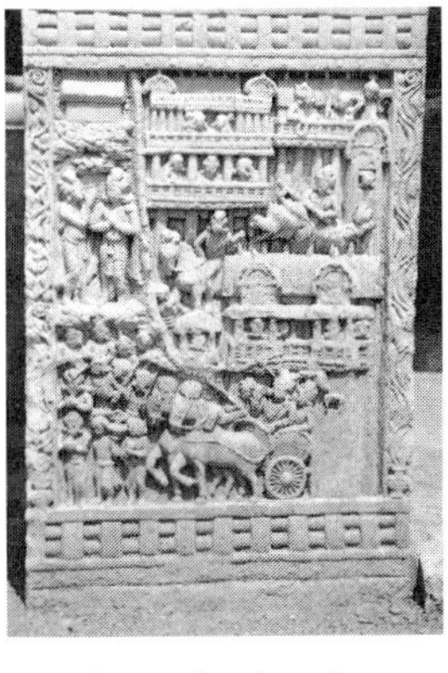

Une des sorties du prince Siddhârtha, Inde, Sâñchî, détail d'un torana du stûpa n° 1, Ier siècle

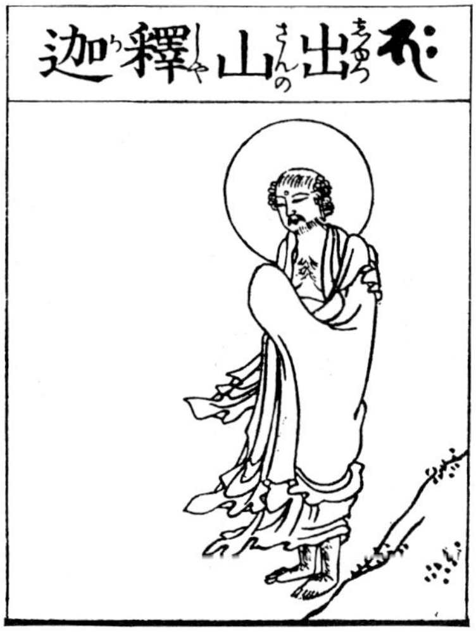

Shâkyamuni descendant de la montagne (Shussan Shaka)

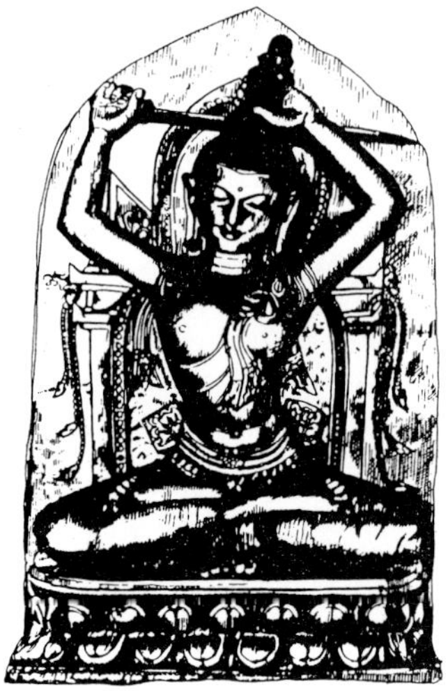

Le prince Siddhârtha se coupe les cheveux, (d'après un haut-relief) Birmanie, Pagan, début XIIe siècle

leur origine en Chine. Les sectes Chan et Zen qui honorent particulièrement le Bouddha historique voient dans cet aspect du Sage des Shâkya un exemple à suivre pour l'accomplissement de leur but spirituel à travers leurs exercices de zazen (non-méditation assise). Cependant, c'est peut-être au Japon qu'on trouve les représentations les plus nombreuses de ce type de Bouddha, soit en ascète, maigre et le visage orné d'une courte barbe, les mains en Añjali-mudrâ [48] (on lui donne alors le nom de Kugyô-zô), forme qui fut principalement en faveur dans les monastères zen à partir du XIVe siècle [49], mais qui demeure cependant relativement rare ; soit vêtu comme un prince, en Bouddha paré, et nommé Airaku-zô ; soit enfin tenant en main le bol à aumônes (*pâtra*), symbole de Son ascétisme [50], et appelé dans ce cas Jihachi-sô Shaka.

La victoire sur Mârâ

C'est la victoire sur le prince des Démons, dans l'attitude de la prise de la terre à témoin des bienfaits que Gautama a accomplis dans Ses existences passées et du droit qu'Il a acquis par ses mérites à occuper le « trône de diamant » (*vajrâsana*) à Bodh-Gayâ. Thème souvent représenté dans l'iconographie des sectes des écoles anciennes comme dans celles du Mahâyâna, où il constitue l'attitude distinctive du Jina Akshobhya. Au Japon, cette attitude fut assez peu représentée, sauf sur des peintures, et est assez souvent confondue avec la suivante.

L'accomplissement de la Voie (ou de la Bodhi)

Le Bouddha est alors montré assis sur le « trône de diamant », sous l'arbre pippal à Bodh-Gayâ, en Inde. C'est l'aspect qui fut probablement le plus souvent représenté et sous lequel les sectes ésotériques L'ont élevé au rang de Grand Bouddha (jap. Nyorai). Ses formes peuvent alors être fort diverses, et toujours assises ; elles suivent l'iconographie générale des représentations des Tathâgata.

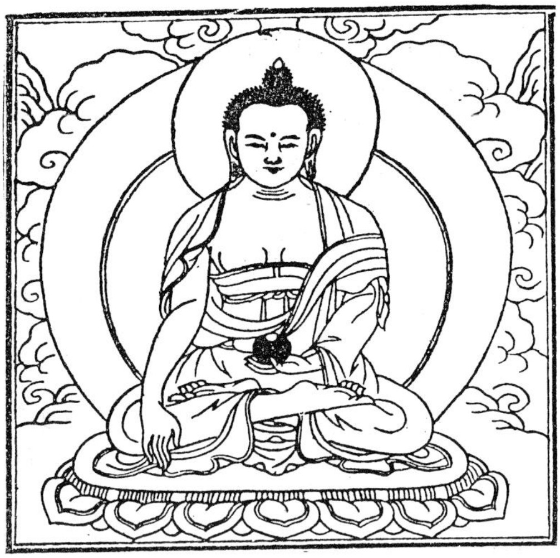

Shâkyamuni tenant le bol à aumônes, gravure tibétaine

On représente alors le Bouddha en position assise dite Padmâsana (du lotus), ou bien assis « à la chinoise » (ou « à l'européenne », Bhadrâsana), avec la robe monastique (*kâshâya* ; jap. *kesa*)[51] couvrant ses deux épaules. Les doigts du Bouddha sont palmés (couverts d'un réseau, *jâlâvanaddhahastapâda* ; jap. *manmôzô*)[52], un des trente-deux signes distinctifs du Bouddha selon les textes anciens. Il tient la main droite soit en absence de crainte (Abhaya-mudrâ), soit en discussion de la Doctrine (Vitarka-mudrâ), soit encore, mais plus rarement, en offrande (Varada-mudrâ), la main gauche étant presque toujours en Varada-mudrâ[53], parfois avec l'annulaire et l'auriculaire légèrement repliés, ou bien encore (ce qui est assez fréquent) reposant, la paume tournée vers le haut, sur le creux de la cuisse.

On Le représente également, surtout en Chine et au Japon, dans la posture de la prise de la terre à témoin[54], les doigts de la main droite touchant le sol ou les pétales du lotus près de Son genou droit (en Bhûmishparhsa-mudrâ), mais assisté de deux acolytes, à gauche Mañjushrî et à droite Samantabhadra, deux Bodhisattva de Connaissance. Cet ensemble prend alors le nom de « trois vénérables de Shâkyamuni » (jap. *Shaka Sanzon*).

Dans les sectes japonaises Ritsu et Zen (lesquelles ne connaissent pas les Bodhisattva), les deux acolytes du Bouddha sont alors deux de Ses grands disciples (voir plus loin), Kâshyapa (jap. Kashô), qui représente l'ascèse connaissante, et Ânanda (jap. Anan), l'auditeur parfaitement attentif des sermons du Maître[55].

Lorsque le Bouddha est simplement représenté assis en méditation sous l'arbre pippal, Il est nommé au Japon Juka Shiyui-zô et, dans certaines sectes d'obédience zen, Il adopte la position des mains en méditation (Dhyâna-mudrâ ; jap. Butsu Jô-in)[56]. Cet aspect fut repris par les sectes ésotériques pour symboliser le Bouddha de méditation, Amitâbha.

En Inde et surtout dans le Sud-Est asiatique, particulièrement dans le Cambodge des Khmers, le Bouddha en méditation est souvent

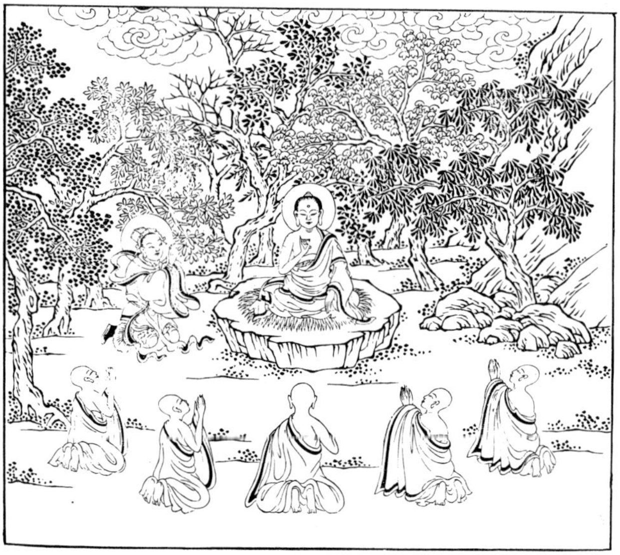

Le Bouddha enseigne à ses cinq premiers disciples à Sârnâth, gravure chinoise, époque Ming.

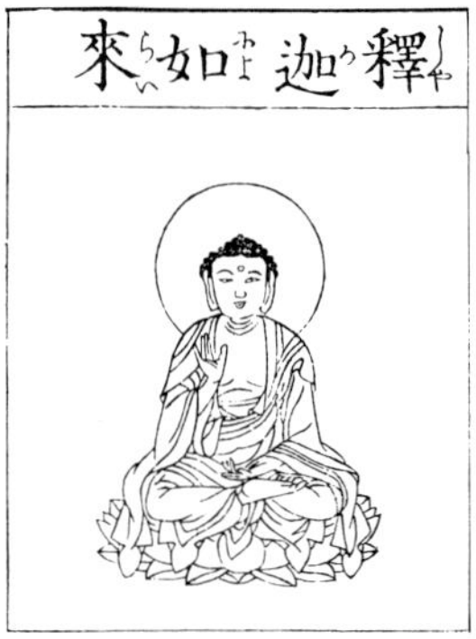

Shaka Nyorai prêchant

représenté assis sur les anneaux enroulés du serpent (roi des Nâga) Muchalinda qui Le protège des intempéries grâce aux capuchons déployés de ses sept têtes. D'après la légende, ce serpent aurait abrité le Bouddha lors d'une pluie ayant duré sept jours, alors qu'Il se trouvait à Sa sixième semaine de méditation après Son Éveil. Le soleil étant revenu, Muchalinda se transforma en un jeune prince qui rendit hommage au Bouddha. C'est ainsi que le roi des Nâga, Nâgarâja, symbolisant tous les Nâga et les Nâginî, génies chtoniens mâles et femelles « possesseurs » du sol, selon les plus anciennes croyances populaires du sud et du sud-est de l'Asie, furent mythologiquement associés au personnage du Bouddha historique, faisant en quelque sorte de Celui-ci un « génie du sol », adaptation bouddhique d'un culte ancien toujours ancré dans les mentalités populaires.

La prédication de la Doctrine

Cet aspect fut excellemment représenté, en Inde surtout, par les sculptures du type du Bouddha de Sarnâth, de style Gupta[57], ainsi qu'au Gandhâra et en Asie du Sud-Est. Son image se répandit également dans le monde sino-japonais où elle connut une grande faveur. Le Bouddha est alors représenté assis, les mains faisant le geste de tourner la roue de la Loi (Dharmachakra-mudrâ)[58] ou bien réalisant le geste de la discussion de la Doctrine (Vitarka-mudrâ) avec Ses disciples, avec la seule main droite, la gauche reposant la paume tournée vers le haut sur le creux de la cuisse [59]. Lorsque cette représentation est revêtue d'une robe couvrant les deux épaules et qu'elle est ornée d'un double halo, elle indique son appartenance à une secte ésotérique. Cette attitude fut adoptée par ces mêmes sectes pour symboliser le Bouddha.

Dans cette même attitude du prêche de la Loi ou de la discussion de la Doctrine, le Bouddha est parfois montré non plus assis mais debout. Il a alors le plus souvent les mains en Abhaya-Varada-mudrâ.

Le Parinirvâna (jap. *Nehan, Ga-zô*)

C'est l'image du Bouddha sur le point de passer de vie à trépas. Cet aspect est inspiré de la description des derniers moments du Bouddha dans le texte du *Mahâparinirvâna-sûtra* (jap. *Nehan-gyô*) et montre le Bouddha couché sur le côté droit, le bras droit replié sous Sa tête ou bien à hauteur de celle-ci, le bras gauche reposant sur le côté[60] (bien que quelques rares images représentent le Bouddha couché avec les deux bras allongés le long du corps). L'imagerie chinoise et japonaise montre souvent le Bouddha sur Son bûcher funéraire, entouré d'une foule de créatures, de dieux, de disciples et d'animaux se lamentant. Un aspect un peu particulier de ce Parinirvâna est au Japon celui de « Shaka sortant d'un cercueil d'or » (jap. Kinkan Shutsugen-zô), illustrant un passage du sûtra de la reine Mâyâ, le *Mahâmâyâ-kyô* : « Lorsque le Tathâgata entra dans le Nirvâna, Maya Bunin sa mère, apprenant la nouvelle dans le Ciel des trente-trois dieux où elle se trouvait, se joignit alors aux Deva qui descendaient sur terre pour mettre son fils dans un cercueil d'or. Mais le défunt, soulevant le couvercle, se dressa comme un lion échappé, répandant une lumière céleste au sein de laquelle on vit scintiller les Bouddha du passé et de l'avenir[61].»

Au Japon, l'anniversaire de la mort du Bouddha est observé avec relativement peu de cérémonial, chaque année le 15ᵉ jour du 2ᵉ mois[62]. Dans les autres pays, cet anniversaire est, de même, largement oublié. Les statues représentant le Parinirvâna du Bouddha sont très nombreuses, surtout dans le Sud-Est asiatique et à Ceylan où elles atteignent des proportions gigantesques. En Inde même, une des plus anciennes représentations du «Bouddha couché» se trouve sculptée dans le chaitya nº 26 d'Ajantâ (vers 600-642).

Une curieuse légende (probablement tardive) tendrait à expliquer l'origine des douze animaux qui caractérisent les années du cycle de soixante ans, calendrier d'origine chinoise et qui fut adopté par de

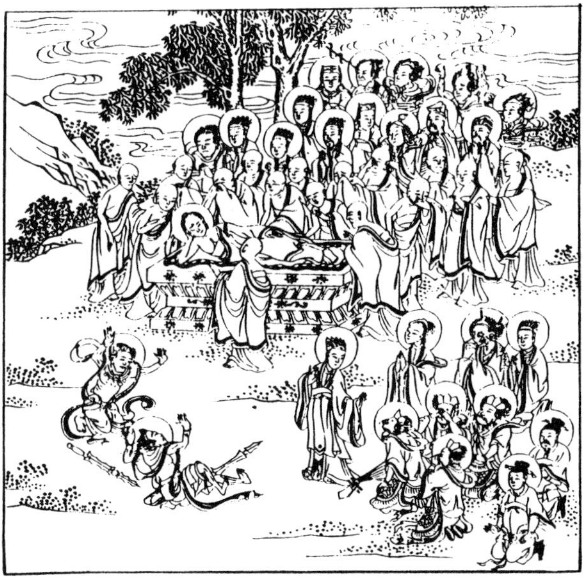

Le Parinirvâna du Bouddha,
gravure chinoise, époque Ming

nombreuses contrées d'Asie. Ces douze animaux sont donnés dans un ordre déterminé. La légende raconte en effet que lors de l'entrée dans le Nirvâna du Bouddha à Kushinâgara (Inde du Nord), tous ceux qui avaient entendu Ses sermons se hâtèrent vers le lieu de la crémation de Son corps terrestre afin de Lui rendre un dernier hommage. Les animaux, eux aussi, firent diligence et arrivèrent les uns après les autres dans un ordre que la tradition a conservé : le rat, la vache (ou le bœuf), le tigre (ou le chat au Viêt-nam), le lièvre (ou le lapin), le dragon, le serpent, le cheval, le mouton (ou la chèvre), le singe, le coq, le chien et, en dernier lieu, le sanglier (ou le porc). On donna donc, en souvenir, le nom de ces douze fidèles animaux aux années successives du cycle zodiacal...

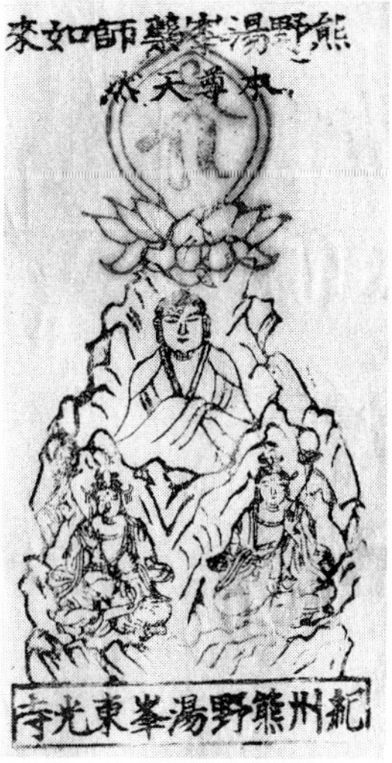

Kishû Kumanoyu, Ofuda (image pieuse) du Hôtokô-ji, Japon, Kumano

Autres aspects

En dehors de ces « huit aspects » de la vie du Bouddha historique, on trouve également d'autres aspects (ou formes), soit simples, soit groupés, de Celui-ci, surtout dans les représentations appartenant aux sectes ésotériques et aux sectes du Chan et du Zen qui ont, en quelque sorte, monopolisé la vénération du Bouddha (en exceptant, bien sûr, toutes les sectes – ou presque – du bouddhisme du Sud qui, nous l'avons vu, ne vénèrent que la personne du Bouddha historique en tant que Guide parfait). Les sectes ésotériques ont parfois associé dans leur vénération deux ou plusieurs aspects (ou formes) du Bouddha (nous étudierons ces dernières associations dans le chapitre sur les Jina). Elles ont également souvent associé la forme du Bouddha historique avec celle de Prabhûtaratna (jap. Tahô Nyorai), « un Bouddha des âges anciens dont le *Sûtra du Lotus* (*Saddharmapundarîka-sûtra* ; jap. *Hoke-kyô*) nous rapporte qu'il sortit un jour de l'extase où il était plongé pour inviter Shâkyamuni à partager son siège et sa gloire[63] ». Cette double image, probablement d'origine chinoise[64] (bronze doré, datant de 518, musée Guimet), fut également vénérée en Corée et au Japon. Dans ce dernier pays, elle se trouve plus particulièrement cachée dans les *tahô-tô*, structures rondes

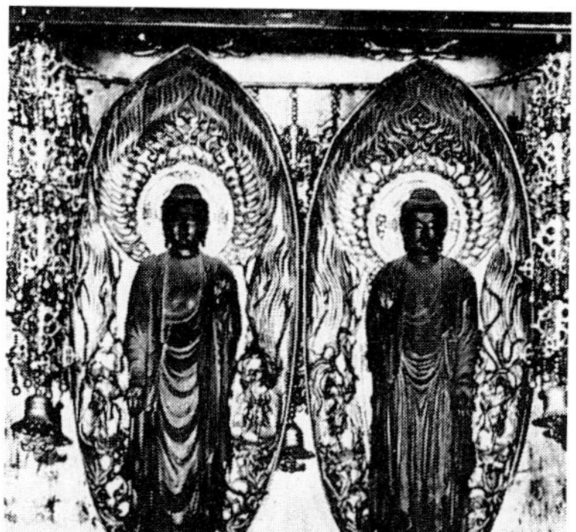

Gautama et Prabhûtaratna, bronze, secte de Nichiren, Japon

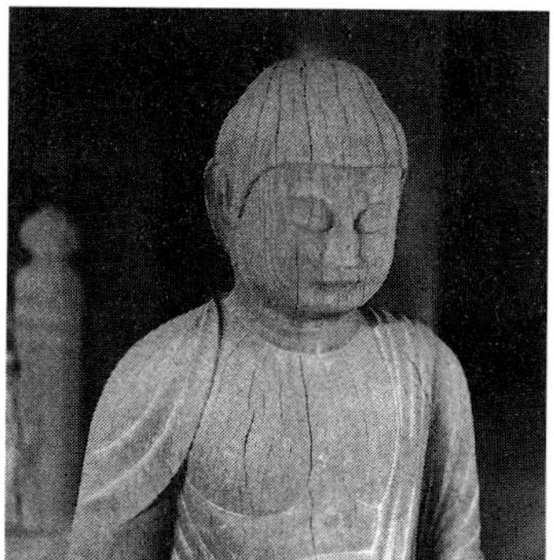

Tahô Nyorai, bois, Japon, Nara, Tôshôdai-ji, VIIIe siècle

à toit carré (imitant les stûpa) caractéristiques de la secte Shingon, ainsi que sur quelques rares peintures, gravures et bas-reliefs anciens[65] s'inspirant directement de l'art chinois de la période des Wei.

Dans la secte de Nichiren au Japon, on trouve également des images de ces deux Bouddha assis de part et d'autre d'une tablette verticale sur laquelle est inscrite la formule d'invocation mystique au *Sûtra du Lotus*[66]. Dans les sectes ésotériques (principalement au Japon, Shingon et Tendai), le Bouddha historique est parfois identifié à deux des aspects japonais (Fukujôju Nyorai et Kaifuke-ô Nyorai) du Grand Bouddha solaire Vairochana (jap. Dainichi Nyorai)[67] dont Il est considéré comme l'un des deux acolytes, formant ainsi avec Bhaishajyaguru (jap. Yakushi Nyorai) une «Trinité de Lumière[68]».

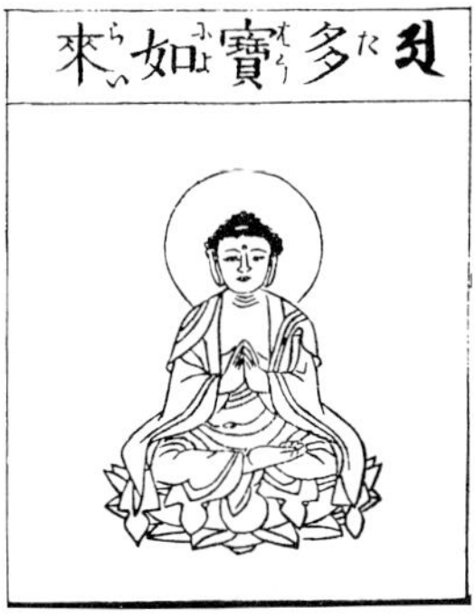

Prabhûtaratna
(Tahô Nyorai)

DIVINITÉS ET PERSONNAGES EN RELATION AVEC LE BOUDDHA HISTORIQUE

En Asie, l'homme seul ne saurait avoir d'existence : il est fonction de celle des autres à laquelle il participe également. Aussi un sage, une divinité, au même titre qu'un être humain ordinaire, ne peuvent être conçus comme solitaires, même dans le cas d'une Divinité suprême. Les personnages que l'on trouve le plus souvent à côté des divinités (ou parfois à leur place) ne sont en réalité que des assistants ou acolytes, des comparses qui soit concrétisent leur pensée, soit traduisent leurs vertus en actes ou encore ajoutent leur propre action à celle de la divinité majeure. Cela n'est pas le cas dans les sectes des écoles du Sud où les représentations du Bouddha, si elles se trouvent accompagnées, ne le sont que par des « témoins », des spectateurs ou des fidèles, qu'ils soient humains ou divins...

Dans l'esprit populaire des fidèles des sectes du Mahâyâna (en Chine, en Corée et au Japon principalement, à un moindre degré dans les autres pays comme Java), de même qu'un grand seigneur ne pouvait sans déroger agir lui-même mais seulement par personne interposée ou par délégation, la Divinité (que celle-ci soit idéation ou réalité historique, peu importe) émane d'elle-même des « forces » qui agissent à sa place, en son nom, avec une spécialisation qui leur donne plus d'efficacité encore. Parfois (et c'est peut-être là une raison d'être des groupes de divinités que l'on rencontre si fréquemment, comme par analogie à la magie), les forces des diverses entités divines se cumulent dans un but bien déterminé, en général pour sauver les êtres ou encore pour vaincre les passions humaines et ainsi aider les hommes sur le chemin du salut. Les divers syncrétismes populaires ont fait une large part à ces « émanations divines », au Tibet et au Japon principalement. Mais si, au Tibet, les divinités syncrétiques se sont parfaitement identifiées aux différentes « forces » du bouddhisme tantrique, au Japon elles ne sont, selon la doctrine du Honji-suijaku, que la descente ou *avatâra* (jap. *gongen*) des divinités bouddhiques dans des Kami du shintô[69], avatâra qui ne constituent que des manifestations temporaires. Au moins deux de ces Gongen (lesquels sont relativement nombreux et furent créés selon les besoins des monastères afin d'attirer au bouddhisme les fidèles du shintô) jouirent au Japon d'une assez grande faveur : Zaô Gongen et Izuna Gongen.

En dehors de ces Gongen ou manifestations temporaires appartenant à des doctrines syncrétiques et souvent associées à des « forces » émanées du Bouddha afin d'aider et de guider les fidèles (en quelque sorte des archanges armés comme notre saint Michel), on vénérait autrefois d'autres personnages historiques qui faisaient partie de l'entourage du Bouddha, comme ses dix grands disciples, les cinq cents Arahant, la mère du Bouddha (Mâyâ) et un personnage plus tardif qui connut un grand succès populaire, le moine Bodhidharma. Ces personnages sont importants, non pas tant en fonction des cultes qu'on leur a rendus dans le passé que pour la place considérable qu'ils ont, à des titres divers, tenue dans les représentations iconographiques et dans l'art bouddhique en relation avec la personne du Bouddha historique, dans tous les pays bouddhistes.

Bien que l'énumération de tous ces personnages puisse paraître quelque peu fastidieuse au lecteur, il nous a semblé impératif de les décrire ici, quoique très brièvement, car ils sont si souvent représentés que leur description ne peut que nous aider à les reconnaître, à les situer dans le panthéon bouddhique et ainsi nous permettre d'apprécier à leur juste valeur nombre d'objets d'art dont le sujet risquerait, sans cette connaissance, de nous échapper.

Zaô Gongen. Cette divinité syncrétique japonaise semble avoir été conçue à la suite d'une vision qu'aurait eue au Xe siècle sur le mont Yoshino le moine-sorcier Ennô Gyôja. Cette divinité est depuis cette époque l'objet principal du culte du Shugendô des religieux du Kumano-Ôji-jinja sur le mont Kinbu[70]. Son image, parfois considérée comme celle d'une force colérique (Krodha) ou d'un Vidyârâja, se trouve souvent gravée sur des miroirs ronds que l'on suspendait au mur (*kakebotoke* ou *hotoke* suspendu) à la place d'une effigie de Shâkyamuni. Elle est représentée en pose dynamique[71] (debout sur un rocher, le pied droit soulevé comme pour écraser les passions, brandissant un vajra simple (*tokkosho*) ou à cinq pointes (*gokosho*) dans sa main droite levée, la gauche posée sur la hanche et réalisant une mudrâ de colère, sa figure entière étant enveloppée des flammes dont la mission est de consumer les désirs du fidèle qui se met sous sa protection. Il serait une incarnation temporaire du Bouddha historique (?). Nous parlerons des autres aspects de cette divinité à propos des divinités syncrétiques.

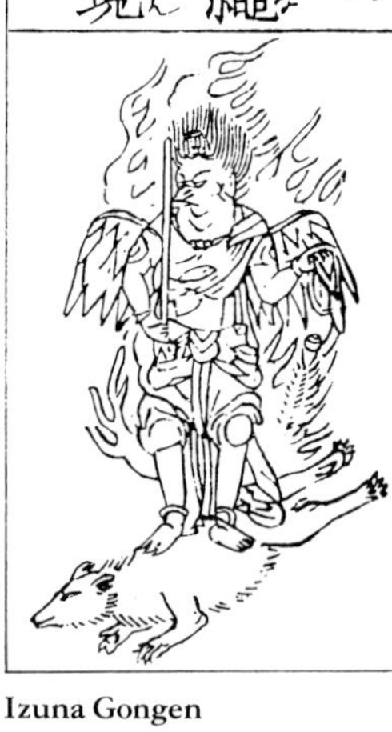

Izuna Gongen

Izuna Gongen. Cet aspect japonais, vénéré principalement par les religieux des sanctuaires shintô-bouddhiques du mont Izuna dans la province de Shinano, n'a pas de nom particulier : il n'est que le Gongen du mont Izuna. Le populaire confond souvent cette forme terrible (émanation de Shâkyamuni) avec Zao Gongen ou encore, lorsqu'elle affecte une forme humaine, avec Achalanâtha (jap. Fudô Myô-ô). On la représente souvent avec une tête d'oiseau, auréolée de flammes, debout sur un renard blanc[72], tenant à la main droite un glaive muni d'une poignée armée d'un vajra à trois pointes (jap. *sanko-ken*) et à la main gauche une corde terminée par un crochet en forme de tête de dragon (jap. *ryûsaku*) pour attraper et lier les méchants et les mettre ainsi dans l'impossibilité de nuire aux fidèles qui l'invoquent. Selon une tradition, cette « force » aurait été perçue pour la première fois au temple du Hachiô-ji, sur le mont Takao, par le moine Gyôki (670-749), qui commença à diffuser les doctrines syncrétiques du Ryôbu-shintô[73], dérivées de l'ésotérisme de la secte Shingon.

LES DIX GRANDS DISCIPLES DU BOUDDHA

On vénérait autrefois (leur culte semble avoir actuellement disparu) les dix grands disciples du Bouddha tels que la tradition bouddhique transmit leurs caractères : ces dix grands disciples étaient les compagnons du Bouddha historique qui vécurent avec Lui et dont certains Lui survécurent (analogues en quelque sorte aux douze disciples du Christ). Ils sont très souvent cités dans les textes sanskrits, pâli, tibétains, chinois et japonais (comme le *Yuima-kyô*)[74], bien que leurs représentations en groupe aient été assez rares, sauf sur les peintures montrant le Parinirvâna du Bouddha. Les différents textes les placent dans divers ordres de préséance, mais le plus souvent ce sont Maudgalyâyana, Ânanda et Shâriputra[75] qui se trouvent placés en tête de liste et dont les images sont quelquefois placées à côté de celle du Bouddha. On les représente généralement vêtus de la robe monastique, le crâne rasé, les mains jointes, tenant le bol à aumônes ou encore faisant des gestes divers qui n'entrent pas dans la catégorie des mudrâ[76], ces dernières étant réservées aux divinités.

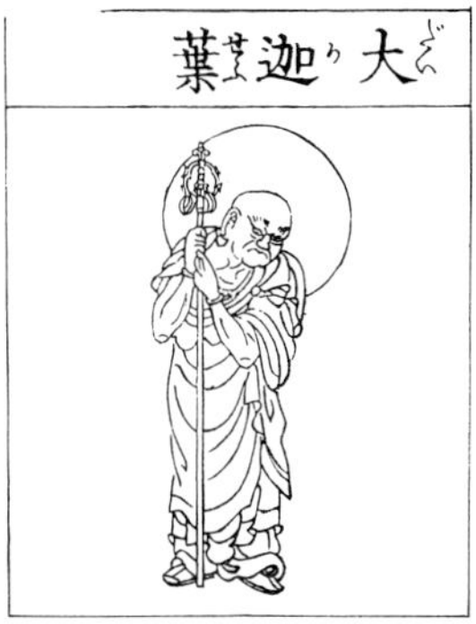

Mahâkâshyapa (Dai Kashô)

Mahâkâshyapa (Pippalayâna ; jap. Makakashô, Dai Kashô ; chin. Changmei Chanshi, Jigong Laofo Pusa ; tib. Od-srung Chen-po ; mongol Gascib). C'est « Celui qui est le premier pour l'ascèse ». Il est représenté avec un livre à la main ou appuyé à un long bâton. Ce grand disciple est également l'un des Arahant (voir plus loin). La tradition rapporte qu'il fut loué par le Bouddha pour son habileté à prêcher comme à observer le vœu d'ascèse (*Dhûtaguna*). C'est lui qui présida aux funérailles du Bouddha, prit alors la direction du Samgha (Communauté monastique) et convoqua le premier concile bouddhique à Râjagriha, en Inde. De caste brâhmanique, il était né dans un village du Magadha. Il conquit une réputation d'extrême rigueur, non seulement envers lui-même mais à l'égard des autres disciples. Il mourut très âgé.

Ânanda (jap. Anan, Ananda ; tib. Kun-dgah-bo). C'est « Celui qui est le premier pour avoir entendu la parole du Bouddha ». Il fut le serviteur zélé et attentif du Bouddha dont il était le cousin germain, né le même jour que Lui. Pendant vingt-cinq ans il servit fidèlement le Maître, n'acceptant aucun privilège. Il insista auprès de Lui pour qu'Il accepte de fonder un ordre de nonnes et se chargea de l'instruction de celles-ci. Le Bouddha le désigna comme étant le meilleur pour l'érudition, la mémoire, la bonté et la résolution. Se remémorant toutes les paroles du Bouddha, il fut convoqué au concile de Râjagriha et chargé de rédiger les *sûtra*, qu'il commença toujours par la phrase «*Evam maya shrutam*» (« Ainsi ai-je entendu »). Selon certaines traditions, il aurait succédé à Mahâkâshyapa à la tête du Samgha. Sa douceur et son humilité le firent nommer « le saint Jean du bouddhisme ». On le représente généralement avec un visage de jeune homme, les mains jointes. Son effigie est souvent montrée aux pieds (parfois à la tête, mais plus rarement) du « Bouddha couché » (pendant son Parinirvâna).

Shâriputra (Upatishya ; jap. Sharihotsu ; chin. Sheli-fo, Sheli-zi ; tib. Nid-rgyal). C'est « Celui qui est le premier pour la Sagesse » (*Prajñâ*). Fils aîné spirituel du Bouddha, c'est lui qui, dans de nombreux sûtra, enseigne la Loi. Il est le grand maître de l'*Abhidharma*. Il fut le régent du Samgha en charge de la discipline (*Vinaya*). Il mourut quelques mois avant le Bouddha. Ses reliques furent encloses dans le grand stûpa de Sâñchî en Inde. On le représente tenant à la main un éventail (jap. *uchiwa*) à long manche.

Subhûti (jap. Subodai, Shubodai ; chin. Shubojia ; tib. Rab-hbyor). C'est « Celui qui est le premier pour exprimer la vacuité » (*shunya*). Dans les textes du Mahâyâna, il est montré comme le principal interlocuteur du Bouddha (notamment dans les divers textes du *Prajnâpâramitâ-sûtra*[77]). À force de méditation sur la bonté (*maitrî*), il devint un Arahant. On le représente debout, tenant un sceptre de religieux (jap. *nyo-i*) à la main.

Pûrna (Maitreyâniputra; jap. Furuna). C'est « Celui qui est le premier pour expliquer la Bonne Loi ». C'était un riche marchand de la côte nord-ouest du Dekkan (d'où partirent de nombreux colons pour l'Asie du Sud-Est et la Chine) qui se convertit en écoutant un prêche fait par le Bouddha dans la ville de Shrâvastî, et qui partit au loin pour répandre la Doctrine : il est de ce fait parfois considéré comme le protecteur des marins. On le représente tenant à deux mains une cassolette à encens à long manche (jap. *egôrô*).

Maudgalyâyâna (Kolita; jap. Dai Mokkenren, Mokukenren, Mokuren ; chin. Mulian ; tib. Mu-dga-li-bu). C'est « Celui qui est le premier pour les pouvoirs surnaturels » (*Riddhipada*). Il serait né le même jour que Shâriputra et se serait converti en même temps que lui. Ses cendres seraient, elles aussi, enfermées dans le stûpa n°1 de Sâñchî. On le représente généralement avec un livre (ou une boîte) dans les mains, ou parfois avec un vase contenant une fleur de lotus.

Kâtyâyana (Nalada; jap. Kasenen). Né à Ujjain (ouest de l'Inde), il fut chapelain brâhmane des rois de cette cité. Converti par le Bouddha, à son tour il convertit son roi. Il fut d'une grande efficacité dans ses prédications. On le représente avec un bol à aumônes à la main, ou bien les mains jointes, doigts entrelacés.

Aniruddha (jap. Anaritsu). C'est « Celui qui est le premier pour l'acuité de son œil divin (*Divyachakshus*) et pour sa mémoire ». Il était lui aussi un cousin du Bouddha. Il mourut après Celui-ci. On le représente faisant un geste d'explication (?) ou les mains jointes.

Upâli (jap. Ubari ; tib. Nye-var-khor ; mongol Chikola Akchi). C'est « Celui qui est le premier pour le maintien de la discipline ». C'était un barbier indien qui avait pour tâche de raser la tête de ceux qui entraient dans le Samgha. Ses récits de la règle de la discipline (*Vinaya-pitaka*[78]) furent adoptés au concile de Râjagriha. On le représente les mains jointes, index tendus, en Abhisheka-mudrâ.

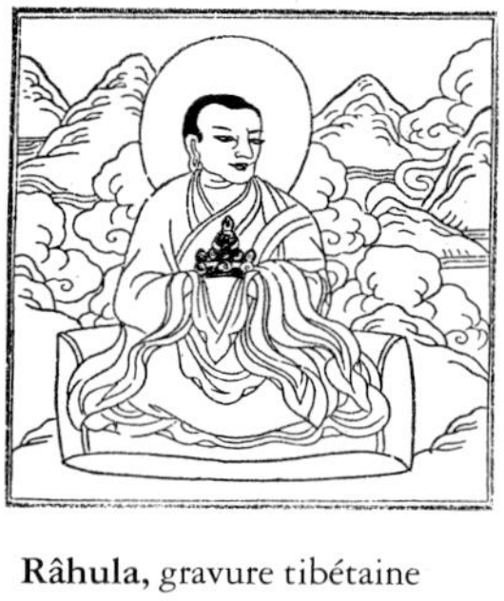

Râhula, gravure tibétaine

Râhula (jap. Ragora ; chin. Luohuluo ; tib. Sgra-gchan-jin ; mongol Raoli). C'est « Celui qui est le premier pour les pratiques ésotériques et pour le désir de s'instruire dans la Loi ». Il était le fils du Bouddha, né le jour même où Ce dernier S'était décidé à partir du palais de Kapilavastu pour aller à la recherche de la Vérité[79]. On le considère comme l'un des Arahant (voir plus loin) et comme le patron de tous les novices. Il mourut

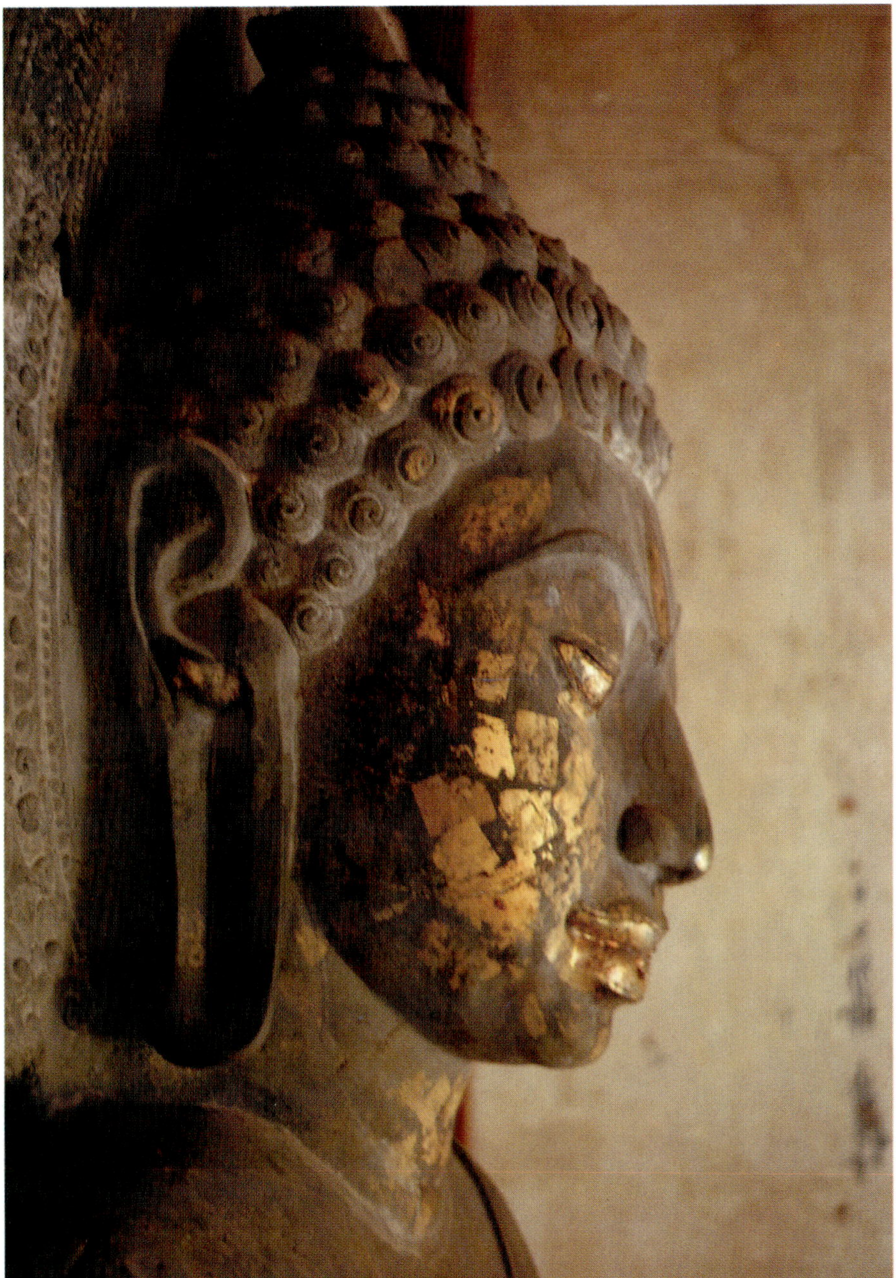

Tête de Bouddha, pierre, Thaïlande, Nakhon Pathom, VIe siècle.

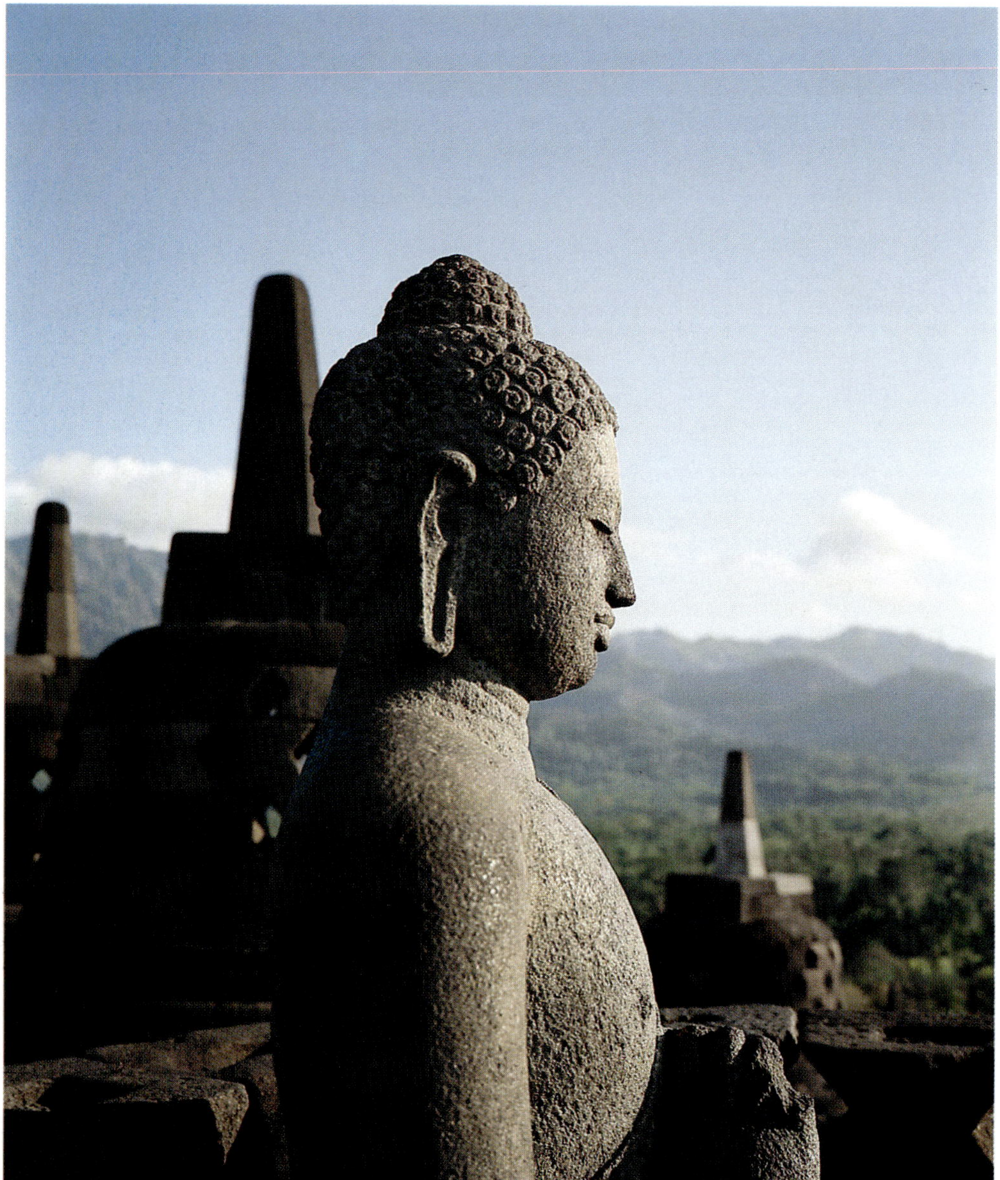

Bouddha prêchant, pierre, Java, Borobudur, vers 900.

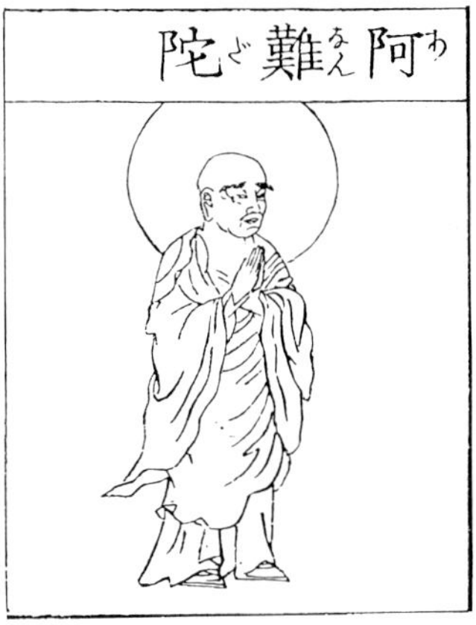

Ânanda

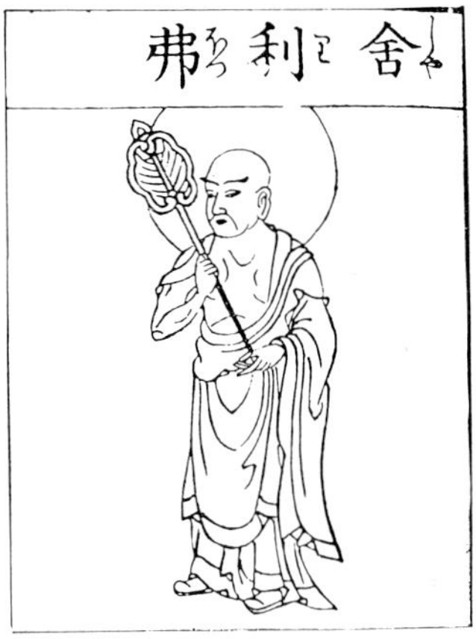

Shâriputra

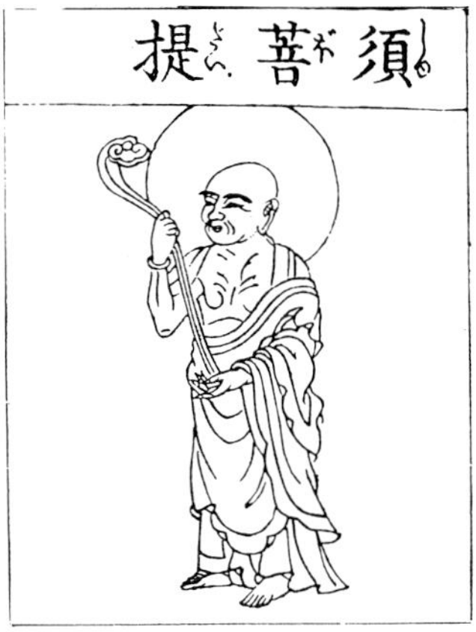

Subhûti

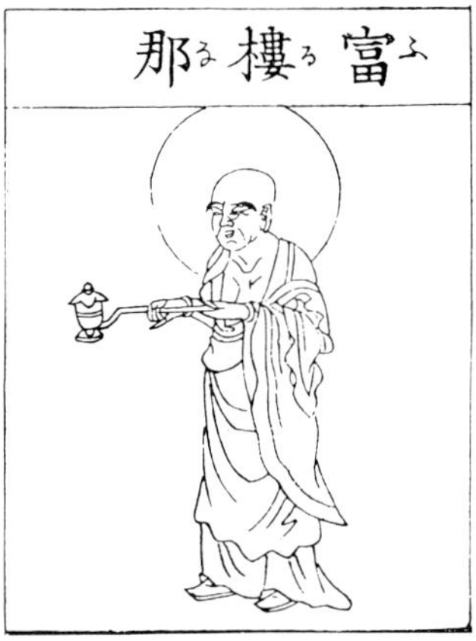

Pûrna

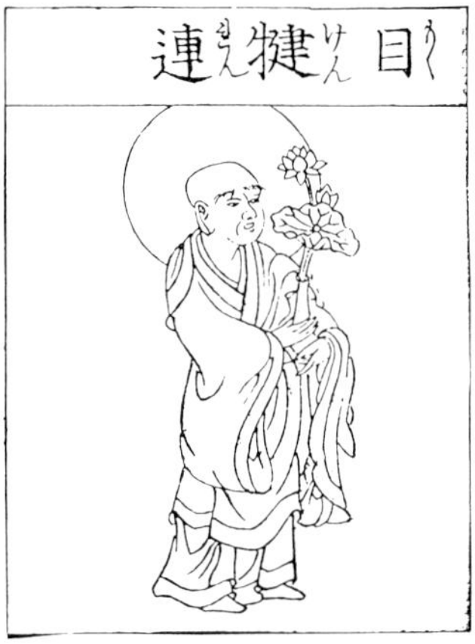

Maudgalyâyâna

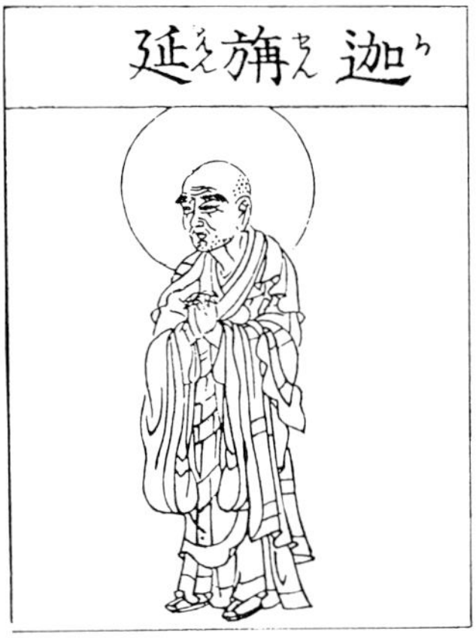

Kâtyâyana

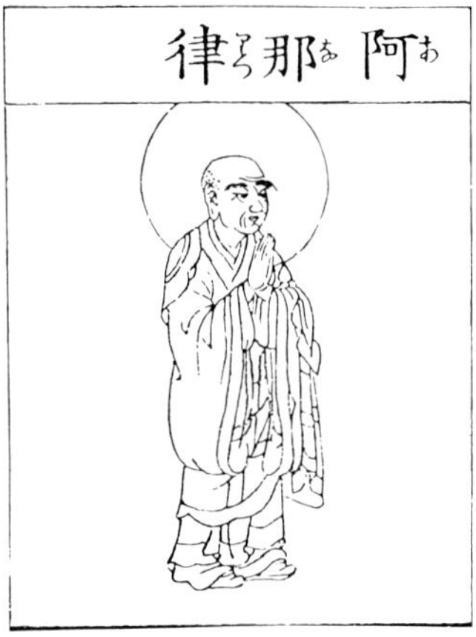

Aniruddha

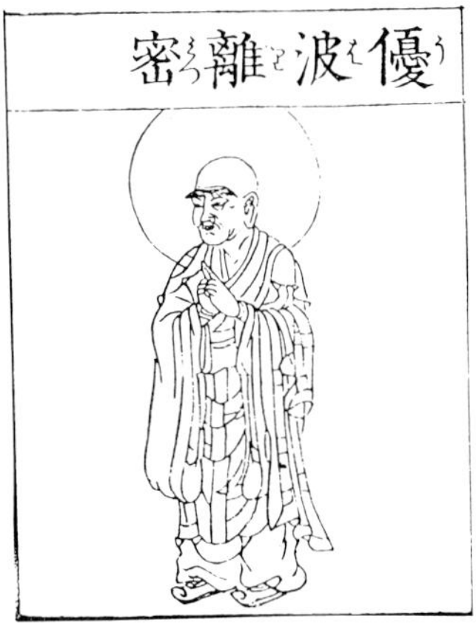

Upâli

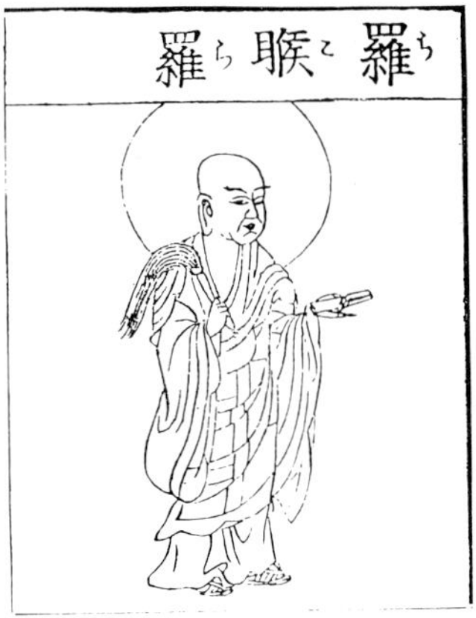

Râhula

avant le Bouddha. On le représente se tenant le poignet droit, ou bien avec un chasse-mouches (*châmara*) dans la main droite et un rouleau des Écritures dans la main gauche.

LES ARAHANT (Arhat; jap. Arakan, Rakan; chin. Luohan ; tib. Gnas-brtan ; mongol Batu-aqchi)

Les Arahant sont les « saints » ou les sages ayant pleinement réalisé en eux le fruit de la Doctrine bouddhique [80]. On les dit être au nombre de cinq cents (ce chiffre est pris en réalité comme synonyme de grande foule), mais ce nombre est le fait d'une extrapolation tardive. On ne vénère en effet que seize Arahant, lesquels sont peut-être symboliques des quatre Arahant que la tradition assigne à chacun des quatre points cardinaux [81] (ces derniers étant matérialisés par une région de l'Inde ou de la Chine [82] et par un « paradis » particulier). C'est ainsi, par exemple, que le premier d'entre eux, Pindola Bharadvâja, est censé résider avec mille de ses disciples dans l'Aparagodanî (à l'ouest) ; le second, Kanakavatsa, avec cinq cents disciples, au Kashmîr (nord); le dixième, Panthaka, avec mille trois cents disciples, dans le Ciel des trente-trois dieux (Trâiyastrimsha), etc. Il semblerait que Pindola, demeuré seul avec Mahâkâshyapa à ne pas être entré dans le Nirvâna, après la disparition de ce dernier serait devenu l'Arahant par excellence, et que les autres n'en seraient que des répliques...

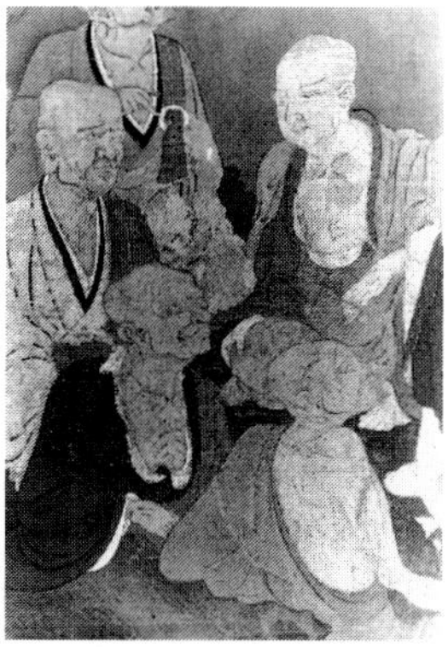

Les 500 Arahant (détail), peinture de Minchô (1325-1451), Japon

D'après le *Fazhu Li*, traduit en 654 par le pèlerin chinois Xuanzang, « il y avait à la capitale du roi Prasenâjit de Ceylan un Arahant du nom de Nandimitra qui expliqua comment le Bouddha, au moment d'entrer dans son Parinirvâna, avait confié la Suprême Loi à seize grands Arahant et à leurs disciples, leur ordonnant de la protéger contre l'extinction et de la maintenir ». Les Arahant seraient donc principalement des protecteurs et des mainteneurs de la Loi bouddhique. Ces seize Arahant distingués par le Bouddha auraient fait partie des cinq cents qui, selon la tradition, assistèrent au concile de Râjagriha : ils y auraient fait le vœu de renoncer au Nirvâna afin de mieux pouvoir se consacrer au soulagement des misères humaines, tout comme les Bodhisattva. Ils sont considérés dans le bouddhisme du Nord en général et au Japon en particulier comme des Shrâvaka (jap. Shômon) ou auditeurs de la Bonne Parole, tous disciples du Petit Véhicule, et comme des êtres humains fort sages destinés à devenir des Bodhisattva. Ils sont assez souvent représentés, surtout en Chine et au Japon, soit en sculpture, soit en peinture, dans des poses et avec des attributs souvent très différents, ce qui rend leur identification parfois malaisée. Ils peuvent être montrés comme des hommes jeunes ou vieux (selon le style du peintre et de l'époque), généralement vêtus comme des moines, la tête rasée (sauf Râhula). Ces seize Arahant (que seuls nous décrirons sommairement ici, les autres n'obéissant à aucune autre règle de représentation que celle dictée par la fantaisie des artistes) sont relativement peu connus des fidèles qui leur rendent (sauf pour Pindola Bharadvâja au Japon) un culte global [83]. On leur donne à tous le titre de « vénérable » (jap. *sonja* [84]).

Leurs représentations sont loin d'être immuables, et ces Arahant peuvent avoir été, à diverses époques, imaginés sous de nombreuses formes différentes. Cependant, on les représente presque toujours (qu'ils soient seize ou cinq cents) en groupes plus ou moins importants (parfois seulement de deux ou de trois dans le cas de peintures). Ils peuvent également être symbolisés par des statues à peine dégrossies, taillées dans la pierre ou le bois, ou encore modelées en terre, à l'image de moines. Leur grand nombre augmentant leur pouvoir collectif, ils sont le plus souvent vénérés en groupe. On les trouve parfois privés de leur tête : une croyance populaire (au Japon) voulant qu'une tête d'Arahant portât bonheur, les fidèles les cassent volontiers pour les emporter chez eux[85]. Selon une légende chinoise, les cinq cents Arahant demeuraient sur le mont Tiantai, en Chine. Quant à l'origine de ces cinq cents Arahant[86], les traditions sont diversement rapportées. Selon le *Mahâparinirvâna-sûtra* et le *Saddharmapundarîka-sûtra*[87], ils seraient cinq cents mendiants (ou moines aveugles) qui, dans des vies précédentes, auraient été de riches marchands. Le Bouddha, ayant rencontré ces marchands, leur aurait « rendu la lumière » : l'intention moralisatrice du symbole est évidente. Ce serait le moine japonais Eisai (XIIe siècle) qui, ayant vénéré ces cinq cents Arahant sur le mont Tiantai, en aurait rapporté les images au Japon. Celles-ci (cent kakemono peints, dont il ne reste plus actuellement que quatre vingt-deux), auraient été l'œuvre, en 1178, des peintres-moines chinois Lin Tinggui et Shi Jishang. Ils sont conservés au Daitoku-ji à Kyôto. Leur culte aurait alors été propagé au Japon par les moines des sectes Zen (Rinzai-shû, Sôtô-shû et Ôbaku-shû). De très nombreuses croyances populaires se rattachent aux cinq cents Arahant, différentes selon les régions, les temples, les sectes et les époques et, plus qu'au panthéon bouddhique, ils appartiennent au folklore[88]. L'ordre dans lequel on les décrit peut varier. Les seize Arahant (qui sont au nombre de dix-huit en Chine) les plus souvent représentés (et identifiables) sont :

Pindola Bharadvâja (jap. Binzuru Sonja, Binzuru Baradaja, Bindora Baradaja, Ô-Binzuru-san ; chin. Bintouluo). Selon une des innombrables légendes attachées à cet Arahant, il aurait été réprimandé par le Bouddha pour avoir fait montre, afin de confondre des brâhmanes indiens, de pouvoirs merveilleux en volant dans les airs pour aller chercher un bol qu'un marchand incrédule avait placé exprès en haut d'une perche[89], et aurait été expulsé de l'Inde et de la Communauté monastique, l'entrée dans le Nirvâna lui étant refusée jusqu'à l'avènement du Bouddha du futur, Maitreya. Selon d'autres légendes, Pindola aurait été chassé de la Communauté pour avoir manqué au vœu de chasteté. Ce seraient les raisons pour lesquelles son effigie est toujours placée au seuil des édifices religieux (bien qu'elle soit parfois mise dans les réfectoires des moines). Cependant, selon un commentaire hînayâniste de l'*Ekottara Agama Shâstra* (jap. *Funbetsu Kudoku-ron*) ou « Shâstra sur la discrimination des mérites et des vertus », traduit en chinois sous la dynastie des Han orientaux (25-220), Pindola aurait été, au contraire, félicité par le Bouddha et appelé « Celui qui est le premier pour la suppression de l'hérésie[90] ».

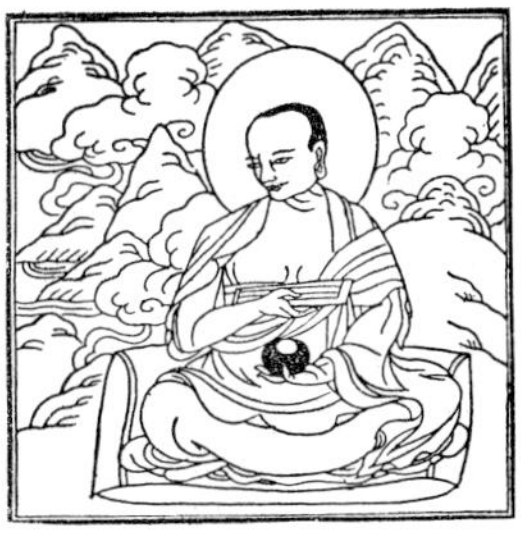

Pindola Bharadvâja, gravure tibétaine

Au Japon, où il est surtout vénéré par le populaire, il est représenté comme un vieillard assis sur une haute chaise à dossier, avec des cheveux blancs et des sourcils touffus. Ses statues, en bois ou en pierre, et peintes, sont généralement fort usées, les fidèles ayant pour habitude de frotter la partie de l'effigie correspondant à l'endroit de leur corps atteint de maladie, ce Binzuru Sonja étant réputé avoir le don de guérison. On lui fait aussi très fréquemment des offrandes de bavettes rouges et blanches et de bonnets d'enfant afin qu'il veille sur la santé des bébés, ce qui fait que sa statue est souvent affublée d'oripeaux. C'est le seul Arahant qui fasse l'objet d'une vénération populaire à titre individuel. On le représente en peinture comme un vieillard assis sur un rocher, tenant à la main une sorte de sceptre (jap. *shaku* ; chin. *gui*) ou une boîte à sûtra et un éventail en plumes[91]. Selon les textes, Pindola résiderait, avec mille disciples, dans une région occidentale (jap. Saikudani-shû)[92]. On vénère la plupart du temps tous les autres Arahant en la personne de ce Pindola Bharadvâja...

Kanakabharadvâja (jap. Kanakabaridaja ; chin. Biliduoshe). Il est représenté debout dans les nuages, tenant à la main un rouleau des Écritures bouddhiques. Il est parfois accompagné de l'un de ses six mille disciples qui frappe sur un gong. Il résiderait à l'est (jap. Tôshôshin-shû).

Kanakavatsa (jap. Kanakabatsusa ; chin. Jianuojia Facuo ; tib. Gser-be-u). Il est représenté assis sur des nuages, un chasse-mouches à la main. On lui assigne pour résidence, avec cinq cents disciples, le Kashmîr, au nord de l'Inde.

Subinda (jap. Subinda ; chin. Supinte). Il est représenté assis sur une natte, les mains jointes posées sur les cuisses. Il résiderait dans le Nord (jap. Hokukuru-shû) avec six cents disciples.

Nakula (jap. Nakora ; chin. Nuojuluo). On le représente accompagné d'un enfant et d'un mendiant, ou assis sur une chaise, un rosaire à la main. En raison de ses mérites accumulés pendant ses vies passées, il est doué d'une longévité exceptionnelle. Il résiderait dans le Sud (jap. Nansenbu-shû) avec huit cents disciples. Parfois aussi appelé Vakula (jap. Bakura).

Bhadra (jap. Badara ; chin. Botuoluo). Il est souvent accompagné par un tigre, car il est réputé être un magicien. Il résiderait dans le Tanmora-shû (Japon)[93].

Kâlika (jap. Karika ; chin. Jialijia). Il est représenté comme un vieillard lisant un texte. Il résiderait dans la région de Sôkada (Japon) avec mille disciples.

Vajraputra (jap. Bajaraputara ; chin. Fasheluofuduoluo). Il est représenté avec un long bâton. Il résiderait dans la région du Harana avec mille disciples[94].

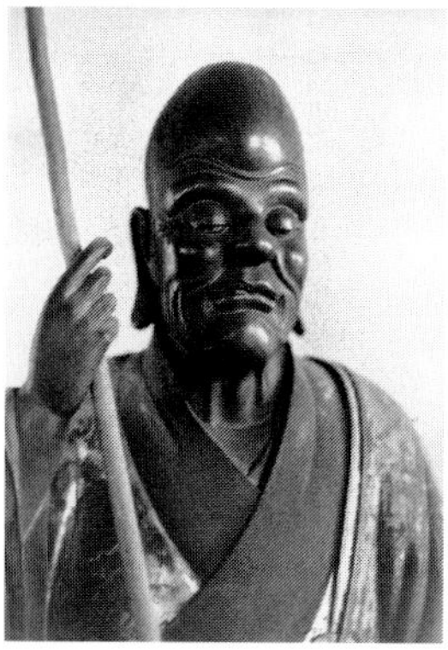

Vajraputra, bois, Japon, Kyôto, Mampuku-ji, XVIIe siècle

Jîvaka (jap. Jubaka). Fils d'une courtisane de Râjagriha, abandonné à sa naissance, il devint le médecin du roi du Magadha Bimbisâra, et se fit moine. Sa qualité de médecin fait qu'on le confond souvent avec Pindola. C'est peut-être d'ailleurs cette confusion qui a fait attribuer des vertus curatives aux statues représentant Pindola. Il est assis sur une chaise, les mains cachées dans ses manches. Un lotus est parfois posé à son côté[95].

Panthaka (jap. Hantaka ; chin. Bantuojia). Il est le frère d'un autre Arahant, Chûdapanthaka, et résiderait dans le Ciel des trente-trois dieux (Trâiyastrimsha). Il tient un chintâmani (joyau magique) à la main et est accompagné par un dragon. Il est souvent représenté avec son frère. Il dirige mille trois cents disciples[96].

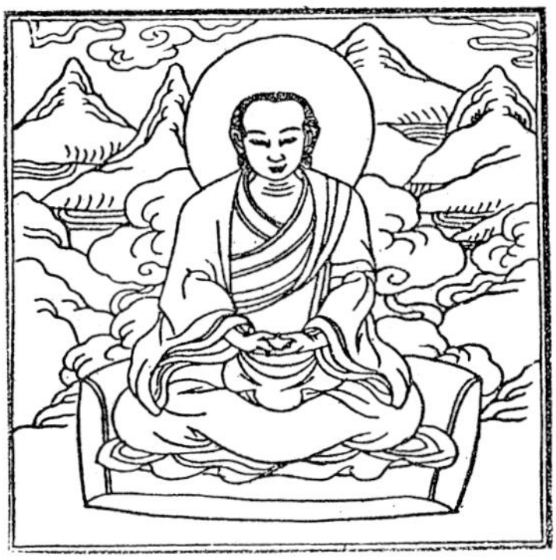

Kanakabhadra

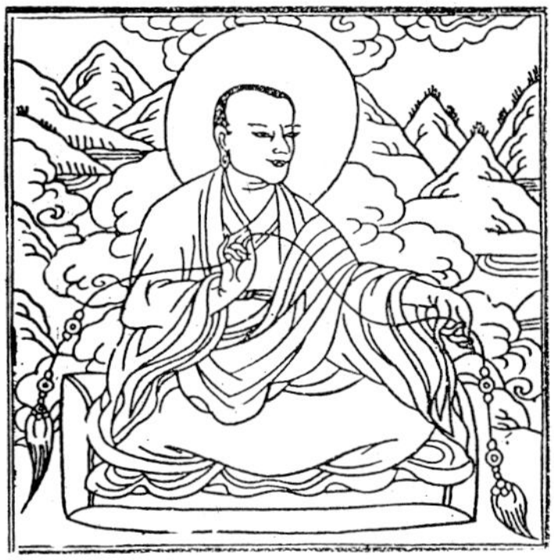

Kanakavatsa

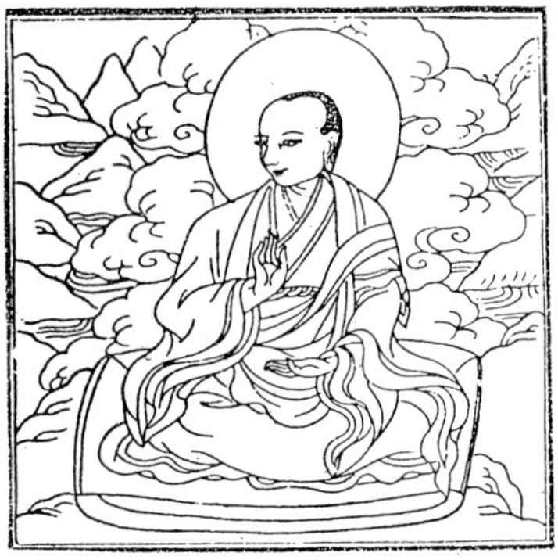

Bhadra

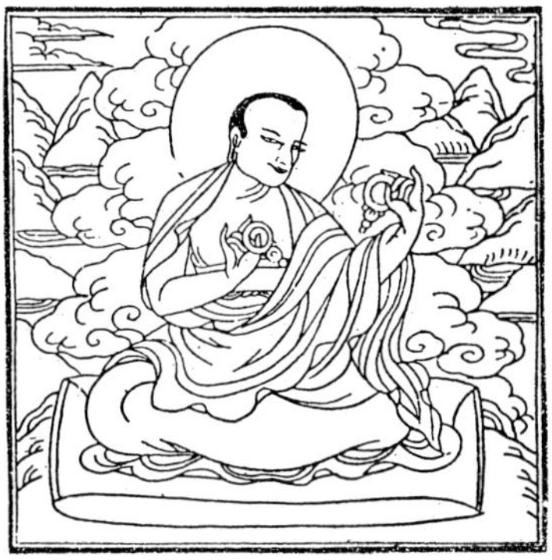

Kâlika

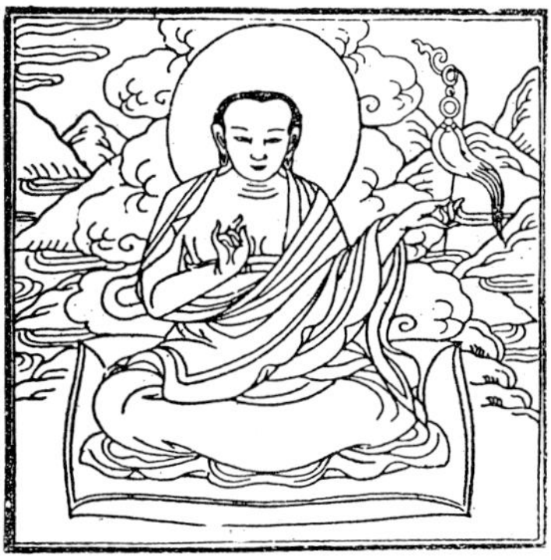

Vajraputra

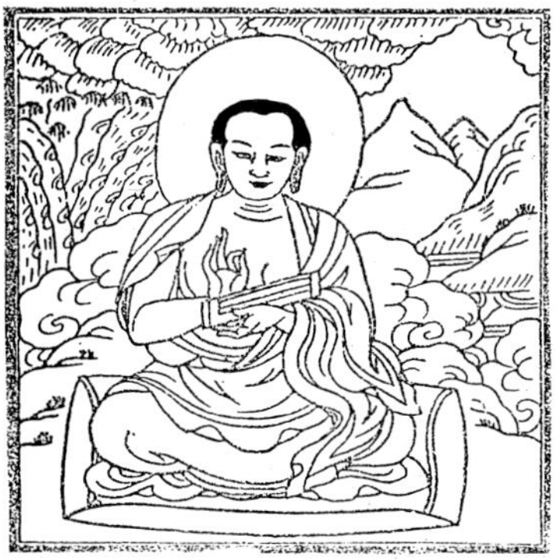

Panthaka

Râhula (jap. Ragora ; chin. Luohuluo ; tib. Sgra-gchan-jin ; mongol Raoli). C'est le fils du Bouddha et un de ses dix grands disciples (voir plus haut). Il porte parfois la barbe et est souvent accompagné par un daim ou un disciple. On le représente parfois assis à côté d'un bosquet de bambous, les mains jointes. Sa résidence est fixée dans le Hiriyôku-shû (Japon) avec mille disciples.

Nâgasena (jap. Nagasena). Ce sage aurait discuté de la Doctrine avec le roi indo-grec Ménandre (Milinda), si l'on en croit le texte du *Milindapañha* [97] (« Entretiens de Milinda »). On le représente avec un bol d'où jaillit la fontaine du Savoir. Il résiderait sur le mont Handoha avec mille deux cents disciples.

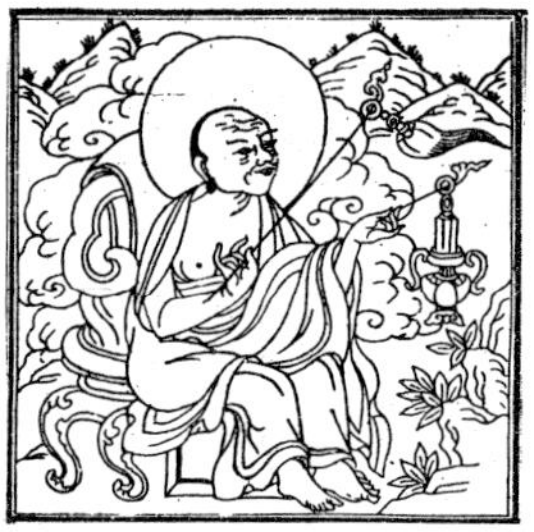

Angaja

Angaja (jap. Ingada ; chin. Yinjietuo). Cet Arahant est également parfois confondu avec Pindola, car il a de longs sourcils et est représenté assis, tenant un sceptre de religieux (jap. *nyo-i*). Il résiderait sur le mont Kôkyô (Japon) avec mille trois cents disciples.

Vanavâsin (jap. Banabasu ; chin. Fanaposi). Il est représenté les mains jointes, assis à côté d'un vase. Il résiderait sur le mont Kajû avec mille quatre cents disciples.

Ajita (jap. Ajita, Daitaka ; chin. Ashiduo). On le montre assis auprès d'un vase de fleurs, tenant à la main un long bâton. Il résiderait sur le mont Jûbu avec mille cinq cents disciples.

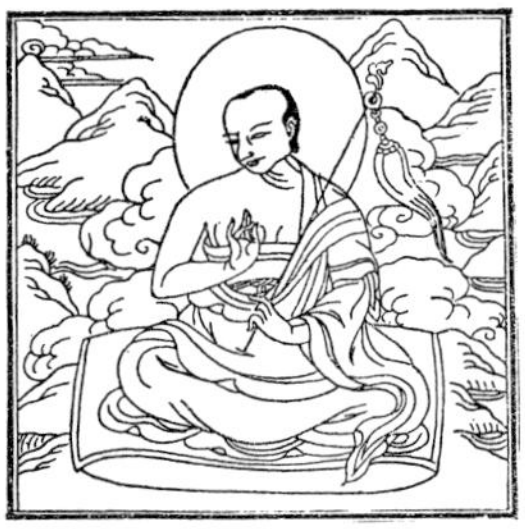

Vanavâsin

Chûdapanthaka (jap. Chudahantaka ; chin. Zhucha Bantojia). C'est le frère de Panthaka. Il est réputé pour sa stupidité. Cependant, grâce au Bouddha, il put étudier la Loi et devenir un Arahant célèbre pour ses pratiques magiques [98]. Il est représenté assis et regardant le ciel, avec un chasse-mouches à la main, souvent accompagné de son frère. Il résiderait sur le mont Jijiku avec mille six cents disciples.

Ces représentations sont typiques mais non fixées. Elles dépendent largement des légendes sur lesquelles les artistes se sont fondés pour les représenter. Pour la plupart nées en Chine, les images des Arahant ont été fortement influencées par les représentations des divinités taoïstes. Excepté quelques-unes, les régions qui leur sont assignées sont mythiques et font partie des mythologies indienne et chinoise. Le nombre des disciples qui leur est attribué est peut-être symbolique de la force de leur pouvoir.

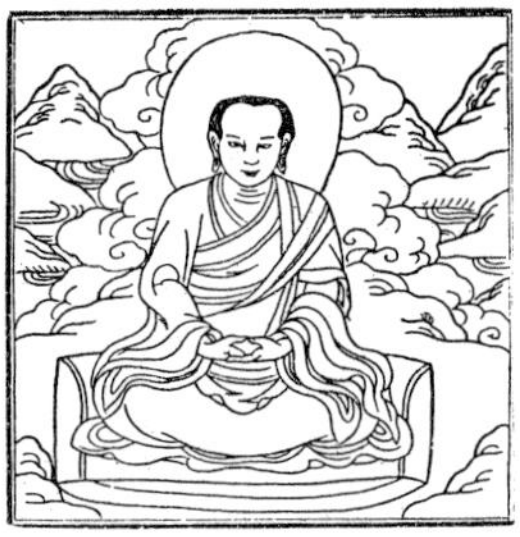

Chûdapanthaka

En Chine, on vénère traditionnellement un groupe de dix-huit Arahant (chin. Luohan), groupe qui ne vint à l'existence que vers la fin du Xe siècle : leurs portraits furent réalisés vers cette époque par le peintre-poète Guanxiu (832-912) [99]. Les deux Luohan qui furent alors ajoutés à la liste traditionnelle étaient d'origine chinoise (et appartenaient probablement au panthéon taoïque populaire). Il auraient été ajoutés par des bouddhistes afin de contrebalancer l'influence du taoïsme [100]. En fait ces deux Arahant supplémentaires, « Celui qui dompte le Dragon » et « Celui qui dompte le Tigre », sont purement imaginaires ; leurs noms mêmes varient d'un lieu à l'autre et d'une époque à l'autre : on trouve ceux de Nandimitra, d'un second Pindola, de Kumârajîva, et même de Maitreya et d'Avalokiteshvara, sans

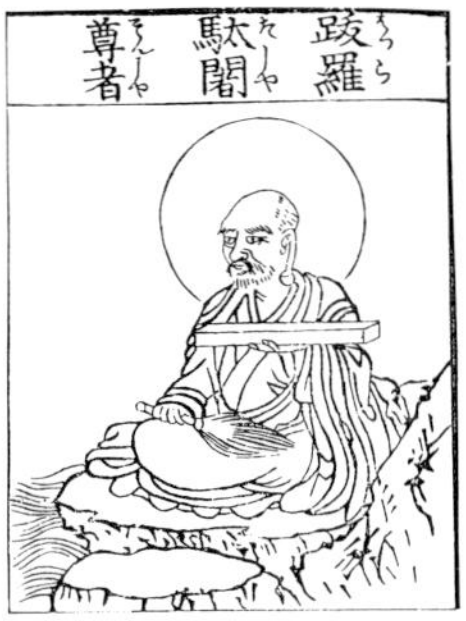

Pindola

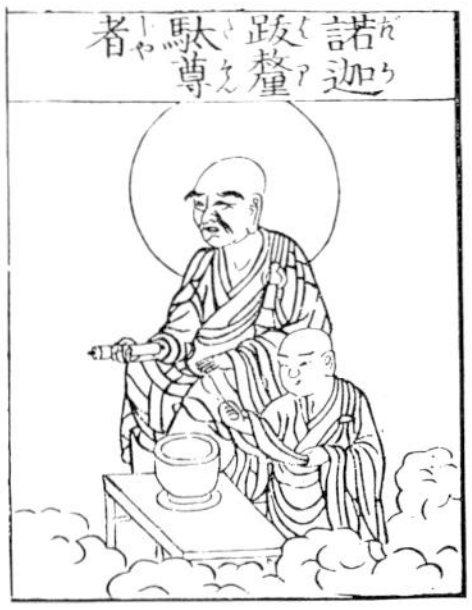

Kanaka

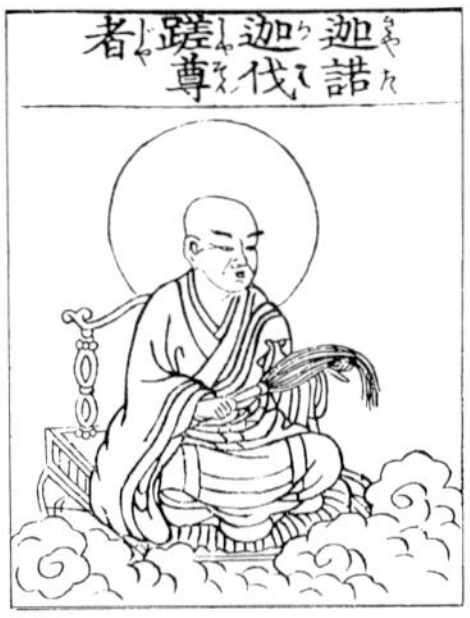

Kanakavatsa

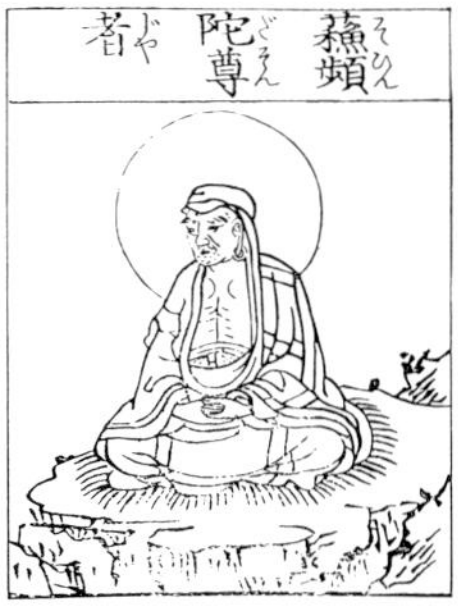

Subinda

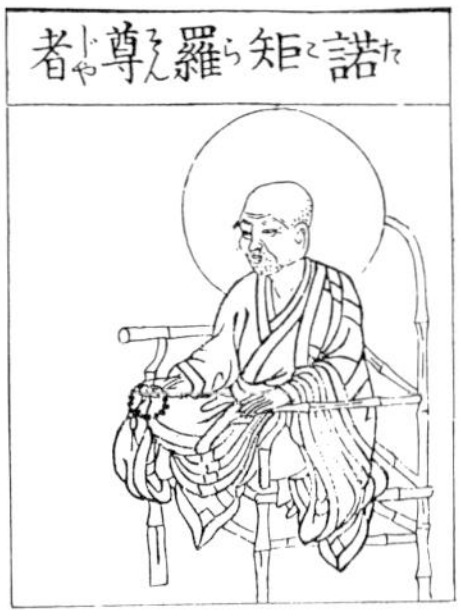

Nakula

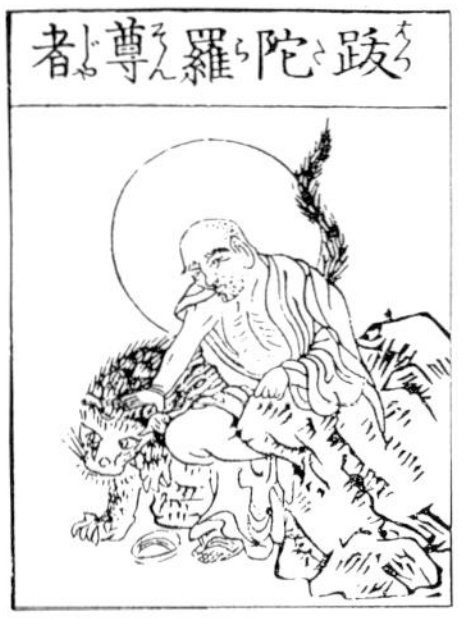

Bhadra

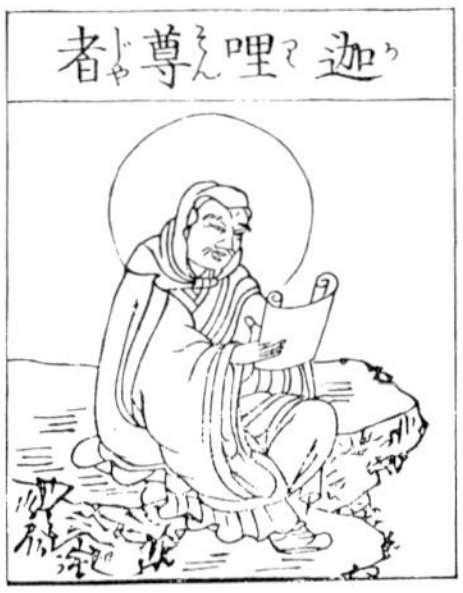

Kâlika

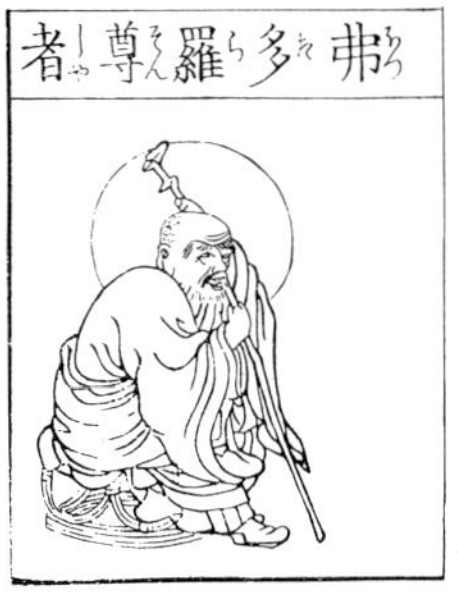

Vajraputra

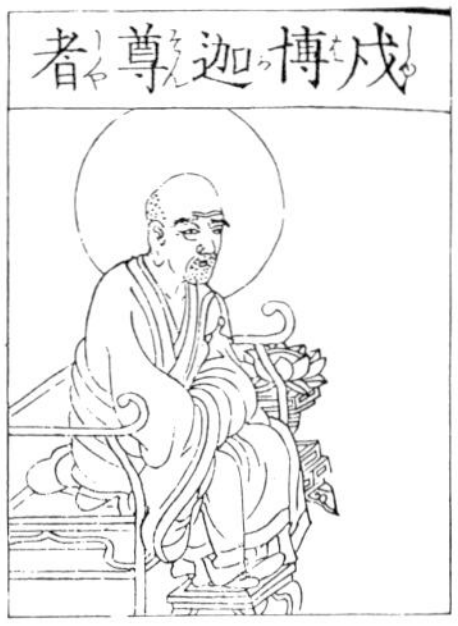

Jîvaka

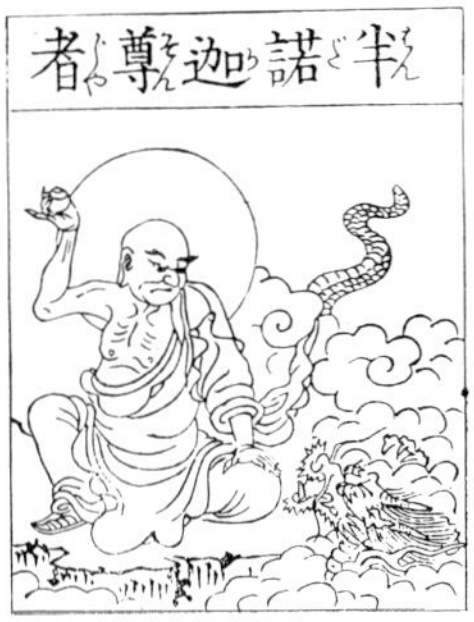

Panthaka

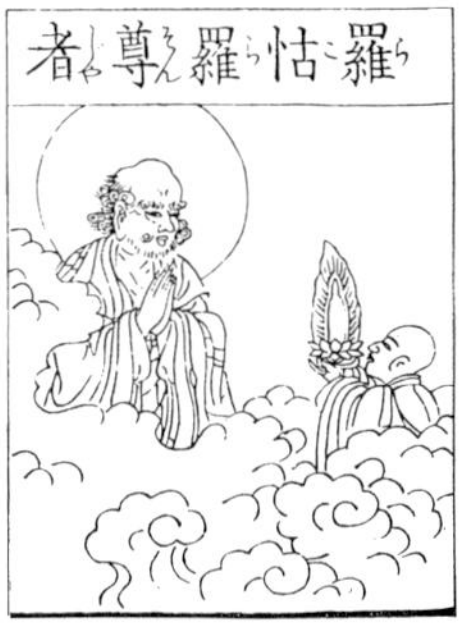

Râhula

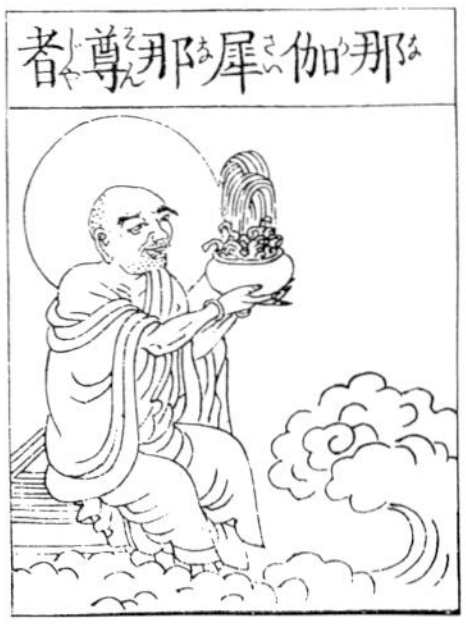

Nâgasena

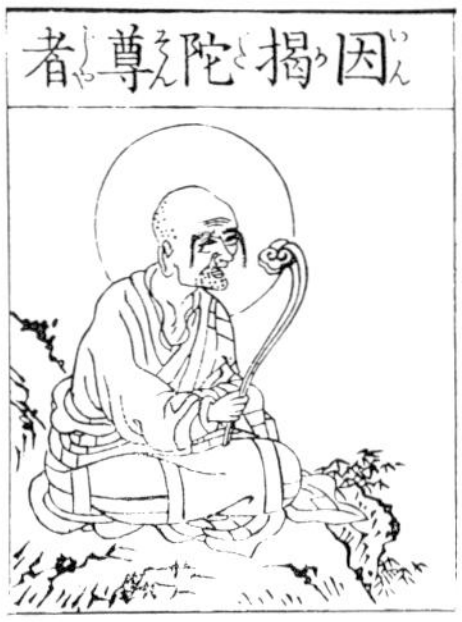

Angaja

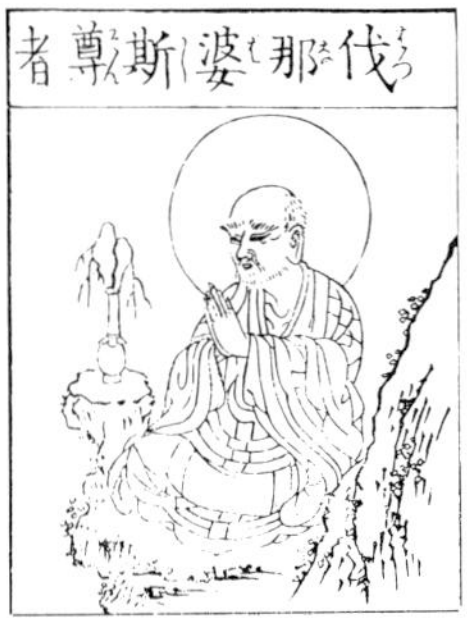

Vanavâsin

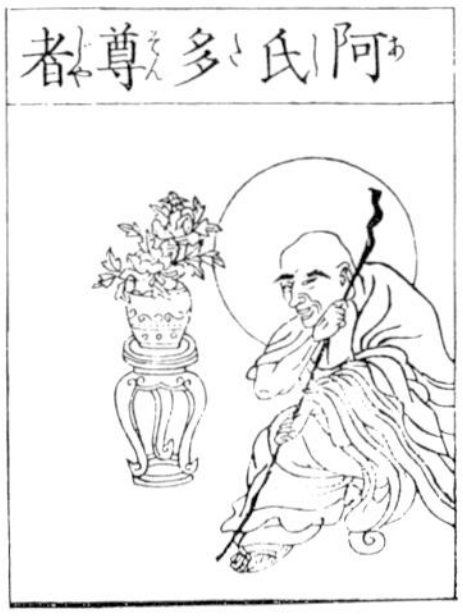

Ajita

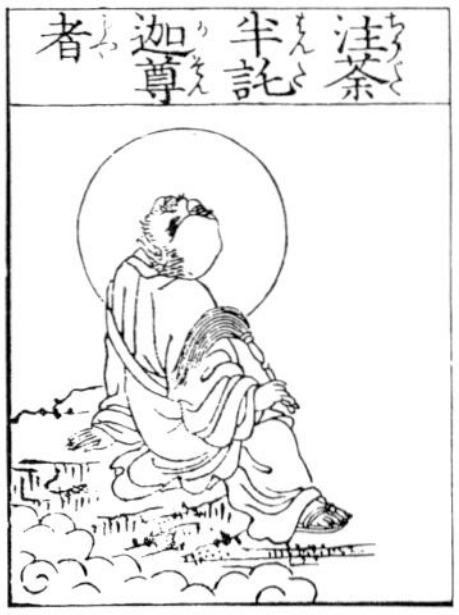

Chûdapanthaka

compter ceux de personnages tels que Liang Wudi (502-550) ou Ashvaghosha [101]. D'autres séries de Luohan chinois furent inventées, notamment celle qui est vénérée dans certains temples de l'Anhui, et qui semblent appartenir, pour la plupart, aux sectes du Chan : Wuke Chanshi, Zizai Chanshi (Ishvara, un moine indien), Daotong Chanshi, Fenggan Chanshi (VIIIe siècle), Huiyuan Chanshi, Shide Zi et Hanshan Zi (deux fameux poètes), Huizang Chanshi, Judi Heshang (le moine indien Gunamati, un disciple du Bouddha), Daoyue Chanshi, Singhalaputra (moine indien), Congshen Chanshi (IXe siècle), Râhulata (moine indien mort v. 113 avant J.-C.), Shenzan Chanshi (vers 742), Kumârajîva (360-415, moine indien), Mahâkâshyapa, Ashvaghosha (chin. Maming Zunzhe), Budai Heshang ou Budai Chanshi (une forme de Maitreya).

Au Tibet, on vénère les seize Arahant de la tradition indienne, plus deux autres, les moines Dharmatrata et Huashan (ce dernier étant peut-être semblable à Maitreya). Les représentations des Arahant chinois et tibétains sont très variables. Il y eut même des groupes de femmes Arahant [102], bien que cette qualité spirituelle fût généralement refusée aux femmes qui doivent, en théorie du moins, se réincarner dans un homme avant d'atteindre le Nirvâna. Elles seraient au nombre de dix, si l'on en croit une version népalaise de l'*Avadana-shataka* et l'ouvrage pâli intitulé *Sanyutta-Nikâya*. Elles sont rarement représentées.

AUTRES PERSONNAGES

La mère du Bouddha (Mâyâ; jap. Maya Bunin ; chin. Moyo, Zhende Pusa ; tib. Sgyû-phrul-ma)

Elle est peu souvent représentée. Qu'il nous suffise ici de rappeler la statuette décrite plus haut (voir « La naissance du futur Bouddha »), d'époque Tang, statuette qui est accompagnée de deux autres personnages agenouillés, habillés eux aussi à la mode chinoise. Dans certains textes bouddhiques tardifs, Mâyâ est parfois identifiée à un Bodhisattva, à une Târâ. En Inde, surtout à l'époque Pâla, le thème de la naissance du Bouddha fut souvent représenté, ainsi que sur des peintures birmanes (au Lokatheikpan de Pagan, au XIIe siècle, par exemple).

Bodhidharma (jap. Daruma ; chin. Damodashi, Putidoluo, Zunshe)

Il faut ici également évoquer un personnage bouddhiste, surtout vénéré par les sectes Chan et Zen, dont la légende se rattache à celle de Shâkyamuni, et qui n'est pas sans présenter quelque analogie avec les Arahant. Il s'agit de Bodhidharma, personnage semi-mythique et dont l'effigie, devenue extrêmement populaire au Japon sous le nom de Daruma ou Bodai-daruma, est l'objet de beaucoup de croyances et de pratiques qui, pour la plupart, n'ont plus grand-chose en commun avec les doctrines religieuses du bouddhisme. Moine bouddhiste, Bodhidharma aurait introduit en Chine, vers le VIe siècle, les techniques indiennes de méditation du Dhyâna. On célèbre en Chine l'anniversaire de sa naissance le 5e jour de la 10e lune. Il aurait vécu pendant neuf années dans le monastère Chuzu'an (temple du Premier Patriarche) à Songshan (province du Henan), pendant lesquelles il serait resté en méditation tourné vers un rocher, perdant ainsi l'usage de ses bras et de ses jambes. Il y serait mort en 535. Selon la légende, Bodhidharma serait né en

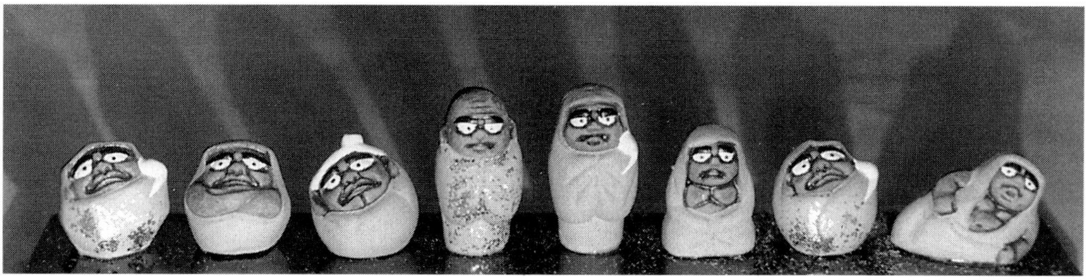

Nanakorobi Yaoki Daruma, Tôkyô, anc. coll. R. de Berval

Inde. Il aurait abordé à Canton avec son frère Daxisekong, puis se serait rendu au palais du roi Liang Wudi en 527. Il serait ensuite allé dans le Henan tandis que son frère restait dans un temple du Nanhai, où il mourut et reçut le titre posthume de Zhulihou. Le docteur Takakusu Junjirô[103] estime que le personnage que les Japonais nomment Daruma n'est pas Bodhidharma mais représenterait un moine bouddhiste (peut-être appelé Dhyânabara ?) qui vint des Indes en Corée où il mourut en 1363. Mais cette opinion, loin d'être partagée par tous les érudits, ne l'est généralement pas par les Japonais qui sont fermement persuadés que Daruma et Bodhidharma ne font qu'un.

L'effigie de Daruma, au Japon, est devenue un jouet populaire. Certaines figurines appelées *poussah* (du nom chinois *pusa*, « Bodhisattva »), et qui se nomment au Japon *okiagari koboshi* (le petit moine qui se relève), ont parfois la forme des *Daruma-san* (Monsieur Daruma). Ces figurines, par l'effet d'un poids intérieur et d'une base arrondie, se redressent toujours après avoir été renversées. Ces sortes de jouets existaient fort probablement au Japon avant l'introduction des doctrines du Chan et que fût connu le personnage de Bodhidharma. La légende de celui-ci fournissait un thème naturellement adapté à la conception d'un tel jouet, Bodhidharma étant le plus souvent représenté (principalement en peinture) assis en méditation, les jambes et les bras cachés sous sa robe. Au Japon, on vend généralement les effigies de Daruma (en papier mâché peint) sans yeux, c'est-à-dire les pupilles non tracées, puisque Bodhidharma est censé être devenu aveugle vers la fin de sa vie. Ceux qui font un vœu peignent alors une pupille et, si ce vœu se réalise dans l'année, ils « donnent vie » au Daruma en peignant la seconde pupille. Cette petite cérémonie est peut-être analogue à celle de l'ouverture des yeux dont nous avons déjà parlé [104] et qui se retrouve dans toutes les parties du monde et à toutes les époques. Au Japon, l'expression « avoir les yeux ouverts » signifie « avoir de la chance » : les effigies de Daruma sont donc considérées comme des porte-bonheur. Bodhidharma-Daruma est aussi, naturellement, un symbole religieux et un exemple : comme lui, aucune force ne peut abattre définitivement celui qui suit la Bonne Loi. Au Japon, cela se nomme *Nanakorobi Yaoki* (sept chutes, huit relèvements), Bodhidharma ayant affirmé, selon une tradition, que le fidèle abattu sept fois se relèvera une huitième, voulant ainsi montrer qu'on ne peut abattre un esprit fermement établi, le nombre huit étant au Japon symbole d'infinité et de stabilité.

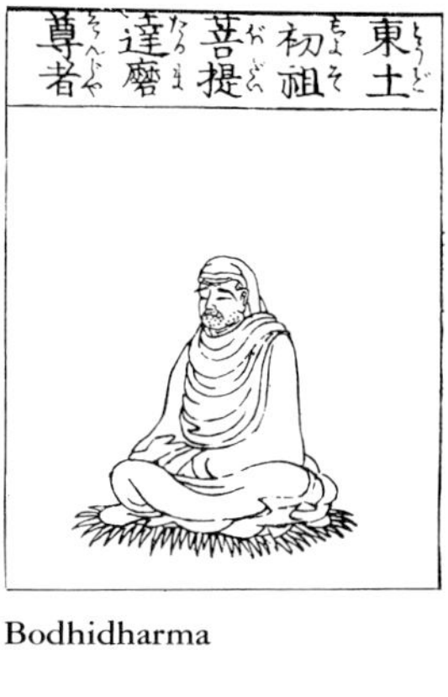

Bodhidharma

La figurine représentant Daruma en vint rapidement à être considérée comme un puissant talisman. Elle est généralement peinte en rouge (couleur faste, de la chance et de la joie, en Chine comme au

Japon), sauf le visage qui est blanc, barbu et moustachu, avec de gros yeux globuleux, des sourcils froncés indiquant une concentration résolue, ce qui lui donne parfois un air farouche. Assez curieusement, il existe au Japon, dans certaines régions, des effigies féminines de ce Daruma, alors appelées *hime-daruma* (princesse Daruma). Son corps rouge est orné de fleurs et de symboles. À Kanazawa notamment, c'est une amulette efficace pour la protection des bébés. Une autre croyance populaire veut que si l'on enferme un *okiagari koboshi* dans le tiroir d'une commode (jap. *tansu*), celui-ci demeurera toujours plein. Les figurines de Daruma sont des porte-bonheur que l'on offre volontiers à l'occasion de la nouvelle année. Le « marché aux Daruma », dans le quartier de Hachiôji à Tôkyô, est très fréquenté ce jour-là. Une croyance commune parmi les geisha du siècle dernier et beaucoup d'artistes de maintenant veut que celui ou celle qui arrive à voler une figurine de Daruma à l'étalage d'un marchand sans être vu de ce dernier aura du bonheur pendant toute l'année ; aussi le Premier de l'an, les commerçants gardent-ils l'œil ouvert.

Quelques représentations japonaises et chinoises, assez rares et probablement tardives, montrent un Daruma largement hilare : la confusion est possible avec Warai Hotoke, le « Bouddha riant », gardien des bibliothèques des monastères, ou peut-être même avec Hotei, une des formes populaires du Bouddha des temps futurs, Maitreya. Les figurines de Daruma sont, elles aussi, souvent groupées, en couples, ou bien en pyramides de sept, huit ou neuf, ou encore, ce qui est plus commun, en séries de huit (afin de multiplier leur efficacité). D'autres effigies, enfin, se donnant pour des Daruma ne sont pas des poussah mais des œuvres d'art ou des objets utilitaires. À Kôfu (province de Yamanashi, Japon), certaines figurines de Daruma ont, peinte sur l'estomac, une tête d'enfant (*oyako* ou *komochi daruma*). La coutume (peu souvent observée, il est vrai) veut que l'on brûle chaque année au mois de février, en même temps que les décorations achetées à l'occasion des fêtes du Nouvel an, les daruma acquis l'année précédente. Cela se passe durant la fête du Setsubun (changement de saison), ou bien le jour de Risshun qui marque le début du printemps.

Bodhidharma fut le sujet favori des peintres chan et zen, qui se sont efforcés de reproduire son image de toutes les manières possibles, aussi bien sérieuses qu'humoristiques.

Les textes nomment et décrivent encore de nombreux personnages, plus ou moins historiques, en relation avec la vie du Bouddha. Ils ne sont pratiquement jamais représentés, sauf peut-être sur de rares peintures en relation avec les événements de la vie du Maître, et ne font l'objet d'aucun culte : ils dépassent donc le cadre de cette étude.

LES BOUDDHA DE VÉNÉRATION (JINA)

En dehors de la forme du Bouddha historique, vénéré en tant que tel, c'est-à-dire comme un Maître, un « montreur de voie », le bouddhisme populaire a consacré deux formes de Bouddha, ou plutôt de substituts de Celui-ci, qui connurent une grande faveur du fait de leur spécialisation même : Bhaishajyaguru et Amitâbha. Ces deux Bouddha, bien qu'essentiellement différents, représentent en fait deux pôles opposés qui se trouvent en dehors de la Doctrine strictement philosophique du Bouddha Lui-même. Le premier représente en effet le « guérisseur », et le second le « consolateur » des êtres.

BHAISHAJYAGURU (jap. Yakushi Nyorai; chin. Yaoshi Fo; tib. Sman-bla Manla ; mongol Otochi)

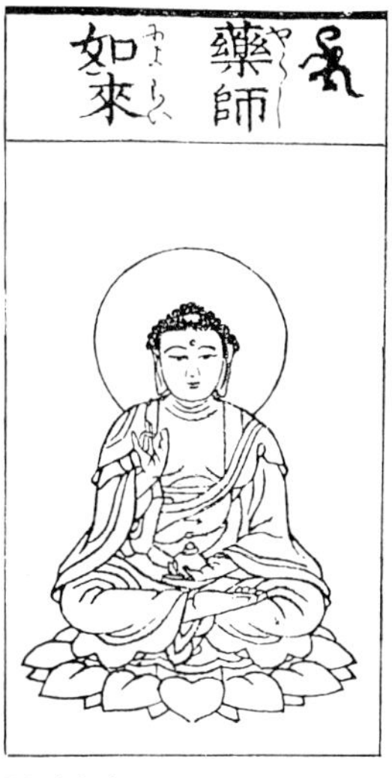

Bhaishajyaguru (Yakushi Nyorai)

Rien ne saurait mieux décrire cet aspect de la Divinité bouddhique que les qualificatifs attribués à ce substitut du Boudha, considéré cette fois comme une véritable divinité que l'on invoque pour obtenir quelque chose : le «Maître aux remèdes [105]», le «Médecin des âmes et du corps », le « Sage et Savant Docteur des maux de ce monde [106] », appelé Bhishaka ou Bhaishajyaguru dans les textes indiens [107]. Selon une version tibétaine de ces derniers [108], Bhaishajyaguru aurait enseigné la médecine à un groupe de Rishi (sages de l'Antiquité indienne). Bien que ce Grand Bouddha se trouve décrit dans de nombreux textes sanskrits, ses représentations n'apparaissent pas avant que les doctrines du Mahâyâna ne lui donnent, selon la logique bouddhique (laquelle s'apparente à la logique médicale), une spécialisation qui en fera le Bouddha guérisseur par excellence. En Inde même comme en Asie du Sud-Est, ses représentations sont relativement rares [109], alors qu'au Tibet et en Chine, où les bouddhistes étaient fortement influencés par les pratiques paramédicales des taoïstes, son image se retrouve plus fréquemment, surtout pendant l'époque des Wei [110]. Il est alors montré dans les mêmes attitudes et de la même manière que le Bouddha Shâkyamuni dont il ne se distingue que par la figuration, au-dessus de lui, de ses sept « corps » (voir plus loin). Au Tibet, où ses images sont assez courantes, il est de couleur bleue. Il peut alors avoir cinq formes qui dérivent peut-être d'adaptations de textes ésotériques des doctrines du Vajrayâna. Dans la plupart des peintures le représentant, il est assis en Vajrâsana sur un socle de lotus. Les paumes de ses mains sont teintes en rouge. Sa main droite est en Varada-mudrâ sur le genou (parfois tenant un fruit de myrobolan), la gauche étant posée dans le giron et portant une coupe (ou un vase plein de médecines ou de fruits de myrobolan). En général sa protubérance crânienne est en forme de petit pain de sucre (contrairement à celle qui caractérise le Bouddha Gautama, qui est large et aplatie).

Au Japon, où son culte fut très en faveur jusqu'au XIIe siècle, on le nomme Yakushi Nyorai (Yakushi Rurikô Nyorai), le « Grand Bouddha maître des remèdes à l'éclat de béryl », ou encore Dai-i-ô, « grand roi des médecins [111] ». On le confond également souvent dans ses fonctions, surtout au sein du peuple, avec l'Arhat Pindola Bharadvâja (jap. Binzuru Sonja). Les Japonais lui accordèrent tant d'importance qu'il

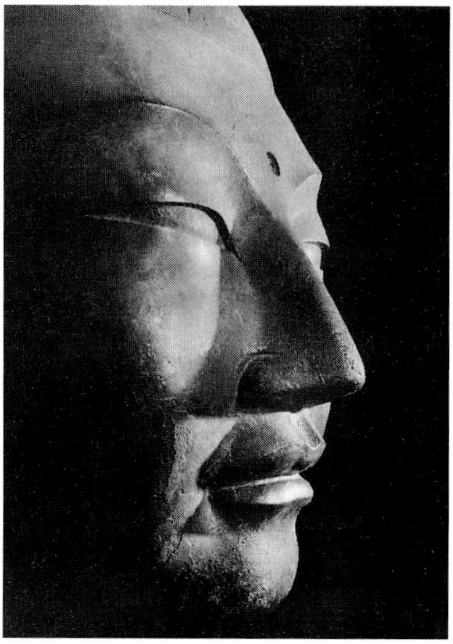

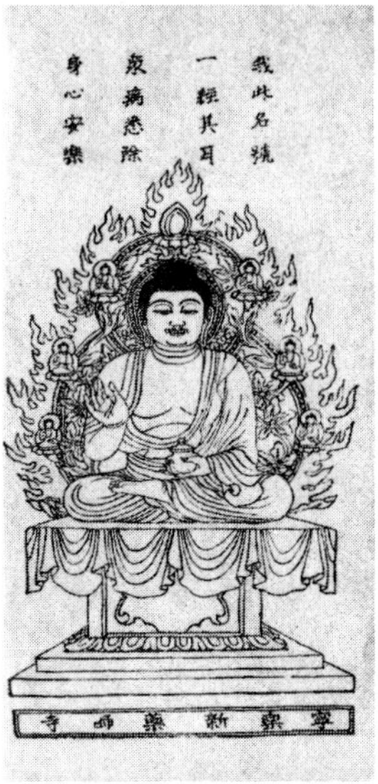

Yakushi Nyorai, bronze, Japon, Nara, Kôfuku-ji, VIIe siècle

Bhaishajyaguru, gravure japonaise

fut même, en certaines circonstances, principalement dans les sectes ésotériques, placé au centre du panthéon bouddhique, à la place de Dainichi Nyorai (skt. Mahâvairochana) ou d'Ashuku Nyorai (skt. Akshobhya)[112], dans le mandala du Vajradhâtu de la secte Shingon, par exemple[113]. À l'époque de Kamakura (1185-1333), au cours de laquelle la ferveur pour le Bouddha Amida était considérable, certains même n'hésitèrent pas à l'identifier à ce dernier, ce qui était tout à fait inorthodoxe. Trois sectes japonaises lui rendirent un culte séparé et le considérèrent comme l'Entité suprême, celles du Hosshô-shû, du Tendai-shû et du Shingon-shû, alors que les autres sectes ne le regardèrent que comme un simple aspect de la Divinité (secte Zen entre autres). Les sectateurs de la Terre pure d'Amida (Jôdo-shû) et de Nichiren ne lui accordent plus qu'une considération très limitée[114]. Cependant la popularité de ce Bouddha guérisseur dépasse largement les cadres dogmatiques des sectes, et il est encore vénéré, à titre individuel, par beaucoup de Japonais.

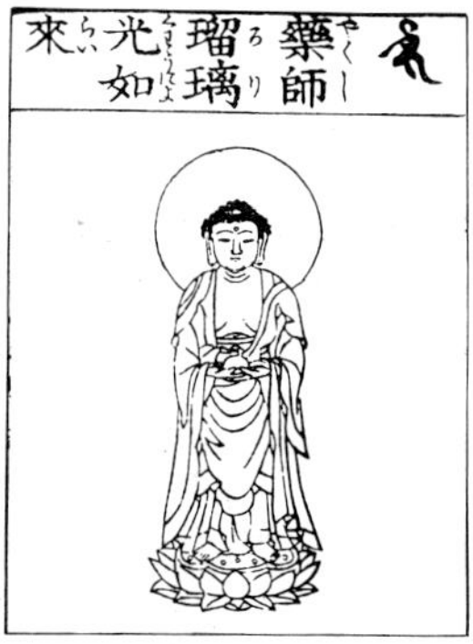

Yakushi Rurikô Nyorai

Un des traits caractéristiques de ce Bouddha est le fait qu'il aurait prononcé, étant encore un Bodhisattva, douze grands vœux[115], dont certains concernaient la guérison physique des malades. Un autre de ses vœux était d'éclairer le monde par la lumière émanant de son corps, et c'est la raison pour laquelle il est parfois identifié au Japon au Grand Bouddha de la lumière solaire, Dainichi Nyorai[116]. Comme chaque Jina, il a une terre de prédication. Celle-ci, que la tradition situe à l'est, c'est-à-dire du côté du soleil levant, le prédestinait à devenir un Bouddha essentiellement japonais, les îles du Japon, les plus orientales de l'Asie, étant placées sous le signe du soleil « né de la mer ». Et c'est peut-être la situation à l'est de sa terre de prédication (océan Pacifique) qui incita les hommes à penser que sa résidence divine, son paradis en quelque sorte (lequel participe de son second vœu), était une terre de

« pur béryl[117] », d'où le nom qu'il prend également de Bhaishajyaguru Vaiduryaprabhâsha (jap. Yakushi Rurikô), « à l'éclat de béryl ». Ces particularités furent probablement déterminantes du fait que Bhaishajyaguru fut l'une des premières divinités bouddhiques à être vénérées au Japon, et devint l'une des plus importantes. Le célèbre temple du Hôryû-ji, à Nara, aurait en effet été édifié par le régent Shôtoku pour y abriter une grande statue en bronze de Yakushi Nyorai, dans l'espoir d'obtenir de ce Bouddha-médecin la guérison de l'empereur Yômei (vers 587). En 680 également, le temple du Yakushi-ji fut construit à Nara, alors la capitale du Yamato, sur l'ordre de l'empereur Tenmu afin d'obtenir la guérison de l'impératrice malade[118]. Connu au début par les seuls grands personnages de la cour, puis, au fur et à mesure que les doctrines bouddhiques se répandaient dans le pays, par des couches de plus en plus larges de la population, la réputation de Yakushi Nyorai ne fit que grandir et, à partir du VIIIe siècle surtout, son culte prit une grande ampleur[119]. Des lectures du *Yakushi-kyô* (texte canonique d'invocation à ce Bouddha) étaient faites dans les temples où l'on procédait également à des cérémonies de repentance appelées Yakushi-keka[120] à l'occasion desquelles on abandonnait temporairement toute activité de chasse ou de guerre et on relâchait des animaux prisonniers. Ces cérémonies, qui comprenaient un rite de circumambulation autour de la statue de Yakushi (rite appelé Gyôdo-keka)[121], étaient faites soit dans le but d'obtenir une guérison[122], soit dans celui de conjurer des malheurs nationaux (calamités diverses, épidémies, sécheresse, etc.) ou personnels[123]. Dans ce même but, les sectateurs du Tendai-shû offraient à Yakushi Nyorai (tout comme à Dainichi Nyorai, d'ailleurs) des lampes et des lumières, par analogie avec un rite magique destiné à augmenter la puissance lumineuse du soleil, alors identifié au « corps lumineux » de Yakushi ou de Dainichi Nyorai, à la fin de l'année, ou pour chasser, en d'autres occasions, les puissances maléfiques des ténèbres[124].

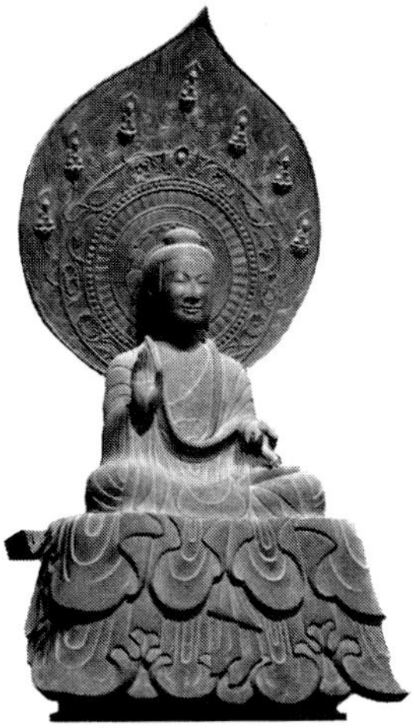

Bhaishajyaguru, bronze, Japon, Nara, Hôryû-ji, VIIe siècle

Les sept corps ou formes de Bhaishajyaguru

Certains textes sanskrits, comme le *Saptatathâgata-purva-pranidhânavichesha-vistara*, ou chinois[125] décrivent sept « corps » ou émanations que Bhaishajyaguru peut assumer lors de ses fonctions de guérisseur, parmi lesquels celui de Bhaishajyaguru lui-même. L'un de ces corps d'émanation (jap. *Busshin*)[126] est parfois considéré au Japon comme une divinité indépendante : ce Zen Myôshô Kichijô-ô Nyorai[127] est alors confondu avec Yakushi Nyorai. Ces émanations sont généralement représentées au-dessus de l'image de Bhaishajyaguru[128] : elles ont une carnation rouge ou jaune d'or et font des gestes différents, bien que ces divinités soient toutes également assises en Vajrâsana (sur les peintures tibétaines), ou bien placées sur son auréole corporelle, tenant à la main un chintâmani[129]. Ces émanations sont parfois seulement symbolisées par leurs lettres-germes respectifs (*bîja* ; jap. *shûji*) tracés en caractères Siddham sanskrits. On attribue à ces sept émanations des paradis distincts, tous situés à l'est, et un certain nombre de vœux[130].

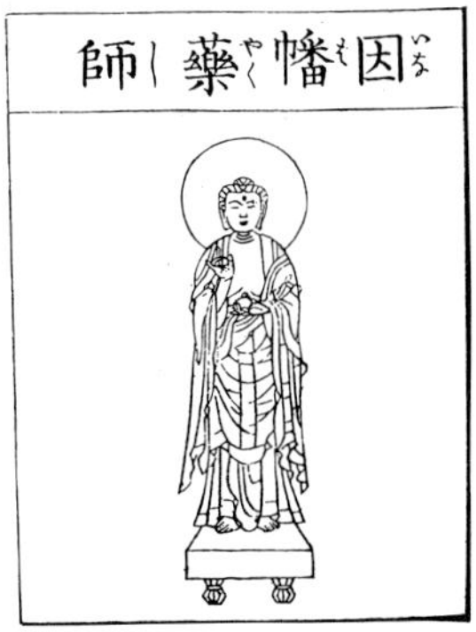

Bhaishajyaguru (Yakushi)

Les représentations de Bhaishajyaguru

Nous avons vu qu'au Tibet, et dans la peinture lamaïque en général, les images de Bhaishajyaguru suivaient presque toutes le même schéma d'ensemble. En Chine et au Japon, ses images sont plus diversifiées,

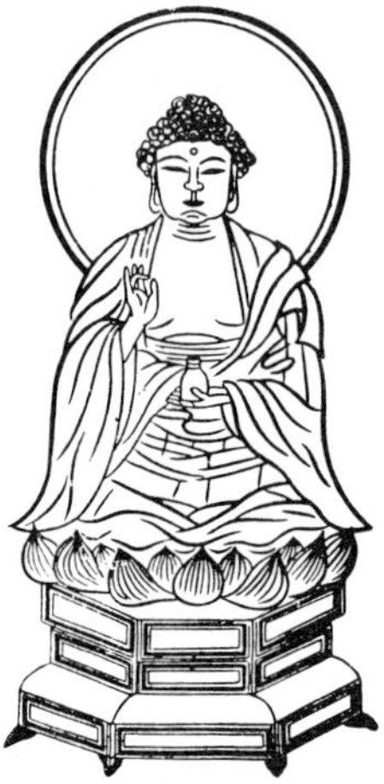

Bhaishajyaguru

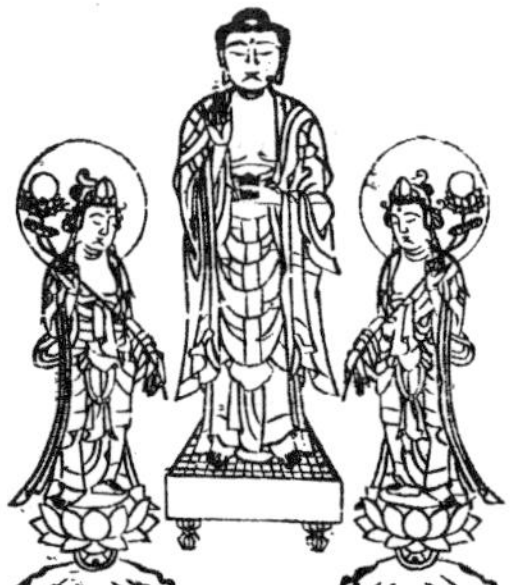

Yakushi Sanzon

bien qu'obéissant sensiblement aux mêmes règles : il est généralement représenté assis, la main droite en absence de crainte (Abhaya) ou en don (Varada), la main gauche étendue le long de la hanche (position debout) ou bien reposant dans le giron, tenant (ou non) le pot à médecine[131]. Ce pot à médecine est parfois appelé, à tort, bol à aumônes (*pâtra*). En fait c'est le « bol à médecine en béryl » (jap. *ruri yakkô*). La main qui tient la boîte à onguent est toujours simplement en Varada-mudrâ, la boîte (ou le pot, ou le gobelet) est simplement posée dessus, car les images d'un Tathâgata sont toujours immuablement représentées, en Chine comme au Japon, sans objet, en mudrâ simple. Un texte chinois, le *Yaoshi Rulai Niansong Yigui* (jap. *Yakushi Nyorai Nenzu Giki*), précise cependant : « De la main gauche faire porter à Bhaishajyaguru un pot à médecine ou une perle précieuse. La main droite sera dans la mudrâ de l'Union des trois mondes[132]. » Cette dernière mudrâ correspond à celle de l'absence de crainte (Abhaya) ; c'est la forme iconographique la plus courante au Japon et en Chine. Il semblerait d'ailleurs que les plus anciennes représentations de Yakushi Nyorai que nous connaissions au Japon ne possèdent pas de bol à médecine (mais peut-être celui-ci a-t-il simplement disparu). Par ailleurs Bhaishajyaguru suit les formes iconographiques des Grands Bouddha (Tathâgata)[133].

Cependant, il convient de signaler une forme particulière de Yakushi Nyorai (effigie au Hôkai-ji, à Yamashiro, Japon)[134] dont les mains sont en Dharmachakra-mudrâ, tenant le pot à médecine. D'autres formes iconographiques existent, fondées sur des textes différents (par exemple représentant Bhaishajyaguru avec le pouce de la main droite touchant l'annulaire de la main gauche)[135], mais ces diverses formes sont principalement mentionnées dans des traités théoriques ou bien ne se trouvent figurées que sur des mandala[136].

Enfin, détail non expliqué, au Japon, Yakushi Nyorai ne fait pas partie des deux grands mandala du Vajradhâtu et du Garbhadhâtu de la secte Shingon. Tajima Ryôjun[137] donne les raisons qui pourraient éventuellement expliquer cette absence de représentation. Celles qui nous paraissent les plus évidentes associent Yakushi Nyorai à Akshobhya (jap. Ashuku), le Bouddha de l'Est dans le *Vajradhâtu Mandala*, et à Mahâvairochana (jap. Dainichi Nyorai) dans le *Garbhadhâtu Mandala.*

Les acolytes de Bhaishajyaguru

Cette divinité se trouve souvent entourée, en sculpture comme en peinture, par deux Bodhisattva, Sûryaprabha (ou Sûryavairochana; jap. Nikkô Bosatsu), symbolisant la lumière du soleil, et Chandraprabha (ou Chandravairochana; jap. Gakkô Bosatsu), symbolisant celle de la lune, l'un veillant sur les mortels pendant le jour, l'autre pendant la nuit[138]. Ensemble ils forment un groupe appelé « auguste triade de Bhaishajyaguru[139] » (jap. *Yakushi Sanzon*). Sûryaprabha et Chandraprabha sont montrés debout ou assis en Lalîtâsana. Sûryaprabha est, en peinture, représenté de couleur orangée, alors que Chandraprabha est de couleur blanche. Ils sont vêtus d'une robe monastique à longues manches, sans ceinture, ont des souliers aux pieds (ce qui est exceptionnel dans le cas des Bodhisattva) et les cheveux noués en un haut chignon entouré d'une couronne de soleils (pour Sûryaprabha) ou de lunes (pour Chandraprabha). Cependant leur vêtement peut varier d'une peinture à l'autre, de même que leurs bijoux et diadème. Bien que les mudrâ qui leur sont attribuées ne soient pas absolument fixées, ils réalisent souvent le geste de l'absence de crainte et d'offrande (Abhaya-Varada), symétriquement l'un par rapport à l'autre, ou bien ont les mains réunies en Añjali-mudrâ. Ils portent aussi parfois un lotus dans la main droite et un disque solaire (Sûryaprabha) ou un lotus dans la main gauche et un croissant de lune (Chandraprabha). On les montre aussi comme des adolescents, avec les cheveux retombant en longues mèches. Le lotus bleu (*utpâla*) qu'ils tiennent alors à la main est surmonté soit d'un disque solaire, soit d'un croissant de lune. En peinture, Sûryaprabha est parfois représenté sur un char tiré par trois chevaux, ou bien à cheval. Chandraprabha est parfois montré chevauchant une oie [140]. Ces Bodhisattva sont cependant rarement représentés indépendamment de Bhaishajyaguru.

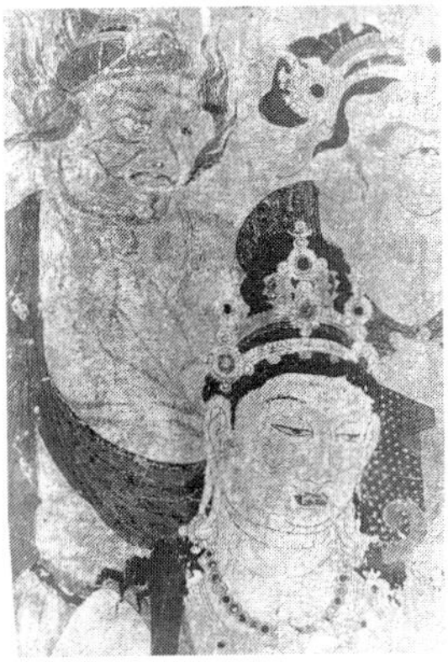

Acolytes de Yakushi Nyorai, fresque du Hôryû-ji, Japon, Nara, vers 710

Les douze guerriers de Bhaishajyaguru

Bhaishajyaguru commande également à douze guerriers (parfois considérés comme des Yaksha[141] ou titans), appelés au Japon Jûni Shinshô (ou Jûni Daishô dans le *Butsuzô-zu-i*). Ils sont censés protéger les fidèles en présidant aux heures de la journée comme aux mois et directions de l'espace. Ce sont douze (parfois seulement neuf) généraux dont les armées combattent les maladies. Ces douze guerriers seraient également représentatifs des douze vœux de Bhaishajyaguru. Ils commanderaient aux quatre-vingt mille pores de la peau, défendant ainsi, au nom de Bhaishajyaguru, la santé des fidèles[142]. Bien que décrits dans les textes sanskrits [143], chinois[144] et japonais [145], les attributs qu'on leur donne ainsi que leur couleur (et parfois même leur nom) peuvent varier. Les peintures d'Asie centrale (de Khara-khoto notamment) les représentent comme des Yaksha indiens, avec des expressions farouches, parés comme des Deva ou Asura. Ils sont alors considérés comme des gardiens de l'espace (Dikpâla). Ils sont également assimilés, surtout en Chine et au Japon, aux gardiens des quatre points cardinaux (les Lokapâla ou Chaturmahârâja), comme des guerriers en armure. Ils sont rarement représentés indépendamment de Yakushi Nyorai, sans qui ils ne sauraient avoir d'existence. Ce sont (dans l'ordre donné par le *Butsuzô-zu-i* et le *Bukkyô Daiji-ten*) :

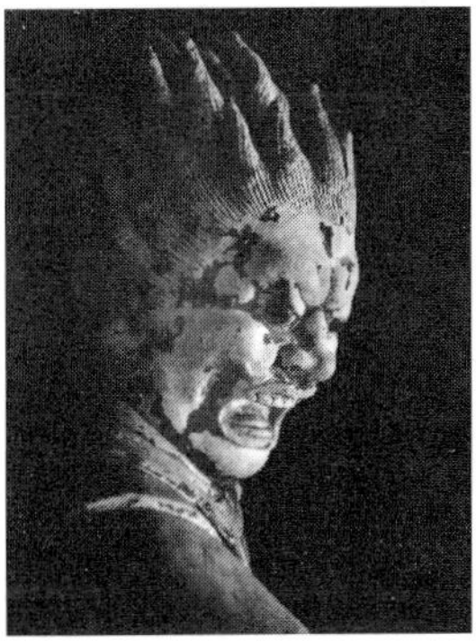

Un des guerriers de Bhaishajyaguru, terre sèche, Japon, Nara, Shin-Yakushi-ji, VIIIᵉ siècle

– Khumbîra (jap. Kubira) [146], jaune, armé d'un vajra.
– Vajra (jap. Bazara, Bajira), blanc, armé d'un glaive.
– Mikila (Mihira; jap. Mekira), jaune, armé d'un vajra.
– Andira (jap. Anteira), vert, armé d'un maillet ou d'un chasse-mouches.
– Anila (Majila; jap. Anira), rouge, armé d'un trident ou d'une flèche.
– Shandila (jap. Sandeira), gris, armé d'un glaive ou d'une conque.
– Indra (jap. Indara, Indatsura), rouge, armé d'un bâton ou d'une hallebarde.
– Pajira (jap. Haira), rouge, armé d'un maillet, d'un arc ou d'une flèche.
– Mahôraga (jap. Makora, Makura), blanc, armé d'une hache.
– Sindura (Kimnara ; jap. Shindara), jaune, armé d'une corde ou d'un chasse-mouches et d'un bâton de pèlerin (khakhara).
– Chatura (jap. Shôtora), bleu, armé d'un maillet ou d'un glaive.
– Vikarâla (jap. Bikyara), rouge, armé d'un vajra à trois pointes.

Ils sont généralement représentés debout, en armure, dans une attitude martiale ou menaçante, casqués ou les cheveux hérissés, avec une

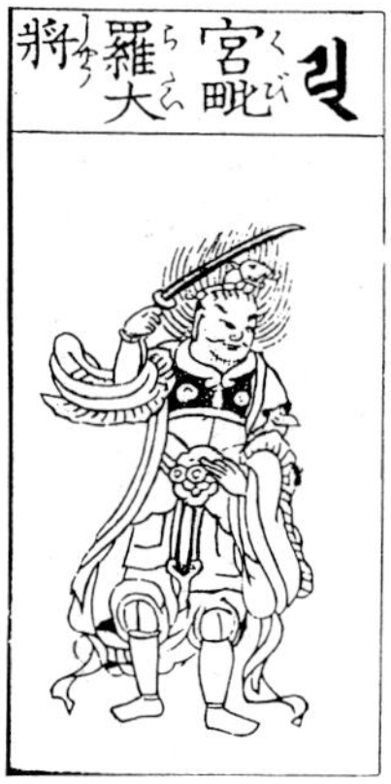

Khumbîra

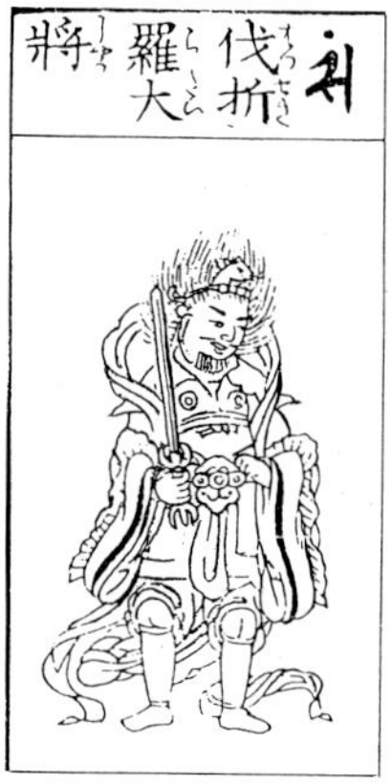

Vajra

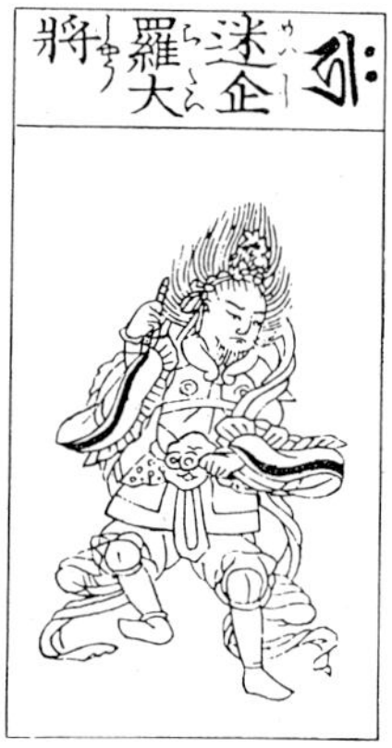

Mikila

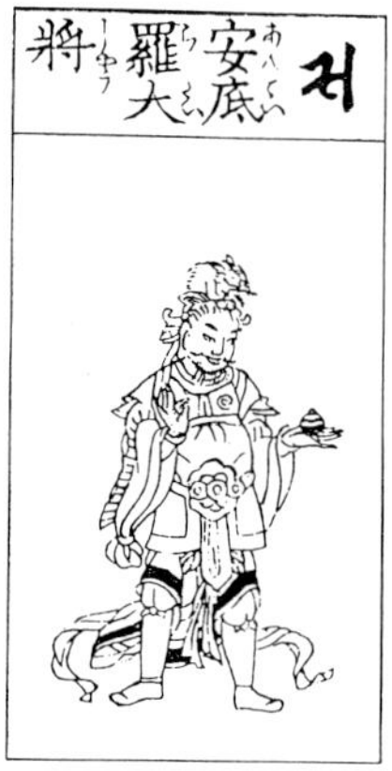

Andira

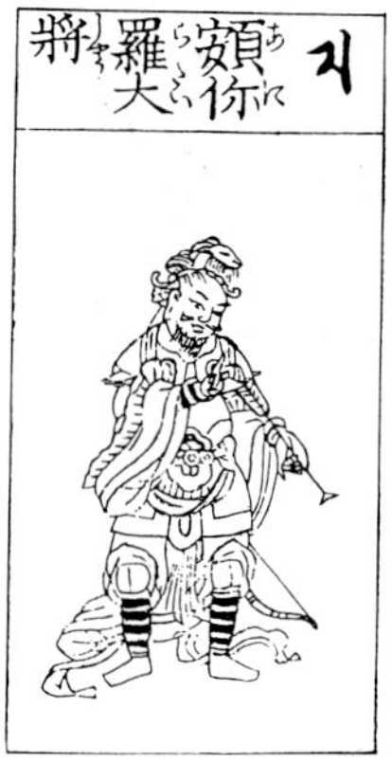

Anila

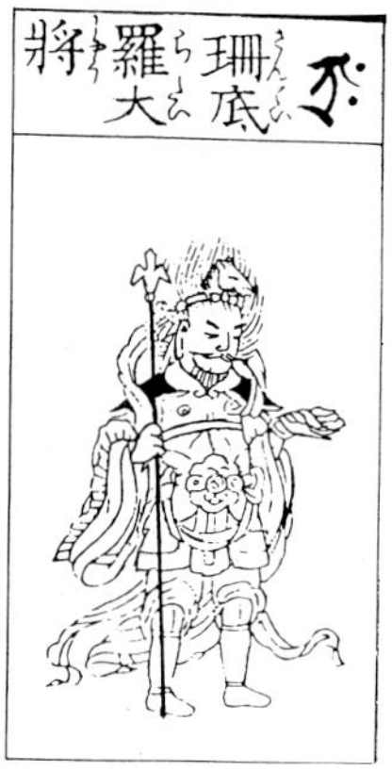

Shandila

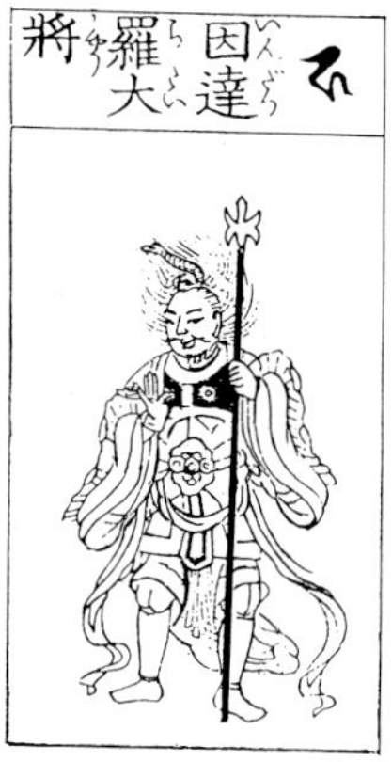

Indra

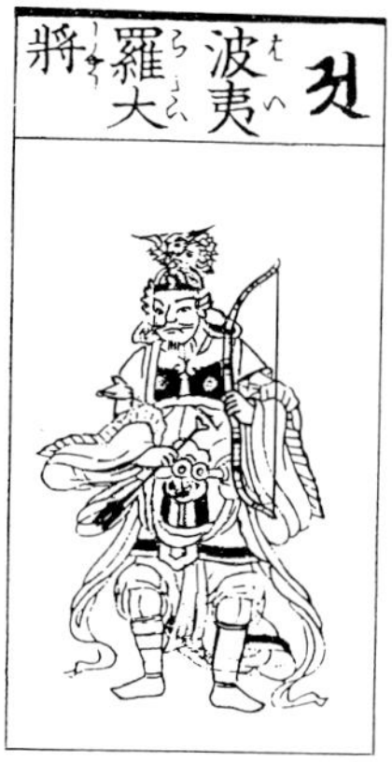

Pajira

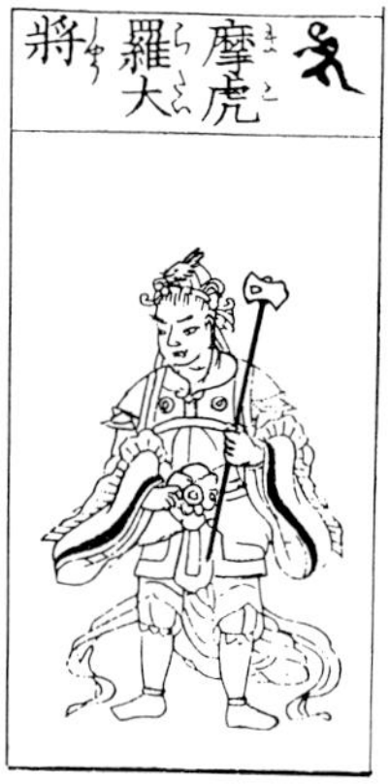

Mahôraga

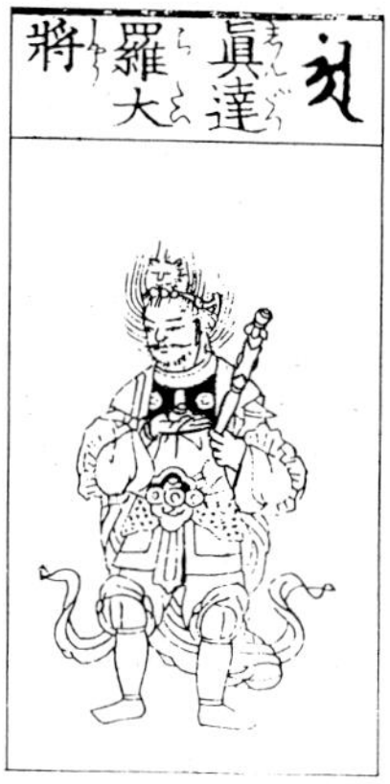

Sindura

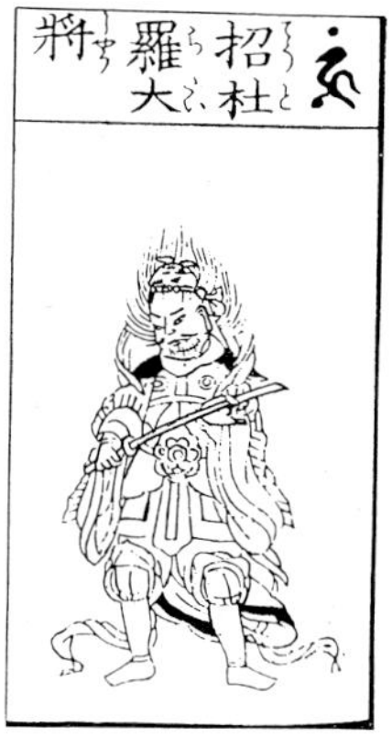

Chatura

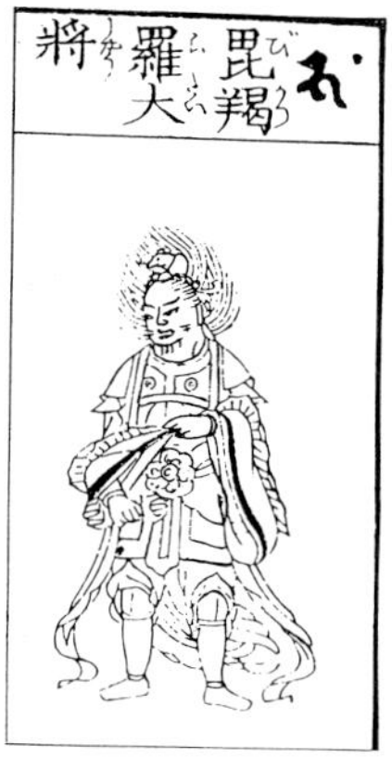

Vikarâla

expression féroce. Au Japon, après la période de Kamakura (1185-1333), ces douze guerriers furent parfois confondus (ou associés) aux douze animaux (Jûni Shi) du cycle des années.

En dehors de ses deux acolytes et de ses douze guerriers, Bhaishajyaguru est théoriquement entouré de huit grands Bodhisattva qui sont : Mañjushrî, Avalokiteshvara, Akshayamati, Mahâsthâmaprapta, Maitreya, Bhaishajyarâja et, au Japon, Hôdange Bosatsu[147]. Ces huit Bodhisattva ont pour tâche de montrer aux fidèles le chemin du paradis d'Amitâbha. Parmi ceux-ci se trouvent deux Bodhisattva de la médecine (au Japon Yaku-ô et Yaku-jô) qui seraient deux frères de la suite d'Amitâbha dans sa « descente » (jap. *Raigô*) ou « accueil des fidèles dans le paradis d'Amitâbha », et qui représenteraient la puissance purificatrice du soleil[148]. En peinture, ils sont montrés tenant à la main une branche de saule[149]. Cependant ces dernières attributions de Bodhisattva à l'effigie de Bhaishajyaguru nous paraissent très tardives et furent probablement des tentatives des sectes vénérant Amitâbha pour essayer d'englober dans leurs doctrines celles qui se rapportaient à Bhaishajyaguru et ainsi gagner à leur foi une partie au moins de ses fidèles. On ne peut guère accorder de valeur symbolique absolue à ces dernières attributions qui demeurent, du reste, tout à fait théoriques, et dont les fidèles se soucient peu. Le populaire vénère non seulement la divinité de Bhaishajyaguru, mais, par un phénomène qui se retrouve sous toutes les latitudes et à toutes les époques, ses statues elles-mêmes, qui deviennent ainsi, par transfert, des sortes de fétiches. Il vénère ainsi certaines statues de Bhaishajyaguru comme étant plus ou moins efficaces dans leurs pouvoirs de guérison. Les vertus qui sont généralement attribuées par les fidèles aux statues de Bhaishajyaguru sont multiples : on les croit capables de veiller sur la santé des gens, de les protéger contre les épidémies et les diverses maladies, contre les dangers qui guettent leurs familles et les femmes en couches, de les préserver des périls encourus lors des voyages en mer, et même de guérir de la stérilité[150].

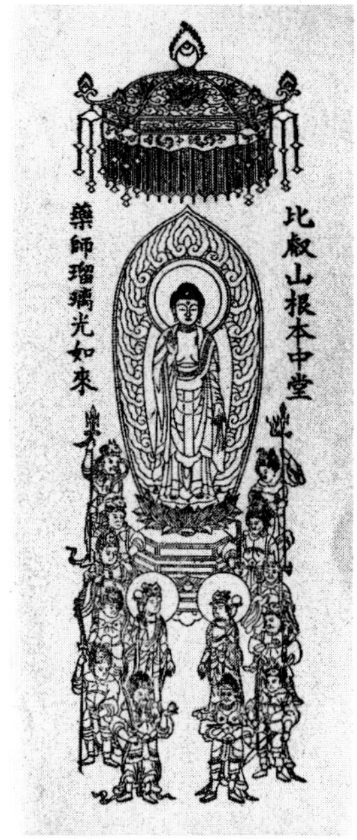

Bhaishajyaguru, ses deux acolytes et ses douze guerriers, image pieuse japonaise (Ofuda)

Il existe, au Japon surtout, de nombreuses effigies de Yakushi Nyorai (Bhaishajyaguru) auxquelles le populaire attribue des pouvoirs merveilleux : celle du Kaizô-ji à Kamakura aurait été découverte – la tête seulement – par un moine du nom de Genno alors qu'elle gémissait toutes les nuits dans la terre où elle se trouvait enfouie à la suite d'un cataclysme. Ces gémissements auraient miraculeusement cessé lorsque le moine eut réparé la statue[151]. Les Japonais vénèrent également des statues de Yakushi Nyorai dans les stations thermales, notamment à Kumano Yunomine Onsen.

Enfin, toujours au Japon, une divinité syncrétique appelée Gion Tenjin, protectrice du sanctuaire de Gion à Kyôto, est souvent identifiée comme étant une émanation de Yakushi Nyorai, laquelle ne serait autre que le héros mythique Susanoo no Mikoto, frère turbulent du Kami solaire Amaterasu Ômikami des légendes du shintô. Cette divinité n'a pas de forme fixée mais se distingue parfois, sous le nom de Gozu Tennô, par un crâne de bœuf posé sur sa tête. Elle a l'apprence d'un Deva, avec deux ou plusieurs bras. Cependant cette identification syncrétique est souvent contestée.

On voit que, pour Bhaishajyaguru comme pour les autres divinités du panthéon bouddhique, de nombreuses opinions partagent, non pas les fidèles, mais les théologiens. Il est toujours difficile, dans le

Mahâyâna, d'affirmer un dogme quelconque et de le définir avec précision : la divinité est, comme l'être humain, sujette à d'infinies variations. Elle aussi n'est qu'un cadre général qui ne peut se satisfaire de règles trop absolues qui risqueraient, dans leur rigidité, et selon l'éthique asiatique, de leur ôter toute vie : ce qui est vraiment vivant, c'est ce qui peut changer, évoluer, surtout ce qui peut être conçu de mille manières différentes suivant les individus. Car en définitive, la Divinité n'est que ce que les hommes veulent bien qu'Elle soit : Elle reste avant tout humaine, se transforme et vit parmi les hommes qu'Elle a pour mission de soulager, d'aider. Les fidèles ne sauraient La concevoir autrement sans s'éloigner d'Elle.

AMITÂBHA, LE BOUDDHA DE L'AU-DELÀ

D'origine indienne comme la plupart des autres formes du Bouddha historique, Amitâbha n'est cependant pas formellement attesté en Inde, peut-être du fait de la perte des textes qui en parlaient. Le plus ancien témoignage que l'on ait d'un culte rendu à Amitâbha paraît en effet dater du voyage que fit en Inde le pèlerin chinois Huiren (Canmin) en 712-719. C'est au VIIIe siècle seulement que son culte aurait été introduit au Tibet par Padmasambhava [152]. Mais des sûtra à la gloire d'Amitâbha étaient déjà traduits en chinois, dès les IIe ou IIIe siècles de notre ère : le culte d'Amitâbha avait donc à cette époque une certaine importance. On a parfois tenté de lui trouver une origine iranienne, ce qui paraît plausible en raison de la situation occidentale qu'il occupe dans l'espace bouddhique d'une part, et de son aspect solaire de l'autre. Il était évidemment tentant d'en faire une sorte de « bouddhisation » de Mithra. Mais son origine réelle reste encore à déterminer. Aucun aspect du Bouddha n'a fait couler autant d'encre sous la plume des théologiens et exégètes ni suscité autant d'opinions diverses sur sa personnalité que le personnage d'Amitâbha. Mais c'est justement cela qui

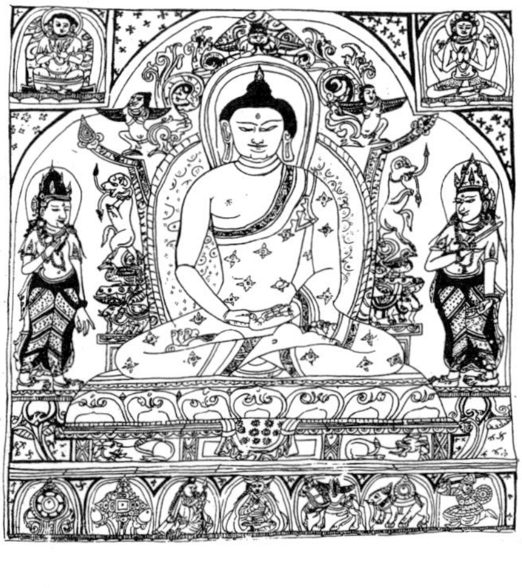

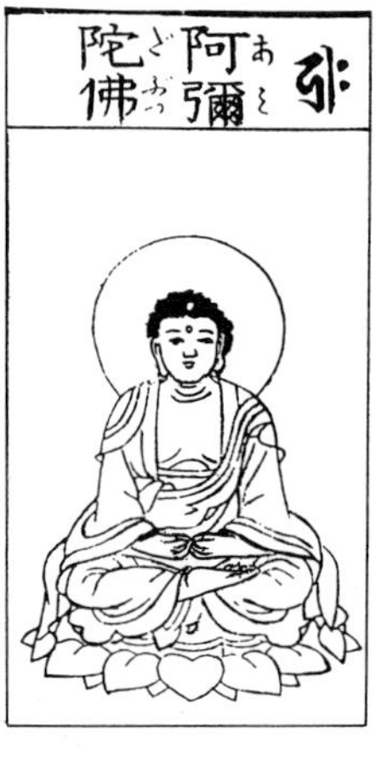

Amitâbha, gravure tibétaine
à droite : **Amida Butsu**

nous permet, non pas de le définir (il y faudrait consacrer plusieurs ouvrages), mais de le cerner avec suffisamment de précision pour que nous puissions nous le représenter comme le conçoivent ses fidèles.

Cet aspect du Bouddha, appelé Amida au Japon (Mida par licence poétique), correspond aux formes sanskrites tardives d'Amitâbha[153], d'Amitâyus[154] et d'Amrita[155] car il est pratiquement ignoré des doctrines du Petit Véhicule[156]. On situe sa terre de prédication (son paradis) à l'ouest. Il symbolise donc, à l'opposé de Bhaishajyaguru, le soleil couchant. Et, toujours par opposition (et complémentarité à la fois), la vie dans l'au-delà, ce que nous appelons chez nous la mort et la vie après celle-ci. Son paradis occidental est la Terre pure (Sukhâvatîvyûha ; jap. Gokuraku Jôdo) : « C'est là que les " âmes ", débarrassées de leur gangue d'impuretés, pures de tout désir, se rendent à l'appel d'Amitâbha[157]. »

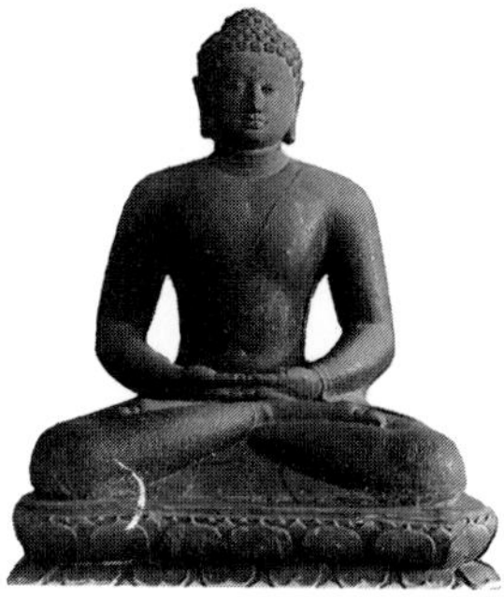

Amitâbha, pierre, Java, Borobudur, fin VIIIe siècle
Jakarta, musée national

Amitâbha est le Bouddha qui accueille, qui console dans l'au-delà. C'est également un Bouddha de « pouvoir intellectuel[158] » : il est la « cause excellente » de la « sapience du discernement merveilleux » (*Pratyavekshañâjñana*)[159]. Toute compassion, il délivre les êtres de leurs souffrances et les accueille dans sa Terre pure.

Cependant, selon Paul Mus[160], Amitâbha serait, de même que les autres Jina (aspects du Bouddha), une personnification de l'un des épisodes de la vie du Bouddha historique (voir au chapitre des « Grands Jina »). Alors qu'il n'était encore qu'un Bodhisattva, Amitâbha aurait médité pendant le temps de cinq Kalpa (ères bouddhiques et indiennes) avant de prononcer son grand vœu en quarante-huit points par lequel il s'engage à sauver tous les êtres quels qu'ils soient et où qu'ils se trouvent[161].

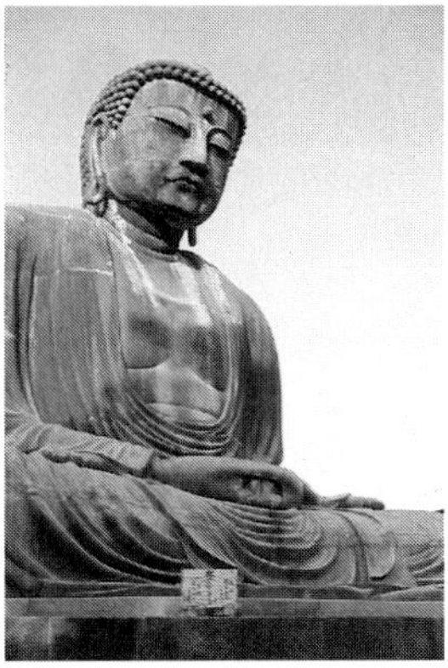

Daibutsu Amida, bronze (hauteur : 15 m), Japon, Kamakura, 1252

Cette fonction salvatrice, jointe à la simplicité de la doctrine des diverses sectes de la Terre pure, lui valut une popularité considérable, tant au Tibet qu'en Chine ou au Japon (secte du Jôdo-shû qui fit d'Amida sa divinité principale, et secte du Jôdo-shinshû qui en fit sa divinité unique). Il est d'ailleurs difficile de déterminer qui, de la personnalité propre d'Amitâbha ou de la simplicité des doctrines « amidistes », contribua le plus à l'immense faveur que connut Amitâbha auprès des fidèles. Il est probable que l'aspect consolateur d'Amitâbha parla autant au cœur des hommes que la simplicité des doctrines fondées sur la foi plut aux masses illettrées comme aux guerriers et aux aristocrates, peu soucieux de pratiques rituelles compliquées... Il est d'autre part certain que l'essor des cultes et des doctrines amidistes au Japon à partir du IXe siècle[162] transforma de fond en comble le bouddhisme japonais dans ses rapports avec le peuple, en diffusant des bribes de ses doctrines jusque dans les couches les plus humbles de la population. On peut donc affirmer que l'amidisme (d'abord celui de la secte du Jôdo, puis celui du Jôdo-shinshû) a profondément modifié les processus de pensée du peuple japonais, contrairement aux autres pays où son influence ne fut guère plus importante que celle des autres divinités du panthéon bouddhique. Avant le IXe siècle, les Japonais voyaient les divinités bouddhiques (peut-être à l'exception de Yakushi Nyorai) comme des entités étrangères, aristocratiques, qu'il était bon, certes, de ne pas offenser et qu'il convenait de révérer, mais avec lesquelles ils n'entretenaient pas de rapports directs, séparés d'elles qu'ils étaient par une masse de textes religieux (pour la plupart écrits en chinois, langue à laquelle leur instruction ne leur permettait pas d'avoir accès, à moins d'appartenir à la classe des grands aristocrates ou à celle des moines) et par des religieux qui se souciaient peu de se mettre à leur portée et dont les discours leur paraissaient fort abscons... Mais à partir du moment où des hommes comme eux, et même des princes de sang (comme nous le verrons plus loin avec Kûya Shônin) et des moines démunis se mirent à parcourir les campagnes et à prêcher dans leur langue aux gens des campagnes, leur racontant des légendes qu'ils pouvaient comprendre et leur expliquant les textes sacrés à l'aide de paraboles et d'images, les Japonais, tant ceux des campagnes que ceux des villes et les guerriers, se sentirent invinciblement attirés par la personnalité toute compatissante d'Amida. À cela s'ajoutait une sorte de terreur sacrée de la fin du monde (la même, à peu de chose près, que celle qui fit trembler le monde occidental aux approches de l'an mil), les moines annonçant la venue du Mappô pour le milieu du XIe siècle, « ère de dégénérescence de la Loi bouddhique » qui apparaissait aux âmes simples de ces époques troublées comme devoir être une sorte de fin du monde. En Chine, ce phénomène, bien qu'il fût connu des moines, n'affecta aucunement les populations, le bouddhisme étant déjà à cette époque (et cela depuis l'an 845) une religion peu répandue dans les masses et qui n'intéressait que quelques communautés de fidèles. Chacun avait donc, au Japon, comme une hâte de croire en quelque chose de meilleur, se sentait un besoin immense d'espérance en un au-delà différent des sombres angoisses d'un inconnu qui leur semblait effroyable. Certains qu'ils avaient désormais la possibilité, quelles que fussent leurs errances, d'avoir accès, au prix d'un peu de foi, au paradis de la Terre pure d'Amida, ils en vinrent à considérer leur vie ici-bas d'une manière différente, la concevant désormais comme une simple période transitoire, et leurs conceptions, de concrètes qu'elles étaient, se spiritualisèrent progressivement. Le sentiment de l'impermanence de toute chose, idée chère au bouddhisme, imprégna profondément les esprits japonais et modifia de manière sensible le comportement des hommes : ce nouvel esprit transparaît clairement dans toutes les œuvres de l'époque, dans les romans comme dans les contes épiques et même dans les correspondances particulières et les notes intimes. Au XIIe siècle, période troublée au cours de laquelle de tragiques événements donnèrent de plus en plus de poids à cette idée de l'impermanence, même les guerriers les plus endurcis ne pouvaient s'empêcher de songer sans cesse à celle-ci : d'une part elle les rendit plus actifs, peut-être parce que plus fatalistes, mais d'une autre elle contribua très fortement à leur faire mépriser la mort, considérée non plus comme une fin inévitable qu'il importait de retarder le plus possible, mais comme un simple « passage » vers une vie meilleure, toute de paix et de sérénité. La société japonaise s'en trouva transformée. En Chine, Amitâbha fut tout d'abord assimilé à un Bouddha particulier, le Bouddha de la Précieuse Loi (Fabao), puis fut finalement identifié comme étant Omituo Fo (transcription d'Amitâbha Bouddha). Son culte parut devenir important vers le Ve siècle, avec l'apparition des doctrines de la Terre pure ou du paradis de l'Ouest (chin. Xitian).

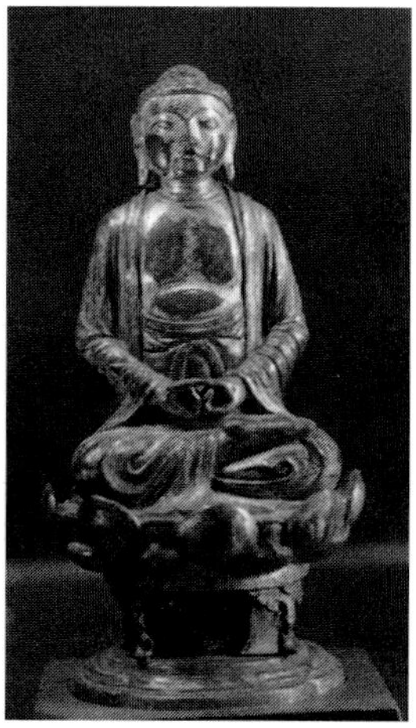

Amitâbha, bronze doré, Chine, XVIe-XVIIe siècles, coll. part.

On le connut là sous de très nombreux noms, tels que « Maître originel » (Upadhyâya ; chin. Benshi Heshang), « Souverain Maître du paradis de l'Ouest » (chin. Xitian Jiaozhu), « Grande Compassion et Sympathie » (chin. Daci Dabei), etc. On croit que le nom même d'Omituo Fo (Amitâbha) fut introduit en Chine par un moine d'Asie centrale, appelé Jilugacan ou Jiloujiachan, qui s'installa au monastère du Cheval Blanc (chin. Baima Si) à Luoyang afin d'y traduire les textes afférents à Amitâbha. Son culte se développa progressivement, mais n'atteignit jamais l'ampleur qu'il eut au Japon. Dans ce pays, les esprits populaires avaient déjà été quelque peu préparés à l'apparition des cultes du Bouddha Amida par les doctrines syncrétiques (apparues au début du IXᵉ siècle) qui associaient divinités bouddhiques et Kami du terroir. Amida fut tout d'abord, dans cet esprit (et aussi de par sa nature solaire), identifié à une autre divinité solaire, le Kami le plus important du culte shintô, ancêtre de la dynastie impériale, Amaterasu Ômikami, vénérée dans le sanctuaire national d'Ise. Dans ce même Ryôbu-shintô (doctrine syncrétique fondée sur le Honji-suijaku, ou « doctrine de la descente », ou *avatâra*), dans laquelle un rapport de réalité à manifestation était établi entre les divinités bouddhiques[163] et les Kami du Shintô, Amida fut également identifié à Hiyoshi Shoshin, un Kami du mont Hiei (près de Kyôto)[164], à Shôjo Gongen (Ietsu no Mikoto) de Kumano, et à Hachiman (ou Yawata), Kami de la guerre nommé gardien du temple du Tôdai-ji à Nara[165]. À partir de la fin du IXᵉ siècle, de très nombreux temples amidistes furent élevés dans tout le Japon, soit par des fonctionnaires, soit par des particuliers ou des communautés villageoises, le nombre des fidèles d'Amida ne cessant de s'accroître. Ces temples furent dénommés Amida-dô (salle d'Amida), ou encore Muryôju-in[166] selon les cas ou selon l'appartenance à une secte amidiste ou ésotérique du fondateur. Ces temples tendaient à reproduire sur terre le « paradis d'Amida ». En 1020, par exemple, le régent Fujiwara no Michinaga (966-1027) fit élever le temple du Hôjô-ji dans cette intention et, à son propos, le *Eiga-monogatari* raconte qu'il « construisit tellement de salles qu'il semblait que l'on avait la Terre pure sous les yeux[167]. » L'architecture des temples bouddhiques s'en trouva également transformée, car il était alors essentiel que la statue d'Amida se trouvât placée au centre de la salle d'adoration, les fidèles devant faire une circumambulation[168] tout en récitant l'invocation rituelle du nom d'Amida ou *Nembutsu*[169]. Certains temples devaient prendre des dimensions oblongues[170], afin d'abriter les neuf aspects (Kubon) d'Amida à l'intérieur de la Terre pure (aspects correspondant aux neuf degrés de maturité des êtres reçus par lui dans son paradis). La décoration des temples, d'austère qu'elle était, changea également : les édifices devinrent luxueux, s'ornèrent de fleurs, de jardins et de lumières innombrables. Fêtes et processions s'y déroulaient jour et nuit, parfois avec un faste inouï, dans l'espoir d'arriver à égaler l'enchantement de ce que le peuple pensait devoir être la Terre pure d'Amida. La fine fleur de l'aristocratie passait alors une grande partie de son temps en prières, chansons et danses dans ces temples. Les galants s'y donnaient même rendez-vous, les femmes de qualité venaient y passer la nuit auprès de la Divinité car il était de bon ton d'y venir faire retraite.

Dans les villages, à côté des temples furent dressées des estrades couvertes où paysans et moines venaient danser joyeusement ensemble en chantant et en psalmodiant le *Nembutsu* (le nom d'Amida). Le 14ᵉ jour du 6ᵉ mois était le plus gai, qui était le jour d'Amida, car ce « jour brillant » (jap. *harebi*) était également chômé (tout au moins jusqu'à l'époque de Kamukura)[171]. En Chine, on célébrait également avec faste le jour anniversaire de la naissance du Bouddha Omituo Fo, le 17ᵉ jour de la 11ᵉ lune.

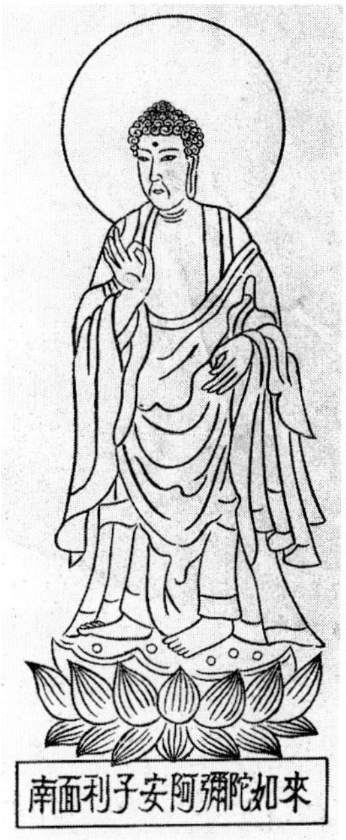

Amida Nyorai
(gravure japonaise)

La dévotion à Amitâbha était joyeuse et de ce fait eut certainement une grande part dans la diffusion de son culte, les fidèles étant par nature plus enclins à la gaieté qu'aux pratiques austères... Ils avaient alors coutume d'offrir à Amitâbha (Amida ou Omituo Fo) de très nombreuses lampes, afin de redonner plus de force et de vie au soleil couchant, au cours de cérémonies appelées Mando-e (myriade de lumières) au Japon, Amitâbha étant également appelé le « Bouddha aux douze lumières » (jap. Jûnikô Butsu). Mais cette offrande était aussi un symbole : par cet acte, le fidèle offrait lui-même sa propre existence à la divinité, il s'immolait lui-même symboliquement, et ce sacrifice était censé être agréable à la divinité. Nous retrouvons d'ailleurs cette identification de la vie de l'individu et de la lampe allumée, vacillante, dans de nombreux folklores et même dans *Les Mille et Une Nuits*. Les suicides par le feu dans les pays bouddhistes n'eurent probablement pas d'autre origine : les fidèles s'offraient eux-mêmes, comme une lampe.

Amida Nyorai, dont le culte est devenu l'un des plus populaires et est encore de nos jours extrêmement répandu au Japon (il a pratiquement disparu des autres pays), est généralement invoqué, non pour obtenir des biens dans ce monde-ci, mais plutôt à des fins spirituelles, surtout afin d'obtenir de lui une « bonne mort » et l'accueil dans son paradis de la Terre pure. Pour cela, l'invocation de son nom (jap. *Nembutsu* ; formule chinoise *Nanwu Omituo Fo* ; jap. *Namu Amida Butsu*), propagée au Japon par le moine Kûya Shônin au Xᵉ siècle, est réputée toute-puissante. Mais si les sectes japonaises du Jôdo-shû et du Jôdo-shinshû (parfois celle du Tendai) font souvent usage de cette invocation, elle est peu utilisée par les sectes Zen et totalement rejetée par les nichirénistes[172]. De très nombreux ouvrages populaires furent écrits et diffusés au Japon sur la dévotion à Amida[173], et de non moins nombreuses légendes se greffèrent sur ses fonctions, rapportant principalement les miracles que fit ce Bouddha sauveur. On raconte notamment[174] qu'une famille Miyagi (d'Adachi, à Tôkyô) demeurait sans descendance, malgré les prières adressées à Kumano Gongen, une divinité syncrétique. Cependant, après de longues années une fille vint à naître dans cette famille. Comme elle était d'une grande beauté, on la surnomma Adachi Hime (la princesse du quartier d'Adachi). À l'âge de dix-sept ans on la maria; mais martyrisée par sa belle-mère, elle se suicida avec cinq de ses servantes (cette forme de suicide collectif ou *Junshi* n'était pas rare dans le Japon ancien, et il arrivait fréquemment que des serviteurs ou des amis suivent dans la mort leur maître ou un être cher, afin de continuer d'être avec eux dans le paradis d'Amida). Son père fit alors sculpter dans le tronc d'un seul arbre six statues d'Amida afin que ce Bouddha daigne accepter dans sa Terre pure les âmes de sa fille et de ses fidèles servantes, et plaça ces six effigies dans six temples de la région. La coutume s'établit alors de faire un pèlerinage annuel dans ces six temples afin de prier pour les défuntes et en même temps supplier Amida de permettre que les pèlerins aient, eux aussi, une « bonne mort ». De ces six temples, seuls demeurent encore ceux du Keimei-ji (à Numada-machi) et du Muryô-ji (à Nishigahara)... Récemment, et dans le même esprit, une statue d'Amida fut réalisée avec des os calcinés des victimes du grand tremblement de terre qui détruisit Tôkyô en 1923. Ce souvenir macabre (il mesure un mètre de haut et se trouve actuellement dans un temple élevé à la mémoire des victimes de cette

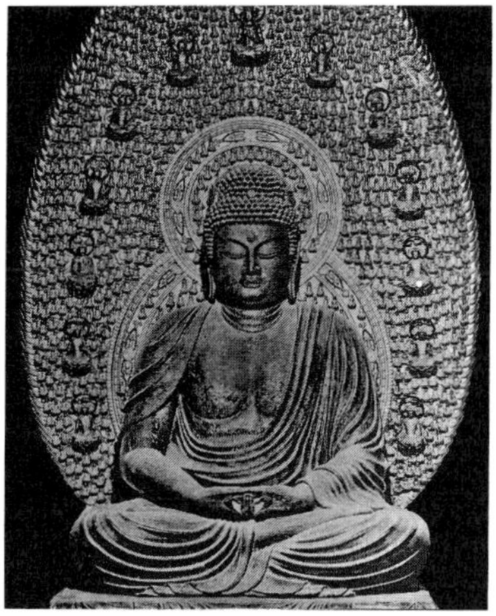

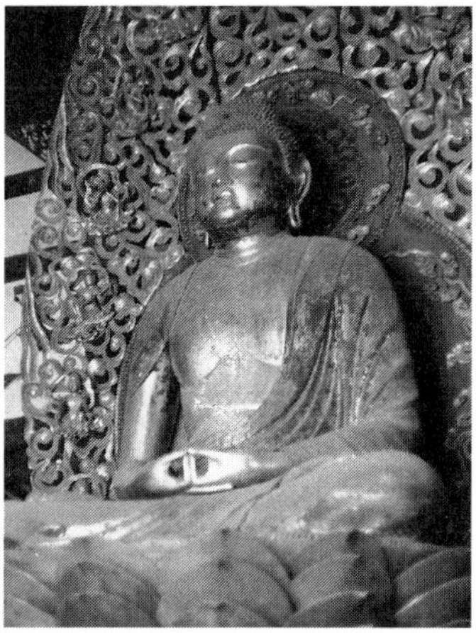

Amida Nyorai, bois doré, Japon, Kyôto, Seiryô-ji, début Xe siècle

à droite : **Le Bouddha Amida,** bois doré, Japon, Uji, Byôdô-in, 1053

catastrophe, le Jikô-in, à Tôkyô) n'est pas, pour les Japonais, de mauvais goût : habitués à vivre avec l'idée de la mort et point du tout effrayés par celle-ci puisqu'elle doit leur permettre d'accéder à un monde meilleur (celui d'Amida), ils n'ont jamais éprouvé cette terreur et cette horreur qui, chez la plupart des Occidentaux, est presque instinctive face à ce qui touche de près à la mort ; tout au plus considèrent-ils celle-ci comme une souillure (du point de vue du shintô). En communion incessante avec la nature, ils se sont toujours habitués à regarder la vie comme une suite ininterrompue de naissances, de dégradations et de morts. L'homme, faisant partie intégrante de la nature, ne saurait échapper à cette Loi universelle. Dès lors, pourquoi perdre sa vie à déplorer une fin que l'on ne saurait éviter ? Seule la peur d'un au-delà inconnu aurait pu faire frémir d'appréhension : mais Amida n'était-il pas là, prêt à accueillir tous les êtres ? Il suffisait donc d'avoir foi en Lui, en Sa toute-compassion, pour être délivré de l'angoisse de la fin et vivre plus sereinement.

Les représentations d'Amitâbha

On ne trouve pratiquement pas, comme on pourrait s'y attendre, de représentations d'Amitâbha en Inde[175]. En Asie du Sud-Est, on en rencontre sur les monuments appartenant au Mahâyâna, notamment sur le grand stûpa du Borobudur (fin VIIIe siècle - début IXe siècle), à Java, où quatre-vingt-douze de ses effigies (assises en position du lotus avec les mains en méditation, Dhyâna-mudrâ) garnissent les niches des galeries de l'Ouest[176], ainsi que sur la coiffure des représentations du Bodhisattva Avalokiteshvara (appelé Lokeshvara au Cambodge)[177]. Au Nepâl et au Tibet[178], Amitâbha est souvent représenté en sculpture et sur les mandala, en étroit embrassement (Yab-yum)[179] avec sa Shakti ou énergie féminine complémentaire Pândarâ. Plus souvent on le montre sur les thangka ou les mandala sous sa forme d'Amitâyus (voir note 170), en Bodhisattva couronné[180], assis en lotus, mains en méditation (Dhyâna-mudrâ) supportant un vase d'ambroisie (*amrita* ; jap. *kanro*), la liqueur divine d'immortalité qui confère la sapience. Il est alors

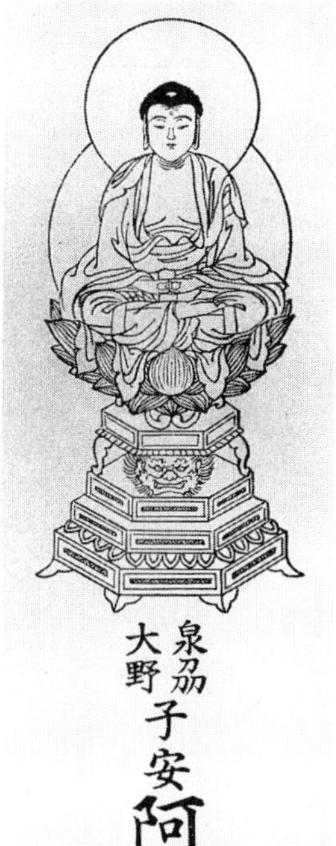

Ofuda (image pieuse) du **Koyasu Amida-ji,** Japon

parfois assis à côté d'un arbre Ashoka[181]. En Chine, Amitâbha est montré dans la même position, mais très souvent accompagné de ses deux acolytes, Guanyin (Avalokiteshvara) et Mahâsthâmaprapta assis à ses côtés. Lorsqu'il est représenté debout, il porte alors en Chine le nom de Jieyin Fo, « le Bouddha qui guide au Paradis ». On lui attribue parfois de très longs bras, ce qui lui permet d'atteindre tous ses fidèles.

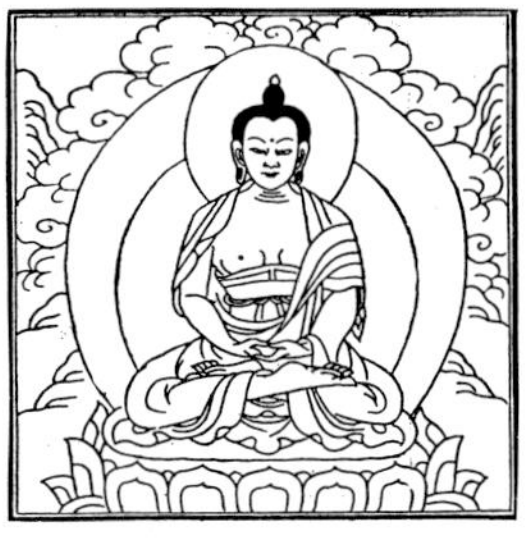
Amitâbha, gravure tibétaine

En Corée et au Japon, les images d'Amitâbha apparurent très tôt, pratiquement en même temps que les doctrines du bouddhisme. Une des plus anciennes images de ce Bouddha au Japon semble être celle du *zushi* (sorte d'autel portatif en forme d'armoire) ayant appartenu à une dame de la famille Tachibana (VIIIe siècle) où Amida est montré assis en Vajrâsana (ou Ardhapadmâsana), cheville droite sur cuisse gauche, les mains faisant un geste d'accueil non défini (la main droite levée[182], la main gauche en Varada), accompagné de ses deux acolytes[183] debout sur des fleurs de lotus. Sur les autres images japonaises, il peut adopter des positions différentes, avoir les mains en méditation (Dhyâna-mudrâ), posées l'une sur l'autre, pouces et index réunis de manière à former deux triangles accolés (Amitâbha Dhyâna-mudrâ ; jap. Amida Jô-in), ou encore avoir les deux pieds apparents, être assis en Lalitâsana ou, plus rarement, les mains faisant le geste de tourner la roue de la Loi (Dharmachakra-mudrâ) à hauteur de la poitrine, geste qui, nous l'avons vu, est généralement réservé à Shâkyamuni. En peinture, son image est souvent multiple, comme pour augmenter son efficacité.

En sculpture, Amida est généralement représenté assis avec les mains en Dhyâna-mudrâ ou en Vitarka-mudrâ, seul ou accompagné de ses acolytes. On le montre aussi parfois debout (mais plus particulièrement sur les peintures). Dans ce dernier cas, pour les sculptures appartenant à la secte du Jôdo, son auréole corporelle affecte la forme d'un bateau (jap. *funagata-kôhai*), afin de rappeler qu'Amida est le passeur des fidèles au-delà de l'océan des douleurs[184]. Il semblerait que les formes les plus anciennes au Japon (pour la plupart disparues) eurent les mains en Dharmachakra-mudrâ, Amida ayant alors été l'objet d'une certaine confusion avec le personnage du Bouddha historique. Sous l'influence des doctrines japonaises de l'ésotérisme (Mikkyô), Amida présenta ses mains en Dhyâna-mudrâ, surtout à partir de la période finale de Heian (de vers 900 jusque vers la fin du XIIe siècle) et pendant la période de Kamakura, c'est-à-dire jusqu'au début du XIVe siècle. La forme d'Amida, qui, dans l'ésotérisme, appartient au mandala du Vajradhâtu, appelé Amitâyus (jap. Muryôkô ; chin. Wuliang Guangming), « Lumière infinie », se distingue en ce que celui-ci présente un pan de sa robe retombant sur son épaule droite, alors que dans son aspect d'Amitâyur (jap. Muryôju; chin. Wuliang Shu), « Longévité infinie » dans le mandala du Garbhadhâtu, ses deux épaules sont couvertes par sa robe[185].

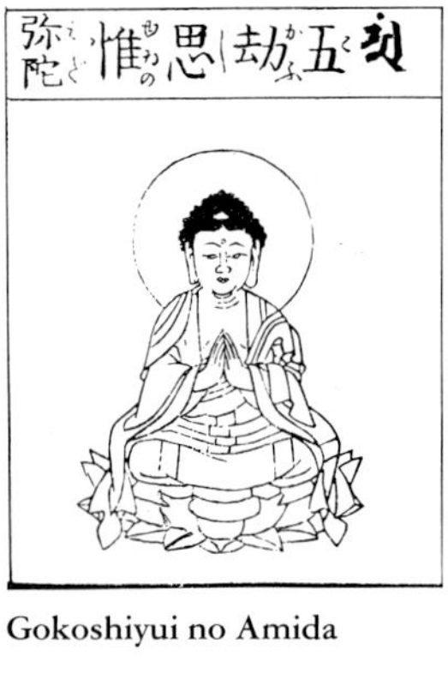
Gokoshiyui no Amida

En tant que Bouddha principal de l'ésotérisme, Amida porte une couronne. Son corps et sa robe (pan retombant sur l'épaule droite) sont de couleur rouge : il est alors nommé au Japon Guhari-shiki no Amida, ou encore Guhari no Amida (Amida de couleur pourpre).

Il est parfois aussi, toujours en sculpture, assis avec les pieds entièrement cachés par sa robe (signe d'appartenance à l'ésotérisme), une très large coiffure (sa tête étant supposée avoir grossi pendant le temps des cinq Kalpa que dura sa méditation précédant la formulation de son

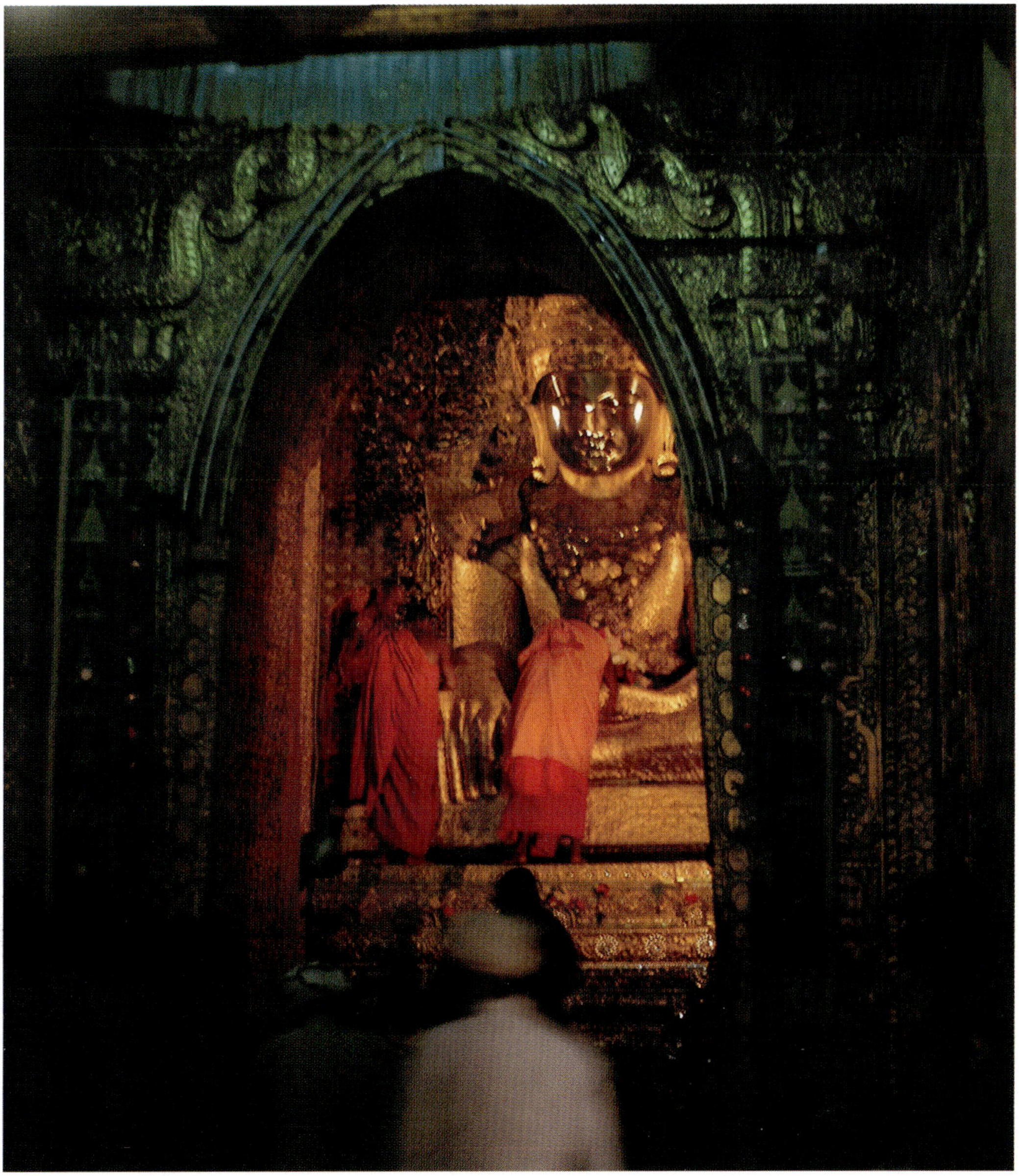

Bouddha de l'Arakan, bronze, Birmanie, Mandalay, XVIe siècle (?).

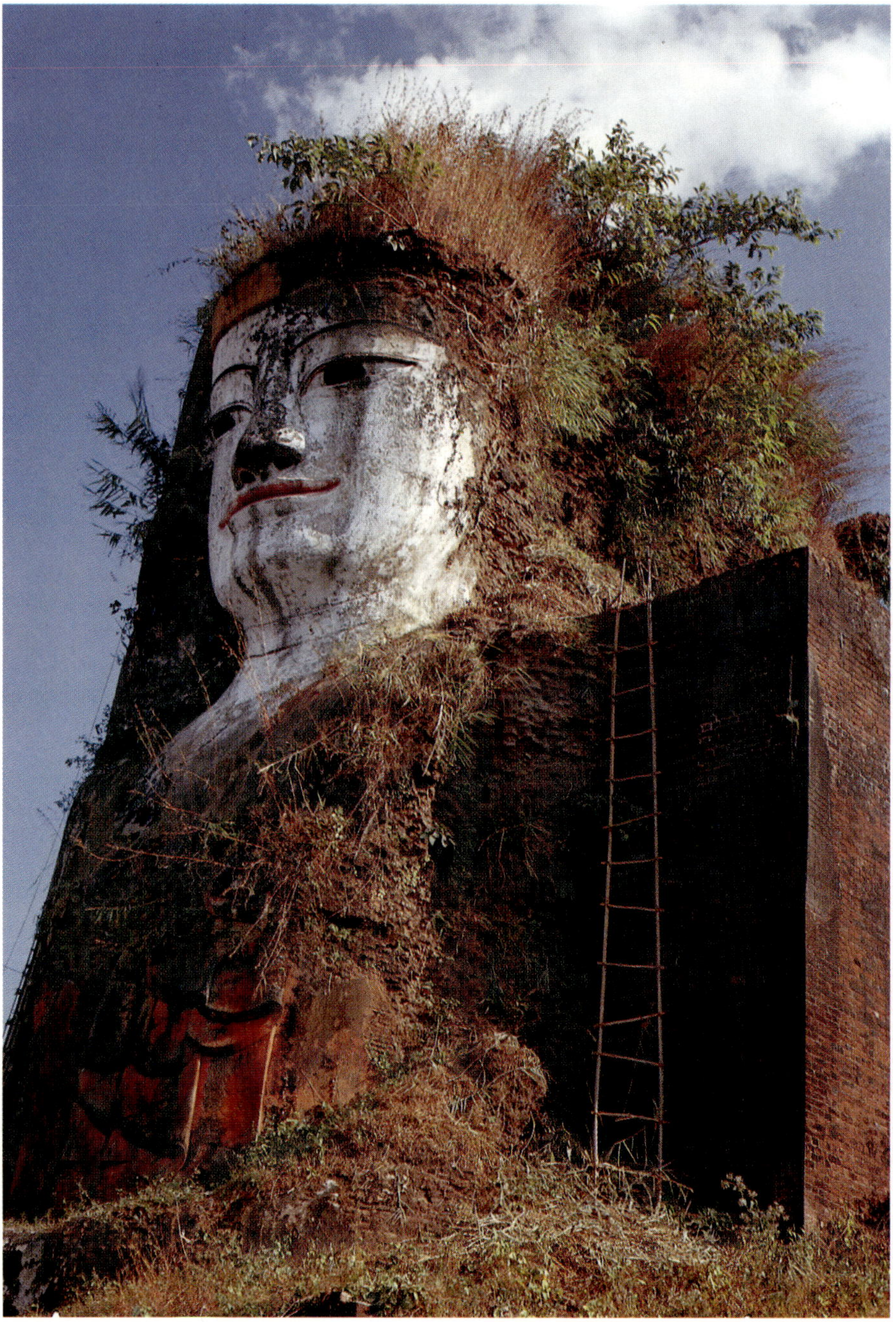

Grand Bouddha du Kyaung-pyu, Birmanie, Pegu, XIVe siècle.

vœu)[186]. Ses mains sont alors en Añjali-mudrâ[187]. On nomme cet aspect particulier Gokôshiyui no Amida (Méditation des cinq Kalpa) ou encore Inni Hôzô Nyorai (Grand Bouddha de méditation sur la Cause).

En peinture, Amida est parfois représenté (au Japon principalement) « apparaissant derrière la montagne » (Yamagoshi no Amida, Shutsugen no Amida), comme s'il était le soleil couchant[188]. Sur quelques peintures il est également représenté debout sur un chemin situé entre une rivière de feu et une rivière d'eau séparant son paradis du monde terrestre, invitant du geste les fidèles à le suivre[189].

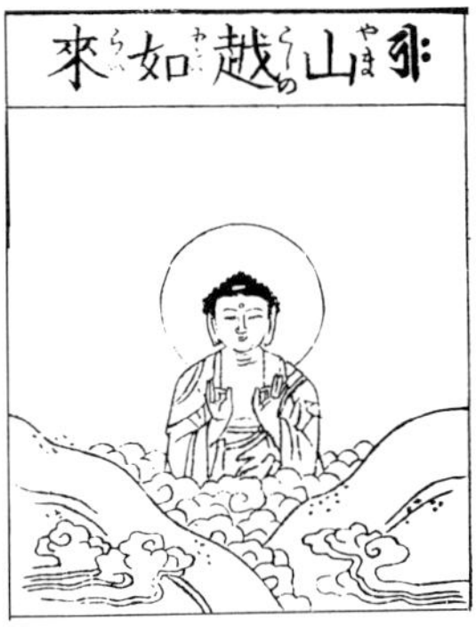

Yamagoshi no Amida

Les représentations sculptées ou peintes d'Amitâbha sont extrêmement diverses et nombreuses, étant donné la faveur dont jouissait ce Bouddha. Au Japon, les particuliers lui élevaient de nombreuses statues et faisaient peindre ses images. On raconte que Taira no Shigenori (1138-1179) avait fait réaliser quarante-huit statues d'Amida (sous sa forme de Jûni-ko Butsu), une par point de son vœu[190]. En général (mais cela est loin d'être une règle absolue), les sectes ésotériques l'ont représenté assis sur une fleur de lotus, tandis que les sectes « amidistes » l'ont plus volontiers montré debout, sans couronne, les mains en absence de crainte et don (Abhaya-Varada-mudrâ). Cependant certaines sculptures et peintures, réalisées pour illustrer des croyances particulières, peuvent présenter des formes exceptionnelles[191].

Enfin il est à noter que l'image d'Amitâbha, debout ou assise, se trouve presque toujours placée dans la coiffure ou sur la couronne d'Avalokiteshvara et de ses émanations, ceux-ci étant considérés comme des hypostases d'Amitâbha. Lors des persécutions antichrétiennes qui eurent lieu au Japon pendant la période d'Edo (XVIIe et XVIIIe siècles), certains chrétiens, afin de ne point paraître suspects, firent réaliser des images d'Amida qu'ils placèrent sur une croix, à l'emplacement normalement occupé par l'effigie du Christ. Cette association était toute naturelle pour des hommes habitués au syncrétisme religieux, d'autant plus que la personnalité salvatrice d'Amida pouvait, à certains égards, s'apparenter à celle du Sauveur chrétien. La foi chrétienne pouvait ainsi fort bien, pour des catéchumènes japonais, s'allier à la foi en Amida. Cette association n'était pas aussi hérétique que l'on pourrait le supposer tout d'abord...

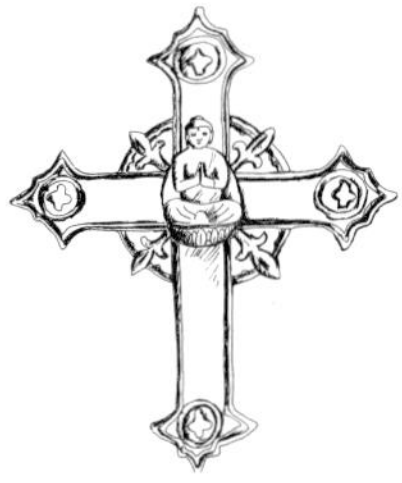
Croix d'Amida, Japon, Kyûshû, XVIIe siècle (dessin)

Il est remarquable de constater que l'apparition dans le bouddhisme d'un « Bouddha de l'au-delà » tel qu'Amitâbha correspondait à un désir profond des hommes d'être rassurés quant à leur devenir après la mort. Cette vie dans l'au-delà n'avait en effet jamais été envisagée par le Bouddha lui-même, qui ne se préoccupait que de sauver les hommes des douleurs de ce monde. La philosophie du Bouddha historique ne comportant pas de métaphysique, les hommes eurent tôt fait de remédier à cette lacune en créant, toujours dans l'esprit de compassion du bouddhisme, une divinité qui, demeurant dans cet au-delà inconnu, était susceptible de les accueillir et de les réconforter.

Les formes ésotériques d'Amitâbha

Nous avons vu qu'Amitâbha pouvait prendre au moins deux aspects, selon le mandala considéré : Amitâyus, « Lumière infinie » et Amitâyur, « Longévité infinie ». Ces deux formes ne furent guère représentées que sur les mandala, sauf peut-être l'aspect d'Amitâyus, qui fut en grande faveur au Tibet où il est représenté comme un Bouddha paré, couronné, orné de joyaux comme un Bodhisattva, les deux pieds apparents sur les cuisses, et tenant dans ses mains en méditation le flacon d'ambroisie. Substitut d'Amitâbha dont il est le principal aspect, Amitâyus est naturellement accompagné des deux acolytes d'Amitâbha. Il est rarement accompagné de sa parèdre Pândarâ, mais peut être parfois représenté avec plusieurs faces (jusqu'à quatre) et plusieurs bras (deux à huit). Sa monture (*vâhana*) est un paon, qui parfois apparaît sur les images peintes. Quant à Amitâyur, il n'est pratiquement jamais représenté, sauf sur quelques mandala.

Sous sa forme d'Amitâyus (chin. Changsheng Fo; tib. Tse-dpag-med; mongol Chaghlasi ügei Nasutu) ou de Bouddha de la Vie éternelle, il est nettement différencié par les Tibétains de sa forme normale d'Amitâbha, alors que les Chinois et les Japonais confondent les deux formes (sauf cependant dans les mandala). Les images le représentent comme un Bouddha paré, richement vêtu et orné, avec les cheveux tombant sur les épaules ou noués en chignon. Il tient dans ses mains en Dhyâna-mudrâ le vase à ambroisie qui contient la drogue de vie éternelle (parfois symbolisée sur les images tibétaines par des chapelets de pilules ou une branche d'arbre Ashoka). Il n'est jamais représenté sous cette forme en embrassement (Yab-yum) car il ne possède pas de Shakti.

En Chine, où il est appelé Omituo Fo, il fut assimilé par les taoïstes à une divinité de longue vie (dont ils recherchaient depuis longtemps l'élixir). Il conquit donc d'emblée la faveur des foules, et l'importance grandissante de son culte provoqua maintes controverses entre les tenants du confucianisme et les bouddhistes. Il est représenté comme les Bouddha de l'Inde et du Sud-Est asiatique, ou bien debout, avec les bras très longs. Dans ce dernier cas, on le nomme Jieyin Fo (le Bouddha qui guide au paradis).

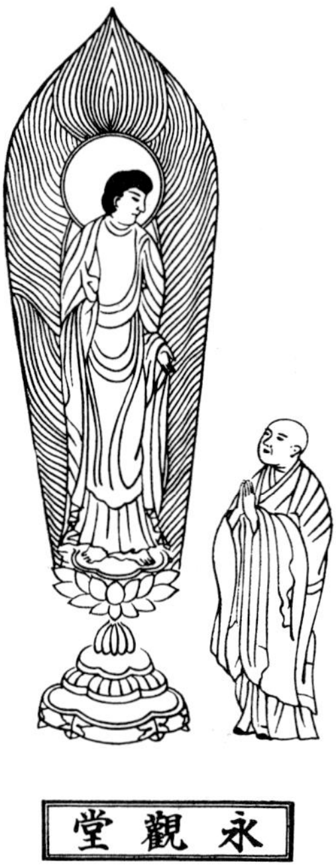

Amida, Ofuda (image pieuse) de l'Eikandô, Kyôto, Japon

Les neuf sortes d'accueil (*Raigô*) d'Amitâbha en son paradis

Au Japon, Amitâbha (Amida) est très souvent représenté (en peinture) en *Raigô*, c'est-à-dire en position d'accueil du fidèle dans sa Terre pure de l'Ouest, entouré de vingt ou vingt-cinq Bodhisattva, d'êtres célestes musiciens et autres[192]. Amida est alors, suivant les cas, assis ou debout. La description de ce paradis d'Amitâbha, la Sukhâvatî, située à l'ouest, diffère selon les sûtra et les auteurs. Selon le *Saddharmapundarîka-sûtra*, les femmes ne sont pas admises dans ce paradis mais peuvent, grâce à leurs mérites, y renaître sous la forme masculine. Dans d'autres Écritures, le sexe des « invités » au paradis d'Amitâbha n'est pas mentionné du tout. Et, selon le 35e vœu de ce Bouddha, toutes les femmes qui croient en lui doivent renaître dans son Paradis... Selon le texte japonais du *Kan Muryôju-kyô*, il existe trois classes d'accueil comportant chacune trois degrés correspondant aux qualités du fidèle reçu dans le Jôdo (Terre pure) par Amida assisté de Kannon (Avalokiteshvara) et Seishi Bosatsu (Mahâsthâmaprapta)[193]; à chacune de ces classes[194] et de ces degrés correspondrait une mudrâ (jap. *bon, in*)[195] caractéristique du fidèle impétrant :

– La première classe, la plus haute (*Jôbon*)[196], est celle dite de la contemplation des Bodhisattva. Elle est réservée aux fidèles qui ont en perfection les trois pensées de sincérité, de foi et du ferme désir de renaître dans la Terre pure. Ils sont accueillis sur un trône de diamant.

– La deuxième classe, moyenne (*Chûbon*)[197], est celle dite de la contemplation des auditeurs (*Shrâvaka*; jap. *Shômon*). Elle est réservée à ceux

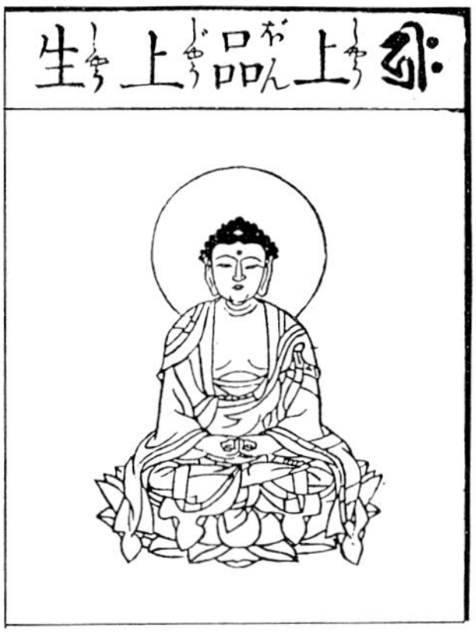

Jôbon Jôshô

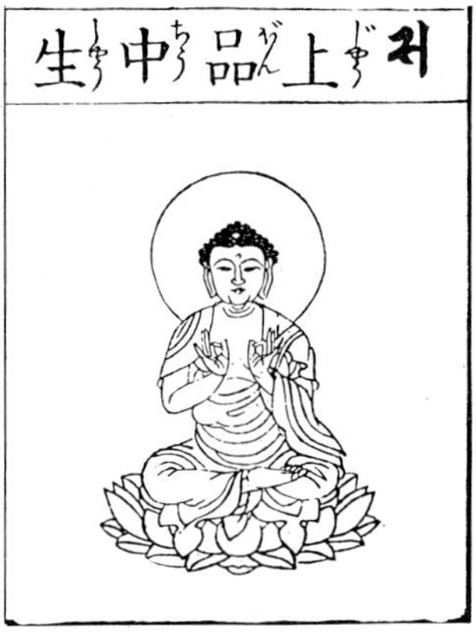

Jôbon Chûshô

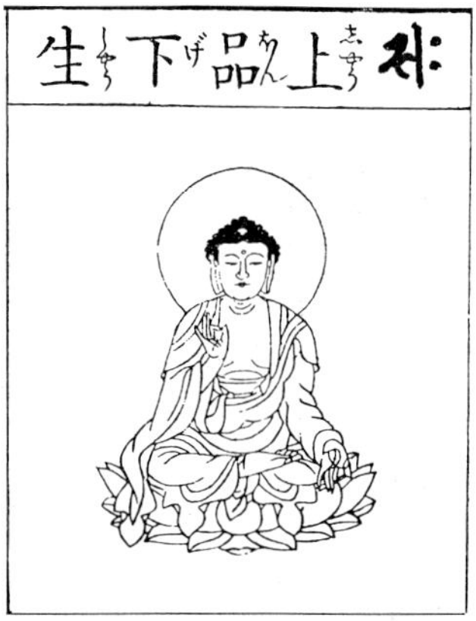

Jôbon Geshô

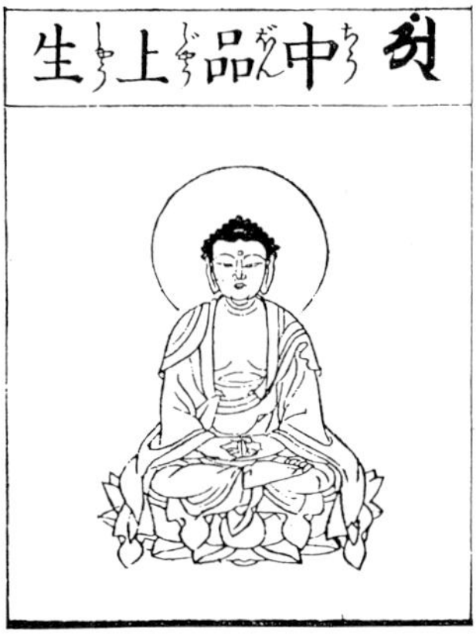

Chûbon Jôshô

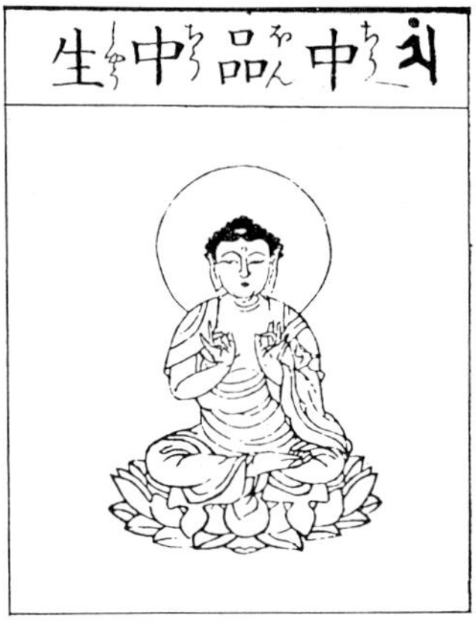

Chûbon Chûsho

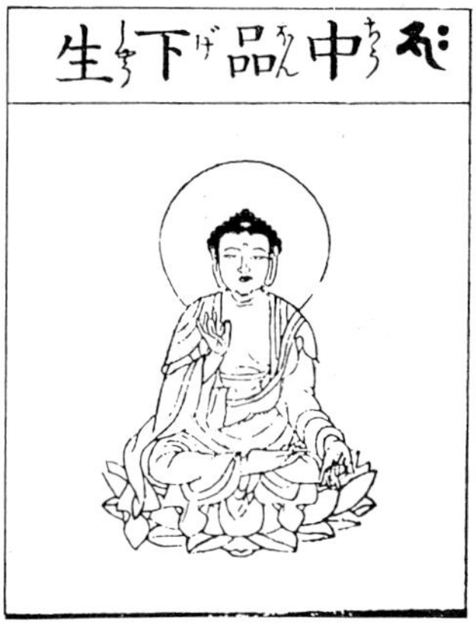

Chûbon Geshô

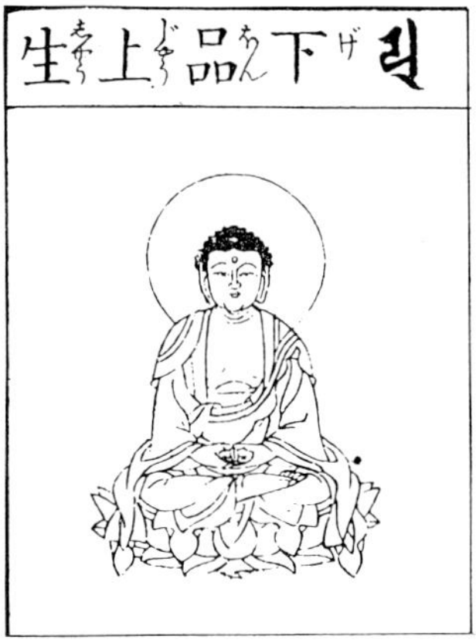

Gebon Jôshô

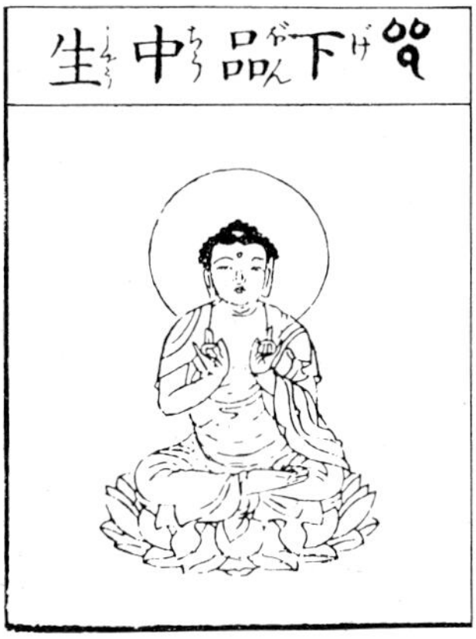

Gebon Chûshô

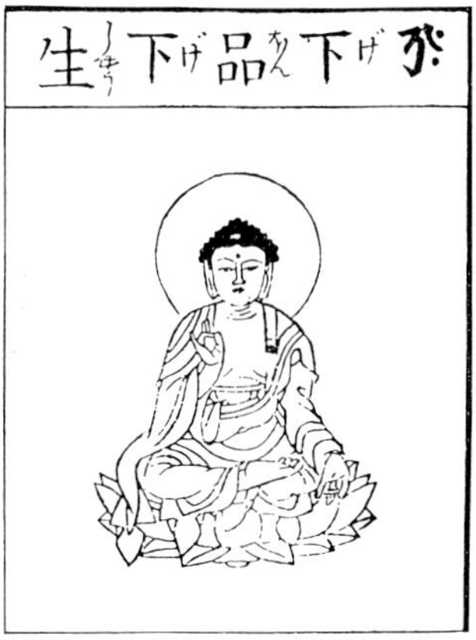

Gebon Geshô

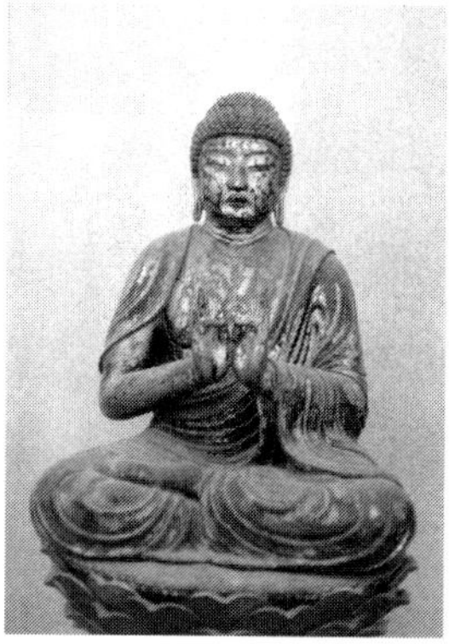

Amida Nyorai, bois et laque sèche, Japon, Nara, Saidai-ji, VIIIe siècle

des fidèles qui, ayant suivi d'autres voies de salut que la dévotion unique en Amida, n'en ont pas moins eu le désir de renaître dans le Jôdo. Ces fidèles y seront accueillis sur des fleurs de lotus plus ou moins épanouies selon leur pureté.
– La troisième classe, inférieure (*Gebon*)[198], est celle dite de la contemplation des laïcs. Elle est réservée à tous les autres hommes, même à ceux dont les fautes furent grandes, mais qui ont cependant été instruits de la Doctrine et ont prononcé, ne serait-ce qu'une seule fois, l'invocation au nom d'Amida (*Nembutsu*) au moment de leur mort.

Les trois degrés de chaque classe correspondent à la maturité et au degré de perfection atteint par les fidèles appartenant à chaque classe. À chacun de ces degrés correspond une mudrâ particulière. Il existe ainsi neuf degrés de perfection entre lesquels sont répartis tous les fidèles ; chacun d'eux reçoit donc, dans le paradis d'Amida, un accueil correspondant à son état spirituel, état qui est signalé par la mudrâ que réalise Amida au moment où il le reçoit en sa Terre pure :

1. *Jôbon Jôshô* : Jô-in, pouce sur index ;
2. *Jôbon Chûshô* : Seppô-in, pouce sur index ;
3. *Jôbon Geshô* : Raigô-in, pouce sur index ;
4. *Chûbon Jôshô* : Jô-in, pouce sur majeur ;
5. *Chûbon Chûshô* : Seppô-in, pouce sur majeur ;
6. *Chûbon Geshô* : Raigô-in, pouce sur majeur ;
7. *Gebon Jôshô* : Jô-in, pouce sur annulaire ;
8. *Gebon Chûshô* : Seppô-in, pouce sur annulaire ;
9. *Gebon Geshô* : Raigô-in, pouce sur annulaire.

Les positions les plus représentées sont les trois premières, les autres, peut-être à cause de destructions accidentelles, étant beaucoup plus rares. Il est également probable que les artistes eurent à cœur (lorsqu'il ne s'agissait pas d'ensembles pour l'enseignement mais de peintures exemplaires) de montrer comment les fidèles les plus méritants étaient accueillis dans la Terre pure, ce qui leur permettait de réaliser une image du paradis plus frappante et surtout plus représentative aux yeux du peuple (et sûrement à leurs propres yeux); ce serait une des raisons (et à notre sentiment non la moindre) qui font que les images montrant le Raigô d'Amida dans la première classe sont beaucoup plus nombreuses.

On a beaucoup épilogué sur la signification exacte de ces classes et de ces mudrâ d'accueil et l'on a parfois émis l'opinion qu'elles ne concernaient pas uniquement les fidèles d'Amida, mais également tous les hommes (première classe, les fidèles d'Amida étant reçus au premier degré), les Preta (jap. Gakki) ou êtres fantomatiques affamés errant dans l'attente d'une réincarnation, un peu comme nos âmes du purgatoire chrétien, dans la seconde classe, enfin les animaux dans la dernière...

Ces positions de l'accueil d'Amitâbha sont décrites dans le *Sukhâvâtîvyûha* et sont évoquées dans certaines pièces du théâtre Nô[199]. Certaines furent même représentées en sculpture, notamment dans l'Amida-dô du Jôruri-ji près de Kyôto, et en peinture sur les murs du Hôô-dô du Byôdô-in à Uji (datant de 1053)[200].

Au Japon, la secte du Jôdo-Shinshû représente généralement Amida debout, avec les mains en Hôben-Hôshin (des moyens du Dharmakâya), la droite levée paume en avant, index et pouce se touchant,

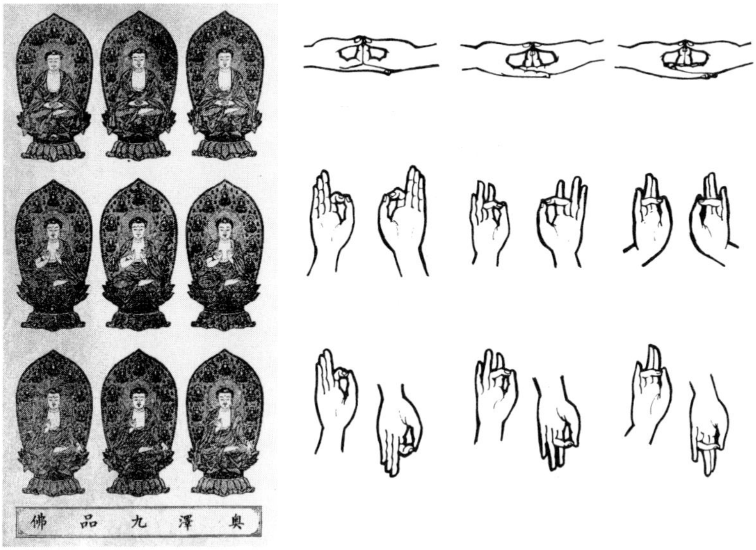

Les neuf "mudrâ d'accueil" d'Amida dans son Paradis de la Terre pure.
À gauche, gravure japonaise. À droite, dessin des positions des mains : en haut, classe supérieure ; au centre, classe moyenne ; en bas, classe inférieure

la gauche étendue vers le bas faisant la même mudrâ, qui signifierait l'accueil d'Amida en son paradis de la Terre pure.

En peinture surtout, les Raigô d'Amida sont représentés au Japon à partir du Xe siècle [201] et semblent inspirés des peintures murales chinoises de l'époque des Tang [202]. Sur ces images, Amitâbha est toujours accompagné de vingt ou vingt-cinq Bodhisattva [203], parmi lesquels les deux acolytes d'Amitâbha, Avalokiteshvara et Mahâsthâmaprapta [204]. Amitâbha est aussi parfois montré accompagné de ses douze corps de lumière, appelés en japonais *Busshin* et *Kôbutsu* [205]. À ces divers Bodhisattva et émanations se joignent de nombreux musiciens ainsi que divers êtres célestes, sortes d'anges (Apsarâs ; jap. Tennin ; chin. Tiannü), de gardiens de l'espace (Lokapâla), parfois aussi d'Arhat et d'oiseaux chanteurs, Gandharva et Kimnara. Sur la même image, on trouve aussi quelquefois une représentation des six destinées de la transmigration (*Gati* ; jap. *Rokudô*) [206] selon la Loi bouddhique du Samsâra (cycle des renaissances). Ces acolytes d'Amitâbha se trouvent soit debout, soit assis ou agenouillés sur des nuages et des fleurs de lotus.

On distingue trois types de peintures de *Raigô* (jap. *Raigô-zu*) :
– Dans le plus ancien (appelé *Muka-e no Mandara* au Japon), Amitâbha et son cortège de Bodhisattva sont assis, de face, et leur groupe est dans le lointain, au-dessus d'un paysage.
– Ceux que l'on a coutume d'appeler « descente d'Amitâbha » : celui-ci est assis ou debout comme ses acolytes. Le groupe ainsi formé est montré de trois quarts face comme s'il se dirigeait vers la terre, symbolisée dans le bas de l'image par un paysage terrestre.
– Amitâbha en « descente rapide ». Ces images, nommées au Japon *Haya Raigô-zu* (Raigô rapide), montrent le groupe dans un mouvement accentué de « descente vers la terre » et donne une certaine impression de rapidité. Elles furent surtout exécutées au Japon pendant la période de Kamakura (1185-1333).

Enfin il faut citer une forme exceptionnelle de Raigô, particulière au Japon et appelée *Amida Jizô Raigô*, qui montre Amida accompagné, en plus de ses Bodhisattva habituels, de Kshitigarbha (jap. Jizô Bosatsu). Certaines images, comme l'Ofuda de l'Eikandô, furent également réalisées mais elles sont rares et constituent des exceptions[207].

Les groupes d'Amitâbha et de ses acolytes

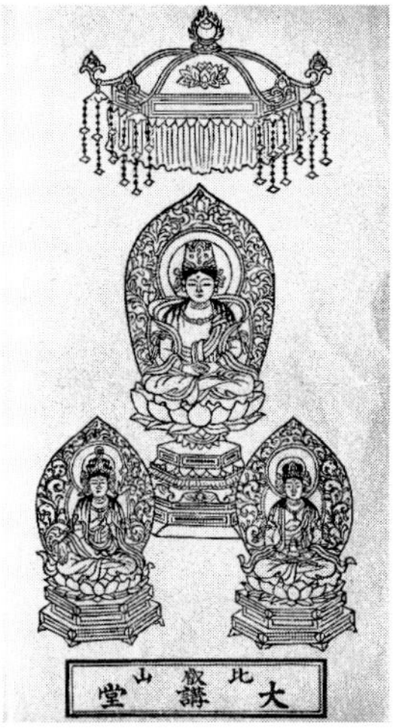

Amida Sanzon,
la vénérable triade d'Amida
gravure japonaise

Lorsque Amitâbha est représenté avec seulement deux acolytes, généralement Avalokiteshvara qui personnifie sa compassion envers tous les êtres, et Mahâsthâmaprâpta qui représente sa sagesse et sa force (ce dernier peut parfois, exceptionnellement, être remplacé, comme nous venons de le voir, par Kshitigarbha), la triade ainsi formée prend le nom de vénérable triade d'Amitâbha (jap. *Amida Sanzon*). Avalokiteshvara tient alors à la main une fleur de lotus pour accueillir le fidèle dans la Terre pure, tandis que Mahâsthâmaprapta garde les mains jointes en Añjali-mudrâ[208]. Parfois ces deux acolytes ont leurs mains en garde du trésor (jap. Hôkyô-in), mais cette position est rare. Dans un cas au moins, ces deux acolytes sont (on ignore pourquoi) debout sur un seul pied et torse nu. Mais ils sont généralement décrits comme étant debout, ou assis en Padmâsana, ou encore agenouillés, parfois simplement accroupis, un seul genou touchant le sol.

On montre parfois aussi Amitâbha en compagnie du Bouddha historique, sur le même autel, car Amitâbha est (rarement) aussi associé au Bouddha historique et à Maitreya : cette triade insolite symboliserait, croit-on, les trois âges.

Un autre type d'ensemble, appelé au Japon *Amida Goson*, « vénérable groupe de cinq », comprend, en plus d'Amida et de ses acolytes, deux Shrâvaka ou « auditeurs fidèles de la parole du Bouddha », considérés soit comme des Arhat[209], soit comme des êtres aspirant simplement à devenir des Bodhisattva. Une tradition japonaise les identifie à Kshitigarbha et au moine indien Nâgârjuna[210] (jap. Ryûju Bosatsu).

Sur les mandala, il se trouve également diversement entouré : sur celui du Vajradhâtu, il se nomme Amitâyus (jap. Muryôkô; chin. Wuliang Guangming). Il est représenté avec une couronne sur la tête, les mains en Dhyâna-mudrâ tenant le vase d'Amrita, la robe lui couvrant les deux épaules. Il est de couleur rouge et est assisté de quatre Bodhisattva.

Sur les mandala d'Amitâbha (tels que l'*Amida Mandara*), il est appelé Amitâyur (Muryôju; chin. Wuliang Shu) et est entouré de huit Bodhisattva debout ou assis sur les huit pétales d'une fleur de lotus dont il occupe le centre. Sur le mandala du Garbhadhâtu, il est entouré de quatre Bodhisattva qui symbolisent ses qualités et ses vertus[211].

Enfin, certains ensembles, appelés au Japon *Jittai Amida*, « des dix corps d'Amitâbha », sont parfois représentés : quatre « corps » sont représentés de face, les autres de trois quarts.

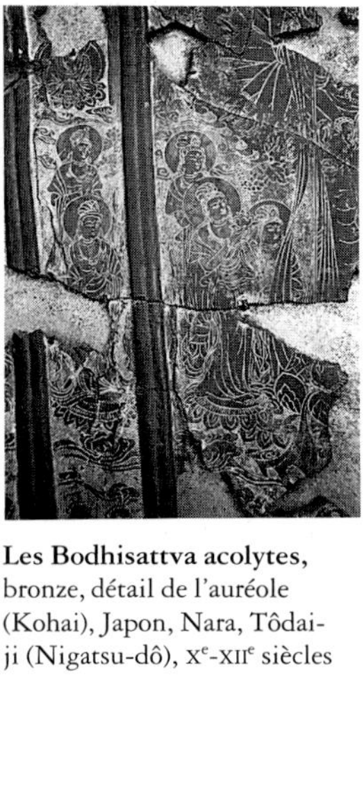

Les Bodhisattva acolytes,
bronze, détail de l'auréole (Kohai), Japon, Nara, Tôdai-ji (Nigatsu-dô), Xe-XIIe siècles

Les acolytes et personnages associés à Amitâbha. Les acolytes habituels d'Amitâbha sont, nous venons de le voir, Avalokiteshvara et Mahâsthâmaprâpta. Ces personnages sont décrits en détail à leur place respective dans les chapitres traitant des Bodhisattva, ainsi que le personnage épisodique du Raigô d'Amida, Kshitigarbha. Cependant, il nous a semblé utile de les évoquer ici (tout au moins les deux premiers), afin de les mieux situer par rapport à Amitâbha.

Avalokiteshvara . Il représente la toute-compassion d'Amitâbha envers les êtres qui souffrent. C'est également une hypostase[212] d'Amitâbha, le dispensateur des mérites de la compassion infinie de celui-ci (voir au chapitre V).

Mahâsthâmaprapta (chin. Daishize ; jap. Dai Seishi). C'est « Celui qui a obtenu une grande force » et qui représente la force[213] et la sagesse d'Amitâbha. Il assiste, avec Avalokiteshvara à sa droite, à l'accueil des fidèles dans la Terre pure[214]. Peu représenté en Inde et en Asie du Sud-Est, il figure en compagnie d'Avalokiteshvara dans les grottes de Yüngang en Chine (debout, main droite en Vitarka, main gauche en Varada). Ce Bodhisattva est également considéré comme une déification de Maudgalyâyâna, un des dix grands disciples du Bouddha Gautama[215]. Peu de temples lui ont été consacrés et par conséquent on trouve très rarement ses effigies isolées de celles d'Amitâbha et d'Avalokiteshvara. Mahâsthâmaprapta (jap. Seishi Bosatsu, Dai Seishi ; chin. Daishizhe, Dashizi) a l'aspect général d'un Bodhisattva[216]. Il est représenté (en dehors des Raigô) soit assis en Lalitâsana, soit debout ou agenouillé. Il a les mains jointes en Añjali-mudrâ ou en Vitarka-Varada-mudrâ (jap. *Raigô-in*)[217]. On le reconnaît principalement à ce qu'il porte un vase précieux sur sa couronne (mais ce signe distinctif est fort souvent absent des représentations, peut-être parce que l'on ne sait pas très exactement ce que signifie la présence de ce vase). Il est parfois montré avec un lotus épanoui à la main droite, la gauche étant en une sorte de Varada-mudrâ (index allongé, autres doigts repliés) ou tenant une fleur de lotus[218]. Cependant, ainsi que nous l'avons signalé plus haut, il peut aussi avoir les mains en « garde du trésor » ou tenant une corolle de lotus pour recevoir le fidèle dans la Terre pure d'Amitâbha. Dans les peintures montrant la « descente d'Amitâbha », Mahâsthâmaprapta est pratiquement toujours représenté à gauche d'Amitâbha[219].

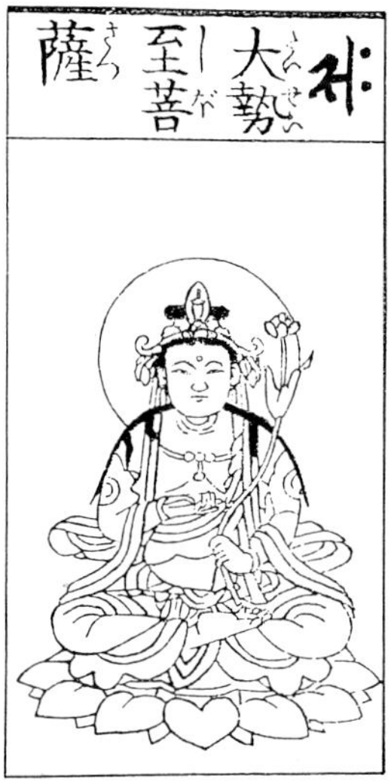

Mahâsthâmaprapta

Enfin, on peut rattacher au culte d'Amitâbha au Japon les œuvres d'art représentant le moine Kûya Shônin, religieux japonais (904-972) que l'on dit être un fils de l'empereur Uda. Ce moine aurait, en 937, prêché le *Nembutsu Odori* ou invocation chantée et dansée du nom d'Amida, et contribué au développement au Japon de la fête des Défunts (Ullambana ; jap. Urabon-e) et des danses qui se pratiquent à cette occasion (Bon Odori) pour invoquer les esprits des morts[220]. Kûya Shônin eut de son temps une grande activité itinérante et fut à l'origine de la construction de nombreux temples amidistes[221] et des estrades de danse. On le représente comme un moine, maigre, le crâne rasé, marchant en s'appuyant sur un long bâton surmonté d'un bois de daim ou de cerf et frappant sur un gong placé sur sa poitrine. De sa bouche jaillissent[222] des effigies représentant Amida, liées entre elle comme le sont les paroles d'un *sûtra* (ce mot signifiant à la fois « fil » et « texte sacré ») : elles représenteraient les invocations ou *Nembutsu* prononcées par lui. Cependant, certaines statues ou peintures le représentent comme un moine errant, sans attribut particulier.

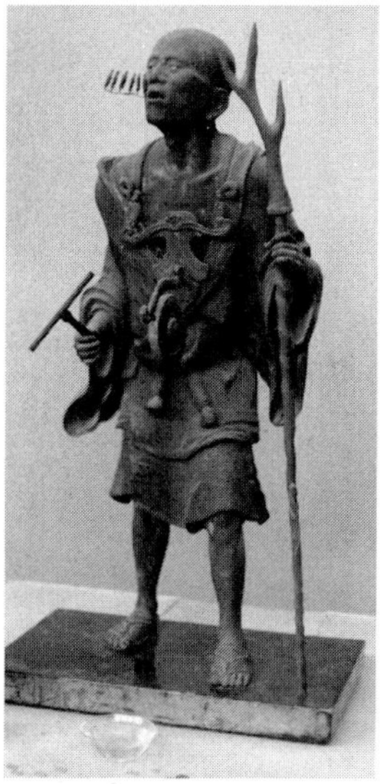

Kûya Shônin, bois coloré, Japon, Kyôto, Rokuhara-mitsu-ji, XIVe siècle

LES BOUDDHA DU PASSÉ

Théoriquement, le nombre de Bouddha ayant existé est immense, chacun ayant eu la charge d'un Kalpa, en tant qu'instructeur et Maître de la Loi. On les décrit souvent collectivement sous le nom de « Mille Bouddha » (chin. Qian Fo), et de nombreuses grottes (notamment en Chine, à Dunhuang) leur furent consacrées. En Birmanie (Pagan), on trouve également des plaquettes moulées dites des « Mille Bouddha ». Les textes donnent des listes de cinquante-six ou vingt-quatre Bouddha humains, c'est-à-dire non mythiques, mais seuls Vipashyi, Sikhî, Vishvabhû, Krakucchanda, Prabhûtaratna, Dîpankara-Buddha, Kanakamuni, Kâshyâpa et Shâkyamuni ont été pris en considération par les fidèles. Parmi ceux-ci, quatre seulement, en dehors de Shâkyamuni, ont fait l'objet de quelques représentations et sont assez souvent cités dans les textes comme appartenant à notre Kalpa présent et étant des Bouddha humains : ce sont les Manushi-Buddha qui ont, comme tous les Bouddha selon le système du Mahâyâna, au moins trois corps (*Kâya*) : celui d'apparition, mortel, ou *Nirmânakâya* ; celui de totale pureté et de pure connaissance, ou *Dharmakâya* ; enfin un corps d'essence abstraite ou *Sambhogakâya*. Certaines sectes attribuent encore au Bouddha deux autres corps, renforçant encore cette théorie du *Trikâya* de chaque Bouddha. Cependant, les Manushi-Buddha appartiennent au premier de ces corps, le *Nirmânakâya*.

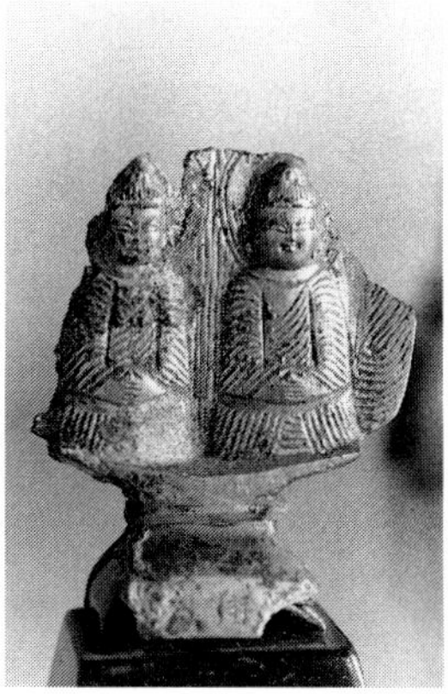

Gautama et Prabhûtaratna, bronze doré, Japon, coll. part.

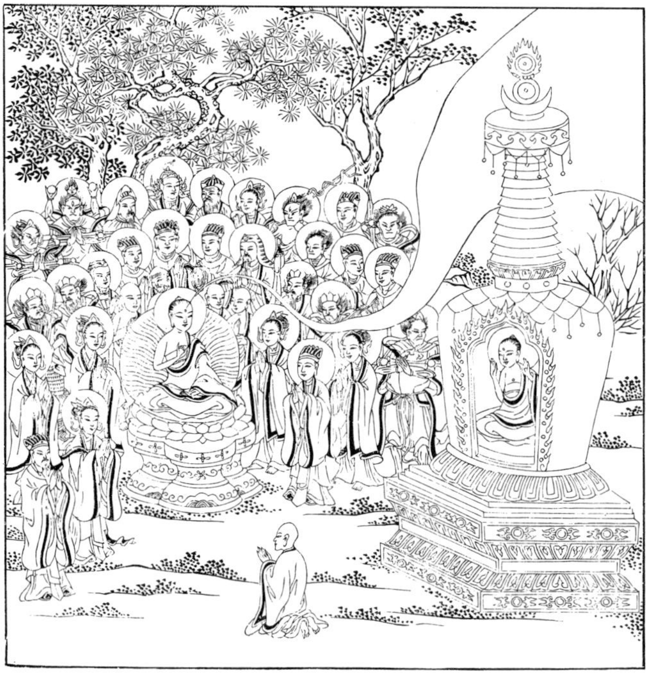

Le Bouddha et Prabhûtaratna, gravure chinoise, époque Ming

PRABHÛTARATNA (jap. Tahô Nyorai ; chin. Duobao Rulai)

Il est considéré comme l'un des Bouddha du passé. En fait, il concrétiserait dans sa seule personne tous les Bouddha des âges anciens. Il se serait lui-même divisé en sept Bouddha représentant les Manushi-Buddha (voir plus haut et au chapitre traitant du Bouddha historique). Dans certaines sectes, notamment au Japon et en Chine, il remplace parfois, au sud et sur les mandala, Ratnasambhava.

DÎPANKARA-BUDDHA (chin. Dingguang Fo ;
tib. Mar-me-msdad; mongol Chula Choqiaqchi)

Il serait le 24ᵉ maître de la Loi avant Shâkyamuni selon les écoles du Sud, le 52ᵉ selon le Mahâyâna. Il aurait vécu cent mille ans sur terre. Son nom, qui signifie « Porteur de lampe », est parfois prononcé Dvîpankara, c'est-à-dire « Bouddha des îles ». Il fut donc fait protecteur des marins et est vénéré dans toutes les parties de la Grande Inde. Il est toujours représenté comme un Bouddha, la robe découvrant l'épaule droite (quoique, en Inde, certaines statues le montrent avec les deux épaules couvertes, de même qu'au Japon dans ses plus anciennes représentations). La main droite est généralement en Abhaya-mudrâ, la gauche tenant un pan de la robe. Au Siam, il réalise parfois l'Abhaya-mudrâ avec les deux mains symétriques. En Chine, ce Bouddha du passé fut longtemps vénéré, et il est représenté très tôt dans les grottes de Yüngang, ainsi que dans celles de Longmen : il est le plus souvent assis, avec un pan de sa robe lui couvrant les deux épaules, la main droite en absence de crainte. Rarement représenté seul, on le trouve au centre de triades composées avec Manjushrî et Vajrapâni (à Java), Avalokiteshvara et Vajrapâni (à Ceylan), ou Shâkyamuni et le futur Bouddha Maitreya (Nepâl et Tibet). Il est parfois représenté debout, surtout en Chine et au Siam.

KANAKAMUNI (chin. Jiunashimuni ; tib. Gser-thub ;
mongol Altan Chidakshi)

Le second Manushi-Buddha, Kanakamuni, n'est pratiquement jamais représenté, de même que Krakucchanda, le premier d'entre eux.

KÂSHYAPA (jap. Kassapa, Kashô-butsu ; chin. Jiaye Fo ;
tib. Hod-srung ; mongol Ghasiba, Gerelsaqiqchi)

C'est le troisième Manushi-Buddha, le prédécesseur immédiat de Gautama Shâkyamuni. Il est représenté comme un Bouddha, la main droite en Varada-mudrâ et la gauche tenant un pan de sa robe plié en deux. On le voit souvent assis sur son vâhana, un lion ; il est de couleur jaune (ou or) car il représente la lumière du soleil et de la lune.

LE BOUDDHA DU FUTUR, MAITREYA

(jap. Miroku ; chin. Miluo Fo ; tib. Byams-pa ; mongol Maijdari ; viêt. Di-lac ; coréen Mi-rüg)

Selon la tradition bouddhique, l'ère de la Loi bouddhique se divise en trois stages : une première période de cinq cents ans, de mise en branle de la roue de la Loi, une seconde période de mille ans, de détérioration de la Loi (appelée Mappô au Japon) ; enfin une troisième période de trois mille ans après laquelle, le bouddhisme ayant disparu, un nouveau Bouddha apparaîtra qui remettra en branle la roue de la Loi. Ce futur Bouddha est encore dans le ciel Tushita, à l'état de Boddhisattva. Ce serait le Bouddha Gautama qui l'aurait Lui-même intronisé comme Son successeur. Il est « le Bienveillant » et vit présentement sa dernière existence de Boddhisattva. Anticipant sur sa prochaine venue, on le considère parfois comme un Bouddha et on lui donne le titre de Tathâgata[223].

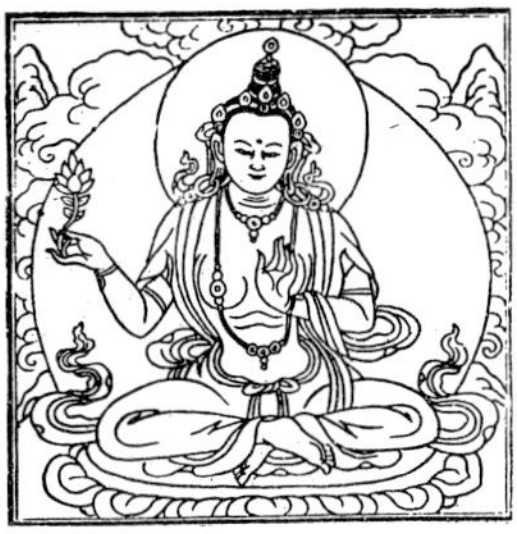

Maitreya, gravure tibétaine

LES REPRÉSENTATIONS DE MAITREYA

C'est le seul Boddhisattva qui soit reconnu par les sectes du Petit Véhicule, qui le représentèrent dès les origines. Ses images apparaissent au Gandhâra, peut-être même avant celles du Bouddha (avec lequel il fut peut-être même confondu) : on le représente debout ou assis, en Bouddha paré, avec de longs cheveux épars sur les épaules ou réunis en chignon sur la tête, les mains en Dharmachakra-mudrâ lorsqu'il est assis, ou en Vitarka-Varada-mudrâ lorsqu'il est représenté debout.

Au Tibet, lorsqu'il est représenté assis, il a les jambes pendantes (à l'européenne) et est vêtu comme un Bouddha. C'est la forme qu'il assume à Java dans le Chandi Mendut (VIIIe siècle).

Ses représentations sont extrêmement nombreuses dans toute l'Asie bouddhique. Il est cependant plus souvent représenté en Bodhisattva, debout et paré de bijoux (mains en Vitarka-Varada-mudrâ), qu'assis. Sur certaines images le représentant dans le ciel Tushita, il apparaît parfois assis avec les jambes en Padmâsana. On le reconnaît à ce qu'il porte un petit stûpa dans sa coiffure. Ses attributs peuvent varier, et il peut tenir un vase ou une roue (chakra) posés sur des fleurs de lotus. Une écharpe lui ceint toujours les reins. Parfois une peau d'antilope lui couvre l'épaule gauche. Il forme souvent une triade avec Gautama et Avalokiteshvara.

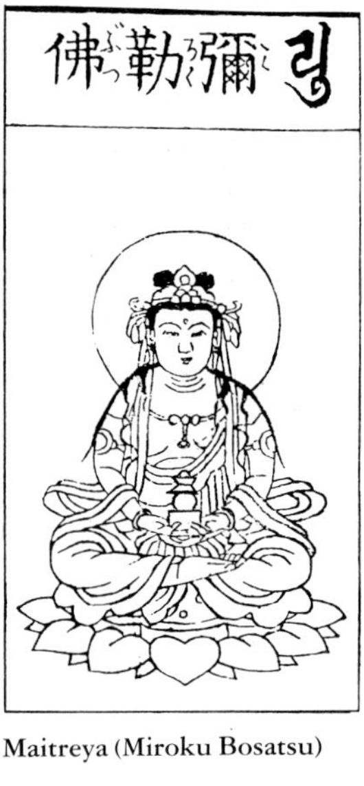

Maitreya (Miroku Bosatsu)

En Corée et au Japon, où son culte fut très en faveur à partir du VIe siècle, il est souvent confondu (de même qu'en Chine) avec Amitâbha[224] et Shâkyamuni. En sculpture, il fut parfois confondu au Japon avec Nyoirin Kannon, une forme d'Avalokiteshvara. On lui donne aussi, dans ce pays, le nom de Jishi Bosatsu, « Celui qui est plein de pitié ». Il fut tout d'abord assimilé au Kami Hachiman, déification de l'empereur japonais Ôjin (IIIe siècle), puis fut plus tardivement considéré comme une incarnation d'Amitâbha, servant d'intermédiaire entre Gautama (le monde des mortels) et Amitâbha (le monde de l'au-delà)[225]. Le culte de Maitreya est attesté au Japon dès le VIIe siècle dans la secte Hossô. En 612, le temple du Taima-dera[226] lui aurait été consacré. Bien que sa tradition demeurât pratiquement ininterrompue au Japon et que la secte Shingon ait attaché une grande importance au culte de Miroku Bosatsu[227], celui-ci, malgré les efforts de la secte Shingon et des sectes de Nara, subit une éclipse due à la faveur grandissante dont jouissait Amida. On constate cependant un certain renouveau de son culte aux XIIe et XIIIe siècles. Dans le *Garbhadhâtu Mandala*, Maitreya, sous le nom japonais de Jishi Bosatsu, se trouve placé au nord-ouest de Mahâvairochana[228] où il représenterait le « trésor des êtres qui profitent inépuisablement[229] », Maitreya étant « la racine, le bourgeon, la tige, les feuilles qui naissent dans le Gharba (la matrice) de la graine du pur cœur de Bodhi (esprit de l'Éveil)[230] ». Dans le mandala réalisé graphiquement, Jishi Bosatsu se trouve placé au nord-est de Vairochana, représentant alors la cause de la sapience productrice d'actions (*Krityânusthânajñâna*)[231], accordant ainsi les demandes faites au Bouddha Divyadundhubhimeghanirghosha. Dans le *Vajradhâtu Mandala*, il est l'un des seize Bodhisattva du Bhadrakalpa. Il est alors représenté avec un flacon à la main ou parfois tenant un petit stûpa[232]. Ce stûpa serait peut-être en relation avec la croyance selon laquelle Maitreya, lors de son avènement en tant que Bouddha, doit ouvrir un stûpa à l'intérieur duquel Kâshyapa est censé attendre sa venue...

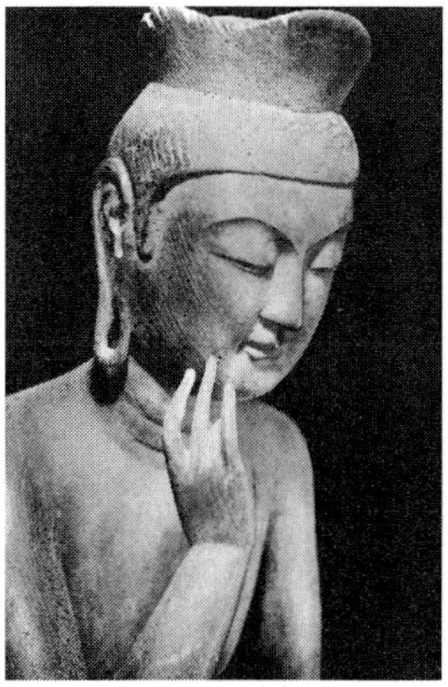

Miroku Bosatsu, bois de pin, Japon, Kyôto, Kôryû-ji, fin VIIe siècle

Nous avons vu qu'on trouve ses représentations dans tout l'art des écoles du Sud[233] et du Mahâyâna, tant en Inde[234] qu'en Asie du Sud-Est, notamment sur les galeries du stûpa du Borobudur à Java. Au Tibet, il fut également très en faveur et représenté assis « à l'européenne[235] », et en Chine, dès 680, un pieux donateur fit exécuter cinq cents de ses statues dans les grottes de Longmen. Maitreya est représenté en Corée et au Japon soit assis en Padmâsana, soit encore en posture pensive (Hanka-shiyui), jambes croisées, cheville droite sur genou gauche, jambe gauche pendante ou bien posée sur le sol, ou sur un lotus. Parmi les nombreux types de représentations de Maitreya au Japon, les plus souvent rencontrés sont les suivants (ces représentations furent d'ailleurs également réalisées dans les autres pays bouddhistes)[236] :

– En Hanka-shiyui, torse nu, avec une couronne « en trois sommets de montagne » ou « en roue de paon[237] », ou encore avec deux chignons stylisés en boules, le pied gauche reposant sur un lotus (séparé du siège ou non), la main droite touchant à peine la joue (ou avec seulement deux doigts), la main gauche reposant sur la cheville droite. Ce type semble être d'origine coréenne[238] : on le retrouve en effet sur de nombreuses statuettes de l'époque de Silla des VIe et VIIe siècles. Au Japon, ce type fut surtout représenté avant et pendant la période de Nara (jusqu'en 794).

– Assis en Padmâsana, comme un Bouddha, la main droite en Abhaya ou tenant une fleur de lotus, la main gauche en Bhûmishparsha ou touchant un pétale du lotus du siège ; ou bien la main droite en Abhaya ou en Vitarka-mudrâ, et la main gauche reposant, paume tournée vers le haut, sur le creux de la cuisse.

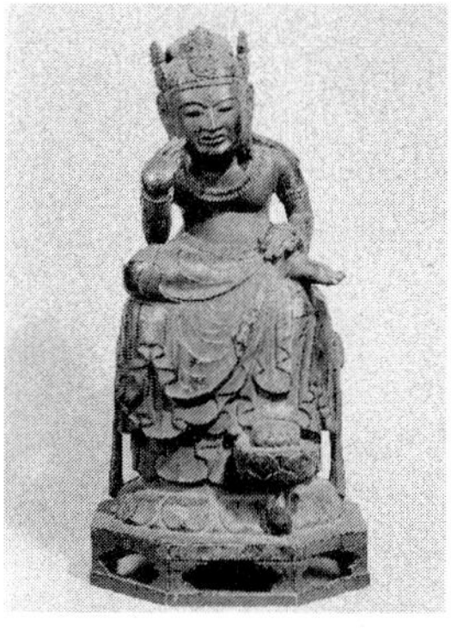

Miroku Bosatsu, bronze, Japon, Nara, VIIe siècle

– Debout, comme un Bouddha, la main droite en Varada, la main gauche en Abhaya-mudrâ.

– Assis en Padmâsana, comme un Bodhisattva, avec un haut chignon et une couronne parfois ornée des effigies des Cinq Jina, la main droite en Varada, la main gauche tenant un lotus ou un petit stûpa ; ou bien les mains jointes tenant un petit stûpa[239] ; ou encore avec les mains en Dharmachakra-mudrâ.

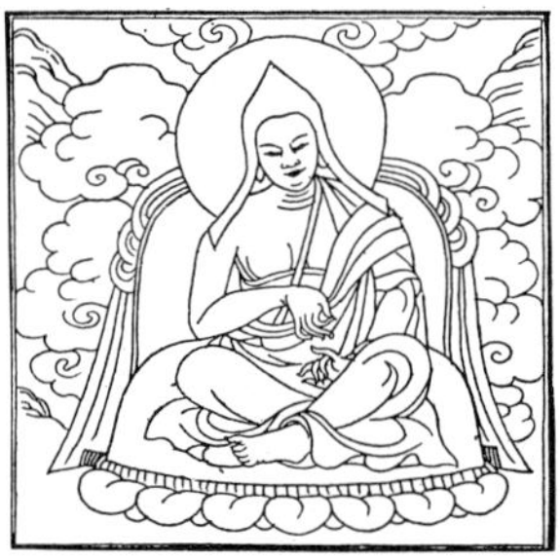

Asanga, gravure tibétaine

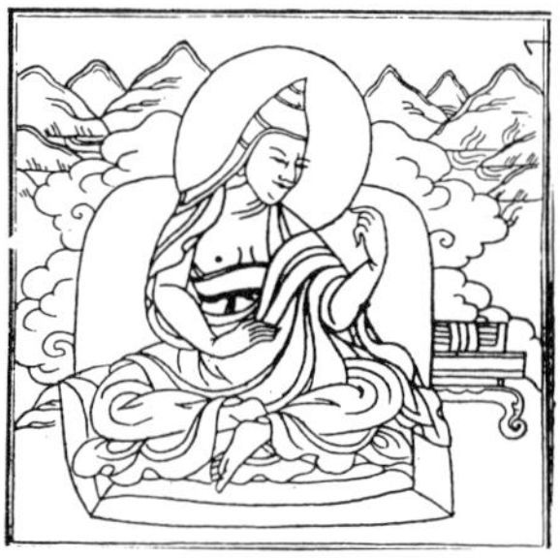

Vasubandhu,
gravure tibétaine

– Debout, en Bodhisattva, la main droite pendante, la main gauche tenant un vase dans lequel se trouve parfois un lotus supportant un petit stûpa. En peinture, Maitreya est représenté, surtout vers la fin de l'époque de Kamakura au Japon, comme Amida Nyorai dans son Raigô : il tient alors parfois un lotus rouge à la main gauche[240]. Une forme exceptionnelle le montre assis en Padmâsana avec mille bras[241], la main droite principale avec l'index dressé, la main gauche principale tenant un lotus sur lequel se trouve un stûpa, les autres mains avec des attributs divers, lotus, rouleau de sûtra, chintâmani, vase, etc.
– Au Japon, on le trouve également sous la forme du dieu du bonheur Hotei, assis, avec un gros ventre, et largement souriant, Hotei étant considéré comme une incarnation de Maitreya. C'est la forme du « Bouddha au gros ventre », très connue en Chine d'où elle fut importée au Japon au XVIIe siècle par la secte zen Ôbaku. Maitreya est particulièrement vénéré sous cette forme au temple du Manpuku-ji à Kyôto. Il était appelé Xiao Luohan en Chine, où son image se trouvait installée dans presque tous les temples. C'est, toujours en Chine, le patron des orfèvres et artisans, et dans ce cas il est parfois appelé, en raison d'une légende populaire, Baisosheng, « Corde de cent brins »; les artisans qui le vénèrent entourent en effet son corps de nombreux fils verts et rouges. Il est également appelé par eux Ouji Fo et Xiao Fo.

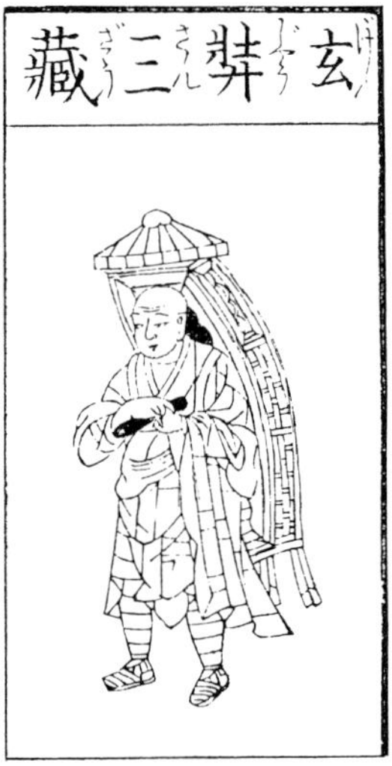

Le pèlerin Xuanzang (Genjô)

LES ACOLYTES DE MAITREYA

Il est souvent représenté, en dehors des triades, avec deux acolytes : Asanga (jap. Muchaku), fondateur de la secte Hossô, et son frère Vasubandhu (jap. Seshin). La tradition rapporte en effet que Maitreya descendit du ciel Tushita à la demande d'Asanga et de son frère pour leur enseigner le contenu de cinq *shâstra*[242]. Ces deux Arahant composèrent alors de nombreux autres *shâstra* éclaircissant pour les fidèles les doctrines du Mahâyâna[243]. Au Japon, Asanga est parfois appelé Genjô et est alors confondu avec le pèlerin chinois Xuanzang. Asanga vivait en Inde, à Purushaputra, avec son frère, au IVe siècle. On les représente sous forme de moines, le titre de Bodhisattva qu'on leur a donné tardivement ne signifiant pas qu'ils font partie des divinités. Au Japon, le culte de Maitreya et de ses acolytes n'est plus guère entretenu que par les sectes Zen et Shingon[244].

IV

LES GRANDS BOUDDHA DE SAGESSE ET L'ÂDI-BUDDHA

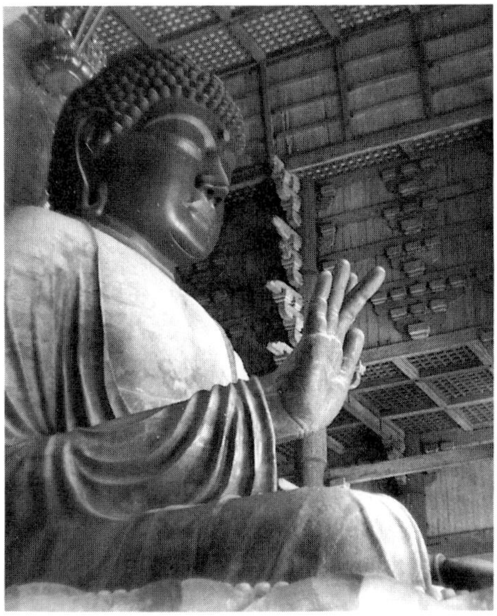

Le grand Bouddha Vairochana,
bronze, Japon, Nara, Tôdai-ji, 749

Les Cinq Grands Bouddha de sagesse :
Mahâvairochana
Akshobhya
Ratnasambhava
Amitâbha
Amoghasiddhi
Âdi-Buddha

LES CINQ GRANDS BOUDDHA DE SAGESSE

Les Cinq Grands Bouddha de sagesse, appelés aussi les Cinq Jina (d'un terme sanskrit signifiant « vainqueur »), ou encore les Cinq Tathâgata, ont des origines mal déterminées, bien que leur existence et leurs représentations paraissent relativement anciennes en Inde. De nombreuses théories ont vu le jour, tendant à éclaircir leur origine et leur raison d'être. Correspondant aux cinq « orients » de l'espace indien (les quatres points cardinaux et le zénith), ils symboliseraient les cinq membres du Bouddha historique. Le roi indien Ashoka aurait en effet, si l'on en croit un récit du pèlerin chinois Xuanzang [1], fait ériger près de Pâtaliputra (Patna), sa capitale, cinq stûpa en l'honneur du « Tathâgata composé de cinq parties [2] ». Selon certains auteurs, ces Cinq Jina seraient des individualisations des principales mudrâ utilisées pour symboliser, dans le bouddhisme ésotérique, les moments les plus caractéristiques de la carrière du Bouddha Gautama [3]; selon d'autres, ils représenteraient les cinq Bouddha historiques [4]. Paul Mus, sans rejeter ces explications, est d'avis que la pensée bouddhique peut avoir conçu un Bouddha spirituel condensant dans cinq hypostases les cinq grands moments historiques de la vie du Bouddha [5], les Cinq Manushi Buddha (Bouddha humains, *Nirmânakâya*), les cinq éléments types [6] de la philosophie indienne et les cinq orients [7]. On peut néanmoins penser qu'en fin de compte, pris solidairement, ils hypostasient cinq attitudes, fonctions et attributs du seul Bouddha Shâkyamuni. Ils en substantifient pour ainsi dire cinq épithètes, ils fixent cinq épisodes marquants de sa carrière dont cinq statues distinctes commémoreraient le souvenir. C'est là un point que les recherches de Paul Mus [8] ont admirablement mis en lumière [9]. Selon Werner, « l'idée semble être que chaque Bouddha mortel (ceux du passé, le Bouddha historique et celui du futur) possède sa contrepartie, pure et glorieuse, dans le monde spirituel, et libre des conditions contraignantes de cette vie matérielle ; ou alors que le Bouddha (historique) dans Sa condition matérielle n'est qu'une apparence, le " reflet " ou émanation d'un Bouddha immanent vivant dans les régions d'un monde d'idée et de transe mystique. En conséquence, le nombre de ces Bouddha de sagesse est théoriquement infini comme le nombre des Bouddha, bien que cinq seulement d'entre eux aient été reconnus. »

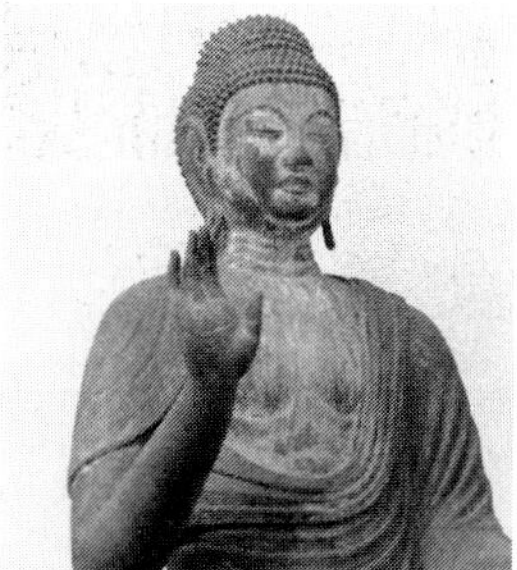

Le Bouddha Vairochana,
bronze, Japon, IXe siècle

Les stûpa, que l'on dit dérivés des tumuli funéraires et devenus tardivement des monuments commémoratifs particuliers au bouddhisme, étant eux-mêmes des images du cosmos et symbolisant le Bouddha et Sa Doctrine, devaient, par voie de conséquence, symboliser également les cinq aspects sous lesquels le Bouddha pouvait être conçu. Mais il semble que les images des quatre Jina hypostases du Bouddha ne furent apposées que tardivement [10] sur les flancs orientés des stûpa. Quoi qu'il en soit, ces Cinq Jina représentent, pour le bouddhisme des écoles du Nord et en particulier pour les sectes ésotériques, le symbole essentiel de la Doctrine. Ces Cinq Bouddha de sagesse (Dhyâni-Buddha, comme on les appelle dans certaines écoles du Nord) furent par la suite identifiés avec tous les groupes de cinq objets ou idées existant dans la conception hindoue du monde : les cinq Bouddha historiques, les cinq sens, les cinq *Skandha* (forme, perception, conscience, action et connaissance), les cinq points cardinaux, les cinq vertus, etc., et un point de l'espace fut attribué à chacun de ces Bouddha. De même, par la logique des choses, ces Bouddha de sagesse, étant également des Bouddha de méditation (Dhyâni-Buddha) par la puissance de leur concentration et de leur méditation contemplative, donnèrent naissance à des sortes de reflets agissant d'eux-mêmes, ou Bodhisattva de méditation (Dhyâni-Bodhisattva), aussi appelés Bodhisattva de sagesse, dont la mission est de créer le monde et de veiller sur lui. C'est ainsi que chaque Jina est censé être, selon certaines théories, le reflet ou la projection magique d'un des cinq Bouddha historiques (au nombre de sept au Nepâl). En fait, chacun de ces Jina serait trois entités en une seule : un Bouddha historique, sa projection mystique et son émanation agissante. Nous avons donc la correspondance :

Zénith : Mahâvairochana - Krakucchanda - Samantabhadra
Est : Akshobhya - Kanakamuni - Vajrapâni
Ouest : Amitâbha - Gautama - Avalokiteshvara
Sud : Ratnasambhava - Kâshyapa - Ratnapâni
Nord : Amoghasiddhi - Maitreya - Vishvapâni

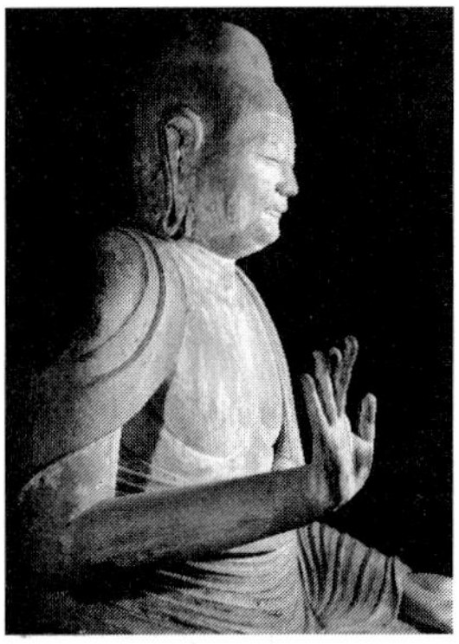

Le Bouddha Vairochana, bois, Japon, Nara, Murô-ji, Miroku-dô, milieu IXe siècle

Cependant, selon la tradition ésotérique, ces Cinq Jina correspondraient également aux cinq étapes sur la voie du salut :

Mahâvairochana : esprit immaculé, moyens de salut ;
Akshobhya : esprit emmagasiné, éveil du cœur ;
Amitâbha : esprit pur, éveil spirituel ;
Ratnasambhava : esprit passionné, ascèse ;
Amoghasiddhi : les cinq sens matériels, entrée dans le Nirvâna.

Alors que les sectes du Petit Véhicule n'ont accepté pour leur vénération que la personne du Bouddha Gautama, celles du bouddhisme du Nord ont fait de l'un ou de l'autre de ces Bouddha de sagesse l'objet principal de leur vénération. C'est ainsi que la secte japonaise du Jôdo-shinshû ne vénère qu'Amitâbha (Amida), alors que les sectes ésotériques du Tendai et du Shingon ont fait de Vairochana leur divinité principale. Les autres « aspects » n'ont jamais occupé qu'une place secondaire dans la vénération des fidèles et n'ont, la plupart du temps, été représentés que sur des mandala, ou en groupe avec les autres Jina. Selon le bouddhisme ésotérique des écoles du Nord, la réunion des deux grands mandala du Vajradhâtu et du Garbhadhâtu montre l'harmonie existant dans l'univers entre les forces qui le régissent, et concilie unité divine et diversité des aspects[11], ces aspects étant entité potentielle (Vajradhâtu) et manifestations dynamiques (Garbhadhâtu). Les places respectives des Bouddha de sagesse et de leurs Bodhisattva correspondants y sont marquées en raison de leur puissance potentielle ou de leur activité dans le monde. Ces deux mandala sont orientés à l'inverse l'un de l'autre car leur réunion ne peut se faire que par confusion (ou coïncidence), face à face. Dans certaines cérémonies ésotériques, ils sont placés l'un en face de l'autre, de part et d'autre des officiants, le mandala du Vajradhâtu étant suspendu au mur ouest, l'autre au mur est...

Le *Vajradhâtu Mandala* montre, au centre du diagramme, Vairochana en concentration (mudrâ en Chiken-in), entouré des quatre autres Jina qui éveillent les forces dynamiques de l'univers. Ils sont assistés chacun de quatre Bodhisattva et ont tous un halo blanc[12].

Le *Garbhadhâtu Mandala* montre les divers groupes de divinités et les êtres divins disposés selon leurs intentions, leurs forces ou bien leurs possibilités d'action. Le centre de l'univers y est symbolisé par un lotus au centre duquel siège Vairochana, les mains en Dhyâna-mudrâ, et sur les huits pétales duquel se trouvent les quatre autres Jina et quatre grands Bodhisattva entourés d'un double halo de couleur rouge. Toutes les autres manifestations sont disposées autour ainsi que leurs attributs, symboles et lettres-germes représentant le son (la vibration sonore créatrice) qui leur correspond. Ces divinités sont séparées en deux classes principales, de sagesse et de contemplation.

Diverses autres divinités sont parfois associées, nous le verrons plus loin, aux Cinq Bouddha de sagesse. Elles se trouvent également représentées sur d'autres mandala.

Les deux grands mandala du bouddhisme ésotérique furent probablement importés de Chine au Japon par Kûkai[13] en 806, bien qu'il ne soit nullement impossible que d'autres copies aient pu être introduites au Japon et en Corée avant cette date. Leur ésotérisme fut principalement utilisé par la secte Shingon, mais aussi, de manière plus accessoire et moins rigide, par les sectes Tendai et quelques autres[14].

L'ordre de description et les noms mêmes des Cinq Jina varient selon les sectes. C'est ainsi qu'il arrive (au Japon principalement) que Bhaishajyaguru se trouve parfois mis à la place d'Akshobhya (ils sont tous deux à l'est), que Prabhûtaratna remplace Ratnasambhava et que, dans certains cas, le Bouddha historique remplace Amoghasiddhi. Kshitigarbha est parfois également considéré comme un Bouddha de sagesse[15].

Les sectes qui vénèrent Amitâbha considèrent que tous les Bouddha de sagesse sont de simples émanations d'Amitâbha, et ne leur rendent aucun culte particulier. Les autres sectes du Mahâyâna les vénèrent de manières très différentes, mais ce sont principalement les diverses formes de Vairochana d'une part et le personnage d'Amitâbha de l'autre qui obtinrent la plus grande faveur auprès des fidèles. On rend généralement aux autres un culte global avec celui des autres Bouddha de sagesse.

Les représentations des Cinq Tathâgata sont relativement rares dans la sculpture indienne où on les trouve sur les faces des stûpa tardifs (comme le Dhâmek à Sarnâth, et à Nâlandâ par exemple, vers le VIIe siècle). En peinture, ils sont plus souvent représentés, principalement sur les ouvrages techniques et parfois sur les auréoles des Dhyâni-Bodhisattva. Au Nepâl, les statues des quatre Bodhisattva se trouvent souvent autour de la base des stûpa, Vairochana étant symbolisé par le corps même du stûpa. Ils sont également bien représentés dans le grand stûpa-mandala du Borobudur, à Java (VIIIe siècle), où leurs statues (quatre-vingt-douze de chaque côté) se trouvent situées dans des niches correspondant à leurs horizons. Les statues de Vairochana sont disposées à l'intérieur des stûpa ajourés des trois terrasses terminales de cet ensemble[16].

Au Japon, où les doctrines ésotériques connurent un assez grand succès du IXe au XIVe siècle, les Cinq Jina (jap. Gochi Nyorai) se trouvent souvent représentés en sculpture, disposés comme sur les mandala... Un aspect de Vairochana (jap. Dainichi Nyorai), commun aux deux mandala et qui semble faire la liaison entre eux, est également parfois représenté : il est appelé Ichiji Kinrin Nyorai (skt. Ekâkshara Ushnîshachakra Tathâgata). Enfin, certaines sectes reconnaissent un sixième Tathâgata, Vajrasattva. Nous l'étudierons plus loin[17].

L'étude de ces divinités ésotériques est souvent ardue, et il est souvent très difficile de comprendre quelles furent leurs fonctions dans l'esprit des religieux qui les créèrent ou qui les vénèrent. Mais elles furent si fréquemment représentées que leur description s'impose, même si, parfois, celle-ci s'avère quelque peu aride.

MAHÂVAIROCHANA (Vairochana ; jap. Dainichi Nyorai ; chin. Palushena ; mongol Masi Geigülün Djogiaqchi ; tib. Rnam- par-snan-mdsad)

C'est, nous l'avons vu, la divinité principale, identique dans les deux grands mandala du Vajradhâtu et du Garbhadhâtu, des doctrines ésotériques du bouddhisme des écoles du Nord, et principalement des doctrines de l'école du Yogâchara[18].

Au Japon, Mahâvairochana (appelé Dainichi Nyorai) est le Grand Bouddha solaire de lumière et de vérité[19], « ayant rapport avec Celui qui est resplendissant[20] ». Il est la spiritualisation du Bouddha Gautama dans la Loi bouddhique. Il correspondrait de ce fait à la « première mise en branle de la roue de la Loi » par le Bouddha dans le jardin des Gazelles (Ishipatana) à Bénarès (Vârânasî). Sa mudrâ type est donc en Dharmachakra. La couleur blanche lui est attribuée car elle est la synthèse de toutes les autres couleurs et le symbole de tout ce qui est « sans tache » (jap. *muku*)[21]. C'est une personnification de l'Absolu. Les noms sous lesquels on le désigne ainsi que ses attributs varient selon les sectes et selon qu'on le considère comme le Bouddha suprême

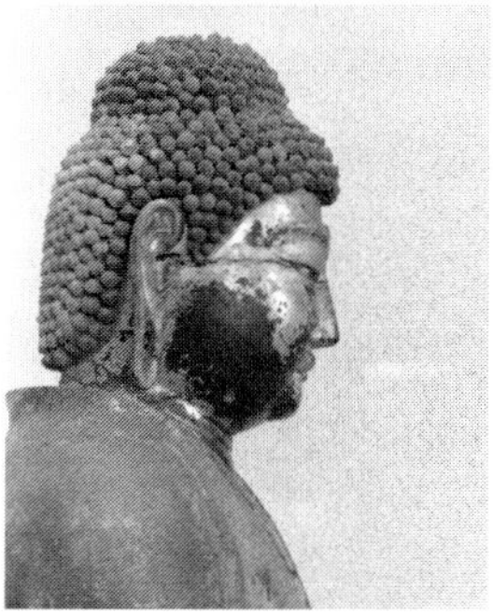

Mahâvairochana, bois doré, Japon, époque de Heian, Xe siècle

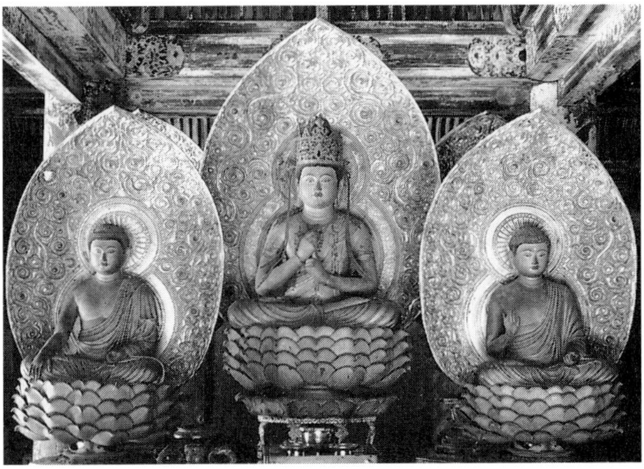

Dainichi Nyorai (Mahâvairochana) avec, à droite, **Miroku Nyorai** et, à gauche, **Ashuku Nyorai,** Japon, mont Kôya, Sambai-in XIIIe siècle

(Mahâvairochana, le Grand Vairochana ; jap. Makabirushana), une sorte d'Âdi-Buddha ou Bouddha primordial (voir plus loin), ou comme le premier parmi les Bouddha de sagesse (Jina, Dhyâni-Buddha), auquel cas il est simplement nommé Vairochana (jap. Birushana). Dans la secte Tendai, il est nommé Birushana Butsu (ou Nyorai)[22], Rushana Butsu ou encore Roshana [23]. Dans la secte Shingon, Dainichi Nyorai est vénéré sous trois aspects : celui de Bouddha suprême (Mahâvairochana), de Jina (ou Tathâgata ; jap. Nyorai) appelé Vairochana, et comme un Vidyârâja [24]. Les quatre autres Jina sont alors considérés comme étant simplement des manifestations de Dainichi Nyorai. Nous avons déjà vu qu'il est appelé au Japon Ichiji Kinrin Nyorai lorsqu'il est considéré comme unificateur des deux parties du monde (les deux mandala). À part Amitâbha, Vairochana est le seul des Cinq Bouddha de sagesse qui soit au Japon l'objet de cultes vivants, surtout parmi les fidèles des sectes ésotériques Shingon et Tendai. Les autres Tathâgata ne semblent être là que pour remplir un besoin de symétrie et jouer un rôle logique. S'ils furent vénérés au début de l'introduction des doctrines ésotériques au Japon, ils ne connurent guère de faveur par la suite, et la tendance populaire fut de remplacer ces divers Jina par des divinités plus familières et plus accessibles à la compréhension de leur rôle, comme Bhaishajyaguru, Shâkyamuni ou encore Kshitigarbha. Il ne semble pas cependant que le culte de Vairochana ait donné lieu, au Japon ou ailleurs, à des formes ou à des pratiques culturelles populaires. Le bouddhisme ésotérique demeura un bouddhisme de moines, les doctrines tantriques étant beaucoup trop complexes pour pouvoir être aisément comprises et acceptées par le peuple. En Asie, les masses se sont toujours montrées plus affectives qu'intellectuelles. Les hommes n'aiment guère (excepté peut-être les moines) philosopher sur la religion ou sur les attributions plus ou moins symboliques qu'il convient d'accorder à telle ou telle divinité. Ils préfèrent vivre leurs croyances, « sentir » leurs divinités. Ils seront plus volontiers portés à rêver devant une attitude qui leur inspirera un sentiment plutôt qu'à philosopher sur une vertu divine inaccessible à leur entendement ou même à leurs possibilités. L'homme « voit » la divinité de la nature, il la sent, mais à la condition que cette nature lui soit proche et connue : le cosmos le laisse indifférent. En fait, il n'apprécie que fort peu la dimension abstraite de la divinité : il ne comprend bien son rôle que par analogie. Pour les Japonais, Dainichi Nyorai est le Soleil, tout comme le Kami Amaterasu Ômikami du Shintô à qui les doctrines syncrétiques l'ont assimilé. Les autres aspects solaires ou intellectuels de la divinité lui importent assez peu. En toute chose il demeure pragmatique.

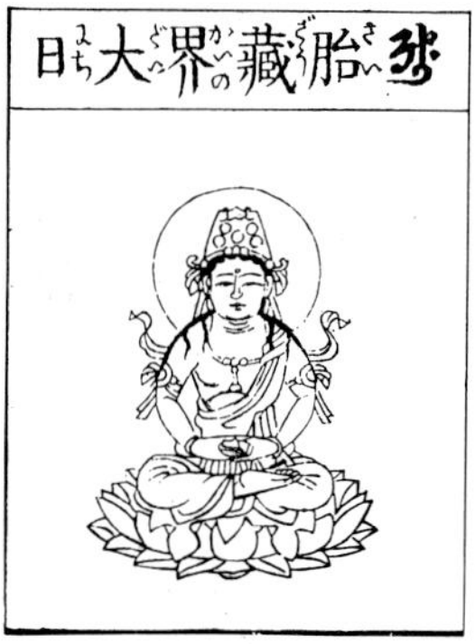

Dainichi Nyorai du Taizô-kai

Mahâvairochana est considéré par certaines sectes ésotériques du bouddhisme du Nord, telles que les sectes Hossô, Kegon, Tendai et Shingon au Japon, comme le transmetteur de la Doctrine du Yogâchara au sage indien Vajrasattva qui, selon la légende, vivait dans une tour de fer en Inde du Sud. À son tour Vajrasattva transmit la Doctrine à Nâgârjuna et lui enseigna la signification du grand mandala en deux parties (Vajradhâtu et Garbhadhâtu). Après lui, Nâgabodhi, Vajrabodhi et Amoghavajra introduisirent cette doctrine en Chine vers 720, d'où elle passa ensuite en Corée et au Japon, puis au Nepâl et au Tibet. Dans cette doctrine, qui se greffa sur celles du Mahâyâna au Ve ou au VIe siècle et qui fut exposée par Asanga (lequel se prétendait inspiré par Maitreya), le but principal du fidèle est d'obtenir l'union mystique

(*Yoga*, mot provenant de la racine sanskrite *yug* qui signifie « union ») avec la Divinité suprême. Cette union est symbolisée au Nepâl et au Tibet par l'« embrassement » de la Divinité et de sa parèdre (ou Shakti) dans l'attitude appelée Yab-yum, « père-mère », la divinité Yab représentant le monde du Vajradhâtu cependant que Yum représente celui du Garbhadhâtu. Cette union sexuelle symbolise donc l'union intime du spirituel et du matériel, sans laquelle rien ne saurait exister. Elle est réminiscente de l'union intime du *linga* et de la *yoni* des doctrines hindoues des cultes de Shiva. En Chine et au Japon, cette représentation trop évidente fut remplacée par le symbole de la mudrâ du poing de sagesse (jap. Chiken-in) ou des six éléments. Mais nous avons vu que la personnalité de cette grande divinité pouvait être conçue sous plusieurs aspects, selon les sectes et les pays : Divinité suprême, Jina ou force terrible.

En tant que Bouddha suprême, les mudrâ utilisées par les diverses formes de Mahâvairochana sont différentes dans les représentations appartenant soit au domaine du Vajradhâtu, soit à celui du Garbhadhâtu[25], bien que l'aspect général de la Grande Divinité soit à peu près le même : il a une tête de Bouddha avec les cheveux coiffés en un chignon cylindrique entouré d'une haute couronne (cette dernière est parfois absente sur certaines sculptures, soit en raison d'une perte, soit en raison du non-conformisme de l'artiste). Il est représenté en Bouddha paré, avec une robe princière, l'épaule droite dénudée, et il arbore colliers et bracelets[26]. Dans le mandala du Vajradhâtu, il a les mains en Dhyâna-mudrâ (les pouces se touchant), tandis que dans celui du Garbhadhâtu, ses mains forment une mudrâ particulière, en poing de sagesse (jap. Chiken-in) ou des six éléments[27], représentant l'Union mystique. Dans certains autres cas, il peut tenir dans les mains des attributs : dans la main droite un joyau magique (chintâmani), un trident, un glaive ou une corde (comme Achalanâtha) ; dans la main gauche un vajra à trois pointes, un rosaire ou une clochette.

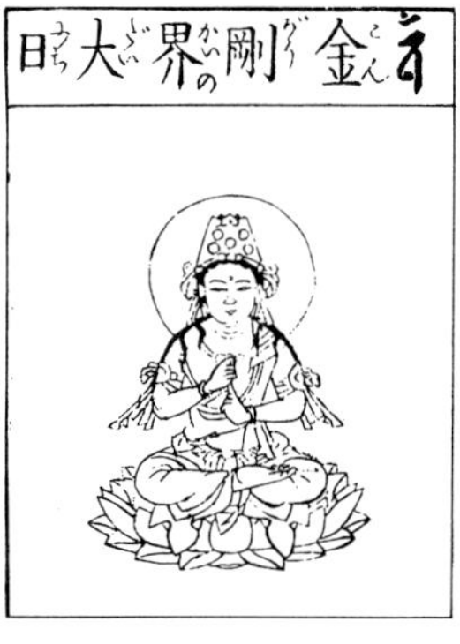

Dainichi Nyorai du Kongô-kai

Il n'est pratiquement jamais représenté en sculpture au Nepâl et au Tibet où il apparaît cependant souvent en peinture, soit en tant que Mahâvairochana, soit représentant l'Âdi-Buddha. En Chine et au Japon, ses effigies en sculpture sont au contraire nombreuses, et suivent les règles iconographiques indiquées dans les deux grands mandala. Dans ce dernier cas, il est parfois représenté tenant dans ses mains en Dhyâna-mudrâ une roue de la Loi.

Vairochana (jap. Rushana, Birushana ; chin. Palushena ; cor. Birusa-bul, Tae-il Yo-rae ; mongol Masi-Geigülün Choquiqchi ; tib. Rnam-spar snang-mdzad)

Sous ce nom, ce Grand Bouddha est considéré non plus comme le Bouddha suprême mais comme un des Cinq Jina (jap. Gochi Nyorai). Le Bouddha historique en serait une forme provisoire. D'après le *Bonmô-kyô*[28], Vairochana, siégeant sur un lotus à mille pétales, aurait « émis » mille milliards de Bouddha réels[29] pour enseigner les mondes. Il est alors représenté assis sur une fleur de lotus, la main droite en absence de crainte, majeur incliné (secte Shingon), la main gauche reposant dans le giron, paume tournée vers le haut. Son auréole est ornée d'une infinité (mille en principe) d'images du Bouddha historique[30]. Au Tibet, Vairochana est représenté vêtu de la robe monastique, avec les attributs habituels du Bouddha : ûrnâ, ushnîsha, etc., les mains

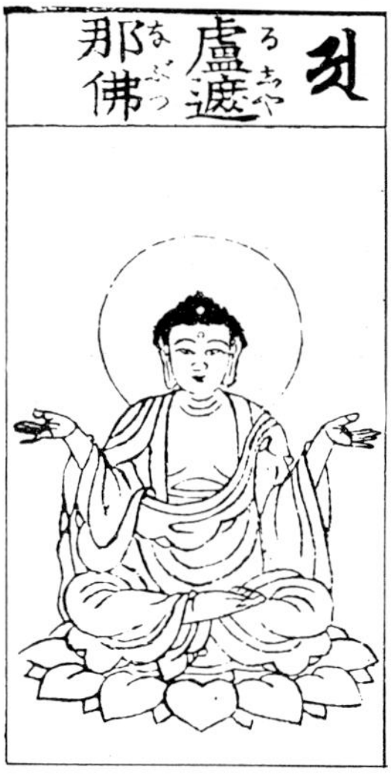

Rushana Butsu (Vairochana)

en Dharmachakra-mudrâ. Lorsqu'il est représenté en embrassement avec sa Shakti (appelée Lochanâ ou Vajrashâtîsvarî), il est habillé comme un Bodhisattva et tient une roue de la Loi et une clochette. Il est assis sur un lotus bleu. Lochanâ pour sa part l'enlace étroitement de ses jambes et tient une calotte crânienne et un couteau (parfois un chakra). Leurs corps sont blancs. Le lion est leur animal-support (vâhana).

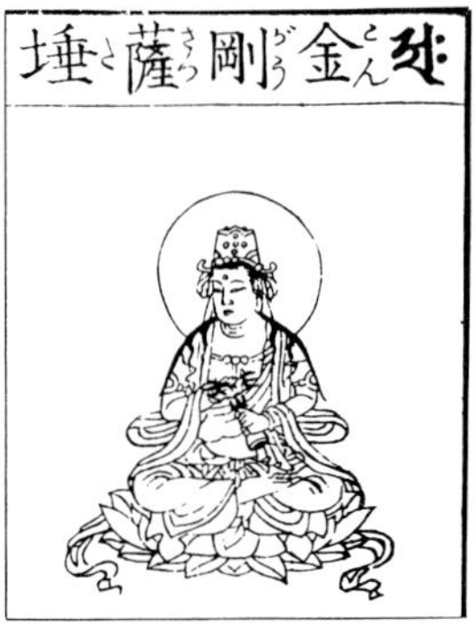

Vajrasattva (Kongô-satta)

Vajrasattva[31] (jap. Kongô-satta ; chin. Wozi Luosa-zin ; tib. Rdo-rye Sems-dpa)

Dans la secte Shingon, il représente, sous ce nom, une forme active de Mahâvairochana et est considéré comme le Bouddha suprême dans le rituel secret[32]. Il est, au Tibet, l'Âdi-Buddha. Il est également parfois considéré comme un « disciple direct » (ou émanation) de Mahâvairochana[33]. C'est, dans le *Garbhadhâtu Mandala*, le Bouddha suprême. On le représente assis en Padmâsana sur un lotus, les deux pieds cachés par la robe, vêtu d'une simple robe monastique lui laissant l'épaule découverte, avec un très haut chignon[34] et des bracelets. Sa main droite tient un double vajra à cinq pointes sur la poitrine, sa main gauche une clochette (avec un manche terminé par un vajra à cinq pointes) sur la hanche ou sur le creux de la cuisse. Ou bien, mais plus rarement, au Japon surtout, il a les mains en Kongô-ken-in (Vajramushti-mudrâ) ou en Sankaisaishô-in. On peut aussi parfois le voir représenté avec plusieurs bras et monté sur un éléphant (rare)[35]. Sa forme terrible est celle d'un Vidyârâja, en général Râgavidyârâja[36]. Il est alors accompagné, sous sa forme multiple et secrète, appelée Go-himitsu Bosatsu[37] au Japon, de quatre « rois de diamant » (Vajrarâja) représentés ensemble dans une même auréole et assis sur un même lotus[38]. Vajrasattva est souvent représenté accompagné des quatre gardiens des quatres horizons, principalement sur les mandala. Il peut également être monté sur quatre éléphants orientés sur lesquels se trouvent les effigies des quatre Lokapâla. Dans sa couronne peuvent se trouver représentés les Cinq Jina. Sa parèdre est une Târâ.

Au Japon, il peut prendre une forme terrible avec quatre ou six bras, et avec un vajra et un crâne humain (ou une tête de lion) dans sa coiffure. Il tient alors le vajra et la clochette, un arc et une flèche, une corde et un glaive (voir à *Râgavidyârâja*).

Mahâvairochana identifié à Bhaishajyaguru[39]

Il est alors représenté comme un Bodhisattva, avec une haute couronne, la robe laissant l'épaule droite dénudée, mais sans ornement. Il peut alors avoir les mains soit en Dhyâna-mudrâ (pouces se touchant), soit en Dharmachakra-mudrâ (ou en Chiken-in). Cette identification est propre au Japon.

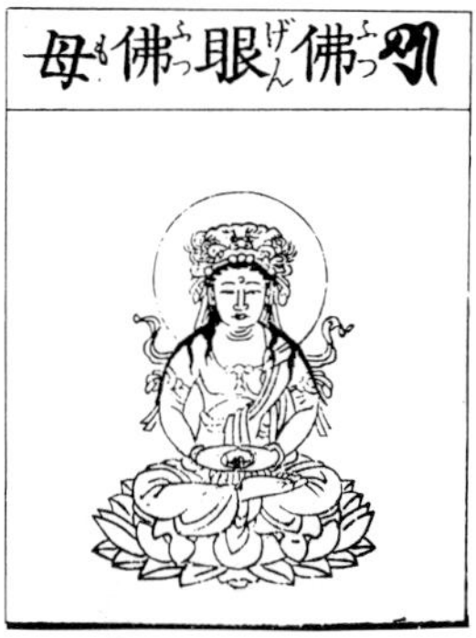

Butsugen Butsumo

Mahâvairochana identifié à Ekâkshara Ushnîshachakra
(jap. Ichiji Kinrin Nyorai)

Il peut prendre plusieurs noms et aspects[40]. Au Japon, cette forme est également considérée comme étant « les yeux » de Mahâvairochana. Il peut avoir le nom de Buddhalochanî (jap. Butsugen-son, Butsugen Butsumo) dans le *Garbhadhâtu Mandala* et assumer une forme féminine. Il a parfois une tête de lion sur sa coiffure et les mains réunies en Dhyâna-mudrâ (pouces se touchant). Ce Bouddha suprême de la secte Tendai au Japon est symbolisé par une roue d'or à huit rayons. Il peut également prendre d'autres aspects suivant les mandala[41]. Sous le nom de Buddhalochanî, Ekâkshara Ushnîshachakra (mains en Dhyâna-mudrâ) fait la liaison entre les deux grands mandala et concilie les deux aspects cosmiques représentés par ceux-ci. Chaque secte ou sous-secte voit ce « pont » s'effectuer de manière différente[42] et a conçu un grand nombre d'aspects transitoires d'Ekâkshara Ushnîshachakra[43], aspects qui sont loin d'être toujours fixés et dont les noms sont très souvent différents suivant la fonction et les pouvoirs, ou encore la place qu'on veut bien leur faire occuper entre les conceptions que ces sectes ont du Vajradhâtu et du Garbhadhâtu[44]... Ekâkshara Ushnî-shachakra est parfois appelé au Japon Daishô Kongô. Sous cette forme, il a douze bras dont deux mains en Chiken-in et deux autres tenant la clochette et le vajra. Les autres mains tiennent, à droite : le glaive, le rosaire, le bâton et le triple joyau ; à gauche : la roue, la corde, le double vajra en croix, le lotus ouvert. Sa coiffure est nouée en sept chignons et il est assis en Padmâsana sur un lotus. Il combine alors les forces de Mahâvairochana et de Vajrasattva[45].

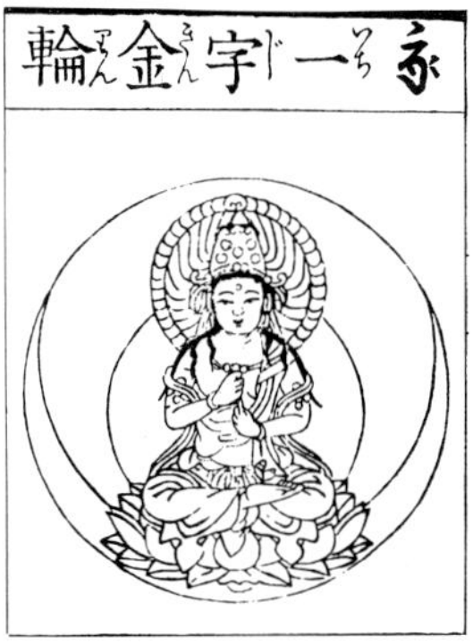

Ichiji Kinrin Nyorai

Mahâvairochana sous son aspect normal est presque toujours accompagné par quatre Bodhisattva assumant une forme féminine et appelés Pâramitâ (jap. Haramitsu), symbolisant les quatre sapiences et le reliant aux grands Bodhisattva[46].

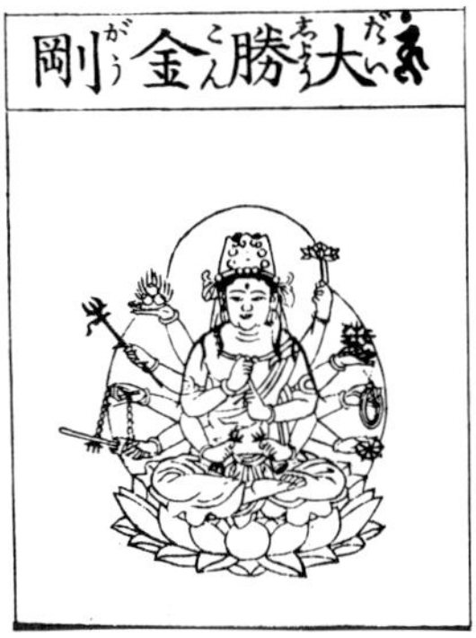

Daishô Kongô

Sudrishti ou Dhruva (jap. Myôken, Myôdô Bosatsu[47])

Sous ce nom, Dainichi Nyorai est invoqué au Japon comme étant le Bodhisattva de l'Étoile polaire, « qui ne change apparemment jamais avec le temps, le point au centre du cercle dont on ne peut sortir[48] ». Il est également identifié au *Soma* (jap. *Kanro*), incarnant ainsi l'ambroisie divine, la liqueur d'immortalité. Cette forme est surtout vénérée dans le nord du Japon, et plus particulièrement à Fukushima et dans l'île de Hokkaidô où elle est considérée comme protectrice des chevaux et des animaux sauvages, sous le nom de Sôzen (ce dernier nom aurait servi à désigner, autrefois, un cheval blanc[49]). On le nomme aussi Sonshô-ô et Myôjin lorsqu'il est identifié au cheval blanc messager des Kami du shintô. Dans d'autres régions, Myôdô Bosatsu est considéré comme le protecteur des vers à soie. On le représente, surtout en peinture, assis sur un lotus blanc, une couronne sur la tête, les mains en Dhyâna-mudrâ[50]. Sur les mandala, Myôdô est représenté accompagné des sept étoiles de la Grande Ourse[51], lesquelles seraient, selon une légende japonaise, les sept vies du célèbre guerrier révolté Taira no Masakado qui, en 939, osa se rebeller et se proclamer empereur, mais qui fut vaincu l'année suivante et tué au cours d'une furieuse bataille. Selon certains, Myôdô Bosatsu serait la japonisation du dieu chinois de la Littérature Guixing (une étoile). On le représente, en peinture, sous quatre formes principales :

– Personnage féminin (?) monté sur un dragon, debout sur un seul pied dans les nuages, avec quatre bras, les deux supérieurs portant des étoiles, les deux autres un pinceau et un livre. Un Yaksha et un Deva sont ses acolytes habituels[52].

– Personnage féminin (?) assis en Padmâsana sur un nuage, la tête couronnée, avec un haut chignon et une touffe de poils blancs entre les sourcils (*ûrnâ*), la main droite tenant une fleur de lotus sur laquelle repose la constellation de la Grande Ourse[53], la main gauche en Varada-mudrâ.

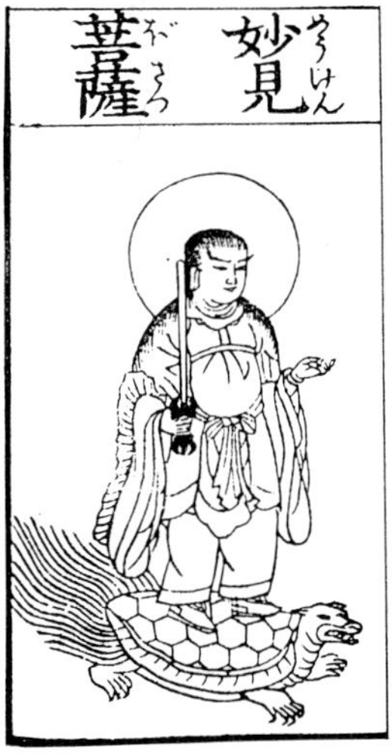

Sudrishti (Myôken)

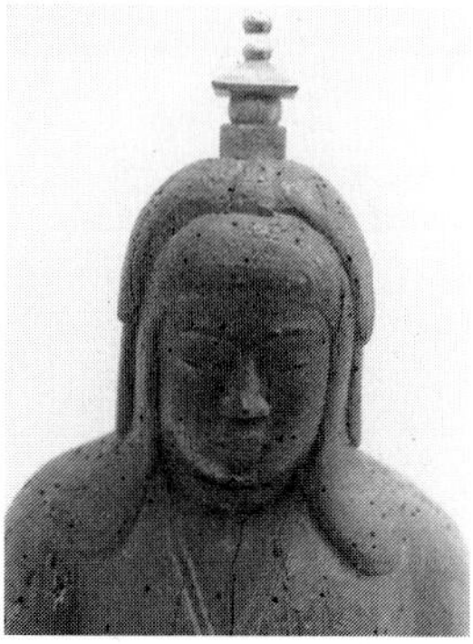

Uhô-dôji, bois, Japon, Nara, Hokke-ji, XIVe siècle

– Personnage féminin (?) assis sur un nuage, la tête hérissée de serpents et un rictus montrant des crocs, avec quatre bras (mains droites : glaive et pinceau ; mains gauches : livres et chakra)[54].
– Homme debout ou assis sur une tortue et tenant un livre ou un glaive, parfois accompagné de deux acolytes.

Il est à signaler que Myôdo Bosatsu est parfois assimilé dans les croyances populaires à Kshitigarbha (voir note 49).

Enfin on trouve souvent une image de Vairochana dans la coiffure de Mârîchî.

Incarnation temporaire au Japon

Les doctrines syncrétiques shintô-bouddhiques ont créé une incarnation temporaire (Gongen) de Vairochana appelée Uhô-dôji. Cette divinité féminine est réputée avoir le pouvoir de chasser la malchance. Elle affecte la forme générale des Kami (lorsque ceux-ci sont représentés sous forme humaine) mais avec un petit stûpa (ou reliquaire, *hôtô*), posé sur la tête[55]. Elle tient un chintâmani dans la main gauche et un bâton de sagesse (jap. *hôbô*) dans la main droite. Sur ses pieds marche un tanuki (*viverridé*) blanc. On confond parfois cette divinité avec une des formes de Mârîchî (jap. Marishi-ten). Ses représentations sont rares en sculpture et plus encore en peinture après l'époque de Muromachi (XVIe siècle).

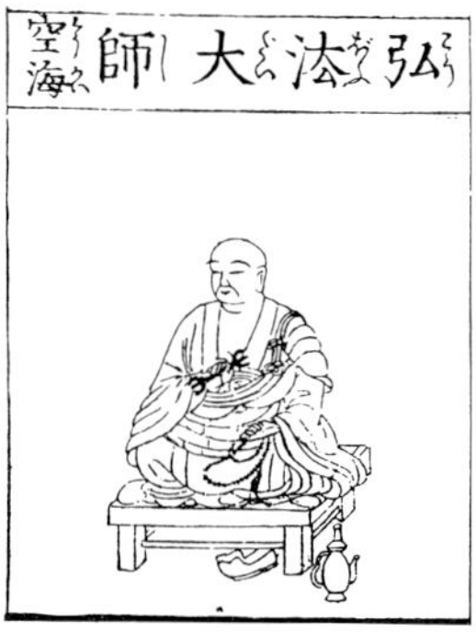

Kûkai (Kôbô Daishi)

Le moine Kûkai (Kôbô Daishi, 774-835)

Il se serait révélé lui-même comme étant une forme de Vairochana, lors de la discussion de la doctrine du Shingon avec les chefs des autres sectes[56]. Cette image est appelée au Japon Hasshûron Dainichi Nyorai (Vairochana des huit sectes). Vairochana-Kûkai est alors représenté avec un haut chignon sous un dais de sept étoiles, et réalisant le poing de sagesse (Chiken-in).

Rappelons enfin que sa couleur est blanche (ainsi que celle de sa parèdre Lochanâ), qu'il correspond à l'élément éther, que son Bodhisattva de correspondance est Samantabhadra, enfin qu'il est censé représenter le Bouddha historique Krakucchanda.

AKSHOBHYA (jap. Ashuku Nyorai ; chin. Achu ; tib. Mi-bskyod-pa, Mi-khrugs-pa ; mongol Ülü Kudelüki)

C'est le second des Cinq Grands Jina (ou Dhyâni-Buddha), l'Immuable, l'Inébranlable[57] Tathâgata. Il correspondrait au Bouddha historique Gautama lors de la prise à témoin de la terre par Celui-ci. Akshobhya subjugue donc les passions démoniaques et manifeste le pur esprit de l'Éveil sans souillure[58]. Il a formulé le vœu de n'éprouver jamais ni colère ni répulsion et de demeurer inébranlable dans l'accomplissement de la tâche qu'il s'était fixée. Il préside au paradis de l'Est Abhiratî (jap. Myôki) et, par rapport à Amitâbha (soleil couchant), il correspond au soleil levant. C'est pourquoi il est parfois remplacé, dans la ferveur populaire qui le connaît peu, par Bhaishajyaguru dont la terre d'élection se trouve également à l'est.

Akshobhya est mentionné dès le début du IIIe siècle dans le *Prajñâpâramitâ-sûtra*, comme il le sera plus tard dans le *Saddhar-*

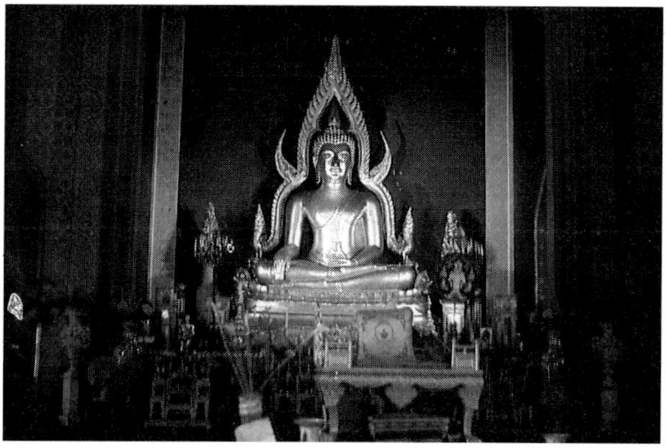

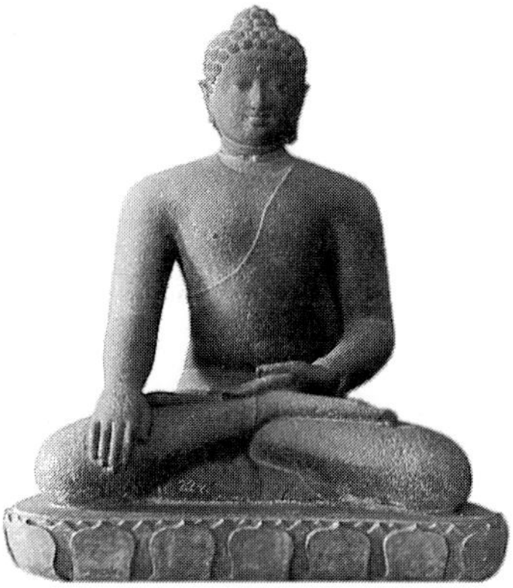

Bouddha "Jinarat", bronze doré, Thailande, Bangkok, fin XVIIIe siècle

Akshobhya, pierre, Java, Borobudur, fin VIIIe siècle, Jakarta, musée national

mapundarîka-sûtra et le *Sukhâvatî-vyûha*. Son culte paraît attesté en Chine dès l'époque des Han postérieurs. Introduit au Japon en même temps que les deux grands mandala, il ne connut guère de popularité et fut remplacé par Yakushi Nyorai, dont l'éclat éclipsa très vite le sien. Après la période de Heian, pendant laquelle il fut vénéré par les tenants des sectes ésotériques, il ne fut plus représenté que sur les mandala, en compagnie des autres Jina, dans la série des Gochi Nyorai. Il y a cependant lieu d'observer que dans ce pays, Ashuku fait toujours partie des treize Bouddha de la secte Shingon [59].

On lui prête les vertus de « Connaissance du miroir » (*Adarshajñâna*), c'est-à-dire de la vacuité (le miroir, symbole de cette vacuité, peut également, rappelons-le, symboliser le soleil et, dans ce cas, il aurait la « connaissance parfaite » de Mahâvairochana). Dans le domaine du *Garbhadhâtu Mandala*, il prend le nom de Ratnaketu (jap. Hôtô Nyorai) et représente le « respect du Bouddha ».

En Inde et dans les pays où le bouddhisme des écoles du Sud fleurit, c'est cet aspect du Bouddha historique qui est le plus souvent vénéré, dans l'attitude de la prise de la terre à témoin (Bhûmishparsha-mudrâ) ; on ne le nomme pas Akshobhya mais simplement le Bouddha. Ce n'est que dans les doctrines du Mahâyâna qu'il prend le nom d'Akshobhya et prend place dans le groupe des Cinq Bouddha de sagesse.

Au Tibet, il est représenté comme étant le Bouddha Gautama mais prend parfois le nom de Vajrâsana. Il est alors représenté en Bhûmishparsha-mudrâ, mais avec un vajra posé devant lui sur le lotus-siège (ce vajra est parfois placé sur la paume de sa main gauche). Toujours au Tibet, on peut le représenter en embrassement avec sa Shakti (en Yab-yum) qui a le nom de Mâmakî (aussi appelée Lochanâ). Il est parfois supporté par un éléphant, et une svastikâ est souvent gravée sur le socle de ses images ou sur sa poitrine.

Sur les mandala, on le représente de couleur or ou bleue (couleurs opposées ou confondues) [60], assis en Padmâsana, les deux pieds apparents, ou bien assis en Vajrâsana (pied droit sur jambe gauche), la main droite en Bhûmishparsha, la main gauche fermée sur le genou, ou bien ouverte paume tournée vers le haut, sur le giron (tenant ou non un vajra), ou bien encore tenant un pan de sa robe. Il ne porte ni couronne ni bijoux.

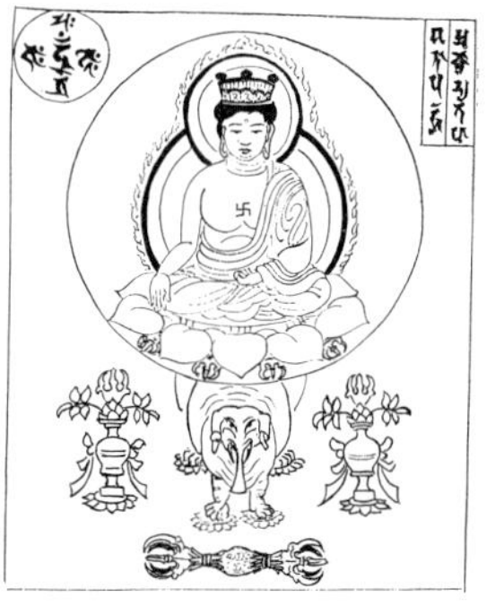

Ashuku Nyorai (Akshobhya), forme ésotérique

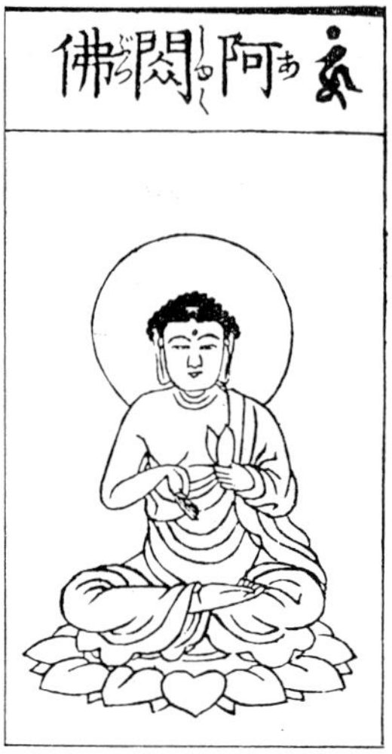

Akshobhya
(Ashuku Nyorai)

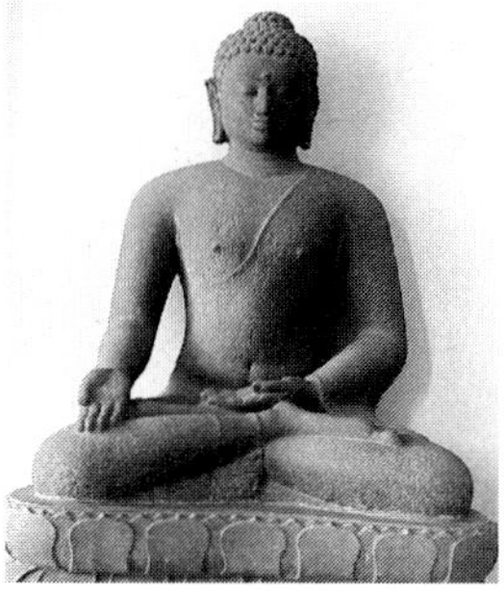

Ratnasambhava, pierre, Java, Borobudur, fin VIIIe siècle, Jakarta, musée national

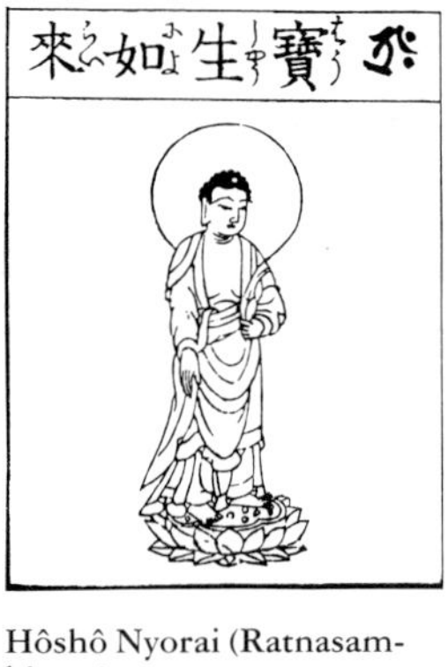

Hôshô Nyorai (Ratnasambhava)

Sur le mandala du Garbhadhâtu, il est normalement assisté de quatre Bodhisattva[61]. Sur celui du Vajradhâtu, avec le nom de Ratnaketu, il est représenté comme Akshobhya, mais sa main droite se trouve à l'extérieur et à la hauteur de son épaule, tandis que sa main gauche tient un pan de sa robe à hauteur de l'épaule. Il est très rarement représenté sous cette dernière forme.

On trouve parfois une image d'Akshobhya dans la coiffure de Mañjushrî, de Yamântaka, de Prajñâpâramitâ et des Târâ. Dans sa forme tibétaine en Yab-yum, il embrasse sa Shakti qui tient dans la main gauche une calotte crânienne. Lui-même tient un vajra vertical dans la main droite et une clochette dans la main gauche. Il porte alors un diadème autour de ses cheveux coiffés en haut chignon. Son corps est bleu foncé, tandis que celui de sa parèdre est bleu clair. Rappelons que le Bodhisattva qui lui correspond est Vajrapâni et qu'il est censé représenter le Manushi-Buddha Kanakamuni. L'élément air lui est attribué.

RATNASAMBHAVA (jap. Hôshô Nyorai ; chin. Baosheng Fo ; tib. Rin-gbyun ; mongol Erdeni-in Oron)

C'est le Tathâgata qui est « la source des choses sacrées », « Celui qui gère les trésors », « Celui qui est né du joyau ». C'est le troisième des Jina de la série des Cinq Tathâgata (Dhyâni-Buddha), et peut-être le moins populaire de tous. Il siège au sud où se trouve sa terre de prédication.

Ratnasambhava ne fait pratiquement jamais l'objet d'un culte en tant que divinité indépendante du groupe des Cinq Jina. Très rarement représenté en sculpture (sauf au Borobudur à Java), on ne le rencontre que sur les mandala, où il est parfois accompagné de quatre Bodhisattva[62]. Sur le mandala du Vajradhâtu, il est représenté de couleur or (ou jaune), assis en Padmâsana, la plante des pieds apparente (parfois, mais plus rarement, il est debout), l'épaule droite dénudée ou non, parfois couronné. Sa main droite est en Varada sur le genou (avec parfois des bijoux coulant de ses doigts), et sa main gauche tient un pan de sa robe sur sa hanche ou au creux de ses cuisses ; cette main peut également tenir un chintâmani ou être fermée en poing de sagesse.

Sur le mandala du Garbhadhâtu, il présente le même aspect général, mais la main droite est en Varada-mudrâ devant la poitrine.

Au Tibet, il est souvent représenté (dans le cadre des Cinq Grands Bouddha de sagesse) en embrassement avec sa Shakti Mâmakî. Il est doré et tient dans la main droite un chintâmani, dans la main gauche une clochette. Sa parèdre (de couleur jaune clair) tient une calotte crânienne dans la main gauche. Il est couronné et a les cheveux coiffés en un haut chignon. Un cheval, son animal-support (*vâhana*), est parfois représenté sur son socle-lotus.

Il représente le Manushi-Buddha Kâshyapa, l'élément feu, et son Bodhisattva de correspondance est Ratnapâni. Théoriquement, le lotus qui lui sert de trône devrait être jaune. En fait il est presque toujours rose. Il est parfois remplacé, dans son horizon, par Prabhûtaratna.

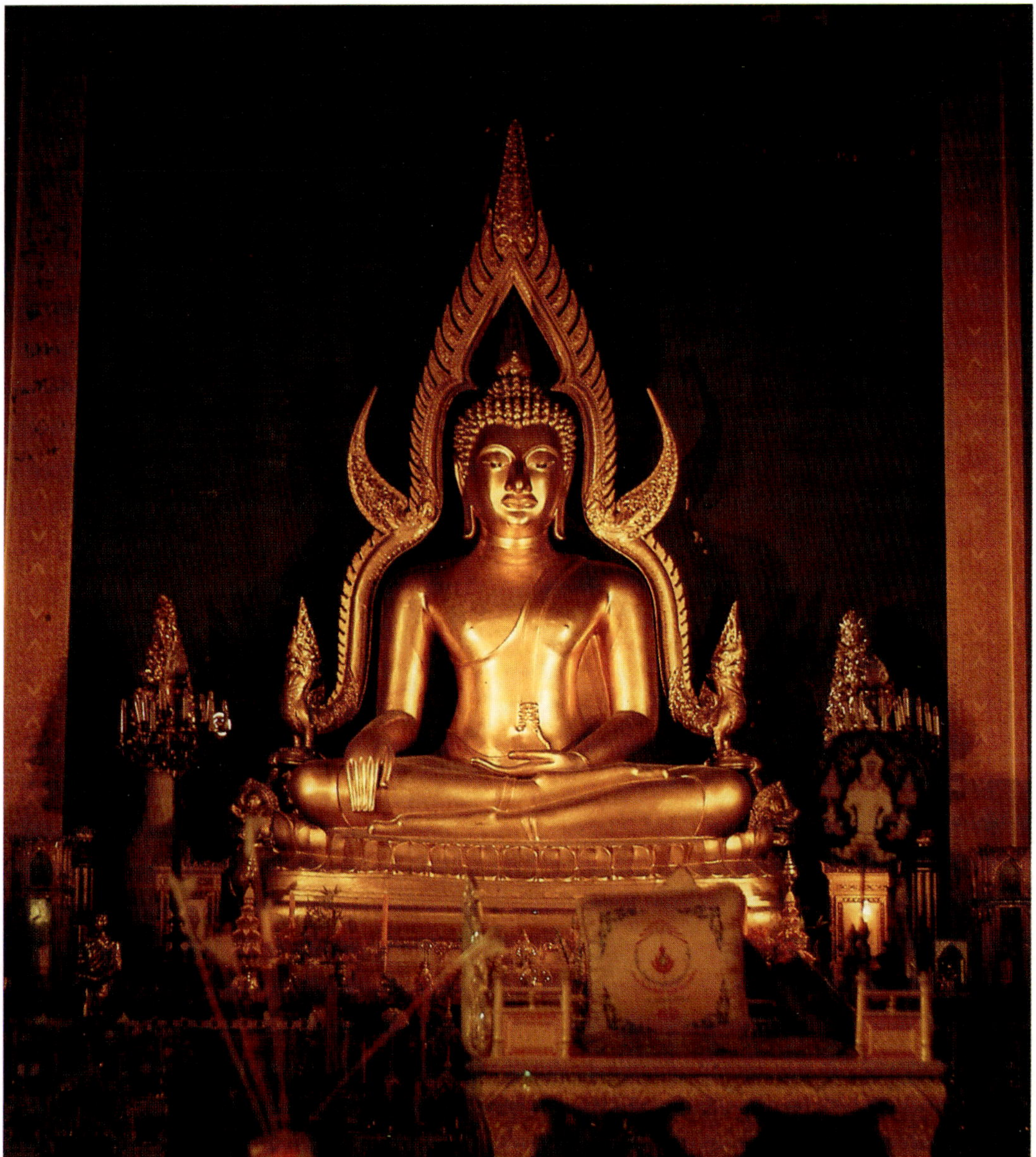

Bouddha Jinarat, bronze doré, Thaïlande, Bangkok, XVIe siècle.

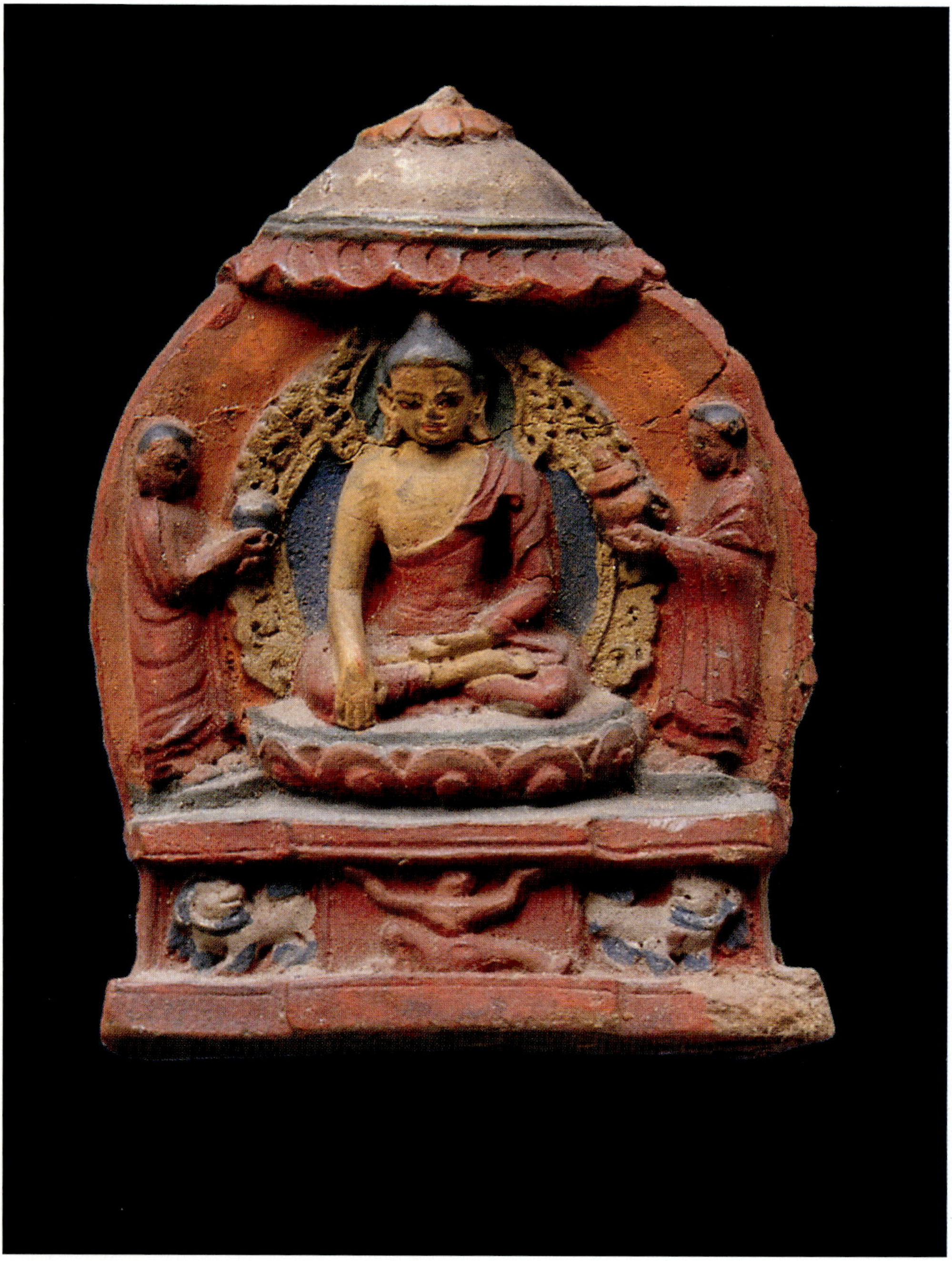

Bouddha Akshobhya, terre peinte, Bhûtan, XXe siècle, collection privée.

AMITÂBHA

C'est le quatrième Jina qui représente le Bouddha historique Shâkyamuni Gautama, et dont nous avons parlé précédemment. Il est évidemment vénéré avec le groupe des Cinq Tathâgata, mais fait aussi, comme nous l'avons vu, l'objet d'un culte complètement indépendant.

AMOGHASIDDHI (jap. Fukûjôju Nyorai ; tib. Don-grub)

Ce cinquième et dernier Jina, « Celui dont l'accomplissement n'est pas vain »[63], est « Celui qui préside au nord » où se trouve son paradis. On l'identifie parfois (ou on le remplace) par le Bouddha Gautama. Ne faisant jamais l'objet d'un culte séparé, il est rarement représenté autrement que sur les mandala et dans les groupes montrant les Cinq Tathâgata. Dans le domaine du Garbhadhâtu, il est appelé Divyadundhubhimeghanirghosha, « Celui dont la voix est semblable à celle du tonnerre » (jap. Tenkuraion Nyorai). Il est appelé Mimyôshô Nyorai (jap.) dans le *Suvarnaprabhâsa-sûtra*. Il est normalement accompagné de quatre grands Bodhisattva[64] ; ses mains et ses pieds sont cachés par sa robe. Dans le *Vajradhâtu Mandala*, il tient sa main droite en Bhûmishparsha, sa main gauche étant fermée sur le creux de sa cuisse.

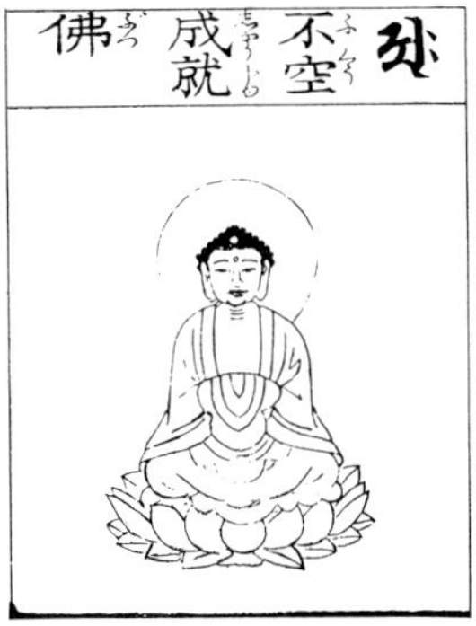

Amoghasiddhi (Fukûjôju Nyorai)

On le représente normalement en Bouddha de sagesse, de couleur verte, assis en Padmâsana, la main droite en absence de crainte, la main gauche tenant un pan de sa robe. Il est alors parfois assisté par deux Bodhisattva de la médecine, Bhaishajyarâja (jap. Yaku-ô) et Samudgata (jap. Yaku-jô), qui sont deux formes d'Avalokiteshvara.

En Chine, il fut parfois montré assis « à l'européenne », mains en Abhaya-Varada-mudrâ (à Dunhuang notamment), représentant ainsi son Manushi-Buddha, Maitreya.

En Inde et en Asie du Sud-Est (à Borobudur, Java), il est représenté comme un Bouddha normal (cheveux formant de petites boucles, ûrna, ushnîsha, épaule droite découverte, main droite en Abhaya-mudrâ, la gauche ouverte sur le creux des cuisses).

Au Tibet, il est parfois représenté en Yab-yum avec sa Shakti, Târâ, de couleur vert foncé (sa Shakti est plus claire), tenant à la main droite un quadruple vajra, et dans la main gauche une clochette. Bien que son lotus-support soit théoriquement gris-bleu, il est plus souvent peint en rose. Sur son socle sont représentés ses vâhana, des nains ailés ou des Kimnara (appelés Shenshang en chinois). Il correspond à l'élément terre et au Bouddha du futur, Maitreya. Il est évidemment placé au nord.

ÂDI-BUDDHA

(tib. Dus-khyi-hkor-lohi Btsan, Mchog-gi Dang-po-hi sangsrgyas ; mongol AnghanBurhan)

Assez tardivement se développa, probablement au Nepâl vers le Xe ou XIe siècle, une théorie tendant à faire du bouddhisme du Mahâyâna une religion monothéiste. Cette théorie, répandue parmi les sectateurs de l'Aishvarika, se fondait sur une phrase de la *Gunakâranda-vyûha* affirmant qu'il y avait un Bouddha « Svayambhû » (existant de par lui-même), aussi appelé Âdi-Buddha (le Bouddha primordial), bien avant toutes choses. Selon l'école népalaise, cet Âdi-Buddha, de toute éternité, est infini, omniscient et peut être considéré comme le véritable créateur de tout ce qui existe. De lui seraient émanés les Cinq Jina ou Dhyâni-Buddha, aussi qualifiés d'Anupapâdaka, « sans parents ». Il serait l'émanation de la syllabe mystique *Aum* (tib. *Om*), représentée par une flamme surgissant d'une fleur de lotus. Il résiderait dans le plus haut des cieux, le treizième, selon la cosmologie népalaise. La secte (également népalaise) des Svâbhâvika imagina elle aussi un Âdi-Buddha. Cet Être suprême prit plusieurs noms, tels que Svayambhû, Îshvara, Svabhâva, Vajrapâni, Vajrasattva, Vajradhâra, Vairochana... Ces conceptions d'un Bouddha suprême ne furent pas acceptées partout et, au Nepâl comme au Tibet, ne connurent qu'une relative popularité, chaque secte concevant son Âdi-Buddha différemment, généralement assimilé à l'un ou l'autre des Grands Bouddha de sagesse. Au Tibet, une ancienne secte reconnaissait Mañjushrî comme Divinité suprême alors que les « Bonnets rouges » vénéraient Vajrasattva et les « Bonnets jaunes » Vajradhâra. En Chine, ce fut principalement Vajrasattva qui fut considéré comme le Bouddha suprême, et au Japon, Vairochana (Mahâvairochana) en tint lieu pour les sectes ésotériques. Dans le Mahâyâna du Sud-Est asiatique (et principalement à Java), une entité supérieure, principe de toutes choses, appelée Advaya, était vénérée comme Bouddha primordial, invisible, omniscient. Au Japon encore, selon les sectes, divers Jina, tels Amitâbha ou Bhaishajyaguru, tinrent la première place dans le panthéon bouddhique...

Au Nepâl (où il est symbolisé par une flamme sortant d'une fleur de lotus) et au Tibet, l'Âdi-Buddha est représenté comme un Bouddha paré, c'est-à-dire avec tous les ornements d'un Bodhisattva. Sa parèdre ou Shakti est alors Âdi-dharmâ (ou Âdi-prajña). Lorsque cet Âdi-Buddha est représenté en Yab-yum avec sa Shakti, il se nomme Yogâmbara, et sa parèdre prend le nom de Digâmbarâ ou Jñaneshvarî. Ils sont représentés comme des Bouddha, sans ornement. Yogâmbara a les mains en Dharmachakra-mudrâ et Jñaneshvarî en Dhyâni-mudrâ[65].

VAJRASATTVA (jap. Kongôsatta ; chin. Woziluosazui ; tib. Rdo-rje sems-dpah)

Sous cette forme, cet Âdi-Buddha, vénéré particulièrement au Tibet et en Chine, serait, d'après l'*Abhidânottara-tantra*[66], le « représentant de tous les Bouddha ». Au Nepâl il est identique à Svabhâva, selon la secte des Svâbhâvika, et il résiderait (ou se serait manifesté) sur le mont Meru. Il est symbolisé par une flamme surgissant d'un croissant de lune posé sur une fleur de lotus, ou par un trident posé sur cette même fleur. Il est, dans le panthéon tardif du Mahâyâna, l'équivalent de la divinité hindoue Brahmâ. Il remplace parfois Akshobhya dans le concert des Cinq Jina, et porte parfois une petite image de ce Dhyâni-Buddha dans sa chevelure (musée de Jakarta).

Généralement représenté en Bouddha paré et assis, il peut prendre plusieurs positions de jambes, Paryankâsana (le pied droit sur la cuisse gauche), Padmâsana, ou alors les jambes croisées aux chevilles. Il est surtout représenté en sculpture au Tibet, à Java et au Siam, alors qu'il apparaît plus fréquemment sur les mandala au Nepâl et en Chine. Il apparaît également, mais en position debout, sur des stèles, en compagnie des autres Dhyâni-Buddha et d'Akshobhya. Dans ce dernier cas, il a plusieurs têtes et bras. Mais il tient toujours un vajra et une clochette. Au Tibet, il est souvent représenté en Yab-yum avec sa Shakti Ghantapâni, et cette forme appartient au rituel secret.

Au Japon, nous avons vu précédemment que, sous le nom de Kongôsatta, il était souvent représenté non seulement sur les mandala mais également en sculpture. Il est fréquemment montré sur son vâhana, un éléphant blanc.

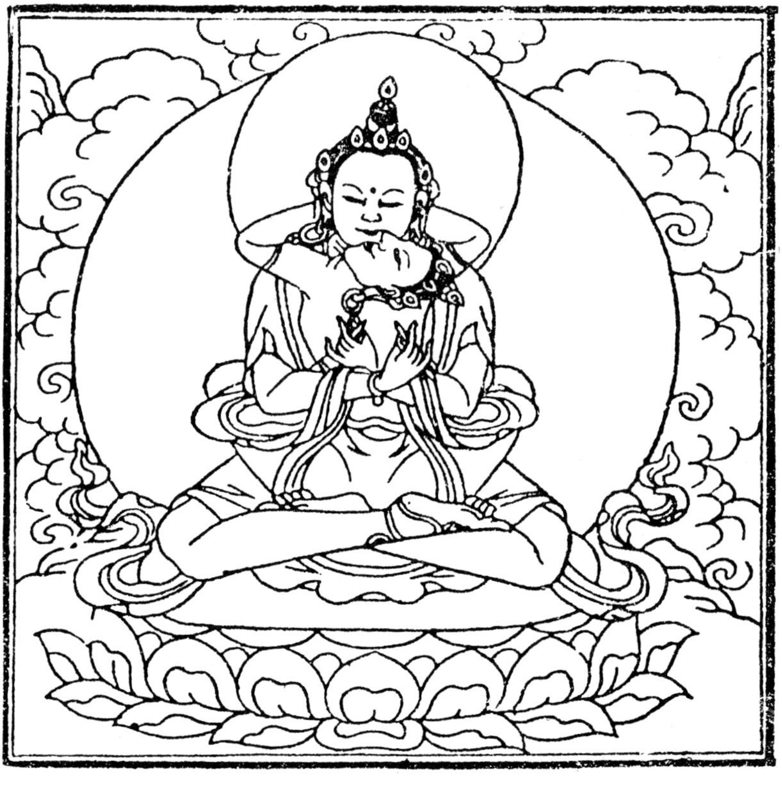

Vajrasattva en Yab-yum avec sa parèdre, gravure tibétaine

VAJRADHÂRA (tib. Rdo-rje-hchan ; mongol Ochirdara)

Il est souvent confondu avec Vajrasattva par certaines sectes, alors que d'autres lui donnent une existence indépendante. C'est l'Âdi-Buddha des « Bonnets rouges » et des « Bonnets jaunes ». Il est représenté comme un Bodhisattva, paré de tous ses ornements, les mains croisées sur la poitrine avec le vajra et la clochette, et de couleur bleu foncé. Le vajra et la clochette sont parfois supportés par une branche tenue dans ses poings croisés. Lorsqu'il est représenté avec sa Shakti Prajñâ-pâramitâ en position de Yab-yum, il tient ses deux attributs dans le dos de sa parèdre.

Cet Âdi-Buddha peut également être appelé Karmavajra. Dans ce cas sa main gauche tient un lotus et sa main droite est en Vitarka-mudrâ. Lorsqu'il est appelé Dharmavajra, il tient un double vajra sur la poitrine et une clochette sur la hanche [67].

Cependant ces deux aspect sont rares. Et les formes de Vajrasattva et de Vajradhâra sont parfois peu distinctes l'une de l'autre. Elles sont en fait confondues avec les aspects tantriques de Mahâvairochana.

V

LES BODHISATTVA DE COMPASSION

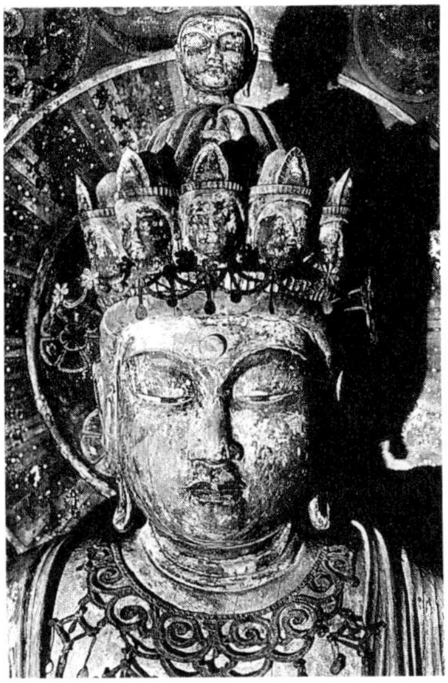

Jûichimen Kannon, bois coloré,
Japon, Nara, Murô-ji, IXe siècle

Avalokiteshvara
Divinités « donneuses d'enfants »

Les Bodhisattva sont des « êtres destinés à l'Éveil[1] », sortes de saints qui se préparent à devenir, par leurs mérites et leurs vertus, des Bouddha. Bien qu'en fait ils puissent être les égaux des Bouddha, le Mahâyâna les a conçus comme ayant renoncé à l'état ultime par pure compassion envers tous les êtres[2]. En tant que tels, « pour les plus dévôts de leurs sectateurs, les Bodhisattva sont des êtres de raison et n'existent absolument pas[3] ». En effet, ce qu'on appelle Bodhisattva et « perfection de sagesse[4] " n'est qu'un nom, et ce nom de Bodhisattva n'est perçu ni intérieurement, ni extérieurement, ni entre les deux. Cependant on parle d'êtres divers, mais aucun être n'existe. « Tous ces mots sont simplement des désignations et n'existent que comme désignations[5].»

Cependant, pour la plupart des sectateurs du bouddhisme des écoles du Nord (car nous avons vu que le seul Bodhisattva accepté par les tenants du Hînayâna était en fait le futur Bouddha Maitreya), les Bodhisattva représentent des intermédiaires entre le Bouddha inaccessible, inimaginable, indicible (tel qu'il est conçu en tant que Divinité suprême, Mahâvairochana ou Âdi-Buddha), et les êtres vivant sur cette terre d'impermanence et d'imperfection. Ce sont les intercesseurs divins, les « héros de charité et de sacrifice[6] », parés de toutes les vertus et de toutes les qualités, pourvus de toutes les forces et d'une inébranlable résolution dans l'accomplissement de leurs vœux. Ils sont des modèles parfaits, chers au cœur des fidèles car, doués de tendresse et de sensibilité, ils lui sont plus proches ; à ce titre, ils sont plus généralement vénérés et invoqués que les Bouddha eux-mêmes. Voués au salut du monde souffrant, il ne leur est pas permis d'entrer en totale concentration *(samâdhi)* : c'est pourquoi ils ne sont pas normalement représentés avec les mains en Dhyâna ou Samâdhi-mudrâ, mais dans des attitudes qui symbolisent le travail, l'activité qui sont les leurs. Ce sont des êtres éminemment actifs : ils ont fait « vœu d'éprouver tous les tourments à la place des êtres[7] ». Aussi leur audience, dans tout le monde du bouddhisme du Nord, est-elle immense, et le nombre de leurs représentations considérable. On leur donne de très nombreux noms qui tous traduisent les qualités ou vertus (ou activités) qu'on leur attribue. Car les fidèles vénèrent un certain nombre de ces Bodhisattva en fonction de leurs attributions.

Déjà connus des doctrines du Petit Véhicule, les Bodhisattva sont décrits dans plusieurs traités religieux indiens[8] et dans de nombreux traités et sûtra des sectes du Mahâyâna[9].

Selon ceux-ci, les Bodhisattva proviendraient de la pensée de Compassion *(Karunâchitta)*, de la Connaissance exempte de dualité

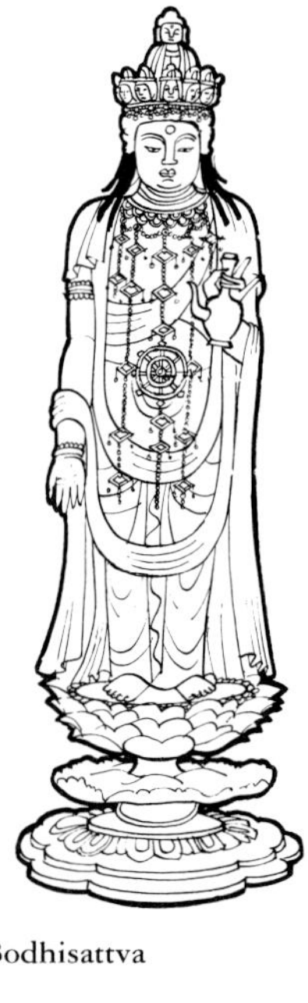

Bodhisattva

(Advayajñâna) et de la pensée d'Illumination *(Bodhichitta)*[10] : « Les Bodhisattva sont la pousse *(ankura)* qui surgit de la Grande Compassion tandis que les Bouddha en sont le fruit *(phala)* éloigné[11]. » D'après l'*Avatamshaka-sûtra*, il y a dix lieux de naissance (*Janmasthâna*) pour les Bodhisattva[12]. Ces derniers étant des Bouddha en puissance ayant renoncé au Nirvâna afin d'aider les êtres à faire leur salut, ils créent pour cela des « corps de métamorphose » *(Nirmâna)* ou « émanations », correspondances sous l'aspect desquelles ils apparaissent aux êtres. De la sorte, ils peuvent se manifester partout à la fois dans l'univers[13]. Les Bodhisattva furent connus très tôt dans l'histoire du bouddhisme et apparurent en Chine dès l'introduction des doctrines du Mahâyâna, dont ils devinrent inséparables. Après l'introduction des doctrines ésotériques, leur culte se diversifia, et de nombreux Bodhisattva furent créés pour satisfaire à la dévotion populaire. Certaines formes cependant furent plus en faveur que d'autres. Au Japon, où leur culte est attesté dès la fin du VIe siècle, ils devinrent les divinités les plus vénérées à partir de la période de Heian. L'empereur du Japon pouvait même, en certaines occasions, conférer le titre de Bosatsu (Bodhisattva) à des religieux particulièrement vénérés[14], pratique qui s'apparentait sans doute, dans le shintô, à la déification en Kami de personnages ayant réellement existé, et qui était alors relativement courante. Le bouddhisme ésotérique reconnaît quatre grands Bodhisattva ou « grands acolytes » (Mahâparivâra), qui sont les symboles des vertus du Grand Bouddha solaire Mahâvairochana :

– Au sud-est : Samantabhadra, considéré comme le chef des Bodhisattva[15], représente les mérites du « cœur de Bodhi ».
– Au nord-est : Maitreya, qui représente la Grande Compassion du Bouddha.
– Au sud-ouest : Mañjushrî, qui représente le mérite de l'enseignement de la Loi.
– Au nord-ouest : Sarvanîvaranavishkambhin, une forme d'Avalokiteshvara qui représente les mérites résultant de la destruction des obstacles sur le chemin de la Bodhi.

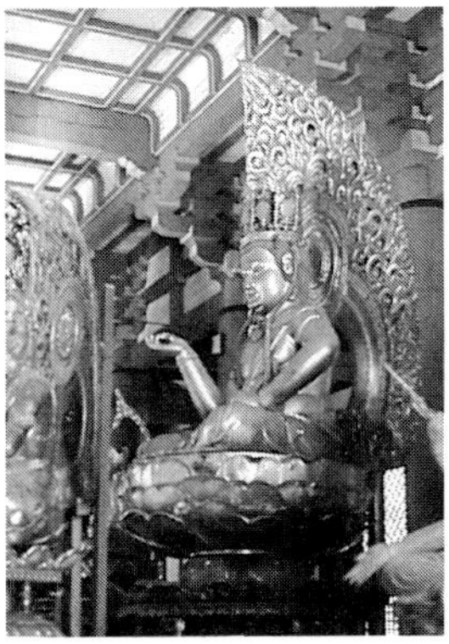

Vajrapâramitâ (Kongôharamitsu), bois doré, Nara, Tô-ji, XVIIe siècle

Dans le mandala du Garbhadhâtu, certains Bodhisattva représentent les causes dont les quatre Bouddha entourant Mahâvairochana sont les effets. Dans le mandala du Vajradhâtu, les Bodhisattva, au nombre de seize, représentent les vertus des quatre grands Bodhisattva. Ils sont assistés par seize autres Bodhisattva de contemplation, quatre « perfections » *(Pâramitâ)*, huit « offrandes » *(Pûjâ)* et quatre « moyens de conversion » *(Samgraha*; chin. *Shi)*.

Ces quatre Samgraha permettent, selon le *Bukkyô-Daijiten* (p. 1854), d'« appeler-inviter » les êtres, de les diriger, de les retenir fermement et de les réjouir : ce sont des moyens ou des méthodes de conversion... Certains de ces Bodhisattva revêtent alors une forme féminine. À ce propos, il faut remarquer avec M. André Bareau que les Bodhisattva, n'étant pas des divinités au sens propre du terme, sont presque toujours considérés en Inde comme étant du sexe masculin. En revanche, les dieux et divinités (Deva, Devatâ) qui ne sont pas des Bodhisattva (du moins par essence) sont sexués, donc masculins ou féminins quand ils appartiennent au monde de la concupiscence (Kâmadhâtu) puisqu'ils sont soumis, comme tous les êtres de ce monde, dieux, hommes, animaux, etc., à la loi du désir sexuel ; alors que les dieux des deux mondes supérieurs Rûpadhâtu (monde de la forme) et

Arûpyadhâtu (monde sans forme) sont au contraire asexués. Les êtres renaissant dans les paradis d'Amitâbha ou d'autres Bouddha ont des corps d'homme ; lorsqu'il s'agit des paradis (Svarga) des dieux (Deva), tout dépend du monde (Dhâtu) auquel appartient le paradis en question[16].

Le Mahâyâna a conçu les Bodhisattva principaux comme correspondant aux Grands Bouddha de sagesse (Dhyâni-Buddha ; Jina) et les a collectivement appelés Dhyâni-Bodhisattva. Ces Dhyâni-bodhisattva sont considérés comme étant les « corps d'essence » *(Sambhogakâya)* des Jina : ce sont Samantabhadra, Vajrapâni, Ratnapâni, Avalokiteshvara et Vishvapâni. Selon certaines doctrines, chacun de ces Dhyâni-Bodhisattva « crée » un monde périssable qu'il préside jusqu'à la venue du Manushi-Buddha de son cycle, et qu'il dirige après la mort de ce Nirmânakâya. C'est ainsi que Samantabhadra créa le premier monde de ce Kalpa, jusqu'à ce que son « père spirituel » Vairochana se matérialise sur terre comme le Bouddha Krakucchanda. De même Vajrapâni créa le deuxième monde pour le compte d'Akshobhya et de Kanakamuni, Ratnapâni créa le troisième pour le compte de Ratnasambhava et de Kâshyapa, et enfin Avalokiteshvara est censé avoir créé le monde présent pour son père spirituel Amitâbha et le Boudha Gautama : il dirige donc le monde actuel... Vishvapâni fera de même lors de la venue de Maitreya.

Certaines sectes reconnaissent non pas cinq mais huit grands Bodhisattva, divisés en deux groupes de quatre : Avalokiteshvara, Âkâshagarbha, Vajrapâni, Kshitigarbha d'une part, et Sarvanîvarana-vishkambhin, Maitreya, Samantabhadra et Mañjushrî de l'autre. Leurs effigies sont représentées de part et d'autre de celle d'un Bouddha.

En Chine et au Japon, on ne reconnaît que quatre grands Bodhisattva : Kshitigarbha qui préside à la terre, Avalokiteshvara qui préside à l'eau, Samantabhadra qui préside au feu, et Mañjushrî qui préside à l'éther. Au Japon, ils se trouvent rarement groupés, sauf sur les mandala et les peintures, et ils sont vénérés indépendamment les uns des autres. Cependant, au Tibet comme en Chine, en Corée et au Japon, ou bien dans le Sud-Est asiatique, c'est le grand Bodhisattva de compassion, Avalokiteshvara, qui est le plus vénéré, sous d'innombrables formes.

Les Bodhisattva sont toujours représentés vêtus comme des princes et revêtus de treize ornements : une couronne avec cinq cabochons, des boucles d'oreilles, un collier, un bracelet de bras, un bracelet de poignet, des bracelets de cheville, de longs colliers, des écharpes, une ceinture, etc. Sur leur couronne peut se trouver l'effigie de leur « père spirituel », un des Cinq Jina. Leurs cheveux sont noués en un haut chignon et ils ont un ûrnâ sur le front. Ils sont généralement représentés debout lorsqu'ils sont vénérés seuls, et assis lorsqu'ils se trouvent en compagnie d'un Jina. Au Nepâl et au Tibet, ils sont parfois représentés en Yab-yum avec leur Shakti. Les sectes lamaïques du Tibet et du Nepâl ne représentent généralement que cinq Bodhisattva : Avalokiteshvara, Mañjushrî, Maitreya, Vajrapâni et Bhaishajyaguru, bien que les autres Bodhisattva soient parfois représentés en leur compagnie, ou seuls.

Leurs ornements, surtout au Tibet et au Japon, peuvent varier dans de grandes proportions, être plus ou moins de treize, ou bien même se réduire à la seule haute coiffure.

AVALOKITESHVARA

(Âryâvalokiteshvara, lokeshvara ; jap. Kannon, Kanzeon ; chin. Guanyin, Guanshiyin ; tib. Spyan-ras-gzigs ; mongol Nidubarüsheckchi ; viêt. Quan-âm)

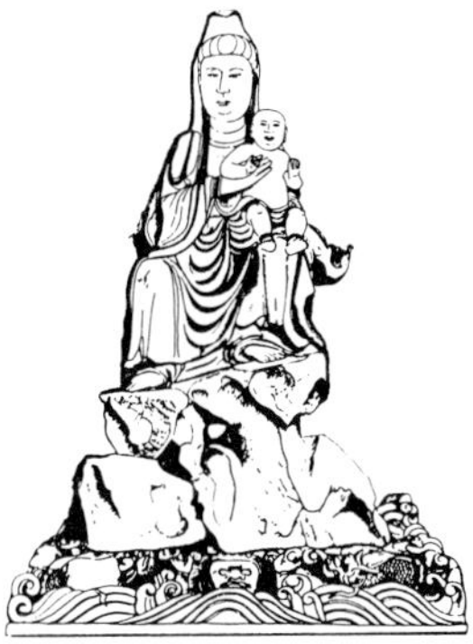

Avalokiteshvara "donneuse d'enfants"

Parmi les Bodhisattva, c'est Âryâvalokiteshvara qui possède le plus grand nombre de formes et qui est peut-être la divinité bouddhique la plus vénérée et la plus populaire. Son sexe, à l'origine masculin, est parfois considéré, en Chine ou au Japon, comme féminin, bien qu'aucun texte canonique ne puisse venir à l'appui d'une telle discrimination. On a cependant pris l'habitude, dans le peuple ou dans certaines congrégations religieuses, de qualifier de féminines certaines représentations de ce Bodhisattva. Nous avons donc mis un point d'interrogation après chaque définition considérée comme « féminine », afin de bien marquer ce que cette interprétation peut avoir de douteux (quoique couramment admise en Chine ou au Japon). En théorie, un Bodhisattva ne peut être ni masculin ni féminin ; attribuer un sexe à une divinité transcendantale équivaudrait à renouveler la byzantine querelle du sexe des anges. Dans le bouddhisme des écoles du Nord cependant, il est admis que les êtres féminins ne peuvent être acceptés dans le paradis d'Amida (ou des autres Bouddha) que sous la forme d'êtres masculins, et nous verrons en plusieurs occasions que certaines divinités ont le pouvoir de transformer le sexe des êtres afin de leur permettre l'accès au paradis. Cette interprétation est surtout populaire et résulte d'une tendance à affirmer une prééminence masculine au sein des sociétés. D'un autre côté, les hommes ont souvent été tentés d'attribuer une qualité féminine à toutes les divinités qui leur paraissaient douées de vertus essentiellement « féminines » comme la compassion, la douceur, la mansuétude, la pureté, etc. C'est pourquoi Avalokiteshvara, que l'on a souvent comparé à la Vierge Marie du christianisme, fut souvent, en Chine et au Japon, considéré comme la « mère du genre humain » et, à ce titre, vénéré sous l'aspect d'une femme...

Avalokiteshvara fut connu du bouddhisme indien très tôt, lors du développement des doctrines du Mahâyâna, et connut une grande faveur jusqu'à la disparition du bouddhisme en Inde. Son culte passa d'Inde dans le Sud-Est asiatique et à Java où il rencontra un grand succès, de même qu'au Nepâl, au Tibet (où il arriva avec le bouddhisme et où le roi Srong-btsan Sgam-po – 519-650 – fut considéré comme étant son incarnation) et en Chine, d'où il passa en Corée et au Japon. Tous ces pays le conçurent sous des formes différentes selon leur tempérament et leurs besoins spirituels : il prit également autant de noms différents. Certaines sectes reconnaissent quelques formes d'Avalokiteshvara cependant que d'autres ne les reconnaissent pas. La plupart des formes sont théoriques et rencontrées seulement sur des mandala particuliers ou des peintures, d'autres sont syncrétiques ou appartiennent plus aux croyances populaires qu'au véritable bouddhisme. Car, il faut le rappeler, il n'existe pas d'orthodoxie bouddhique, mais des orthodoxies qui varient avec les sectes. Et encore les doctrines de ces dernières varient-elles souvent avec le temps ou les disciples. Ensemble de croyances vivantes, les doctrines bouddhiques sont essentiellement mouvantes, adaptables, transformables au gré des hommes et des temps : rien n'est

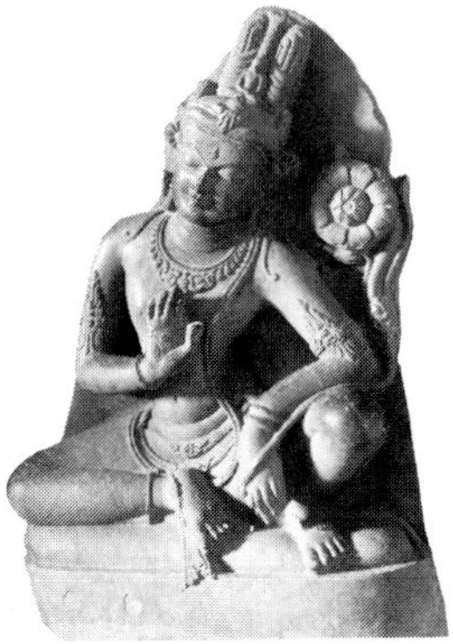

Avalokiteshvara, pierre, Inde, VIIe siècle, musée de Patna

jamais fixé, sauf dans les textes. Mais ceux-ci, de même que les mandala qui les concrétisent visuellement, ne sont que des supports à la pensée, que des ordonnancements logiques destinés à aider le fidèle dans sa représentation personnelle de la Divinité et de la place qu'elle occupe pour lui dans l'univers. Il n'est donc pas étonnant qu'au cours des âges tant de représentations différentes aient pu être conçues. Nous ne saurions ici les décrire intégralement, mais nous donnerons seulement les raisons d'être de leurs formes les plus communes. Le bouddhisme japonais ayant vénéré un très grand nombre de ces formes et les ayant représentées car elles firent l'objet de cultes plus ou moins importants, nous avons choisi de décrire, pour Avalokiteshvara, les neuf formes de cette divinité qui furent, à un titre ou à un autre, vénérées. Ces formes sont, à peu de chose près, celles qui furent élaborées en Chine et au Tibet.

Ses premières représentations en Inde (sous le nom d'Avalokita) ressemblaient de près à celles de Brahmâ, le dieu créateur de l'hindouisme, ou même à Shiva dont il emprunta le serpent comme symbole et qui tient sa parèdre, comme ce dernier, non pas en embrassement mais sur son genou. Les formes qu'il assuma sont extrêmement diverses, ainsi que les attributs et les mudrâ qu'on lui prêta. Cependant la mudrâ la plus caractéristique de ce grand Bodhisattva est en Varada, symbole de charité et de don.

Au Tibet, Avalokiteshvara est associé avec les Dalai-lama qui seraient ses réincarnations. Le palais des Dalai-lama, à Lhasa, le Potala, porte d'ailleurs le nom du paradis d'Avalokiteshvara.

Au Viêt-nam et au Cambodge, sous le nom de Lokeshvara, « Seigneur du monde », Avalokiteshvara fut particulièrement honoré, principalement du Xe au XIIIe siècle. Et au Siam son culte est également attesté comme ayant joui d'une grande faveur populaire...

Nous étudierons donc tout d'abord les formes japonaises et chinoises, celles qui furent représentées au Tibet et enfin les formes caractéristiques des pays du Sud-Est asiatique.

LES FORMES SINO-JAPONAISES D'AVALOKITESHVARA

On considère qu'il y a au moins neuf sortes de formes d'Avalokiteshvara au Japon et en Chine qui furent vénérées par la majorité des fidèles : Âryâvalokiteshvara, Ekâdashamukha, Sahasrabhuja Sahasraneta, Chintâmanichakra, Hayagrîva, Chundî, Amoghapâshâvalokiteshvara, Bhrikutî, et Avalokiteshvara sous sa forme féminine de « donneuse d'enfants » (parfois assimilée à Chundî, que nous étudierons avec les divinités populaires et syncrétiques, ses aspects appartenant plus au bouddhisme populaire qu'aux diverses orthodoxies). Au Japon, les sectes Shingon, Tendai, Zen et Jôdo honorent plus particulièrement le personnage d'Avalokiteshvara, sous des formes diverses, plus spécialement Shô Kannon Bosatsu. La secte Shingon cependant ne reconnaît pas Amoghapâshâvalokiteshvara (jap. Fukûkensaku Kannon). La secte de Nichiren et celle du Jôdo-Shinshû ne vouent, quant à elles, aucun culte à Avalokiteshvara[17], bien que le *Sûtra du Lotus* dont elles se réclament lui consacre un chapitre, et que Shinran acceptât de reconnaître Shôtoku Taishi comme ayant été une incarnation de ce Bodhisattva.

Shô Kannon Bosatsu

C'est le Bodhisattva sauveur par excellence, « Celui qui regarde en bas[18] » les misères du monde, le « Seigneur qui brille[19] », le fils spirituel d'Amitâbha[20].

Il serait né, selon la légende, d'un rayon de lumière émané de l'œil droit d'Amitâbha faisant éclore une fleur de lotus[21]. Il est aussi appelé Lokeshvara, « Seigneur du monde », et Lokanâtha, « Protecteur du monde ». Le XXIVe chapitre du *Sûtra du Lotus* lui est consacré[22], dans lequel il est appelé « Celui qui regarde de tous les côtés », appelation qui a peut-être donné naissance à l'idée qu'ont eue certains imagiers de lui mettre des yeux dans les paumes des mains, afin de symboliser « le regard qui embrasse le monde entier[23] ». Il est aussi celui qui rafraîchit, qui calme la soif, comme tendraient à le montrer des fresques des grottes de Dunhuang, en Chine, sur lesquelles on voit des Preta (êtres désincarnés, errants et perpétuellement affamés) avaler goulûment des gouttes tombées du vase que tient à la main Avalokiteshvara[24]. C'est encore « le bon nautonnier » qui fait passer dans sa barque de miséricorde les êtres qui désirent se rendre dans la Terre pure d'Amitâbha[25].

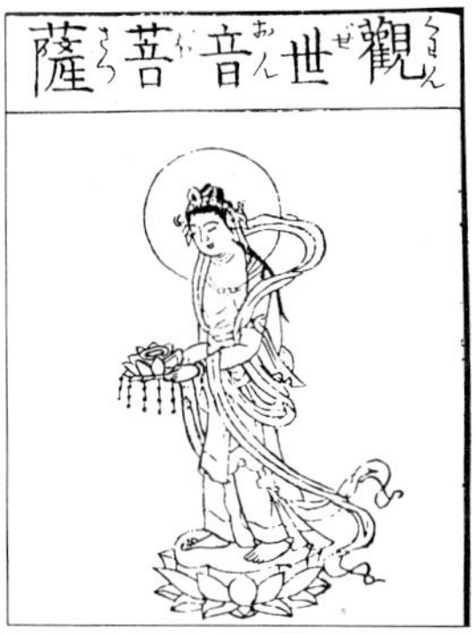

Kôzeon Bosatsu

En Chine, il est appelé Guanshiyin, « Celui qui perçoit les accents (du monde) », abrégé en Guanyin. Le nom japonais de Kannon est une abréviation pour Kanzeon, « Celui qui regarde ou écoute les voix (du monde) ». Des formes plus anciennes de ce nom seraient celles de Kanjizai et Kôzeon, « la Voix du monde de la lumière[26] ». Ce Bodhisattva fut aussi associé, syncrétiquement, à Izanami, génitrice, avec son frère-époux Izanagi, des îles du Japon selon les légendes anciennes appartenant au shintô. Dans le mandala du Vajradhâtu, Avalokiteshvara est appelé Vajradharma (jap. Kongô-hô Bosatu) ; il se trouve alors assis à l'est d'Amitâyus, symbolisant la pureté de tous les Dharma que l'on compare à « la fleur de lotus que la fange ne souille pas[27] ».

Dans le mandala du Garbhadhâtu, il est appelé Kanjizai Bosatsu (jap.) ; il y est assis au nord de Dainichi Nyorai (Mahâvairochana), sur un lotus blanc, et est entouré de plusieurs autres Bodhisattva qui symbolisent ses vertus de compassion[28].

Nous avons vu qu'Avalokiteshvara fut très tôt représenté. À la fin du IXe siècle, le pèlerin chinois Faxian signale son culte à Mathurâ. On trouve quelques-unes de ses représentations à Âjantâ (Inde) sur des fresques et en sculpture[29], sur au moins un temple à Bhûvaneshvar[30] et en de nombreux autres lieux de l'Inde comme à Nâlandâ, par exemple. En Asie du Sud-Est, des bronzes cham[31], des sculptures et bronzes javanais et sumatranais, pré-angkoriens[32], ainsi que les bas-reliefs du stûpa du Borobudur à Java préfigurent les gigantesques effigies à quatre visages de Lokeshvara, si typiques de l'époque de Jayavarman VII (fin XIIe siècle) au Cambodge, où l'on trouve également des représentations de Lokeshvara au corps couvert de centaines de petites images de « Bouddha irradiants[33] » et où un sanctuaire au moins, celui du Neak-pean à Angkor, lui aurait été dédié.

Avalokiteshvara,
gravure tibétaine

En Chine, son image est le sujet d'importantes peintures, tant murales que sur soie, à Dunhuang (IXe siècles) notamment, et l'on sait la fortune qu'il connut sous le nom de Guanyin (considérée surtout comme « donneuse d'enfants ») au cours des siècles qui suivirent[34].

Au Japon, nous avons vu qu'Avalokiteshvara (jap. Shô Kannon) fut vénéré presque depuis le début du bouddhisme dans ce pays. Un des premiers temples consacrés à une triade d'Amida (comprenant Avalokiteshvara) fut en effet élevé en 602 par Shôtoku Taishi[35] au Zenkô-ji de Nagano (près de Shinano). Shôtoku sera par la suite considéré comme une incarnation de Shô Kannon Bosatsu[36]. Au Yakushi-ji (Nara), une statue en bronze d'Avalokiteshvara fut érigée à la fin du VIIe siècle. Ses vertus de Compassion infinie en firent le « Grand Compatissant », « Celui qui fait face à tout ». Dans les malheurs, dans les périls, c'est à lui que l'on recourt le plus volontiers : il écoute les prières, procure à ses fidèles l'apaisement et la sécurité, accomplit pour les sauver d'innombrables miracles en assumant toutes sortes de corps et de métamorphoses[37]. Associé à Amitâbha dont il est, avec Mahâsthâmaprapta, l'un des acolytes, il fut très fréquemment représenté[38].

Il porte généralement dans sa coiffure (sur celle-ci ou dans sa couronne) une petite effigie (jap. *kebutsu*) d'Amitâbha debout ou assis[39]. Mais il semble que cette effigie, rappelant qu'Avalokiteshvara est une hypostase d'Amitâbha, ait été ajoutée assez tardivement[40].

REPRÉSENTATIONS D'AVALOKITESHVARA

On représente généralement Avalokiteshvara debout, avec une effigie d'Amitâbha dans sa coiffure. Ses attributs normaux sont la fleur de lotus (symbole de pureté), le vase à eau ou à fleurs (qui apaise la soif et les sens) et le rosaire à quatorze, vingt-sept, cinquante-quatre ou cent huit grains (lequel symboliserait peut-être la multiplicité de ses pouvoirs ?). En théorie, sa monture (*vâhana*) est une oie (*hamsa*) ou un paon (*mayûra*), parfois remplacés par un phénix ou un faisan, mais ces animaux sont rarement représentés en sculpture. Dans les sûtra, il est classé selon trois de ses principales attitudes[41] :
– Dans l'*Amitâbha-shâstra Mandala*, il est acolyte d'Amitâbha : il a les mains en Añjali-mudrâ ou bien en Abhaya-Varada-mudrâ (main droite en Abhaya ou en Varada, indifféremment).
– Dans le *Kanmuryôju-kyô* il n'a pas d'attitude fixée, « son attitude étant au-delà de toute imagination ». Lorsqu'il est acolyte d'Amitâbha dans sa « descente » (jap. *Raigô*), il tient à la main une fleur de lotus (ou un plateau de fleurs de lotus) pour accueillir l'âme du fidèle.
– Dans le *Saddharmapundarîka Mandala* (jap. *Hoke-kyô Mandara*), il est la divinité qui représente la Compassion.

Dans l'ésotérisme, Avalokiteshvara est généralement représenté tenant dans la main droite une tige de fleur de lotus ; il est alors debout, vêtu comme un Bodhisattva (avec ou sans effigie d'Amitâbha dans sa coiffure), avec un ushnîsha en forme de mitre ou de haut chignon, les yeux mi-clos avec de longues oreilles et parfois une fine moustache, les bras très longs... Les types de représentation d'Avalokiteshvara diffèrent suivant les sectes, les pays, les époques et parfois les artistes.

En Inde

Sous le nom de Padmapâni (le Porteur de lotus), il est représenté en jeune homme paré comme un prince, en attitude gracieuse, tenant à la main un lotus. Il est debout avec les mains en Vitarka-Varada-mudrâ. C'est la forme la plus ancienne d'Avalokiteshvara (peintures des grottes d'Ajantâ). Les écoles tantriques le représentèrent avec quatre bras, tenant le lotus et le livre, et un chintâmani. Mais les sectes tantriques l'ont également représenté sous divers autres aspects. À Ceylan, il fut parfois représenté assis en aise royale (Râjalîlâsana) et tenant le lotus, attitude qui sera souvent reprise en Chine.

Sous le nom de Simhanâda (avec une voix de lion), il est représenté à côté d'un lion couché, ou bien assis sur un lotus supporté par un lion. Il peut alors tenir un lotus, un glaive, un trident ou un crâne humain. Son corps est blanc. Il aurait été invoqué pour guérir de la lèpre. Cependant cet aspect est rare.

Au Tibet

Avalokiteshvara est représenté comme un Bodhisattva, de couleur blanche ou rouge, très souvent dans l'attitude du don (Varada-mudrâ). Il tient toujours un lotus à la main. Ici les formes tantriques prédominent, et Avalokiteshvara est parfois représenté tenant un vajra dans la main droite ; par ailleurs il peut avoir une peau d'antilope sur l'épaule gauche. Mais nous verrons qu'il peut également prendre d'autres formes.

En Asie du Sud-Est

Il prend le nom de Lokeshvara (Seigneur des Mondes). C'est principalement au Champâ et au Cambodge que l'on trouve ses images. Il est généralement représenté la poitrine nue, et il est vêtu d'un simple sarong très léger (ou *dhoti*), retenu par une ceinture ouvragée. Il arbore parfois un troisième œil sur le front. Il peut avoir de deux à huit bras tenant divers attributs tels que lotus, vase, conque, rosaire, etc. Il est soit debout, soit assis en aise royale. Il fut représenté au Banteay Chhmar, à Angkor-thom

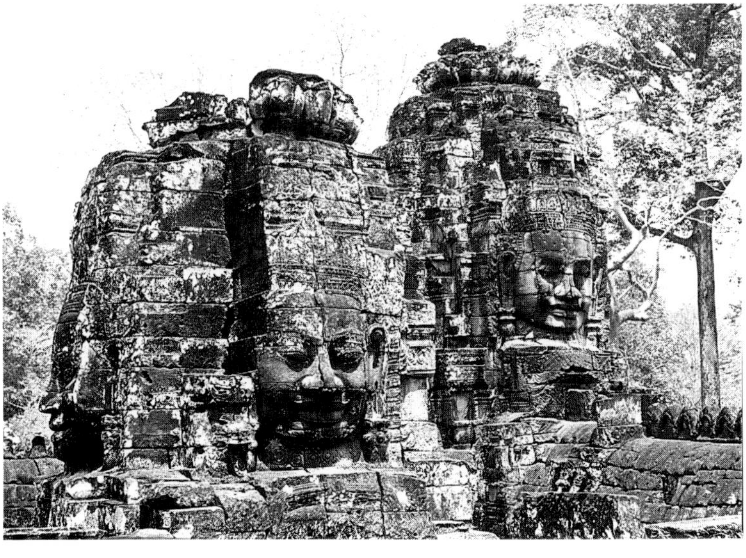

Avalokiteshvara (Lokeshvara), grès, Cambodge, Angkor-thom, Bayon, XIIIe siècle

(Bayon), au Neak-pean et sur de nombreuses stèles. Au Siam, son effigie fut populaire avec quatre bras (parfois plus), une couronne (*mukuta*) contenant une effigie d'Amitâbha. Sa parèdre féminine, appelée Prajñapâramitâ, est représentée le buste nu, sans couronne, mais avec l'image d'Amitâbha dans les cheveux. Souvent cette divinité féminine porte une couronne, mais sans effigie d'Amitâbha, et peut, elle aussi, tenir une ou deux fleurs de lotus.

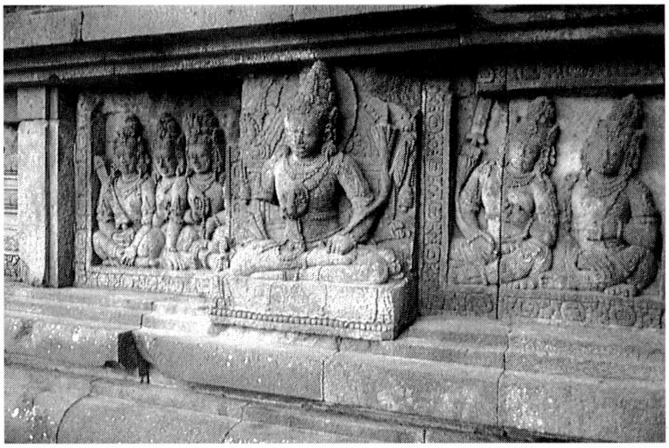

Avalokiteshvara, Java, Borobudur, fin VIIIe siècle

En Chine

Son culte connut une très grande faveur. Appelé Guanyin, il est représenté, sous sa forme normale, avec seulement deux bras, debout sur un lotus, tenant à la main une branche de saule, un lotus ou un vase (ou parfois un rouleau d'écritures) et, mais plus rarement, avec les mains en Dhyâna-mudrâ. Il est très souvent assis, soit en Padmâsana, soit en Lîlâsana. Il est également représenté (sous une forme masculine ou féminine) en groupe de huit (Banan) ou de trente-deux (Guanyin Sanshi'erxiang). Cependant, Avalokiteshvara peut également prendre de nombreuses autres formes : comme « donneuse d'enfants » (Songzi Guanyin), représentée sur un nuage ou sur la mer (Guohai Guanyin), avec une couronne de huit têtes, ou avoir dix, dix-huit ou mille bras. Il existe également un groupe de trente-trois formes de Guanyin, peut-être adapté de la légende de Miaoshan, groupe qui est également vénéré au Japon...

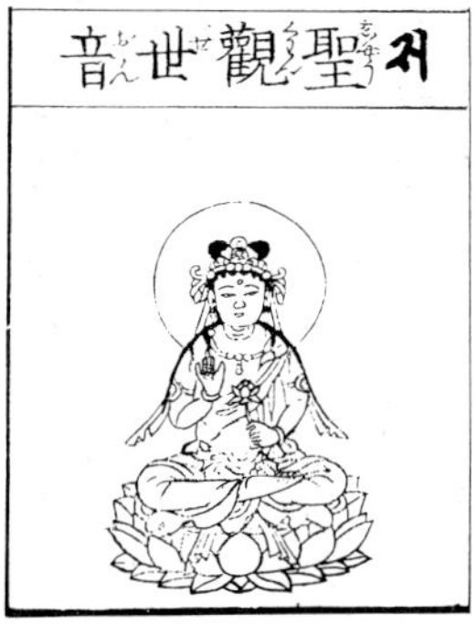

Shô Kannon (Shô Kanzeon)

Au Japon

Il est appelé Kannon ou Shô Kannon. Ses effigies sont également très nombreuses. On peut classer ses formes « normales » (c'est-à-dire avec une tête et deux bras) en cinq types principaux d'après les attitudes et époques :

– Type d'Asuka (552-645) : debout, les mains en Ongyô-in (tenant un objet rond, chintâmani ?), avec couronne et diadème orfèvré .

– Type de Nara (645-794) : debout, la main gauche tenant un vase, la main droite en Abhaya-mudrâ ou en Varada-mudrâ (Yume Tagae Kannon Bosatsu) .

– Type du Hôryû-ji (VIIe siècle) : debout, la main gauche tenant un lotus ou en Abhaya-mudrâ, la main droite pendante .
– Type du Yakushi-ji (VIIIe siècle) : debout, main droite en Varada-mudrâ, la main gauche en Abhaya-mudrâ.
– Type « méditatif » : debout, la tête inclinée (ou droite), regardant un lotus tenu dans la main gauche, la main droite faisant le geste d'effeuiller les pétales. Avec ou sans effigie d'Amitâbha dans la couronne.

Ces cinq types, tous venus de Chine, se retrouvent dans toutes les représentations d'Avalokiteshvara, avec, bien entendu, de nombreuses variantes dans les détails. Cependant des formes aberrantes se trouvent parfois représentées, qui prennent alors des noms particuliers selon leur aspect ou les fonctions qu'on leur attribue. Parmi ces formes irrégulières se trouvent notamment celles que l'on a désignées sous le terme générique de « trente-trois formes de Kannon ».

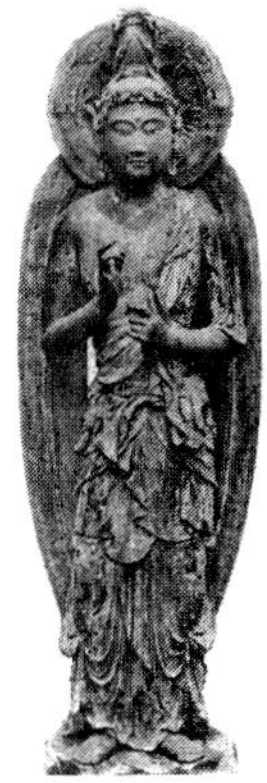

Shô Kannon, bois, Japon, Kyôto, Kurama-dera, 1226

LES TRENTE-TROIS FORMES DE SHÔ KANNON

En Chine et au Japon on dit que Guanyin (Kannon) possède trente-trois formes. En réalité, il en a beaucoup plus si l'on compte les images qui ont reçu des noms particuliers, soit en raison de leur provenance ou de leur origine, soit selon les qualités spécifiques que le populaire leur prête, soit encore selon les différents aspects qu'Avalokiteshvara est susceptible de prendre dans des cas déterminés [42]. Nous les étudierons plus loin.

Les trente-trois formes qu'Avalokiteshvara-Kannon peut prendre, particulièrement au Japon, sont des émanations ou correspondances (jap. *Sanjûsan Ôgeshin* [43]) qui seraient des « corps de métamorphose [44] », certaines se rapportant à des légendes japonaises ou chinoises (légende de Miaoshan [45]), et sont très souvent associées aux images des principales formes d'Avalokiteshvara ayant donné lieu aux pèlerinages consacrés aux « trente-trois sanctuaires des provinces de l'Ouest » (Sanjûsan Shô) du Japon [46]. Une croyance veut que le fidèle ayant accompli le pèlerinage complet à ces sanctuaires soit à tout jamais délivré de la crainte de l'enfer. À cet effet, les temples distribuent des effigies imprimées de Shô Kannon sur lesquelles sont réservées des cases où, pour preuve de son pèlerinage, le fidèle doit faire apposer le cachet des autorités de chaque temple visité. Au Japon, les diverses formes de ces trente-trois Kannon sont plus ou moins tardives et, pour la plupart, n'apparurent qu'après l'époque de Kamakura (1333). Certaines furent souvent représentées, le plus souvent en peinture [47], d'autres au contraire n'inspirèrent aucun artiste. Leurs noms varient également selon les auteurs et les textes. Certaines tirent leur nom des légendes, d'autres de divinités hindoues. Selon le *Butsuzô-zu-i*, ces trente-trois formes de Shô Kannon Bosatsu sont :

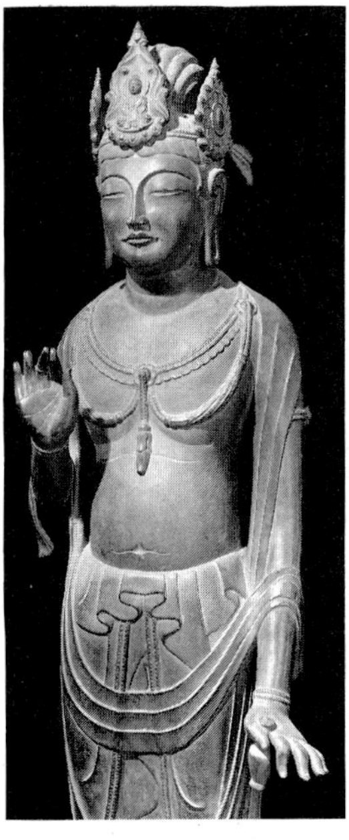

Shô Kannon (Yume Tagae), bronze, Japon, Nara, Hôryû-ji, vers 700

1. **Yôryû Kannon** (Yaku-ô Kannon). C'est Kannon « roi de la médecine », « Kannon au saule pleureur », les feuilles et l'écorce de cet arbre contenant l'acide salicylique qui est réputé guérir de nombreux maux et atténuer la fièvre, propriétés médicinales connues en Asie depuis la plus haute Antiquité et qu'en Europe nous ne redécouvrîmes qu'avec l'aspi-

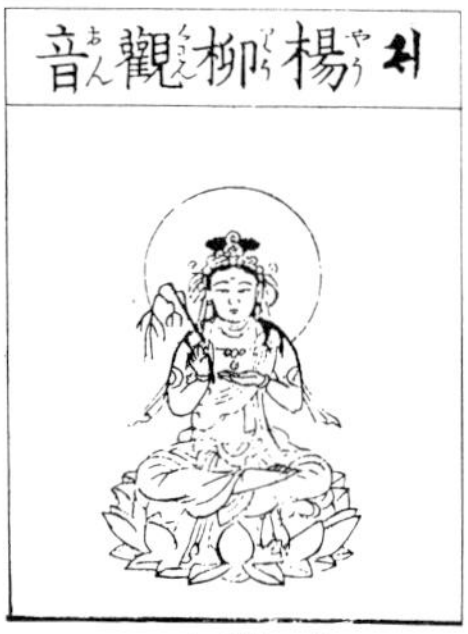

1. Yôryû

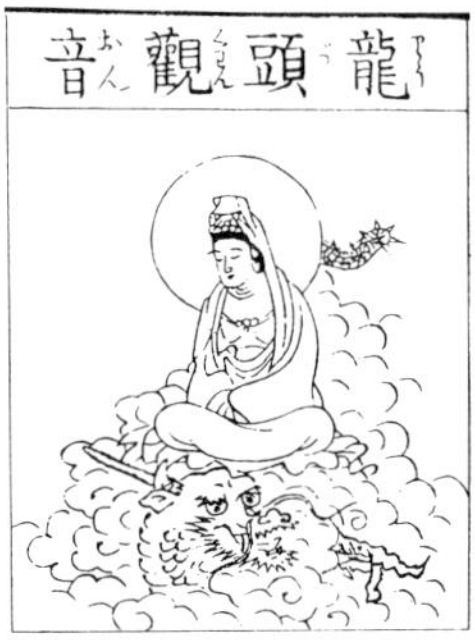

2. Ryûzu

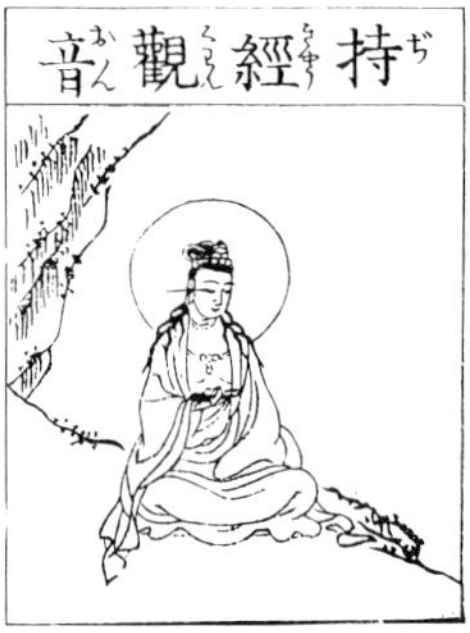

3. Jikyô

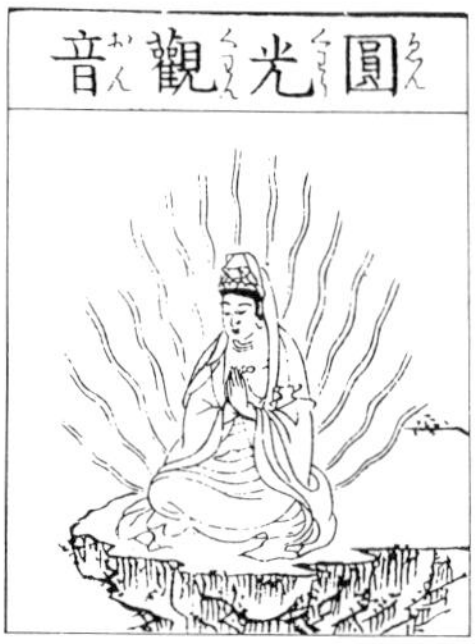

4. Enkô

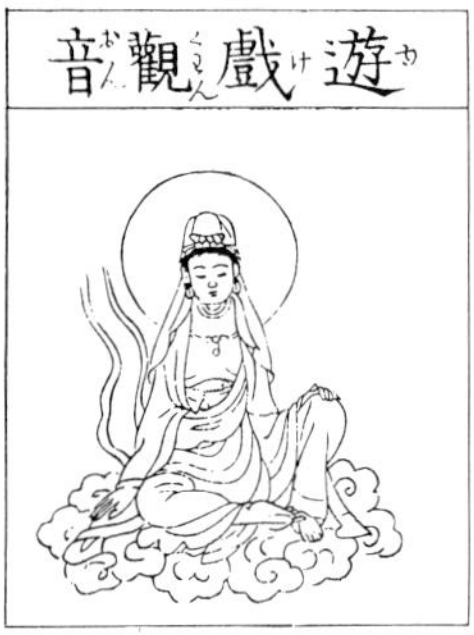

5. Yûge

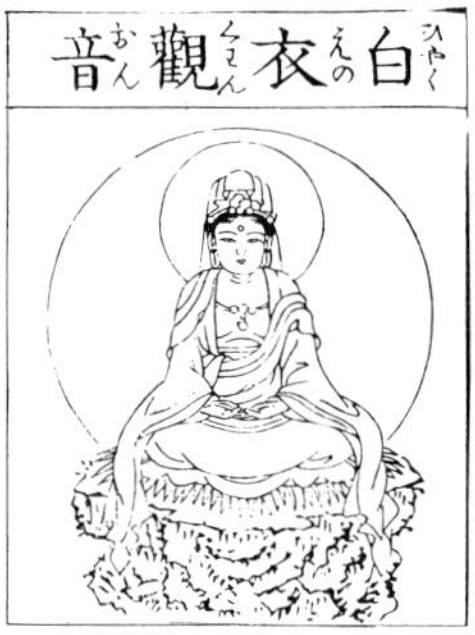

6. Byakue

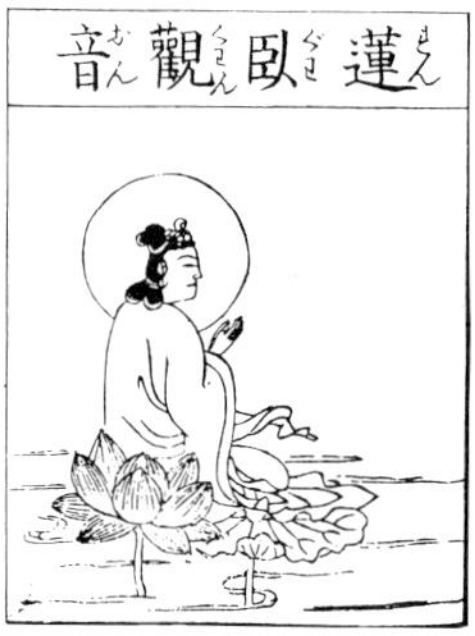

7. Renga

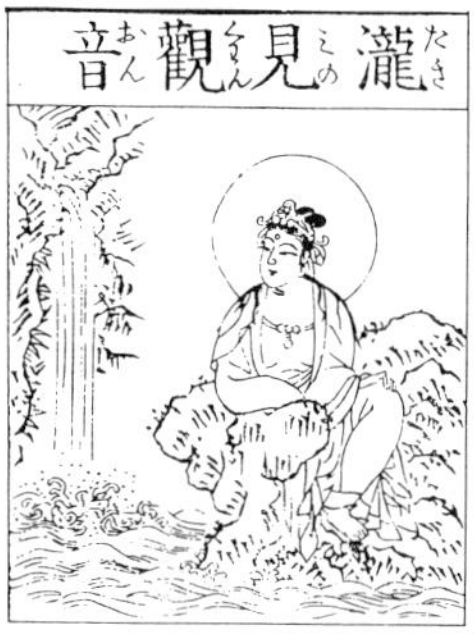

8. Takimi

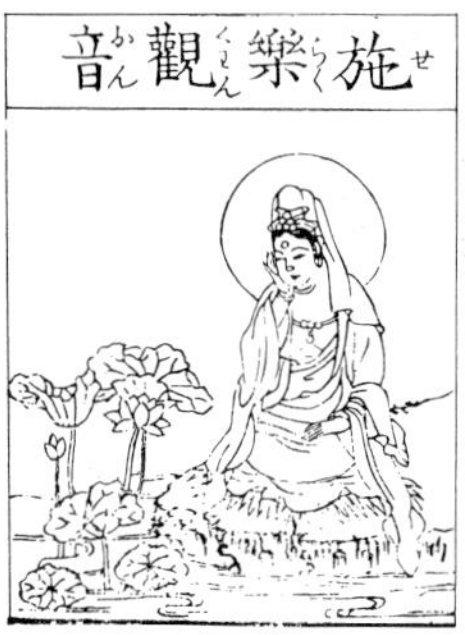

9. Seyaku

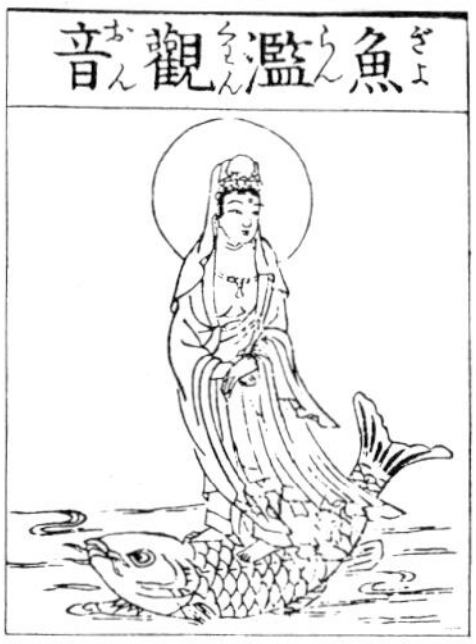

10. Gyoran

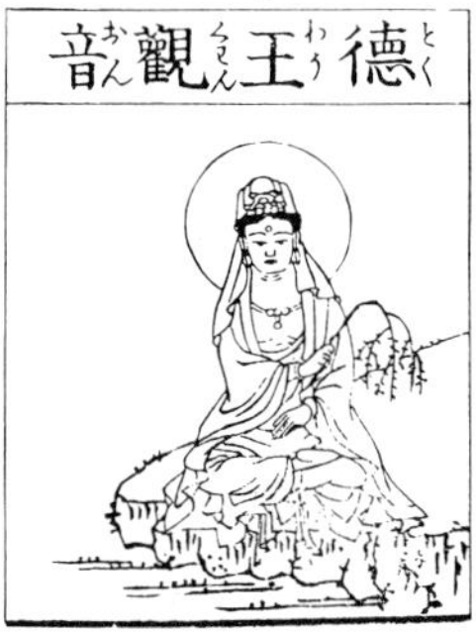

11. Toku-ô

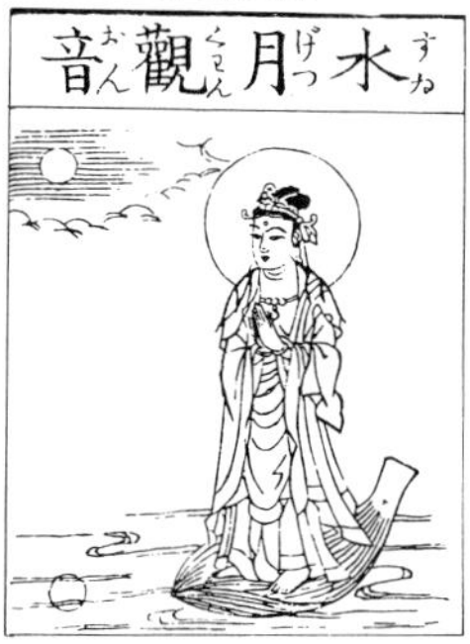

12. Suigetsu

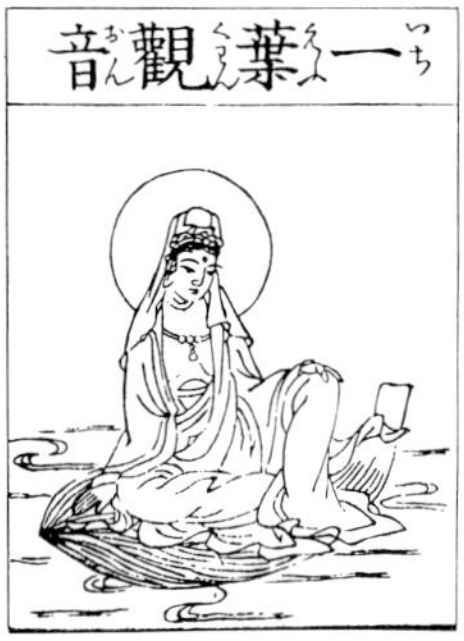

13. Ichiyô

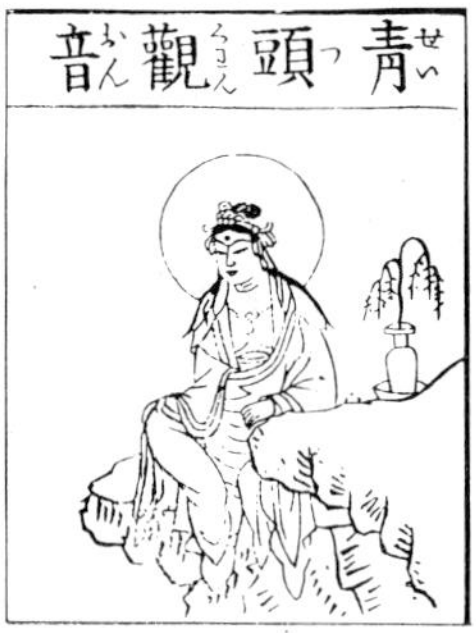

14. Shôkyô

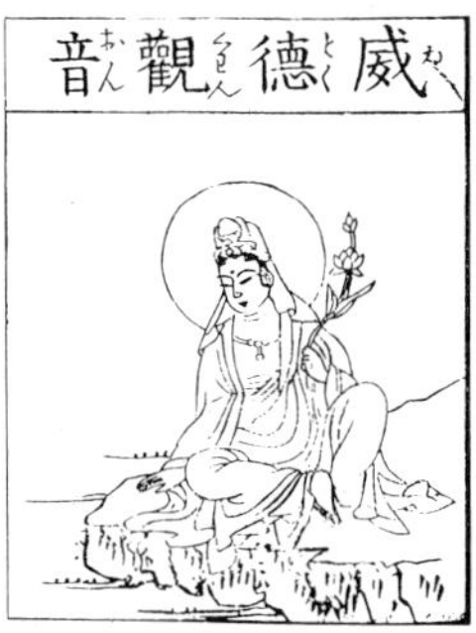

15. Itoku

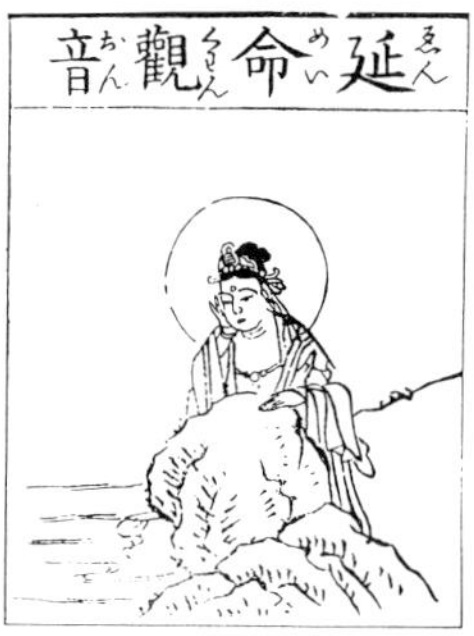

16. Enmei

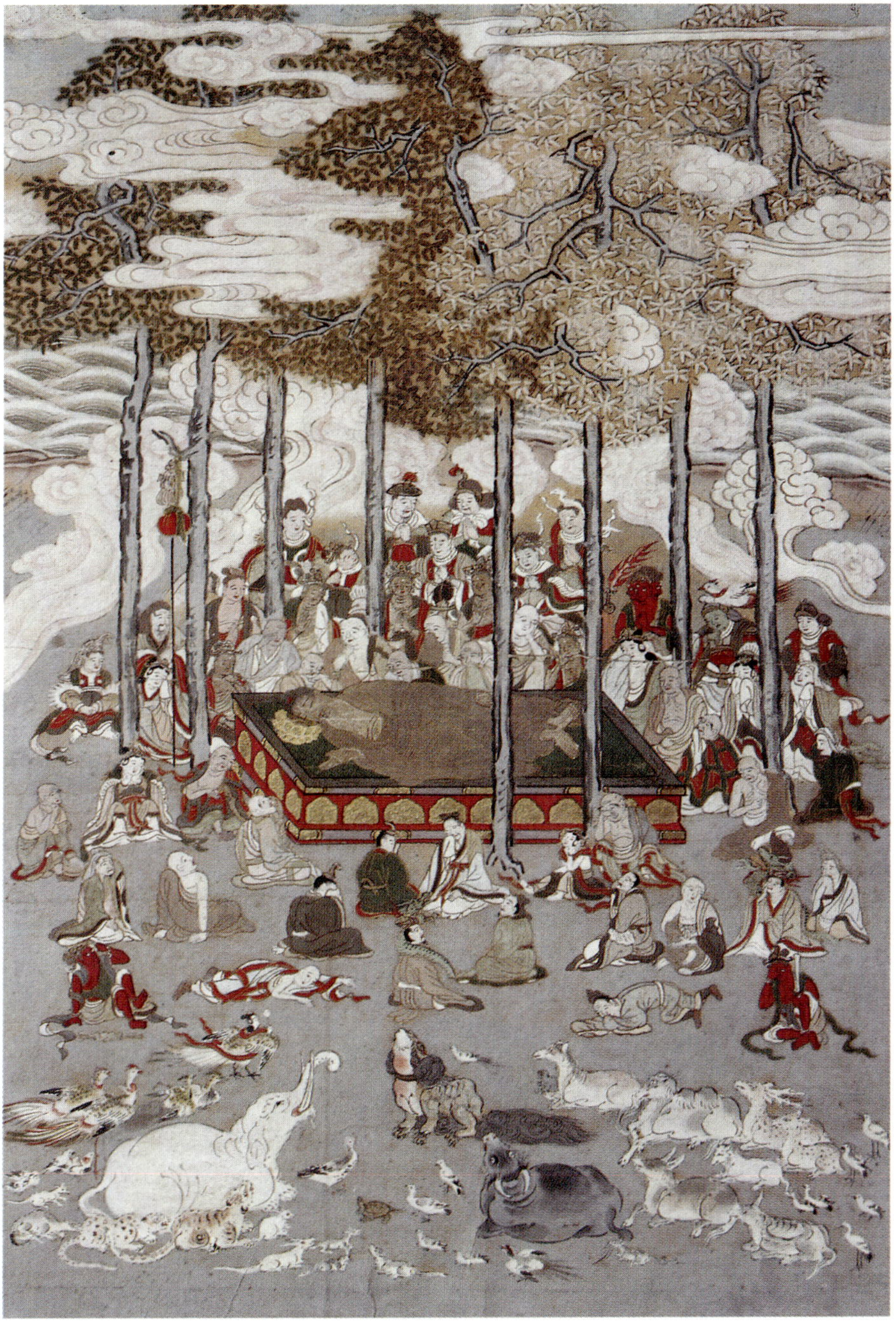

Le Parinirvâna du Bouddha, peinture sur papier, XIXe siècle, copie d'une peinture du XVe siècle, Japon, collection privée.

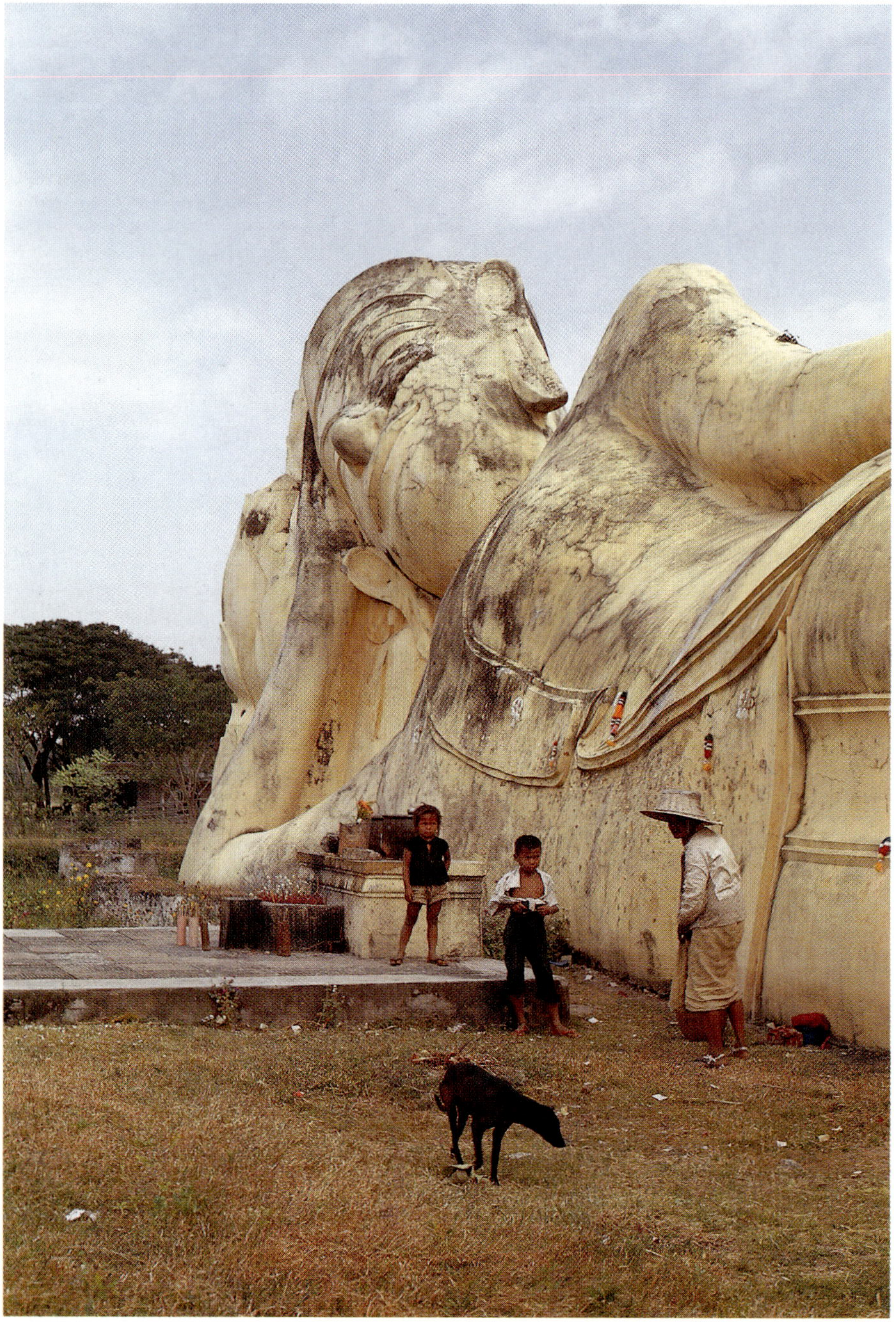

Grand Bouddha couché, brique et stuc, Thaïlande, Ayuthyâ, XVIIe siècle.

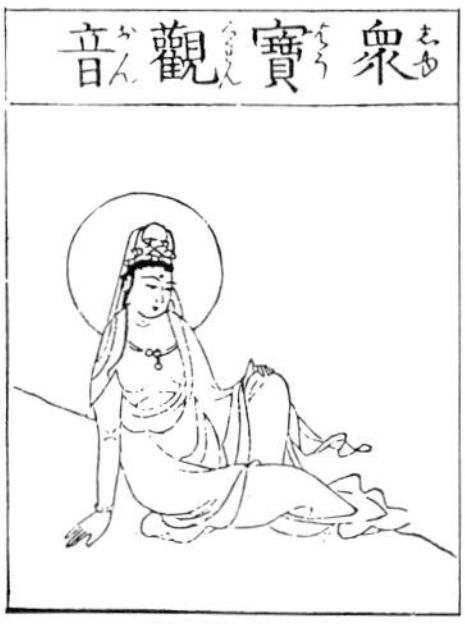

17. Shûkô

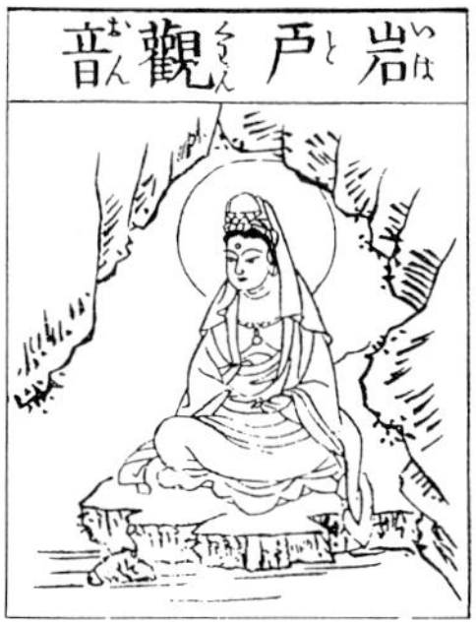

18. Iwato

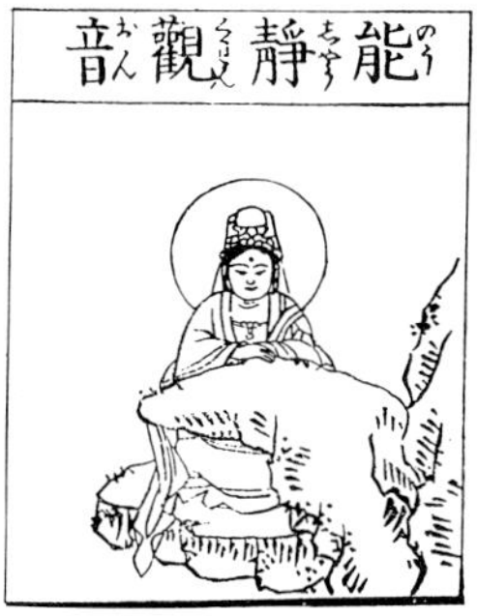

19. Nôjyô

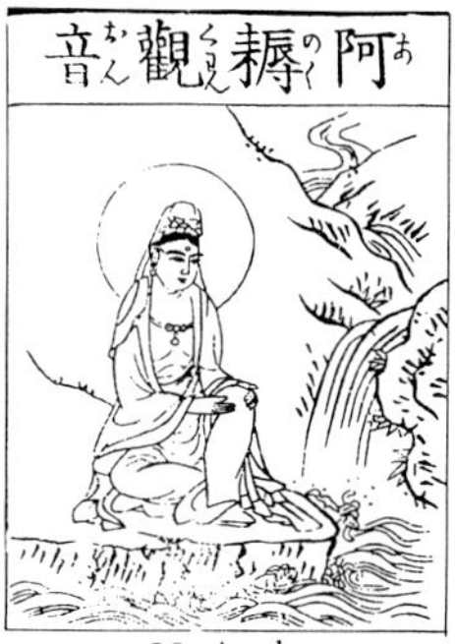

20. Anoku

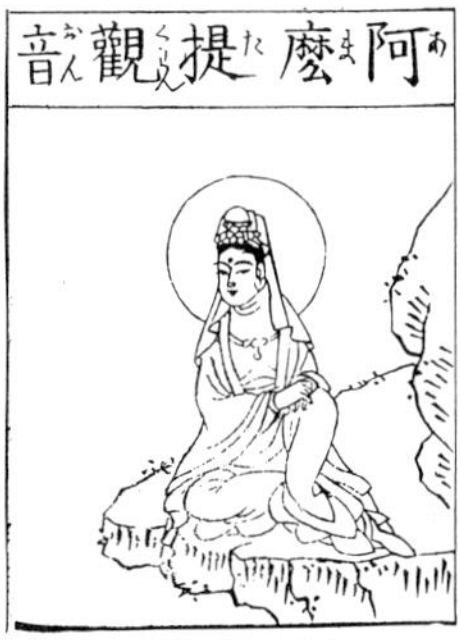

21. Amadai

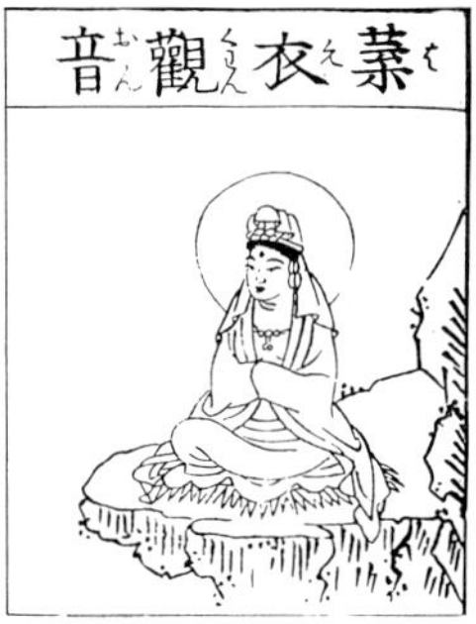

22. Hae

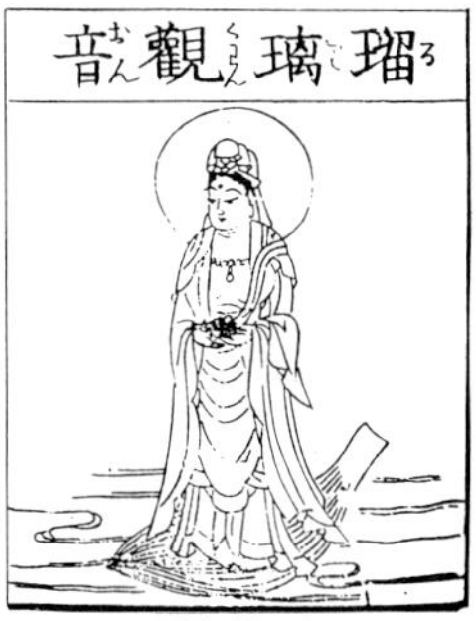

23. Ruri

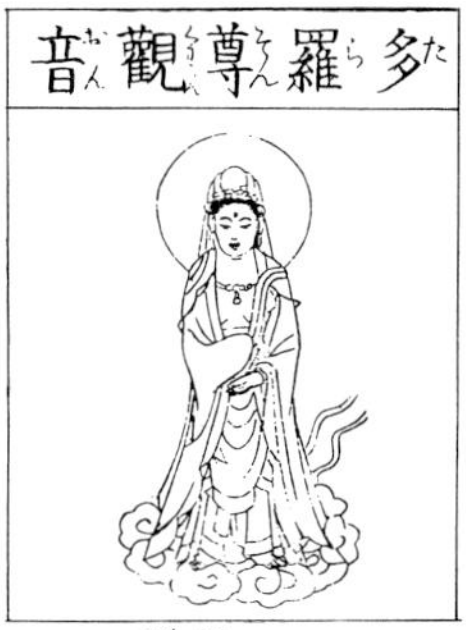

24. Tarason

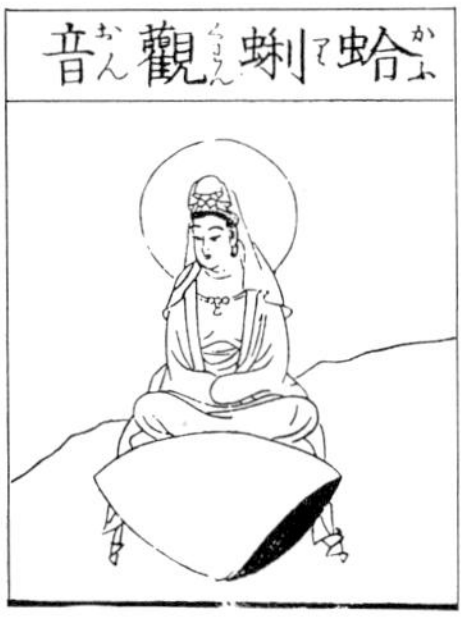

25. Kôri

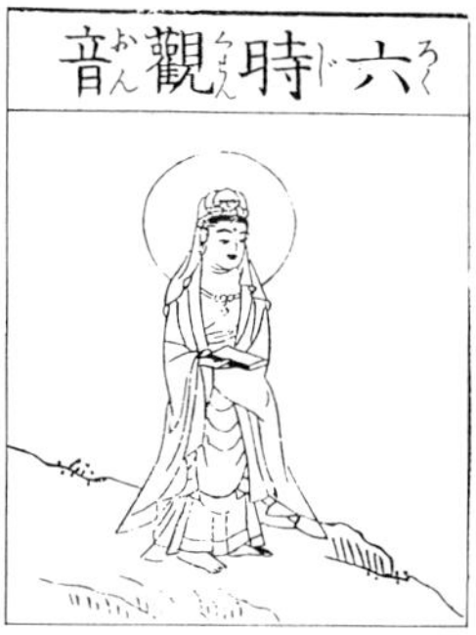

26.Rokuji

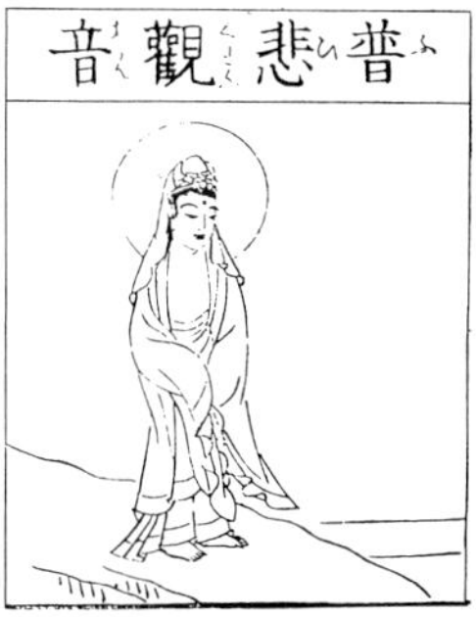

27. Fuhi

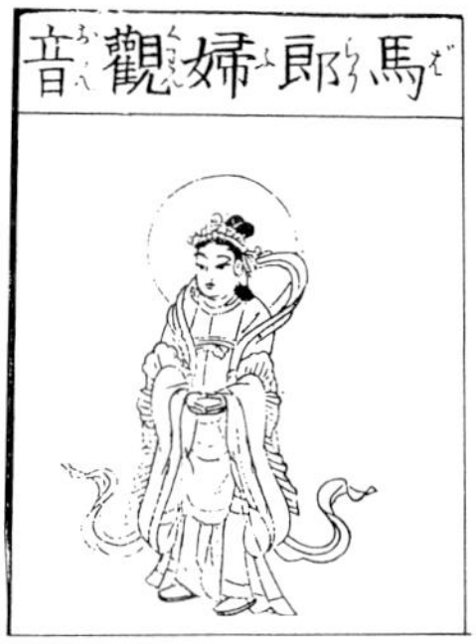

28. Merôfu

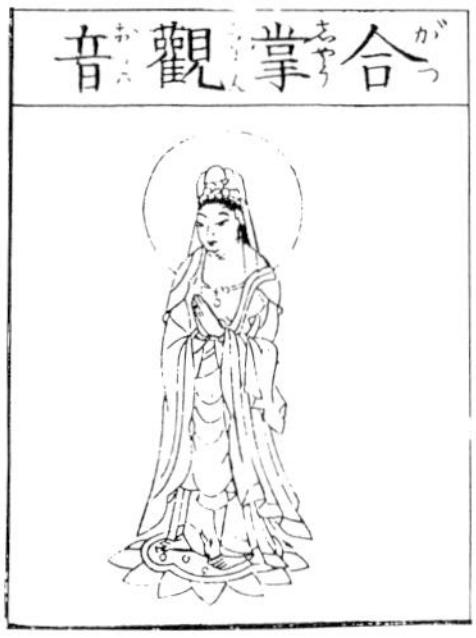

29. Gasshô

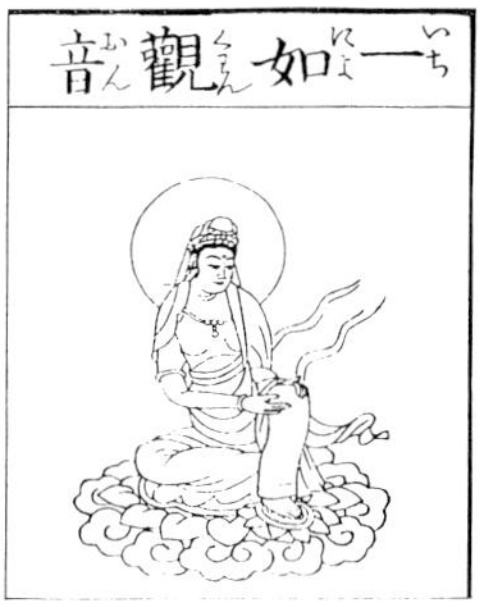

30. Ichinyo

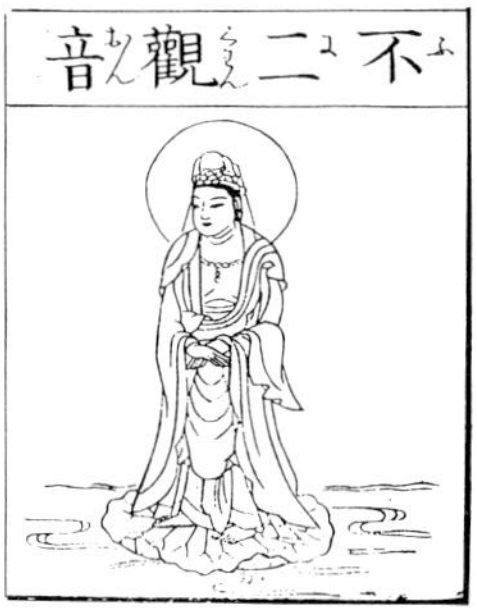

31. Funi

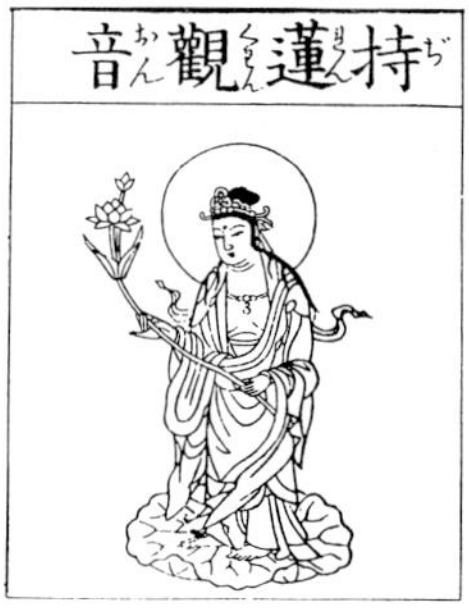

32. Jiren

rine... C'est une forme de Yakushi-Nyorai (Bhaishajyaguru), avec lequel le populaire le confond d'ailleurs. Il est acolyte, avec Yakujô Bosatsu, de Fukûjôju Nyorai. En sculpture il est représenté debout, la bouche ouverte, les sourcils froncés, avec un haut chignon [48]. On le montre aussi (en peinture) assis en Râjalîlâsana, la main droite tenant une branche de saule, le bras gauche accoudé, main pendante (cette dernière peut être à la hauteur de la poitrine et, dans ce cas, Yôryû Kannon assumerait une forme féminine ([?]). Cette forme de Guanyin fut souvent représentée en Chine.

2. Ryûzu Kannon. Il est représenté comme une femme (?) assise sur un dragon (jap. Ryû) ou sur le dos d'une tortue marine, son voile rabattu sur son haut chignon (cachant en partie l'image d'Amitâbha dans sa coiffure), tenant à la main un lotus épanoui ou réalisant une Dhyâna-mudrâ avec les mains cachées sous sa robe. En Chine, cette forme tient parfois un enfant dans les bras, et est confondue avec une « donneuse d'enfants ».

3. Jikyô Kannon. Il est représenté comme une femme (?), tenant à la main droite un rouleau des Écritures...

4. Enkô Kannon. Il est représenté comme une femme (?) de laquelle émanent des rayons de lumière, ou bien assise sur un arc-en-ciel. Elle a les mains jointes.

5. Yûge Kannon. C'est peut-être le Bodhisattva de la joie. Assis en aise royale sur un nuage rayonnant. Forme féminine (?).

6. Byakue Kannon. C'est « Kannon en robe blanche » [49] correspondant à Pândaravâsinî. Cette forme féminine (?) qui connaît de nombreuses représentations [50] est généralement assise en Padmâsana sur un lotus [51] avec dans la main droite un rouleau de sûtra de la *Prajñâpâramitâ* pressé sur la poitrine [52] (ou parfois un chintâmani), la main gauche posée sur le siège et tenant un rosaire ou une corde. Elle est souvent figurée avec un pan de sa robe recouvrant sa chevelure, comme Ryûzu Kannon avec laquelle elle est souvent confondue. Elle est aussi parfois assise sur un rocher, sans aucun attribut (peinture d'origine chinoise), ou encore debout sur deux lotus (un pour chaque pied), au bord de la mer [53], tenant ou non une fleur de lotus à la main, ou bien avec les mains en Dhyâna-mudrâ. Ce serait peut-être une forme appelée Guohai Guanyin en Chine (voir n° 13). Elle tient généralement un rosaire dans la main droite, mais dans certaines formes tantriques elle se tient le poignet droit avec la main gauche. Ce dernier type de Kannon que l'on retrouve sur une stèle de Xi'anfu (Shanxi, Chine), aurait été à l'origine de la représentation de la Nyoirin Kannon japonaise. On la confond aussi parfois avec Byakushin Kannon (Shvetabhagavatî) [54].

7. Renga Kannon. Femme (?) assise sur un lotus...

8. Takimi Kannon. Ce serait un Bodhisattva de vertu. Forme féminine (?) regardant une cascade.

9. Seyaku Kannon. Kannon « donneuse de joie » (?) représentée dans une attitude pensive, au bord de l'eau, regardant un lotus.

10. Gyoran Kannon. Kannon sous la forme d'une femme (?) tenant un panier de poissons, ou bien assise ou debout sur le dos d'une grosse carpe. Elle se rattacherait à une ancienne légende chinoise et serait le Bodhisattva des poissons et êtres marins. Hokusai (1760-1849) en dessina une remarquable dans ses *Manga*, et ce sujet fut fréquemment représenté sur des kakemono. L'apparence générale de Gyoran Kannon est la même que celle de Byakue Kannon, avec un voile recouvrant en partie sa coiffure.

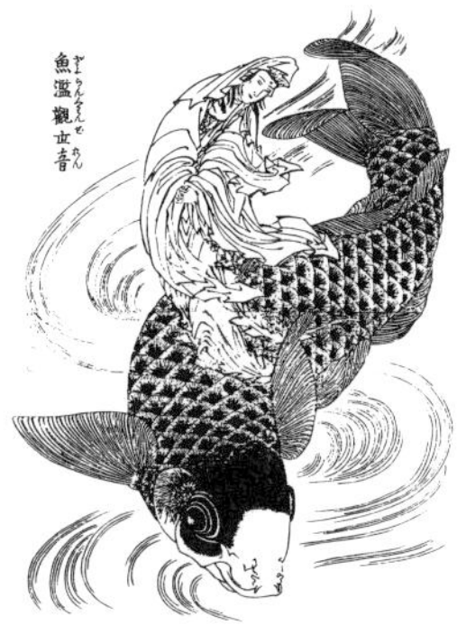

Gyoran Kannon,
dessin de Hokusai

11. **Toku-ô Kannon**. C'est Kannon « roi de vertu ». Il tient à la main une branche de saule et est souvent confondu avec Yôryû Kannon.

12. **Suigetsu Kannon**. Il est représenté assis en aise royale sur un rocher, ou debout sur une feuille de lotus posée sur l'eau, regardant le reflet de la lune dans l'eau. Parfois (mais rarement) avec trois têtes et six bras [55].

13. **Ichiyô Kannon**. « Kannon à la feuille ». Parfois assis ou debout sur une feuille de lotus flottant sur l'Océan. Cette forme chinoise est également appelée Guohai Guanyin (voir n° 6).

14. **Shôkyô Kannon (Seitsu Kannon)**. Il représente Nîlakanthî, l'« Avalokiteshvara au cou bleu », surtout représenté en peinture. Cette forme tantrique est assimilée à Shiva qui but le poison sorti de la mer de lait après son barattement et dont la gorge resta bleue par la suite. Cette forme est censée avoir le pouvoir de chasser la difficulté ou le malheur. On le montre assis sur un lotus ou un rocher. Sa peau a une teinte bleu-noir. Ses images offrent deux aspects : à deux bras (la main droite en Abhaya, la main gauche tenant un lotus) ou accoudé à un rocher, un vase posé près de lui ; à trois têtes et quatre bras tenant un bâton, un lotus, un anneau et une conque : la tête de face exprime la compassion, celle de droite est celle d'un lion, celle de gauche la hure d'un sanglier. C'est peut-être un aspect de Mârîchî.

15. **Itoku Kannon**. Kannon de majesté, assis en aise royale, une tige de lotus dans la main gauche. C'est la forme la plus souvent représentée en Chine.

16. **Enmei (Enmyô) Kannon**. Kannon protectrice de la vie des fidèles. Elle (?) apparaît derrière un rocher...

17. **Shûhô Kannon**. Kannon dispensatrice (?) des trésors. Assise en aise royale.

18. **Iwato Kannon**. « Kannon de la porte du rocher », peut-être une « bouddhisation » du Kami shintô Amaterasu Ômikami. Elle est assise à l'entrée d'une grotte.

19. **Nôjyô (Nôshô) Kannon**. Kannon qui donne la quiétude. Elle est montrée accoudée à un rocher.

20. **Anoku Kannon**. Représenté en femme (?) assise sur un rocher au bord de la mer, se tenant le genou ou ayant à la main un rouleau de sûtra ou un chintâmani. Elle protégerait des démons aquatiques et de la noyade les fidèles tombés à l'eau [56].

21. **Amadai Kannon**. Cette forme [57] aurait été introduite de Chine au Japon au IXe siècle [58]. Elle est représentée en aise royale sur un rocher ou sur un lion blanc. Elle a parfois une tête à trois yeux et quatre bras : les mains principales jouent du *hokugô* (petit *koto*, cithare d'origine coréenne) ou d'une sorte de harpe chinoise ornée d'une tête de phénix, la main droite

haute supportant un Haku-kichijô (faisan blanc, oiseau porte-bonheur), la main gauche haute tenant un Makatsugyo (poisson fantastique). On ne sait pas à quoi correspondent ces attributs.

22. **Hae (Hiyoe) Kannon**[59]. Cette forme de « Kannon qui porte des feuilles » est peut-être identifiable à Parnashavarî ou Palashambarî, « la sorcière aux feuilles » du panthéon indien. Dans le *Garbhadhâtu Mandala* elle a deux bras et tient dans la main droite un joyau entouré de flammes ou une corde ; sa main gauche tient un lotus. On la représente avec une peau très blanche, parfois sous une apparence féminine (?) avec quatre bras : les mains droites en Varada-mudrâ et tenant un chintâmani sur la poitrine, les mains gauches tenant une hachette et une corde. Lorsqu'elle est assise sur une natte ou sur un rocher, elle cache ses mains dans ses manches. Son nom ésotérique serait Jogyô Kongô.

23. **Ruri Kannon**. « Kannon au joyau de béryl ». Il a à la main un objet rond et se tient debout sur une feuille posée sur l'eau.

24. **Tarason Kannon** [60] **(Tarani Bosatsu)**. Ce serait une Târâ, la Shakti d'Avalokiteshvara déjà mentionnée au VIIe siècle par Xuanzang[61]. Peut-être peut-on également l'identifier à Bhrikutî ? Cette forme féminine (?) serait « née de la lumière des yeux d'Avalokiteshvara ». Certains sûtra l'identifient à Mâya, la mère du Bouddha Gautama : dans le *Garbhadhâtu Mandala*, elle est représentée comme une femme d'âge mûr. Dans le *Mahâvairochana-sûtra*[62], elle est de teinte bleue ou blanche, et tient un lotus dans ses mains jointes en Añjali-mudrâ. Elle peut revêtir deux aspects principaux : debout sur un lotus avec un visage à trois yeux, une image d'Amitâbha dans sa coiffure, de couleur vert pâle ou bleue, les mains en Abhaya-Varada-mudrâ ou bien tenant à la main droite un couteau ou un glaive, à la main gauche un lotus bleu, un crâne ou une grenade-fruit (ou bien assise sur un lotus, les mains réunies en Añjali-mudrâ et tenant un lotus ou la main droite en Varada-mudrâ, touchant les pétales de son siège, la main gauche tenant une fleur de lotus). Kannon symboliserait la résolution prise par ce Bodhisattva de sauver tous les êtres.

25. **Kôri Kannon**. « Kannon au coquillage » (?).

26. **Rokuji Kannon**. « Kannon des six heures de la journée » (les heures de l'ancien temps valaient environ deux de nos heures actuelles). Il tient un livre à la main.

27. **Fuhi Kannon**. Kannon de la Compassion universelle. Ses mains sont cachées dans les manches de sa robe.

28. **Merôfu Kannon**. Représentée comme une marchande ou une dame chinoise. La légende raconte qu'elle aurait été l'épouse d'un saint homme chinois du nom de Ma et serait considérée, en Chine, comme une incarnation de Guanyin[63].

29. **Gasshô Kannon**. « Kannon aux mains jointes ».

30. **Ichinyo Kannon**. Kannon de l'Unicité (?). Assis en aise royale sur un nuage.

31. **Funi Kannon**. « Kannon sans égale ». Debout sur une feuille de lotus, les mains croisées sur le ventre.

32. Jiren Kannon. Kannon tenant une fleur de lotus entre ses deux mains jointes.

33. Shasui Kannon.Kannon de l'aspersion, de l'ondoiement (?). Il tient une baguette dans la main droite et un bol dans la main gauche.

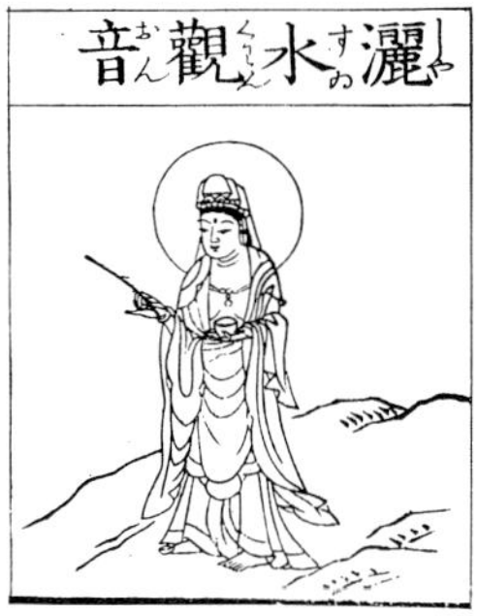

Shasui Kannon

Cette liste et cet ordre ne sont pas immuables, et de nombreuses variantes existent. De même, nombre de ces formes ne sont pas définies, et on ne sait pas toujours très bien à quoi elles correspondent... En fait, les aspects d'Avalokiteshvara (Kannon, Guanyin ou Lokeshvara) ne se limitent pas à ces trente-trois formes. Avalokiteshvara, étant de par sa nature une divinité miséricordieuse, fut toujours très vénéré par le peuple. En conséquence, celui-ci créa à toutes les époques et dans toutes les régions des formes différentes de ce Bodhisattva, formes qui prirent bien souvent un aspect syncrétique. Les aspects d'Avalokiteshvara furent parfois multipliés afin que leur nombre puisse accroître la capacité de vision et de compassion de ce Bodhisattva. Ne citons ici pour mémoire que les « cent Kannon » du Hôjô-ji, les « mille Kannon » du Sanjûsangendô de Kyôto, les « trois mille Kannon » de Shizuoka[64] pour le Japon ; les groupes de huit et trente-deux Guanyin de Chine, les « mille Bouddha irradiants » de l'art khmer ou birman... Au Japon, où ces formes sont les plus nombreuses, il convient de citer également le Nurete Kannon (qui se tient sur l'eau) de l'Oku-no-in du Kiyomizu-dera (Kyôto), que les fidèles ont pris l'habitude de venir ondoyer. Comme acolyte d'Amitâbha dans sa « descente » (jap. *Raigô*), Avalokiteshvara peut avoir l'une des formes normales déjà décrites, mais peut aussi prendre une forme particulière, torse nu et longue jupe par exemple ; il se tient debout, le pied gauche levé, la jambe repliée, avec les mains jointes. Mahâsthâmaprapta lui fait alors pendant, symétriquement, avec les mains en Dhyâna-mudrâ. Cependant, Avalokiteshvara est plus souvent représenté, sur les images de Raigô, à genoux, présentant à deux mains une fleur de lotus (ou un plateau de fleurs de lotus) au fidèle qui arrive dans la Sukhâvatî, la Terre pure d'Amitâbha...

FORMES ÉSOTÉRIQUES D'AVALOKITESHVARA

Afin de concrétiser pour les fidèles les pouvoirs multiples d'Avalokiteshvara ainsi que son aptitude à atteindre tous les êtres, où qu'ils soient et quelque nombreux qu'ils puissent être, d'autres formes sont très tôt apparues qui appartiennent toutes aux divers bouddhismes tantriques, ou tout au moins aux doctrines se réclamant de l'ésotérisme. Parmi les plus vénérées de ces formes, dont les représentations sont surtout nombreuses au Japon et en Chine, parmi d'autres nous décrirons celles d'Ekâdashamukha (aux onzetêtes), Sahasraneta (aux mille bras), Chintâmanichakra (au joyau), Batô Kannon (à la tête de cheval), Chundî (la Pure, donneuse d'enfants), Fukûkensaku Kannon (qui pêche les humains), de Bhrikutî (qui fronce les sourcils).

Avalokiteshvara aux onze têtes (jap. Jûichimen Kannon ; skt. Ekâdashamukha)

Cette forme d'Avalokiteshvara, correspondant peut-être également à Sîtâtapatra, est caractérisée par la présence de onze têtes qui sont des

Hôshi Oshô, bois, Japon, XIe siècle, musée de Kyôto

Jûichimen Kannon, (Avalokiteshvara aux onze têtes), bois coloré, Japon, Nara, Hôrin-ji, IXe siècle

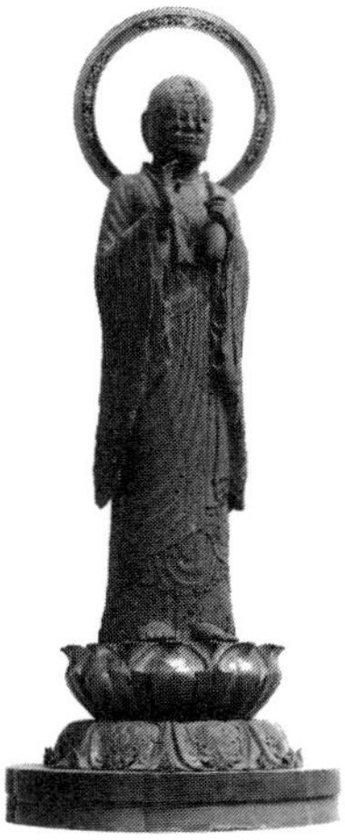

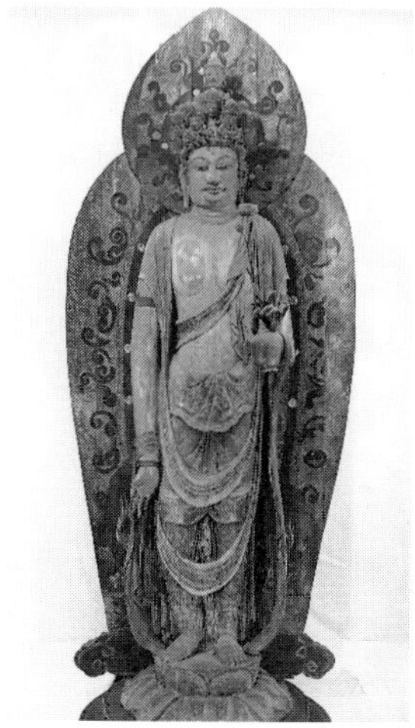

formes apparitionnelles (*Nirmânakâya*) d'Avalokiteshvara, têtes appelées *kebutsu* au Japon, et qui se trouvent généralement placées sur sa couronne, symbolisant les vertus principales de ce Bodhisattva, vertus qui lui sont indispensables afin de pouvoir conquérir les onze désirs pour atteindre à la Bodhi, à la perfection de l'Éveil[65], et aider les êtres à l'atteindre également.

Les têtes de la couronne de ce Bodhisattva sont réparties selon trois types principaux de groupement :

–Tête principale surmontée de trois rangs de trois têtes, plus une au dos et une au sommet .

– Tête principale surmontée de trois rangs de cinq, quatre et une têtes, plus une sur le devant de la coiffure .

– Tête principale surmontée de dix têtes disposées en couronne et entourant une onzième. Cette dernière disposition est relativement rare[66].

Dans ces trois groupes, les têtes seraient ainsi théoriquement réparties :

– Trois faces sur le devant, sereines, représentant les « trois trésors cachés » .

– Trois faces à gauche, furieuses, représentant les « trois défenseurs ».

– Trois faces à droite, sereines mais montrant des crocs, représentant les « trois gardiens » .

– Une face (tête ou statuette debout, jap. *chôjô butsu*) au sommet ou debout sur le devant de la coiffure et représentant Amitâbha.

Lorsqu'il existe une face ou une tête au dos de la coiffure, elle est souriante et représenterait le Karma. Selon le *Garbhadhâtu Mandala*, ces trois groupes de têtes représenteraient les séries des « trois mondes » (des démons, des humains et des Bouddha).

Sur l'auréole des représentations d'Avalokiteshvara à onze têtes sont généralement mises les images de cinq soleils de chaque côté et d'un chintâmani, symboles des onze formes apparitionnelles de ce Bodhisattva. On connaît, surtout au Japon, d'assez nombreux types de représentations de cette divinité :

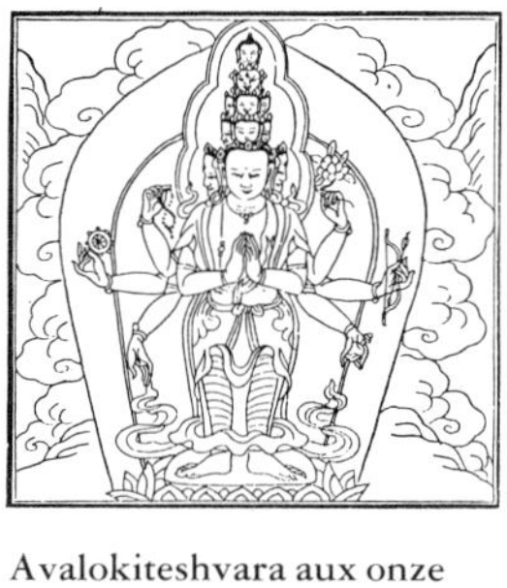

Avalokiteshvara aux onze têtes, gravure chinoise

– Debout sur un lotus, avec deux bras très longs : la main droite en Varada, la main gauche tenant un vase de fleurs ; ou la main droite en Varada et tenant un cordon de joyaux, la main gauche tenant sur la poitrine un vase de fleurs de lotus ; ou encore la main droite tenant un pan de son écharpe céleste (jap. *tenne*), la main gauche tenant un lotus ou un vase .
– Assis sur un lotus, avec quatre bras : Amida central de la couronne debout, la tête du sommet avec une auréole, un collier de pierreries, les mains droites tenant un rosaire et un bâton de pèlerin (*khakkhara*), les mains gauches tenant un lotus et un vase de fleurs.
– Type Kumen (neuf têtes) : cette forme aberrante ne comporte que neuf têtes en couronne. Avalokiteshvara est alors debout, la main droite pendante ou tenant un bâton de pèlerin, la main gauche tenant un vase, le bras replié[67].

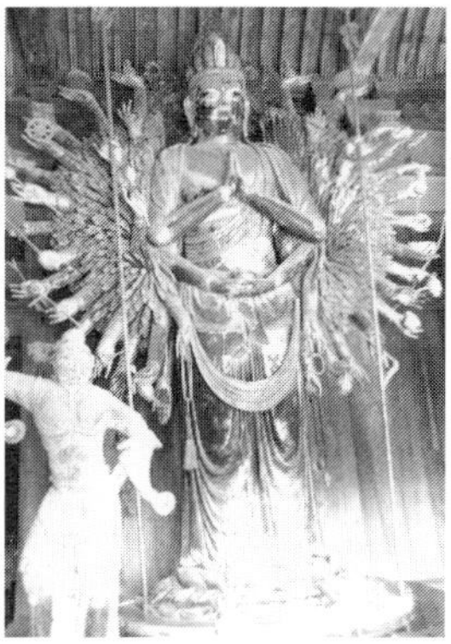

Avalokiteshvara aux "mille bras", bois coloré, Japon, Nara, Tô-ji, Xe-XIe siècles

D'autres types existent, assez nombreux, qui sont généralement dérivés de ces formes. Ils peuvent, malgré de légères différences dans les détails, être classés dans ces catégories.

Une forme exceptionnelle, appelée Hôshi Oshô et se trouvant au musée de Kyôto (Japon), en bois, d'époque Kamakura, montre Jûichimen Kannon apparaissant dans le visage entrouvert d'un moine. Ce dernier, le crâne rasé, vêtu de la robe monastique, tient dans la main gauche un vase et fait un geste d'apaisement (Abhaya-mudrâ) de la main droite. Il est debout sur un lotus. Ce moine chinois, prédicateur persécuté, serait mort vert 514 en Chine, à l'âge de quatre-vingt-dix-sept ans, et se serait révélé être une incarnation d'Ekâdashamukha Avalokiteshvara [68]. D'après A. Getty (*op. cit.*), une des images de la couronne de ce Bodhisattva serait celle de Kikuta Sanzô, un moine indien venu au Japon entre le VIIe et le IXe siècle : il a alors les mains cachées par sa robe.

Avalokiteshvara aux mille bras (Sahasrabhûja Sahasranetra ; jap. Senju Kannon)

Ce Bodhisattva, dont le nom sanskrit signifie « aux mille bras et aux mille yeux » (deux épithètes de Umâ, une parèdre de Shiva), est la divinité de la Bonté pure, omnisciente, omnipotente. Lorsqu'il est

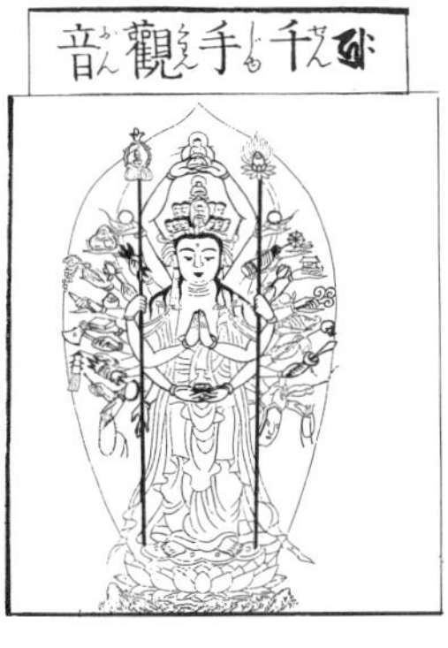

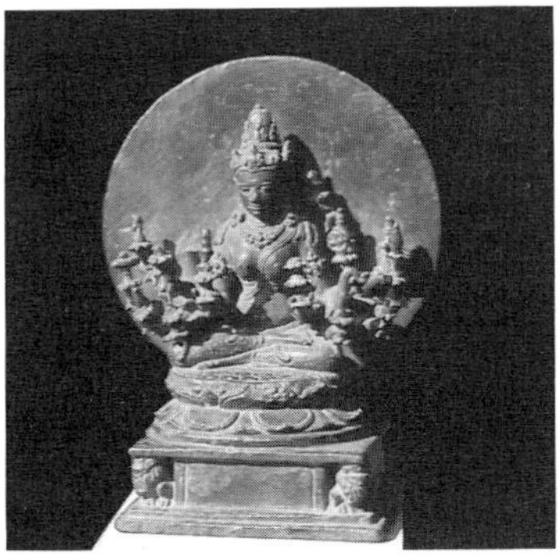

Senju Kannon Avalokiteshvara aux " mille bras "

Avalokiteshvara aux "mille bras", bronze, Java central, Xe siècle, Jakarta, musée national appelé au Japon Senju Sengen Kanjizai Bosatsu, il correspond à la forme sanskrite de Sahasrabhûjâryavalokiteshvara. Il possède théoriquement mille bras symbolisant la multitude de ses pouvoirs. Dans la réalité on le représente plus généralement avec seulement quarante-deux bras. Cependant quelques rares images le montrent, debout ou assis, avec ses mille bras [69], parfois avec onze ou vingt-sept têtes. Ses mains supérieures sont en vénération (Añjali-mudrâ), tandis qu'une autre paire de mains supporte un bol à aumônes (*pâtra*). Les autres mains, parfois ornées d'un œil dans la paume (idée peut-être d'origine tibétaine et qui symbolise la vision omnisciente d'Avalokiteshvara), tiennent chacune un symbole ou bien réalisent une mudrâ. Les mains les plus élevées (elles sont normalement disposées en éventail autour du corps du Bodhisattva) portent les effigies du soleil et de la lune. La liste suivante des attributs de ce Bodhisattva énumère ceux qui, au Japon principalement, sont les plus couramment utilisés pour les représentations comportant quarante-deux bras.

Mains droites (sauf les deux premières)
Bâton de pèlerin (*khakkhara ;* jap. *shakujô*)
Flèche (*shara, bâna ;* jap. *ya*)
Lune (*soma, chandra* ; jap. *gesseimani, getsurin*)
Lotus bleu (*utpala, nîlotpala* ; jap. *seirenge*)
Vase (*kalasha* ; jap. *kebyô*)
Nuage de cinq couleurs (jap. *goshiki-un*)
Glaive (*khadga* ; jap. *tsurugi, ken*)
Lotus blanc (*pundarîka* ; jap. *byakurenge*)
Crâne (*kapâla ;* jap. *dokuro*)
Miroir (*adarsha* ; jap. *hôkyô*)
Grappe de raisins (*drâkshâ* ; jap. *budô*)
Hallebarde (*shûla* ; jap. *kushitetsukô*)
Écritures (*sûtra* ; jap. *hôkyô*)
Varada-mudrâ (jap ; *yogan-in, segan-in*)
Trident (*trishûla* ; jap. *hôgeki, sansageki*)
Rosaire (*mâlâ, akshamâla* ; jap. *juzu*)
Sceau (*mudrâ* ; jap. *hô-in*)
Bouddha (jap. *kebutsu*)
Bol à couvercle (*pâtra* ; jap. *hô hatsu, hoppatsu*)

Mains gauches (sauf les deux premières) :
Bouclier (*khetaka* ; jap. *bohai*), parfois orné d'un masque
Palais céleste (*vimâna* ; jap. *ke kyûden*)
Lacet, corde, nœud coulant (*pasha* ; jap. *saku, kensaku*)
Chasse-mouches (*châmara* ; jap. *hossu*)
Vajra double à une pointe ; (jap. *tokkosho*)
Boîte ou livre (*pushtaka* ; jap. *kyôkyô, hôkyô*)
Arc (*dhanus, châpa* ; jap. *hôkyû*)
Lotus rouge (*kamala* ; jap. *gurenge*)
Conque (*shankha* ; jap. *hôra*)
Bracelet (*kankana, nûpura* ; jap. *gyokkan, sen*)
Vase à eau (*kamandalu* ; jap. *sôbyô, gunji*)
Lotus pourpre (*kamala ?* ; jap. *shirenge*)
Branche de saule (jap. *yoji, yôryû*)

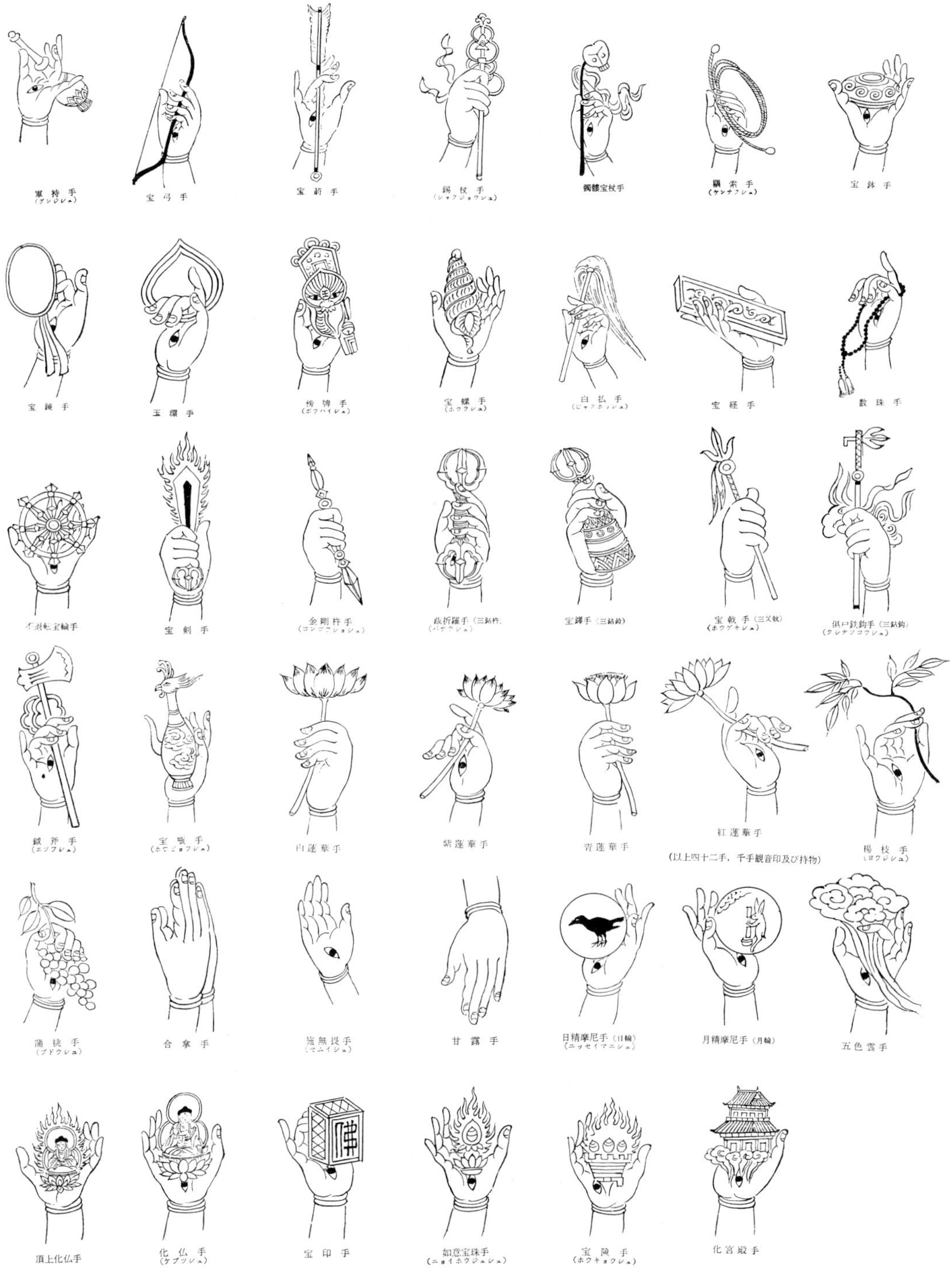

軍持手 (グンジシュ)
宝弓手
宝箭手
錫杖手 (シャクジョウシュ)
髑髏宝杖手
羂索手 (ケンサクシュ)
宝鉢手
宝鏡手
玉環手
傍牌手 (ボウハイシュ)
宝螺手 (ホウラシュ)
白払手 (ビャクホッシュ)
宝経手
数珠手
不退転宝輪手
宝剣手
金剛杵手 (コンゴウショシュ)
跋折羅手 (三鈷杵) (バザラシュ)
宝鐸手 (三鈷鈴)
宝戟手 (三叉戟) (ホウゲキシュ)
倶尸鉄鉤手 (三鈷鉤) (クシテツコウシュ)
鉞斧手 (エツフシュ)
宝瓶手 (ホウビョウシュ)
白蓮華手
紫蓮華手
青蓮華手
紅蓮華手
(以上四十二手，千手観音印及び持物)
楊枝手 (ヨウジシュ)
蒲桃手 (ブドウシュ)
合掌手
施無畏手 (セムイシュ)
甘露手
日精摩尼手 (日輪) (ニッセイマニシュ)
月精摩尼手 (月輪)
五色雲手
頂上化仏手
化仏手 (ケブツシュ)
宝印手
如意宝珠手 (ニョイホウジュシュ)
宝篋手 (ホウキョウシュ)
化宮殿手

Clochette (*ghanta* ; jap. *sankorei, hôtaku*)
Vajra à trois pointes (jap. *sankosho*)
Joyau sacré (*ratna, chintâmani* ; jap. *hôshu*)
Roue de la Loi (*dharmachakra* ; jap. *futaitenbôrin, hôrin*)
Hache (*parashu* ; jap. *etsufu, ono*), etc.

En plus de ces attributs, ce Bodhisattva a deux mains en vénération (Añjali-mudrâ) et deux mains en Dhyâna-mudrâ. Ces attributs sont ceux d'une forme particulière de Jûichimen Kannon (à vingt-sept têtes et quarante-deux bras, au Hosshô-ji, Kyôto), mais ils peuvent varier selon les statues ou l'ordre dans lequel ils sont disposés. En fait tous les attributs concevables peuvent lui être adjoints, afin de symboliser sa puissance universelle, son omniscience et sa faculté de pouvoir atteindre tous les êtres...

Les origines des représentations de ce Bodhisattva peuvent être retrouvées jusqu'en Inde, où ses images à bras multiples sont cependant rares et n'excèdent généralement pas quatre, six ou douze bras [70].

Au Tibet, il est représenté selon les canons traditionnels, mais ses effigies à plus de huit bras sont exceptionnelles. Il est souvent entouré, sur les mandala, d'autres divinités et d'Arahant ou de moines. Mais c'est surtout sa forme, confondue avec celle d'Avalokiteshvara à onze têtes, qui est le plus souvent représentée.

Avalokiteshvara à mille bras ne possède généralement qu'une seule tête, ornée soit d'une haute couronne nue (*jatâmukuta*), soit d'une couronne plus basse avec une figure d'Amitâbha debout ou assise sur le devant (origine ancienne que l'on peut faire remonter jusqu'à l'art bouddhique du Gandhâra), soit encore d'une couronne ornée de nombreuses têtes (dans ce cas, il réunit aussi les attributs d'Avalokiteshvara Ekâdashamukha). Mais il se trouve parfois couronné de vingt-sept ou vingt-huit têtes [71] qui représenteraient les vingt-huit génies protecteurs (jap. Bushû) des fidèles et qui sont censés (au Japon tout au moins) assister Senju Kannon dans sa tâche, les Nijûhachi Bushû. Dans le *Garbhadhâtu Mandala*, ces vingt-huit têtes sont décrites comme représentant les vingt-huit constellations (Nakshatra) sous forme de divinités ordinaires (Deva).

Lorsque ce Bodhisattva est représenté assis en Padmâsana, ses mains sont disposées en auréole autour de son corps. Lorsqu'il préside aux vingt-huit Bushû, il possède un troisième œil. En peinture, lorsqu'il est couronné de onze têtes et qu'il est alors confondu avec Ekâdashamukha, il possède quatre mains en Abhaya-mudrâ, symétriques, deux mains en Añjali-mudrâ, les autres étant disposées en éventail [72]. Sur quelques mandala il est montré assis avec mille bras, couronné de onze têtes, deux mains en Añjali-mudrâ, deux autres tenant le bol à aumônes et quatre autres en Dharmachakra-mudrâ, les autres bras étant disposés en auréole.

Une forme particulière de ce Bodhisattva au Japon, appelée Senju Yûgen Kannon, serait apparue à Kûkai sur le bateau qui ramenait ce moine de Chine en 806. Il a une apparence de Deva, est couronné de fleurs et apaise les flots d'un geste de la main.

LES MESSAGERS DE SENJU KANNON

Senju Kannon possède et commande à vingt-huit messagers ou Bushû qui, avec Fûjin, divinité japonaise du vent (Vâyu), et Raijin, divinité japonaise de l'orage et du tonnerre, sont les vingt-huit serviteurs d'Avalokiteshvara[73]. Ils sont soit des « bouddhisations » de divinités hindoues, soit des créations purement japonaises :

1. **Misshaku Kongô Rikishi (Vajrapâni).** C'est aussi l'un des deux gardiens (jap. Ni-ô) des temples et une émanation de Vairochana. Il est représenté torse nu, la main droite en poing de sagesse, la main gauche posée sur la hanche ; ou bien la main droite levée, ouverte, et la main gauche tenant un court bâton.

2. **Makeishura-ô (Maheshvara).** C'est un aspect bouddhique de Shiva, une des grandes divinités hindoues. Représenté torse nu, la main droite ouverte, la main gauche tenant une canne sommée d'une tête d'oiseau (jap. *chôjô),* ou bien en armure, les cheveux hérissés, tenant à deux mains une feuille de papier.

3. **Naraen Kongô-ô (Nârâyana).** C'est un aspect du dieu hindou Vishnu. Représenté torse nu, la main droite posée sur la hanche ou le ventre, la main gauche levée ou tenant un court bâton. Il serait également un des deux Ni-ô.

4. **Kompira-ô (Kuvera ?).** Guerrier en armure, la main droite armée d'une flèche, la main gauche tenant l'arc (ou bien un chintâmani).

5. **Manzensha-ô.** Guerrier en armure, les cheveux hérissés, tenant un maillet à la main droite et une corde à la main gauche. Aussi représenté comme un jeune homme tenant un maillet dans la main droite.

6. **Mawara-ô (Mawara-nyo).** Représenté en Deva, debout, parfois aussi comme une vieille femme, les mains jointes sur la poitrine[74].

7. **Hitsubakara-ô (Hibakara-ô, Bibakara-ô).** Guerrier en armure, parfois barbu, les cheveux hérissés, tenant à la main gauche un vajra ou une sorte de bannière.

8. **Gobujô.** Guerrier en armure, parfois avec une tête de sanglier dans sa coiffure, tenant un sabre à la main droite et un joyau dans la main gauche.

9. **Taishaku-ten (Devendrachakra).** C'est le chef des guerriers. Représenté en Deva, il tient un miroir ou un bol à la main droite, et la main gauche est posée sur la hanche ou bien fermée à la hauteur de l'épaule.

10. **Dai Benzai-ten (Dai Benkudoku-ten).** C'est Sarasvatî, déesse hindoue des arts et de la musique. Elle tient un chintâmani dans la main gauche et parfois un glaive vertical dans la main droite.

11. **Tôho-ten (Jikoku Tennô).** Guerrier tenant un vajra à trois pointes (jap. *sankosho)* à la main droite, un sabre courbe à la main gauche, ou ayant les mains jointes en Añjali-mudrâ.

12. **Jinmo-ten (Jinbo-ten).** Représenté en Deva, la main gauche fermée[75] ou tenant des cymbales à deux mains.

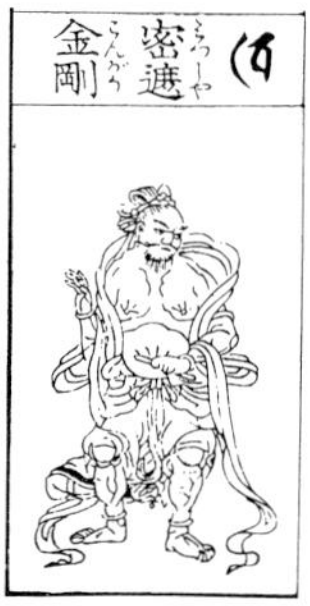

1

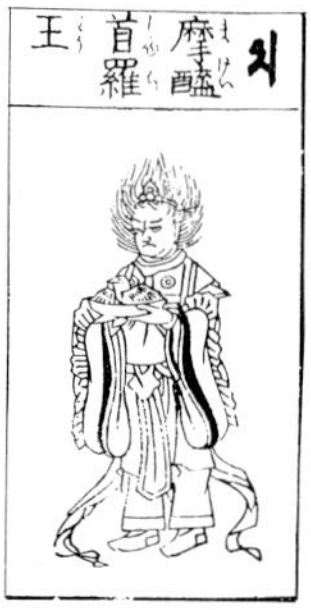

2

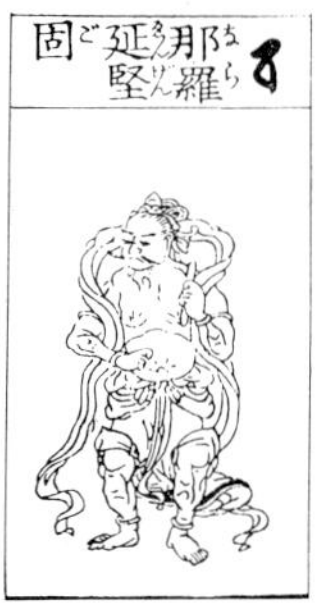

3

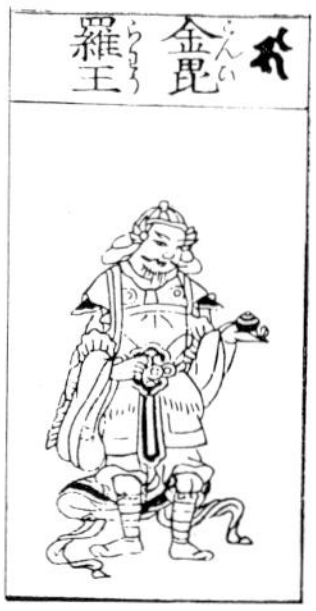

4

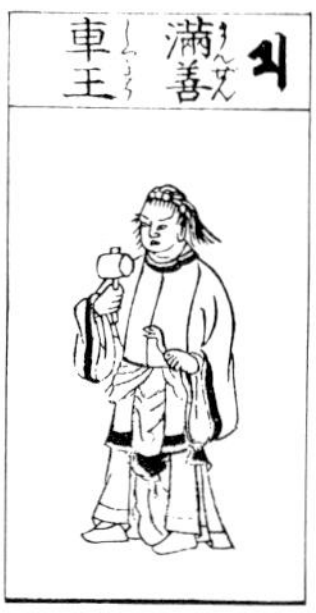

5

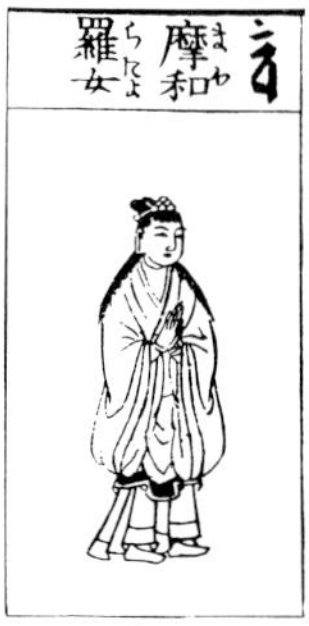

6

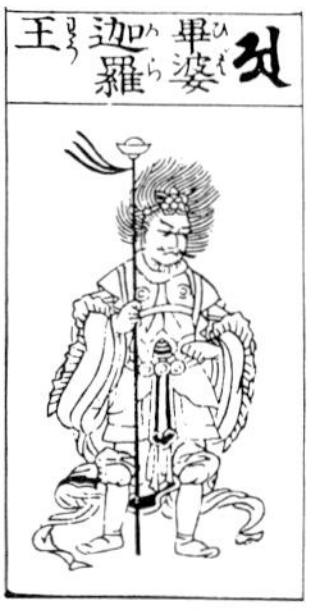

7

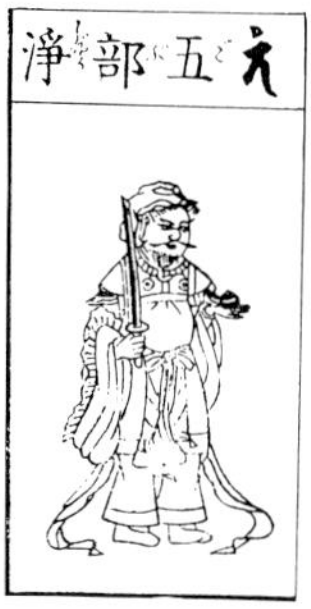

8

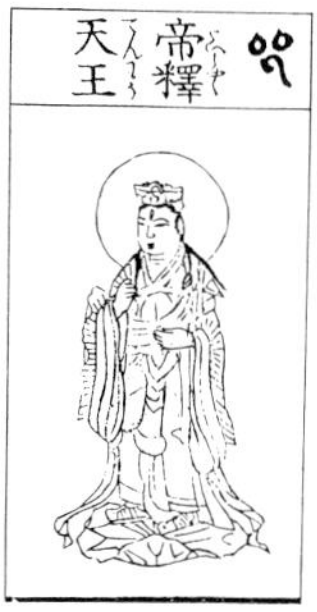

9

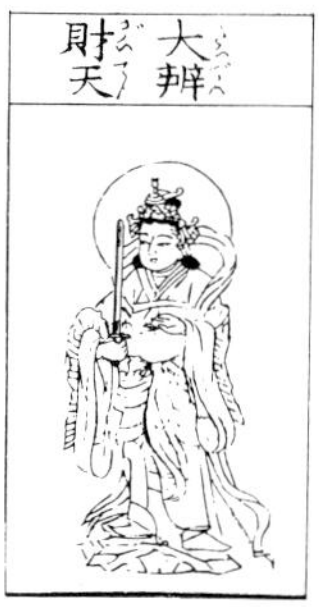

10

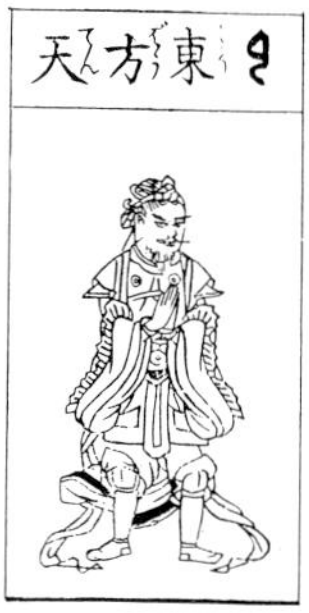

11

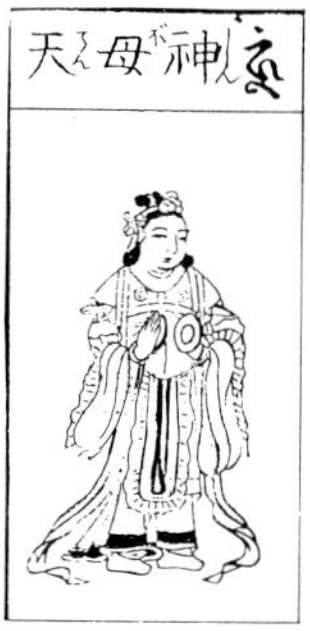

12

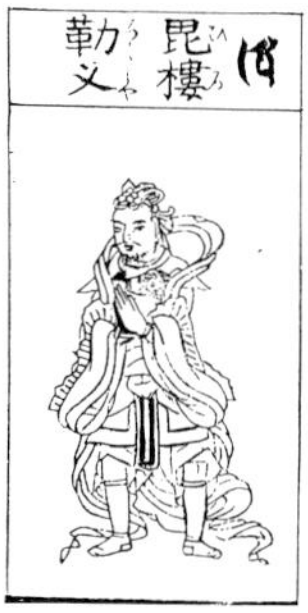

13

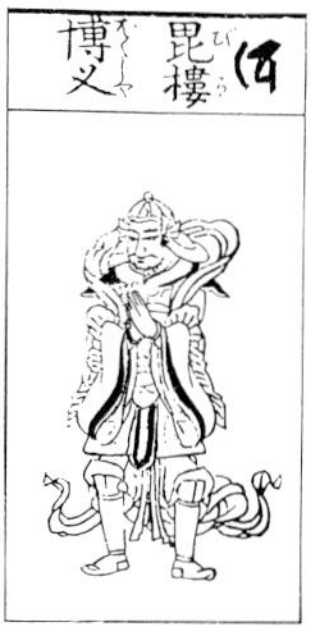

14

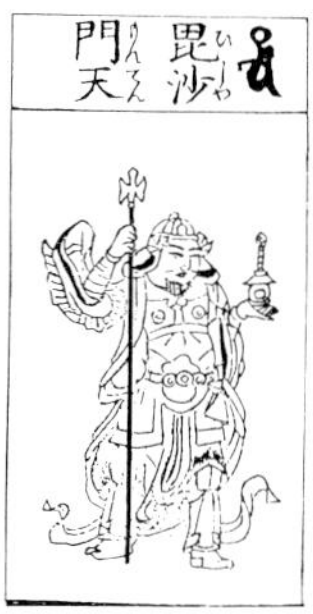

15

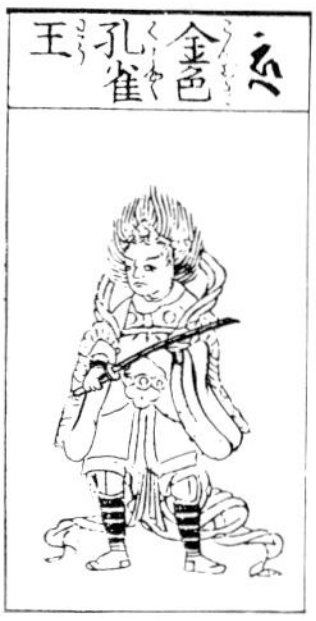

16

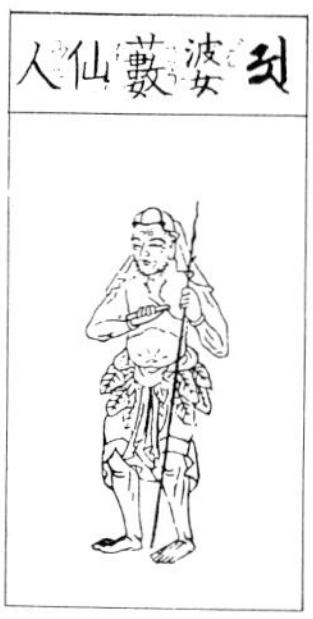

17

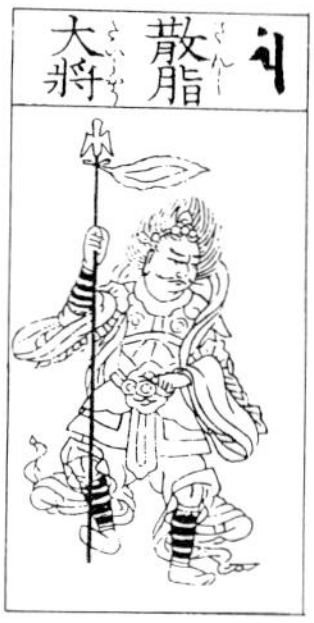

18

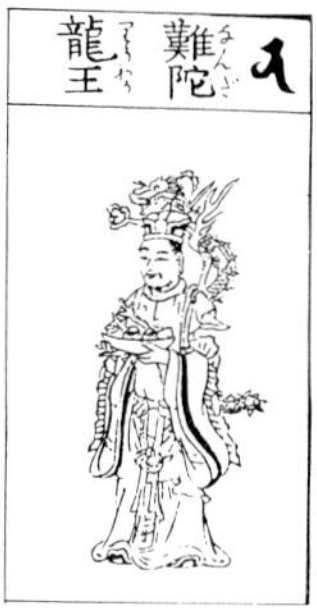

19

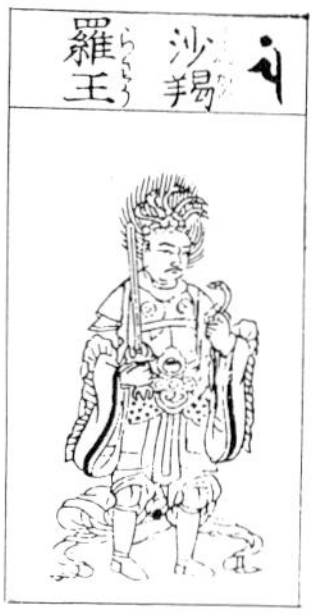

20

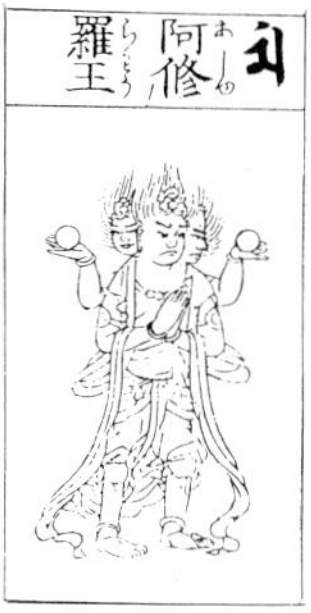

21

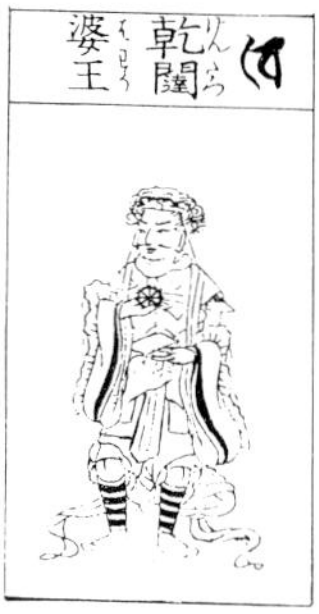

22

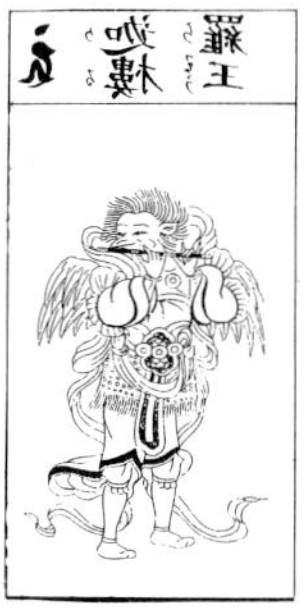
23

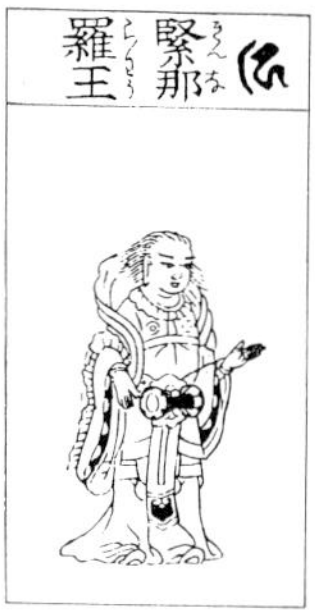

24

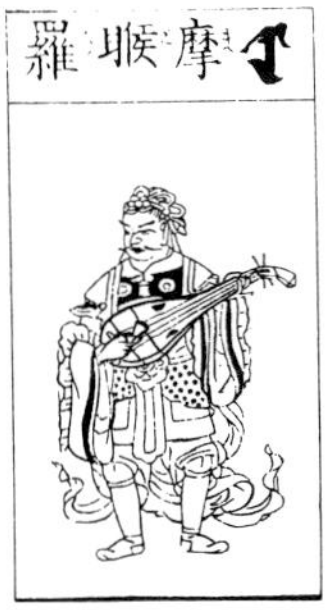

25

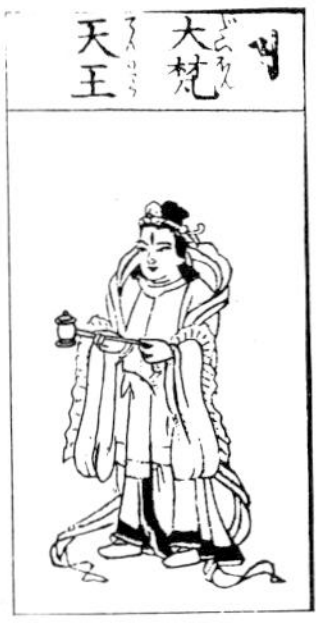

26

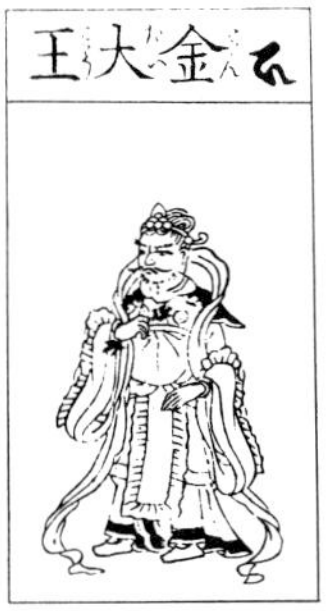

27

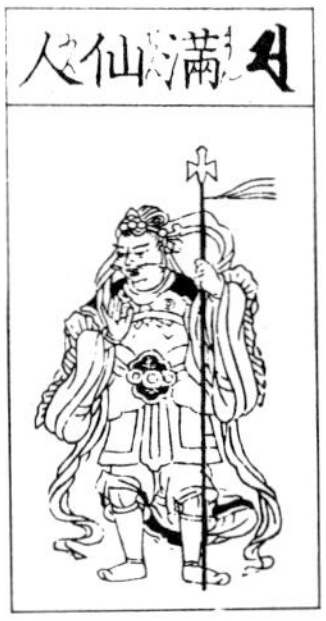

28

13. Birurokusha Tennô (Zôchô Tennô). C'est l'aspect de Vîrûdhaka, un des quatre rois-gardiens des horizons (Lokapâla). Il tient une lance à la main droite (parfois sans lance et posée sur la hanche), la main gauche pendante. Il a parfois aussi les mains en Añjali-mudrâ.

14. Birubakuska Tennô (Kômoku Tennô). C'est un aspect de Vîrûpâksha, un des quatre gardiens des points cardinaux, la main droite sur la hanche, la main gauche tenant un trident. Ou bien les mains en Añjali-mudrâ.

15. Bishamon Tennô (Vaishravana). C'est le chef des Chaturmahârâja (jap. Shi Tennô), gardiens des points cardinaux. Sur certaines listes il est parfois remplacé par Zôchô Tennô. Il est représenté en guerrier, la main droite tenant un trident ou une hallebarde, la main gauche supportant un petit stûpa.

16. Kujaku-Tennô (Konjiki Kujaku-ô). C'est Mahâmayûri, une divinité qui combat les poissons. Représenté en guerrier, avec un phénix ou un paon sur la tête, un sceau dans la main droite, un sabre courbe dans la main gauche. Il peut également tenir le sabre à deux mains.

17. Basu Sennin. Peut-être le sage indien Vasubandhu. Représenté comme un homme âgé, barbu, torse nu, s'appuyant sur un bâton et tenant à la main droite un rouleau de sûtra.

18. Sanshi Taishô (Jinja Taishô, Shoryôchi Taishô). C'est Samjñeya, représenté en guerrier[76], brandissant un sabre courbe ou une hallebarde à la main droite, et tenant un seau à la main gauche. C'est un Yaksha, assimilé à Vaishravana dans la tradition ésotérique.

19. Nanda Ryû-ô. Peut-être une « bouddhisation » de Susanoo, le Kami shintô des tempêtes, vainqueur du dragon. Représenté en guerrier tenant la queue d'un dragon et un plateau de joyaux.

20. Sakara Ryû-ô (Sakakatsura Ryû-ô). C'est Sâgara, un roi des Nâga, représenté comme un jeune guerrier brandissant un sabre courbe dans sa main droite et un serpent dans sa main gauche. Ses cheveux sont hérissés de serpents.

21. **Ashura-ô (Asurarâja).** C'est le roi des Asura, le roi de la faim et de la colère. Il a une tête à trois faces et quatre ou six bras. Généralement torse nu, il tient un miroir, un arc, une flèche (ou le soleil et la lune) et a deux mains en Añjali-mudrâ. Ses cheveux sont hérissés.

22. **Kendatsuba-ô (Kendabba-ô).** C'est un Gandharva, le roi des musiciens célestes. Il est torse nu, tient une roue de la Loi dans la main droite et un sceau (ou une boîte) dans la main gauche. Parfois aussi représenté comme un guerrier en armure avec une tête de lion sur sa coiffure. En peinture il est parfois assis en aise royale, entouré des douze animaux du cycle des années et de trois acolytes. Il tient alors dans la main droite un trident sur lequel sont empalées des têtes, et dans la main gauche un chintâmani.

23. **Karura-ô.** C'est le roi des Garuda, oiseaux mythiques ennemis des serpents (Nâga) de la mythologie hindoue. Il est représenté en guerrier ailé jouant de la flûte, parfois avec une tête d'oiseau, les cheveux hérissés.

24. **Kinnara-ô.** C'est le roi des Kimnara ou musiciens célestes, mi-homme, mi-oiseau. Représenté comme un jeune homme (avec ou sans tête d'oiseau sur sa coiffure) jouant du tambour.

25. **Magoraka-ô (Mahorâga).** Guerrier torse nu, à l'expression furieuse, aux cheveux hérissés, comme un démon, ou bien comme un noble de l'ancien temps jouant du biwa (sorte de luth japonais).

26. **Daibontennô (Mahâbrahmâdeva).** Forme japonaise du dieu hindou Brahmâ. Représenté en Deva, la main droite tenant un sceau, la main gauche soutenant un pot à médecine (?), ou bien tenant à deux mains une cassolette à long manche.

27. **Kindai-ô.** Guerrier posant la main droite sur sa hanche, la gauche brandissant un vajra. Parfois en noble barbu, en robe chinoise.

28. **Mansen-ô (Mansen-nin).** Guerrier tenant un vajra dans la main droite et un trident dans la main gauche.

Ces vingt-huit Bushû, rarement représentés ensemble (effigies au Sanjûsangendô, Kyôto), ne font l'objet d'aucun culte séparé. Ils ne sont vénérés qu'en tant que messagers d'Avalokiteshvara et ne sont pas considérés comme séparés de celui-ci. À ces trois formes principales d'Avalokiteshvara (Shô Kannon, Jûichimen Kannon et Senju Kannon) la secte japonaise Shingon ajouta trois autres formes : Nyoirin Kannon, Batô Kannon et Juntei Kannon. Ces six Kannon avaient pour principale mission d'apporter l'aide du Compatissant Avalokiteshvara aux êtres des « six voies » (jap. *Rokudô*) ou « destinées de la transmigration[77] ».

LES AUTRES FORMES DE KANNON

Nyoirin Kannon Bosatsu (skt. Chintâmanichakra ;
chin. Ruyilun Guanyin)

Cette forme d'Avalokiteshvara fut représentée très tôt en Chine, notamment dans les grottes de Longmen et de Yüngang. C'est une

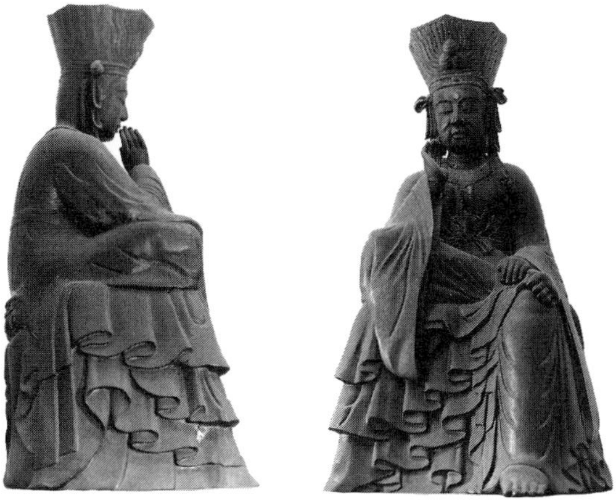

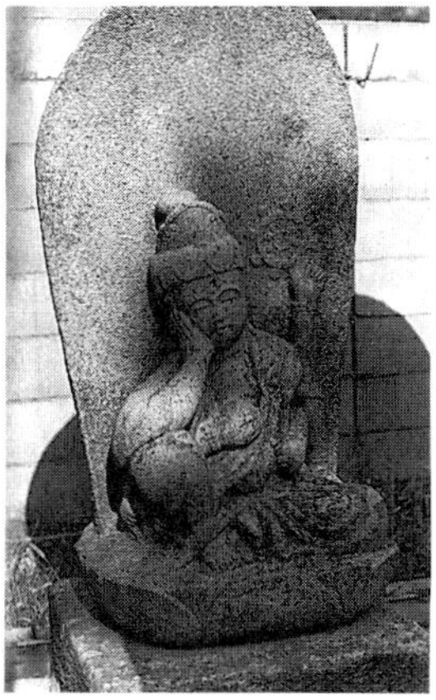

Nyoirin Kannon, pierre, Japon, XVIIe- XVIIIe siècles, Nara, Hannya-ji

à gauche : **Nyoirin Kannon en pose pensive,** bois, Japon, XIIIe siècle, musée de Kyôto

forme féminine (?), « la roue du Joyau qui satisfait tous les désirs ». Elle est représentée, en Chine, au Türkestân et au Japon, sous plusieurs formes (formes tantriques inconnues en Chine) :

– Assis en Padmâsana, avec deux bras (plus rarement quatre [78]), les mains en Abhaya-Varada-mudrâ.

– Assis en Vajrâsana sur un lotus, avec deux bras, un haut chignon décoré, l'épaule droite dénudée, la main droite tenant un chintâmani, la main gauche un lotus.

– Assis en Lalîtâsana sur un socle, avec une haute couronne ornée de trois joyaux, la main droite touchant la joue (attitude pensive), la main gauche posée sur la cheville droite. Forme typiquement chinoise.

– Avec six bras [79], assis en aise royale, torse nu [80], les poignets ornés de bracelets. Son auréole est alors celle utilisée pour les représentations appartenant aux sectes tantriques, formée de deux halos ronds ; la main droite principale touche sa joue (pose pensive) avec l'index ou bien soutient sa tête ; la main gauche principale est appuyée sur le lotus du siège ; les autres mains tiennent un chintâmani près de la poitrine et une roue de la Loi, parfois un rosaire.

Lorsqu'il est représenté assis sur un rocher et regardant l'eau, il est souvent confondu avec Suigetsu Kannon, une des « trente-trois formes ». Il fut représenté en Chine dès le Xe siècle, notamment à Dunhuang, dans cette attitude. Nyoirin Kannon peut aussi assumer d'autres formes, moins courantes, à huit, dix ou même douze bras (en peinture). Dans les mandala [81], les sept étoiles de la Grande Ourse se trouvent parfois groupées autour de ce Bodhisattva.

Nyoirin Kannon n'est plus, de nos jours, l'objet d'aucun culte. Il fut cependant assez en faveur autrefois et utilisé au Japon comme « divinité de dévotion privée » (Nenji Butsu). On raconte que Taira no Shigemori (mort en 1179) possédait une petite statuette de Nyoirin Kannon de 9 cm de hauteur qui était sa divinité personnelle (actuellement au Kôfuku-ji, à Nara). Une forme syncrétique japonaise de Nyoirin Kannon, appelée Seiryû Gongen, est représentée comme un Kami shintô féminin (?), en costume de cour de l'époque de Heian, tenant un chintâmani dans la main droite. Cette forme aurait été rapportée par Kôbô Daishi au monastère du Jingo-ji (Kyôto).

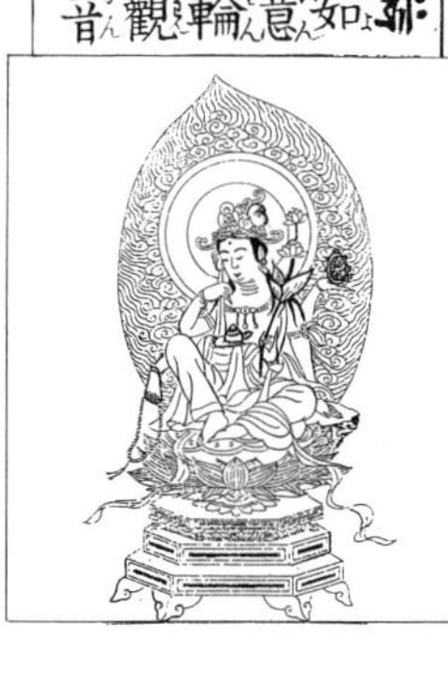

Nyoirin Kannon

Batô Kannon (skt. Hayagrîva)

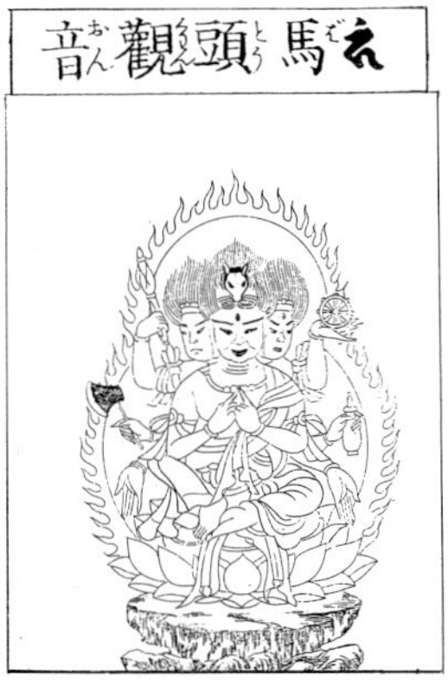

Batô Kannon

Appelé aussi parfois Mezu, Dairikiji Myô-ô ou encore Batô Myô-ô lorsqu'il est considéré comme un roi de Science magique (Vidyârâja), cet aspect d'Avalokiteshvara est une forme « bouddhisée » japonaise de Hayagrîva, incarnation bouddhique tibétaine du dieu Vishnu du panthéon brâhmanique [82]. Dans le mandala du Garbhadhâtu, Batô Kannon est une personnification terrible d'Amitâbha : dans ce cas il ne porte pas de couronne.

Son effigie se trouve parfois placée au bord des chemins du Japon, où le populaire croit qu'elle a le pouvoir de chasser les mauvais esprits. Mais sous cet aspect, il est confondu avec Batô Myô-ô.

Au Japon les sanctuaires shintô de Kumano Ôji vénèrent une manifestation syncrétique de Batô Kannon sous le nom de Kichijô Komagata. Cette manifestation était déjà connue au Kashmîr comme une divinité des éleveurs de chevaux, et est vouée au salut de la destinée animale. Dans le nord du Japon, un culte très populaire lui est rendu en tant que protecteur des animaux [83], en particulier des chevaux et du bétail. Dans certains des sanctuaires où il est vénéré, on lui offre des chevaux votifs blancs en bois et plâtre. Par ailleurs, on sait la faveur dont ont toujours joui, en Chine comme en Inde ou au Japon, les chevaux blancs, symboles de puissance et de chance, probablement une résurgence de croyances chamaniques : l'un des plus anciens temples bouddhiques de Chine, à Luoyang, s'appelait « monastère du Cheval Blanc » (Baima Si). Et dans les sanctuaires shintô du Japon, souvent un cheval blanc est installé, considéré comme un messager des Kami...

On représente généralement Batô Kannon sous deux aspects principaux :

– Avec une tête de cheval sur un corps humain [84]. Cet aspect, rare, est parfois appelé Mezu.

– Sous une forme humaine portant une ou deux têtes de cheval sur sa coiffure : c'est l'aspect le plus commun. Batô Kannon porte alors une couronne basse ornée sur le devant d'une effigie d'Amitâbha, une ou trois têtes à trois yeux chacune, et il arbore une expression menaçante avec des crocs dépassant de la bouche, les cheveux dressés en mèches. La tête de cheval, si elle est seule, est blanche ; si elle est double, elle est blanche (pureté) et bleue (puissance). La tête de cheval est parfois remplacée par un vajra...

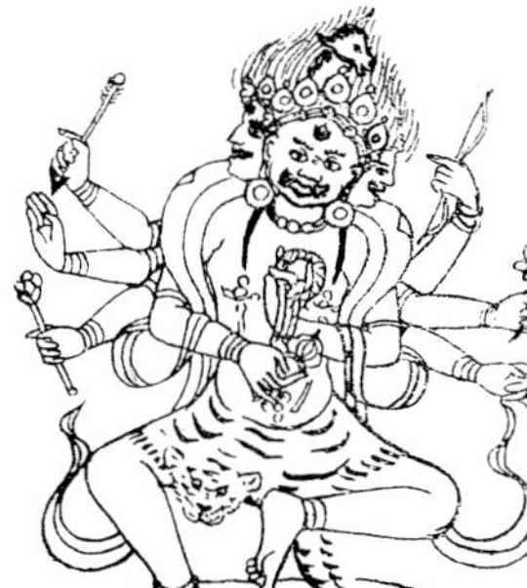
Hayagrîva, gravure tibétaine

On représente Batô Kannon soit debout sur un lotus, soit assis en Padmâsana ou en aise royale (parfois sur un buffle couché). Il tient souvent une hache dans la main droite. Son auréole est enflammée comme celle d'un Vidyârâja. Les images de Batô Kannon ont généralement huit bras. Les deux mains principales sont réunies en Añjali-mudrâ, en Renge-no-in ou en Batô-in, les autres tenant une roue de la Loi, un glaive, une massue (ou un bâton de sagesse, jap. *hôbô*), une corde, un vajra à cinq pointes (jap. *gokosho*). Une variante habituelle le montre avec les mains principales en Añjali-mudrâ, les autres mains droites portant une hache, un rosaire et un glaive, les autres mains gauches tenant une roue à huit pointes (jap. *rinbô*), un bâton de sagesse, ou bien sont en Ketsu-in (sorte de Varada-mudrâ).

Cependant, l'iconographie japonaise connaît de nombreuses autres formes de Batô Kannon (pour la plupart confondues avec celles de Batô Myô-ô) qui le montrent avec une tête et deux bras [85]; trois têtes et

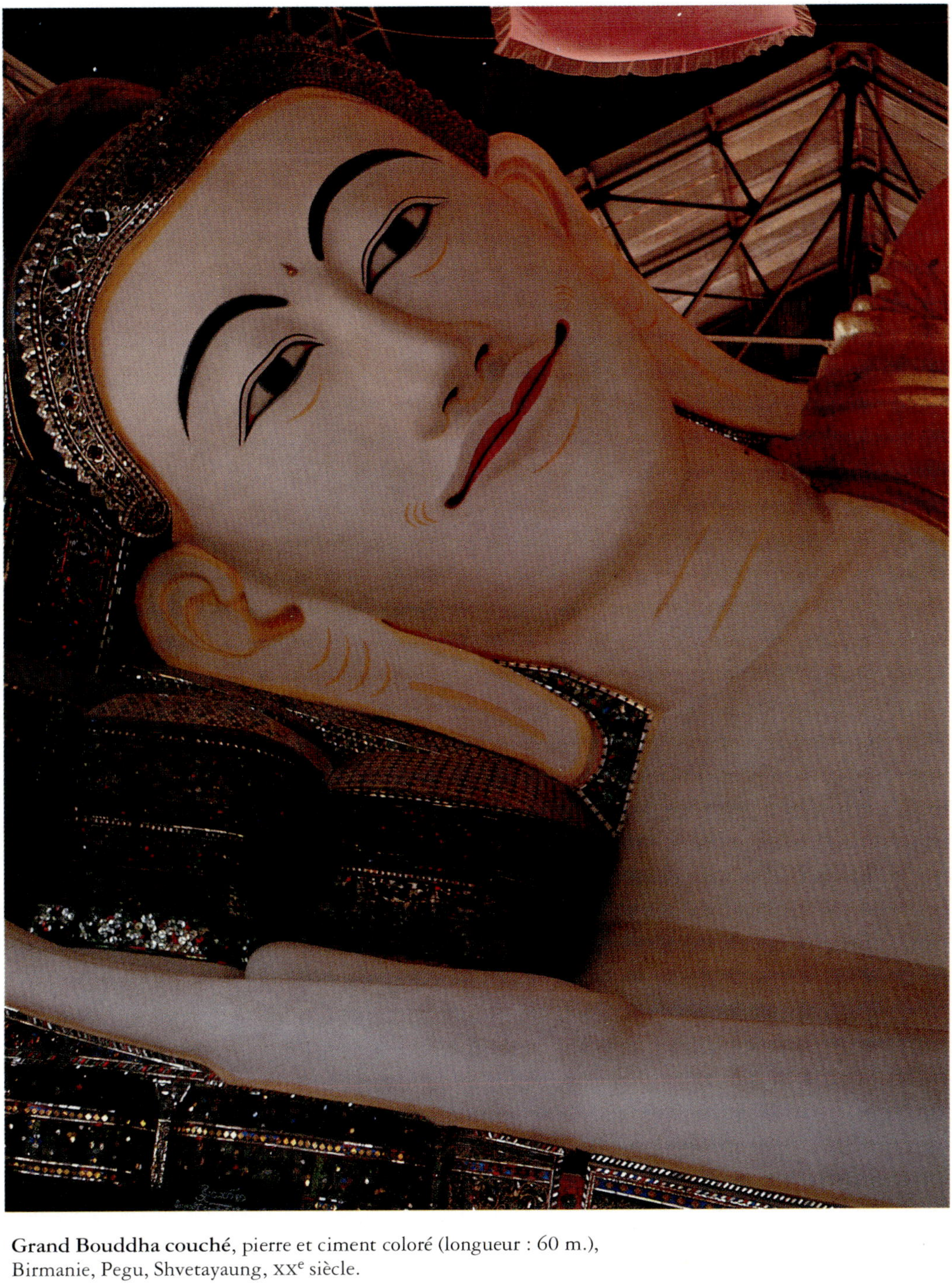

Grand Bouddha couché, pierre et ciment coloré (longueur : 60 m.), Birmanie, Pegu, Shvetayaung, XXe siècle.

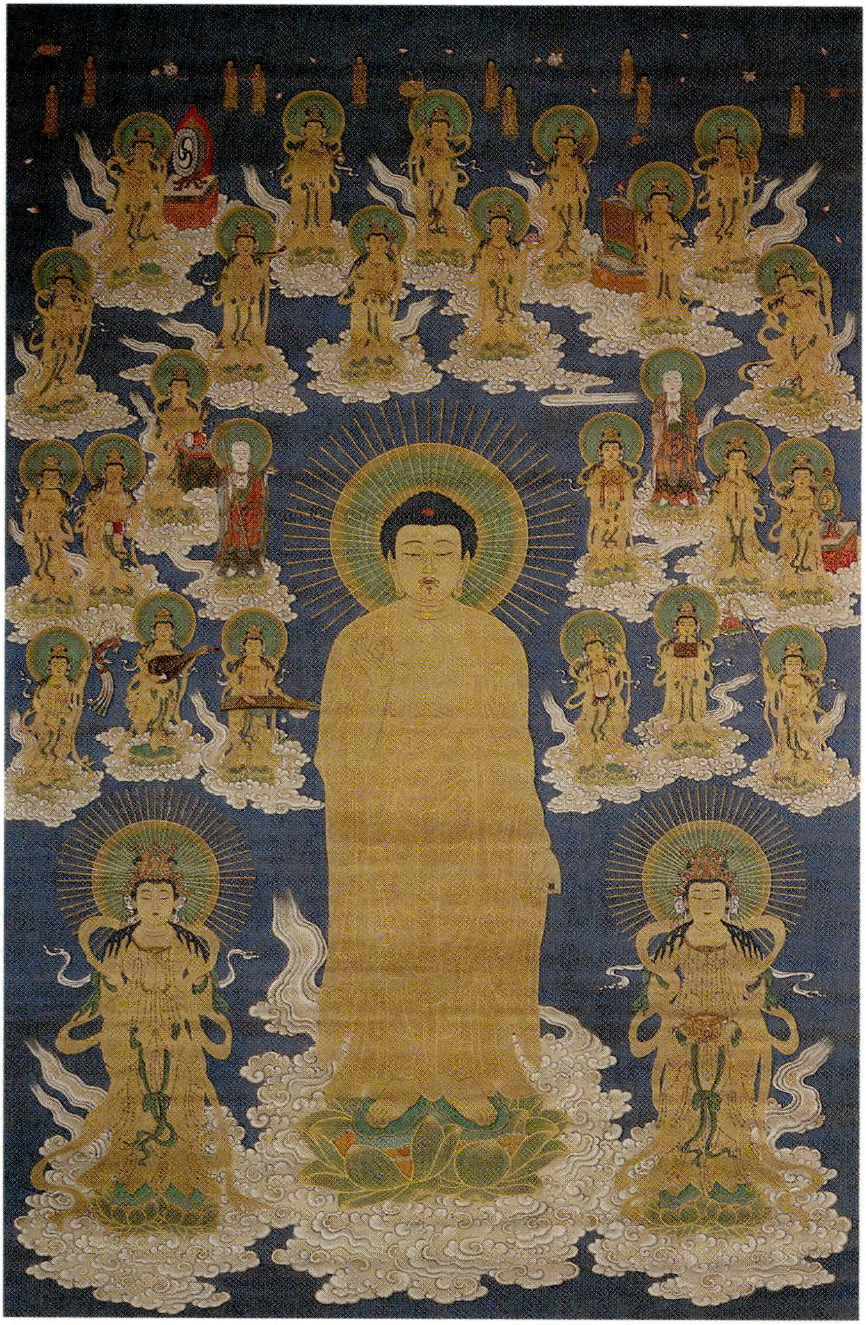

Amida dans son Raigô, peinture sur papier, Japon, 1708, musée Guimet.

deux bras ; trois têtes et quatre bras ; quatre têtes et deux bras ; quatre têtes et huit bras[86], etc.

Juntei Kannon Bosatsu (skt. Chundî)

Ce Bodhisattva (dont le nom japonais est parfois prononcé *Jundei*), « la Pure », est une forme féminine d'Avalokiteshvara. C'est aussi Juntei Butsu-mo, « la mère des Bouddha », ou, pour certaines sectes ésotériques, Shichigûtei Butsu-mo, « Mère des Bouddha aux sept pointes » (Saptakotibuddhamâtri), aussi appelée Koti-shrî, réputée être la mère de sept cent mille Bouddha. C'est peut-être également une forme japonaise de Durgâ, une parèdre indienne de Shiva. Mais on s'accorde généralement à la faire correspondre à Chundî[87]. Cette manifestation de Kannon, souvent confondue avec celle de Senju Kannon et surtout représentée en peinture, n'est pas, en principe, reconnue par la secte Tendai[88]. C'est une manifestation essentiellement féminine, ayant une expression tantôt douce, tantôt colérique. Selon A. Foucher, Chundî (ou Chundâ) serait à l'origine une divinité solaire, Ushas, déesse de l'aurore. Selon Waddell, elle serait une métamorphose du soleil. On l'identifie aussi parfois avec Mârîchî dont les sept sangliers formant son piédestal « assumeraient le rôle des sept chevaux du soleil ». Elle est généralement montrée assise ou debout sur un lotus et pourvue de deux, quatre, six, huit, douze, dix-huit, trente-deux ou même soixante-quatre bras. Elle porte une couronne ou une haute tiare cylindrique (ou cônique). La forme possédant dix-huit bras est la plus communément représentée : elle a une expression douce, est vêtue d'une robe lui couvrant les deux épaules et ses bras sont ornés de nombreux bracelets. Derrière son effigie se tient une grande auréole en bateau (jap. *funagata kôhai*[89]). Elle a les mains droites principales en Abhaya-mudrâ, les mains gauches principales (bras replié) en Abhaya ou Varada-mudrâ, les autres mains droites en Abhaya, avec un glaive, un rosaire, un fruit, une hache, un croc à éléphants (*angkusha*), un vajra, un pendentif (jap. *rôman*), etc., les mains gauches avec un bâton de religieux orné de flammes (jap. *nyo-i hôto*), un lotus, un vase, une corde, un anneau, une conque, une boîte à sûtra, etc.

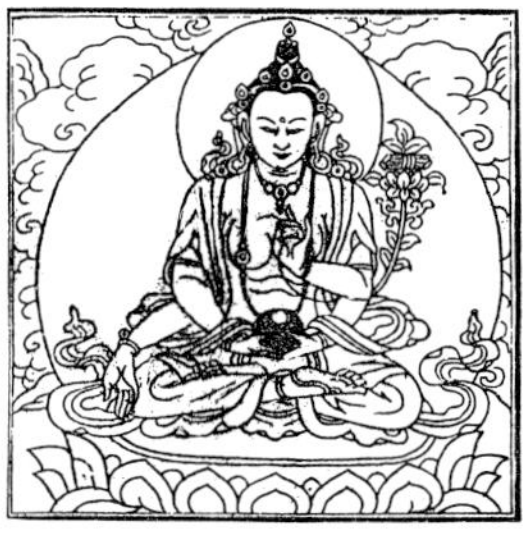
Chundî, gravure tibétaine

Lorsque Juntei est représentée assise, elle tient ses quatre mains principales en Dharmachakra-mudrâ et en Abhaya-mudrâ devant sa poitrine. Ses autres mains droites tiennent un trident, un rosaire, des fruits, un chintâmani, un glaive, un lotus, etc., tandis que ses autres mains gauches tiennent un lotus, une roue de la Loi, un pot (à médecine ?), une corde, un vase, etc. Elle a une écharpe céleste sur l'épaule gauche, des colliers et des bracelets, le reste du torse demeurant dénudé. Cette dernière représentation porte le nom de Shichigûtei Butsu-mo, et ne se trouve que sur des mandala. Une forme particulière de Juntei Kannon est réputée faciliter les accouchements et protéger les enfants, combattre aussi la stérilité. Cette Koyasu Kannon est alors assimilée à une divinité ordinaire (Deva) et représenterait une forme de Hârîtî. Nous l'étudierons avec cette dernière divinité.

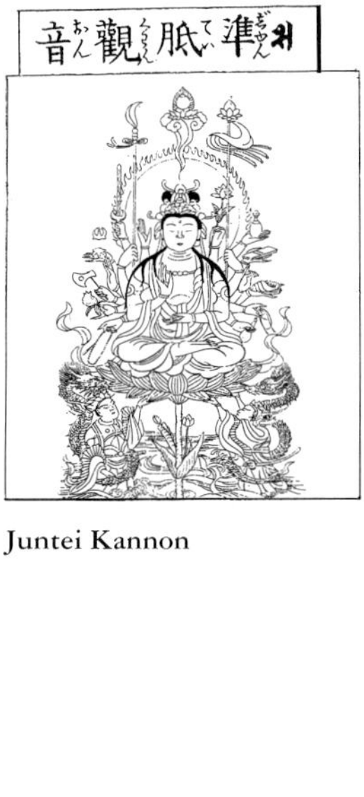

Juntei Kannon

Fukûkensaku Kannon

Cette forme japonaise d'Avalokiteshvara est particulière aux sectes de Nara et du Tendai. Fukûkensaku (prononcé parfois Fukûkenjaku) correspond à Amoghapâshâvalokiteshvara ou Amoghavajra. C'est « Celui qui pêche les humains pour les amener à l'Éveil ». Appartenant

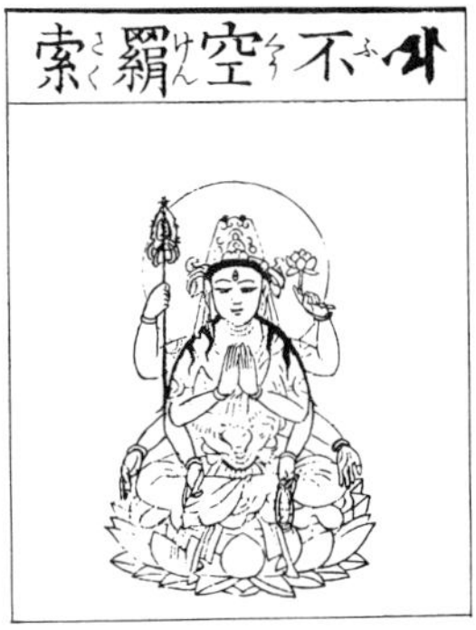

Fukûkensaku

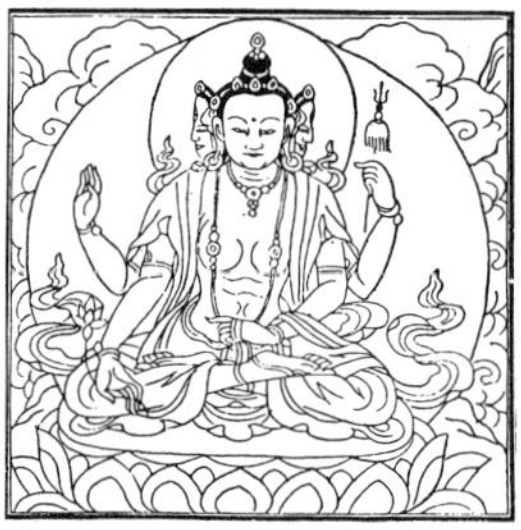

Amoghapasha,
gravure tibétaine

principalement aux sectes Kegon et Tendai, et surtout représentée dans le *Garbhadhâtu Mandala*, cette forme n'est pas reconnue, tout au moins en principe, par la secte Shingon.

Fukûkensaku Kannon est représenté comme un Bodhisattva ; il a pour attribut principal une corde (*pâsha* ; jap. *saku, kensaku*), avec laquelle il capture les humains, et un crochet ou hameçon pour les pêcher dans les eaux troubles du monde. Ses autres attributs sont le lotus, le vase, le rosaire et le bâton de pèlerin (*khakkhara*). Il a une haute couronne, parfois ornée de têtes. Cependant ses attributs peuvent varier d'une représentation à l'autre, ces dernières étant fort diverses [90].

On lui reconnaît deux acolytes, Nikkô (Sûrya) et Gakkô (Chandra), deux Bodhisattva symbolisant le soleil et la lune. Il assume plusieurs aspects :
– avec un visage à trois yeux, huit bras dont deux en Añjali-mudrâ, les autres bras avec des attributs variés appartenant à d'autres formes d'Avalokiteshvara. Il a une image d'Amitâbha dans sa couronne et est toujours accompagné par ses deux acolytes ; – avec un visage à trois yeux et deux bras ; – avec un visage à trois yeux et quatre bras ; – avec un visage à trois yeux et dix-huit bras ; – avec trois faces à trois yeux et quatre bras ; – avec trois faces à trois yeux, six bras, assis, les mains en Añjali-mudrâ et des attributs divers ; – avec trois faces à trois yeux et dix bras ; – avec onze faces et huit bras ; – avec onze faces et trente-deux bras, etc.

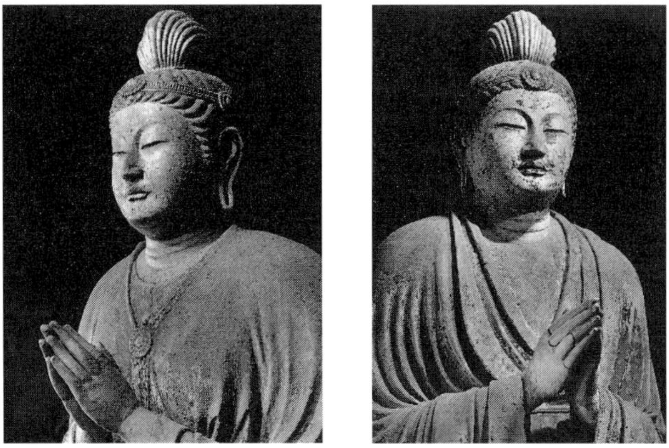

Nikkô et Gakkô Bosatsu,
terre, Japon, Nara, Tôdai-ji,
VIIIe siècle

Bikuchi Kannon Bosatsu (skt. *Bhrikutî*)

Forme tantrique d'Avalokiteshvara, correspondant à Bhrikutî, « Celle qui fronce les sourcils », elle serait née d'un froncement des sourcils d'Avalokiteshvara dont elle représente l'aspect colérique. C'est la forme japonaise de la Târâ « jaune » du panthéon tibétain, parfois confondue avec Tara Bosatsu (Darani Bosatsu). Aussi appelée «Celle qui est ridée », elle est représentée comme une vieille femme au visage empourpré de colère. Dans le *Garbhadhâtu Mandala* elle est assise en Padmâsana, avec une effigie d'Amitâbha (dont elle serait aussi une hypostase) dans son chignon : elle

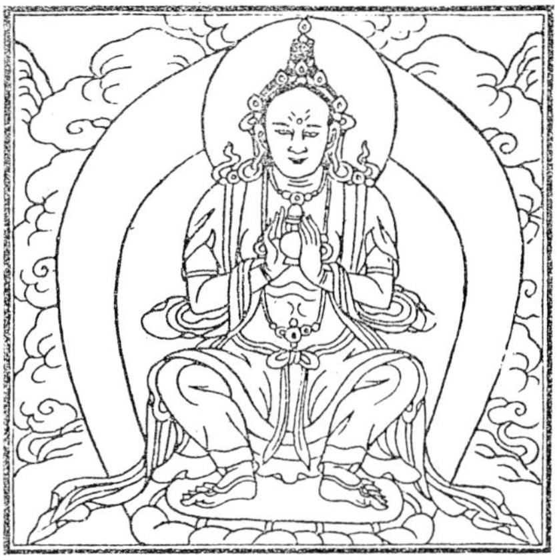

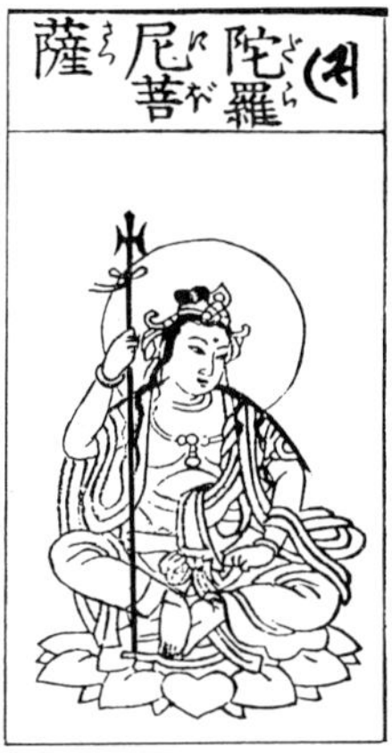

Bhrikutî, gravure tibétaine

À droite : **Darani Bosatsu**

a une seule tête avec trois yeux. Elle a quatre bras (les mains droites en Varada-mudrâ et tenant un rosaire, les mains gauches tenant un lotus épanoui, un vase[91] ou un rouleau de sûtra). Lorsqu'elle est représentée avec trois têtes et six bras (rare), elle a deux mains en Varada-mudrâ, les autres tenant un trident, un rosaire, un lotus, une guirlande... À la place de son troisième œil frontal elle a parfois, comme le Bouddha, une touffe de poils blancs (*ûrnâ*).

Dans quelques sectes ésotériques japonaises on la nomme parfois Joshô Kongô. Cette forme d'Avalokiteshvara, qui ne fait l'objet d'aucun culte réel, n'est représentée qu'en peinture ou sur des mandala.

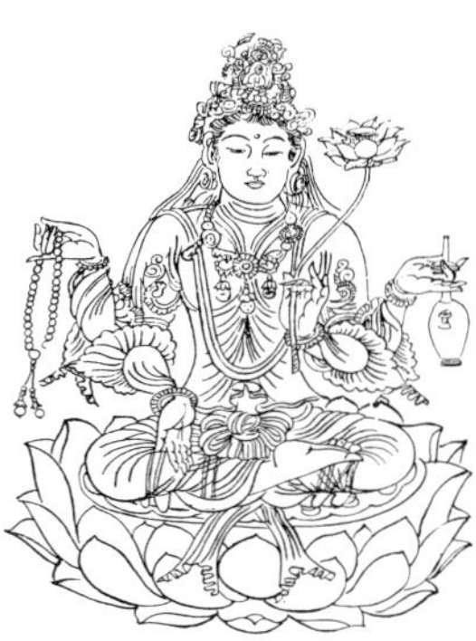

Bhrikutî (Bikuchi Kannon)

DIVINITÉS « DONNEUSES D'ENFANTS »

Il existe une forme féminine d'Avalokiteshvara « qui facilite les accouchements et protège les enfants ». Au Japon, c'est un aspect populaire de Juntei Kannon Bosatsu. C'est, nous l'avons vu, Hârîtî, mais une forme douce[92], « bouddhisée », de cette « mère de démons ». Elle est souvent représentée assise sur une chaise, vêtue à la chinoise et tenant un enfant dans ses bras (certaines images populaires la montrent donnant le sein à un bébé[93]). En raison de cet aspect, elle fut vénérée comme une représentation de la Vierge chrétienne pendant les persécutions contre les Japonais convertis au christianisme qui eurent lieu pendant la période d'Edo, aux XVIIe et XVIIIe siècles surtout. C'est peut-être d'ailleurs des chrétiens japonais qui créèrent cette forme d'Avalokiteshvara donnant le sein, cet aspect n'étant pas d'origine bouddhique[94]. On pense que cette forme fut élaborée tardivement par le bouddhisme populaire afin de supplanter la divinité (Kami) shintô des accouchements aisés, Koyasu-sama ou Koyasu-gami, de même qu'en Chine les effigies de Guanyin montrées avec un enfant sur les genoux ne sont probablement que des transpositions bouddhiques populaires des divinités taoïques « donneuses d'enfants » telles que Tianxian

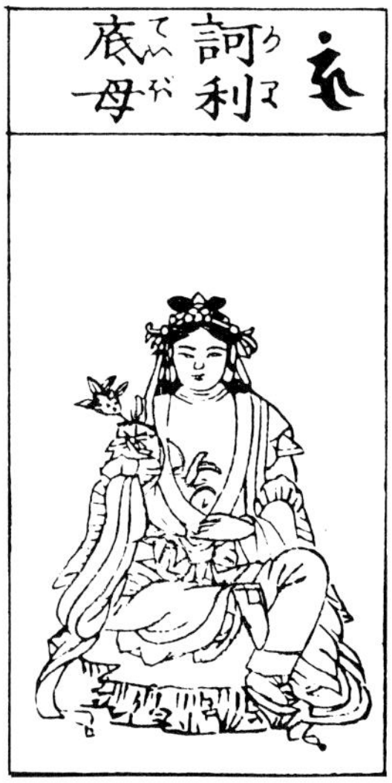

Karitei-mo

Songzi ou Zhangxian... En Chine, au Tonkin et au Japon, elle est vénérée dans un groupe de vingt divinités, y tenant une place secondaire. Au Japon, les sanctuaires shintô dédiés à Koyasu-sama le seraient en réalité à Konohana Sakuya Hime, la légende assurant que cette princesse mythique (qui est également la déesse du mont Fuji et des cerisiers en fleurs) aurait accouché d'un fils pendant que sa maison était dévorée par un incendie (peut-être est-ce là une allusion à la création des lacs lors d'une éruption du mont Fuji ?). Koyasu-sama était surtout vénérée dans les provinces du Kantô (environs de Tôkyô) et de Chiba, où les femmes avaient coutume de venir lui demander, contre des offrandes de riz, un bon allaitement après leurs couches[95]. Cette Koyasu-sama en vint par la suite à être confondue soit avec Avalokiteshvara, soit avec Kshitigarbha. La Koyasu-Kannon (ou Avalokiteshvara donneuse d'enfants) est parfois elle-même confondue avec une forme « complémentaire », identique de forme et d'aspect, appelée Kishimojin et qui est la représentation (terrible à l'origine car son image se trouva grandement modifiée au cours des siècles) d'une ogresse convertie au bouddhisme[96], Hârîtî, et devenue par la suite protectrice des enfants. Son image aurait été popularisée à l'époque de Kamakura par Nichiren[97]. Dans la secte Shingon, elle se nomme Karitei-mo. On la représente assise sur une chaise, tenant une grenade (jap. *zakuro*[98]) dans la main droite (la grenade est, on le sait, en Asie comme en Europe, le symbole d'une progéniture, sans doute en raison de ses très nombreux grains) et entourée d'enfants nus ou à demi nus (en général au nombre de trois, cinq, sept ou neuf). Lorsqu'elle est représentée debout, elle tient un lotus dans la main droite (attribut d'Avalokiteshvara). En peinture, elle est parfois assise sous un dais octogonal sommé d'un joyau. Elle tient alors un chasse-mouches et a deux petites filles comme acolytes[99]. Les temples les plus célèbres où elle est vénérée sont ceux de Meguro et Zôshigaya à Tôkyô. Ses fidèles croient qu'elle possède également le pouvoir de guérir les enfants malades. On la fête en novembre.

La tradition raconte qu'une statue de Koyasu Kannon aurait été réalisée au VIIIe siècle à l'image de l'impératrice Kômyô (ou Kômei, 701-760), veuve de l'empereur Shômu et mère de l'impératrice Kôken, qui se fit nonne en 749. Nul doute que l'aspect féminin d'Avalokiteshvara, symbole d'abnégation et d'amour, n'ait contribué puissamment à répandre son culte dans le peuple. Cependant au Japon ce ne serait qu'à partir du XIVe siècle (peut-être sous l'influence de la secte de Nichiren) que le peuple aurait vénéré ses statues en tant que « donneuses d'enfants[100] ». Certaines statues de Kshitigarbha sont, au Japon, vénérées au même titre ; elles ne diffèrent aucunement des images normales représentant ce Bodhisattva, si ce n'est qu'on le nomme, en raison des pouvoirs qu'on leur attribue, Koyasu Jizô Bosatsu.

Au Tibet, où son culte semble assez ancien, elle est représentée tenant un enfant sur son sein et une mangouste (*nakula*). Elle est également une « dispensatrice de richesses ». Son image fut, semble-t-il, créée au Gandhâra, où elle est montrée comme un Bodhisattva, mais avec des crocs apparents. Elle fut également représentée à Ajantâ, dans la grotte n° 2, assise en Râjalîlâsana, au-dessus d'une frise composée de nombreux enfants nus. On trouve également certaines de ses représentations à Java (Chandi Mendut) et en Asie centrale. Souvent son effigie est accompagnée de celle d'un Yaksha, Pañchikha, réputé être le père de ses enfants et un général de l'armée de Vaishravana.

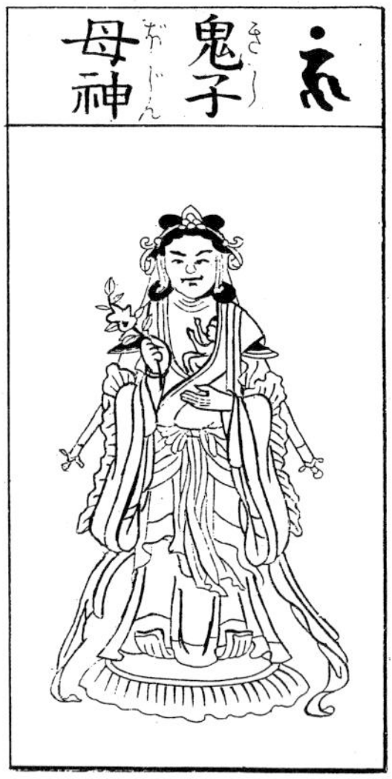

Kishimojin

VI

LES BODHISATTVA ORDINAIRES

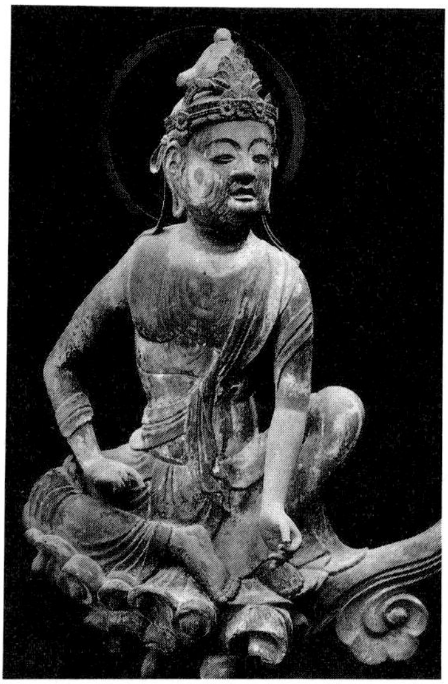

Bodhisattva accompagnant Amida,
bois coloré, Japon, Uji, Byôdô-in, 1053

Mañjushrî
Samantabhadra
Âkâshagarbha
Kshitigarbha
Yaku-ô et Yakujô Bosatsu
Sarvanîvaranavishkambhin
Mahâpratisarâ
Simhanâda

En dehors des Grands Bodhisattva de compassion, existe toute une catégorie d'Êtres d'éveil dont la principale mission semble être d'instruire les fidèles et de les guider pas à pas sur le chemin de la libération, certains d'entre eux agissant parfois comme intermédiaires entre les êtres vivants et les âmes passées dans l'au-delà. Ces Bodhisattva ont des rôles différents et ont connu plus ou moins de faveur dans l'esprit des fidèles. Les plus considérables sont Mañjushrî, Samantabhadra, Âkâshagarbha et Kshitigarbha. À côté de ceux-ci, d'autres Bodhisattva, plus théoriques ne furent vénérés que par certaines sectes ou encore en groupe, comme Yaku-ô et Yakujô Bosatsu au Japon, Sarvanîvârana-vishkambhin, Mahâpratisarâ et Simhanâda.

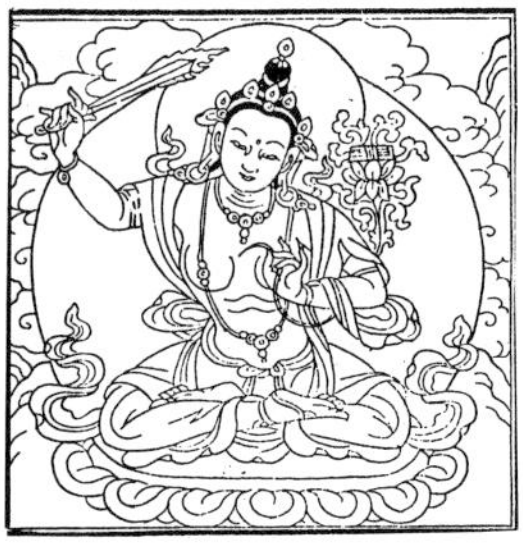

Mañjushrî, gravure tibétaine

MAÑJUSHRÎ

(jap. Monju Bosatsu ; chin. Wenshu ;
tib. Djam-dpal ; mongol Manchushri)

Mañjushrî est un disciple de Shâkyamuni dont il est, avec Samantabhadra, l'un des acolytes dans les groupes d'images appelées au Japon *Shaka Sanzon*, « les trois vénérables de Shâkyamuni ». C'est « Celui dont la beauté est charmante », le Bodhisattva « de vertu merveilleuse et de douce majesté » [2] qui représente la sagesse, l'intelligence et le pouvoir de l'esprit [3]. « Son adoration confère la Sagesse divine, la maîtrise du Dharma, une mémoire fidèle, la perfection mentale, l'éloquence. » Ce Bodhisattva, connu en Inde par les doctrines du Petit Véhicule qui l'identifièrent au roi des Gandharva Pañchashikha [4], fut à l'origine de nombreux textes du Mahâyâna [5]. Il aurait indéfiniment retardé son accession à l'état de Bouddha, mû par une compassion infinie qui le poussa à demeurer dans ce monde jusqu'à ce qu'il n'y reste plus un seul être à amener sur le chemin de l'Illumination suprême. Bien que certains textes comme le *Saddharmapundarîka-sûtra* [6] lui assignent un univers situé à l'est et dénommé Vimala (jap. Yuima), Mañjushrî, éternellement jeune d'aspect [7] (on le représente toujours comme un adolescent), jouissant de la perfection des qualités du Bouddha, pouvant prendre toutes les apparences possibles et imaginables (même celle d'un Bouddha accompli), ne semble pas avoir de lieu de manifestation déterminé. Certains textes cependant le localisent sur une montagne à cinq sommets située dans l'Himâlaya, près du lac Anavatâpta [8]. En

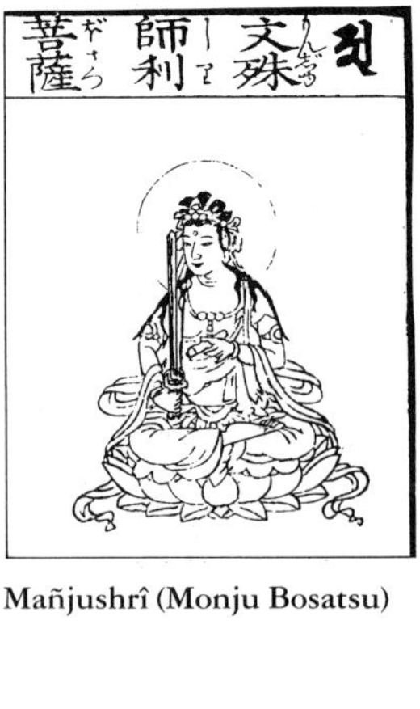

Mañjushrî (Monju Bosatsu)

Chine, à partir du IVe siècle, on le fait résider sur le mont aux cinq terrasses, le Wutaishan, dans la province du Shanxi (au Japon, cette montagne est appelée Godaizan)[9]. Cependant, quelques textes chinois assurent qu'il était vénéré sur cette montagne dès le Ier siècle de notre ère.

Mañjushrî aurait été l'initiateur et le maître des Bouddha des âges passés. Il devrait également être celui du Bouddha du futur, Maitreya[10]. « Mañjushrî est le père et la mère des Bodhisattva, et il est leur ami spirituel [11].» Le Bouddha Lui-même décrit Mañjushrî et fait son éloge dans le *Mañjushrîparinirvâna-sûtra*[12]. Ce Bodhisattva fut en conséquence très souvent représenté, tant en Inde[13] qu'au Tibet, en Chine et au Japon,[14] ainsi qu'au Nepâl dont il serait, selon la tradition, le fondateur venu de Chine [15]. Ses images n'apparaissent que tardivement en Asie centrale [16] et sur quelques stèles chinoises, associé à Vimalakîrti (jap. Yuima Koji) au VIe siècle[17].

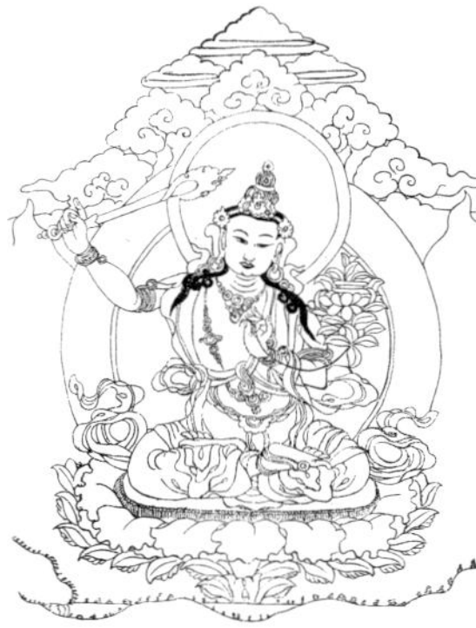

Mañjushrî, gravure tibétaine

Son culte et ses images auraient été introduits au Japon par des moines chinois qui, lors d'un voyage au Wutaishan, ayant appris que Mañjushrî s'était réincarné en la personne du moine japonais Gyôki, se seraient rendus à Nara en 736. L'un de ces moines, Bodhisena (jap. Bodaisenna), aurait même succédé à Gyôki en tant que directeur de la Communauté bouddhique du Tôdai-ji (Nara) en 751 ou 752 [18]. À son tour le moine Ennin, s'étant rendu en Chine au mont Wutai en l'an 840 (au cours d'un voyage qui dura neuf années, de 838 à 847), aurait rapporté des sûtra et des images de ce Bodhisattva[19].

Dans le *Garbhadhâtu Mandala*, Mañjushrî est un des quatre Bodhisattva attribués à Vairochana. Il se trouve placé au sud-ouest et est assis sur un lotus blanc. Il tient dans la main droite le « livre (*pushtaka*)[20] de la Connaissance universelle » ou un rouleau de la *Prajñâpâramitâ*, et dans la main gauche un vajra à cinq pointes et un lotus bleu (*utpâla*). Il symbolise alors la sapience universelle de Vairochana [21] dont il est la connaissance (symbolisée par le vajra) et la raison innée (lotus bleu) [22]. Il est également le « trésor des inépuisables moyens de salut de la grande compassion ».

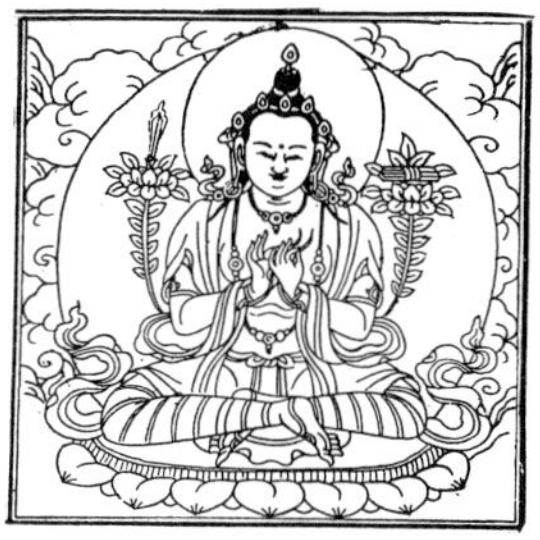

Mañjughosha,
gravure tibétaine

Dans le *Vajradhâtu Mandala*, il prend le nom d'Apâyajaha (jap. Joshoakushu)[23]. Il est la Sagesse suprême (*Prajñâpâramitâ* ; jap. *Chimyô-e*) et consacre « l'égalité de nature de tous les êtres [24] ». On le nomme aussi Mañjughosha (jap. Myô-on) et, sous ce nom, il représenterait la vertu de l'explication de la Loi [25].

Pendant l'époque de Heian au Japon, une coutume populaire voulait que l'on place une effigie de Mañjushrî vêtu en moine (ou d'un habit de cordes, ou encore d'une robe chinoise à la mode des Tang) dans la cuisine des demeures afin d'y symboliser la sagesse et la discipline qu'il convenait d'observer pour le maintien du foyer. Plus tard, il fut souvent confondu dans l'esprit populaire avec Tenjin-sama, déification shintô du Premier ministre Sugawara no Michizane (mort en 903 en exil à Kyûshû). La popularité de Mañjushrî fut souvent très grande, à partir du XIIe siècle surtout, lors du renouveau de la foi bouddhique au Japon, alors qu'elle diminuait en Chine. Mañjushrî était particulièrement vénéré par les sectes de Nara et par les sectes ésotériques (surtout celle du Shingon), bien qu'il ne fût guère ignoré des autres, Jôdo-Shinshû ou Zen. Pour toutes ces sectes et leurs fidèles, il était « Celui qui montre la Sainte Voie [26] ». Par la suite, la popularité de son culte s'estompa. Si, à l'heure actuelle, il n'est plus guère vénéré

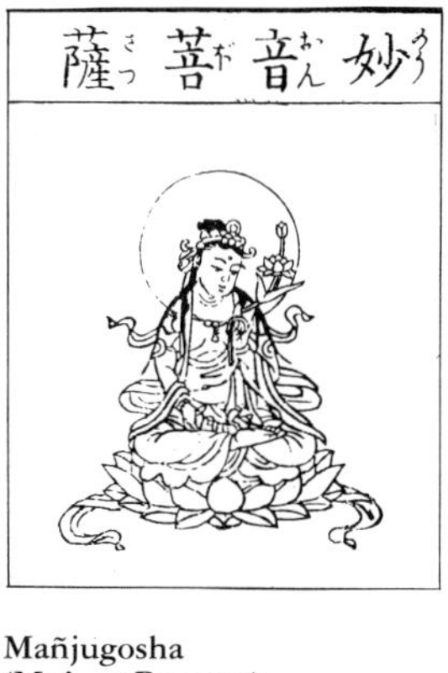

Mañjugosha
(Myô-on Bosatsu)

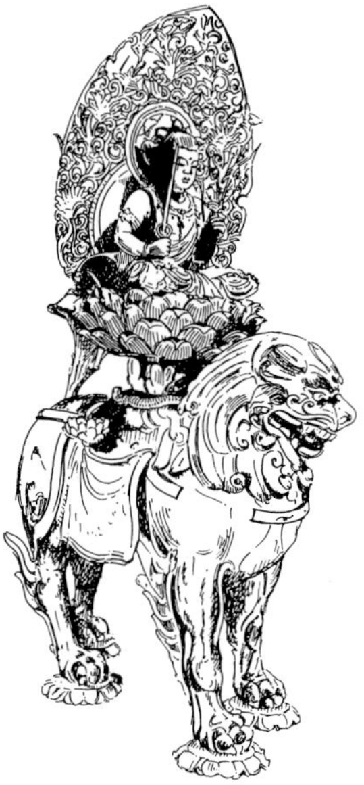

Mañjushrî (Hachiji Monju Bosatsu) sur un lion,
bois coloré, Japon, Nara, Hannya-ji 1324

et si ses temples sont peu nombreux (le plus célèbre est celui de Amano-Hashidate sur la mer du Japon), son souvenir est encore très vivace. Les étudiants croient que la vénération de Mañjushrî peut leur procurer une belle écriture et leur assurer le succès aux examens (à ce propos, il est particulièrement vénéré au temple de Abe-no-Monju-in, au sud de Nara). Il présidait autrefois aux fêtes de la jeunesse (sculpture au rez-de-chaussée de la pagode à cinq étages du Kôfuku-ji, à Nara).

Au Nepâl, où l'on croit qu'il fut l'initiateur de la civilisation, Mañjushrî se voit consacrer le premier jour de l'année (alors qu'il est fêté en Chine le 4e jour du 4e mois, où a lieu un grand pèlerinage au Wutaishan pour l'anniversaire de sa naissance).

REPRÉSENTATIONS DE MAÑJUSHRÎ

Il est le plus généralement représenté sous la forme d'un adolescent, avec une coiffure à un ou plusieurs chignons[27] (ou une couronne à cinq pointes symbolisant le Wutaishan), tenant à la main gauche le rouleau du savoir[28], et à la main droite le glaive vertical de sagesse, « qui tranche l'ignorance » et libère l'esprit des ténèbres. Il est vêtu d'une robe monastique et paré de bijoux. Il est assis en Padmâsana ou en aise royale (Râjalîlâsana). Sa plus ancienne représentation au Japon semble être celle du Hôryû-ji, où il est assis en Padmâsana, les cheveux réunis en un haut chignon, la main droite en Vitarka-mudrâ, la main gauche en Varada-mudrâ.

Ses attributs peuvent varier d'une représentation à l'autre, mais on le montre très souvent avec un sceptre de religieux à la main droite et le « livre de sagesse » à la main gauche ; ou bien les mains réunies en Dharmachakra-mudrâ ou en Dhyâna-mudrâ.

Dans le *Monju-in Mandara* (jap.), il est représenté avec la main droite en Varada-mudrâ et tenant dans la main gauche un vajra à cinq pointes posé sur un lotus bleu.

Il peut avoir les cheveux noués en chignons ou avoir les cheveux flottant sur les épaules. Au Japon, le nom qu'on lui donne dépend parfois du nombre de ses chignons :

– Un chignon (Ichiji, Ikkei Monju Bosatsu) : le chignon unique est souvent entouré d'une haute couronne. Le « livre » est parfois posé sur son chignon, et il a alors un sceptre dans la main droite. Mais on lui trouve plus généralement la main droite en Varada-mudrâ sur le genou, la main gauche tenant un lotus bleu sur lequel est posé un triple joyau (*chintâmani*) entouré de flammes[29].

– Cinq chignons (Goji[30], Gokei Monju Bosatsu) : il tient dans la main droite un glaive vertical[31], dans la main gauche un rouleau de sûtra ou un livre (*pushtaka*) posé sur un lotus bleu[32].

– Six chignons (Rokuji, Rokkei Monju Bosatsu) : il a les mains en Dharmachakra-mudrâ[33].

– Sept chignons (Shichiji, Shichikei Monju Bosatsu).

– Huit chignons (Hachiji[34], Hakkei Monju Bosatsu).

Sous une forme relativement tardive (après la période de Kamakura), on représenta Mañjushrî assis sur un lotus posé sur le dos d'un lion rugissant (symbolisant la voix de la Loi), dont les pattes sont elles-mêmes posées sur des lotus dans les nuages ou sur la mer. Cette forme particulière se nomme alors au Japon Kishi Monju Bosatsu[35] : il tient

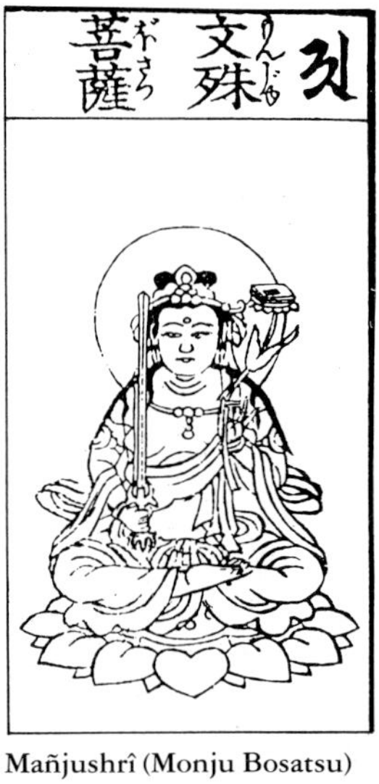

Mañjushrî (Monju Bosatsu)

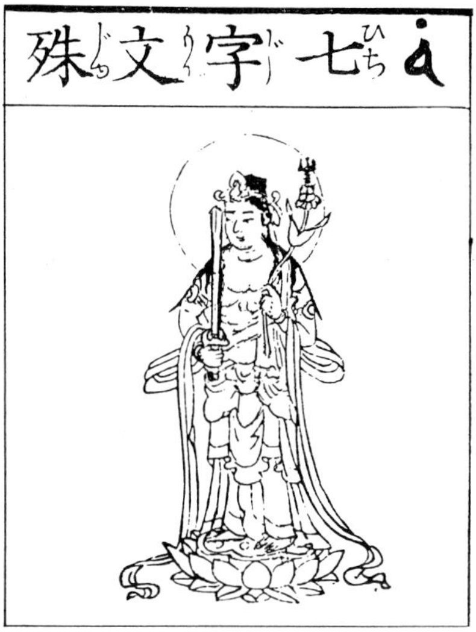

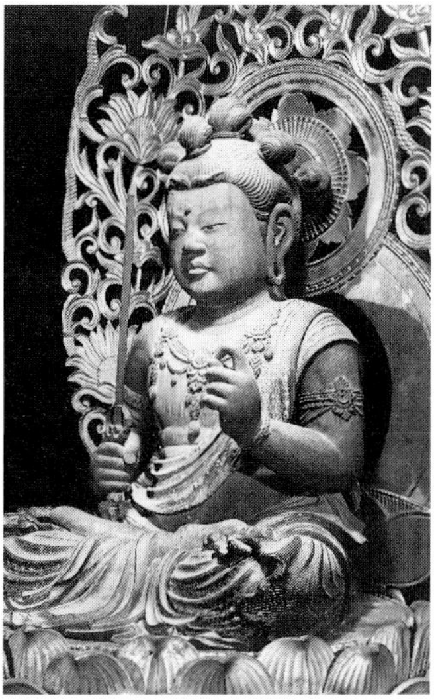

À gauche, **Shichiji Monju Bosatsu**, à droite, **Hachiji Monju Bosatsu**, bois coloré par Koshun, Japon, Nara

dans la main droite le glaive de sagesse, dans la main gauche le lotus bleu, signe de la victoire de l'esprit, ou un rouleau de la *Prajñâpâramitâ*. Le nombre de ses chignons peut varier, mais il est habituellement de cinq. Lorsqu'il est représenté comme un enfant, il est appelé Chigo Monju Bosatsu.

Lorsque Mañjushrî est monté sur un lion et traverse la mer[36], il est accompagné de quatre acolytes : un jeune homme (Sudhâna ; jap. Zenzai Dôji[37]), un moine (Vasubandhu ; jap. Butsudahari Sanzô)[38], un vieillard (Vimalakîrti ; jap. Yuima Koji) ou, dans certains cas, Saishô Rôjin, enfin un guerrier, le roi Udayâna (jap. Utennô). Ce groupe est alors nommé Tokai (Kaito) Monju Bosatsu.

Sur certaines peintures et mandala, Mañjushrî est représenté comme un très jeune homme ou un enfant, entouré de huit acolytes enfants, symboles des « huit caractères de Mañjushrî », les Hachidai-dôji[39]. Ces « porteurs de vajra » sont censés accorder les prières adressées à Mañjushrî et représentent les huit vertus de sagesse de Mañjushrî correspondant aux huit orients[40]. Ces acolytes enfants (jap. Dôji) ont tous un triple chignon et le corps jaune, de même que Mañjushrî. On leur adjoint parfois Chandraprabha (la lune) et Manjughosha (jap. Myôon), une forme de Mañjushrî[41].

Mañjushrî est presque toujours représenté assis. Néanmoins, dans certains cas, assez rares, il est debout, vêtu d'une robe monastique lui laissant l'épaule droite nue[42]. Sur son auréole sont souvent dessinées des fleurs de lotus et parfois des Kalavinka (jap. Karyôbinga), oiseaux célestes « à la voix merveilleuse ». Cette forme, appelée Mañjughosha, a les mains en Varada-Vitarka-mudrâ.

Au Tibet, on connaît plusieurs autres formes de Mañjushrî :

– Avec sa Shakti Sarasvatî sur son genou, à la façon antique, avec cinq têtes (la tête centrale étant celle d'Akshobhya) et huit bras tenant des glaives et des livres ou des lotus bleus. Lorsqu'il est représenté en

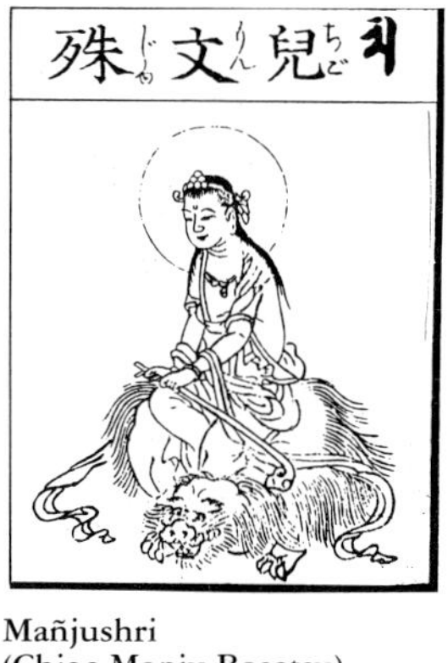

Mañjushri (Chigo Monju Bosatsu)

attitude Yab-yum (embrassement) avec sa Shakti, il a trois têtes (rouge, bleue et blanche) ainsi que sa parèdre. Il porte des vajra, un arc et des flèches, un glaive et un lotus. Il est alors appelé Mañjuvajra.
– Une forme particulière, appelée Vajrânanga, le montre armé d'un arc tendu dont la flèche se termine par un bouton de lotus. Il a six bras et est de couleur jaune. On le confond parfois avec Râgarâja, bien qu'il porte l'effigie d'Akshobhya sur sa coiffure.
– Avec quatre têtes (blanche, jaune, orange, rose) et huit bras. Il est alors appelé Dharmadhâtu Mañjushrî.

Normalement, sur les mandala et les peintures, Mañjushrî est de couleur jaune. Mais dans certaines représentations ésotériques où il est appelé Siddhaikavîra, il peut être blanc. Dans une seule forme il est noir : il possède alors un troisième œil, il a un genou à terre et brandit un glaive.

Il peut également être une force terrible et considéré comme un Vidyârâja. C'est alors « Celui qui délie des entraves » et qui vainc Yama, le Deva de la mort. Il se nomme Yamântaka.

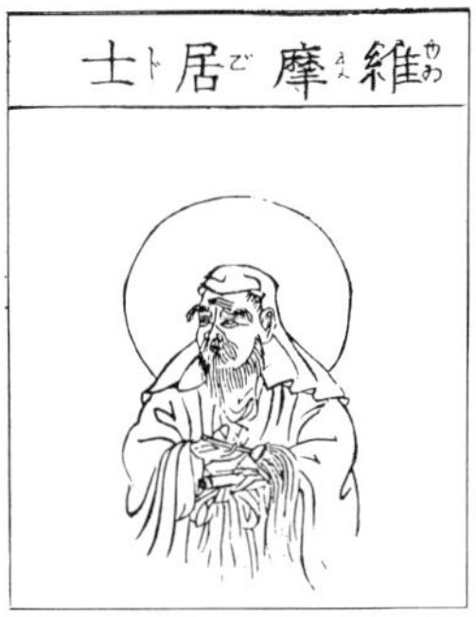

Vimalakîrti (Yuima Koji)

PERSONNAGE ASSOCIÉ : VIMALAKÎRTI

On représente souvent Mañjushrî discutant de la Doctrine avec un disciple laïc du Bouddha, de réputation sans tache, Vimalakîrti (jap. Yuima Koji)[43]. Ce dernier est figuré sous les traits d'un vieil homme malade, un pan de son vêtement ramené sur la tête, faisant le geste de la discussion de la Doctrine (Vitarka-mudrâ)[44], ou bien tenant dans la main gauche un sceptre de moine. Il est toujours représenté assis.

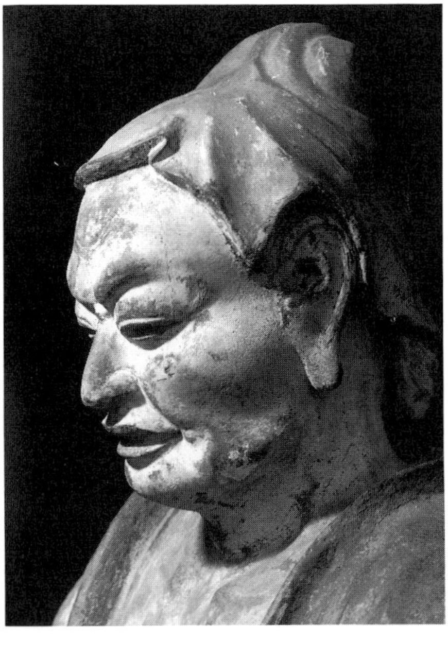

Vimalakîrti (Yuima Koji), bois coloré et laque sèche, Japon, XIIIe siècle, Nara, Hokke-ji

SAMANTABHADRA

(jap. Fugen Bosatsu ; chin. Puxian ; tib. Kun-tu Bcan-po ; mongol Qamugha Sain ; viêt. Pho-hien)

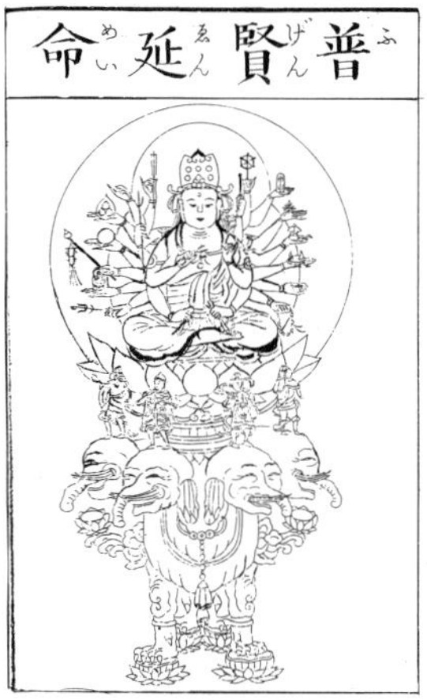

Fugen Emmei Bosatsu

C'est « Celui dont la bonté est omniprésente [45] » : il représente la Loi bouddhique et la compassion. Il est souvent adjoint à Mañjushrî et est avec celui-ci l'un des acolytes de Shâkyamuni dans le groupe des trois vénérables de Shâkyamuni. Ce Bodhisattva est principalement vénéré par les sectes ésotériques (au Japon par les sectes Tendai et Shingon) ainsi que comme protecteur du *Sûtra du Lotus (Saddharmapundarîka-sûtra)* par les sectateurs de Nichiren au Japon. Il l'est plus particulièrement encore par les fidèles pratiquant le *Hokkesanmai* [46] ou « concentration sur le *Hoke-kyô* », Samantabhadra représentant pour eux « la raison innée et la pratique des exercices et de la concentration [47] ».

Dans le *Garbhadhâtu Mandala*, il est placé au sud-est de Vairochana et représente la cause des ascèses dont Ratnaketu représente l'effet. Il est alors l'esprit de la Bodhi et la « Cause excellente » de la « Sapience du grand miroir rond » (*Adarshajñâna*)[48].

Dans le *Vajradhâtu Mandala*, Samantabhadra est représenté armé d'un glaive emmanché d'un vajra à trois pointes.

On vénère également, au Japon surtout, Samantabhadra comme « prolongateur de la vie » sous le nom de Fugen Enmei Bosatsu. Il serait alors l'équivalent de Vajrâmoghasamayasattva et serait une interprétation ésotérique de Samantabhadra. Cependant certains auteurs et moines considèrent que ces deux aspects ne représentent pas le même personnage. L'aspect de « prolongateur de vie » trahirait une influence des doctrines taoïques : si cela était, cet aspect serait d'origine chinoise. Il est représenté au Japon sous deux formes principales : assis sur un socle cubique, avec vingt bras[49], ou assis sur quatre éléphants blancs[50].

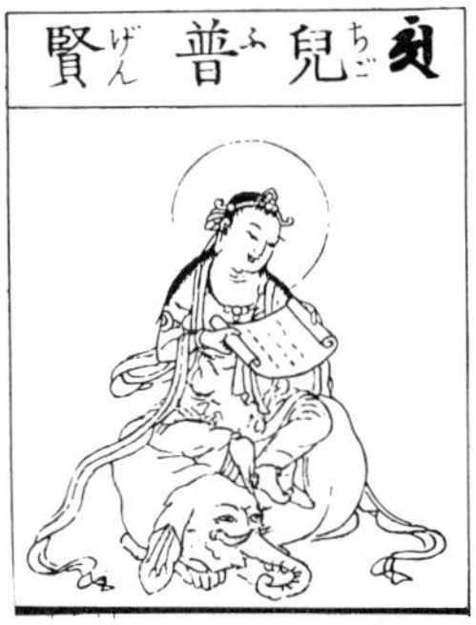

Samantabhadra
(Chigo Fugen Bosatsu)

REPRÉSENTATIONS DE SAMANTABHADRA

En Chine il est rarement seul, mais fait plus souvent partie d'une triade. Au Japon, représenté comme un jeune homme (ou un enfant, Chigo Fugen Bosatsu), avec une haute couronne sur laquelle figurent parfois

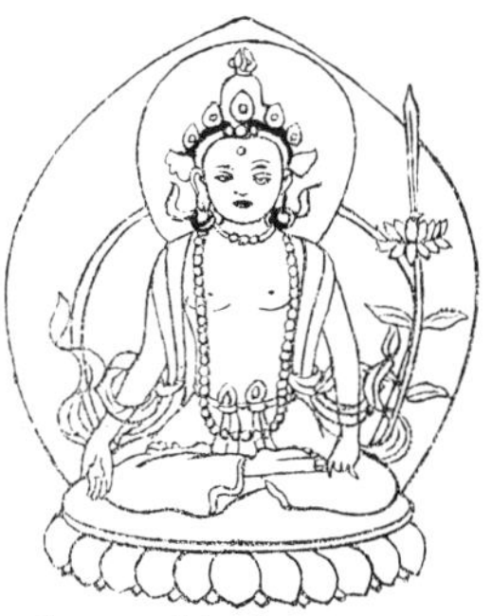
Samantabhadra

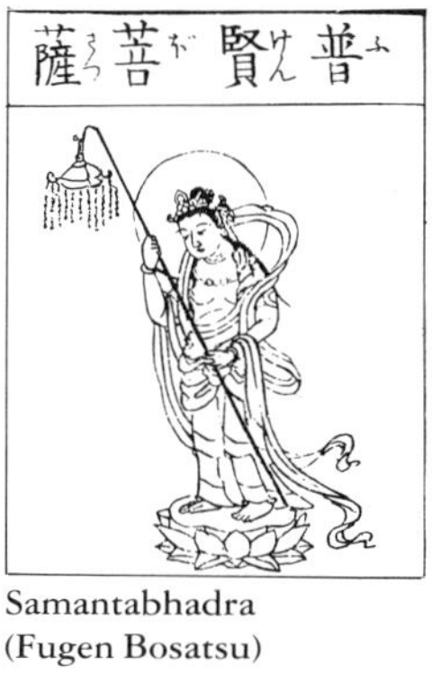

Samantabhadra
(Fugen Bosatsu)

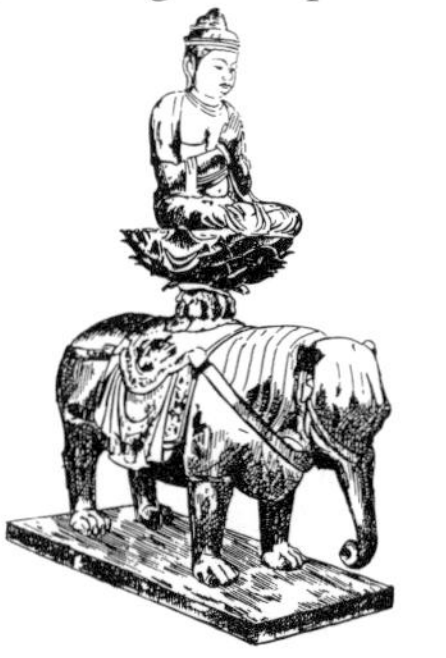
Fugen Emmei Bosatsu
sur un éléphant

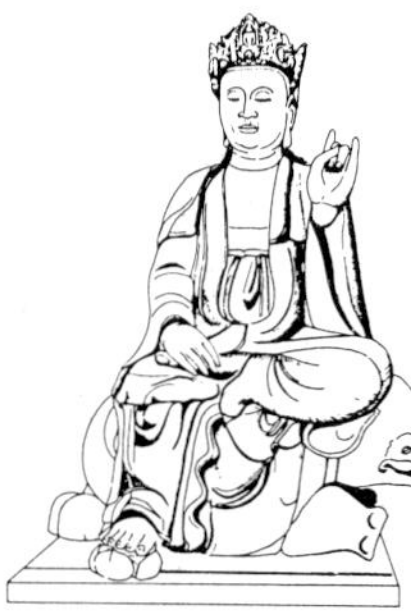

Samantabhadra, Viêt-nam, XIIIe siècle

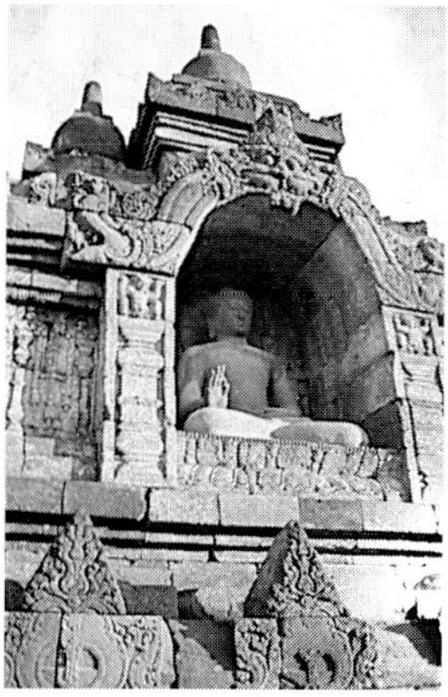

Samantabhadra, pierre, Java, Borobudur, fin VIIIe siècle

les Cinq Jina, il est réputé être le premier d'entre eux. Il est monté sur un lotus supporté par un éléphant à six défenses[51]. Il peut néanmoins affecter plusieurs formes, tant en peinture qu'en sculpture :

– Assis sur un lotus posé sur le dos d'un éléphant, avec deux bras, les mains en Añjali-mudrâ ou tenant un rouleau des Écritures[52] ; ou bien la main droite tenant un lotus, un sûtra, un sceptre, ou en Abhaya-mudrâ, la main gauche tenant un chintâmani ; ou bien la main droite (paume tournée vers le haut) avec trois doigts allongés sur la poitrine, la main gauche tenant un lotus entouré de flammes (dans le *Vajradhâtu Mandala*) ; ou encore la main droite en Varada-mudrâ sur le genou, la main gauche tenant un chintâmani sur la poitrine.

– Avec des bras multiples (surtout en peinture) et assis sur un éléphant couché, la main droite tenant un vajra à trois pointes sur la poitrine, la main gauche tenant une clochette sur la hanche[53]. Il ressemble alors à Vajrasattva.

– Debout sur deux lotus (un pour chaque pied), la main droite en Abhaya-mudrâ, la main gauche paume tournée vers le sol, les doigts légèrement repliés... Dans cette position debout, lorsqu'il fait partie d'un groupe de huit Bodhisattva, il est de couleur jaune et tient une fleur de lotus dans la main droite, la gauche tenant un vajra.

Dans le *Saddharmapundarîka-sûtra*, on lui assigne dix acolytes féminines gardiennes, les dix Râkshasî (jap. Jû Rasetsunyo). Ces acolytes, des démones géantes et anthropophages converties et passées au service du bouddhisme, ne sont guère représentées que sur des mandala[54].

Dans le Sud-Est asiatique, notamment à Java le stûpa-mandala du Borobudur, Samantabhadra est probablement représenté couronnant la cinquième balustrade. Ses effigies, au nombre de soixante-quatre, regardent tous les horizons. Il a la main droite en Vitarka-mudrâ, la main gauche reposant sur le creux des cuisses. Ce Bodhisattva est représenté comme un Jina. Mais il se peut que ses ornements de Bodhisattva aient été primitivement peints sur la pierre. Il représenterait donc le Bodhisattva conférant la Sagesse suprême au pèlerin ayant gravi les quatre degrés de la Connaissance, sagesse lui permettant d'appréhender alors les images de Vairochana à demi cachées dans les stûpa ajourés des trois dernières terrasses du monde sans forme (Arûpadhâtu).

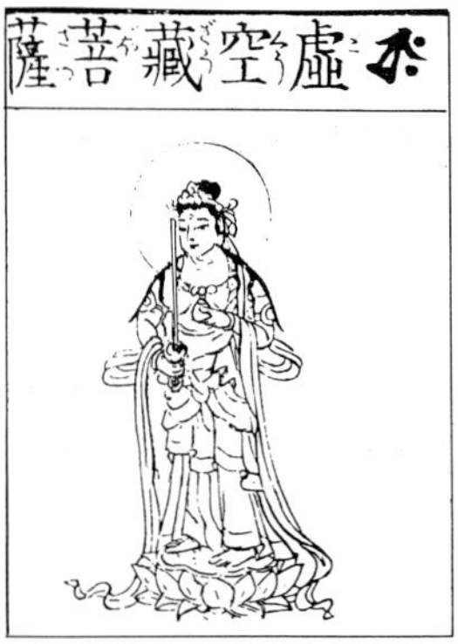

Âkâshagarbha (Kokûzô Bosatsu)

ÂKÂSHAGARBHA

(jap. Kokûzô Bosatsu ; chin. Xukongzang ;
tib. Nam-mka'i-sning-po ; mongol Oqtarghui-in Jirüken)

C'est « l'embryon de l'espace », le grand Bodhisattva de sagesse et de compassion, le « gardien des trésors infinis[55] ». Au Japon, il fut syncrétiquement identifié au Kami du mont Asama (préfecture de Shizuoka), Asama Daimyôjin[56]. Le texte du *Kokûzô Bosatsu-kyô* décrit ce Bodhisattva comme étant venu détruire tous les obstacles, aider les êtres à sortir de leurs erreurs et leur enseigner à pratiquer les « six sagesses » (*Pâramitâ* ; jap. *Haramitsu*). Surtout vénéré par les sectes ésotériques, en Chine comme au Japon, Âkâshagarbha est représenté dans les mandala du Garbhadhâtu et du Vajradhâtu comme une divinité unique, dont les formes peuvent être diverses. Ce Bodhisattva, autrefois très vénéré, est maintenant presque totalement tombé dans l'oubli. Sauf sur certains mandala, il n'est plus jamais représenté. Seule la secte Shingon lui rend encore un culte, mais comme celui-ci est la plupart du temps tenu secret, les fidèles généralement l'ignorent.

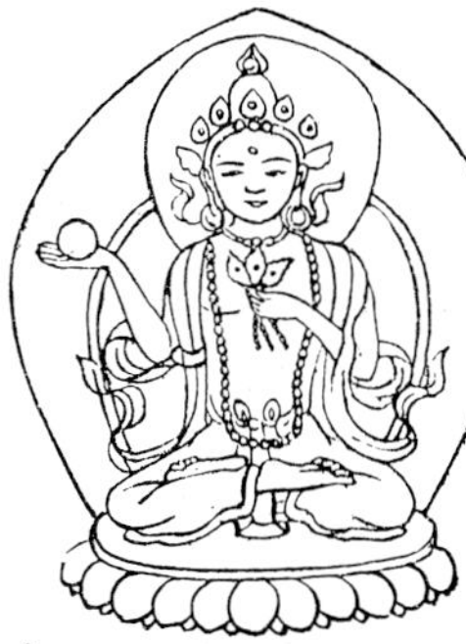

Âkâshagarbha

REPRÉSENTATIONS D'ÂKÂSHAGARBHA

Il ne semble pas qu'il y ait eu de représentations d'Âkâshagarbha en Inde ou en Asie du Sud-Est. En Chine et au Tibet, il est montré assis, la main droite en Varada-mudrâ, la main gauche en Vitarka-mudrâ. Sa coiffure porte les effigies des Cinq Jina et parfois un ornement en forme de stûpa[57]. Il est considéré comme l'un des deux gardiens (avec Achalanâtha) de Vairochana[58], et fait partie des huit Bodhisattva qui entourent les divinités importantes du Mahâyâna[59].

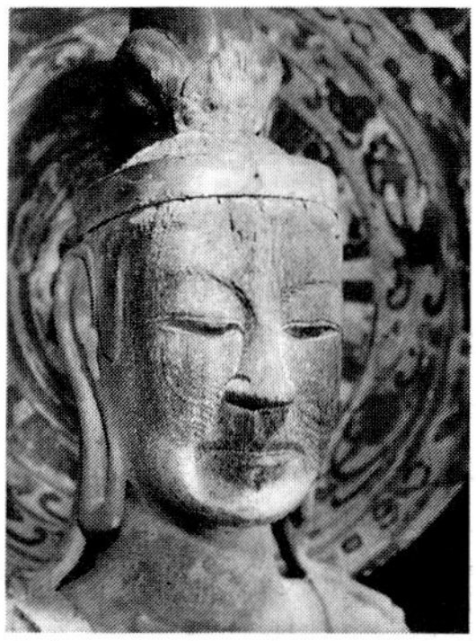

Âkâshagarbha (Kokûzô Bosatsu), bois, Japon, Nara, Hôrin-ji, VIIe siècle

Selon le *Gumonjihô*, traduit en 717 par le moine Subhakarasimha, Âkâshagarbha est ainsi décrit : « [...] il doit avoir un corps de couleur or [...]. Il est assis les jambes à demi croisées sur une précieuse fleur de lotus et son genou droit couvre son pied gauche (Vajrâsana). Son visage est extrêmement beau et exprime les délices et la joie. Sur sa précieuse couronne se voient les images des Cinq Jina assis en Vajrâsana[60]. La main gauche du Bodhisattva tient une fleur de lotus blanche avec une légère teinte rouge, et sur ce lotus repose un chintâmani couleur de béryl (*vaidûrya*) et émettant des rayons jaunes. Sa main droite est en Varada-mudrâ avec les cinq doigts pendants et la paume en avant[61]. » Dans ce même sûtra il est appelé le « Bouddha de la pleine lune » : il doit être peint au centre de celle-ci.

Selon le *Dai-Kokûzô Bosatsu Nenjuhô*, « Rite sur la pensée et la récitation de la Dhârani (formule sacrée) au grand Bodhisattva Âkâshagarbha[62] », et le *Himitsu Jirin*[63], il doit tenir dans la main droite un lotus bleu supportant un « trésor rouge » et de la main gauche réaliser une Abhaya-mudrâ.

Dans le *Vajradhâtu Mandala*, il prend cinq formes différentes qui sont les aspects contemplatifs des Cinq Jina : ce sont les cinq grands

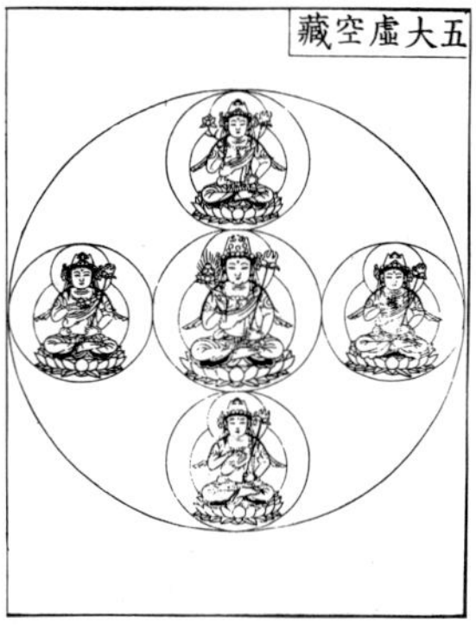

Mandala des Godai Kokûzô

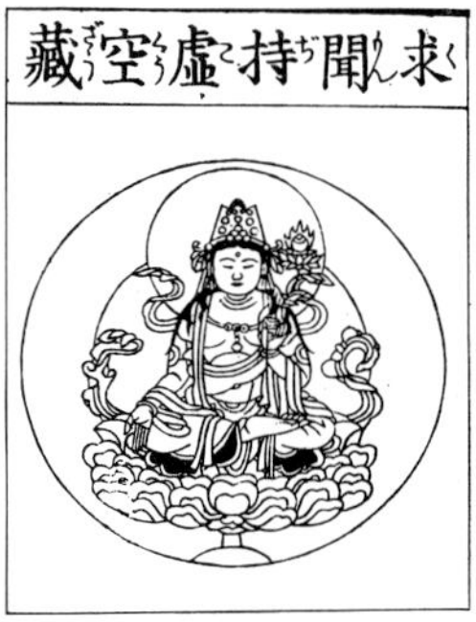

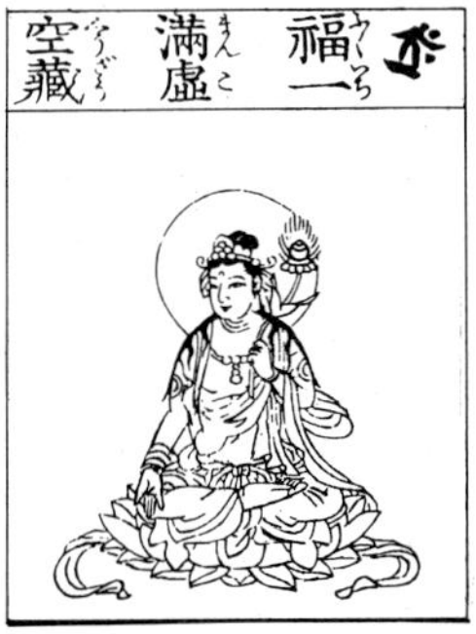

À gauche : **Kumonji Kokûzô**

À droite : **Fukûichiman Kokûzô**

Bodhisattva d'Âkâshagarbha (jap. Godai Kokûzô Bosatsu[64]). Ils sont représentés comme des Bodhisattva, l'épaule droite nue, avec une haute couronne, des colliers et des bracelets. Ils sont assis en Vajrâsana, les deux pieds cachés par la robe[65]. Selon les textes considérés[66], les animaux-supports (*vâhana*) de ces cinq grands Âkâshagarbha (jap. Godai Kokûzô) varient. Ce sont généralement le cheval, le lion, le paon, l'éléphant et le faisan doré (ou un Garuda), animaux qui correspondent à ceux des Cinq Jina. Bien que ces formes soient presque toujours représentées dans leurs aspects contemplatifs, on trouve cependant des images d'Âkâshagarbha qui varient, selon les mandala sur lesquels ils sont représentés[76], et où ils assument souvent des noms différents[67].

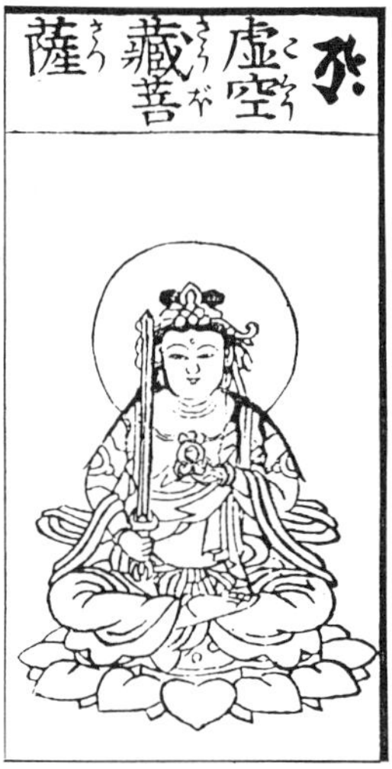

Kokûzô du Taizô-kai

Aspects normaux dans le *Vajradhâtu Mandala*

– Debout, vêtu en Bodhisattva, l'épaule droite nue, avec une couronne des Cinq Jina assis sur des pétales de fleur de lotus, un chignon en forme de stûpa, les mains en Abhaya-Varada-mudrâ ou bien tenant un soleil et un livre.
– Assis sur un lotus, avec une haute couronne et une coiffure cylindrique, vêtu d'une robe monastique ornée de bracelets et de colliers, l'épaule droite dénudée, la main droite tenant un lotus, la main gauche un crochet à éléphants (*angkusha*) vertical.
– Assis en Râjalîlâsana sur un lotus (forme appelée au Japon Gumonji Kokûzô Bosatsu)[68], la main droite tenant une tige de fleurs de lotus en boutons, la main gauche en Varada-mudrâ ou tenant un chintâmani ou un lotus blanc.
– Assis sur un lotus (parfois posé sur le dos d'un animal), avec une haute couronne, la main droite tenant un chintâmani, la main gauche serrant une lance[69] ; ou bien la main droite en Varada-mudrâ sur le genou, la main gauche tenant un chintâmani (forme appelée Fukûichiman Kokûzô Bosatsu au Japon) ; ou encore la main droite tenant un glaive vertical entouré de flammes ou un chasse-mouches (*châmara*), la main gauche tenant un lotus ou un chintâmani.

Aspects d'Âkâshagarbha dans le *Garbhadhâtu Mandala*

Dans ce mandala, Âkâshagarbha est vêtu de blanc et brandit dans sa main droite un glaive[70] entouré de flammes[71] posé sur un lotus, symbole de sagesse rayonnante. De la main gauche il tient un chintâmani posé sur un lotus. Il est coiffé d'un diadème portant les images des Cinq Jina ou des « cinq sapiences » (*Pañchapâramitâ* ; jap. *Go-haramitsu*). Il a un teint couleur de chair[72], est entouré de nombreuses divinités qui représentent ses vertus de sagesse.

KSHITIGARBHA

(jap. Jizô Bosatsu ; chin. Dizang ; tib. Sai-sning-po ; mongol Gachar-un Jirüken)

C'est le Bodhisattva « qui a la terre pour matrice », « l'embryon de la terre », « le guide et le sauveur des âmes tombées dans l'enfer ». Selon le *Ôjôyôshû* du moine Eshin (Genshin, 942-1017), il serait également le maître des six mondes du désir et des six voies (*Gati*)[73]. Lorsqu'il est considéré en particulier comme un Bodhisattva consolateur des êtres

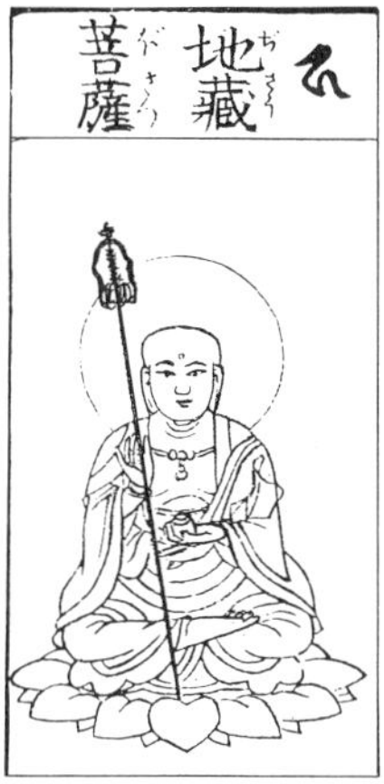

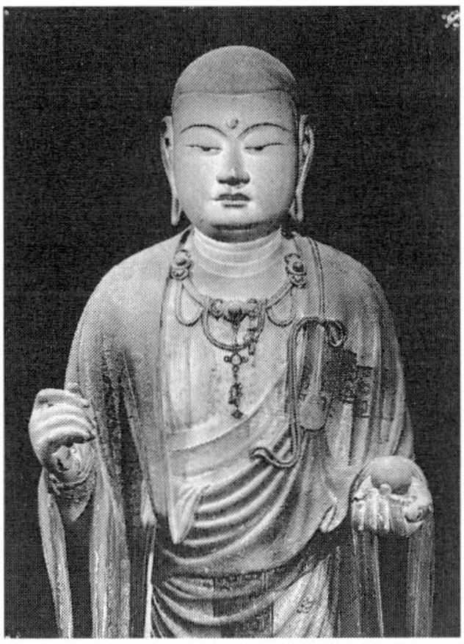

Kshitigarbha (Jizô Bosatsu)

Jizô Bosatsu, bois coloré, Japon, Nara, Tôdai-ji, VIIIe siècle

des enfers, il est tenu pour identique à Yamarâja (jap. Enma-ô), le roi des enfers bouddhiques (Naraka ; jap. Jigoku). En Inde, Kshitigarbha, bien que connu très tôt des sectes du Mahâyâna[74] (dès le IVe siècle), ne semble pas avoir eu la faveur populaire, et l'on n'y rencontre aucune de ses représentations, non plus que dans le Sud-Est asiatique. En Chine, il fut au contraire assez populaire à partir du Ve siècle, après la traduction du *Sûtra des Dix Chakra* qui énumère ses qualités[75]. Le *Sûtra de Dizang* (chinois)[76] rapporte qu'il fut, avant d'être un Bodhisattva, une jeune fille indienne de la caste des brâhmanes ; le Bouddha Lui-même aurait annoncé à Mañjushrî que celle-ci était devenue un Bodhisattva. Cependant Kshitigarbha n'est que rarement considéré comme ayant une nature féminine, sauf dans son aspect de Koyasu Jizô que nous verrons plus loin. En Chine, Kshitigarbha est souvent montré entouré des dix rois de l'enfer, car il est considéré comme « Celui qui délivre des tourments de l'enfer ». Mais c'est principalement en Asie centrale qu'il fut représenté sous la forme d'un moine tenant à la main un bâton de pèlerin (*khakkhara*)[77] et un chintâmani[78]. À Dunhuang, il est représenté avec une sorte de turban de voyageur dont les pans lui retombent sur les épaules, et parfois aussi avec une couronne. Au Tibet, il est représenté principalement sur les mandala, comme l'un des huit Bodhisattva entourant le Bouddha (voir note 59). Il a alors les mains en Vitarka-Varada-mudrâ avec un chasse-mouches (*châmara*), un livre (*pushtaka*) ou un vase que supporte un lotus ; dans ce dernier cas, sa main droite esquisse une Abhaya-mudrâ[79]. Ses images parvinrent au Japon, fort probablement de l'Asie centrale en passant par la Chine où il fut souvent montré en « maître des six voies », entouré par un Preta, un Asura, un démon, un animal, un homme et un Bodhisattva[80].

Kshitigarbha, mû par la compassion, aurait fait le vœu de renoncer à l'état de Bouddha jusqu'à la venue de Maitreya, afin d'aider les êtres des six voies de la transmigration. En enfer, il a pour mission d'« alléger le fardeau des actes d'autrui[81] », d'obtenir des magistrats infernaux un adoucissement du sort des condamnés et de consoler ceux-ci. C'est ainsi que, dans l'esprit populaire, Kshitigarbha est devenu le Bodhisattva des enfers par excellence.

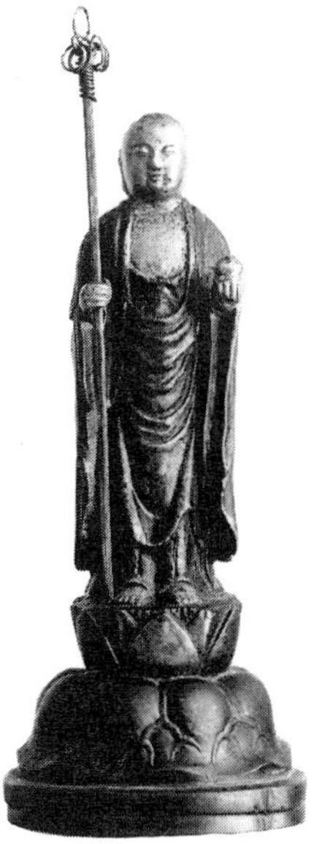

Kshitigarbha (Jizô Bosatsu), bronze, Japon, 1768, coll. de l'auteur

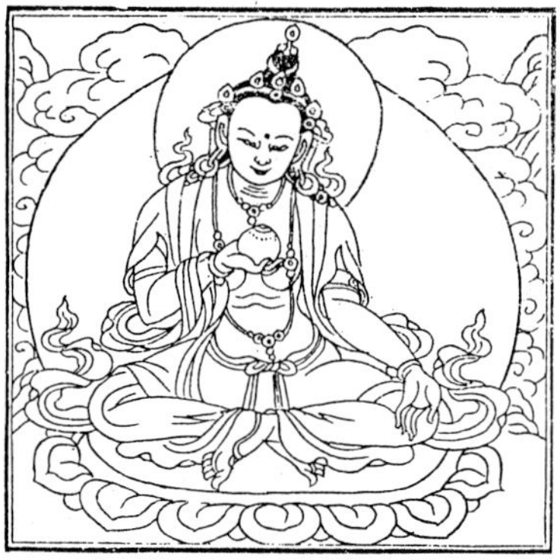

Kshitigarbha,
gravure tibétaine

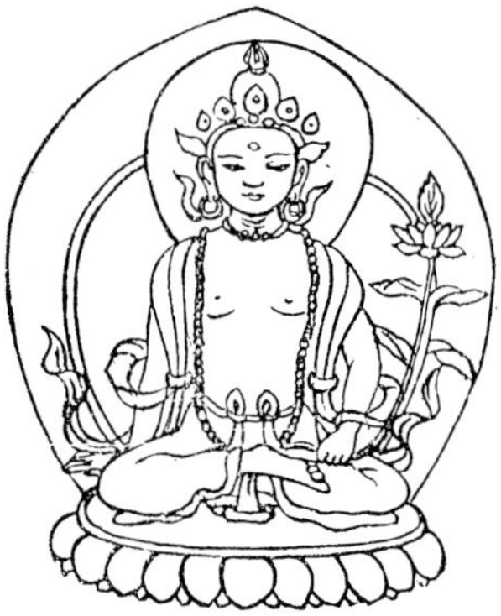

Kshitigarbha,
gravure chinoise

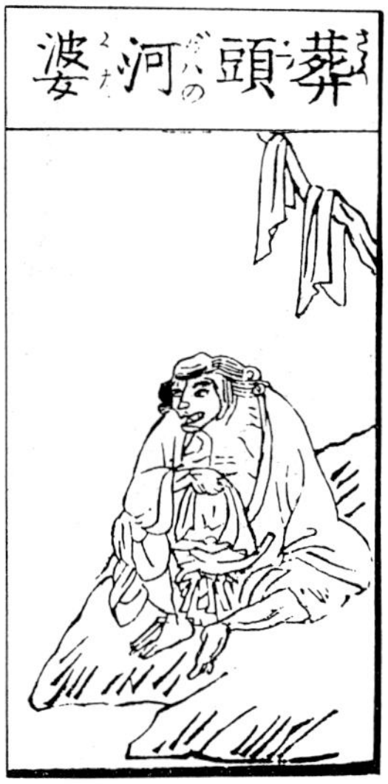

Sôzu-no-Kawara no Uba

Son culte fut (et est encore) immensément populaire au Japon, alors qu'en Chine, il a depuis longtemps cessé d'être observé. Il s'est répandu au Japon à partir du IXe siècle dans les sectes Tendai et Shingon [82]. Une coutume populaire en faisait le confesseur des fautes commises dans l'année, lors de la cérémonie dite « confession de Jizô [83] ». Une autre croyance, tardive celle-là (vers les XIVe - XVe siècles), formée sous l'influence de la secte du Jôdo, veut qu'en enfer, sur une plage de sable appelée Sai-no-Kawara, les enfants morts en bas-âge passent leur temps à édifier avec de petites pierres des constructions votives pour accroître leurs mérites et ceux de leurs parents. Mais chaque soir des démons, et notamment une vieille nommée Sôzu-no-Kawara no Uba, démolissent leur ouvrage. Jizô (Kshitigarbha) console alors les enfants éplorés en leur disant : « En cette contrée des ténèbres, c'est moi ton père et ta mère ; matin comme soir, aie confiance en moi [84]. »

Les sectes Shingon et Tendai vénèrent six formes de Kshitigarbha, dont trois sont reconnues comme étant des rois des enfers [85]. Selon certains moines, ces six Jizô seraient affectés chacun à une des six voies (*Gati*) des réincarnations et représenteraient en même temps la longé-

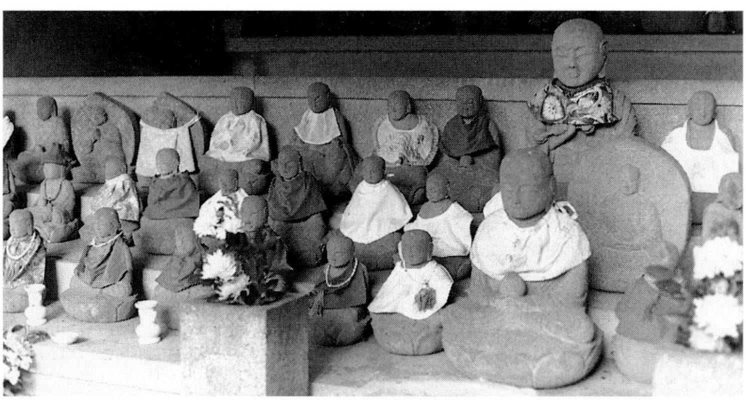

Sentai Jizô
Kiyomizu-dera, Kyôto

vité, le lieu des trésors, la possession de ces derniers, la terre, la possession de celle-ci et la détermination[86].

Les images de Jizô Bosatsu sont extrêmement nombreuses au Japon. Afin d'augmenter leur efficacité, on les groupe parfois en grand nombre : ce sont les *Sentai Jizô* ou « mille corps de Jizô », que le populaire confond parfois avec les cinq cents Arahant. On trouve aussi parfois ses effigies, groupées par six, autour d'Amitâbha : ce sont les images des Kshitigarbha des six voies. En peinture, Kshitigarbha est souvent représenté entouré des dix rois des enfers.

ASPECTS POPULAIRES JAPONAIS DE KSHITIGARBHA

Jizô est considéré par le peuple japonais plus comme une « personne vénérable » (Jizô-son) que comme une divinité ; sa nature doucement bienveillante, son allure de moine le rapprochent plus des humains que les autres divinités, lesquelles paraissent plus lointaines ou plus terribles. On le nomme familièrement « Monsieur Jizô » (Jizô-san). Dans le même esprit, il se trouve étroitement associé à Amitâbha, le Bouddha de l'au-delà, et à Avalokiteshvara le Compatissant. Cette trinité est symbolisée par le dicton : « Un Bouddha, deux Bodhisattva[87]. » La croyance populaire lui accorde de nombreux pouvoirs et lui prête un nombre considérable de miracles. Elle en fait parfois un devin à qui l'on pose des questions, comme au sphinx de nos légendes : on le nomme alors Otsukiyare Jizô-san, le « Monsieur Jizô inspiré ». En tant que protecteur des enfants, on lui donne le nom de Kosodate Jizô. Le peuple japonais croit aussi que certaines statues de Jizô ont le pouvoir de se déplacer, de voler dans les airs, de parler, d'ôter les épines des pieds des voyageurs... Un très grand nombre de croyances populaires sont ainsi rattachées à Kshitigarbha. Presque toutes les statues de Jizô ont un nom particulier qui se rapporte aux qualités qu'on leur attribue. Parmi celles-ci :

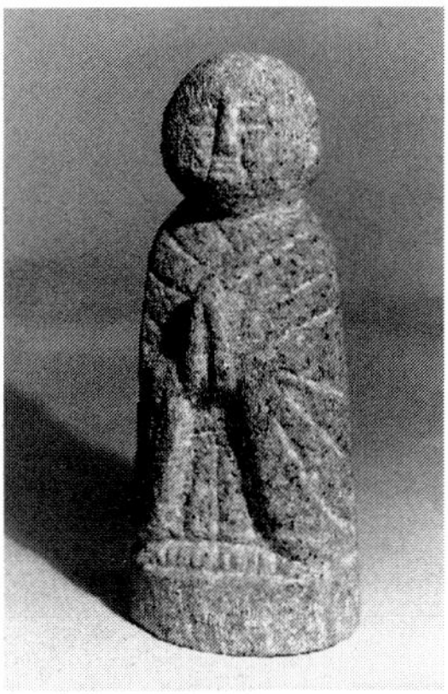

Jizô populaire, granit, Japon. Tôkyô, anc. coll. R. de Berval

- Taue Jizô aide les fermiers à planter le riz.
- Migawari Jizô aide les paysans dans leurs travaux.
- Mawari Jizô protège les villages.
- Ashi-arai Jizô se lave les pieds après avoir aidé les paysans dans les rizières.
- Tagenuki Jizô enlève les échardes et les épines.
- Mizuhiki Jizô apporte l'eau aux rizières.
- Hanatori Jizô conduit les chevaux et le bétail.
- Amagoi Jizô demande la pluie au ciel.
- Hikeshi Jizô protège les maisons et les récoltes des incendies, etc.[88].

Jizô est surtout une divinité de paysans, souvent confondue avec les Kami bienfaisants du shintô : c'est la divinité protectrice familière, bon enfant, avec qui on peut prendre des libertés et qui ne fait jamais peur, même aux petits enfants.

On vénère même certaines statues de Jizô (car, comme dans le cas de Bhaishajyaguru, le peuple en est souvent venu à vénérer plus une statue particulière que la divinité qu'elle représente), par correspondance, en lui envoyant des lettres pour lui demander certaines protections particulières. Les rites de vénération diffèrent suivant les localités ou les attributions qu'on prête aux statues de Jizô : offrandes de riz,

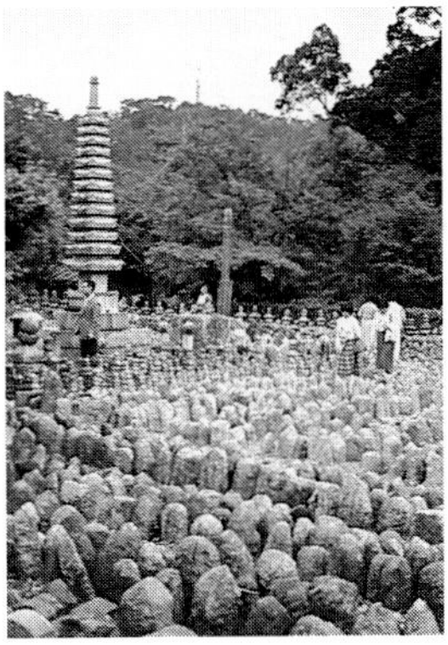

Sentai Jizô, cimetière à Kyôto, Japon

de *sake* (vin de riz), de fleurs, de vêtements d'enfants, parfois de sandales de paille (*waraji*) car Jizô est censé parcourir un long chemin pour aller soulager les êtres en détresse, etc. Son image est très souvent taillée dans la pierre, car sa forme, lorsqu'il est représenté debout, est simple, monolithique et facile à réaliser. Elle a également une certaine affinité avec une représentation phallique, symbole de fertilité. Son image se trouve souvent aussi gravée sur des rochers ou sur des stèles de pierre érigées au bord des routes ou à l'entrée des agglomérations. Elle peut alors être confondue avec les images des Dôsojin, divinités populaires représentées par des pierres simples ou inscrites que l'on trouve fréquemment le long des chemins ou en bordure des champs, ou encore à l'entrée des villages. Ces pierres, à l'origine plus ou moins associées à des cultes phalliques et à ceux des Kami des champs (Ta-no-Kami) ou à ceux des chemins (Sai-no-Kami), furent annexées par la religion bouddhique japonaise qui les transforma en Jizô. Elles furent érigées pour la protection des voyageurs et des villages, et le peuple des campagnes croit qu'elles ont également le pouvoir de faire conclure un heureux mariage et de protéger des maladies. Ces pierres sont soit nues, gravées des caractères signifiant « Dôsojin », soit sculptées en bas-relief d'une effigie de Jizô Bosatsu ou d'une autre divinité protectrice (Achalanâtha, Shômen Kongô, etc.), ou encore d'un couple se tenant par la main ou par l'épaule. Certains de ces Dôsojin servent de bornes et portent gravée la date de leur érection. Ces pierres, représentations souvent fort anciennes de Kami protecteurs, sont fréquemment associées à Jizô. On les fête généralement le 14 janvier. À cette occasion, les enfants des villages promènent en procession de longs bambous et des torches avec lesquels on fait ensuite un grand feu de joie. Jizô Bosatsu peut aussi, exceptionnellement et la ferveur populaire aidant, prendre un aspect féminin : ce Koyasu Jizô est alors invoqué comme « donneuse d'enfants ». Cependant cet aspect féminin n'est pas caractérisé et l'on s'adresse à lui en tant que « Monsieur Jizô ». Sous cet aspect de « donneuse d'enfants », il est souvent assimilé (ou même confondu) avec un aspect identique de Juntei Kannon (Chundî). Il est également invoqué pour la protection des enfants et pour faciliter les accouchements[89].

Jizô Bosatsu peut aussi, dans certains cas, au Japon, revêtir un aspect syncrétique, et être représenté en guerrier lorsqu'il est assimilé à Atago Gongen, Kami considéré comme une incarnation temporaire de Jizô. Ce Kami protecteur du feu et des incendies, vénéré surtout sur le mont Atago (préfecture de Kyôto), a également été identifié comme étant Kaguzuchi-no-Kami ou encore Susanoo-no-Mikoto (et parfois Izanagi). On le représente sous les traits d'un guerrier chinois à cheval, portant un bâton de pèlerin et un chintâmani. L'imagerie populaire le symbolise parfois aussi par la statuette d'un cheval portant un chintâmani sur son dos (image qui est peut-être d'origine tibétaine et qui se rapproche de celle des Rlung-ta ou « chevaux du vent » porteurs des prières des fidèles à la divinité). L'animal-support (*vâhana*) ou messager de cet Atago Gongen est le sanglier, symbole de courage et de force, de persévérance. De nombreuses légendes assurent que des guerriers en difficulté auraient été secourus par des sangliers d'Atago Jizô qui se seraient rués sur les ennemis, les mettant en fuite.

Jizô remplit aussi le rôle de « prolongateur de la vie » (Enmei Jizô Bosatsu). Il est vénéré sous cette forme, à Kamakura notamment, où on le prie afin qu'il assure la sécurité des enfants.

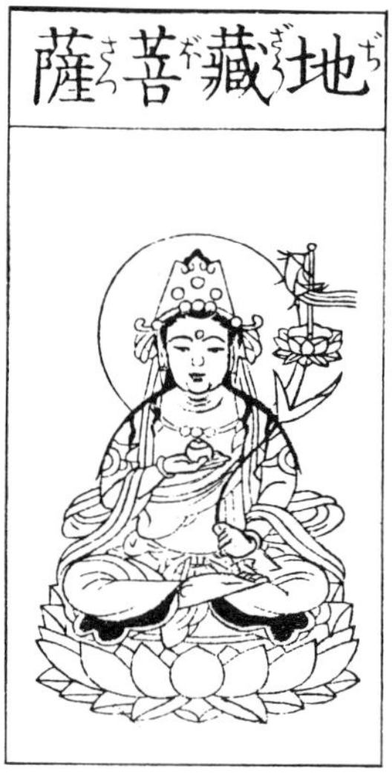

Jizô Bosatsu

Dans les villages japonais, les parents qui vont travailler aux champs laissent souvent leurs jeunes enfants jouer près d'une statue de Jizô pendant leur absence : ce dernier est alors censé veiller sur eux et les protéger.

On pourrait presque dire que chaque village au Japon possède son propre Jizô. Ce dernier est d'ailleurs le plus souvent associé, dans l'esprit des paysans, à un Kami du shintô[90].

Cependant, le peuple ne perd jamais de vue la fonction primordiale de Jizô Bosatsu, qui est celle de consolateur des êtres dans l'au-delà[91].

Kshitigarbha est souvent décrit comme ayant deux acolytes : Shôzen, un moine habillé de blanc, maître du Bien, tenant un lotus blanc, et Shôaku, un moine habillé de rouge, maître du Mal, tenant un vajra à la main. Ces deux personnages sont très rarement représentés, mais sont fréquemment symbolisés par des morceaux de tissu rouge et blanc attachés au cou des statues de ce Bodhisattva[92]. En tant qu'un des grands Bodhisattva, Kshitigarbha accompagne parfois Amitâbha dans son « accueil dans le paradis de la Terre pure ». Il est également montré sur les images du Parinirvâna du Bouddha[93], pleurant la mort du Maître, bien qu'on ait souvent identifié le personnage ainsi représenté comme étant celui de Kâshyapa.

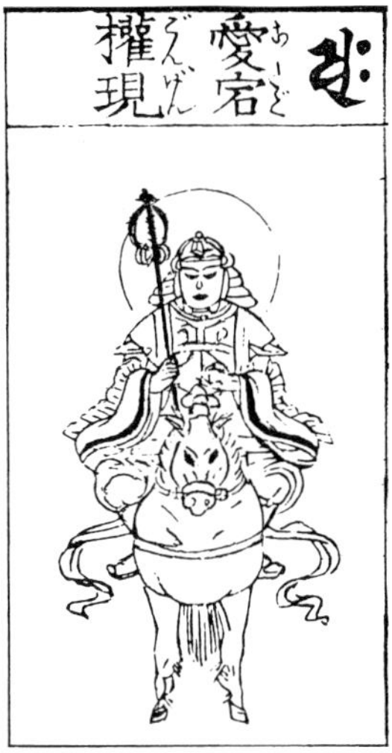

Atago Jizô

REPRÉSENTATIONS DE KSHITIGARBHA

Au Tibet, les sculptures de Kshitigarbha sont très rares, ce Bodhisattva n'étant pratiquement représenté que sur des peintures ou mandala. En Chine, où il est censé être le chef des dix rois de l'enfer, il est souvent représenté entouré de ceux-ci. On peut classer les représentations de Kshitigarbha en deux catégories principales :

– Représentations des mandala : assis sur un lotus, vêtu en Bodhisattva, une couronne sur la tête, la main droite tenant le disque du soleil ou un chintâmani, la main gauche tenant un stûpa ou une bannière posée sur un lotus. Dans le *Garbhadhâtu Mandala* il est entouré de nombreuses divinités et se trouve placé au nord de Vairochana[94]. Les divinités qui l'entourent représenteraient ses vertus de patience et de persévérance : elles ne sont que des symboles et ne font l'objet d'aucun culte. Il est parfois assis et tient un *khakkhara* dans ses deux mains ; sa couronne (tib. *chod-pan*) porte les effigies des Cinq Jina (rare). Sur les bannières du Türkestân il porte un turban, le khakkhara dans la main droite et un chintâmani dans la main gauche.

– En sculpture et en peinture : il peut être sans attribut, debout ou assis, vêtu d'une robe monastique, le crâne rasé, la main droite et la main gauche en Abhaya-Varada-mudrâ, ou bien debout (ou assis en Râjalîlâsana), la jambe droite pendante, la jambe gauche repliée sous lui sur son siège), ou assis en Padmâsana, la main droite en Abhaya-mudrâ, la main gauche tenant un chintâmani.

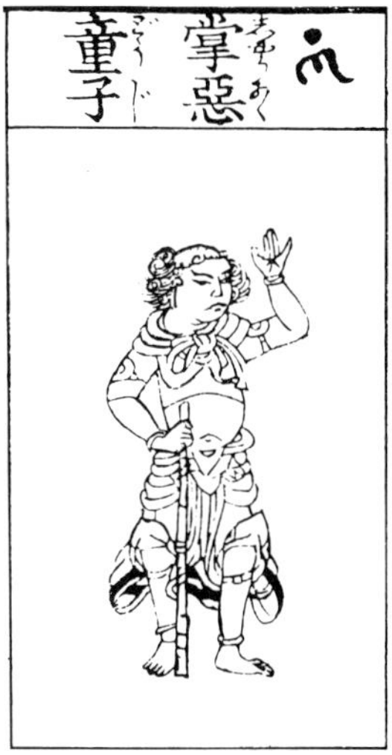

Shôaku Dôji

Il peut être également assis en Padmâsana (les pieds cachés par la robe) ou debout et vêtu d'une robe monastique ornée de colliers, la tête rasée, la main droite tenant un chintâmani ou un khakkhara avec six anneaux (représentant les six voies de la transmigration), la main gauche avec un chintâmani ou un khakkhara, ou bien les deux mains tenant des attributs différents (la gauche tient parfois un lotus, mais c'est là une forme rare) ; ou bien les mains en Añjali-mudrâ. Cependant, il est parfois représenté (surtout au Japon pendant l'époque de Kamakura) avec la main droite en Abhaya-mudrâ, la gauche étant en Varada-mudrâ.

Dans quelques rares représentations de Kshitigarbha faisant partie du groupe des huit grands Bodhisattva, il est vêtu comme un Bodhisattva et tient de la main gauche un bol à aumônes...

Il existe également, dans de nombreux temples japonais, des séries de statues de Jizô (ou de pierres grossièrement taillées les symbolisant) appelées *Sentai-Jizô* (mille corps de Jizô), comme par exemple à Kyôto, au Nembutsu-ji, où une statue du même Jizô est consacrée au souvenir des enfants avortés ou mort-nés.

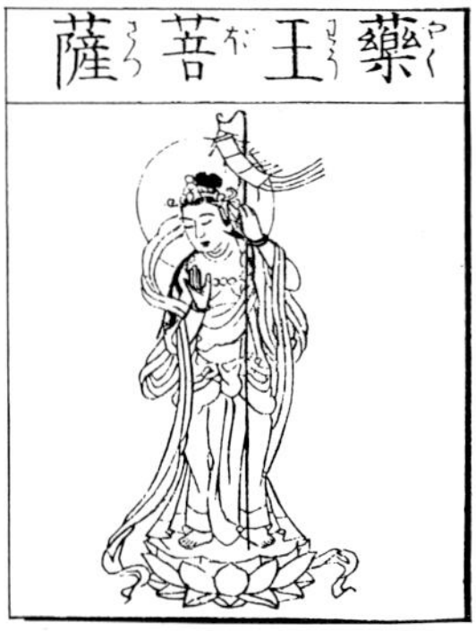

Yaku-ô Bosatsu

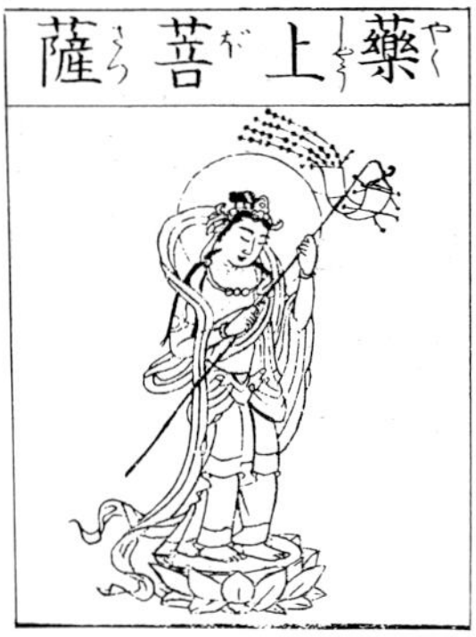

Yakujô Bosatsu

YAKU-Ô ET YAKUJÔ BOSATSU

Ce sont deux Bodhisattva japonais de la médecine. Yaku-ô Bosatsu, parfois assimilé à Yaku-ô Kannon Bosatsu, une des trente-trois formes d'Avalokiteshvara, correspond, tout comme Bhaishajyaguru dont il semble être l'une des hypostases, à Bhaishajyarâja, le Bodhisattva de la médecine. Il ne fut représenté qu'en peinture, assis sur un lotus, tenant une branche de saule dans la main droite[95], sa main gauche restant fermée.

On considère parfois que Yakujô Bosatsu (Samudgata) est une forme différente de Yaku-ô Bosatsu. Ces deux Bodhisattva sont les acolytes de Fukûjôju Nyorai, c'est pourquoi on les confond souvent avec Nikkô (Sûryaprabha) et Gakkô (Chandraprabha). Dans un cas au moins, Yaku-ô et Yakujô sont acolytes de Shâkyamuni. Ils sont alors debout, habillés en Bodhisattva, avec une haute couronne, et tiennent leurs mains en Vitarka-mudrâ (ou dans une pose similaire). Dans le *Saddharmapundarîka-sûtra*, Yaku-ô (Bhaishajyarâja) brûle son corps pour en faire une lampe en offrande au Bouddha. Cette légende serait peut-être à l'origine des suicides rituels par le feu pratiqués en Chine et dans les pays d'obédience bouddhique[96].

SARVANÎVARANAVISHKAMBHIN

(jap. Jogaishô Bosatsu ; chin. Chuzhuzhang ;
tib. Sgrib-pa Rnam-sel ; mongol Tüitker-Tejin Arilghaqchi)

C'est peut-être un Bodhisattva symbolisant les éclipses de lune. Dans le texte du *Gunakarandavyûhagâtha* (développement versifié du *Karandavyûha*) où il figure aux côtés de Maitreya[97], et dans le *Saddharmapundarîka-sûtra*, il exprime le désir de voir Avalokiteshvara ; le Bouddha l'envoie alors à Vârânasî (Bénarès) où celui-ci lui apparaît[98]. Il appartient au groupe des huit grands Bodhisattva. Dans le *Vajradhâtu Mandala* il correspond à Avalokiteshvara et représente le « trésor de l'inépuisable vision de la Sagesse pure[99] ». Il est placé au nord-ouest. Dans le bouddhisme ésotérique, il se nomme aussi (au Japon) Joissaigaishô, et est une forme de Kannon et l'un des quatre Bodhisattva grands acolytes. Il représente, ainsi que les divinités de sa famille, l'activité de la grande compassionn et la miséricorde qui écarte les obstacles en enlevant toutes les afflictions[100]. Il est « Celui qui enlève tous les obstacles causés par les passions, les Dharma et les actes ».

Il est représenté comme un Bodhisattva. Ses attributs sont le livre (*pushtaka*) et la lune, ou bien un lotus et un disque lunaire. Il peut également avoir les mains en Vitarka-Varada-mudrâ et tenir un chintâmani et une coupe d'ambroisie : il est alors considéré comme « libérateur des serpents » et est en compagnie du Bouddha, de Maitreya, d'Avalokiteshvara et de Mañjushrî.

Il est rarement représenté autrement qu'en peinture et ne fait l'objet d'aucun culte séparé de celui des huit grands Bodhisattva.

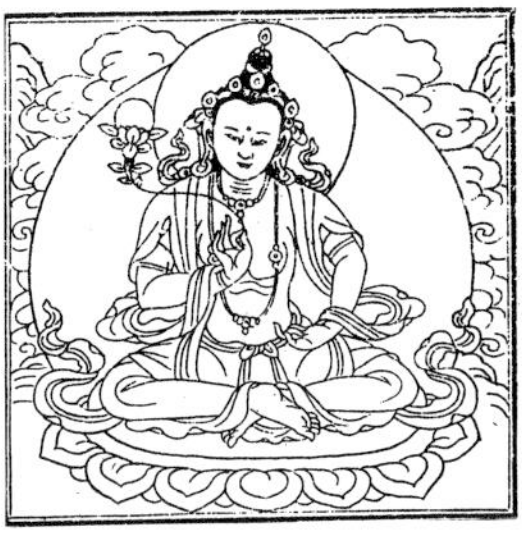

Sarvanîvarana-vishkambhin, gravure tibétaine

MAHÂPRATISARÂ
(jap. Daizuigu Bosatsu)

Cette divinité[101] appartient dans le panthéon lamaïque tibétain au groupe des cinq Râksha protecteurs du Tibet, et préside au sud. C'est la divinisation d'un charme qui aurait été prononcé par le Bouddha Lui-même contre toutes sortes de dangers. Elle est de couleur jaune, une image de Ratnasambhava est placée sur sa couronne, et elle a trois ou quatre visages et huit à dix bras. Cette divinité, qui n'est généralement représentée que dans le groupe des cinq Râksha, fut au Japon, sous le nom de Daizuigu, assimilée à un Bodhisattva. Elle est alors représentée avec huit bras : la main droite principale avec un vajra à cinq pointes sur la poitrine, la main gauche principale tenant un lotus surmonté d'un chakra. Les autres mains droites ont une corde, un glaive et un angkusha (crochet à éléphants) ; les autres mains gauches tiennent un trident, un chintâmani et un rouleau de sûtra[102]. Il représente une force féminine[103], mais c'est une divinité qui est complètement oubliée. Au Japon, cet aspect se confond avec celui de Simhanâda.

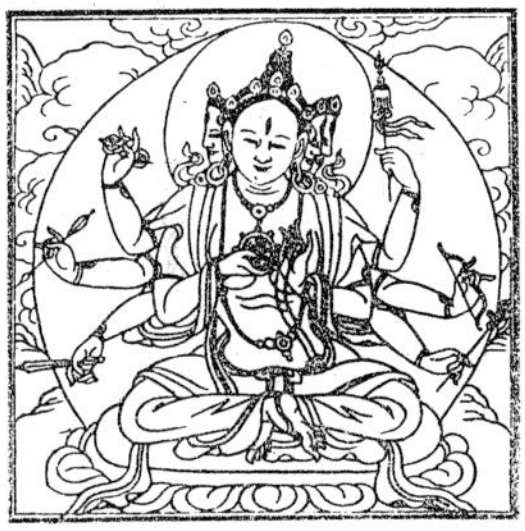

Mahâpratisarâ, gravure tibétaine

SIMHANÂDA
(jap. Shishiku Bosatsu)

Ce Bodhisattva représenterait le rugissement (du lion) de la voix de la Loi bouddhique. Selon certains auteurs, il serait un personnage ésotérique. Selon d'autres, il ne serait pas reconnu comme un Bodhisattva, mais seulement comme une personnification de la voix de la Loi qui fait venir les démons à résipiscence et qui permet aux « auditeurs » (*shrâvaka*) d'acquérir des mérites. Il est représenté debout, vêtu d'une robe monastique, une écharpe nouée sur l'estomac, avec une coiffure comportant un haut chignon[104]. Il fut très rarement représenté en sculpture (sauf peut-être au Japon) et ne se trouve que sur des mandala ou peintures.

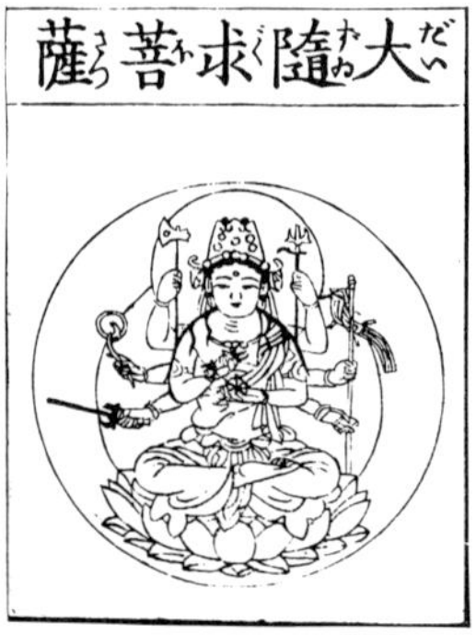

Daizuigu Bosatsu

D'innombrables autres Bodhisattva existent, tous ayant des qualités et vertus définies par des sûtra ou autres textes religieux. Mais en dehors des mandala, ils ne sont pratiquement jamais représentés, et on peut dire que le bouddhisme populaire les ignore complètement. Aucun culte ne leur est rendu, et les imagiers ont rarement jugé utile de les représenter autrement que par souci de symétrie et d'achèvement des mandala. Ces Bodhisattva ne sont en fait que des noms. C'est pourquoi nous ne les décrirons pas ici. Certains sont représentés comme des anges musiciens, tel celui, célèbre, qui orne un des côtés de la lanterne de bronze sur pied qui se trouve devant le grand temple du Tôdai-ji à Nara, au Japon, et qui date du VIIIe siècle.

VII

LES ROIS DE SCIENCE MAGIQUE
(Vidyârâja)

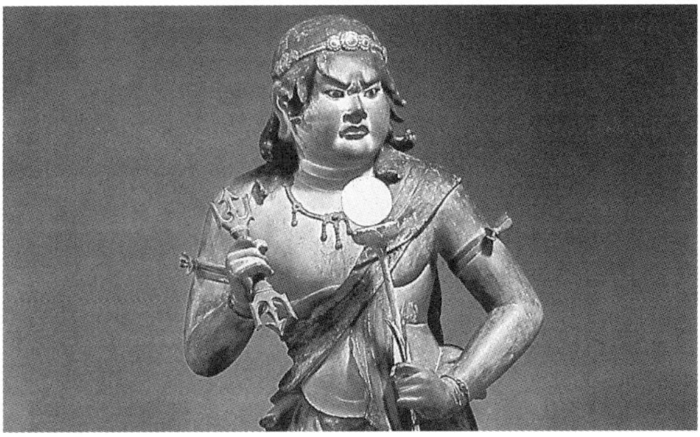

Ekô Dôji, bois coloré, Japon, 1197, musée de Nara

Achalanâtha
Trailokyavijaya
Kundalî
Yamântaka
Vajrayaksha (Vajrapâni)
Râgavidyârâja
Les autres Vidyârâja

Les Vidyârâja (jap. Myô-ô) sont des rois de Connaissance mystique (ou magique) symbolisant la puissance et la victoire des Cinq Jina sur les passions et les désirs. Ils sont des émanations terribles (*Krodha* ; jap. *Funnu*) ou colériques de ceux-ci et de leurs serviteurs. Ils détiennent le savoir et la force contenues dans les mantra. Ils seraient aussi, selon une autre explication, « des formes irritées qui assument, à l'encontre des obstacles, l'énergie de l'adepte lui-même [1] ». Selon Tajima Ryûjun, ces divinités à l'expression irritée « montrent la colère de la grande compassion qui veut apporter aux êtres le secours de la Bonne Loi [2] ». On les nomme aussi au Japon les Daison Myô-ô (grands et vénérables rois de Science magique). En Inde et dans le panthéon brâhmanique, ils sont représentés par les Bhairava (effroyables) et les Krodharâja ou rois de colère [3] dévoreurs de chair.

Leur culte aurait été introduit de Chine au Japon par les tenants de la secte du Shingon. Tout d'abord considérés comme des divinités ésotériques, ils furent popularisés, probablement à partir du XIIIe siècle [4], les moines leur ayant attribué le pouvoir de protéger les humains contre les mauvaises influences venant, selon une croyance chinoise ancienne, de la Kimon (au nord-est) ou « porte des Démons ».

On distingue parmi ces rois de Science magique cinq grands Vidyârâja (appelés au Japon Godai Myô-ô ou Godai-son) correspondant aux Cinq Jina, et divers autres Vidyârâja correspondant aux Bodhisattva. Au Japon, on considère parfois que huit de ces Vidyârâja sont émanés des Bodhisattva (selon le *Himitsu Jirin* notamment) ; ces Hachidai Myô-ô sont, en plus des cinq grands Vidyârâja cités plus loin, Râgavidyârâja, Mayûrarâja et Atavaka. Mais il existe également, en dehors de ceux-ci, de nombreuses autres formes terribles des divinités, formes classées sous le terme générique de Vidyârâja et représentées sur les divers mandala.

Selon le *Ninnô-kyô Mandara* (mandala des Bons Rois), les cinq grands Vidyârâja sont :
– au centre : Achalanâtha, correspondant à Vairochana ;
– à l'est : Trailokyavijaya, correspondant à Akshobhya ;
– au sud : Kundalî, correspondant à Ratnasambhava ;
– à l'ouest : Yamântaka, correspondant à Amitâbha ;
– au nord : Vajrayaksha (Vajrapâni), correspondant à Amoghasiddhi [5].

Le rite bouddhique dit « des cinq autels », destiné à protéger l'État contre les calamités, comprenait au Japon l'érection de cinq statues ou images des cinq grands Vidyârâja réparties selon leurs horizons respectifs, Achalanâtha se trouvant situé au centre. On trouve ces cinq grands Vidyârâja représentés soit en groupe, soit séparément,

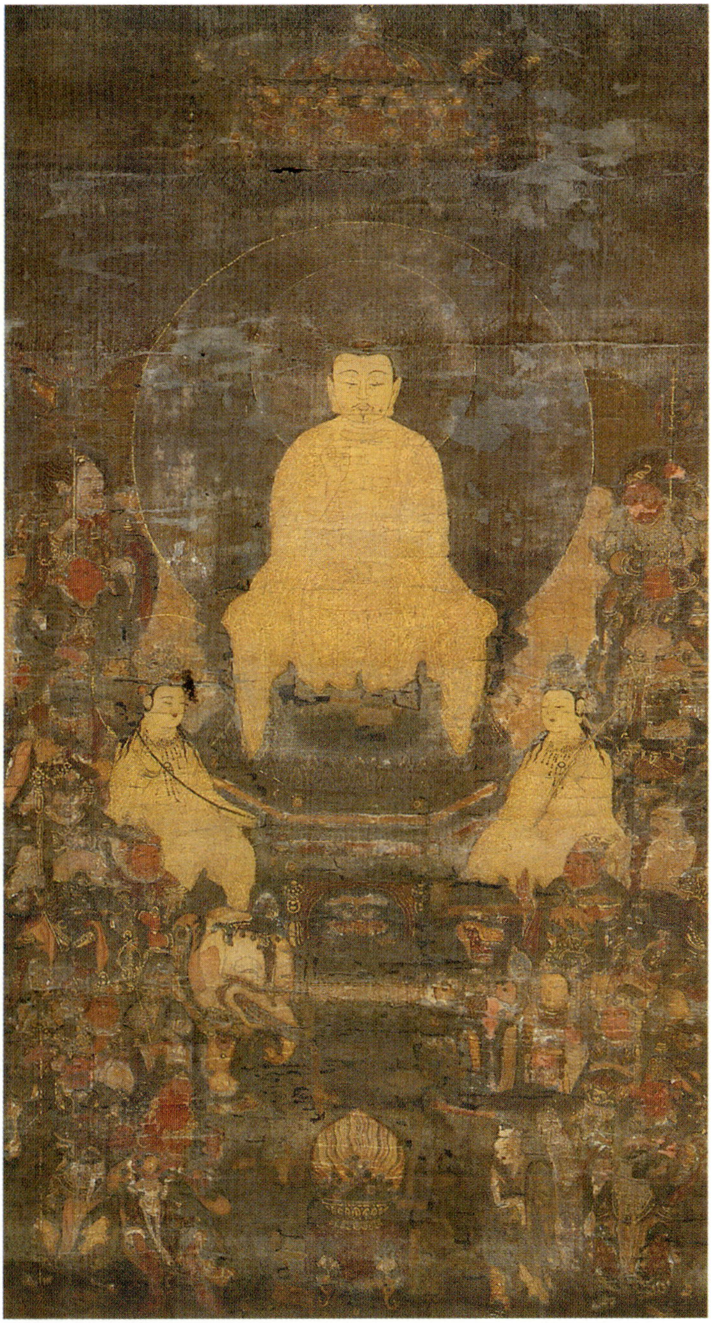

Triade de Shaka, peinture sur soie, XVIIIe siècle (?), musée Guimet.

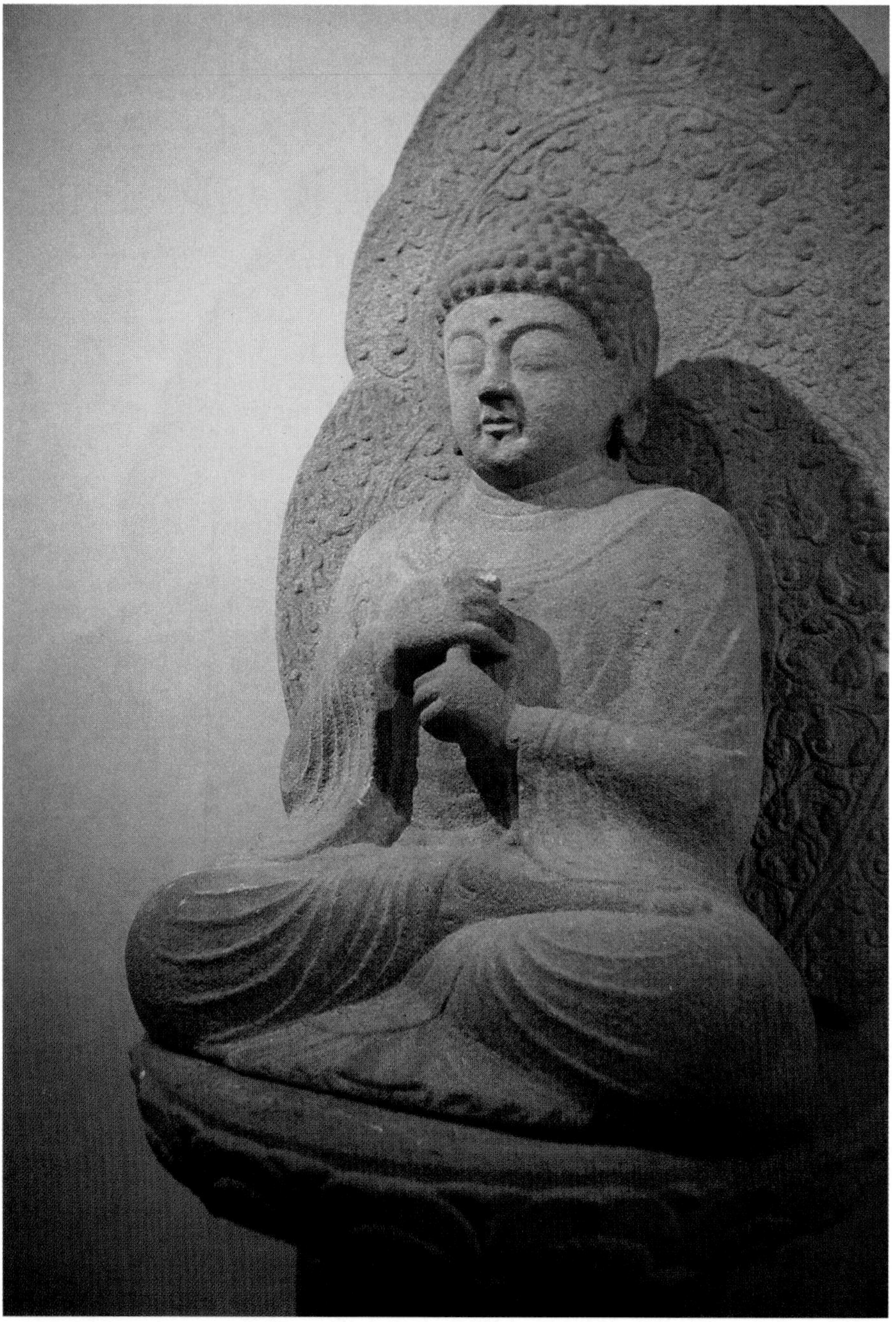

Bouddha Vairochana, pierre, Corée, IXe siècle, Seoul, musée national.

en sculpture comme en peinture et sur les mandala. Nous traiterons ici tout d'abord des cinq grands Vidyârâja dans l'ordre donné plus haut, puis des autres divinités terribles ou colériques qui, quoique moins importantes, jouent cependant un rôle non négligeable dans l'iconographie bouddhique et dans les cultes populaires.

ACHALANÂTHA

(jap. Fudô Myô-ô ; chin. Budong Fo)

Surtout représenté au Japon, Fudô Myô-ô, de son nom mystique Jôjû Kongô, « le diamant éternel et immuable[6] », est le chef des cinq grands rois de Science magique, correspondant à la forme sanskrite d'Achalanâtha, le Vidyârâja au corps vert foncé ou noir, « l'Immuable ». C'est le destructeur des passions[7]. Dans les doctrines de l'ésotérisme, il est considéré comme un « corps de métamorphose » (*Nirmânakâya*) de Vairochana dont il personnifie la fermeté d'esprit et la volonté de détruire le mal. Il a pour symbole un glaive tenu verticalement et autour duquel s'enroule un dragon (jap. *kurikara*) entouré de flammes. Son halo de flammes est censé consumer les passions. Il est décrit dans nombre de sûtra et particulièrement dans le *Mahâvairochana-sûtra* (jap. *Dainichi-kyô*)[8]. Il assumerait, « à l'encontre des obstacles, l'énergie de l'adepte lui-même[9] », montrant ainsi la puissance de compassion de Vairochana. Son glaive lui sert à combattre les « trois poisons » : avarice, colère et ignorance. De la main gauche il tient une corde *(pâsha)* pour attraper et lier les forces mauvaises et les empêcher de nuire. Fudô Myô-ô ayant fait le vœu de prolonger de six mois la vie des fidèles[10] et de leur donner une inébranlable résolution de vaincre les forces du mal[11], il est parfois, à ce titre, invoqué comme « prolongateur de la vie ». Dans le *Vajradhâtu Mandala,* il est une manifestation terrible de Kongô Rikishi et est situé au nord-est, d'où il protège les hommes des mauvaises influences.

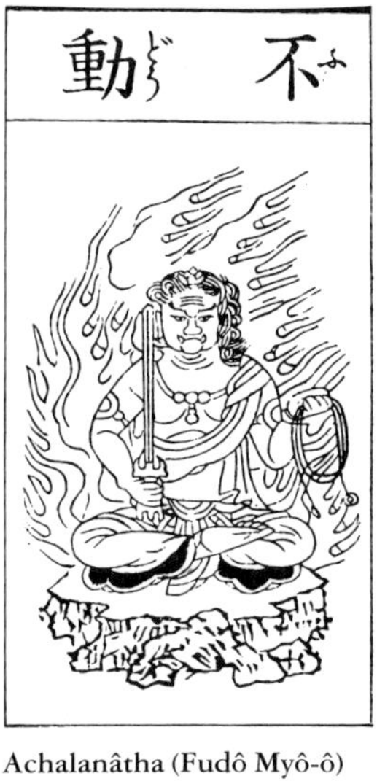

Achalanâtha (Fudô Myô-ô)

Dans le *Garbhadhâtu Mandala*, il est la force de Vairochana et se trouve placé à l'ouest de celui-ci.

Achalanâtha est parfois identifié à un autre Vidyârâja, Ucchushma Vidyârâja (jap. Ususama), divinité des endroits nauséabonds ; à ce titre il est souvent placé (dans les temples bouddhiques) près des lieux d'aisance, afin qu'il puisse dévorer tous les péchés et matières immondes[12]. Dans le commentaire écrit par le pèlerin chinois Yijing (jap. Gijô) sur le *Mahâvairochana-sûtra,* Achalanâtha, envoyé par le Bouddha vers Maheshvara (une forme du dieu hindou Shiva) pour le convertir, aurait été inondé de substances malodorantes par cette divinité (ce qui, en magie, est un moyen de rompre les enchantements). Achalanâtha aurait incontinent dévoré ces immondices et écrasé sous ses pieds Maheshvara et son épouse Umâ[13].

Bien qu'on ne connaisse pas de représentation d'Achalanâtha en Inde sous la forme qu'on lui attribue en Chine et au Japon, on pense généralement qu'il correspondrait (ainsi d'ailleurs que d'autres Vidyârâja) à une évolution d'anciens types de génies du folklore indien[14] et qu'il pourrait provenir plus directement encore des formes du Yaksha Vajrapâni citées dans le canon pâli. On trouve quelques-unes de ses représentations en Chine dans les grottes de Dunhuang[15], au Tibet et au Nepâl où il est parfois appelé, dans un de ses aspects tantriques, Kâlâmañjushrî (Mañjushrî noir)[16].

Son culte et ses images furent introduits au Japon au début du IXe siècle par Kûkai, et forment depuis un des éléments essentiels des doctrines de la secte Shingon, dont il est par ailleurs l'un des treize Bouddha (Jûsan Butsu). C'est aussi la forme dite Kongô Rikishi de la manifestation en deux formes de Vairochana (des Ni-ô, des « bons rois »). Sous cet aspect, il a la bouche fermée, symbole de force latente, et tient à la main un vajra[17].

Au Tibet, Achalanâtha est appelé Achala-Vajrapâni et est un Dharmapâla. Il est représenté avec quatre têtes, quatre bras et quatre jambes, piétinant des démons. Il tient le glaive, la corde, un vajra et une calotte crânienne (voir à *Vajrapâni*).

S'il n'a jamais joui d'une grande popularité au Tibet et en Chine, en revanche ce Vidyârâja fut de tout temps très vénéré du peuple japonais qui lui a élevé de très nombreux petits autels, l'assimilant syncrétiquement à des Kami du shintô. L'image de son glaive est parfois offerte sur des *e-ma* ou plaquettes votives aux sanctuaires shintô, afin de remercier Fudô de sa protection contre des calamités diverses car, pour le peuple, Fudô Myô-ô appartient autant au bouddhisme qu'au syncrétisme dans lequel se fondent de nombreux aspects du shintô et du bouddhisme, distinction souvent peu évidente aux yeux de la plupart des fidèles.

REPRÉSENTATIONS D'ACHALANÂTHA

Achalanâtha revêt souvent l'aspect d'un enfant au visage courroucé, mais c'est là peut-être une confusion de ce Vidyârâja avec l'un de ses huit acolytes, Chetaka (jap. Seitaka).

Achalanâtha est le plus souvent représenté assis sur un roc de pierre précieuse. Dans un passage sur les « Rites mystiques de la Dhâranî d'Achala le Messager » (jap. *Fudôshisha Darani Himitsu Hô*), il est décrit comme ayant le corps rouge et jaune[18]. Les flammes qui entourent son corps symboliseraient alors les passions et l'embrasement de toutes les impuretés qui sont attachées au cœur humain. Cependant, Achalanâtha est plus habituellement représenté avec le corps vert foncé, vêtu d'une robe rouge lui laissant l'épaule droite découverte. Il est debout ou assis sur un roc symbolisant le mont Meru de la mythologie indienne et sa volonté inébranlable. Il est parfois assis sur un trône (plus rarement sur un lotus), en Vajraparyankâsana[19] ou en Vajrâsana, ou encore, mais plus rarement, en aise royale (Mahârâjalîlâsana). Une auréole de flammes, parfois avec une double auréole ronde, lui enveloppe tout le corps. Il a de longs cheveux, hérissés ou peignés avec une grosse tresse qui lui retombe sur l'épaule gauche. Son visage est menaçant, ses sourcils sont froncés, il louche ou a un œil à demi fermé[20] (le gauche généralement) ; l'autre œil est rouge. Son rictus laisse entrevoir deux crocs, l'un dirigé vers le bas, l'autre vers le haut, et il se mord la lèvre supérieure avec les dents de la mâchoire inférieure.

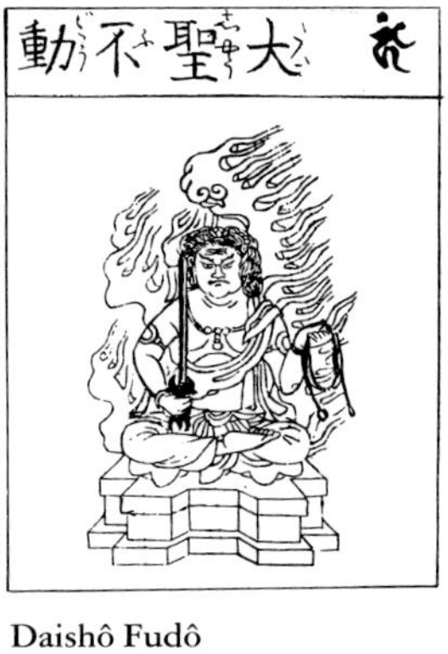

Daishô Fudô

On lui connaît de nombreuses formes qui, bien qu'ayant les mêmes caractères généraux, varient cependant sur certains détails :
– Avec deux bras (forme la plus commune)[21] : il a un corps massif, une robe vert et rouge. Il tient son glaive (jap. *sankotsuka-no-ken,* avec une poignée-vajra à trois pointes, ou *tokkotsuka,* avec poignée-vajra à une pointe) de la main droite, la gauche tenant une corde terminée par un crochet à chaque extrémité (jap. *saku, ryûsaku, kensaku*) ou par un vajra à deux pointes.
– Avec quatre bras[22] (jap. Chintaku Fudô) : les mains principales sont identiques à la forme précédente, les autres sont en « poings de Fudô » (Fudô-in) à la hauteur du visage[23]. Il peut aussi être représenté avec quatre têtes et quatre bras (principalement sur des mandala). Il a alors un corps jaune et il est considéré comme « destructeur des ennemis[24] » du bouddhisme.
– Avec six bras et six faces à trois yeux[25] : la face centrale est souriante, la face droite est jaune avec la langue pendante, la face gauche est blanche avec une expression courroucée. Son corps est bleu foncé. Ses mains droites portent un glaive, un vajra et une flèche ; il a dans ses mains gauches une corde, le rouleau de la *Prajñâpâramitâ-sûtra* et un arc.

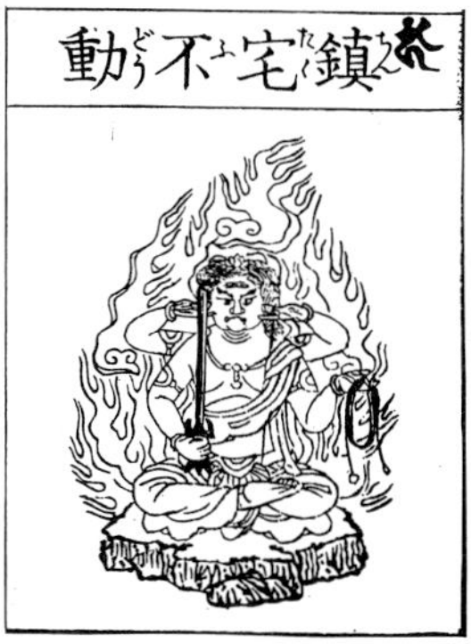

Chintaku Fudô

Dans la peinture japonaise, trois images de Fudô sont particulièrement célèbres et vénérées : ce sont les « trois vénérables Fudô » (San Fudô-son) :
– Aka Fudô, de couleur rouge, assis sur un fond de flammes, la main droite tenant le glaive entouré d'un dragon, la main gauche serrant une corde (XIIIe siècle).
– Ki Fudô, de couleur jaune, debout en pose statique, sans acolyte. Il est attribué au moine-artiste Eshin (942-1017). C'est la plus ancienne représentation picturale de Fudô au Japon .
– Aoi Fudô, de couleur bleu foncé, entouré de flammes et assis sur un grand rocher. Son dessin est tracé en lignes « fil de fer » (jap. *tessenbyô*).

D'autres images de Fudô Myô-ô montrent celui-ci :
– avec deux acolytes, et courant ;
– appuyé sur son glaive (dessin à l'encre de Chine, d'une facture assez particulière, sur kakemono, peint par Shinkai en 1282, peut-être pour obtenir la protection de Fudô contre les envahisseurs mongols)[26].

LES ACOLYTES D'ACHALANÂTHA

Achalanâtha est généralement accompagné de huit acolytes (jap. Dôji) enfants dont deux au moins, Kongara et Seitaka, sont souvent représentés près de lui. Ces « Hachi Fudô Dôji » sont, selon le *Butsuzô-zu-i* et le *Nihon Butsuzô Zuzetsu* dont les images diffèrent :

Ekô Dôji

Vêtu d'une robe monastique légère avec une « écharpe céleste », l'épaule droite découverte ou non, assis ou debout, la main droite tenant un triple vajra ou un double trident, la main gauche avec tige de fleurs de lotus supportant un chintâmani ou un disque solaire.

Anokuta Dôji (Anokudatsu)

Assis ou monté sur une licorne (jap. *kirin*), ou debout avec une couronne ornée d'un phénix (jap. *hôô*), un vajra à la main droite, un lotus à la main gauche.

Eki Dôji

De couleur rouge, le visage avec une expression douce, la main droite tenant une lance ou un trident, la main gauche un chintâmani.

Shitoku Dôji

Identique à Eki Dôji, mais revêtu d'une armure, avec une hallebarde et un chintâmani à la main[27].

Ukubaga (Ugubaga Dôji)

Les cheveux hérissés, avec un vajra sur la tête et dans la main droite.

Shôjôbiku

Vêtu comme un moine, le crâne rasé, les dents en crocs, un triple vajra à la main droite, un livre ou rouleau de sûtra à la main gauche.

Kongara Dôji (skt. Kimkara)

Enfant nu ou avec une écharpe céleste, le visage serein ou souriant avec ou sans couronne de fleurs de lotus, la coiffure parfois bouclée. Représenté isolément, il est parfois monté sur un lion marchant sur des lotus (et est alors confondu par certains avec Mañjushrî). Il est toujours situé à la gauche de Fudô. Ses mains sont en Añjali-mudrâ avec ou sans simple vajra posé dessus, ou bien il tient un glaive et une corde.

Seitaka Dôji (skt : Chetaka)

Enfant nu ou avec une écharpe céleste et une jupe, le visage furieux, la chevelure parfois hérissée, hirsute ou comportant plusieurs chignons. On le représente parfois, lorsqu'il est seul, monté sur un cheval (rare). Il est normalement placé à la droite de Fudô. Ses bras sont croisés sur sa poitrine, ou bien il tient un bâton dans la main droite et un triple vajra dans la main gauche.

On peut comparer les attitudes de Kongara et de Seitaka à celles des acolytes de Shiva (Nandisha et Mahâkâla), d'Avalokiteshvara (Târâ et Bhrikutî-Hayagrîva) et de Mañjushrî (Sudhâna et Yamâri)[28]. Il convient aussi de signaler que Fudô Myô-ô sous forme d'enfant est souvent confondu avec Seitaka, et on le voit parfois monté sur un lion et entouré de ses acolytes.

Bien que Fudô puisse avoir théoriquement deux, huit, trente-six ou même quarante-huit acolytes[29], il est le plus couramment représenté avec seulement deux de ceux-ci, Kongara et Seitaka. Les huit acolytes enfants de Fudô sont également parfois attribués comme messagers à Zaô Gongen, lequel peut alors être assimilé (ou identifié) à Fudô. Ces messagers sont vénérés en tant que tels sur le mont Kinbu, au sanctuaire shintô de Kumano Ôji.

Dans les mandala et la secte de Nichiren, Fudô est représenté sans ses acolytes.

Il est également très souvent associé aux chutes d'eau, étant considéré comme le purificateur par excellence[30]. On sait par ailleurs l'im-

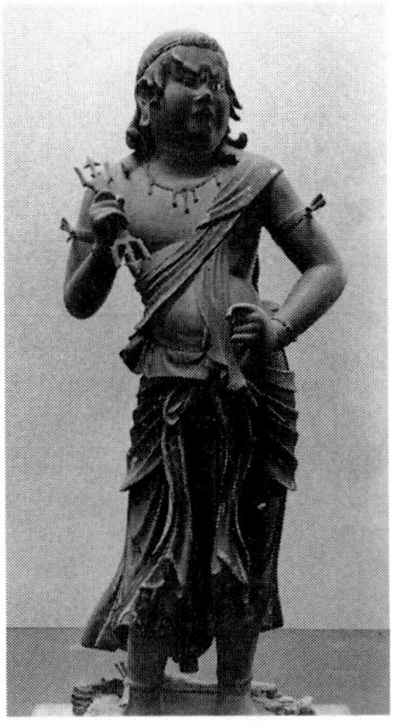

Ekô Dôji, bois coloré, Japon, Kongôbu-ji, 1197, musée de Nara

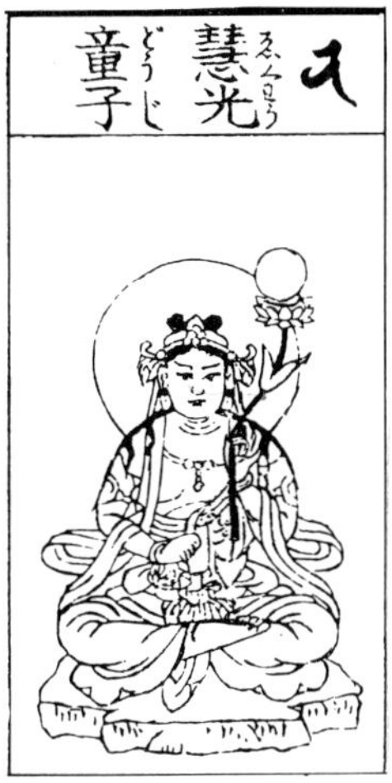

Ekô Dôji

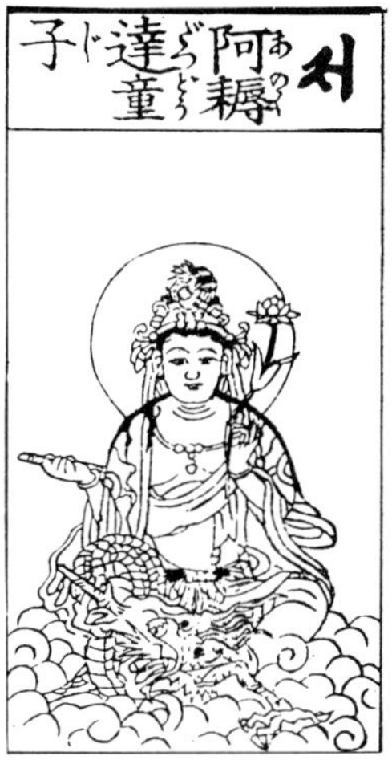

Anokuta Dôji

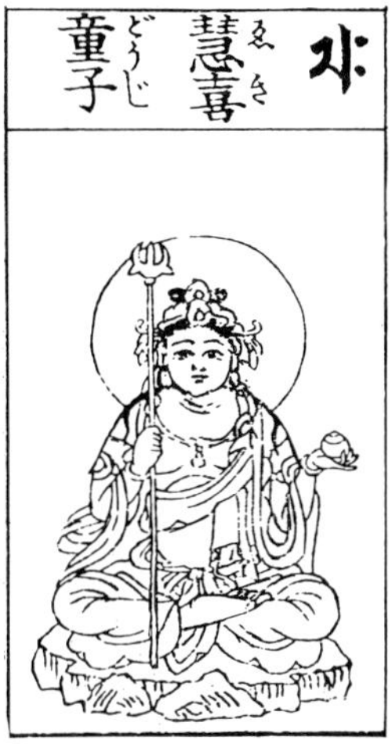

Eki Dôji

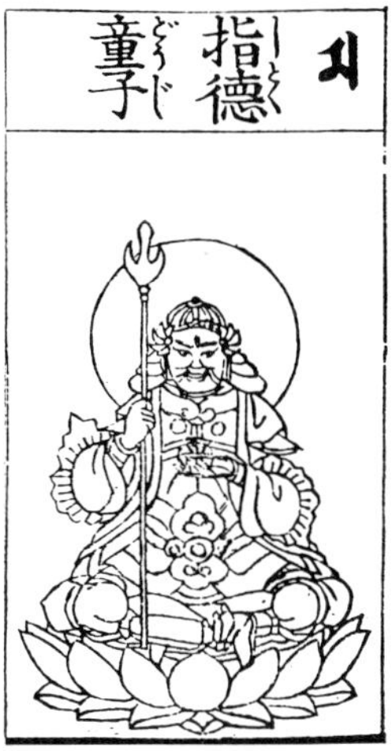

Shitoku Dôji

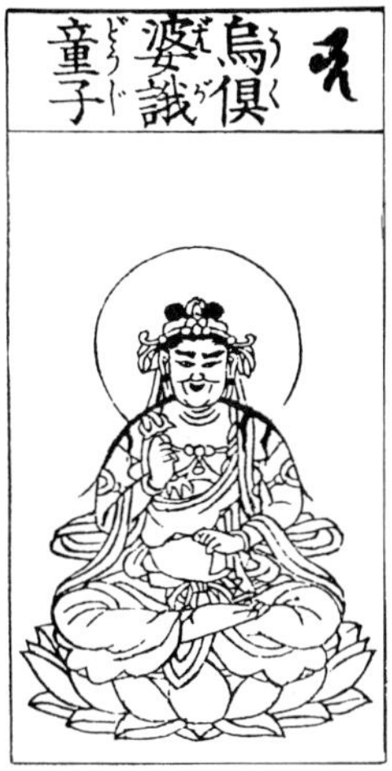

Ukubaga Dôji

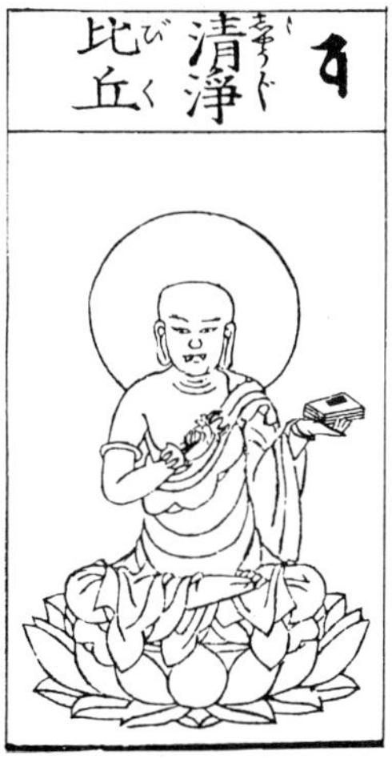

Shôjôbiku Dôji

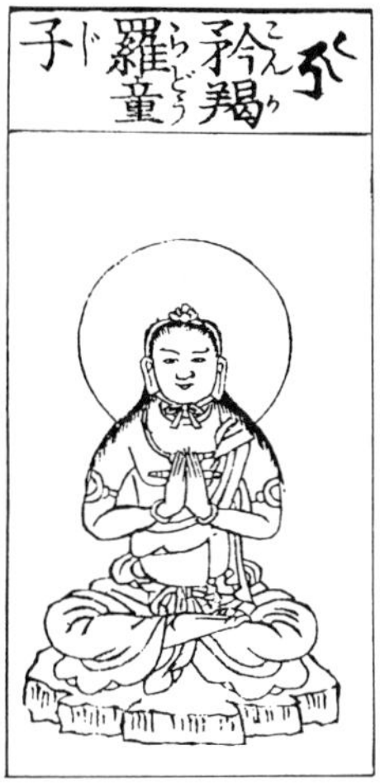

Kongara Dôji

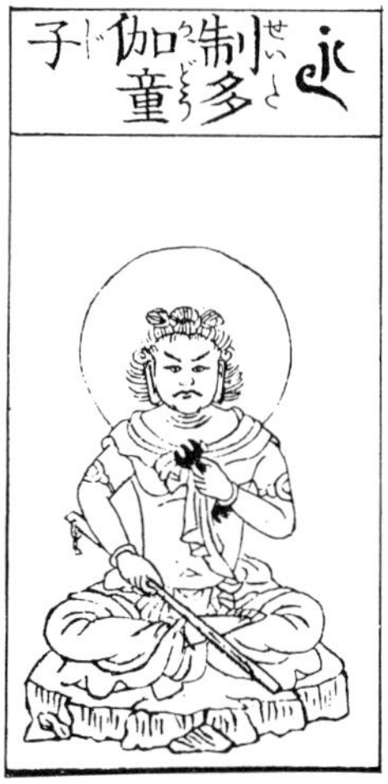

Seitaka Dôji

portance que prennent cascades et chutes d'eau dans les purifications rituelles au Japon. Son image se trouve donc souvent sculptée à proximité de ces chutes.

Enfin, symboliquement, Fudô Myô-ô est représenté par son glaive entouré d'un dragon qui en mord la pointe. Cette image, appelée *Kurikara Fudô*, est censée avoir un pouvoir efficace dans la lutte contre les calamités qui pourraient atteindre l'État. Parmi les nombreux temples qui lui sont dédiés, ceux appelés Narita Fudô à Narita (Chiba-ken) et Meguro Fudô à Tôkyô sont parmi les plus célèbres[31].

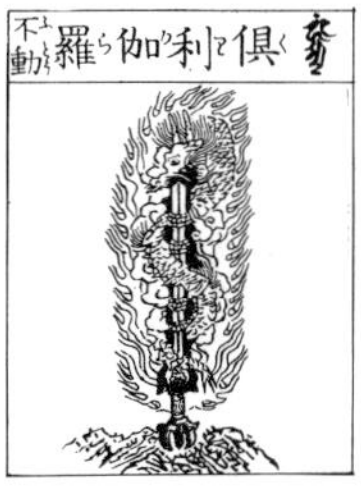

Kurikara Fudô

CULTES POPULAIRES DE FUDÔ MYÔ-Ô AU JAPON

La force combative de Fudô le fait invoquer par les gens du peuple en maintes circonstances, principalement contre les attaques de la maladie, non pas que Fudô soit considéré comme un guérisseur, mais comme une force efficace pour lutter contre les impuretés et les démons qui provoquent les maladies. On l'invoque aussi pour se protéger des gens réputés méchants et contre les sorts dont on pourrait être victime de la part des sorciers. Enfin Fudô est souvent considéré comme le défenseur du Japon contre une éventuelle attaque d'ennemis venus de l'extérieur. Il doit à tous ces titres d'être l'une des divinités bouddhiques les plus invoquées au Japon, et aussi l'une des plus populaires. Les temples et sanctuaires qui lui sont consacrés se rencontrent dans toutes les campagnes et les villes, parfois dans les endroits les plus inattendus, et aux carrefours des routes. La plupart de ces temples appartiennent aux sectes Shingon ou Tendai. Les sectateurs de Nichiren lui rendent aussi un culte, surtout en tant que « protecteur de l'État ».

TRAILOKYAVIJAYA

(jap. Gôzanze Myô-ô ; chin. Jiangsanjie)

Gôzanze Myô-ô
(Trailokyavijaya)

Ce Vidyârâja « roi vainqueur des trois mondes » est, à l'est, la manifestation terrible d'Akshobhya. Il est parfois appelé Vajrahûmkara (jap. Un-kara Kongô) et est alors une des formes des Ni-ô. Il est également appelé au Japon Shôzanze Myô-ô, Funnugatsu-enson et Sonba Myô-ô [32]. Comme son nom l'indique, il triomphe des « trois poisons », avarice, ignorance et colère [33] et des « trois mondes » ou passions [34] symbolisés par ses trois yeux. Dans le *Vajradhâtu Mandala* il est représenté entouré de flammes, portant un diadème précieux et tenant un vajra à la main. Dans le *Garbhadhâtu Mandala* il est assis sur un lotus sur un fond de flammes ; il est nu jusqu'à la ceinture et orné de colliers et de bracelets ; il possède quatre visages furieux avec trois yeux chacun ; ses deux crocs dévorent l'ignorance et le péché [35], et sa chevelure est hérissée. Il est bleu-noir ou noir [36]. Sa mudrâ distinctive est appelée « des deux ailes » (jap. *Niwa-in*) ou encore *Gôzanze-in* : elle symbolise à la fois le vajra à une pointe qui brise le pouvoir des trois poisons et son vœu principal [37]. Il a aussi parfois les mains croisées sur la poitrine en Krodhamushti-mudrâ (jap. *Funnu-ken-in*).

Ses images se rencontrent rarement en Inde (A. Foucher en signalait une à Bodh-Gâyâ, Bihâr) et à Java, et il semble avoir été très peu connu dans le reste du Sud-Est asiatique. Il ne fut guère vénéré et représenté en Chine. En revanche, ce Vidyârâja connut une certaine popularité au Japon.

Les images de Trailokyavijaya le représentent généralement debout, dans une posture dynamique, posant le pied gauche sur Maheshvara-Shiva (jap. Daijizai-ten) qui représente les passions humaines, et le pied droit sur l'épouse de celui-ci (Pârvatî, Umâ ; jap. Daijizai-tennyo, Umahî)[38] qui symboliserait l'obstacle (*Jñeyâvarana*)[39] représenté par les objets de la Connaissance. Il rejoindrait ainsi Achalanâtha (Fudô) dans sa lutte contre ces deux divinités du panthéon brâhmanique, mais pour des raisons différentes toutefois.

Trailokyavijaya est généralement représenté avec huit bras, dont les deux mains principales réalisent sa mudrâ spécifique. De ses autres mains droites il agite une sonnette, tient une flèche et un glaive ; avec ses mains gauches, il tient un trident ou un *angkusha* (croc à éléphants), un bâton, un arc, une corde (ou parfois une roue)[40].

Sa couronne de flammes exprimerait sa colère contre les « trois poisons ». Il arrive enfin que Trailokyavijaya soit représenté assis sur un lotus blanc[41]. D'autres formes de cette divinité terrible sont également décrites dans les textes, mais elles ne sont pratiquement jamais représentées[42]. Au Nepâl et au Tibet, il fut surtout montré sous l'aspect de Vajrapâni.

KUNDALÎ
(jap. Gundari Myô-ô)

Ce Vidyârâja, rarement représenté en dehors du Japon[43] (et encore, ici, presque uniquement sur des mandala), est également appelé dans ce pays Kiri-kiri Myô-ô, Nanpo Gundari Yasha (Yaksha Kundalî résidant au sud), Kanro Gundari (Kundalî distribuant l'ambroisie) ou encore Daishô Myô-ô[44]. C'est l'Amrita Kundalî ou Amrita Kuñdikâ des textes sanskrits. Dans le *Garbhadhâtu Mandala* il est assimilé à un Bodhisattva et se nomme Kongô Gundari Bosatsu (Vajrakundalî). Il tient alors à la main une jarre (*kundalikâ* ou *kundikâ*) de nectar divin *(amrita)* qui confère l'immortalité. Il est également, dans ce même mandala, un des acolytes de Vajrasattva (jap. Kongôsatta) et est la manifestation terrible de Ratnasambhava au sud[45].

Dans le *Vajradhâtu Mandala* il se trouve situé au sud-ouest. Au Japon, selon le Bodhisattva dont il serait « émané », il prend des noms différents :

– Kanro Gundari Myô-ô, émané d'Âkâshagarbha ;
– Kongô Gundari Myô-ô, émané d'Avalokiteshvara ;
– Renge Gundari Myô-ô, émané de Vajrarâja, etc.

On le représente comme un Vidyârâja, en attitude dynamique, frappant du pied le rocher sur lequel il se tient (debout, un pied soulevé), ou les deux pieds posés sur des lotus. Il possède un seul visage à trois yeux, avec une expression menaçante, un rictus montrant des crocs, une chevelure hérissée avec parfois un crâne humain dans sa coiffure. Il est vêtu d'une peau de bête, est orné de colliers et de bracelets de serpents venimeux, et son corps est entouré de flammes. Il a le corps rouge. On lui connaît plusieurs formes :

– Avec un seul visage et huit bras[46] : les mains principales en Gundari-in sur la poitrine, les autres mains droites en Varada-mudrâ, en Funnu-in, tenant un triple vajra levé ; les autres mains gauches tiennent une hachette, un trident et une roue de là Loi (*chakra*). C'est la forme la plus communément représentée. Cependant une variante

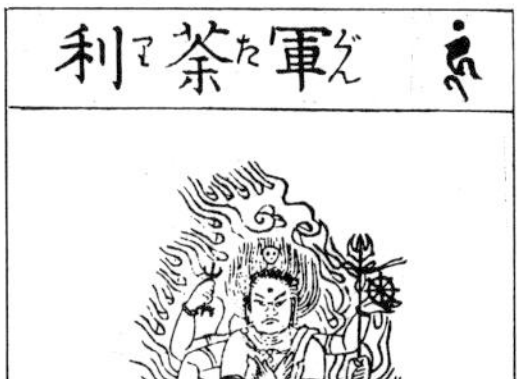

Kundalî (Gundari)

courante le montre avec une couronne de crânes et douze serpents s'enroulant autour de son cou, de ses bras et de ses jambes (ce qui fait qu'il est parfois confondu avec une autre divinité, syncrétique celle-là, appelée Shômen Kongô). Sous cette dernière forme il a les mains principales en Daishi-in (mains croisées sur la poitrine)[47], ses mains droites tenant un triple vajra, en poing de sagesse et en Abhaya-mudrâ, ses autres mains gauches portant un vajra, un trident et un *angkusha* (croc à éléphants).
– Avec un seul visage et quatre bras, ou encore avec quatre visages et quatre bras[48] (forme beaucoup plus rare, que l'on rencontre surtout en peinture et sur des mandala).

YAMÂNTAKA

(jap. Daiitoku Myô-ô ; chin. Yanmandejia ;
tib. Gshin-rje-gshed ; mongol Erlig-jin Jarghagchi)

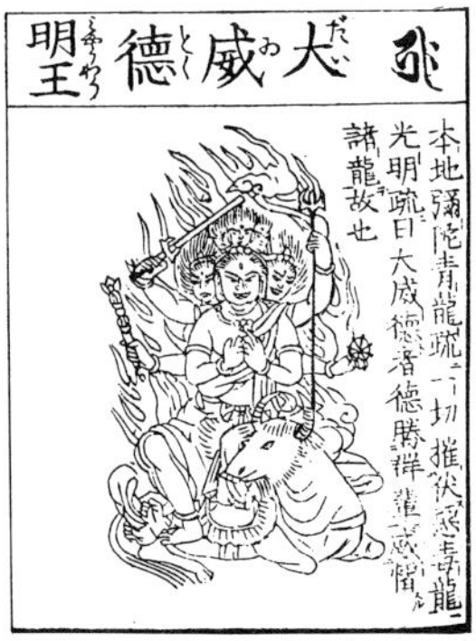

Daiitoku Myô-ô (Yamântaka)

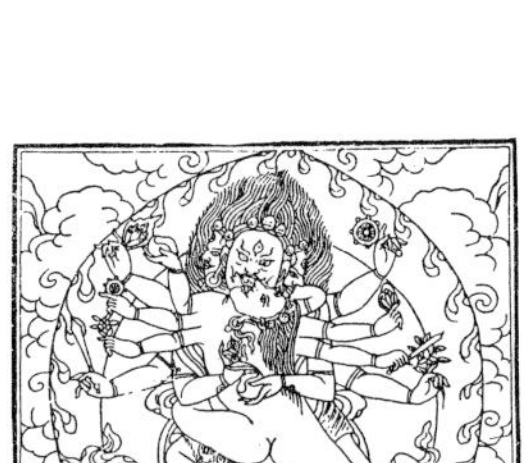

Yamântaka,
gravure tibétaine

C'est une manifestation terrible d'Amitâbha, émanée de Mañjushrî, et située à l'ouest. Ce Vidyârâja, souvent considéré comme un Dharmapâla, est censé combattre les maux, les poisons et, ayant vaincu le dieu des morts, Yamarâja (jap. Enma-ô), il est appelé pour cette raison (au Japon) Gô-enma-son ou encore Enmatokukainu-ô. On le nomme également, eu égard à ses six visages et ses six jambes, Rokumenson (le Vénérable aux six faces) et Rokuson Myô-ô (roi de Science magique aux six jambes)[49].

Il est mentionné comme étant l'un des Bodhisattva faisant partie du cortège d'Amitâbha lors de l'accueil des fidèles dans son paradis[50]. On le représente généralement assis sur un bœuf blanc (ou sur un buffle blanc), les jambes pendantes de chaque côté de l'animal, ou deux jambes en Padmâsana sur le dos de l'animal, les autres pendantes de chaque côté (au Daigo-ji, à Kyôto), ou encore, mais plus rarement, assis sur un rocher. En peinture, le buffle est parfois montré couché sur une grande feuille de lotus. Yamântaka est vêtu d'une robe monastique et est décoré de bracelets et de colliers[51]. Son corps est de couleur noire (ou bleu foncé, ou vert foncé). Il possède six visages à trois yeux chacun, six bras et six jambes. Ses visages (lorsque celui-ci apparaît unique, les autres se trouvent placés dans sa coiffure) ont un aspect féroce. Ses bouches sont entrouvertes pour dénoncer ce qui fait obstacle à l'illumination. Ses six têtes, ses six bras et ses six jambes symboliseraient les six Gati ou « voies de la transmigration », accomplissant les six perfections (*Pâramitâ*) et exerçant les six pouvoirs magiques[52]. Il est toujours entouré de flammes.

Dans le *Garbhadhâtu Mandala,* sous le nom de Enmatokukai Kongô, il est situé au sud-ouest : son corps est alors bleu-noir et il est assis sur un buffle ou un bœuf de même couleur[53] : dans ses mains droites il a un glaive, une flèche et un bâton ; dans ses mains gauches un trident, un arc et une corde. Sa position la plus commune est les deux jambes croisées en Padmâsana, les deux autres reposant à terre à droite, les deux dernières repliées sur le flanc de l'animal. Il a alors trois têtes de face (celle du centre ayant l'aspect d'un Bodhisattva, une image d'Amitâbha la surmontant parfois[54]).

Dans certains cas, Yamântaka peut ne posséder qu'une seule tête et deux bras ; il tient alors un angkusha ou un trident de la main droite, et un vajra de la main gauche. Dans d'autres, Yamântaka est représenté debout sur un buffle courant : il a ses trois jambes droites levées, les trois gauches étant posées sur le dos de l'animal. De deux de ses bras il tire une flèche terminée par un triple vajra. Il possède alors six visages.

Au Nepâl et au Tibet, il peut avoir l'une quelconque de ces formes, ou bien une tête de buffle couronnée de crânes, avec un troisième œil sur le front, deux bras dont les mains tiennent à droite un couperet (tib. *gri-gug*) et à gauche un crâne humain *(kapâla)*.

Cependant certains textes tantriques tels que le *Shrîmahâvajrabhairava Tantra* le décrivent comme ayant seize jambes, trente-quatre bras, neuf têtes, le corps nu et noir. L'image de Mañjushrî apparaît parmi ses têtes (et aussi celle d'un buffle). Ses pieds droits piétinent des animaux et ses pieds gauches des oiseaux (ou des démons). Ses mains tiennent des attributs tantriques.

Sur la plupart des peintures tibétaines, il a un diadème de crânes, une ceinture de crânes et parfois porte une dépouille humaine. Il est souvent représenté en Yab-yum avec sa Shakti.

Sous le nom de Yamâri, il est seul et tient un bâton surmonté d'une tête humaine et une calotte crânienne. Il piétine du pied droit un cadavre ou un buffle (voir A. Getty, p. 164). Il est considéré comme l'équivalent de Bhairava, et est également un des Yi-dam de la secte tibétaine des Dge-lugs-pa (Bonnets jaunes).

VAJRAYAKSHA

(Vajrapâni ; jap. Kongôyasha Myô-ô ; chin. Jingang ;
tib. Pyag-na rdorje ; mongol Vachirpani)

C'est le chef des grands Bodhisattva, la manifestation terrible d'Amoghasiddhi au nord, et l'émanation de Samantabhadra. Au Japon, selon la secte Shingon, il serait une forme active de Vairochana et dans le rituel secret serait identique à Vajrasattva (jap. Kongôsatta)[55]. Dans ce dernier cas, on le représente avec un visage calme, trois yeux, assis en Padmâsana sur un lotus, les pieds cachés par la robe monastique qui lui laisse l'épaule droite découverte. Il a un haut chignon et porte des bracelets. Il tient dans la main droite un vajra à cinq pointes devant la poitrine, et dans la main gauche une clochette correspondante. Cette forme, considérée comme très secrète par les adeptes du Shingon et du Tendai, est rarement montrée aux fidèles.

Selon le *Mahâvairochana-sûtra*, Vajrayaksha est de couleur verte[56] ; selon le *Hizôki*[57] japonais, il serait de couleur jaune clair. Détenteur de la sagesse du Vajra, il satisfait à toutes les prières. Il cumule la sagesse des Cinq Grands Bouddha symbolisés par son vajra à cinq pointes et ses cinq yeux[58].

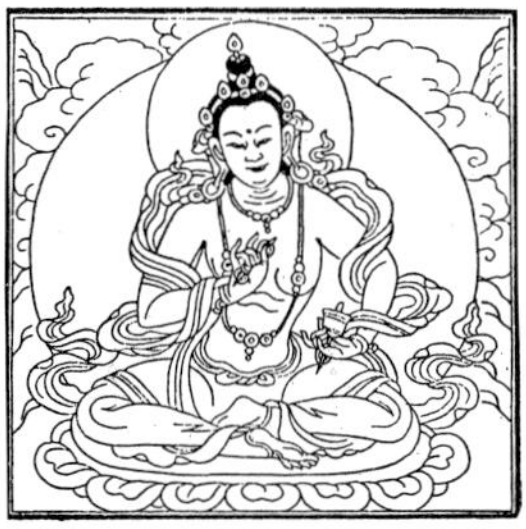

Vajrapâni, forme tibétaine

Vajrayaksha est en général représenté, surtout au Nepâl, au Tibet et au Japon (en dehors de son aspect secret de Vajrasattva), sous trois formes qui ont en commun un visage à cinq yeux et parfois une couronne ornée des effigies des Cinq Grands Bouddha, chacun de ses yeux symbolisant la vision et les pouvoirs d'un de ceux-ci. On peut dire que Vajrayaksha représente à lui seul les Cinq Grands Bouddha pris ensemble dans ce qu'ils ont d'actif. Les effigies des Cinq Grands Bouddha sont parfois symbolisées, dans la coiffure de Vajrayaksha, par une tête de lion. Dans ses aspects normaux, Vajrayaksha a une peau de couleur blanc rosé (combinaison de toutes les couleurs des Cinq Grands Bouddha). Il assume une forme douce (non colérique) et au moins deux formes terribles:

– Forme douce : il a un visage à cinq yeux et quatre bras. Il est assis sur un lotus, vêtu d'une robe monastique, l'épaule droite découverte, avec un haut chignon et des bracelets. La main droite principale tient un vajra à cinq pointes, la main gauche une clochette correspondante, les autres mains un arc, une flèche, un glaive et une roue (rarement représenté).

– Forme terrible à plusieurs visages : il a trois têtes à cinq yeux chacune et une expression courroucée, les cheveux hérissés. Il a généralement six bras avec des bracelets aux bras et aux chevilles[59]. Il est monté sur un ou plusieurs éléphants, ou debout sur un rocher ou des lotus, dans une pose de piétinement. Il porte les mêmes attributs que la forme douce.

– Forme terrible à un seul visage : il a cinq yeux, est debout sur un rocher, en attitude dynamique. Il fait avec ses mains principales un mouvement de colère ou bien une Sankaisaishô-in (voir *Mudrâ*). Dans ses autres mains, il porte les mêmes attributs que sous ses précédentes formes.

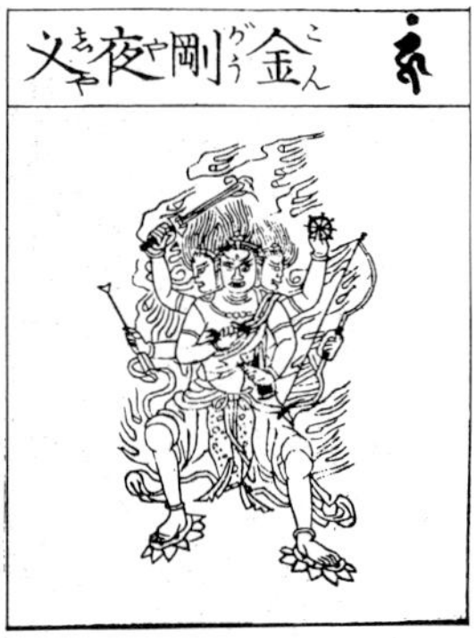

Kongô Yasha (Vajrayaksha)

Dans les différentes légendes concernant Vajrayaksha-Vajrapâni, celui-ci est assimilé tantôt au dieu brâhmanique Shiva, tantôt à Indra. Ce personnage divin aux multiples pouvoirs et attributions n'a jamais été très bien défini et se confond souvent avec d'autres formes de divinités. Ses représentations, très diverses, varient selon les contrées. En dehors de ses aspects en tant que Vajrapâni (un des Dhyâni-Bodhisat-tva), il assume parfois une forme de Garuda (sorte de vautour, ennemi des Nâga ou serpents) et a le corps bleu. Ses deux mains peuvent être en Añjali-mudrâ et il peut porter une gourde et un glaive.

Au Tibet, il est considéré comme un Dharmapâla et un Yi-dam. En tant que Dharmapâla il prend les noms de Vajrapâni-Âchârya (colliers de serpents, cheveux hérissés, ceinture de crânes, entouré de flammes, en attitude dynamique vers la droite, tenant un vajra) et d'Achala-Vajrapâni (une tête, quatre bras et quatre jambes piétinant des démons, tenant un vajra, un glaive, une corde et une calotte crânienne ; il est alors assimilé à Achalanâtha). En tant que Yi-dam, il peut se nommer Nîlâmbara (avec une tête, trois yeux, une couronne de crânes, des serpents dans les cheveux) ou Mahâchakra (trois têtes à troix yeux, six bras et deux jambes ; ses têtes sont rouge, bleue et blanche ; il est alors représenté avec sa Shakti, Sujatâ, en Yab-yum, et piétine Shiva et Brahmâ).

Il peut encore assumer de nombreuses autres formes, lesquelles ne sont pas toujours bien définies, et qui ont surtout été représentées au Tibet et au Nepâl.

Lorsque Vajrayaksha est assimilé à un Bodhisattva, il fait partie (au Japon) d'un groupe de cinq Bodhisattva (groupe appelé Godairiki Bosatsu ou Godairiki-son) qui serait, selon la *Prajñâpâramitâ-sûtra*, composé des corps de métamorphose (*Nirmânakâya*) des cinq grands Vidyârâja[60]. Ces cinq Bodhisattva ont un aspect terrible, avec une seule tête à trois yeux chacune, et sont auréolés de flammes comme des Vidyârâja (avec lesquels d'ailleurs ils sont la plupart du temps confondus). Ils brandissent de la main droite un vajra et font de la main gauche une mudrâ particulière (l'index et l'auriculaire tendus, les autres doigts repliés et réunis au pouce, comme pour jeter un sort, *jettatura*).

On les représente aussi parfois assis sur un lotus, mais plus rarement (la main droite près de l'épaule, la main gauche tenant une roue de la Loi sur la poitrine).

Ces Bodhisattva de puissance auraient été envoyés sur terre par le Bouddha Shâkyamuni pour protéger les domaines et les biens des souverains respectant la Loi bouddhique. Ils ne sont plus représentés de nos jours, et aucun culte ne leur est plus rendu. Leurs représentations anciennes sont rares (voir note 60).

RÂGAVIDYÂRÂJA
(jap. Aizen Myô-ô)

Ce Vidyârâja, pratiquement vénéré seulement au Japon, où il se nomme Aizen Myô-ô, est une divinité de l'imprégnation ; c'est le roi de Science magique d'attraction[61] ou de l'Amour. « Aizen Myô-ô représente en effet la passion amoureuse telle qu'elle apparaît sublimée dans la perspective de l'ésotérisme : victorieuse d'elle-même, non point par suppression ainsi qu'on l'enseigne d'ordinaire, mais par une plus grande exaltation transmuée en désir de l'Éveil[62]. » Il est parfois identifié à une forme terrible de Vairochana, bien qu'il ne fasse pas partie des cinq grands Vidyârâja, ou encore à Vajrarâja (jap. Kongô-ô Bosatsu). Dans les sectes Shingon et Tendai (où il est parfois tenu pour une divinité secrète, jap. Hibutsu), il représente une force terrible de Vajrasattva[63] (c'est pourquoi, dans ses formes de Vidyârâja, il est armé d'un arc et d'une flèche, attributs caractéristiques de Râgavidyârâja).

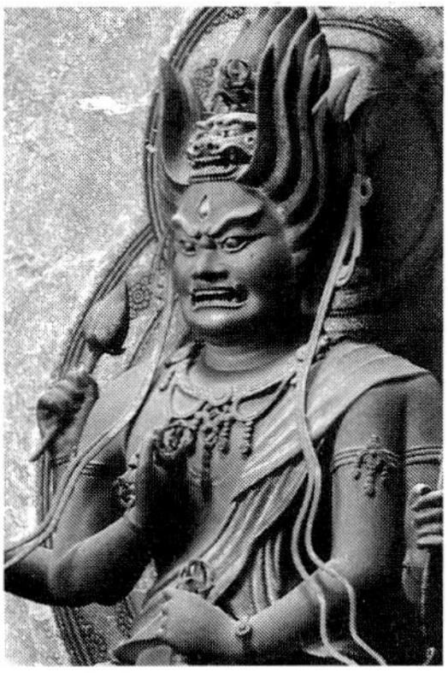

Râgavidyârâja (Aizen Myô-ô), bois coloré, Japon, XIIIe siècle

Dans le *Garbhadhâtu Mandala,* il est une des manifestations de Garbhavîra (jap. Kongô Rikishi), le « héros de l'Embryon », lequel est l'un des deux Ni-ô (voir plus loin)[64]. Il est considéré comme le destructeur des passions et des désirs. Le peuple japonais a tout naturellement adopté ses attributs dans un sens littéral et, malgré son aspect farouche, le considère comme la divinité qui préside à l'amour physique et sentimental (il n'a de commun avec l'Éros de notre mythologie occidentale que l'arc et les flèches). Vénéré tout d'abord par les sectes Shingon et Tendai, la secte de Nichiren l'a par la suite adopté, et le peuple suivit. Les teinturiers le considèrent (peut-être à cause de sa belle teinte rouge) comme leur patron[65]. Il est aussi, dans les doctrines ésotériques, tenu pour être une émanation de Râgavajra (jap. Ai Kongô) et des quatre Bodhisattva acolytes d'Akshobhya dans le *Vajradhâtu Mandala.* Comme tel, il est placé à l'est.

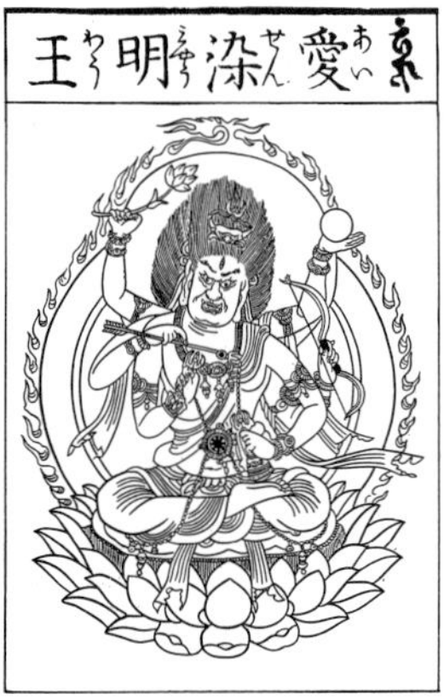

Aizen Myô-ô

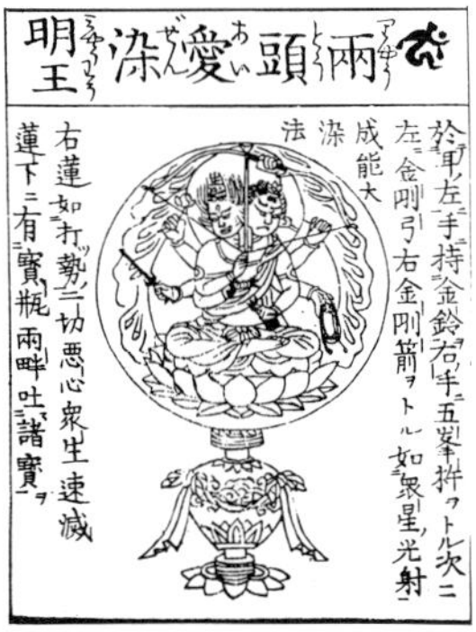

Aizen Myô-ô à deux têtes

Il est représenté avec un aspect terrible, et de couleur rouge (symbolisant les sueurs de sang de la compassion), avec une tête de lion (symbole de force et des Cinq Grands Bouddha) dans sa coiffure[66]. Il a trois yeux (pour voir les « trois mondes ») et tient un lotus à la main (symbole, entre autres, de l'apaisement des sens). Ses autres attributs sont (comme ceux de l'Éros grec) un arc et des flèches. Il possède deux halos ronds inclus dans une grande « roue ardente » de couleur rouge. Sa bouche entrouverte montre des crocs.

On connaît plusieurs formes de ses représentations. La plus commune[67] le montre avec un seul visage à trois yeux et six bras. Il est alors assis en Padmâsana sur un lotus posé sur un vase jaillissant du col duquel s'échappent joyaux et fleurs. Il est vêtu d'une robe monastique parée de bijoux. Ses bras sont ornés de bracelets. Il tient dans ses mains les attributs de Vajrasattva (vajra à cinq pointes et clochette correspondante), une flèche, un arc, une fleur de lotus, et fait avec la dernière main un poing de sagesse.

Dans certaines images, on le voit tirant à l'arc, soit sur le côté, soit au-dessus de sa tête, verticalement vers le ciel. En peinture, il tient aussi parfois une tête dans l'une de ses mains gauches et tire à l'arc vers le ciel : on le nomme alors Tenkyû Aizen[68].

Plus rarement, il est représenté avec deux têtes et deux (ou huit) bras, assis en aise royale. Ses deux têtes représenteraient les aspects masculin et féminin de l'amour[69] : on le nomme alors Ryôtô Aizen.

Il faut signaler également une représentation tricéphale d'Aizen Myô-ô tirant à l'arc sur le côté : il est monté sur un lion dont les pattes écrasent des serpents, forme qui aurait été introduite au Japon, selon le *Hôbôgirin*[70], par Chishô Daishi au IXe siècle.

Aizen Myô-ô est aussi représenté avec ses acolytes sur les *Aizen Mandara*, lesquels peuvent comporter dix-sept à trente-sept personnages[71]. Lorsque Aizen Myô-ô est assimilé à Kongô-ô Bosatsu, on le représente avec quatre bras, les deux supérieurs tirant à l'arc au-dessus de sa tête, les deux autres tenant un vajra à cinq pointes et la clochette correspondante. Il montre dans ce cas un visage souriant et fronce les sourcils sous une couronne ornée des effigies des Cinq Grands Bouddha. Il est alors de couleur blanche[72].

Aizen Myô-ô est toujours vénéré par le peuple japonais, et il est souvent invoqué en rapport avec des demandes concernant l'amour. En dehors de cela, c'est une divinité peu populaire[73], sauf parmi les artistes, les geisha et toutes les personnes ayant un métier en relation avec les choses de l'amour...

LES AUTRES VIDYÂRÂJA

MAYÛRARÂJA (Mahâmayûrî ; jap. Kujaku Myô-ô ; chin. Gunsho Mingwang ; tib. Rma-bya Chen-mo)

C'est une des rares formes qui peuvent être féminines (Vidyârâjñî) parmi les Vidyârâja, bien qu'elle ne soit pas toujours considérée comme un Vidyârâja. Ce « roi-paon » est une manifestation non terrible (à apparence parfois féminine) du Bouddha Shâkyamuni. Il (ou elle) est Mahâmayûrîvidyârâjñî, la « reine de Science magique du paon » (jap. Kujaku-ô Mo), l'exorciseuse des poisons. Cette divinité ambiguë représente la vertu productrice de tous les Bouddha, c'est pourquoi on la nomme aussi, au Japon, « Paon mère des Bouddha » (Kujaku Butsumo). Elle représente aussi, dans le *Garbhadhâtu Mandala*, l'un des mérites d'Âkâshagarbha. Dans le *Kujaku-kyô* japonais le Bouddha Shâkyamuni Lui-même aurait annoncé à Ânanda le pouvoir qu'avait Mayûrarâja en tant que protecteur contre les poisons[74]. On l'invoque afin qu'il protège des calamités et aussi pour obtenir la pluie[75].

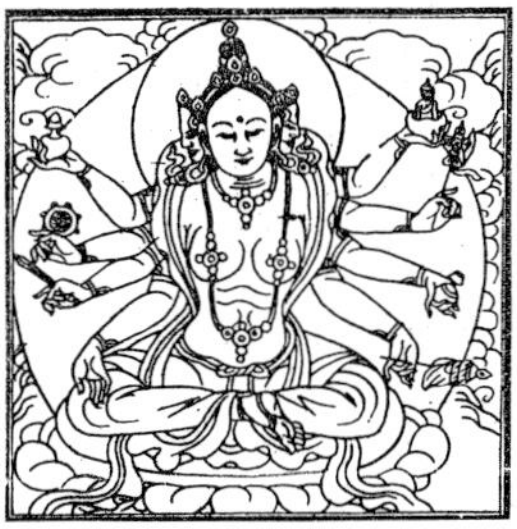

Mahâmayûrî,
gravure tibétaine

Cette divinité fut vénérée en Inde, au Nepâl, au Tibet, en Chine et au Japon, et connut diverses fortunes. Elle était la divinisation d'une sorte de « charme » contre les morsures de serpents, charme qui, selon une légende, aurait été enseigné par le Bouddha Lui-même. On ne possède pas d'image indienne de cette divinité, quoique le paon ait été souvent représenté soit comme symbole du Bouddha, soit comme représentant le Bouddha dans un de Ses *Jâtaka*. Au Nepâl, Mahâmayûrî est un des « cinq protecteurs » et porte comme attribut caractéristique une ombrelle blanche. En Chine et au Tibet, elle a les mêmes aspects qu'au Japon.

Mayûrarâja est en général montré assis en Vajrâsana sur un lotus posé sur le dos d'un paon dont la roue de queue lui fait une sorte d'auréole. En peinture, cette roue de paon entoure les deux halos ronds des effigies appartenant à l'ésotérisme. Sa forme la plus commune comporte une seule tête, d'aspect jeune, et quatre bras. Sa robe est couverte de bijoux, et il a des colliers et des bracelets. Son corps est blanc[76] alors que le paon est doré. Dans ses mains droites il porte un lotus épanoui, un citron (ou un chasse-mouches, ou une roue) ; dans ses mains gauches une grenade et une plume de paon. Plus rarement il a les mains en Añjali-mudrâ et tient un arc et des flèches.

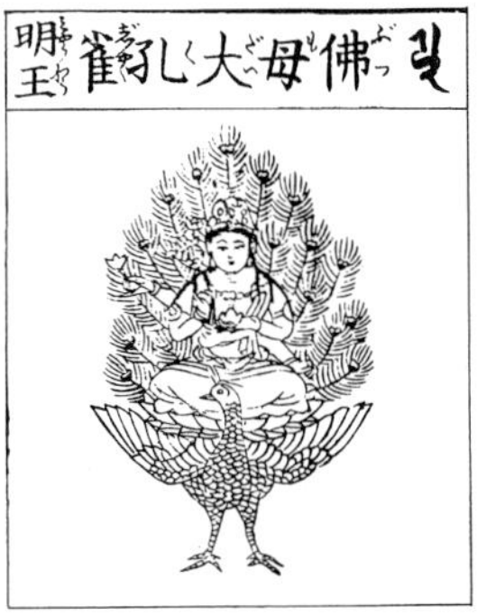

Butsumo Dai Kujaku Myô-ô (Mayûrarâja)

En peinture et sur des mandala, on le représente parfois avec six bras, les mains principales en Añjali-mudrâ, les autres mains tenant un arc, des flèches, une grenade, une roue, un lotus, une plume de paon. Selon le *Butsuzô-zu-i*, il symboliserait la mère du Bouddha (Buddhamâtrika Mahâmayûrî). En Chine, certaines représentations de Mahâmayûrî montrent cette déesse à cheval sur un paon, avec trois têtes couronnées (plus une tête du Bouddha au sommet), six bras dont les mains tiennent une roue, un livre, un vajra, un bâton, et réalisent des mudrâ indéterminées.

Autrefois cette divinité était souvent invoquée au Japon lors des cérémonies officielles faites pour conjurer les calamités nationales telles que guerres, épidémies, typhons, tremblements de terre, etc.[77]. Elle ne fait plus l'objet de la vénération des fidèles, sauf peut-être pour certaines sectes ésotériques qui la tiennent pour une divinité secrète.

ÂTAVAKA (jap. Daigensui Myô-ô, Daigen Myô-ô)

C'est le « généralissime » des rois de Science magique (Vidyârâja)[78], et un des huit grands acolytes de Vaishravana (jap. Bishamon Ten), ancienne divinité brâhmanique adoptée par le bouddhisme comme gardien de la Loi (Dharmapâla). Il ne paraît pas avoir été vénéré en

Inde ni en Chine, bien qu'il soit possible qu'il ait été représenté avec Hârîtî sur certains bas-reliefs (à Ajantâ notamment et en Chine), faisant face aux statues de Hârîtî. Son culte aurait été importé de Chine au Japon par le moine Ogurusu Jôgyô (mort en 865), de la secte Shingon. Son nom apparaît dans le *Kujaku-ô Kyô* et le *Hôshaku-kyô*[79].

On trouve son image surtout en peinture et sur des mandala ; il fut rarement représenté en sculpture. Il a deux aspects principaux :
– Assis sur des démons, avec trois ou quatre têtes et six ou huit bras[80], les mains principales en Añjali-mudrâ, les mains droites portant un glaive, un vajra, un chintâmani, un bâton ; les mains gauches avec un trident (ou un angkusha), une roue de la Loi et une corde.
– Debout au milieu des flammes, un pied levé et piétinant deux démons, avec trois têtes et six ou huit bras[81]. Ses têtes sont furieuse à gauche, calme au centre, et les lèvres serrées, les yeux jaunes à droite.

On le trouve aussi parfois avec une seule tête et six bras, une tête et deux bras[82], six têtes et huit bras, dix-huit têtes et trente-six bras...

Ce Vidyârâja qui n'est plus (ou presque plus) vénéré, sauf peut-être au Sanbô-in du Daigo-ji à Kyôto, est totalement ignoré du peuple qui ne lui rend aucun culte.

UCCHUSHMA (jap. Ususama Myô-ô)

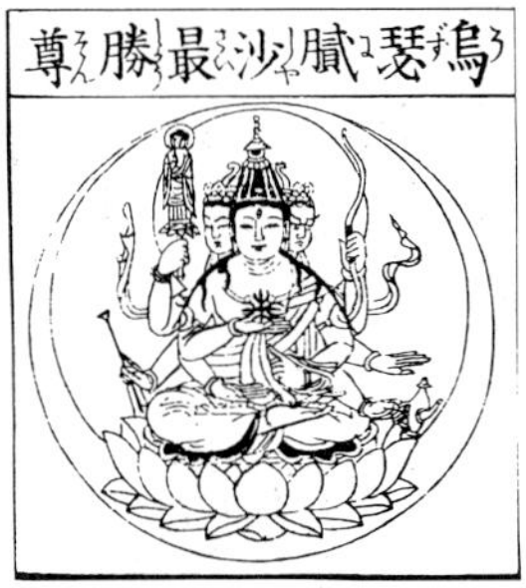

Ususama Myô-ô (Ucchushma)

Dans sa forme terrible, ce Vidyârâja a le pouvoir de transformer l'impur en pur. On pensait autrefois qu'il avait celui de changer, dans le sein de sa mère, un fœtus féminin en mâle[83]. Il fut assez populaire en Chine, où on le trouve représenté dans les grottes de Dunhuang notamment, mais il semble qu'il n'ait pas eu d'existence indépendante, contrairement au Japon où il est décrit dans le *Darani Jikkyô* et le *Shuryô-gongyô*[84]. Dans la secte Tendai, Ucchushma est considéré comme faisant partie des cinq grands Vidyârâja, remplaçant Vajrayaksha ; il est alors situé au nord et semble être une émanation d'Amoghasiddhi. La secte du Jôdo utilise son image lors des réunions de fidèles, afin de purifier le lieu sacré. On utilise aussi son image (ou son nom inscrit sur une feuille de papier) avec celles d'Achalanâtha (jap. Fudô Myô-ô) dans les lieux d'aisance des monastères afin de les purifier[85]. Il serait ainsi la contrepartie bouddhique des divinités taoïques des latrines chinoises (*Sangu*). Il voisine dans les lieux impurs avec les images des Pishâcha, ces démons anthropophages devenus des divinités des lieux impurs dans les monastères du Shingon et du Zen[86].

Ucchushma est représenté sous divers aspects, généralement sous les traits d'un personnage hideux, en colère, avec une seule tête à trois yeux, surtout en peinture ou sur des images dessinées sur papier (jap. *ofuda*) et données dans les temples. Dans ce dernier cas, il peut assumer au moins deux formes principales :
– Assis sur un lotus en aise royale, le corps entouré de flammes, torse nu, les cheveux hérissés, avec une écharpe céleste. Son corps est de couleur rouge. Il gesticule de ses six bras[87] ornés de serpents. Dans ses mains droites il tient un bâton de sagesse, une corde avec un nœud coulant, un vajra à trois pointes ; dans ses mains gauches, un rosaire et une roue de la Loi, l'une d'elles étant en Varada-mudrâ.
– Debout sur un rocher, en attitude dynamique, piétinant parfois le

démon Vinâyaka (jap. Binayaka), démon qui poursuit sans cesse les hommes pour leur dresser des obstacles sur le chemin de l'Éveil (il serait l'aîné des mille cinq cents fils de Maheshvara et d'Umâ)[88]. Son corps est entouré de flammes, il est vêtu d'une robe chinoise courte et est paré de bracelets. Il prend alors deux aspects :

– Avec huit bras, une petite image du Bouddha (dont il est censé être une émanation) au-dessus de la tête (représentation relativement tardive), parfois sans celle-ci, tenant dans ses mains droites un bâton ou un glaive, un vajra ou une clochette, un arc et des flèches (ou une corde), et faisant une mudrâ de colère ; dans ses mains gauches il tient un glaive ou un chakra, une clochette ou un glaive, une corde ou un vajra à trois pointes et fait une mudrâ de colère[89]. Ses attributs sont variables selon les images.

– Avec six bras, debout, en posture dynamique, mais avec les mains principales croisées sur la poitrine en poings de colère, les autres mains tenant des attributs divers[90].

Il existe encore d'autres représentations de ce Vidyârâja, avec deux bras et le corps rouge[91], avec quatre bras et des attributs divers[92], parfois même avec le corps bleu[93]...

Au Japon, on le désigne aussi sous les noms d'Eshaku Kongô, Jushoku Kongô, Fue Kongô, Fujô Funnu, Katô Kongô, etc.

VAJRAKUMÂRA (jap. Kongô Dôji Myô-ô)

Ce Vidyârâja serait un corps de métamorphose (*Nirmânakâya*) d'Amitâbha. Au Japon, où il semble qu'il fut plus particulièrement vénéré, il serait une ancienne divinité de la guerre, souvent invoquée contre les calamités affligeant l'État[94]. On en connaît deux formes :

– Avec deux bras, les cheveux hérissés, en jeune homme (*kumâra*), en posture dynamique, le visage arborant une expression courroucée. Il a le pied gauche levé, l'autre posé sur un lotus, la main gauche brandissant un vajra à trois pointes, la main droite en Varada-mudrâ. Son corps est de couleur jaune. Cette forme est particulièrement vénérée dans les sectes ésotériques, surtout par la branche du Taimitsu[95] ou Jimon de la secte Tendai (à l'Onjô-ji, Kyôtô).

– Avec six bras. Sa couleur est bleue, il a les yeux rouges, des crocs dépassent de sa bouche fermée. Il sort de la mer, le pied droit encore dans les vagues, le pied gauche posé sur un lotus au-dessus d'un rocher. Il est entouré de flammes, a les cheveux hérissés (parfois avec une couronne), les bras cerclés de serpents, et il est vêtu d'une peau de tigre[96]. Dans ses mains droites il tient un vajra, un bâton et une flèche, et dans ses mains gauches un bâton et un glaive, une main étant en poing furieux, l'index dressé. Cette dernière forme est surtout vénérée par la branche du Tômitsu de la secte Shingon.

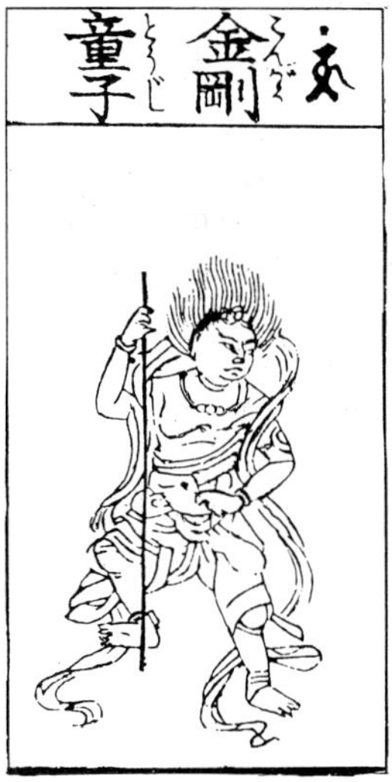

Kongô Dôji (Vajrakumâra)

MAHÂCHAKRAVAJRA (jap. Dairin Myô-ô)

Ce Vidyârâja serait une forme tibétaine de Vajrayaksha ou de Vajrapâni, où il représente un Yi-dam (voir ch. X). Il serait également une forme terrible émanée de Maitreya. C'est le « diamant de la grande roue » (de la Loi) qui symboliserait les forces de lutte des fidèles contre celles qui le poussent sans cesse à le faire renaître. Il est représenté (uniquement en peinture et sur des mandala) assis en aise royale, le genou gauche levé. Il a une seule tête à trois yeux, arbore une expression menaçante et montre les crocs. Il est entouré de flammes. Il tient une roue (*chakra*) dans sa main droite levée et un vajra à une pointe à la hauteur de la poitrine.

PADANAKSHIPA (jap. Buchaku Myô-ô)

Cette divinité, dont nous ne connaissons que des représentations picturales, serait une force terrible émanée de Samantabhadra. Elle est parfois considérée au Japon comme faisant partie des huit grands Myô-ô. Dans ce cas, il possède une tête humaine avec trois yeux, et son corps est de couleur bleue. Mais dans ses représentations normales, Padanakshipa a une tête de singe[97] couronnée, et il est représenté assis en Vajrâsana sur un lotus, son corps étant entouré de flammes. Il tient un parasol dans la main droite et un vajra à cinq pointes à la hauteur de son épaule.

D'autres représentations (théoriques uniquement) le décrivent avec vingt bras, écrasant sous ses pieds une image de Mâra (la Mort) bleue à quatre bras[98].

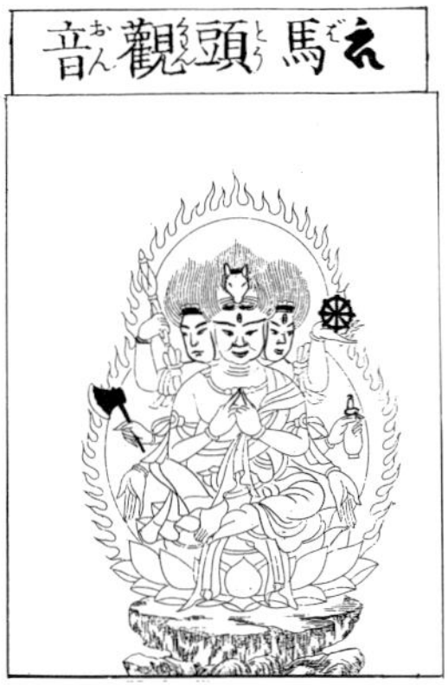

Batô Kannon (Hayagrîva)

HAYAGRÎVA (jap. Batô Myô-ô ; chin. Binimatou Jingang ; mongol Morin Qogholai-tu ; tib. Rta-mgrin)

C'est l'aspect terrible d'Avalokiteshvara confondu avec ce Bodhisattva (voir au chapitre concernant *Batô Kannon*)[99].

VIII

LES DIVINITÉS FÉMININES

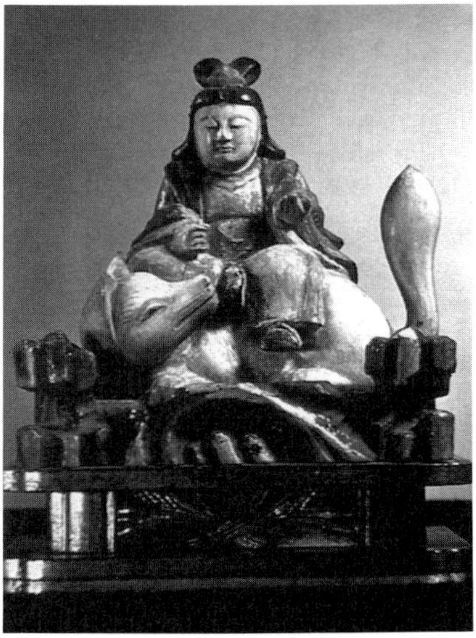

Dakini-ten (Inari), musée Guimet

Les Târâ
Prajñâpâramitâ
Mahâpratisârâ
Sarasvatî
Vasudhârâ
Mârîchî (Vajravarâhî)
Divinités féminines mineures
Les groupes de divinités féminines

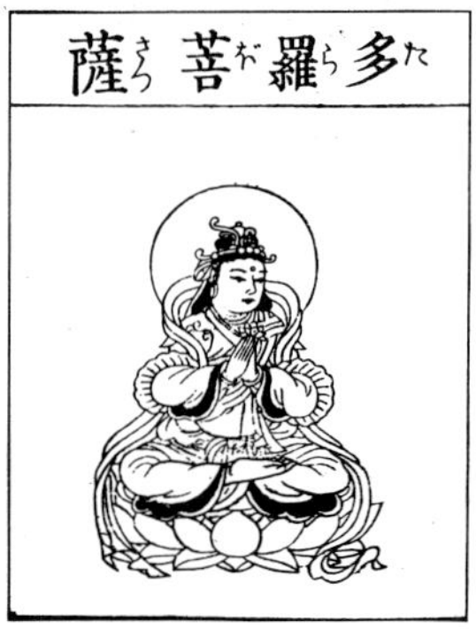

Tara Bosatsu

Bien que le bouddhisme en général n'admette que des divinités masculines (une croyance voulant que les femmes renaissent sous l'aspect masculin dans le paradis d'Amida), l'adaptation de divinités du panthéon hindou et les croyances populaires – surtout au Tibet, en Chine et au Japon – firent qu'on attribua des qualités féminines à de nombreux personnages divins. De plus, on en arriva à penser que les prières des fidèles devaient être plus efficaces si elles s'adressaient non plus seulement à la divinité majeure, généralement considérée comme énergie latente, mais également à sa Shakti, représentant son énergie active. Toute une catégorie de divinités « féminines » fut alors créée, en dehors de la Guanyin chinoise (ou la Kannon japonaise), expression typiquement féminine du Bodhisattva Avalokiteshvara dans les panthéons chinois et japonais. Parmi les plus importantes de ces divinités, il faut compter les diverses Târâ, Prajñâpâramitâ, Mahâpratisârâ (que nous avons déjà vues au chapitre des Bodhishattva), Sarasvatî, Vasudhârâ, Mârîchî, les diverses Shakti ainsi que d'autres divinités mineures, parfois vénérées en groupe seulement.

LES TÂRÂ

(jap. Tarani Bosatsu ; chin. Tuoluo ;
tib. Sgrol-ma ; mongol Dara eke)

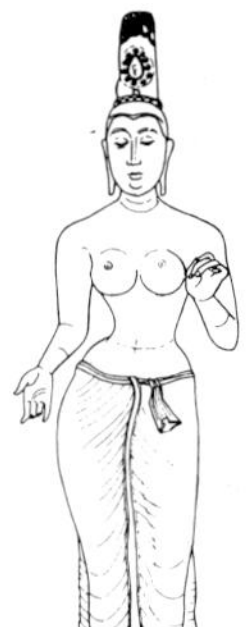

Târâ, Ceylan,
XIe siècle

Ce n'est que vers le IVe siècle de notre ère que le principe féminin commença à être vénéré dans le bouddhisme du Mahâyâna, avec l'adoption du système du Yogâchâra prôné par Asanga. Et c'est vers le VIe siècle que le concept de la déesse Târâ fut élaboré en Inde du Nord d'où il passa à Java et au Tibet. Dès cette époque Târâ fut considérée comme une Shakti d'Avalokiteshvara (ou, selon certains, comme son épouse). Le pèlerin chinois Xuanzang (VIIe siècle) rapporte qu'il vit beaucoup de statues de cette divinité dans le nord de l'Inde. Cependant elle ne fut pas acceptée par les tenants du Petit Véhicule, et l'on ne trouve ses représentations ni à Ceylan ni en Asie du Sud-Est (excepté peut-être à Java, où un temple lui aurait été dédié à Prambanan en 779).

Les légendes sont nombreuses concernant cette divinité née, selon l'une d'elles, d'un rayon bleu émanant d'un œil d'Avalokiteshvara, et selon une autre, d'un lotus provenant d'une larme d'Avalokiteshvara.

Au VIIe siècle, on croyait au Tibet que Târâ s'incarnait dans chaque femme vertueuse et pieuse : c'est ainsi que deux des épouses du roi Srong-btsan Sgam-po, la Chinoise Wencheng et une Népalaise (fille d'Amshuvarman), furent considérées comme étant des incarnations de Târâ. Pour différencier ces deux épouses, les Tibétains créèrent deux Târâ distinctes, la blanche pour l'épouse chinoise, avec pour emblème le lotus épanoui ; la verte pour l'épouse népalaise, avec pour emblème le lotus bleu (demi ouvert), chacune étant censée être née d'un œil (ouvert et mi-clos) d'Avalokiteshvara. Elles en vinrent donc à être considérées comme des symboles du jour (lotus épanoui, œil ouvert) et de la nuit (lotus à demi fermé, œil mi-clos). Mais cette paire s'agrandit bientôt, et l'on parle de vingt et une Târâ.

En Chine, cette divinité fut presque inconnue et ne fut aucunement populaire. Au Japon, on lui donna le rang de Bodhisattva (Tarani Bosatsu) et elle combine les deux aspects (blanc et vert) de la Târâ tibétaine. Elle n'est pratiquement représentée que sur des mandala ou des bannières de temple. Elle tient à la main une grenade (symbole de prospérité) et un lotus. Sa couleur est vert pâle. Dans le tantrisme, on reconnaît au moins cinq Târâ de couleurs différentes, qui seraient des Shakti des Cinq Jina. Dans cette optique, elles sont représentées comme des divinités furieuses, avec un troisième œil et des cheveux hérissés, alors que dans leurs formes non tantriques les Târâ ont un aspect bienveillant.

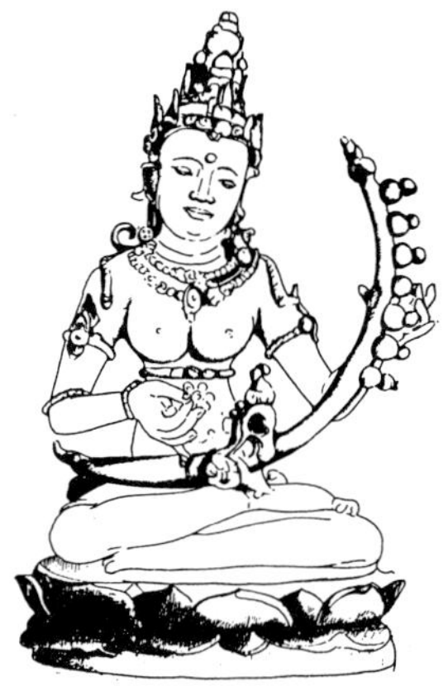

Târâ jouant de la harpe,
Java, X^e^-XIe, siècles

TÂRÂ BLANCHE (Sitâtârâ ; tib. Sgrol-dkar)

Considérée au Tibet comme un aspect de la Târâ verte, elle est au contraire tenue pour supérieure à cette dernière en Mongolie. Elle symbolise la Connaissance transcendantale et la parfaite pureté.

Elle est généralement représentée assise en Padmâsana, de couleur blanche, et vêtue comme un Bodhisattva. Ses cheveux coulent sur ses épaules. Elle a la main droite en Varada-mudrâ et tient un lotus épanoui dans la main gauche en Vitarka-mudrâ. Dans le tantrisme, elle est considérée comme la Shakti d'Amoghasiddhi et tient, en plus de son lotus épanoui, un double vajra. En Mongolie, elle a parfois un œil peint dans la paume de ses mains. Une autre de ses formes tantriques, appelée Jañgulî-Târâ, invoquée contre les morsures de serpent, a quatre bras, tenant un luth et un serpent blanc. Elle serait également un aspect de Sarasvatî (et serait peut-être à l'origine de l'image japonaise de Benzaiten).

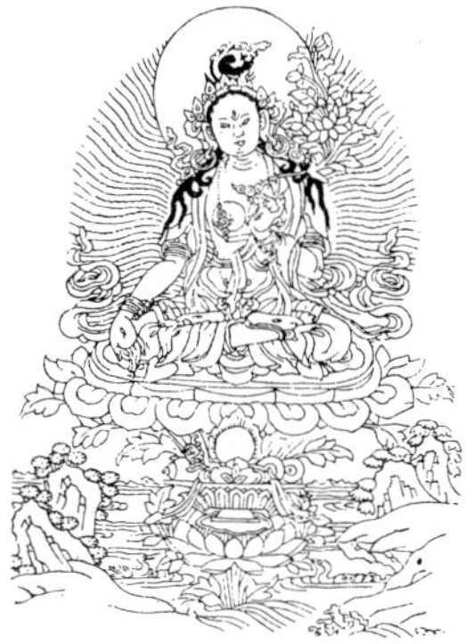

Târâ blanche (Sitâtârâ)

TÂRÂ VERTE (Shyâmatârâ ; tib. Sgrol-ljan)

Ce serait la Târâ originale, d'où proviendraient toutes les autres. Elle est représentée assise, parée comme un Bodhisattva (elle est, rappelons-le, considérée comme la Shakti d'Avalokiteshvara) et tenant un lotus bleu dans ses mains en Varada-Vitarka-mudrâ. Elle peut également avoir certains attributs d'Avalokiteshvara, tel qu'un lion supportant son trône. Elle peut aussi avoir une image d'Amoghasiddhi dans sa coiffure.

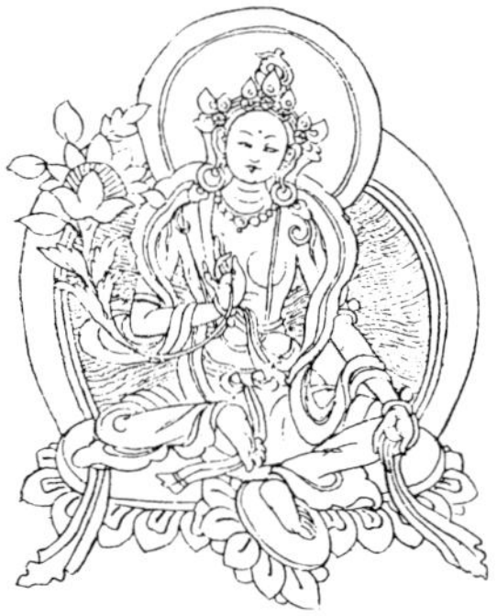
Târâ verte (Shyâmatârâ),
gravure tibétaine

On la représente soit seule, soit en compagnie d'autres Târâ, de Mârîchî et de Mahâmayûri ; dans ce cas, elle est considérée comme déesse de la Fortune et appelée Dhanadâ. Mais elle est également parfois représentée accompagnée de ses vingt et une formes disposées autour d'elle dans un arc-en-ciel. La forme verte de Jañgulî-Târâ a quatre bras.

TÂRÂ JAUNE (Bhrikutî ; jap. Bikuchi ;
tib. Kro-gnyer Ch-ma ; mongol Kilingtü eke)

C'est une forme tantrique d'Avalokiteshvara, « Celle qui fronce les sourcils ». Elle serait née d'un froncement de sourcils d'Avalokiteshvara dont elle représente l'aspect colérique. Selon certains, elle serait une émanation d'Amitâbha. Au Japon, elle a le rang de Bodhisattva. Au Tibet, elle représente les formes en colère de la Târâ verte et a plusieurs aspects :
– Une tête et quatre bras. Les mains droites en Varada-mudrâ et tenant un lotus et un rosaire, les mains gauches tenant un trident et un vase. Elle a un troisième œil entre ses sourcils froncés.
– Khadivarani-Târâ est représentée assise (parfois en Lîlâsana), avec les mains en Varada-Vitarka-mudrâ, tenant la tige d'un lotus bleu.
– Vajra-Târâ a quatre têtes et huit bras, elle tient dans ses mains droites un vajra, une flèche, une conque, et fait une Varada-mudrâ ; les mains gauches ont un lotus bleu, un arc, une peau d'éléphant et une corde.
– Jañgulî-Târâ a trois têtes et six bras, et tient des symboles tantriques.

Au Japon, elle est parfois confondue avec Tarani Bosatsu. Lorsqu'elle est appelée « Celle qui est ridée », elle est représentée comme une vieille femme au visage empourpré de colère. Dans le *Garbhadhâtu Mandala*, elle est assise en Padmâsana, avec une effigie d'Amitâbha (dont elle serait une hypostase) dans son chignon : elle a une seule tête à trois yeux et quatre bras, les mains droites en Varada-mudrâ tiennent un rosaire, les mains gauches un lotus épanoui, un vase et un rouleau de sûtra.

Lorsqu'elle est représentée avec trois têtes et six bras (rare), elle a deux mains en Varada-mudrâ, les autres tiennent un trident, un rosaire, un lotus, une guirlande (ou une corde) : elle est équivalente à la forme tibétaine Jañgulî-Târâ. À la place du troisième œil frontal, elle a parfois une touffe de poils blancs (*urnâ*). Dans quelques sectes ésotériques japonaises, elle est parfois appelée Joshô Kongô. Cependant, cette forme d'Avalokiteshvara n'est en principe représentée que sur des mandala.

TÂRÂ BLEUE (Ekajatâ, Ugrâ-Târâ ; tib. Ral-gchig-ma)

« Celle qui n'a qu'un chignon » ou « la Féroce Târâ » est une assistante féroce de la Târâ verte : elle tient le couperet et une calotte crânienne, et a dans son chignon une petite image d'Akshobhya.

Cependant, elle peut être représentée isolément et avoir de quatre à vingt-quatre bras. Elle est en attitude dynamique, piétinant des cadavres du pied droit. Son rire laisse apparaître une langue fourchue et des dents proéminentes. Elle est vêtue comme un Drag-ched, avec un collier de crânes et une peau de tigre. Petite, épaisse, elle ressemble à un nain difforme. Ses attributs principaux sont le glaive, le couteau, le lotus bleu, la calotte crânienne, le couperet, le vajra, etc. Elle n'est guère représentée qu'en peinture.

TÂRÂ ROUGE (Kurukullâ ; tib. Ku-ru-ku-le)

Elle représenterait la puissance d'amour de la Târâ originale et serait également une hypostase d'Amitâbha. On la représente dans une attitude de danse sur le pied gauche, parfois sur le démon Râhu (qui dévore le soleil), ou bien assise. Sa couronne de crânes comporte au centre une roue de la Loi et parfois une petite image d'Amitâbha. Elle tire à l'arc et fait une Abhaya-mudrâ. Elle tient parfois une corde. Elle peut aussi avoir huit bras et des attributs tantriques.

Sur les mandala, elle a une apparence douce et est entourée de huit divinités féminines et de quatre divinités terribles représentant des aspects des Jina.

PRAJÑÂPÂRAMITÂ
(jap. Hannya Bosatsu ; tib. Shes-rab-pha-rol-tu ;
mongol Bilig-un Chinadu Kichaghar-a Kürük-sen)

Cette déesse est la divinisation de la *Prajñâpâramitâ-sûtra*, texte que la légende attribue au Bouddha Lui-même qui l'aurait confié aux Nâga en attendant que les temps soient mûrs pour qu'il soit révélé aux fidèles, et qui fut « restitué » par Nâgârjuna. Cette divinité représente donc le Verbe divin incarné. Elle ne fut pas divinisée en Inde même, bien que le texte de la *Prajñâpâramitâ* y ait été vénéré.

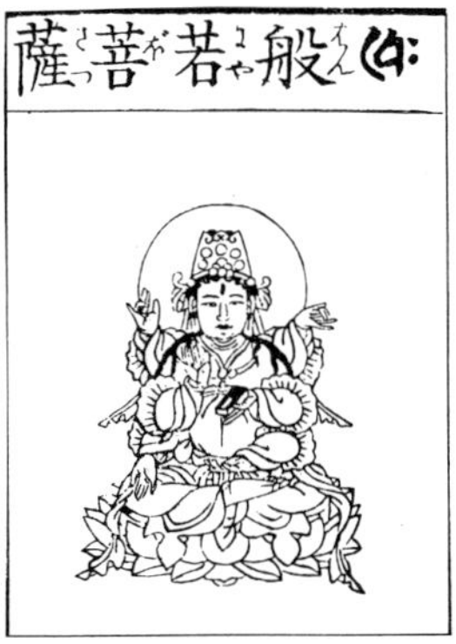

Hannya Bosatsu
(Prajñâpâramitâ)

C'est au Cambodge que l'on trouve le plus fréquemment ses images, ainsi d'ailleurs qu'à Java. Dans les pays du Sud-Est asiatique cette divinité était considérée comme la contrepartie féminine de Lokeshvara, ou bien sa manifestation. Elle figure en effet souvent aux côtés de ce grand Bodhisattva. Elle y revêt deux aspects, l'un, normal, avec une tête et deux bras, et l'autre, tantrique, avec onze têtes et vingt-deux bras. Elle tient à la main droite le livre de la *Prajñâpâramitâ* et à la main gauche un bouton de lotus. Ses aspects normaux sont cependant plus communs que ses aspects tantriques. Elle est représentée la poitrine nue, avec un long sarong retenu par une ceinture ornée, et porte une *mukuta* (couronne) autour d'un haut chignon. Lorsque sa couronne est triple, son chignon peut porter une petite effigie d'Amitâbha. Dans son aspect tantrique, elle arbore également une effigie d'Amitâbha dans sa couronne.

Au Tibet, elle est de couleur blanche ou jaune et a, dans son aspect normal, une tête et deux bras. Sa main droite tient un lotus blanc (ou un lotus bleu), et elle a un lotus bleu dans la main gauche (ou le livre de la *Prajñâpâramitâ*). Elle est vêtue comme un Bodhisattva. Dans sa forme à quatre bras, elle porte, en plus du lotus bleu et du livre, un rosaire (*mâlâ*) et réalise une Dharmachakra-mudrâ. Elle peut avoir sur sa couronne une petite image d'Akshobhya.

Au Japon, cette « perfection de Sagesse » est également appelée Hannya Bosatsu, Dai Hannya et Haramitsu (forme japonisée du sanskrit *Pâramitâ*). Elle fut plus souvent représentée en peinture qu'en sculpture. En peinture et dans l'iconographie orthodoxe, elle est représentée assise sur un lotus, avec deux ou six bras[2], la main principale droite en Abhaya-mudrâ, la main principale gauche tenant le sûtra (jap. *Hannya-kyô*), les autres mains portant un livre (*pushtaka*), un lotus bleu, un rosaire, ou réalisant des mudrâ. On ne connaît au Japon que très peu de représentations de cette divinité qui y est considérée comme un Bodhisattva, en dehors, bien entendu, des mandala[3].

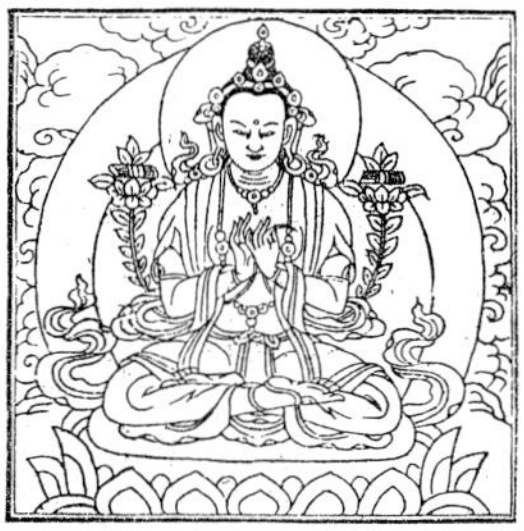
Prajñâpâramitâ

Il faut signaler ici également l'existence, très populaire au Japon, d'un masque de démon cornu, connu également sous le nom de Hannya. L'iconographie populaire s'en est emparée, on ne sait pour quelle raison, afin de symboliser la nature jalouse de la femme. Ce masque a un aspect féminin, féroce, le front orné de deux courtes cornes, de gros yeux globuleux, et une grande bouche avec des crocs. Les masques de Hannya sont verts ou rouges. Ils sont fréquemment utilisés lors des fêtes rituelles du shintô (*matsuri*) ainsi que dans les spectacles de Nô. Dans quelle mesure ce masque peut-il être rattaché à Hannya Bosatsu ? C'est difficile à déterminer. Nous ne le citons ici que pour la similitude des noms.

En Chine, il ne semble pas que Prajñâpâramitâ ait été vénérée.

SARASVATÎ

(jap. Benzai-ten ; chin. Dabiancaitian Nü ; tib. Dbyangs-chan-ma, Ngag-gi Lha-mo ; mongol Kele-yin ükin Tegri)

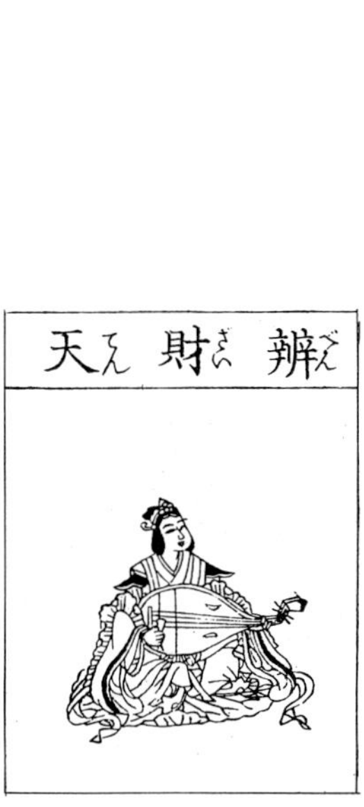

Benzai-ten (Sarasvatî)

Ancienne divinité hindoue associée à une rivière indienne du même nom, Sarasvatî fut vénérée dès les temps védiques comme présidant au Savoir. Dans l'Inde brâhmanique, elle devint l'épouse de Brahmâ et de Mañjushrî et fut considérée comme la divinité de la musique et des arts poétiques. Au Japon, selon le *Konkômyô-ô-kyô*, elle serait une sœur d'Enma-ten (Yamarâja), considéré comme roi des enfers bouddhiques. Son culte s'y serait développé dès le VIIIe siècle, venant de Chine : dans le *Konkômyô-saishô-ô-kyô*, il est affirmé qu'elle protège les possesseurs de ce sûtra et leur procure toutes sortes d'avantages matériels. Dans certaines sectes brâhmaniques, elle serait une sœur de Vishnu, et dans d'autres sectes bouddhiques, une manifestation féminine de Vairochana. Chaque secte a tenté de s'approprier cette divinité qui depuis l'aube des temps symbolisait pour les esprits indiens ces deux éléments fondamentaux du rituel que sont la musique et la poésie. En Inde, elle est communément représentée avec deux bras seulement, jouant de la *vînâ*. Au Tibet, elle assume cette forme mais est également associée au panthéon tantrique : elle tient alors dans la main un vajra et est appelée Vajra-Sarasvatî. Elle peut également prendre la forme et certaines caractéristiques de la Târâ blanche, tenant la vînâ avec deux de ses quatre mains : elle est alors nommée Âryajâñgulî. C'est ce dernier aspect qui semble, au Japon, s'être superposé à celui d'un Kami d'un îlot du lac Biwa et à celui d'Ugajin, divinité des eaux représentée sous la forme d'un grand serpent blanc. Par une confusion graphique ou de lecture des caractères composant son nom, on lui attribua, toujours au Japon, vers les XVe-XVIe siècles, les vertus de Bonne Fortune jusque-là dévolues à Kichijô-ten[3], et elle fut incluse dans le groupe des sept divinités du bonheur. De même que pour une autre divinité de ce groupe, Daikoku-ten, elle présente deux sortes d'aspects qui, bien que quelque peu similaires au point de vue iconographique, ont des attributions différentes : des aspects bouddhiques et des aspects populaires. Ces deux aspects sont parfois difficiles à définir et à séparer[4].

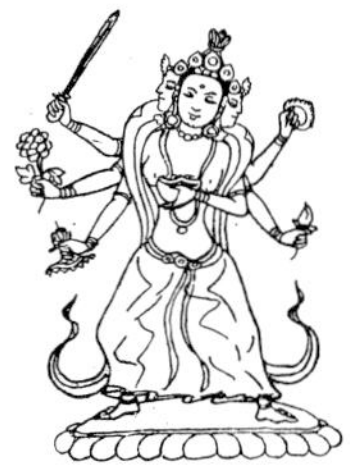

Vajra-Sarasvatî

Dans le *Garbhadhâtu Mandala*, elle est représentée comme une jolie femme d'âge moyen, avec deux bras, et jouant du *biwa* (sorte de luth japonais). On la nomme également Myô-on-ten. Le *Hôbôgirin* lui connaît nombre d'autres désignations[5] et lui attribue, sur la foi des textes, un aspect masculin, la comparant aux Gandharva, musiciens célestes de l'Inde. Cet aspect masculin se retrouve d'ailleurs parfois dans certaines de ses effigies appartenant au folklore, où elle est représentée comme un grand serpent blanc avec une tête (ou parfois trois) barbue.

Son effigie est parfois sculptée nue[6], car ses fidèles doivent l'habiller de riches vêtements. Sur sa tête ou dans sa coiffure se trouve un petit *torii*, symbole des sanctuaires shintô (et peut-être de son appartenance aux doctrines syncrétiques ?). Elle est presque toujours représentée accompagnée d'un paon et d'au moins un serpent blanc. Elle est montrée assise ou debout (ou, en peinture, assise sur une feuille de lotus). On distingue deux types :

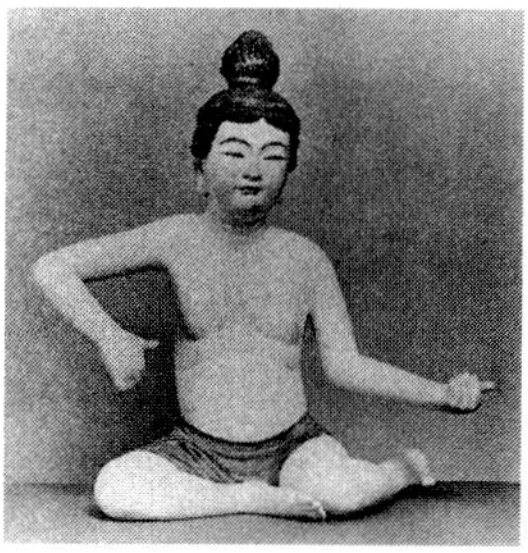

Benzai-ten, bois coloré, Japon, Kamakura, Tsurugaoka Hachiman-gû, 1266

– À deux bras, jouant du biwa, ou bien tenant un glaive dans la main droite et un joyau (*chintâmani*) dans la main gauche (dans ce dernier cas, elle fait partie des Nijûhachi-bushû, acolytes de Senju Kannon Bosatsu).
– Avec huit bras (Happi Benzai-ten)[7] : elle tient dans ses mains droites une corde, un trident, un vajra et un arc. Dans ses mains gauches un chakra, une hache, un glaive et une flèche.

Sur les peintures et mandala, elle est généralement entourée de divers acolytes (dont Mârîchî) et des Lokapâla. Cependant les attributs qu'elle tient dans les mains peuvent varier et comprendre pour les mains droites : glaive, clé (ou crochet), chakra, arc (ou lance, crochet, corde et flèche) ; pour les mains gauches : joyau, trident, chakra et arc (ou lance, sankosho, chakra et arc). Elle est de couleur blanche et est parfois assise sur un paon.

Elle aurait quinze fils (lesquels seraient au nombre réel de seize), incarnations de diverses divinités bouddhiques, qui symboliseraient les divers métiers qu'elle est censée patronner[8].

ASPECTS POPULAIRES

Ces aspects se rencontrent surtout au Japon, car il ne semble pas qu'en Chine ou au Tibet cette divinité ait rencontré la faveur des couches populaires, celles- ci étant assez peu savantes dans les arts « aristocratiques » de la musique et de la poésie. En revanche, au Japon, en raison de son association avec les génies de l'eau, elle fut largement vénérée. Elle est alors habillée de vert pâle (rappel de son caractère aquatique) et a quatre bras tenant un glaive, un biwa, un joyau et une boîte à

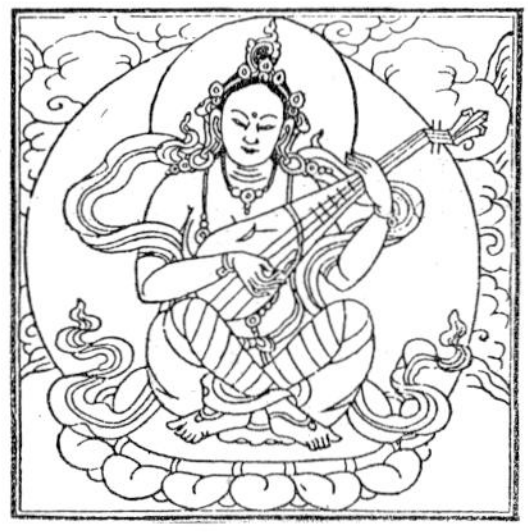

Sarasvatî, gravure tibétaine

Benten-sama (Benzai-ten) et Hakuja, terre cuite colorée, Japon, Nara, Miwa-jinja, anc. coll. R. de Berval, Tôkyô

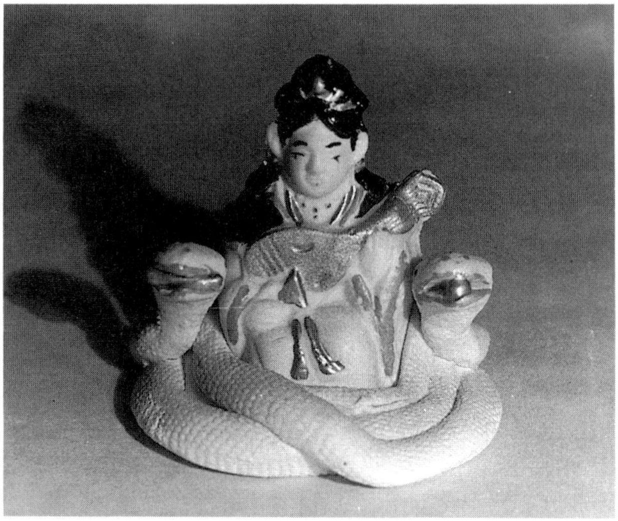

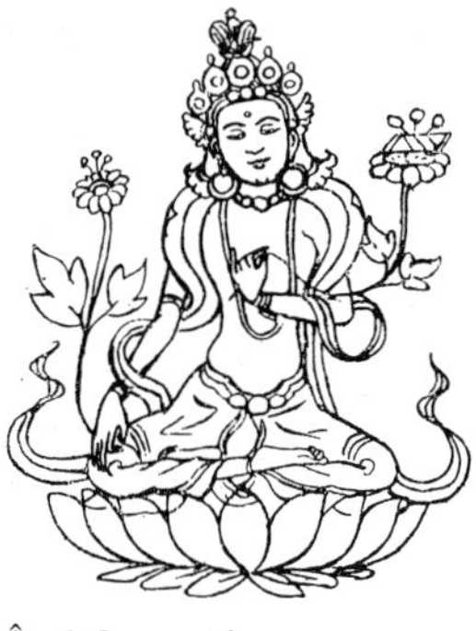

Ârya-Sarasvatî

fards. Elle est toujours assise, les jambes croisées aux chevilles, et est parfois couronnée (ou entourée) de serpents blancs. Un gros serpent blanc à tête de vieillard, du nom de Hakuja[9], l'accompagne souvent et, en l'absence de l'effigie de Benzai-ten, est souvent pris pour celle-ci.

Dans certains sanctuaires shintô, on considère qu'elle est l'incarnation du Kami Itsukushima Hime. Au sanctuaire de Kasuga à Nara, elle est vénérée sous le nom de Kayane Hime. Cependant son sanctuaire principal (en dehors de celui de l'île du lac Biwa) se trouve sur l'île d'Enoshima, non loin de Kamakura, où l'on prétend qu'elle serait apparue dans une grotte. Sa légende y est associée à celle d'un dragon qu'elle aurait épousé afin de le rendre inoffensif[10]. Elle est alors représentée avec huit bras et est réputée être extrêmement jalouse. Ses temples et sanctuaires sont toujours situés à proximité de l'eau (culte du serpent et des dragons). Cette divinité est encore de nos jours très vénérée par les artistes, les geisha (on dit qu'elle préside à l'amour), les joueurs, les femmes jalouses, les spéculateurs et les boutiquiers, qui lui demandent principalement de favoriser leur chance en amour, au jeu ou en affaires.

La forme bouddhique la plus commune représentant Sarasvatî est à deux bras, une main en Varada-mudrâ, l'autre tenant une tige de fleur de lotus blanche. Au Tibet elle peut prendre un aspect tantrique particulier, et avoir trois visages, un corps rouge, six bras et divers attributs.

Le bouddhisme lamaïque en fait parfois une parèdre d'Amitâbha : dans ce cas, elle n'a que quatre bras et est montrée assise en Vajralîlâsana. Mais elle est relativement peu représentée au Tibet comme en Chine.

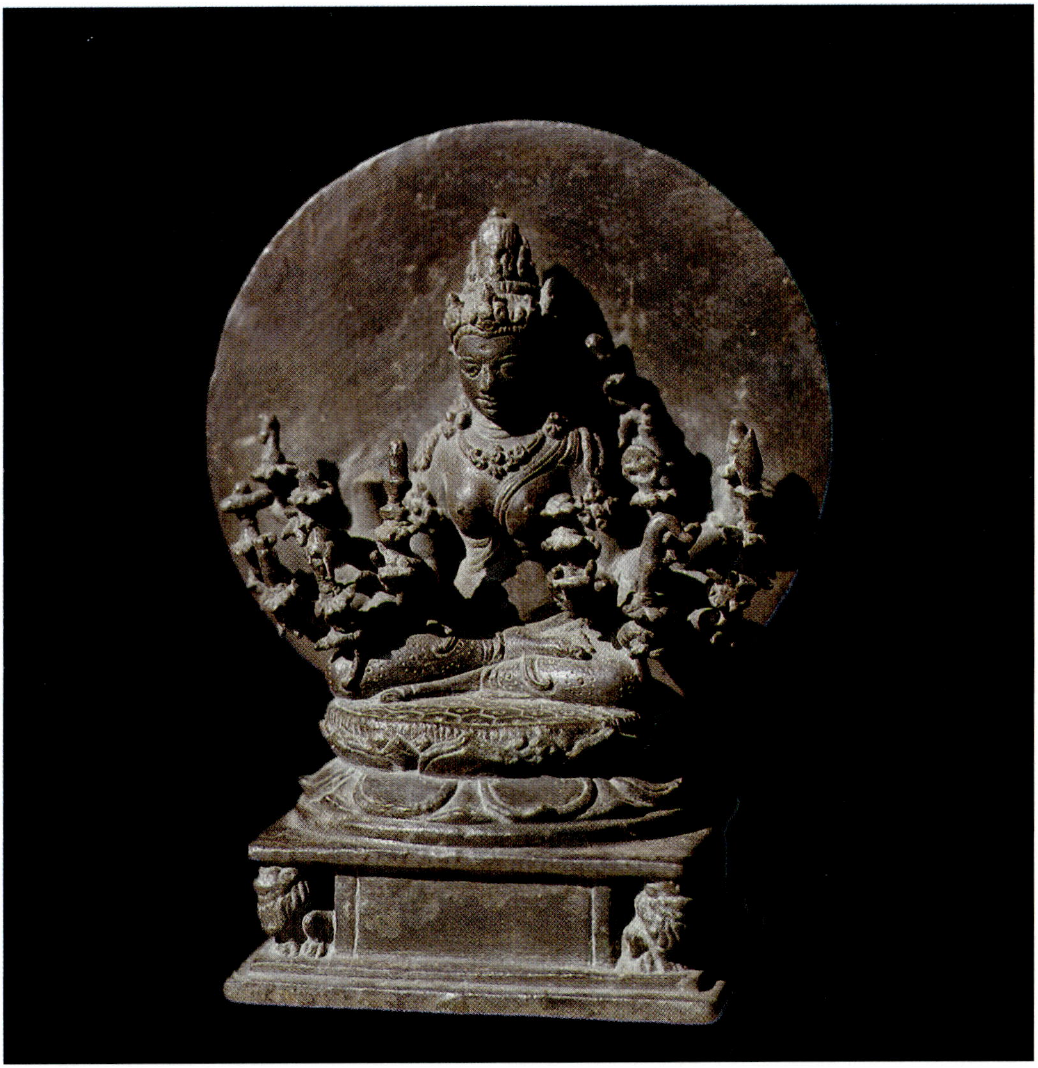

Avalokiteshvara, bronze, Java, Xe siècle, Jakarta, musée national.

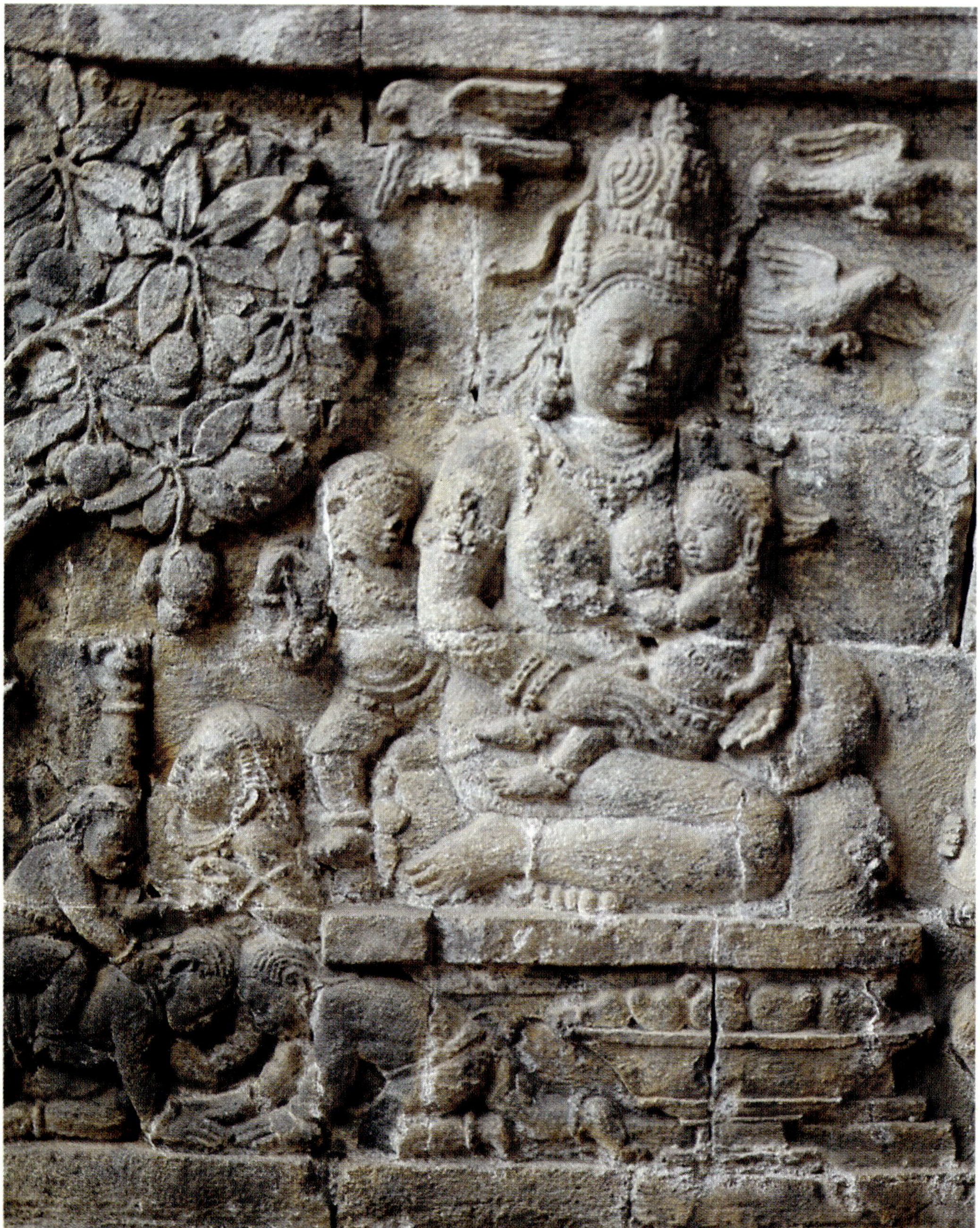

Hârîtî, bas-relief, Java, Borabudur, vers 900.

VASUDHÂRÂ

Aussi appelée Vasundhârâ, cette divinité indienne est considérée comme la Shakti de Jambala, une forme du dieu de la richesse Kuvera. Elle serait également une forme de Hârîtî. Elle est rarement représentée en Inde bien que nombre de ses images se trouvent au Tibet et surtout au Nepâl. Elle est généralement montrée assise, une jambe pendante (parfois supportée par un vase), avec une seule tête (parfois une petite image de Ratnasambhava dans la coiffure) et de deux à six bras dont les mains tiennent un vase, un épi de blé, un chintâmaṇi et le livre de la *Prajñapâramitâ*. Elle est de couleur blanche, bien que dans certaines miniatures népalaises elle puisse être jaune et tenir à la main un arc et des flèches, un épi de blé et trois plumes de paon. Elle est d'ailleurs souvent confondue avec Prajñâpâramitâ.

MÂRÎCHÎ

(Vajravarâhî ; jap. Marishi-ten ;
tib. Hod-zer Chan-ma ; chin. Molizhi, Tiannu)

Cette divinité est, dans la mythologie brâhmanique, un Rishi, chef des Marut, démons de la tempête. En Chine, il prend une forme féminine et est considéré comme la mère de l'Étoile polaire. Introduite au Japon en même temps que les doctrines ésotériques du Shingon et du Tendai, cette divinité devint celle de la guerre et de la victoire, et prit parfois

À gauche : **Marishi-ten**, gravures japonaises

Ci-dessous : **Mârîchî**, gravure tibétaine

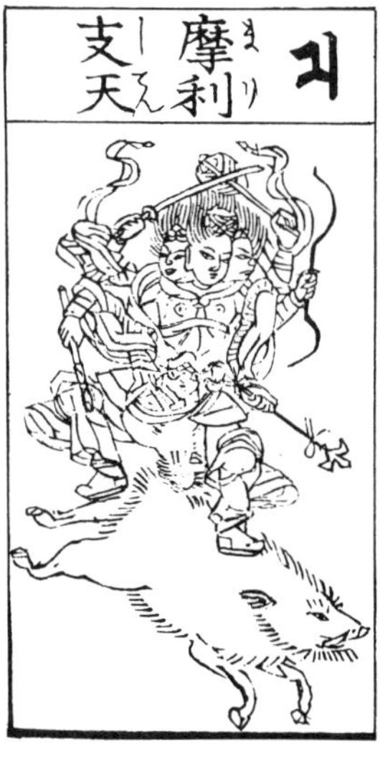

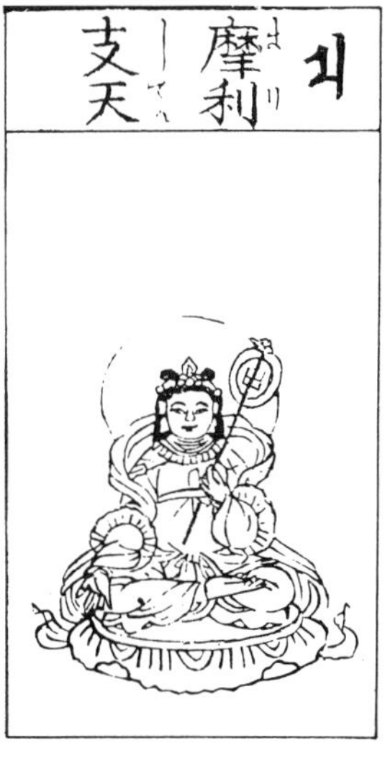

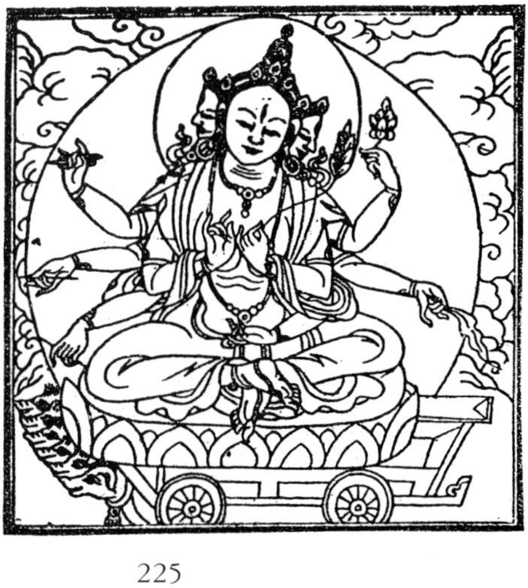

une forme masculine. Considéré comme vassal de Taishaku-ten, le protecteur des guerriers et divinité des incendies, Marishi-ten est également protecteur des quatre mondes bouddhiques.

Au Tibet et au Nepâl, elle est identifiée à Vajravarâhî et est représentée avec une tête de truie (ou de laie), peut-être une mauvaise interprétation d'anciennes représentations indiennes de cette divinité de l'aurore dont le char était tiré par sept animaux ressemblant soit à des ours, soit à des sangliers, ce qui donna peut-être naissance à la légende affirmant que ces sept animaux sont les étoiles de la constellation de la Petite Ourse, la huitième étant Mârîchî-Varâhî.

Au Tibet, Mârîchî est souvent montrée accompagnant la Târâ verte. Dans ce cas elle est assise sur un lotus supporté par un sanglier, ou directement sur celui-ci, et tient une branche d'arbre ashoka à la main (ou a les mains en Varada-Vitarka-mudrâ, ou encore tient un vajra et un chasse-mouches).

Elle a plusieurs formes tibétaines. La forme jaune possède plusieurs têtes (dont une de laie) et de nombreux bras tenant des attributs tantriques (vajra, crochet, flèche, arc, branche d'ashoka, etc.). La rouge a également trois têtes et dix bras. Elle est alors considérée comme étant la Shakti d'Hayagrîva (une tête de cheval est généralement posée sur sa coiffure). La forme blanche a également dix bras et quatre jambes qui reposent sur des divinités brâhmaniques.

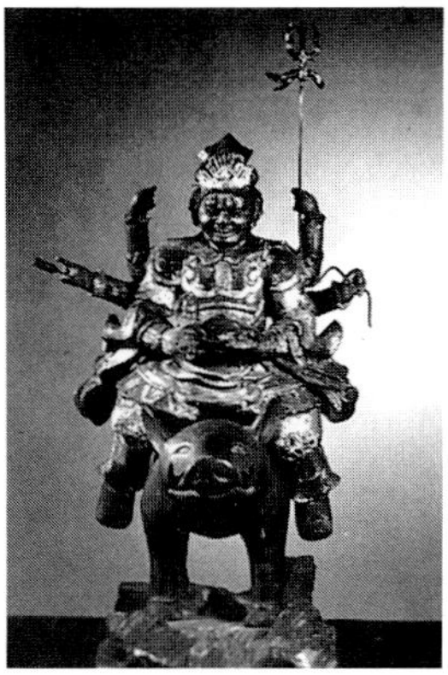

Marishi-ten sur son sanglier, musée Guimet

Sous sa forme de Vajravarâhî, elle est considérée comme la Shakti du dieu tutélaire Samvara : elle est alors représentée dansant sur un corps inerte et tenant dans ses mains un bol, un couperet, et un bâton orné de têtes de morts. Une tête de laie apparaît derrière son oreille droite. Son mandala se compose de deux triangles inversés et superposés au centre desquels elle est montrée dans une attitude de danse, entourée de quatre Dâkinî : Dâkinî, Lâmâ, Khandarohâ et Rûpinî. Sa coiffure est ornée de crânes et son corps est nu.

Elle est aussi appelée « la mère du Boisseau du Sud » (constellation du Sagittaire), « Celle qui porte (les noms) au registre de la vie[10] », « la Resplendissante », « la Raie de lumière », « la Laie de Diamant » (Vajravarâhî)[11]. Selon Waddell[12], elle tirerait son origine de la divinité védique Ushas, déesse de l'aurore (métamorphose du Soleil)[13]. Mârîchî est parfois identifiée à Chundî, une des formes de Durgâ en tant qu'épouse de Shiva[14]. Elle est également décrite comme étant de la famille de Brahmâ et de Sûrya.

Cette divinité, particulièrement vénérée pendant le Moyen Âge au Japon parmi les guerriers et surtout les archers qui portaient souvent sur eux son image, était censée protéger ceux qui récitaient des invocations à son nom et les rendre invisibles en cas de danger[15]. Elle fut également vénérée par les sectateurs zen et de Nichiren[16]. Les hommes ne peuvent ni la voir ni lui causer de dommage[17]. Le peuple japonais l'a maintenant quelque peu oubliée et elle n'est plus que rarement vénérée (de même d'ailleurs que dans les autres contrées). On la représentait sous de nombreuses formes :

– Habillée en dame chinoise de l'époque des Tang : avec trois têtes dont une de laie. Elle porte une petite effigie de Dainichi Nyorai (Mahâvairochana) dans la coiffure de sa tête principale, laquelle est nimbée d'une auréole à huit rayons. Elle est assise sur un lotus posé sur un sanglier (parfois sur sept), ses pieds reposant sur un croissant de lune ou un lotus. Elle possède alors six ou huit bras et tient du fil,

une aiguille, un vajra, un crochet ou une corde, un arc et des flèches[18].
– Tête inclinée à droite avec un diadème ; elle a quatre visages dont une hure de laie, et seulement deux bras : la main droite allongée en Varada-mudrâ (ou tenant un petit stûpa), la main gauche tenant un éventail non pliant (jap. *uchiwa*) orné d'une svastikâ (jap. *manji*).
– Assise sur un lotus, avec une tête et deux bras[19] : la main droite en Varada-mudrâ sur le genou, la main gauche avec un éventail orné d'une svastikâ.
– En peinture, Mârîchî est théoriquement de couleur or (ou jaune) avec une robe bleue. Elle porte un petit stûpa dans sa coiffure[20]. Elle a alors huit bras : mains droites avec flèche, aiguille, vajra et lance ; mains gauches tenant un arc, une corde, un lacet (jap. *kensaku*) et une branche d'arbre Ashoka. Lorsqu'elle possède trois têtes, celle de gauche a une expression furieuse et montre des crocs, celle du milieu est sereine, celle de droite est une hure de laie.
– Également en peinture, Mârîchî peut être représentée debout sur un sanglier courant[21], avec trois têtes à trois yeux, deux jambes, six bras, le corps entouré de flammes. Elle (ou il) tire à l'arc une flèche terminée par un vajra à trois pointes. Elle est en attitude dynamique et brandit un glaive, un éventail, un bâton et une lance. Ses cheveux sont alors hérissés comme ceux d'un Vidyârâja.
– Mârîchî est parfois assise comme un personnage du shintô, avec un stûpa sur la tête. Elle est alors souvent confondue avec Uhô Dôji.
– Une forme particulière de Mârîchî, avec trois têtes à trois yeux, trois têtes placées dans sa chevelure ornée d'une tête de mort, avec six bras et six jambes, brandissant un bâton, un glaive, une lance, un chakra, et tirant à l'arc une flèche terminée par un vajra à trois pointes, est parfois montrée galopant sur une antilope (laquelle, on le sait, est un des attributs de Shiva, d'Avalokiteshvara dans ses représentations tantriques, et de Chandra, la Lune)[22].

DIVINITÉS FÉMININES MINEURES

PARNASHAVARÎ (jap. Hiyôi-ten ; tib. Lo-ma-gyon-ma)

Cette divinité « couverte de feuilles » serait une ancienne divinité des tribus aborigènes de l'Inde, les Shavara ou Shaora, adoptée par le bouddhisme qui en fit une des trente-trois formes d'Avalokiteshvara avec le nom de Hiyôi Kannon (au Japon). Son nom ésotérique japonais serait Jogyô Kongô. Elle a alors deux formes :
– Avec deux bras, tenant un lasso et une grenade au bout d'un bâton.
– Avec quatre bras, tenant un lasso (ou une corde), une grenade et une hache.

Au Tibet, elle est considérée comme une des suivantes des Târâ : on la représente agenouillée sur son genou droit et tenant dans ses six mains une hache, un vajra, un arc, des flèches et une branche de fleurs. Son corps est jaune et ses trois têtes sont blanche, jaune et rouge.

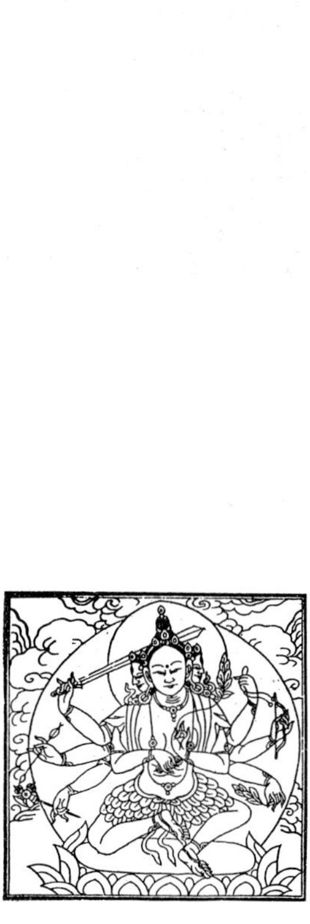

Parnashavarî

USHNÎSHAVIJAYA (jap. Butchô ; chin. Foding ; tib. Gtsug-tor-rnam-par Rgyal-ma ; mongol Rasiian Usnir-tu)

C'est « Celle qui a l'intelligence du Parfait », la « Déesse victorieuse de l'Ushnîsha », une déification de l'ushnîsha du Bouddha (dont une légende assure qu'une voix en sortit pendant que le Bouddha Se trouvait dans une profonde méditation). Très peu représentée au Japon et en Chine, et seulement sur des mandala, cette divinité fut en revanche populaire au Tibet et en Mongolie, où elle est souvent accompagnée par Avalokiteshvara et Vajrapâni. Son très haut chignon supporte parfois une petite image de Vairochana. Elle est toujours représentée assise, avec trois têtes (jaune, blanche et noire) ayant le troisième œil. Dans ses huit mains elle tient un vajra, un vase d'ambroisie, une petite image du Bouddha et divers autres symboles (ou mudrâ).

SITÂTAPATRÂ (jap. Byakusangai ; tib. Gdugs-dkar Chan-ma ; mongol Chaghan Sigürtei)

Cette divinité ésotérique, que l'on trouve seulement sur des mandala, représenterait la puissance protectrice de l'Ombrelle blanche (attribut d'Avalokiteshvara). Elle peut prendre diverses formes, selon les mandala : avec une tête et deux bras, avec trois têtes (ou quatre) et six ou huit bras. Ses mains tiennent divers symboles tantriques dont un parasol, son attribut principal.

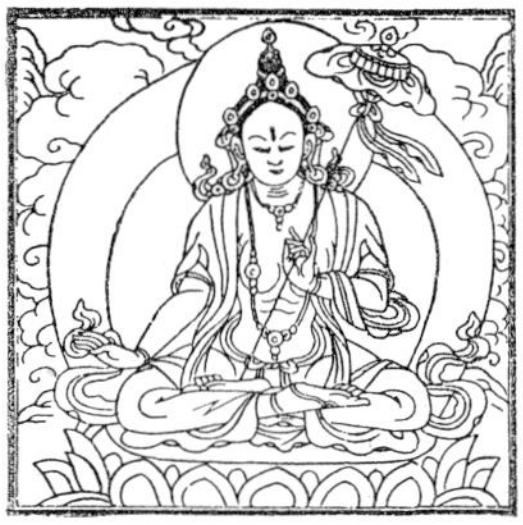

Sitâtapatrâ

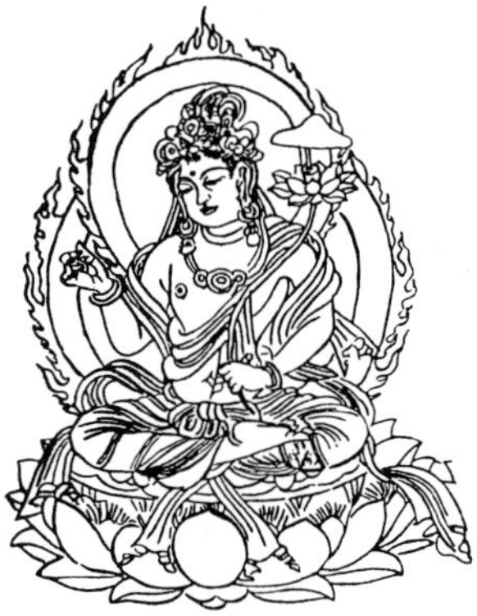

Sitâtapatrâ (Byakusangai)

ÂRYAJAÑGULÎ (jap. Jôguri-dônyô)

Cette forme de Târâ « qui ôte les poisons », aussi appelée Jañgulî, ne fut guère représentée que sur des peintures et mandala : elle était montrée sous une forme féminine, assise sur une feuille de lotus, avec de nombreux bras et plusieurs têtes[23], tenant dans ses mains droites une plume de paon et des attributs divers, et dans ses mains gauches un serpent.

LES GROUPES DE DIVINITÉS FÉMININES

LES CINQ DÂKINÎ (tib. Mka-gro-ma ; skt. Khechara)

Ce sont des divinités féminines d'un rang inférieur du panthéon tantrique, lesquelles accompagnent souvent d'autres divinités, représentant peut-être la puissance des invocations à celles-ci. Elles sont représentées dans des attitudes dansantes, tenant en main un *khatvânga* ou bâton magique. Elles sont très nombreuses. Parmi elles, on distingue un groupe de cinq qui correspondrait à celui des Cinq Bouddha et Bodhisattva :

– Bouddha-Dâkinî, tenant un chakra à la main. Une de ses formes tibétaines, appelée Na-ro-mkha Spyod-ma, est devenue la patronne de la secte des Sa-skya. Elle est représentée comme une acolyte de Vajravarâhî, dansant, son pied gauche écrasant deux personnages (bleu et rouge), tenant entre ses mains un couperet et une calotte crânienne. Elle est ornée d'une guirlande de crânes et tient également un khatvânga. Elle est parfois, en sculpture principalement, représentée nue.
– Vajradâkini tient à la main un vajra et appartient au cycle de Hevajra. Elle danse, et son pied gauche écrase un cadavre (Nairriti). Elle tient un vajra, une calotte crânienne et un khatvânga sous le bras.
– Rathadâkinî tient un joyau (*chintâmani*) à la main.
– Padmadâkinî tient un lotus.
– Vishvadâkinî tient un double vajra.

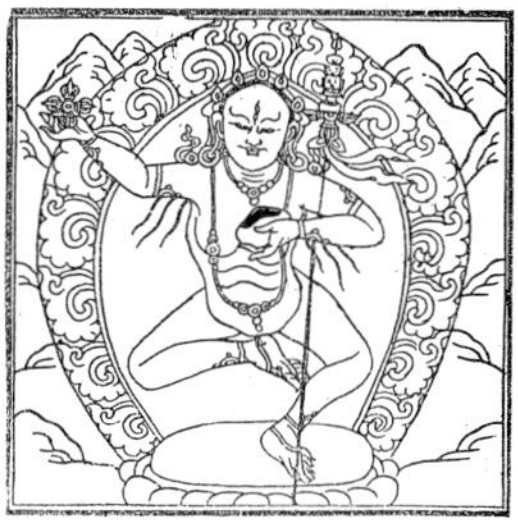

Dâkinî, gravure tibétaine

En dehors de ce groupe, d'autres Dâkinî existent, parmi lesquelles Karmadâkinî (tenant un glaive à la main), et Simhavaktrâ, une Dâkinî acolyte de Lha-mo au Tibet et qui est généralement représentée avec une tête de lion blanche. Elle est parfois accompagnée de deux autres personnages, l'un à tête de lion (la sorcière Vyâghravaktrâ) et l'autre à tête d'ours (la sorcière Rikshavaktrâ).

Au Japon, les Dâkinî ne sont généralement pas vénérées ni représentées, sauf peut-être l'une d'entre elles appelée Dakini-ten. Selon une légende, le moine Kangon, à son retour d'un voyage en Chine, à la suite d'un rêve dans lequel une démone Dâkinî[24] lui était apparue, réalisa une statue de cette divinité montée sur un renard. En 1441, le moine Gieki aurait emporté cette statue à Mikawa où il aurait fait édifier pour elle le temple du Myôgon-ji. Par la suite, on associa cette Dâkinî, appelée Dakini-ten, au renard (Kitsune) qui lui servait de messager, et on l'identifia même avec cet animal qui déjà jouait un rôle important en connection avec le Kami shintô des céréales, Inari-Myôjin. Celui-ci fut « bouddhisé » sous le nom d'Inari-ten[25]. Son culte semble s'être popularisé sous l'impulsion du ministre Tanuma Okitsugu (1719-1788) qui en répandit le culte, chez les Samurai principalement[26]. La croyance populaire l'associa alors avec Inari Myôjin (celui-ci parfois considéré comme étant l'ancienne divinité des moissons Ta-Ukanoma-no-Mitama no Kami) et avec son renard. Inari Myôjin étant désormais appelé Inari-ten, la confusion s'établit définitivement. On le représenta sous l'aspect d'un vieillard debout, tenant une gerbe d'épis de riz, des renards couchés à ses pieds. Il est également représenté en femme (bien qu'exceptionnellement) et se nomme alors soit Uganoma no Kami, soit

Miketsu no Kami, soit encore Tome-Miketsu-gami, *tome* étant un ancien nom du renard au Japon.

Au Tibet, on classe parfois dans le groupe des Dâkinî huit divinités féminines, aussi appelées « les huit mères », probablement des « bouddhisations » de divinités appartenant au chamanisme tibétain ancien (Bön). Elles sont généralement représentées comme de belles jeunes femmes. Ce sont (selon A. Waddell, *op. cit.*) :

– Lâsyâ (tib. Sgeg-mo-ma), de couleur blanche, tenant un miroir dans laquelle elle se regarde.
– Mâlâ (tib. Prem-ba-ma), de couleur jaune et tenant un rosaire dans les mains.
– Gîtâ (tib. Glug-ma), de couleur rouge, tenant un instrument de musique.
– Pushpâ (tib. Me-tog-ma), de couleur rouge et tenant une fleur.
– Dhupâ (tib. Bdug-spös-ma), de couleur jaune, tenant une cassolette à encens.
– Dîpâ (tib. Snang-gsal-ma), de couleur rouge et tenant une lampe.
– Gandhâ (tib. Dri-cha-ma), de couleur verte, tenant un vase à parfum (en forme de coquillage).

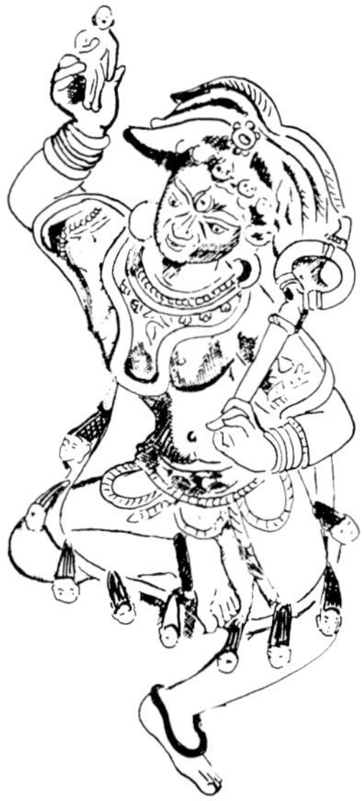

Dâkinî Savarî, Tibet, musée Guimet

LES CINQ RAKSHÂ

Ce sont, au Tibet, les formes féminines des « cinq protectrices » ou, au Nepâl, les « cinq ombrelles » dont le chef serait Mahâmâyûrî. Ces cinq divinités correspondent aux horizons et, bien entendu, aux Jina. Elles seraient (selon A. Foucher, *Iconographie bouddhique*) :

– Au centre, Mahâsâhasrapramardanî, protectrice des tremblements de terre et des tempêtes. Elle est blanche, avec six bras (glaive, corde, arc et flèche, hache). Elle correspond à Vairochana dont une petite image peut se trouver dans sa coiffure.
– Au sud, Mahâpratisarâ (jap. Daizuigu Bosatsu), qui protège contre les dangers corporels. Elle est jaune et a trois ou quatre visages, avec huit ou dix bras. Elle tient une ombrelle et correspond à Ratnasambhava (voir à Bodhisattva).
– À l'ouest, Mahâsîtavatî, qui protège contre les animaux féroces et les plantes vénéneuses, est rouge. Elle a une tête et quatre bras dont l'un serre un livre sur sa poitrine. Elle correspond à Amitâbha.
– Au nord, Mahâmayûrî, qui protège contre les morsures de serpents, de couleur verte, a trois visages et huit bras. Son emblème principal est une plume de paon. Elle correspond à Amoghasiddhi.

LES SHAKTI

Elles sont presque aussi nombreuses que les divinités masculines dont elles expriment l'énergie active. Elles sont souvent représentées, surtout au Tibet et au Nepâl, en embrassement étroit (tib. Yab-yum) avec la divinité qu'elles complètent. Elles sont généralement, lorsqu'elles ne sont pas isolées de leur parèdre, vêtues comme des Bodhisattva, portant une couronne à cinq feuilles. Lorsqu'elles sont isolées, elles sont souvent assises en aise royale et ont les mains en Vara-mudrâ (main droite) et Vitarka-mudrâ (main gauche). Cependant, il existe ici aussi un groupe de cinq Shakti qui correspondent aux Cinq Jina, surtout au Tibet et au Nepâl :

– Au centre, Vajradhârîshvarî correspond à Vairochana. Elle a les mains en Dharmachakra-mudrâ, et est de couleur blanche. Ses symboles sont le chintamâni et le triangle.
– À l'est, Lochanâ correspond à Akshobhya. Elle a les mains en Vajra-Vitarka-mudrâ. Elle est grise. Ses symboles sont des vajra posés verticalement sur des fleurs de lotus.
– Au sud, Mâmakî correspond à Ratnasambhava. Elle est jaune pâle. Ses symboles sont des plumes de paon.
– À l'ouest, Pândarâ correspond à Amitâbha. Elle est de couleur rose et tient des lotus bleus (*utpâla*).
– Au nord, Târâ correspond à Amoghasiddhi. Elle est de couleur vert clair et tient des doubles vajra sur des fleurs de lotus.

Lorsque ces Shakti sont représentées en Yab-yum, elles peuvent tenir une coupe de la main gauche élevée à la hauteur de leur parèdre, leur bras droit enserrant le cou de leur divinité.

Il est évident que la plupart des divinités dites « masculines » possèdent également leur Shakti. Ces dernières sont généralement représentées avec les mêmes attributs que ceux de leur contrepartie et ont le corps de la même couleur, bien que d'une teinte plus claire. On ne connaît pas tous leurs noms qui souvent varient. C'est ainsi que les divinités masculines farouches ont, au Tibet tout au moins, chacune leur Shakti particulière :

– Vishvamâtâ (de couleur dorée) pour Kâlachakra ;
– Nairâtmâ (ou bien Vajravarâhî, ou encore Vajradhârîsvarî) pour Hevajra ;
– Vajravarâhî (de couleur rouge) pour Samvara, etc.

Shrî (lakshmî ; jap. Kichijô-ten ; tib. Lha-mo, Dpal-ldan Lha-mo)

Cette divinité hindoue, aussi appelée Mahâshrî ou Shrî Mahâdevî, l'épouse de Vishnu, ne semble pas avoir été adoptée par le bouddhisme des écoles du Nord, sauf par les sectes japonaises, où elle fit très tôt son apparition sous les noms de Kichijô-ten et de Kudoku-ten, en tant que déesse de la Bonne Fortune, de la Beauté et du Mérite. Son rôle est exalté dans le *Konkômyô Saishô-ô Kyô.* Vers le XVe ou le XVIe siècle, elle se serait trouvée supplantée dans l'affection des fidèles par Benzaiten (Sarasvatî)[27]. Avant cette époque, on la représentait comme une très belle femme d'âge mûr, richement habillée à la chinoise (époque des Tang), avec une longue robe parée de bijoux. Ses cheveux bien peignés tombent en lourdes mèches sur ses épaules. Un diadème de pierreries sur lequel se trouve l'image d'un phénix (jap. *hôô*) et une roue de la Loi (*chakra*) lui enserre la tête[28] derrière laquelle se tient un halo solaire. Elle a la main droite en Varada-mudrâ ou en Kichijô-in (mudrâ de Kichijô) et tient à la main gauche un lotus ou un joyau.

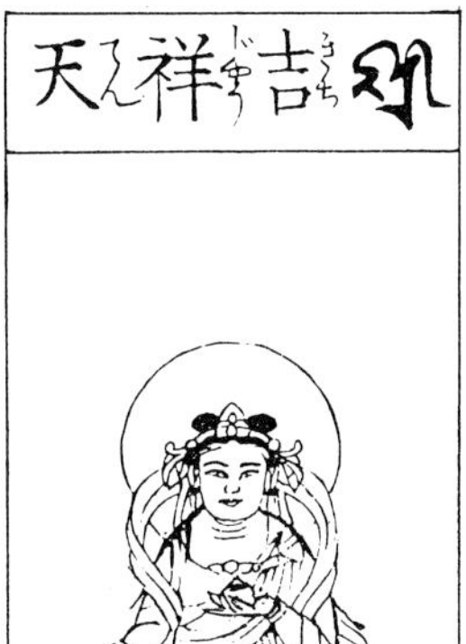

Kichijô-ten (Shrî)

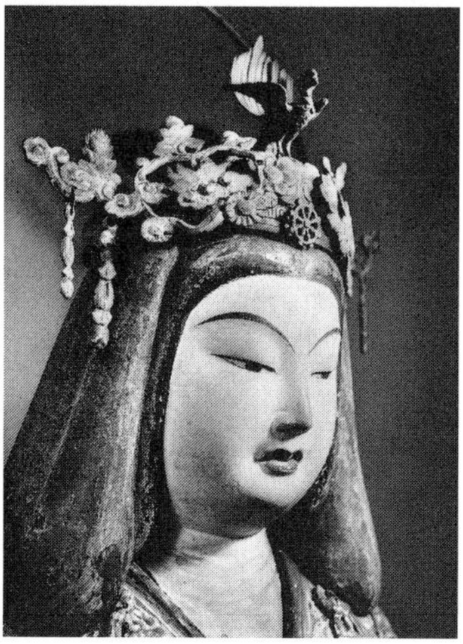

Kichijô-ten, bois coloré, Japon, Kyôto, Jôruri-ji, XIIe siècle

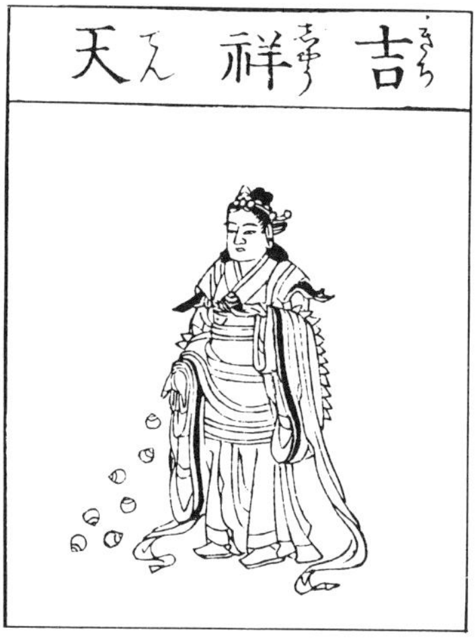

Kichijô-ten

Kichijô-ten remplace parfois le dieu Fukurokuju dans le groupe des sept divinités du bonheur. Elle n'est plus vénérée, Benzai-ten ayant pris ses fidèles, ses fonctions et ses attributs. Au Tibet cependant, cet aspect de la déesse hindoue Lakshmî est considéré comme protecteur de la secte des Dge-lugs-pa et du monastère de Bkra-shis.

IX

DÉFENSEURS ET GARDIENS DE LA LOI BOUDDHIQUE

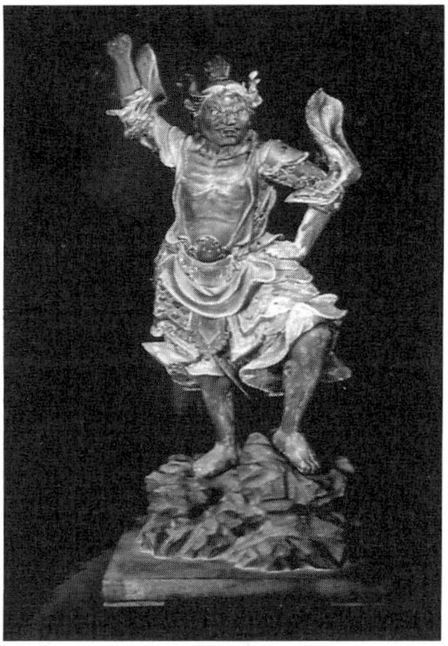

Zôchô-ten, bois coloré, Japon

Les Dharmapâla
Les rois-gardiens (Lokapâla)
Les Ni-ô
Les animaux-gardiens

LES DHARMAPÂLA

Les Dharmapâla (tib. Drag-ched, Chos-skyong), défenseurs et gardiens, sont des divinités qui ont pour mission de défendre et maintenir la Loi bouddhique. Ce sont des personnages à l'aspect féroce et guerrier, qui combattent les ennemis de la Loi et chassent les mauvais esprits. Au Tibet, où ils sont principalement honorés, ils sont vénérés individuellement ou bien en groupe de huit appelé « groupe des huit terribles » (tib. Drag-ched) qui sont : Kâladevî (ou Shrî Devî, tib. Lha-mo), une forme féminine ; Brahmâ (Tsangs-pa) ; Beg-tse ; Yama ; Kuvera (Vaishravana) ; Hayagrîva ; Mahâkâla ; Yamântaka.

Nous avons vu que plusieurs d'entre ces « terribles » faisaient partie d'autres classifications, tels que Hayagrîva et Yamântaka. Kuvera (ou Vaishravana) faisant également partie des Lokapâla, nous le décrirons avec ce groupe.

Ces Drag-ched peuvent également avoir des noms différents, et être remplacés par des formes de Vajrapâni ou de Mañjushrî. Ils sont généralement représentés, au Tibet, avec une couronne de cinq crânes (peut-être symbolisant les Cinq Jina) surmontés de chintâmani entourés de flammes, ont les cheveux hérissés, les sourcils froncés. Ils portent un collier de crânes et sont vêtus de peaux de bêtes (éléphant ou tigre) ou d'une dépouille humaine. Ils piétinent sauvagement des animaux ou des êtres humains. La plupart d'entre eux sont montrés en Yab-yum avec leur Shakti ou parèdre. Les prêtres et danseurs tibétains ou Bla-ma (lamas) portent, lorsqu'ils font des cérémonies en l'honneur de ces terribles divinités, des coiffures (tib. *chod-pan*) composées de cinq feuilles portant les effigies des Cinq Jina en embrassement avec leur Shakti.

Signalons qu'il existe au Japon une série de « huit divinités gardiennes » composée de Dainichi Nyorai, Fugen Bosatsu, Monjû Bosatsu, Senju Kannon, Seishi Bosatsu, Fudô Myô-ô, Kokûzô Bosatsu et le Kami Hachiman-daijin, qui furent, à partir du XVIIIe siècle, représentées sur des « médailles » en forme de pièces de monnaies (rondes avec un trou central carré), portant à l'avers l'effigie de ces divinités et au revers quatre caractères sino-japonais les désignant. Ces médailles furent émises par des temples à l'occasion d'une inauguration, du début d'un pèlerinage ou encore pour commémorer un anniversaire (voir Karl Petit, « Le medaglie giapponesi delle Otto Divinità guardiane », *Medaglia*, n° 26, Milan, 1991).

KÂLADEVÎ (tib. Lha-mo, Dpal-ldan Lha-mo ; mongol Ükin-tegri)

Cette divinité terrible est la seule forme féminine du groupe des Drag-ched. Elle fut créée et armée par les autres divinités (hindoues et bouddhiques) afin de défendre le tantrisme.

Selon A. Getty (*op. cit.*, p. 149), Brahmâ lui donna un éventail de plumes de paon, Hevajra des dés avec lesquels elle joue la vie des humains, Vishnu lui fit cadeau de deux « objets lumineux », Kuvera d'un lion, Nanda d'un roi-serpent (Nâgarâja) en guise de boucle d'oreille, Vajrapâni lui offrit un marteau, d'autres dieux une mule revêtue d'une peau de Yaksha ou de démon, et dont les rênes sont constituées par des serpents venimeux.

Elle possède un troisième œil sur le front, et est souvent assise en amazone sur sa mule. Elle porte les insignes distinctifs des Dharmapâla, la couronne et le collier de crânes. Selon une légende, la peau qui recouvre la mule qu'elle monte serait celle de son fils dont elle dévora la chair... Elle aurait été elle-même l'épouse d'un roi des Yaksha de Ceylan.

On la voit souvent en compagnie de deux acolytes féminins, les Dâkinî Makaravaktrâ (bleue, à tête d'éléphant ou de dauphin, qui conduit la mule par la bride) et Simhavaktrâ (rouge, avec une tête de lion, et qui suit derrière, tenant en main un couperet et une calotte crânienne). Ce groupe marche sur un lac de sang. En peinture Lha-mo est parfois accompagnée de quatre divinités féroces symbolisant les saisons :

- bleue (printemps), sur une mule jaune ;
- rouge (été), sur un yak bleu ;
- jaune (automne), sur un daim ;
- bleue, sur un chameau.

Ces quatre divinités accompagnatrices sont armées de glaives, de haches, de marteaux et de couteaux, et tiennent dans l'autre main une calotte crânienne. Bien que l'on sache peu de chose de cette terrible et sanguinaire divinité, qui fut très vénérée et assez souvent représentée, elle semble avoir été considérée comme la parèdre de Yama, le dieu des morts. Elle aurait été la déesse protectrice du Dalai-lama de Lhasa, et celle du monastère du Tashi-lhun-po. Elle est parfois appelée Châmundî.

BRAHMÂ (tib. Tsangs-pa Dkar-po ; chin. Fan Wang ; mongol Esrüa)

Cette divinité est une adaptation du dieu hindou Brahmâ, bien qu'elle n'ait aucune de ses caractéristiques ni de ses attributs dans les représentations tibétaines. Lorsque Brahmâ est représenté (rarement) sous sa forme indienne, il a comme celle-ci quatre têtes, mais tient une roue de la Loi dans la main droite. Mais en tant que Dharmapâla faisant partie du groupe des huit Drag-ched, il n'est pas, contrairement à ceux-ci, représenté avec un aspect féroce, mais plutôt comme un guerrier brandissant un glaive et portant une bannière. Il porte un turban sous sa couronne (parfois avec une conque marine) et est vêtu d'une robe flottante avec de longues manches. Il chevauche un cheval ou bien, dans certains cas, un bélier.

BEG-TSE (Lcam-Sring ; mongol Egechi Degüü)

Ce guerrier redoutable, en armure et portant des bottes mongoles, apparut tardivement et fut assez peu représenté. Selon une légende, il aurait attaqué le Dalai-lama à la tête d'une armée d'animaux, combattant pour les troupes mongoles (XVIIe siècle). Le Dalai-lama ayant pris l'aspect d'Avalokiteshvara, Beg-tse se serait soumis et converti au bouddhisme. Il est représenté avec tous les attributs des Dharmapâla, brandissant un glaive de la main droite et parfois tenant un cœur humain entre le pouce et l'index de la main gauche (ou bien une arme). Il est en position dynamique vers la droite et piétine un cheval et un cadavre humain. Il est parfois accompagné par deux petits acolytes, une femme nue assise sur un lion (symbole de la nation tibétaine) et un guerrier assis sur un loup (symbole de la nation mongole). Cette divinité terrible symboliserait la conversion des Mongols au lamaïsme.

YAMA (jap. Enma-ô ; chin. Yanluo Wang ; tib. Chos-rgyal, Gshin-rje ; mongol Erlig Khân)

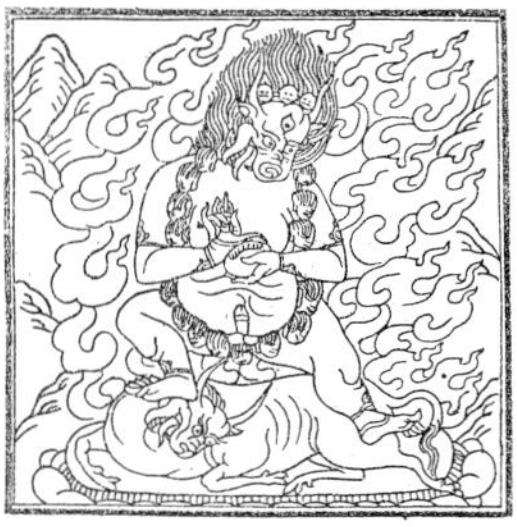
Yama, gravure tibétaine

C'est le roi des morts, « Celui qui entrave » les humains, qui préside aux enfers. Ce serait aussi, selon certaines légendes indiennes, le premier homme. Alors qu'en Chine il n'est que le cinquième roi des enfers (voir à *Dix rois des enfers*, p 252), il fut considéré au Tibet comme un Dharmapâla. Il est souvent accompagné de sa sœur Yamî, et de sa parèdre Châmundî (ou Lha-mo). Il est représenté nu, orné de colliers de crânes, de couleur bleu foncé, rouge, blanche ou jaune suivant ses aspects, avec une tête de buffle et en position dynamique sur ce même animal. Mais il peut également être représenté sous une forme humaine, avec une tête et six bras dont deux sont réunis en Añjali-mudrâ au-dessus de sa tête ; une roue est dessinée sur sa poitrine. Cependant au Tibet, où ses images sont nombreuses, il assume généralement l'un des trois aspects suivants :

– Gsang-sgrub. Il est rouge, a une tête de buffle et les attributs d'un Dharmapâla. Il se tient debout sur un buffle (parfois courant) et tient un couperet (*gri-gug*) et une calotte crânienne. Parfois, il porte un chintâmani à la place du couperet, et est accompagné par deux squelettes (*chitipati*).

– Phyi-sgrub, « ministre de l'Extérieur ». C'est le protecteur de la secte des « Bonnets jaunes » (Dge-lûgs-pa). Il est bleu foncé et ressemble à Gsang-sgrub lorsqu'il est accompagné de Yamî, sinon il est blanc ou jaune. Il n'est jamais représenté avec sa Shakti.

– Snag-sgrub, « ministre de l'Intérieur ». C'est un Juge de l'enfer, tenant à la main un couperet et une calotte crânienne. En peinture, il est bleu sombre et piétine un homme. Ses assistants piétinent des buffles.

(Voir représentations chinoises et japonaises aux *Dix rois des enfers*).

MAHÂKÂLA (jap. Daikoku ; chin. Dahei Wang ; tib. Mgon-po ; mongol Yeke gara)

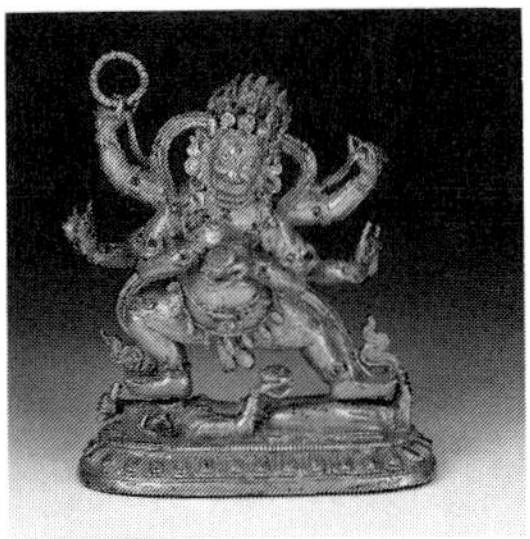

Mahâkâla, bronze doré, Chine, fin XVIIIe siècle, musée Guimet

Cette divinité, « le Grand Noir », est particulière au Tibet et fut acceptée au XVIIe siècle comme divinité tutélaire de Mongolie, sous l'influence tibétaine. Son nom chinois n'est que la transcription du nom sanskrit, et il n'a jamais fait l'objet d'un culte en Chine même. Au Japon, où son image semble provenir de Mongolie, il n'a pas le même symbolisme et, sous le nom de Daikoku, fut vénéré, à partir du XVIIe siècle, come une divinité du bonheur (nous verrons ce groupe plus loin). Au Tibet, Mahâkâla est à la fois un Dharmapâla et un dieu protecteur (Yi-dam). Ses attributions sont mal définies, en dehors de celle qui consiste à défendre la Loi bouddhique. Il peut prendre de très nombreuses formes, et celles-ci, selon A. Getty (*op. cit.,* p. 161), peuvent se grouper sous cinq aspects et noms :

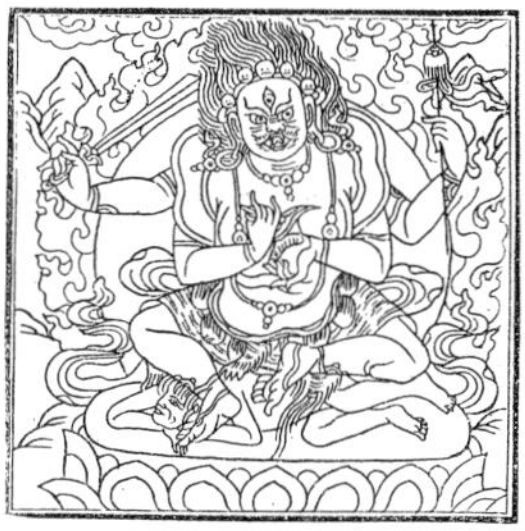

Mahâkâla, gravure tibétaine

– Mgon-dkar, protecteur des Mongols, est considéré comme une divinité de la richesse. Il a une tête (parfois de buffle) et six bras. Il a les attributs d'un Dharmapâla mais tient un chintâmani et une coupe crânienne contre la poitrine, les autres bras étant diversement armés. Vêtu d'une peau d'éléphant et d'une écharpe céleste, il piétine deux éléphants. Il est de couleur blanche.
– Mgon-po est semblable à Mgon-dkar mais tient un couperet au lieu d'un chintâmani contre la poitrine. Il piétine le démon Vinâyaka. Il est bleu-noir. Il prit un aspect particulier (appelé Mgon-po Bram-zei) lors de son apparition à Phags-pa (au XIIIe siècle) : il a alors une seule tête avec une longue barbe. Son attribut distinctif est une trompette faite dans un os humain.
– Comme protecteur de la Science, il est représenté assis sur un personnage et tient un trident. Il est bleu foncé.
– Comme protecteur de la Tente (aspect mongol), il piétine un personnage et tient un couperet, une corde et un bâton.

Les significations de ces attributs ne sont guère certaines et peuvent varier selon les interprétations. De nombreuses légendes tibétaines et mongoles sont associées à Mahâkâla, qui tendent à expliquer ses divers aspects.

Au Japon, Mahâkâla est appelé Daikoku-ten (ou Makiakara-ten) et présente deux aspects bien distincts. Il n'est pas bien certain que l'aspect populaire, bénin et bienfaiteur, dérive de l'autre ni même soit en relation avec le personnage tibétain. En fait, le Daikoku-ten qui est couramment vénéré et prié au Japon paraît bien plutôt être la « bouddhisation » d'un Kami du terroir (lequel pourrait, selon certains, être Ôkuni-nushi no Mikoto, Kami shintô de l'agriculture ou du « grand pays »).

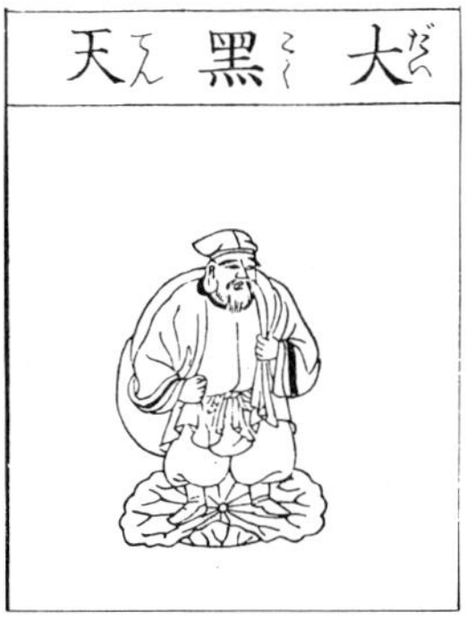

Daikoku-ten (Mahâkâla)

Il est, au Japon, rarement représenté sous sa forme originale tibétaine ou népalaise, sauf peut-être sur quelques mandala où il figure avec trois têtes et six bras dont deux tirent au-dessus de sa tête le voile de la nuit[1]. Ses cheveux sont hérissés et il a une apparence à la fois horrible et furieuse. Dans ses autres mains droites il tient une tête de démon par les cheveux, un glaive ou un crochet, et dans ses autres mains gauches la dépouille d'une gazelle (aspect de Shiva) et un glaive.

Son aspect populaire semble appartenir plus au shintô qu'au bouddhisme. Daikoku-ten est alors essentiellement un des sept dieux du bonheur (Shichifukujin). Cependant on trouve son effigie dans les

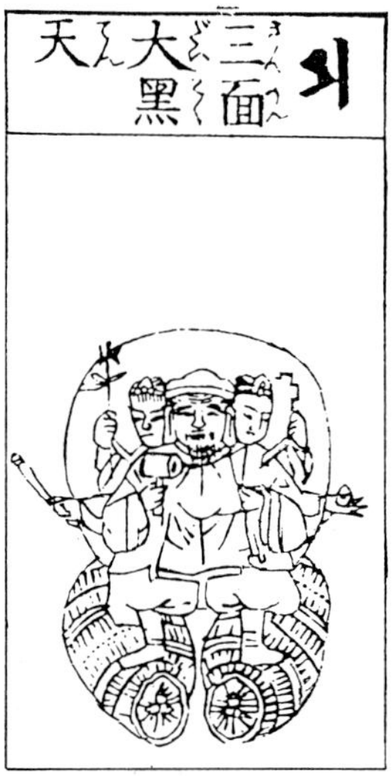

Sanmen Daikoku

cuisines des monastères bouddhiques, où il est chargé de pourvoir à la nourriture des religieux. Il est presque certain, toutefois, que cet usage est un emprunt fait par les moines à la religion populaire. On le croit aussi « protecteur des trois trésors du bouddhisme » (le Bouddha, le Dharma et le Samgha), et il est vénéré par les travailleurs comme le « sauveur du genre humain », on ne sait trop pourquoi. On lui connaît plusieurs formes que l'on peut éventuellement classer en deux catégories : celles qui sont en rapport avec le bouddhisme et celles qui ne sont que l'expression d'une croyance populaire.

Formes en relation avec le bouddhisme

On le représente parfois avec trois têtes : la sienne plus celles de Vaishravana et de Sarasvatî (cette dernière parfois remplacée par celle de Mârîchî). Cette forme, appelée Sanmen Daikoku (Daikoku à trois têtes), est montée sur un sanglier. On attribuait autrefois au Japon d'autres formes à Daikoku-ten. Selon le *Butsuzô-zu-i* (ouvrage de description des divinités japonaises du bouddhisme, publié en 1783), il y aurait eu six formes de Daikoku-ten appelées Roku-daikoku-ten[2].

Formes populaires

On représente généralement Daikoku-ten comme un homme assez gras (signe de prospérité) et souriant, avec un gros sac sur l'épaule (ce qui fut peut-être confondu avec le voile de la nuit tiré par Mahâkâla) ou bien posé à côté de lui et que des rats grignotent. Assis (ou debout) sur des balles de riz, il a un air affable, porte un chapeau de paysan japonais et tient les mains sur les hanches. Les lobes de ses oreilles sont enflés mais non percés. Il porte souvent dans la main droite un maillet en bois de forme particulière, appelée *uchide no kozuchi*, qu'il secoue pour obtenir des richesses en abondance. Son gros sac est réputé contenir la sagesse et la patience, vertus très appréciées du peuple japonais. Son effigie, toujours très vénérée, est souvent portée comme talisman. En tant que dieu de la prospérité faisant partie des sept divinités du bonheur , on lui attribue la vertu de Fortune. Son image, sous le nom de Kôjin-sama, est devenue celle du Kami shintô de la cuisine, car dans l'esprit populaire Kôjin est identique à Daikoku-ten[3]. C'est ainsi que les images de Daikoku-ten placées dans les cuisines furent appelées *Kôjin,* et inversement.

Les sept divinités du bonheur (Shichifukujin)

Ce groupe de divinités populaires du Japon sont, en dehors de Daikoku-ten (Mahâkâla) : Ebisu, Benzai-ten (ou Benten, Sarasvatî), Bishamon-ten (Vaishravana), Fukurokuju, Jurôjin et Hotei. Parmi ces sept divinités, nous avons traité par ailleurs Benzai-ten, Bishamon-ten et Hotei. Ce nombre de sept n'est pas sans rappeler celui des « sept sages du bosquet de bambous » ou des « sept sages de la coupe de vin » dont les images sont populaires en Chine. En effet, ce groupe hétéroclite formé de divinités appartenant au bouddhisme, au terroir japonais et au taoïsme chinois aurait été artificiellement créé au XVIIe siècle par le moine Tenkai (mort en 1643, nom posthume Jigen Daishi), désireux de symboliser pour le Shôgun Tokugawa Iemitsu (1623-1650) les vertus essentielles de l'homme de son temps : longévité, fortune, popularité, candeur, amabilité, dignité et magnanimité. Bien que ces divinités, prises individuellement, aient eu une existence antérieure à la formation de ce groupe, venant soit du panthéon bouddhique (Benzai-ten, Daikoku-ten, Bishamon-ten, Hotei), soit des croyances du shintô (Ebisu, Daikoku, Benten) ou du folklore chinois (Fukurokuju, Jurôjin, peut-être aussi Hotei), on ne les trouve réunies pour la première fois que sous le pinceau d'un peintre de la famille Kanô (peut-être Kanô Tan'yû). Ces sept divinités sont censées voyager de concert sur le « bateau des trésors » (*Takara-bune*), lequel est abondamment représenté dans le folklore japonais par des images et des jouets. Ces Shichifukujin sont en effet extrêmement populaires, même de nos jours, et l'on rencontre leurs effigies (en groupe ou séparées) dans la plupart des maisons et échoppes du Japon.

Ebisu. Divinité probablement autochtone, Ebisu serait en réalité une personnification du Kami Kotoshiro-nushi no Mikoto, fils d'Ôkuni-nushi no Mikoto (donc fils de Daikoku-ten), un héros mythique du shintô. Selon certains, il pourrait également être identifié au Kami Hiruko no Mikoto, le troisième fils d'Izanami et Izanagi, les géniteurs primordiaux des îles du Japon. À ce titre il est souvent considéré comme l'ancêtre des populations primitives du Japon, autrefois appelées Ebisu. Dans certaines parties du Japon, surtout à Kyûshû, la divinité des fermes se nomme également Ebisu, et quelques groupes de chasseurs de cette île appellent les singes du même nom. Mais plus peut-être que les fermiers, ce sont les pêcheurs japonais qui ont pris l'habitude d'invoquer Ebisu avant de prendre la mer ou de plonger : ils le symbolisent par une grosse pierre qu'un jeune garçon doit aller retirer du fond de la mer à certaines époques de l'année. De nombreuses légendes et coutumes populaires ont Ebisu pour personnage central. On lui rend un culte fervent dans la région d'Ôsaka où il est fêté chaque année les 9 et 10 janvier par les marchands qui, munis de maillets, vont frapper les murs de son sanctuaire pour l'appeler, car on le croit sourd. On lui offre en hommage de gros radis (*daikon*) macérés dans le vinaigre (*bettara*). On le fête également le 20 octobre. Des sanctuaires lui sont dédiés dans tout le Japon : celui de Nishi no Miya[4] est célèbre et attire chaque année de nombreux pèlerins. On représente Ebisu vêtu d'un ancien costume de paysan japonais, et souriant largement. Il tient dans la main droite une canne à pêche et dans la main gauche une daurade (*tai*), poisson symbolique du bonheur au Japon. Ebisu est également considéré comme le patron des travailleurs, de la richesse et de la prospérité. On lui attribue la vertu de candeur.

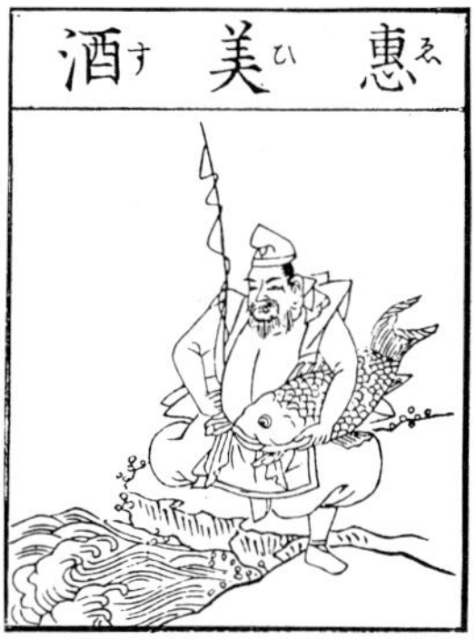

Ebisu

Fukurokuju. Cette semi-divinité d'origine chinoise est peut-être la divinisation d'un sage ermite taoïste de l'époque des Song. On le dit également dieu de l'Étoile du Sud, de la sagesse, de la virilité, de la fécondité et de la longévité. On lui attribue la vertu de popularité. Il fut parfois, mais rarement, remplacé au sein de l'assemblée des sept divinités du bonheur par Kichijô-ten. Fukurokuju est généralement représenté sous les traits d'un petit vieillard barbu et moustachu, pourvu d'un crâne chauve haut comme trois fois son corps. Ce crâne démesuré prend parfois des aspects phalliques et est alors recouvert par un bonnet en tissu. Il porte un long bâton noueux auquel est attaché un livre. Sur les peintures il est souvent représenté en compagnie d'une grue, symbole taoïque de longévité. En sculpture, il tient généralement les mains cachées dans ses larges manches. On le confond parfois avec Jurôjin. Il n'est pratiquement jamais invoqué en tant que divinité isolée, et on ne lui rend aucun culte officiel.

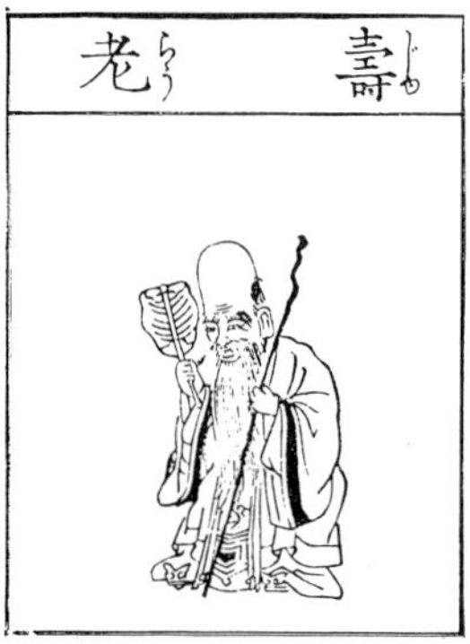

Jurôjin

Jurôjin. C'est le dieu du bonheur et de la longévité. Il a fort probablement la même origine que son compère Fukurokuju avec lequel on le confond souvent. Réputé grand amateur de *sake* (vin de riz), on le représente comme un petit vieillard avec un grand front (moins haut cependant que celui de Fukurokuju) et tenant à la main un bâton noueux auquel est attaché le Livre du Savoir. Il est accompagné par une grue (jap. *tsuru*), un daim noir ou une tortue. On le nomme parfois Rôjinseishi lorsqu'il est identifié avec le sage chinois Laozi.

Hotei. C'est l'un des personnages bouddhiques les plus connus en Europe où il est appelé Poussah (déformation probable du chinois *Budai* ou *Pusa*, Bodhisattva). Il s'agit peut-être aussi de l'ermite chinois Budaishi (mort en 917), qui passait pour être une incarnation de Maitreya (jap. Miroku Bosatsu). On vénère en effet ce dernier dans certains monastères zen de la secte Ôbaku (comme au Manpuku-ji à Kyôtô) sous le nom de Hotei, le « Miroku au gros ventre ». On lui attribue, parmi les Shichifukujin, la vertu de magnanimité. Il est représenté comme un moine bouddhiste chauve, mal rasé, souriant, avec un ventre énorme. Il tient un éventail non pliant (jap. *uchiwa*) dans la main droite et s'appuie sur un gros sac qui contiendrait des trésors sans fin, sorte de corne d'abondance pour ses fidèles. On le confond aussi parfois avec Warai-Hotoke (Bouddha souriant) ou avec Fûdaishi-ten (japonisation du nom de l'ermite chinois Budaishi) lorsqu'il est commis à la garde des bibliothèques des monastères. Il est alors accompagné par ses deux « fils »[5].

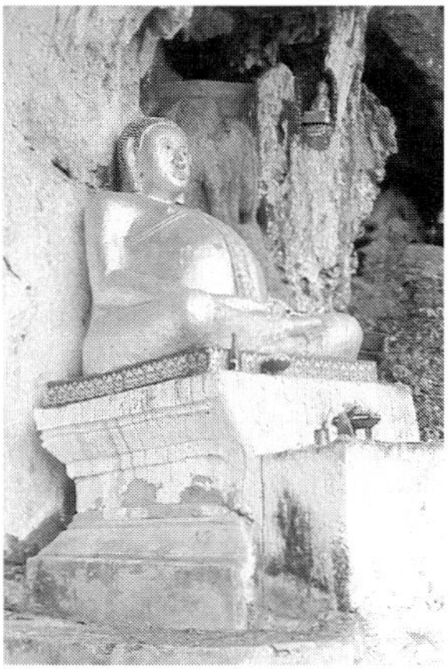

Maitreya, pierre dorée, Laos, Pak-hu

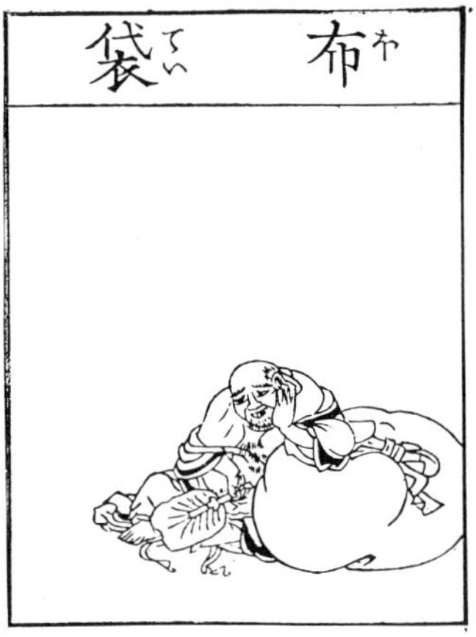

Hotei

L'image de Hotei est souvent réalisée en jouet à traîner ou en jouet basculant. Lorsqu'il est pourvu de roulettes, ce jouet est alors appelé *kuruma-sô*, le « moine roulant ». Dans certaines de ses représentations, Hotei a un œil dessiné sur le dos, symbole de sa vision universelle.

Nous avons étudié par ailleurs les représentations de Benzai-ten (Sarasvatî) et Bishamon-ten (Vaishravana).

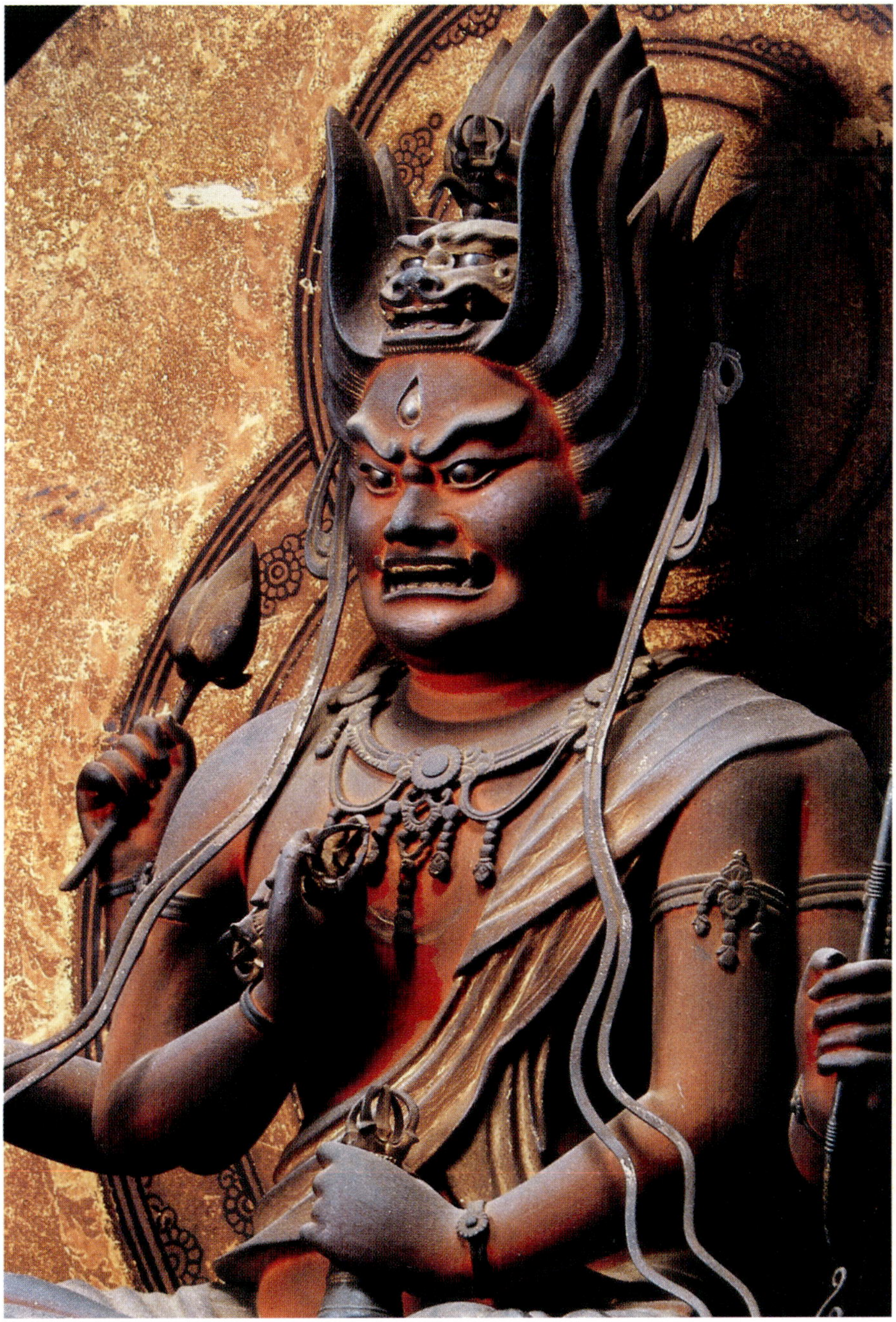

Aizen Myô-ô, bois coloré, Japon, XIIIe siècle.

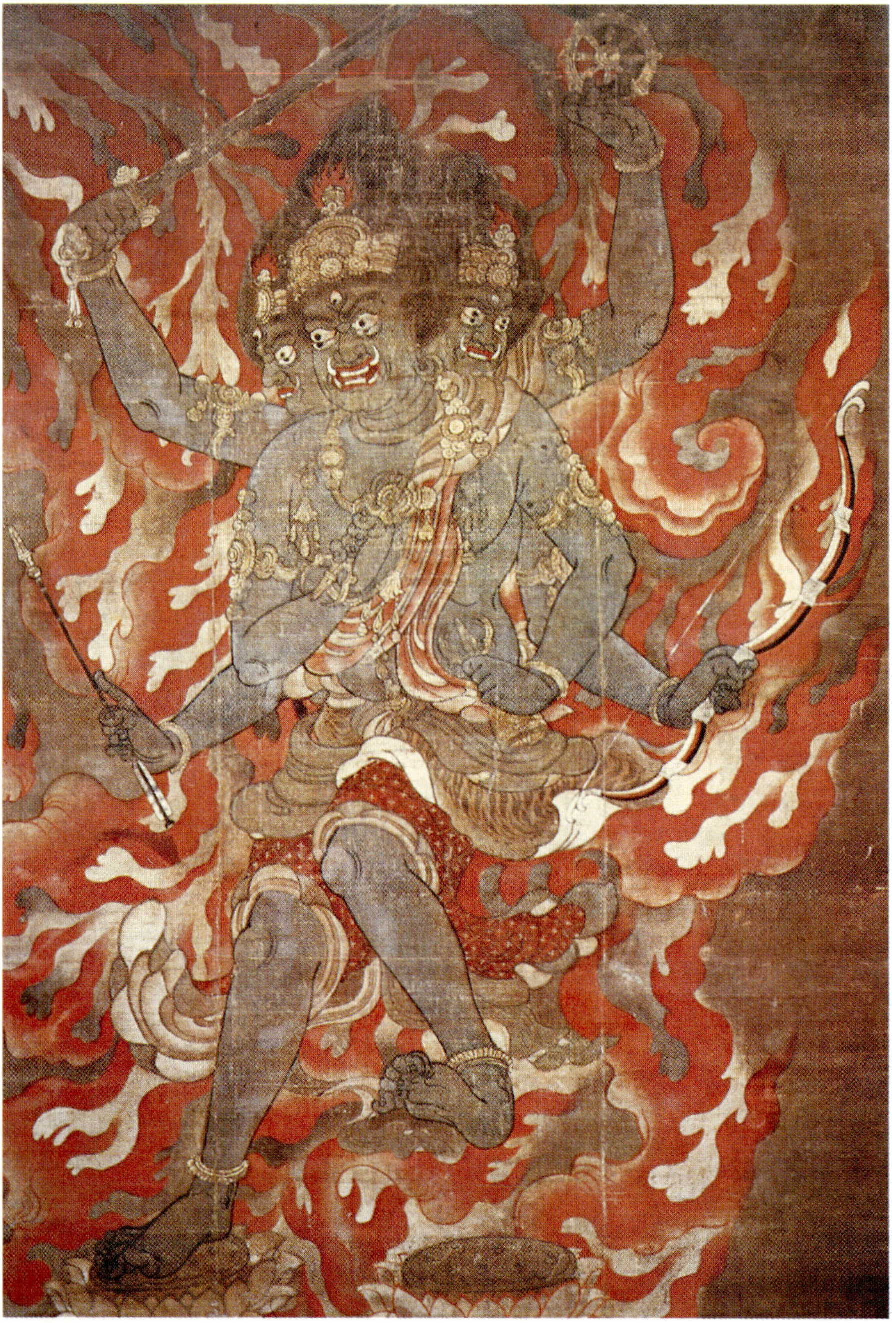

Kongôyasha, peinture sur soie, Japon, Kyôto, Daigo-ji, XIVe siècle.

LES ROIS-GARDIENS

(Lokapâla ; skt. Chaturmahârâja ; jap. Shi-Tennô ; chin. Hushizhe ; tib. Rgyal-chen-bshi ; mongol Mahârâja)

Ce sont les quatre rois célestes censés garder les quatre points de l'horizon. Ils sont vassaux de l'un d'entre eux, Vaishravana[6], et sont censés vivre sur le mont Meru, demeure des trente-trois dieux (Trâiyastrimshas)[7] et aux portes du paradis d'Indra (ce dernier dieu étant considéré comme un protecteur du bouddhisme). Acolytes d'Avalokiteshvara, ils seraient, selon certains auteurs, des hypostases des divinités brâhmaniques à quatre têtes symbolisant les orients. Ce sont les protecteurs du monde[8] et de la Loi bouddhique. Au début ils furent, en leur qualité de rois du monde, confondus avec leurs généraux, et le *Lalitavistara* les décrit déjà armés et cuirassés[9]. Les légendes bouddhiques abondent à leur sujet : ils auraient été présents à la naissance du Bouddha, auraient soutenu les sabots de Son cheval lorsque Celui-ci quitta le palais du roi Son père à Kapilavastu, et auraient offert au Bouddha quatre bols à aumônes que le Sage, miraculeusement, transforma en un seul. De même, ils auraient assisté à Son Parinirvâna. Très tôt le bouddhisme les représenta, soit ornant les quatre côtés des stûpa (portes de Sâñchî, en Inde), soit sur des bas-reliefs. Ils ne sont pas en armure dans leurs premières représentations mais torse nu et armés de lances ou de massues. Alors que ces rois-gardiens sont représentés dans l'art brâhmanique montés sur des éléphants (Dig-gaja), dans l'art bouddhique ils sont plus volontiers montrés piétinant des démons (bien que certains d'entre eux, notamment au Japon, soient montés sur des éléphants). Les représentations des Lokapâla auraient été introduites en Chine par Amoghavajra au VIIIe siècle, et de là passèrent en Corée et au Japon où elles connurent un grand succès auprès des fidèles. La Chine et l'Asie centrale leur donnèrent l'aspect de guerriers car ils étaient censés protéger les souverains bouddhistes contre les entreprises des barbares. Au Japon, ils furent vénérés très tôt : on leur attribua la victoire des clans partisans du bouddhisme sur ceux qui lui étaient hostiles. En remerciement de leur aide, à la fin du VIe siècle, le prince Shôtoku leur éleva un grand sanctuaire, le Shitennô-ji, à Ôsaka, où il plaça leurs effigies. Comme protecteurs de l'État, on leur éleva par la suite des temples dans les provinces afin qu'ils puissent veiller à la sécurité des territoires et sur les récoltes. Mais bientôt leur culte se condensa dans celui qui apparaissait comme le plus puissant, Vaishravana.

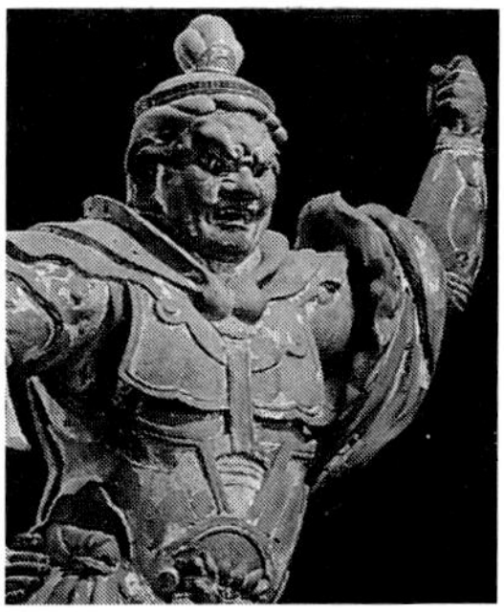

Roi-gardien, un des Shi-tennô,
Japon, XIIIe siècle

On les trouve le plus souvent en groupe, et placés aux quatre angles des autels réservés aux grandes divinités, ou aux angles des mandala réunissant de nombreuses effigies divines (comme au Tô-ji, à Kyôto, par exemple). Ils sont toujours représentés debout, dans des positions martiales, ainsi qu'il sied à des guerriers dont l'attention doit toujours être en éveil, sur des rochers (symbolisant le mont Meru et, par là même, leur inébranlable résolution), et piétinant des Yaksha ou des démons (appelés parfois au Japon Jaki ou Amanojaku[10]. La plupart des grands temples du Japon et de Chine possèdent leur effigie, soit en sculpture, soit en peinture, c'est dire que le nombre de leurs représentations est infini. Ils furent surtout représentés en peinture en Asie centrale (notamment à Khara-khoto avant 1227, et sur des bannières à Dunhuang) et au Tibet, ornant des représentations de stûpa ou reliquaires. Au Tibet, on les rencontre également sur des peintures ; au moins un mandala est consacré à Vaishravana sous sa forme tibétaine de Rnam-sras-ser-chen, un aspect du dieu des richesses Jambhala. Au Japon, les Lokapâla furent surtout sculptés, ces guerriers devant avoir une présence effective afin de pouvoir intervenir à tout moment [11]. En peinture, les plus célèbres représentations sont celles, de style d'Asie centrale, qui ornent les murs (VIIIe siècle) du Kondô du Hôryû-ji à Nara [12]. Dans le *Garbhadhâtu Mandala*, ces Chaturmahârâja sont répartis selon leurs horizons respectifs [13]. Selon les sûtra, les couleurs qu'on leur attribue peuvent varier : dans le *Mahâprajñâpâramitâ-sûtra* (jap. *Dai-Hannya-kyô*), ils entourent et protègent le Bouddha Shâkyamuni ; d'après le *Shi-tennô-kyô* [14] ils font, pendant six jours d'abstinence, la tournée du monde afin d'inspecter souverains, ministres, peuples, Nâga et Preta, insectes et poissons, et de s'enquérir de leurs progrès spirituels [15].

On les représente généralement comme des guerriers en armure, avec ou sans casque, ou avec un diadème. Sur la partie ventrale de leur armure est représentée une tête de lion ou de démon. Ils ont des protège-bras et des jambières ou grèves, ainsi que des plaques de poitrine décorées. Sous leur armure dépasse une robe agrémentée d'écharpes célestes. Derrière leur tête se trouve parfois une auréole ronde quelquefois entourée de courtes flammes. Cette auréole est souvent remplacée par une roue à rayons. Ils ont presque toujours des chaussures. Ils tiennent dans leurs mains des attributs divers et sont dans des poses dynamiques, avec un visage courroucé.

On les vénère soit dans la personne de leur chef, Vaishravana, soit collectivement, mais on ne leur rend pas de véritable culte (sauf toutefois lorsque Vaishravana est considéré comme une divinité séparée).

Ces quatre rois-gardiens (Chaturmahârâja) sont situés : au nord, Vaishravana ; à l'est, Dhritarâshtra ; au sud, Virûdhaka ; à l'ouest, Virûpâksha.

VAISHRAVANA (jap. Tamon-ten, Bishamon-ten ; chin. Duowen, nom taoïste Molishou ; mongol Bisman Tengri ; tib. Rnam Thas-kyi Bu, Rnam Thos-sras)

C'est le gardien du Nord [16] et le chef des Chaturmahârâja, « Celui qui est savant », « Celui qui entend tout dans le royaume », le protecteur de l'État par excellence, parfois considéré comme une divinité de la guerre (défensive). En Chine, il est considéré comme une « bouddhisation » de la divinité brâhmanique des richesses Kuvera, le Nord étant considéré comme recélant de fabuleux trésors. Il préside à l'hiver et est de couleur noire (on le nomme « le Guerrier noir »). Il a pour symboles un joyau et un serpent, et commande à une grande armée de Yaksha [20]. Il peut être de couleur rose, imberbe, tenant une ombrelle et un rat. En Inde ses symboles sont le drapeau, le joyau et l'*ichneumon* (mangouste). Au Japon, il est appelé Tamon-ten lorsqu'il n'est considéré que comme l'un des Chaturmahârâja (Shi-tennô), et Bishamon-ten lorsqu'il est considéré comme une divinité séparée. Son culte apparaît indépendamment des autres rois-gardiens à partir du IXe siècle. À cette époque, il était considéré comme un dieu guérisseur et, à ce titre, était

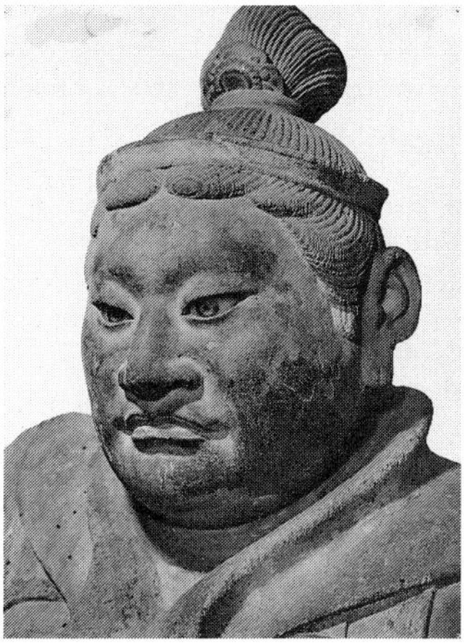

Bishamon-ten (Vaishravana), Japon, XIIIe siècle Kyôto, musée National

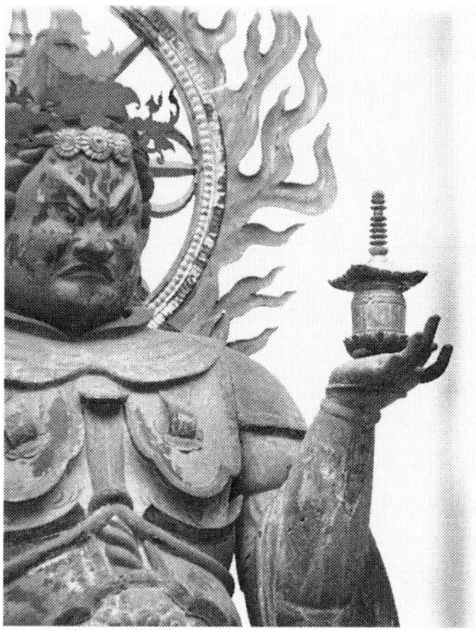

Bishamon-ten (Vaishravana), Japon, Kôchi, Sekkei-ji, XIIIe siècle

la divinité principale du Chôgosonshi-ji sur le mont Shigi, près de Nara. Un rouleau enluminé, le *Shigisan Engi Emaki*, fut peint au XIIe siècle à la gloire de Bishamon-ten, contant la guérison miraculeuse de l'empereur Daigo (898-930) et les miracles accomplis par l'ermite Myôren, un fervent adorateur de Vaishravana[18]. Dès la période de Heian, Bishamon-ten devint la divinité principale des sanctuaires syncrétiques du mont Kurama où il fut vénéré comme dieu des richesses, Kuvera (Kubira ou Konpira)[19], un chef des Yaksha. On donnait, au Moyen Âge, son nom aux guerriers (Tamonmaru) car on le considérait comme leur patron[20]. On le croit également possesseur d'immenses richesses et dispensateur des « dix sortes de trésors ou bonheurs[21] ». C'est pourquoi, au XVIIe siècle, il fut inclus dans la liste des sept divinités du bonheur (Shichifukujin). Son animal-messager est alors un centipède (jap. *mukade*), animal venimeux à vingt paires de pattes. Comme en Chine, on lui attribue la vertu de dignité. Le peuple prend souvent le stûpa qu'il tient à la main pour la tour où il garderait ses trésors.

On le représente, au Japon, foulant deux démons aux pieds[22]: ceux-ci revêtent parfois une forme animale (effigie au Hôryû-ji, Nara). Ces démons sont interprétés comme étant Lambâ (jap. Nirambâ) et Vilambâ (jap. Biranba), « la Suspendue », parfois appelée Vairambha, « Vent destructeur »[23], deux sortes de sorcières. Ses attributs principaux sont le stûpa et la lance (plus rarement le trident et le bâton). Dans le *Ryôbu Mandara* de la secte Shingon, Bishamon-ten est, exceptionnellement, représenté assis, en Yogâsana, une couronne sur la tête, portant sur la main gauche à hauteur d'épaule une tour-reliquaire en forme de stûpa et dans la main droite un bâton de sagesse. En peinture il est le plus souvent représenté debout, écrasant un démon (jap. Jaki) sous ses pieds. Mais ses représentations peintes, que ce soit en Chine ou au Japon, diffèrent souvent de la lettre des textes.

En sculpture, surtout au Japon, ses formes sont plus fixées : il est debout et revêt parfois sur son armure une robe ornée des « sept précieux joyaux ». En principe, son visage est de couleur bleue[24] :

– main droite : lance[25], trident[26] ou bâton (*danda*) ; main gauche : stûpa[27] ;

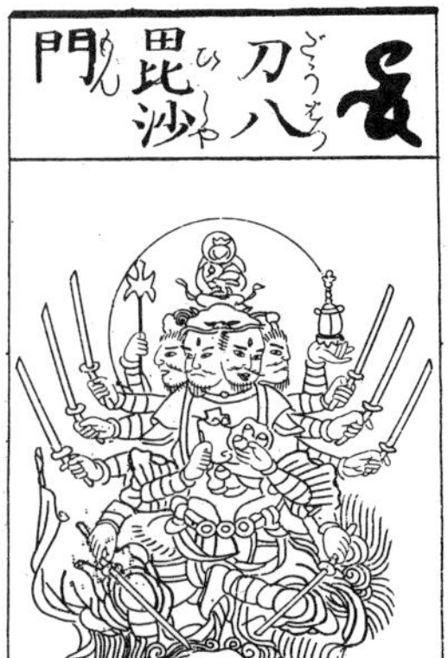

Tôbatsu Bishamon-ten

– ou main droite : stûpa[28] ; main gauche : lance ou trident ;
– ou main droite : lance ; main gauche en visière sur les yeux.

En peinture comme en sculpture, son auréole ronde est parfois ornée de huit rayons terminés par des vajra à une ou trois pointes.

Une variante japonaise, Tôbatsu Bishamon-ten, est représentée comme Bishamon-ten mais avec une armure très serrée à la taille. Ses pieds sont supportés par Nirambâ et Vilambâ. Entre eux se trouve la tête de la Terre, Prithivî (jap. Chi-ten), ou de Vinâyaka, le « démon des obstacles »[29] que Bishamon-ten se propose de vaincre. Tôbatsu Bi-shamon-ten peut également être représenté avec douze bras, quatre têtes, et monté sur un lion (surtout dans les mandala et dans le *Butsuzô-zu-i*).

Vaishravana peut aussi prendre diverses formes, entre autres celle de l'un de ses Yaksha, Samjñeya (jap. Jinja Taishô, Sanshi Taishô, Shôryôchi Taishô) : il arbore alors une expression féroce et a les cheveux en désordre ; debout sur un rocher, il porte un collier de crânes, et a les mains et les pieds griffus. Sur son ventre apparaît une tête d'enfant ; sa main gauche agite un serpent.

Une divinité secrète, particulière à la branche Taimitsu de la secte Tendai, associe l'image de Bishamon-ten à celle de Kichijô-ten (Shrî) et les place dos à dos : cette double divinité prend alors le nom de Sôshin Bishamon-ten; elle est très rarement représentée et pratiquement jamais montrée aux fidèles[30].

Pendant le Moyen Âge, les effigies de Bishamon-ten étaient parfois accompagnées de celles des Jûni-shinshô ou douze guerriers de Bhaishajyaguru : ils représentaient peut-être alors l'armée des Yaksha de Bishamon-ten.

Bishamon-ten commanderait également à huit (ou seize) grands Yaksha (voir note 20) dont certains seraient des Kami (êtres supérieurs appartenant au shintô) « bouddhisés », comme par exemple les Jûrokuyasha-shin du Kôya-san (Japon) dont le nom apparaît après 841, importé par le moine Ogurusu Jôgyô (peinture au Daigorishô-in du Kôya-san, avec six têtes et huit bras). D'autres Yaksha, acolytes de Bishamon-ten, tels que Kishin-Taishô (aussi appelé Kôya-shin ou Kôyakishin), et vénérés au Kôya-san, seraient réputés chasser les animaux sauvages et protéger le pays et le peuple (effigies en bois à l'Akishinodera, au Japon).

Vaishravana est également vénéré par les sectateurs de Nichiren en tant que protecteur du *Sûtra du Lotus de la Bonne Loi* (*Saddharmapundarîka-sûtra*).

Formes de Vaishravana

Une des formes les plus vénérées de Vaishravana est celle de Kuvera, « bouddhisation » d'une divinité brâhmanique de la richesse, fils d'un sage appelé Vishravas. Promu à ce rang par Brahmâ en raison de ses nombreuses austérités, il aurait quitté le mont Kailâsa dans l'Himâlaya et serait devenu roi de Lankâ (Ceylan) où il aurait utilisé un char volant merveilleux, appelé Pushpaka, qui fut utilisé par le démon Râvana dans le poème du *Râmâyana*. Les bouddhistes en firent le gardien du Nord, résidant sur le mont Alaka dans l'Himâlaya et lui donnant une grande armée de Yaksha et de Kimnara. Ces Yaksha auraient été commandés par vingt-huit généraux dont le chef, Pâñchikha, exécute les ordres de Kuvera-Vaishravana. Ce Pâñchikha aurait été, selon le *Mahâvamsa*, le père des cinq cents fils de Hârîtî. Très tôt vénéré (on trouve quelques-unes de ses représentations dans le Gandhâra et en Inde du Nord aussi bien qu'à Java), ce général des Yaksha fut assez rapidement confondu avec Kuvera-Vaishravana. Il est généralement représenté avec un turban, tenant une lance et un sac de bijoux, parfois en compagnie de un ou deux oiseaux (sculpture du Chandi Mendut, à Java). À Ajantâ, il est représenté en compagnie de Hârîtî. Les attributs qu'il porte varient parfois, et la lance, symbole de sa fonction, est souvent absente de ses représentations. En revanche, le sac de bijoux l'est rarement. Il est souvent accompagné d'une mangouste (bien que cet animal soit plus typiquement un attribut de Kuvera, la mangouste combattant victorieusement les Nâga, gardiens des trésors terrestres, pour le compte de Kuvera). Parfois, le sac à bijoux prend la forme d'une mangouste (*nakula*), d'autres fois (et particulièrement dans la forme népalaise de Kuvera, appelée Jambhala), la mangouste est montrée vomissant des bijoux. Cette forme népalaise (appelée Jambhala peut-être en raison d'un citron, *jambhara*, qu'elle porte toujours dans la main droite) est une divinité de la richesse. Au Tibet et au Nepâl, ses aspects sont parfois légèrement différents les uns des autres, certains pouvant porter un trident et être accompagnés d'un dragon. Cependant, Kuvera-Vaishravana est diversement représenté suivant les régions. Il ne semble pas cependant que le bouddhisme en ait fait une divinité de la richesse, sauf peut-être au Nepâl et au Tibet où il est assez souvent représenté tenant une coupe rituelle plate d'où s'écoulent des joyaux. On le représente toujours torse nu, assis sur un trône avec une jambe pendante (le pied quelquefois posé sur un sac rempli de joyaux), ou bien sur un cheval ou une pile de coussins (*khol-bok*, série de coussins dont l'empilement indique, au Tibet et en Mongolie, le rang du lama qui s'assoit dessus), ou encore assis sur un démon. Il tient à la main une bannière (*dvaja*), une lance ou un trident, et l'inévitable mangouste. Ces attributs peuvent être supportés par un vase ou une fleur de lotus. Dans quelques rares cas, Kuvera est représenté avec un troisième œil et une courte barbe : c'est une forme tantrique lamaïque. Dans ce dernier cas, il peut avoir trois jambes, cinq têtes et huit bras dont les mains portent des accessoires tantriques : couperet (*gri-gug*), vajra, clochette, et réalisent une Vajrahûmkara-mudrâ. Cette forme est invoquée lors des rituels lamaïques pour obtenir la richesse.

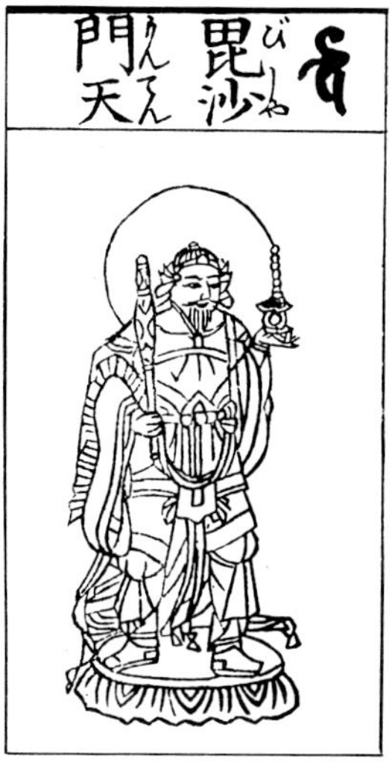

Bishamon-ten (Vaishravana)

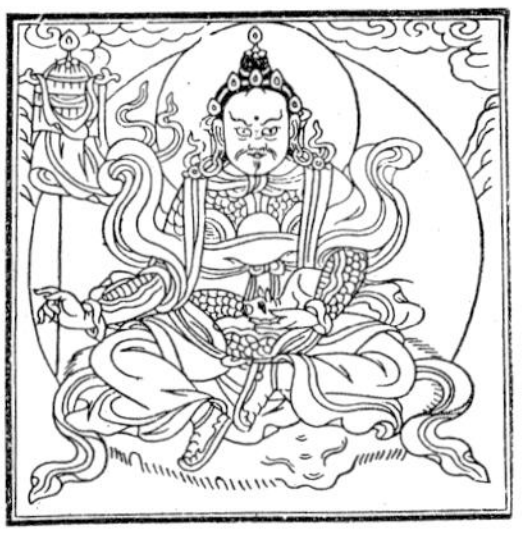

Vaishravana, gravure tibétaine

Au Japon, sa personnalité est ambiguë. Appelé Kompira ou Kubira, il est considéré comme une divinité du bonheur et de la richesse. Cependant les rapports de cette divinité avec le Kuvera indien ne sont pas évidents. Il peut s'agir d'une confusion de nom et de personnage. Surtout vénéré par les pêcheurs de l'île de Shikoku, Konpira-ten est le protecteur des marins et le dieu de la prospérité. Divinité syncrétique, il porterait également un nom shintô, Zôzugen-konpira-daigongen, et certains auteurs pensent qu'il serait le même personnage qu'un Kami des temps mythiques, le prince Ono-nushi no Mikoto. D'autres le croient identique au héros légendaire Kotohira ou l'identifient encore à l'empereur Sutoku (1124-1141) devenu un Kami.

On le représente au Japon comme un vieil homme assis, les jambes croisées, parfois habillé comme un moine bouddhiste, avec un bonnet sur la tête et tenant à la main une plume de paon. Il a la peau très foncée, presque noire. On le fête à Sanuki et à Kotohira dans l'île de Shikoku, ainsi qu'à Tôkyô (à Toranomon) les 9, 10 et 11 octobre, avec des cierges allumés et des danses exécutées par huit jeunes filles. Parmi ses nombreux sanctuaires, l'un des plus réputés est celui du Jufukuji, à Kamakura, où se trouverait une de ses effigies.

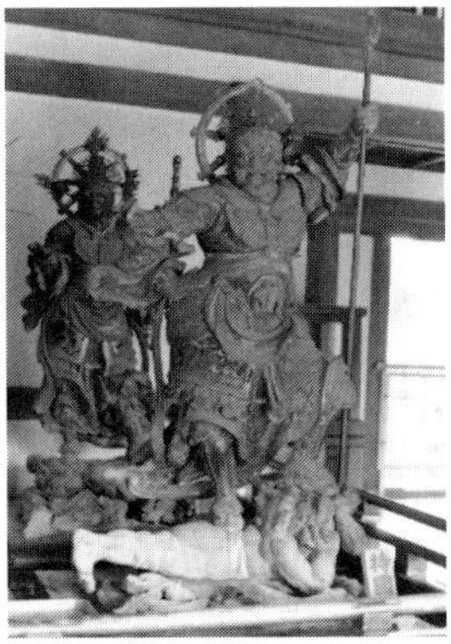

Jikoku-ten (Dhritarâshtra)

DHRITARÂSHTRA (jap. Jikoku-ten, Daizurata-ten ; chin. Chiguo ; tib. Yul-bkhor Bsrungs ; mongol Orchilong Tetküchi ; thaï Thatarot)

Ce roi-gardien gouverne à l'est et préside au printemps. C'est « Celui qui maintient le royaume (de la Loi) », le « Mainteneur de l'État ». En Chine, il est représenté de couleur bleue ou verte et jouant de la guitare (*pipa*). Il commande une armée de musiciens célestes (Gandharva) et de démons-vampires (Pishacha). Son nom taoïque est Molihai. En Inde et au Tibet, il est représenté de couleur blanche.

Cependant, en Chine, il peut également être représenté avec un visage noir et une longue barbe, armé d'un glaive et d'un anneau d'or.

Au Japon, il est représenté comme un guerrier en armure, debout sur un rocher ou sur un ou deux démons, le visage vert[31], les cheveux hérissés (ou casqué), l'air farouche[32], tenant dans sa main droite un glaive ou un trident, la main gauche posée sur la hanche. (Le glaive est parfois remplacé par un *katana*, sabre courbe japonais.)

En peinture[33], il est plus souvent montré avec un joyau à la main droite et un glaive à la main gauche[34]. Il revêt parfois par-dessus son armure une robe chinoise ornée (ou non) de serpents.

Dans le *Garbhadhâtu Mandala*, il est figuré, conformément à la tradition, à l'est[35], en compagnie de Shakradevendra (jap. Taishaku-ten), une forme « bouddhisée » d'Indra. Peu souvent représenté en peinture (sauf sur les mandala), Dhritarâshtra n'apparaît jamais seul en sculpture, mais toujours dans le groupe des Chaturmahârâja, n'étant pas considéré comme une divinité indépendante.

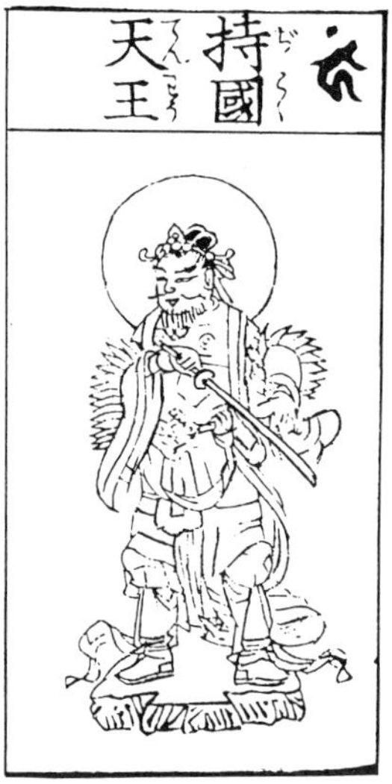

Jikoku-ten-ô

VIRÛDHAKA (jap. Zôchô-ten, Jôchô-tennô, Birurokusha-ten ; chin. Zengzhang ; nom taoïste Moli Hong ; tib. Hphags Skyes-po ; mongol Ulumchi Tereltü ; thaï Virulahok)

Ce roi-gardien gouverne au sud et préside à l'été. C'est « Celui qui agrandit le Royaume », « le Puissant ». En Chine, il est représenté de couleur rouge, alors qu'au Tibet la couleur verte lui est attribuée. Son symbole est l'ombrelle (bien qu'au Tibet on le représente plus généralement avec un glaive et un casque fait d'une tête d'éléphant). En Chine, il est parfois montré avec une peau blanche, une courte barbe et tenant aussi une guitare (*pipa*).

Au Japon, il est représenté comme un guerrier en armure, debout sur un rocher ou écrasant un ou deux démons, tenant de la main droite une lance[36], un bouclier reposant sur le sol (sur lequel il s'appuie des deux mains) ou un glaive (*katana*) ; sa main gauche tient un glaive ou est posée sur sa hanche. Il a le visage vert ou bleu[37] et porte parfois une courte barbe. En peinture, il est parfois représenté accompagné de Yaksha. Il ne fait pas l'objet d'un culte séparé de celui des Chaturmahârâja pris collectivement.

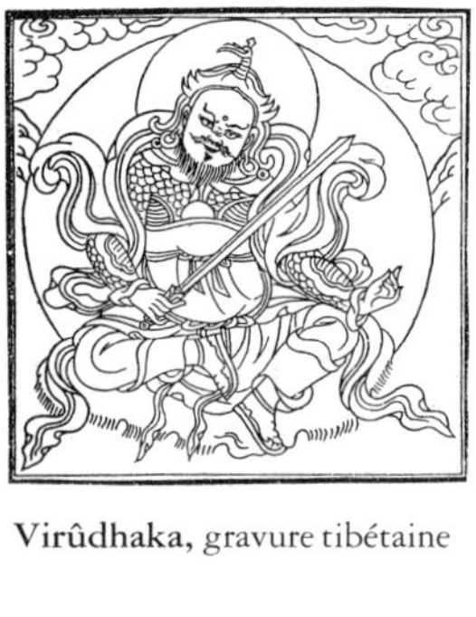

Virûdhaka, gravure tibétaine

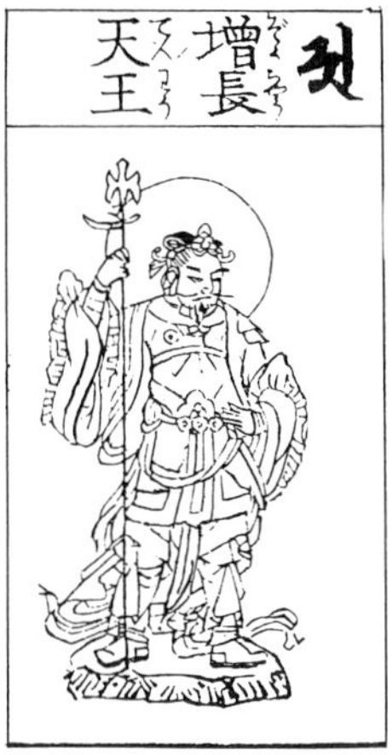

Zôchô-ten-ô

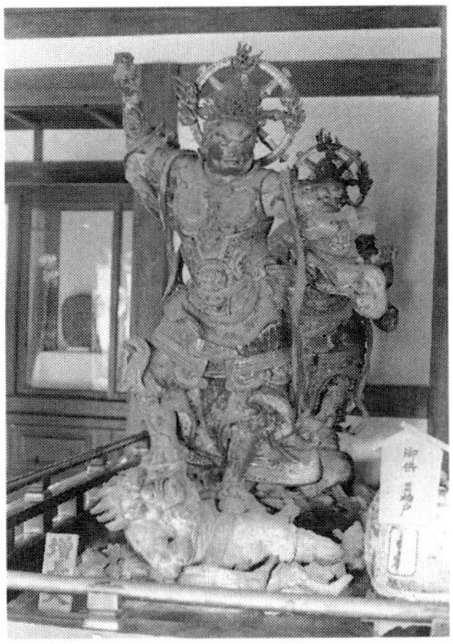

Virûdhaka (Zôchô-ten-ô), bois coloré, Japon, Nara, Yakushi-ji, XIVe siècle

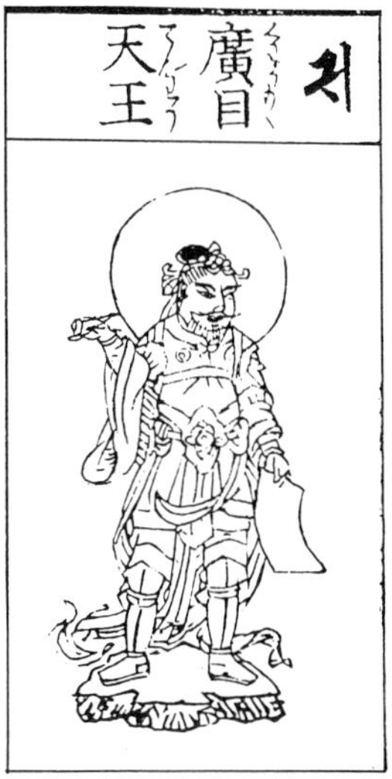

Kômoku-ten-ô (Virûpâksha)

VIRÛPÂKSHA (jap. Kômoku-tennô, Birubakusha-ten ; chin. Guangmu ; nom taoïste Moli Qing ; tib. Mig-mi-bzang ; mongol Sain Bussu Nidûdü ; thaï Virupak)

C'est le roi-gardien de l'Ouest, « Celui qui observe tout ce qui se passe dans le Royaume », « Celui qui voit tout ». Il préside à l'automne. Alors qu'il est de couleur blanche en Chine, on le représente plus volontiers rouge en Inde et au Tibet. Il peut même avoir le visage jaune. Debout sur un rocher ou sur des démons, il est également en armure (sur laquelle une robe est parfois passée).

Dans la main droite il tient une corde[38] ou un pinceau ; dans la main gauche il brandit un rouleau de sûtra ou bien serre le fourreau de son sabre (ou glaive). Parfois sa main gauche est posée sur sa hanche, ou tient une lance. En peinture, il tient parfois une corde à la main droite et une lance à la main gauche. Il ne fait pas l'objet d'un culte séparé du groupe des Chaturmahârâja et n'est jamais représenté isolément.

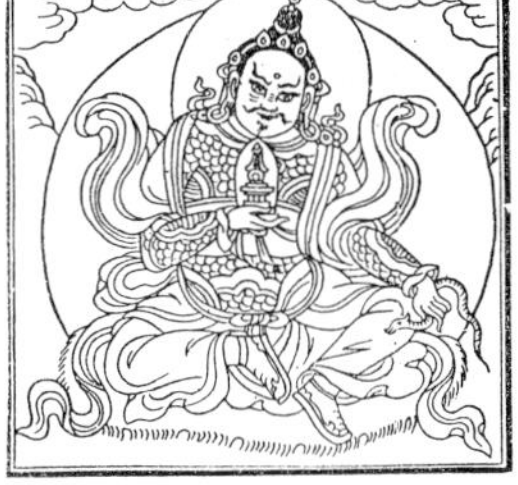

Virûpâksha, gravure tibétaine

LES NI-Ô

Au nombre des divinités gardiennes, on peut compter, au Japon, les Ni-ô (bons rois, ou rois de compassion), appelés aussi autrefois Shûkongô-jin (Ceux qui tiennent un vajra à la main). Ces deux rois-gardiens sont des Vajradhâra, des « porteurs de vajra », ou plutôt des sortes de Râkshasa (démons anthropophages du folklore brâhmanique récupérés par le bouddhisme). Ce sont des gardiens, mais également, dans les doctrines ésotériques, deux aspects de la Réalité unique de Vairochana. À ce titre ils sont parfois confondus avec des formes terribles de Râgarâja et d'Achalanâtha. Ils symbolisent en quelque sorte l'alpha et l'omega de toute chose. On les représente principalement en

Dvârapâla (gardiens de porte), seulement vêtus d'un pagne (comme en Inde, à Sâñchî), mais également comme des guerriers en armure (bien que plus rarement). Ils sont alors placés de chaque côté de la porte principale des monastères et temples où ils sont chargés d'écarter les mauvais esprits, les voleurs[39], et de protéger les enfants. On ne leur rend aucun véritable culte, bien que le peuple les considère souvent comme des exauceurs de vœux : une croyance très répandue dans tout le monde bouddhique (et non bouddhique ailleurs en Asie) veut que l'on projette sur leurs statues des boulettes de papier mâché tout en faisant un vœu ; si elles restent collées un certain temps que l'on a fixé à l'avance, le vœu sera exaucé. On opère de même avec d'autres sculptures de divinités (au Japon avec les effigies de Binzuru Sonja, de Fûjin et Raijin – divinités shintô du vent et du tonnerre) et les gardiens des sanctuaires shintô appelés Zuishin (ou Yadaijin) et qui représentent des ministres militaires de l'ancien temps.

Les Ni-ô sont représentés comme des géants à la musculature très développée, à demi nus ou avec des écharpes célestes , la tête rasée, parfois ornée d'un chignon ou d'un toupet sur le sommet du crâne, avec une expression menaçante. Ils se tiennent debout, les jambes écartées, sur des rochers[40]. Leurs images sont extrêmement nombreuses car on les trouve à l'entrée de presque tous les temples. Au Japon, les portes de chaque côté desquelles ils se trouvent placés portent parfois le nom de Ni-ô-mon. Ces deux rois, bien qu'apparemment semblables, sont cependant distincts : on les nomme Misshaku-Kongô et Kongô Rikishi.

Misshaku Kongô

Misshaku Kongô, aussi appelé Misshaku Rikishi, le « Vajra aux traces secrètes », correspondrait à la forme sanskrite Garbhavîra, le gardien du *Garbhadhâtu Mandala*, et symboliserait la puissance exprimée, l'exotérisme : il a la bouche ouverte et son corps est rouge[41]. Il est toujours situé à l'est de la porte dite « Sanmon », c'est-à-dire à droite en entrant. Son attitude est dynamique : il a la main droite abaissée, doigts écartés, la main gauche fermée tenant un long bâton terminé par un vajra à chaque extrémité. Lorsqu'il est revêtu d'une armure, il tient à la main droite un trident ou un court glaive. Ses cheveux sont alors peignés en chignon et on lui donne le nom de Shû-misshaku-shin Kongô-ô.

Kongô Rikishi

Il se trouve à l'ouest des portes Sanmon et correspondrait à la forme sanskrite de Vahjravîra (Vajrapâni), « porteur de vajra ». Il est le gardien du *Vajradhâtu Mandala* et symbolise la puissance latente de l'ésotérisme. On le nomme parfois Sôkô ou Bazara-un Kongô. Il est semblable à Misshaku, mais a le corps de couleur verte et la bouche fermée. Sa main gauche est abaissée, fermée, et il tient dans la main droite un bâton terminé par un vajra à chaque extrémité. Lorsqu'il est revêtu d'une armure, il tient dans la main droite un trident ou un

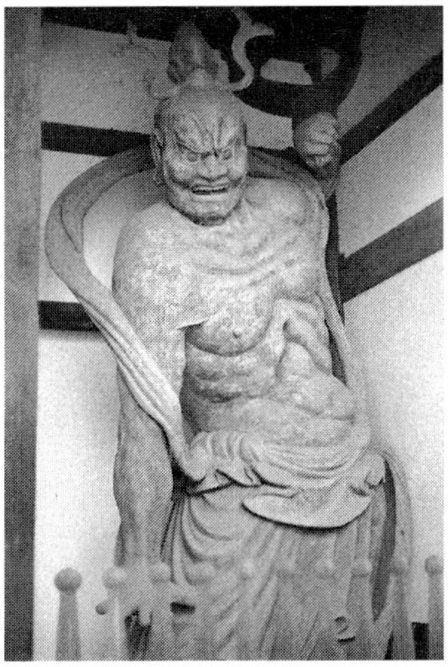

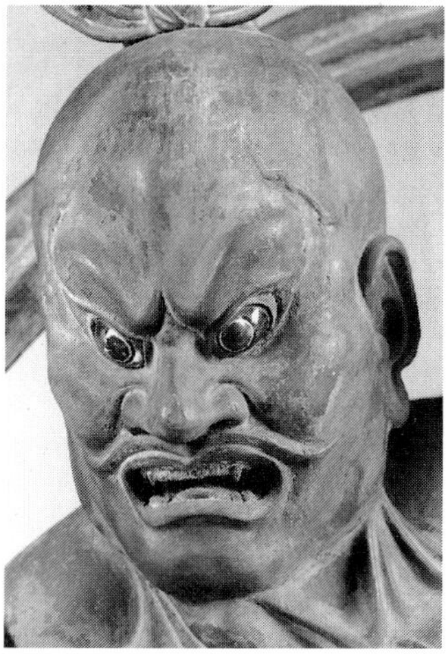

Misshaku Kongô (Ni-ô), terre, Japon, Nara, Hôryû-ji, VIIIe siècle

Kongô Rikishi (Ni-ô), bois avec yeux en verre, Japon, Kyôto, Sanjûsangendô, XIIIe siècle

court glaive. Ses cheveux sont alors peignés en chignon et on lui donne le nom de Shû-kongô-shin-ô (ou Shitsu-kongô-shin). Il serait une des formes d'Achalanâtha.

LES ANIMAUX-GARDIENS

Parmi les gardiens des temples se trouvent fréquemment des effigies d'animaux plus ou moins mythiques. Les principaux sont les dragons, considérés comme les gardiens des fontaines à ablutions se trouvant à l'entrée de chaque temple, et des animaux ressemblant à des lions, dont la fonction est de garder les allées des temples et parfois l'entrée des bâtiments.

Les lions, originaires d'Iran, ne se trouvent plus en Asie qu'en très petit nombre dans la forêt de Girnar dans le Saurâshtra, en Inde. Cependant, dans toute l'Asie, le lion demeure le symbole de la force et du courage. Il fut adopté par le bouddhisme, et son rugissement représente la « voix de la Loi » (voir *Divyadundhubhimeganirghosha).* Il représente en général des forces bénéfiques (à Bali, où subsiste une sorte de syncrétisme indo-bouddhique, il se nomme Barong et représente le génie du Bien, par opposition à Rangda, la sorcière-génie du Mal). Très populaire en Chine où il est appelé « chien de Bouddha » (Bofo), son image fut, en l'absence de modèle, très interprétée, de même qu'au Japon et en Corée. La forme de sa tête est devenue carrée et on l'affuble quelquefois de courtes cornes. On l'assimile alors parfois (reliquat du chamanisme) à un cerf ou à un dragon, animaux considérés eux aussi comme bénéfiques. Le bouddhisme en fit un gardien de la Loi. Le peuple l'a adopté et le personnifie lors de nombreuses danses, rituelles ou non, et son apparition est censée chasser démons et mauvais esprits.

Deux types de lions gardent habituellement les entrées des temples bouddhiques et ont une symbolique presque identique à celle des Ni-ô :
– l'un, situé à droite de l'entrée, à la bouche ouverte (parfois tenant un joyau symbolisant les trésors), est le gardien attitré des objets du culte. Il correspond au Japon à Misshaku Kongô et est appelé Karashishi, « lion chinois » ;
– l'autre, situé en face du premier, à gauche de l'entrée, a la bouche fermée, symbolisant les puissances latentes, correspondant ainsi à Kongô Rikishi. Il a deux courtes cornes sur le front. Au Japon, où il se nomme Koma-inu (chien de Corée), on en rencontre deux types aussi communs l'un que l'autre : réaliste, avec une petite gueule (style imité de ceux des Sui et des Tang en Chine), et mythique, avec une gueule carrée (style imité de celui des Song en Chine).

D'autres sortes de lions mythiques se trouvent également garder en effigie les temples bouddhiques du Sud-Est asiatique, comme les Chinthe des temples de Birmanie et les Sinha ornant les échiffres des escaliers des temples de Ceylan et de Java (au Borobudur notamment).

X

LES GROUPES DE DIVINITÉS

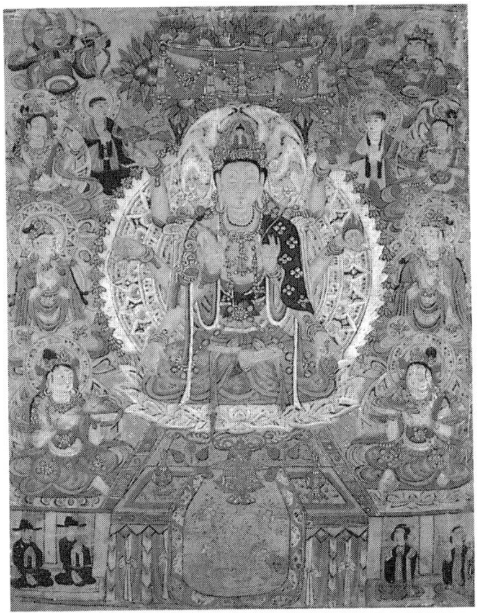

Amogapasha et ses acolytes, Chine, Dunhuang, peinture sur soie, Xe siècle, Paris, musée Guimet

Les dix rois des enfers
Les cinq grands rois
Les Yi-dam
Les Deva
Divinités mineures et syncrétiques

En dehors des rois gardiens, des Ni-ô et des Dharmapâla, existent certains groupes de divinités particuliers à des formes du bouddhisme ou à des sectes. Ces groupes peuvent être formés de divinités appartenant également à d'autres catégories et réunies dans un but précis de vénération, ou bien sont des groupes de divinités mineures particulières.

Parmi les plus vénérés de ces groupes sont les dix rois des enfers, les douze Deva , les cinq grands rois , les Yi-dam, les sept divinités du bonheur et des groupes divers de Bouddha et de Bodhisattva vénérés par certaines sectes.

LES DIX ROIS DES ENFERS

Les dix rois des enfers sont en réalité des Dharmapâla qui, sous la direction de Yamarâja, président aux enfers bouddhiques. Selon une tradition chinoise, neuf rois (ou juges) assistent Yamarâja qui décide du sort des trépassés et qui envoie ceux-ci soit dans l'un des enfers

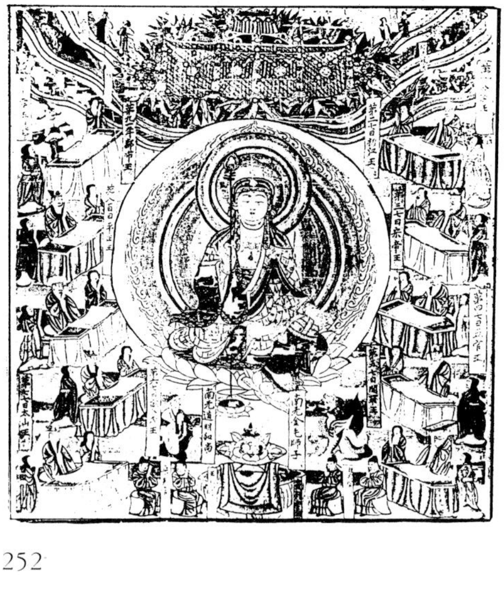

Kshitigarbha entouré par les dix rois des enfers, d'après une fresque, Chine, Dunhuang

« froids » ou « chauds », soit de nouveau sur terre dans l'une des catégories d'êtres vivants des six voies de la transmigration, et cela selon leurs mérites. Toute la mythologie bouddhique concernant les enfers, les châtiments ou les destinées des mortels est rattachée à la croyance en Yamarâja[1].

Ces dix rois sont probablement des émanations de Yamarâja : ils lui servent d'assesseurs. Ce sont, à part Yamarâja lui-même (et au Japon Tamon-ten Vaishravana, qui est parfois considéré comme un Dharmapâla), des personnages d'origine chinoise (sauf peut-être l'un d'entre eux, Chitragupta, jap. Taizan-ô, qui est d'origine indienne). Dans la nomenclature japonaise[2] ce sont Shokô-ô, Byôdô-ô, Shinkô-ô, Sôtei-ô, Gokan-ô, Hensei-ô, Taizan-ô, Toshi-ô et Godôtenrin-ô.

On peut y ajouter les « rois » des enfers ordinaires et les démons.

YAMARÂJA (jap. Enma-ô, Enra-ô ; chin. Yanluo-wang ; tib. Chos-rgyal, Gsin-rje ; mongol Erlig Khân ; khmer Tevabot Yom).

C'est évidemment le personnage le plus important de cette série, et c'est aussi le seul à qui un véritable culte soit rendu, bien que les autres soient parfois vénérés en connexion avec les devoirs religieux rendus aux défunts.

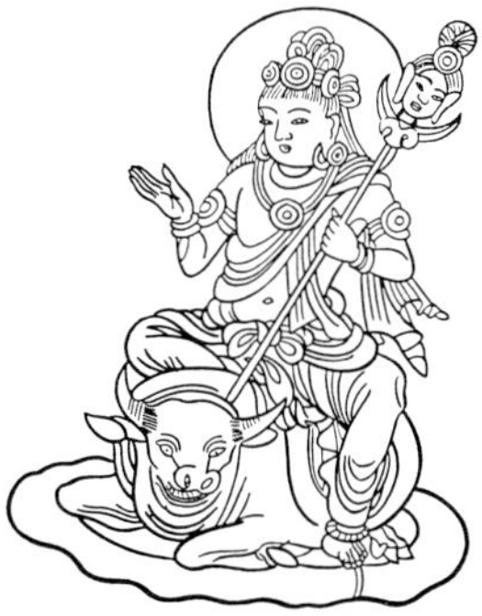
Yamarâja

Assez curieusement, en Chine, ce n'est pas Yamarâja qui est le roi suprême des enfers, mais Kshitigarbha. Yamarâja n'est que le cinquième parmi les dix rois, bien qu'il règne sur dix jours de jugement. Il ne juge que les hommes, tandis que sa sœur Yamî juge les femmes.

Dans la mythologie indienne, Yama est le suprême juge des trépassés et se trouve au centre des seize enfers (huit froids et huit chauds) et des lieux de punition. Il est accompagné de sa sœur Yamî et doit, à la fin des temps, renaître avec le nom de Samantarâja, après avoir lui aussi expié ses fautes.

Au Tibet et en Mongolie, Yamarâja est réputé avoir trois aspects (dont deux sont en réalité ses émanations), le principal étant celui de Gsang-sgrub qui, selon une légende tibétaine, fut vaincu par Mañjushrî qui fut dès lors appelé Yamântaka, « vainqueur de Yama ». Cette forme ésotérique est montrée avec une tête de taureau (ou de buffle, car en Inde le démon de la mort vaincu par Durgâ possède une tête de buffle), les cheveux hérissés de flammes, avec un troisième œil sur le front. Il danse sur un corps de buffle (ou de taureau), est couronné de crânes et tient à la main un couperet, une calotte crânienne (ou une massue, comme dans les représentations indiennes) et une corde. Il a un corps rouge et est souvent accompagné par les deux Chitipati. C'est peut-être là une personnification d'une maladie.

Ses deux « ministres » (confondus avec lui comme étant ses aspects) sont Phyi-sgrub, « ministre de l'Extérieur » (représenté avec une tête de buffle et un chakra sur la poitrine, et dansant sur un buffle et sur un corps de femme) : il est bleu foncé s'il est accompagné de Yamî, et blanc ou jaune s'il est représenté seul, et Snag-sgrub, « ministre de l'Intérieur », de même aspect mais piétinant un homme. Cependant Yama peut être représenté, dans son aspect tantrique, avec une tête humaine et six bras (deux de ses mains sont jointes en prière au-dessus de sa tête). Un chakra est dessiné sur sa poitrine.

Yama est considéré (dans son aspect de Phyi-sgrub) comme protecteur de la secte tibétaine des « Bonnets jaunes » (Dge-lûgs-pa).

On croit communément au Japon que Yamarâja, aussi appelé Enma-dai-ô (le grand roi des enfers), afin de remplir sa tâche, est entouré de dix-huit généraux et d'une infinité de soldats (quatre-vingt mille au Japon), ainsi que de divers démons et de gardes infernaux à tête de cheval (jap. Mezu) et de bœuf (jap. Gozu)[3], entre autres. Il serait également assisté par deux « secrétaires » (jap. Gushôjin). Chitragupta (jap. Taizan-ô) lui sert de greffier pour enregistrer les méfaits.

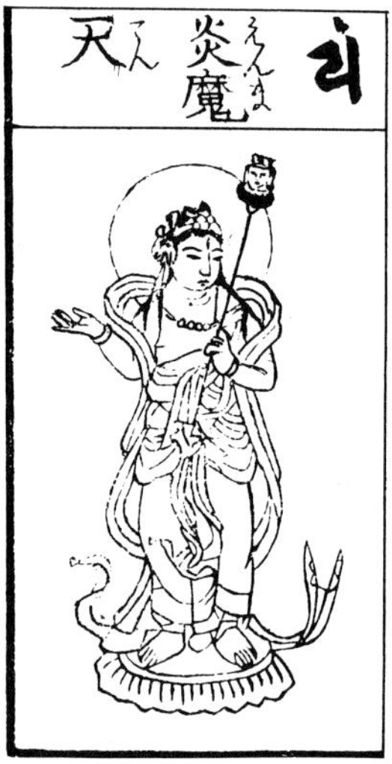

Enma-ten (Yamarâja)

Yamarâja rend ses jugements assis derrière une table, encadrée à droite par une tête masculine, la bouche ouverte pour rapporter les actions du trépassé passant en jugement, appelée au Japon Kagu Hana (nez qui hume les méfaits), et à gauche par une tête féminine, la bouche fermée, appelée Mirume (l'œil qui voit les fautes cachées)[4].

Yamarâja est représenté en Chine, en Corée et au Japon en costume taoïque ou de juge chinois, avec une longue robe noire lui cachant les deux pieds, et coiffé (ainsi d'ailleurs que les autres rois des enfers) d'un grand chapeau noir de juge chinois, traversé par une longue épingle horizontale, et sur le devant duquel se trouve inscrit le caractère chinois signifiant « roi ». Il a parfois, dessiné sur la poitrine, soit un chakra ou « roue des renaissances », soit une svastikâ, soit encore les images du soleil et de la lune, montrant ainsi que rien de ce qui se trouve dans l'univers ne peut lui échapper. Il est assis sur une chaise chinoise à haut dossier, ou en tailleur sur le siège de celle-ci. Sa tête, ridée et rude d'aspect, est rougeaude, parfois barbue. Il a une expression peu avenante et sa bouche est toujours ouverte. Dans une de ses deux mains il tient verticalement une tablette de fonction (jap. *shaku* ; tib. *dbyug-pa gui*) ou un bâton de religieux (jap. *nyo-i*) dérivé d'un grattoir de dos. Sur les images le représentant, peintures diverses et mandala, il est souvent semblable à son aspect tantrique, appelé au Japon Enma-ten. Très vénéré autrefois au Japon (et surtout craint), il n'est plus guère aujourd'hui l'objet de la considération populaire. On ne l'oublie pas, cependant, et on le fête, notamment à Ôsaka, tous les ans le 16 janvier, en tant que patron des apprentis, au cours d'une cérémonie appelée Yabuiri.

En Chine, les rois des enfers, tous habillés en juges chinois, sont généralement représentés en groupe entourant Dizang Pusa (Kshitigarbha).

Lorsque Yamarâja est représenté seul (notamment au Tibet) dans son aspect tantrique, il a comme attributs une corde, un couperet et un sceptre. Il peut alors être bleu foncé, rouge ou jaune. Sa parèdre est Lha-mo.

Les Chitipati (tib. Dur-khrod Bdag-po)

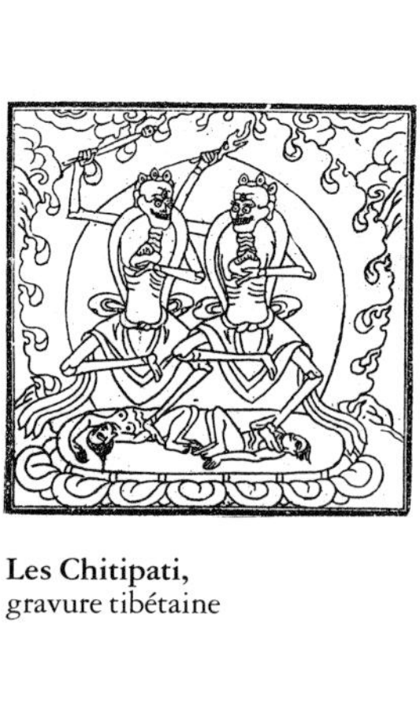
Les Chitipati,
gravure tibétaine

Ce sont deux acolytes de Yamarâja, deux squelettes, celui d'un homme et celui d'une femme, généralement représentés dans l'art tibétain comme ayant les jambes et les bras entrelacés, et dansant sur deux cadavres. Ils tiennent un sceptre (ou un bâton) orné d'un crâne, une calotte crânienne, un vase. Ils font généralement partie de la suite de Yama.

Ces squelettes rappellent ceux qui sont parfois représentés dans l'art hindou en compagnie de Shiva lorsque celui-ci danse la destruction du monde (Shiva Tândava).

LES AUTRES ROIS DES ENFERS

Parmi les autres rois des enfers, la secte Shingon reconnaît au moins trois formes de Kshitigarbha. Ces rois sont toujours représentés assis (sauf en Chine où ils sont toujours debout en présence de Dizang), comme Yamarâja, mais leur robe ne cache qu'un seul de leurs pieds. Ils ont en général la main gauche levée, l'autre reposant, paume tournée vers le haut, sur le creux de la cuisse (ils ont aussi parfois une tablette de fonction à la main). Quelques formes sculptées sembleraient montrer que ces rois furent (tout au moins au Japon, à l'époque de Kamakura) différenciés. Leurs noms japonais différant de ceux normalement attribués aux dix rois , on ne sait exactement auxquels ils correspondent : ce sont Shimyô (directeur du lot de la vie et chargé du registre des morts) qui est montré avec un pinceau à la main (peut-être est-ce là une forme de Chitragupta ?) et Shiroku (directeur des revenus) qui lit un registre tenu des deux mains[5].

Les dix rois sont vénérés en groupe, au Japon, par les sectateurs du Shingon, et les uns à la suite des autres à certains intervalles après la mort d'un fidèle. Ils correspondraient également à certaines divinités bouddhiques, leur nombre se montant à treize (dont dix seulement sont reconnus comme rois des enfers[6]). Les cérémonies célébrées en leur honneur seraient destinées à apaiser le courroux des juges infernaux et à obtenir le pardon pour ceux qui se trouveraient tourmentés dans les enfers, en invoquant en même temps la protection des divinités correspondantes. Rappelons à ce propos que la secte Shingon honore une série de treize Bouddha (jap. Jûsan Butsu), surtout lors des cérémonies funéraires. Cependant, dans ces cérémonies, ces treize Bouddha sont invoqués à des intervalles différents de ceux observés pour les rois des enfers[7].

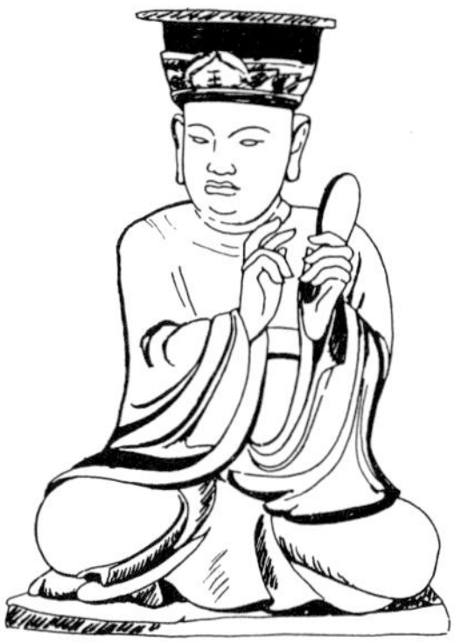

Un roi des enfers, gravure viêtnamienne, XVIIIe siècle

LES DÉMONS DES ENFERS

Les enfers bouddhiques (Naraka ; jap. Jigoku) sont peuplés d'une infinité de démons qui peuvent prendre tous les aspects possibles et imaginables, les uns ressemblant à des animaux, d'autres à des humains contrefaits, avec de nombreux yeux. Ils ne sont pas expressément décrits dans les textes, mais leurs images, fruit de l'imagination populaire, se retrouvent fréquemment sur les rouleaux bouddhiques enluminés traitant des enfers.

LES CINQ GRANDS ROIS
(tib. Sku-lnga, Dam-chan ; mongol Tabun Qaghan)

Ce groupe de divinités n'est vénéré qu'au Tibet et en Mongolie. Ce seraient d'anciens héros du folklore mongol (cinq frères) qui auraient été divinisés. Ils ne sont pas exactement des dieux, mais bien plutôt des esprits considérés comme protecteurs et des exauceurs de vœux. Leur culte fut très populaire.

Bi-har (Pe-dkar), protecteur des monastères, de couleur blanche, avec six bras, monté sur un tigre rouge ou un lion blanc. C'est le chef des cinq grands rois.
Choi-chung, le directeur des oracles, avec deux bras armés d'un couteau et d'une corde, monté sur un lion jaune ou un éléphant blanc (dans ce cas il est de couleur bleue).
Da-hla, protecteur des guerriers, tient un vajra et un khakkhara. Il est monté sur un lion bleu ou un cheval jaune.
Lu-vang, divinité protectrice des Nâgâ, est monté sur un crocodile bleu (ou une mule bleue).
Tok-choi est monté sur un cheval noir et brandit une hache.

Ces cinq rois accompagnent souvent, sur les peintures, le portrait de Padmasambhava, et sont parfois symbolisés par leur chef, Bi-har.

Les attributions et origines de ces cinq grands rois ne sont pas exactement déterminées. Il se peut qu'ils soient des substituts des Lokapâla. (voir A. Getty).

LES YI-DAM

Ce sont les dieux tutélaires du Tibet et des lamas, invoqués par les particuliers afin d'être protégés lors de certaines actions ou durant certaines périodes de leur vie. Ils sont presque toujours représentés avec leur Shakti, bien que certains d'entre eux, parmi les plus considérables, puissent être représentés seuls et même faire l'objet d'un véritable culte. Ils sont soit doux et dans ce cas représentés avec les ornements des Bodhisattva, soit colériques et alors couronnés de crânes. Ils portent des symboles tantriques et sont généralement (mais il y a des exceptions) de couleur bleue. Ils sont extrêmement nombreux, chaque divinité du panthéon lamaïque pouvant être adoptée comme Yi-dam par un particulier pour sa propre protection. Les Yi-dam (lesquels correspondraient quelque peu au sanskrit Ishta-devata) peuvent être des extrapolations des Jina et de Vajrasattva, ou bien de Mañjushrî (dans ce cas appelé Mañjuvajra et Yamântaka), de Vajrapâni (avec le nom de Mahâchakra) ou de Kuvera-Vaishravana (il prend alors le nom de Jambhala). Mais ils peuvent également être des divinités indépendantes.

Cependant, quelques-uns d'entre ces Yi-dam ont une personnalité particulière, tels Hevajra, Samvara, Mahâmayâ, Kâlachakra et Guhyapati.

HEVAJRA (tib. Kye-ba Rdo-rje ; mongol Kevajra)

Cette divinité, qui fut vénérée au Tibet, en Mongolie, au Cambodge et au Siam, ne semble pas avoir eu de culte en Inde, en Chine ni au Japon. Seules des sectes tantriques en Inde l'ont peut-être vénéré, mais nous n'avons aucune représentation indienne de cette divinité.

Hevajra est généralement représenté dans une attitude de danse, avec quatre jambes (souvent réunies deux par deux dans les statuettes),

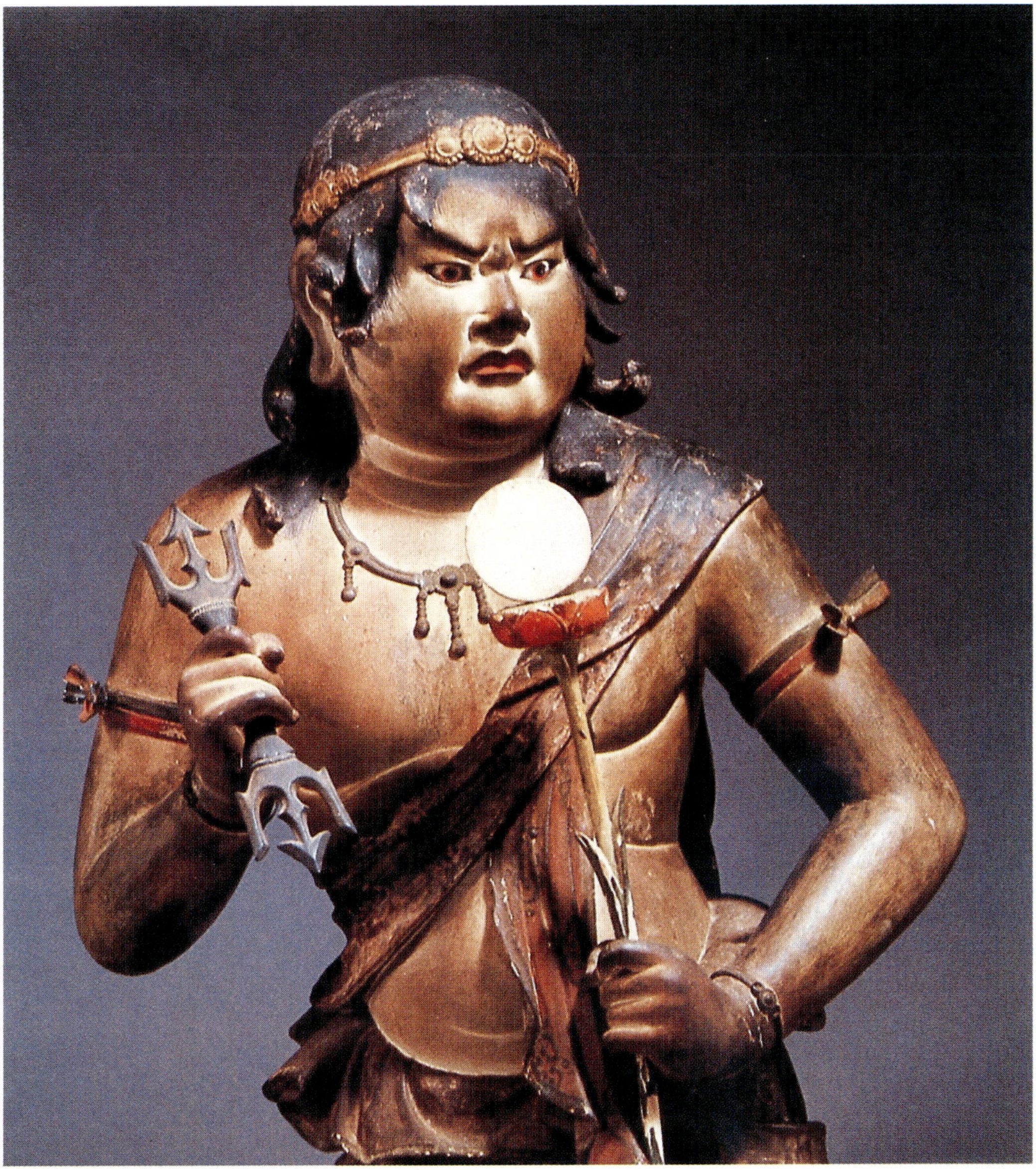

Ekô Dôji, bois coloré, Japon, 1197.

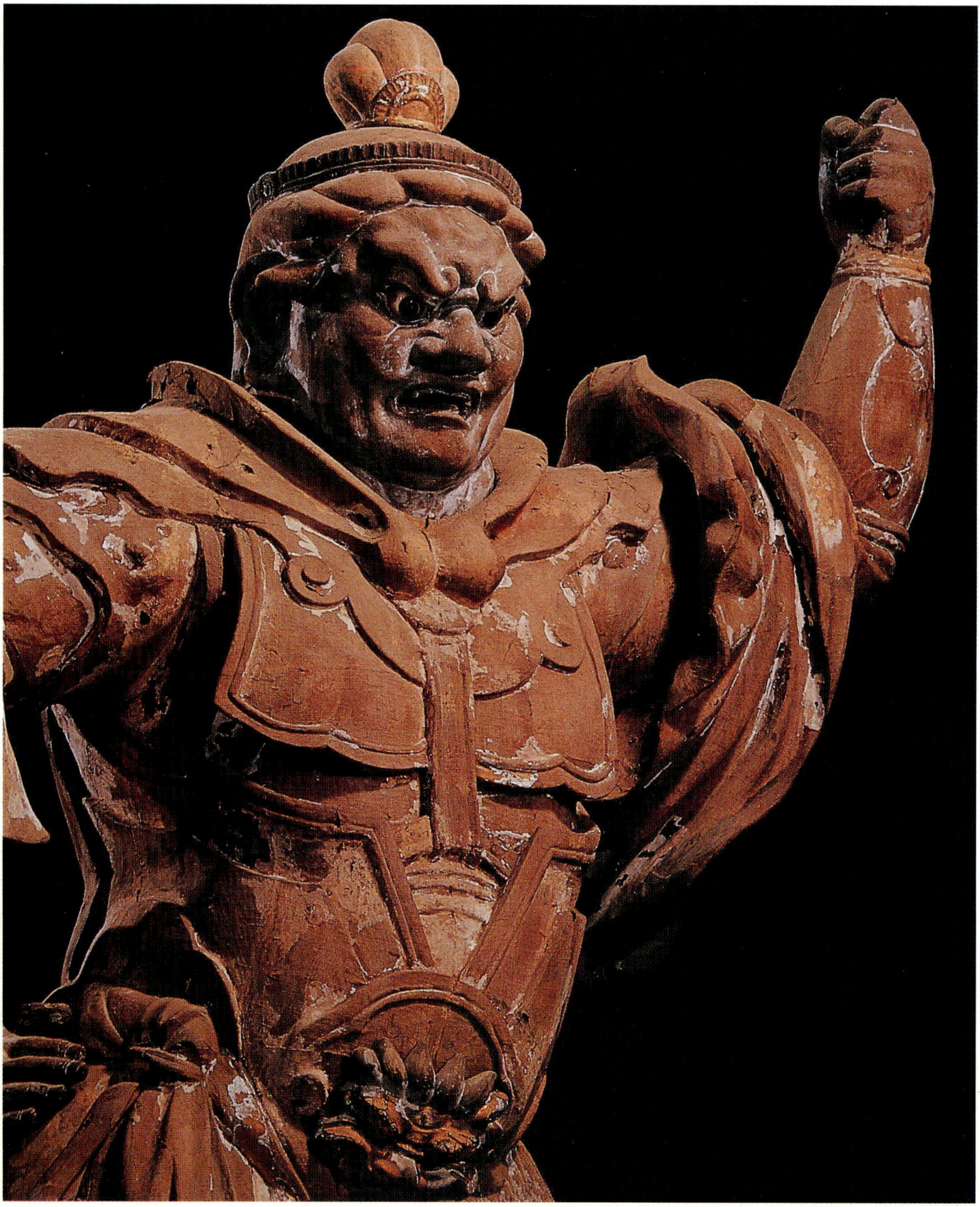

Un des Shi Tennô, bois coloré, Japon, XIIIe siècle.

huit têtes et seize bras. Les huit têtes se réduisent parfois à sept. Au Cambodge (notamment à Angkor où quelques-unes de ses effigies furent retrouvées), il n'est pas toujours dans une attitude dansante. Ses seize bras portent divers attributs (tous tantriques), généralement supportés par des coupes. Il arrive que ces coupes contiennent non des attributs mais des représentations animales (pour les mains droites) et divines (pour les mains gauches). Le corps de Hevajra est bleu, et ses têtes de diverses couleurs. Les pieds qui le soutiennent sont posés sur des corps humains. Cependant, au Siam, quelques statuettes montrent Hevajra avec deux jambes seulement (mais peut-être les jambes sont-elles alors confondues deux par deux). De même, au Cambodge, l'image de Hevajra gravée sur des stèles a parfois deux jambes et cinq têtes seulement, peut-être afin de simplifier le dessin. Il est est parfois représenté seul, mais le plus souvent en embrassement (Yab-yum) avec sa Shakti, laquelle tient dans la main droite un couperet. La personnalité de Hevajra n'est pas très bien définie, et son culte, bien qu'autrefois très populaire, est demeuré quelque peu obscur.

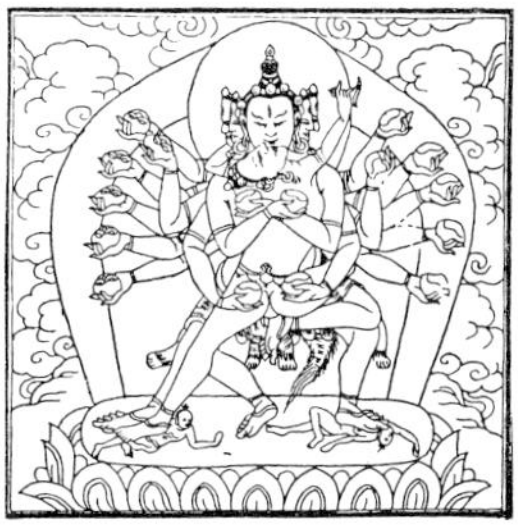
Hevajra

SAMVARA (chin. Sanbaluo ; tib. Bde-mchog)

Cette divinité serait une hypostase d'Akshobhya, et représenterait la condensation de tous les sons producteurs (*bîja*) et des divinités principales. Elle fut vénérée en Chine comme étant incarnée dans la personne du chef de l'Église lamaïque de Pékin, et en Asie centrale (fresques du Turfân) aussi bien qu'au Tibet. Il possède cinq têtes de couleurs différentes, chacune étant couronnée de crânes. Une petite image d'Akshobhya peut se trouver dans la coiffure de sa tête centrale. Ces têtes possèdent un troisième œil et ont une expression furieuse. Il est généralement représenté debout, les pieds fermement posés sur une femme à quatre bras (à gauche) et un homme à quatre bras (à droite). Il a douze bras, dont deux tiennent la clochette et le vajra, deux sont en Vajra-hûm-kara-mudrâ, deux tiennent une peau d'éléphant, les autres une tête de Brahmâ et des symboles tantriques. Il est de couleur bleue. Sa Shakti, Vajravârâhî, qu'il tient en étroit embrassement, est nue, de couleur rouge et tient à la main un couperet et une calotte crânienne. Elle peut avoir une petite image de Vairochana dans sa coiffure.

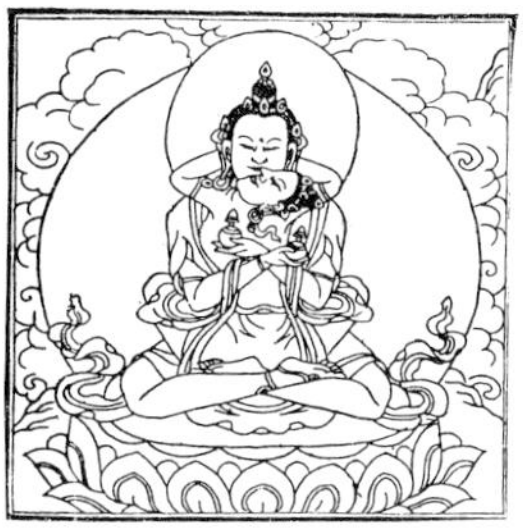
Samvara

MAHÂMAYÂ (tib. Tsangs-pa ; chin. Dahuan jingang ; jap. Bon-ten)

Ce Yi-dam est une forme tibétaine de Brahmâ, le dieu discriminateur hindou. Il a quatre têtes (chacune avec un troisième œil), quatre bras tenant deux calottes crâniennes, un arc, une flèche. Il est représenté avec sa Shakti, Buddhadâkinî, en Yab-yum, au centre d'un lotus, et est généralement entouré, aux quatre points de l'horizon, par quatre autres Dâkinî (Vajradâkinî, Ratnadâkinî, Padmadâkinî, Vishvâdâkinî) à l'expression furieuse. Mahâmayâ est souvent représenté assis, mais parfois dans une attitude de danse, embrassant étroitement sa Shakti.

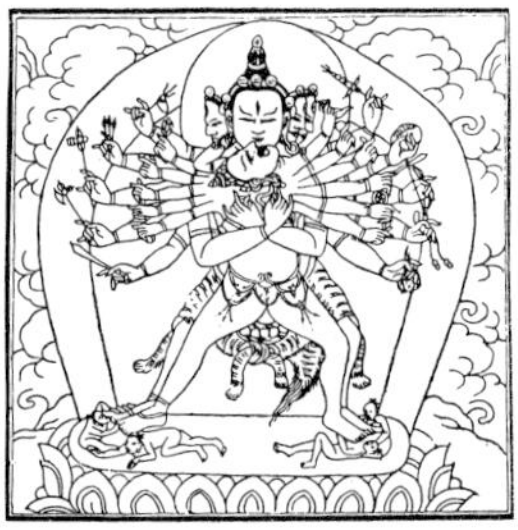

Kâlachakra,
gravure tibétaine

KÂLACHAKRA (tib. Dus-khor ; mongol Chag-un Kürde)

Cette divinité est en fait la déification d'une partie du *Kanjur* (*Bstandjur*) tibétain. Bien que cette divinité soit presque toujours représentée dans les peintures des assemblées de divinités, elle est rarement isolée, sauf sur certaines bannières de temples. Kâlachakra est alors invariablement en étroit embrassement avec sa Shakti. Il a généralement quatre têtes, et peut avoir deux ou quatre bras, sa Shakti en ayant quatre ou huit. Son corps est bleu, celui de sa Shakti orange. Cependant le corps de Kâlachakra peut également, dans certains cas, être de trois couleurs (rouge, blanc, bleu). Il porte toujours un vajra, un glaive, et parfois, dans les cas (très rares) où il a plus de quatre bras, divers symboles tantriques. Il marche sur des démons ou des êtres à quatre bras armés d'arc, flèche, trident... Ses têtes peuvent être de couleurs différentes.

GUHYAPATI (tib. Sang-dui ; chin. Guanzizai Bimifo)

Ce Maître des secrets est une forme tantrique de Vajradhâra. Ce serait, selon Hackin, une forme populaire tibétaine de Vajrapâni. On le représente assis, avec trois têtes couronnées du diadème à cinq feuilles. Il a six bras dont les mains tiennent un chakra (qui se trouve parfois sur la feuille centrale de sa couronne), un joyau (parfois posé sur son chignon), un vajra et une clochette. Il tient en Yab-yum sa Shakti, laquelle a également six bras et dont les mains tiennent les mêmes symboles. Elle a parfois une petite image d'Amitâbha dans sa couronne. Très vénérée au Tibet, cette forme, bien que connue en Chine, ne semble pas avoir été populaire en dehors du lamaïsme des hauts-plateaux.

LES DEVA

(jap. Ten, Tennin ; chin. Tianshen ;
tib. Lha Yi-dam ; mongol Tegri ; thaï Tep, Deb)

Les Deva sont les divinités ordinaires, mineures, qui peuplent les étages célestes du monde et sont, pour la plupart, empruntées au panthéon brâhmanique indien[8]. Les régions qui adoptèrent le bouddhisme choisirent dans ce vaste ensemble de divinités celles qui correspondaient le plus à leur tempérament ou à leurs besoins. Le bouddhisme des écoles anciennes, nous l'avons vu, n'avait pas renié formellement les divinités brâhmaniques, mais au lieu de leur rendre un culte, il les considérait comme des divinités mineures au service du Bouddha et du bouddhisme. C'est ainsi que dans les textes les plus anciens, nous voyons les dieux du panthéon indien assister à tous les événements majeurs de la vie du Bouddha, plus en serviteurs attentifs d'ailleurs que comme fidèles. Le Tibet, puis la Chine, la Corée et le Japon bouddhiques firent un choix parmi toutes les représentations qui leur étaient ainsi offertes

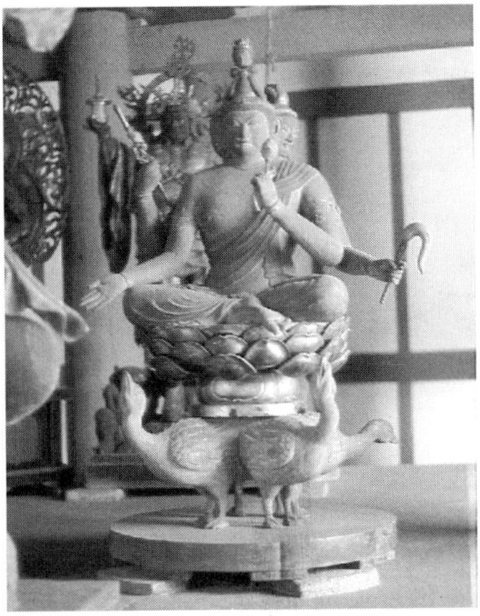

Bon-ten (Brahmâ)

et développèrent, chacun selon leurs préférences, certaines formes divines, laissant d'autres dans l'ombre. Ces formes divines furent dotées d'une coloration bouddhique. Il semble que leur culte ne s'épanouit véritablement qu'à partir du moment où les sectes ésotériques (ou tantriques) se développèrent, d'abord en Chine et au Tibet, puis plus tard au Japon. De nombreuses divinités ainsi adoptées prirent des caractéristiques syncrétiques. Par la suite, nombre de ces Deva furent confondus, dans l'esprit populaire, avec des divinités du folklore, et les attributs et pouvoirs de ces dernières s'ajoutèrent à ceux des divinités importées. Ce fut le cas notamment au Japon, où dès le début du IXe siècle furent créés plusieurs mouvements syncrétiques shintô-bouddhiques. Beaucoup de Deva ne furent jamais représentés en dehors des mandala et ne firent par conséquent l'objet d'aucun culte populaire. D'autres ne furent vénérés que par des sectes ésotériques ou dans des cas très particuliers. D'autres encore ne furent adoptés que localement. Enfin certains de ces Deva se virent rendre un culte collectif par le peuple qui, tout en préservant l'individualité de chacun d'eux, leur rendit néanmoins un culte global. Les autres Deva n'appartenant pas à ces groupes (surtout, au Japon, le groupe des Jûni-ten ou douze Deva) furent également vénérés en certaines occasions et, parmi ceux-ci, certains le sont encore actuellement qu'on appelle « donneurs d'enfants » (jap. Koyasu). Certains de ces derniers sont désignés par le peuple comme étant des Bodhisattva, ce qui indique en quelle estime on les tient, mais on ne les prie que pour leur demander les mêmes faveurs qu'aux autres Deva : ils ne sont alors que des formes des Bodhisattva ou bien des divinisations de personnages des légendes bouddhiques, souvent démoniaques à l'origine, comme Hârîtî.

Parmi toutes ces divinités mineures, nous avons choisi de ne décrire ici que les plus importantes et, au premier chef, celles qui firent ou font encore l'objet d'un culte ou de représentations dans le bouddhisme des écoles du Nord. Dans le bouddhisme des écoles anciennes, les Deva du brâhmanisme sont en effet généralement représentés comme les Hindous avaient coutume de les concevoir, mais toujours cependant comme des personnages accessoires accompagnant les représentations du Bouddha, ou plus simplement comme des êtres célestes.

Les Deva forment la première des huit classes d'êtres surnaturels (jap. Hachibushû) mentionnés dans le *Sûtra du Lotus de la Bonne Loi* comme étant protecteurs du Bouddha et de la Loi, et combattant victorieusement les forces adverses. Les sept autres classes ont été traitées dans le chapitre précédent, des *Défenseurs et gardiens*.

LES DOUZE GRANDS DEVA

Nous mentionnerons tout d'abord les douze Deva ainsi qu'ils sont décrits au Japon dans le *Tohôki*. Ces douze Deva, distribués selon les huit horizons, comprennent en outre des divinités personnalisant la Terre, le Ciel, le Soleil et la Lune :

1. Est : Indra (Devendra ; jap. Taishaku-ten) ;
2. Sud-Est : Agni (jap. Ka-ten) ;
3. Sud : Yamarâja (jap. Enma-ten) ;
4. Sud-Ouest : Nîrritî (jap. Rasetsu-ten) ;
5. Ouest : Varuna (jap. Sui-ten) ;
6. Nord-Ouest : Vâyu (jap. Fû-ten) ;
7. Nord : Vaishravana (jap. Bishamon-ten) ;
8. Nord-Est : Îshâna (jap. Ishana-ten).
9. Le Ciel : Brahmâ (jap. Bon-ten) ;
10. La Terre : Prithivî (jap. Chi-ten) ;
11. Le Soleil : Sûrya, Âditya (jap. Nitten) ;
12. La Lune : Chandra, Soma (jap. Gatten).

Des images de ces douze Deva auraient tout d'abord été peintes sur des bannières processionnelles, surtout au Japon, afin de remplacer les figurants costumés lors des cérémonies importantes où ils devaient figurer[9]. D'après le *Kuyô Jûni Daiitoku-ten Hôon-bon* : « ...tous les Deva, si nombreux qu'ils soient [...], se résument dans les douze Deva[10] ».

La plupart des Deva se trouvent figurés dans les quartiers extérieurs du *Garbhadhâtu Mandala*[11]. Ils se trouvent également représentés sur des mandala particuliers ou bien comme des acolytes d'une divinité bouddhique majeure sur ces mandala. Certains d'entre ces Deva reçurent par ailleurs des cultes particuliers. En dehors des douze Deva ci-dessus mentionnés, furent plus ou moins vénérés dans le bouddhisme des écoles du Nord :

– Mahâkâla (jap. Daikoku-ten), auquel nous avons adjoint un court appendice sur les « sept divinités du bonheur » vénérées au Japon (les Shichifukujin) ;
– Sarasvatî (jap. Benzai-ten, Benten-sama), déjà étudiée dans les divinités féminines ;
– Mahâshrî, Shrî ou Lakhshmî (jap. Kichijô-ten) ;
– Skanda ou Veda, ou Kumâra, ou encore Kârttikeya (jap. Ida-ten, Kumara-ten) ;
– Vinâyaka (Ganesha ; jap. Kangi-ten) ;
– Mârîchî (jap. Marishi-ten), déjà étudiée dans les divinités féminines ;

– Jânguli (jap. Jôguri-dôjo) ;
– Vishnu (jap. Bichû-ten) ;
– enfin les diverses divinités « donneuses d'enfants ».

Certains d'entre eux ayant été traités ailleurs, nous ne parlerons ici que de Skanda et de Vinâyaka, ainsi que des divinités « donneuses d'enfants ».

Nous traiterons enfin de quelques divinités syncrétiques, ainsi que de personnages accessoires aux divinités et qui eurent une certaine importance dans les représentations de celles-ci, telles que les Devatâ.

L'ensemble de divinités mineures appelé « douze Deva » serait, d'après le texte chinois du *Gongyangshi'er Daweidetian Bao'enbin* (jap. *Kuyô Jûnidaiitoku-ten Hôon-bon*), traduit par Amoghavajra, des « manifestations des Bouddha d'autrefois voulant conduire tous les êtres »...

Indra

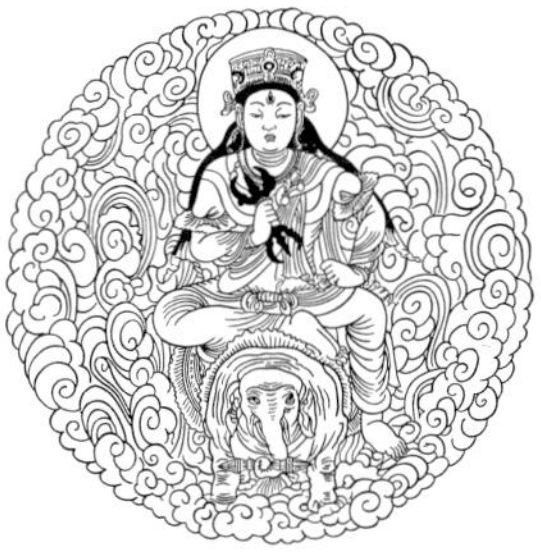

Indra

C'est le plus puissant seigneur des Deva du Kâmadhâtu (monde du Désir), chef des dieux (Shakradevendra), une forme de l'Indra brâhmanique. C'est Mahendra ou Shakradevendranâm Indra, le Grande Souverain, le Maître de l'Est, le chef des rois-gardiens (Chaturmahârâja), le Seigneur du Ciel des trente-trois (Trâiyastrimshas) et des quatre mondes, « Celui qui donne richesse et puissance ». Au Japon, il est encore nommé Taishaku-ten, Indara (transcription de son nom sanskrit), Shakudaikanin (Shakradevendra, Shakra, souverain des dieux)[12]. C'est aussi Vajrapâni, le serviteur attentif du Bouddha dans certains sûtra[13].

Bien que les textes[14] et les images canoniques[15] le montrent et le décrivent de différentes manières et avec des attributs divers, il n'apparaît pas avoir été représenté en Chine ou au Japon selon ces modèles ou la lettre des textes. En fait, au Japon, Taishaku-ten (Indra), depuis l'apparition des sectes ésotériques au IXe siècle, ne fait plus l'objet d'un culte séparé de celui des douze Deva (jap. Jûni-ten) pris collectivement. Sauf en quelques cas (temple de Shibamata à l'est de Tôkyô, d'obédience nichirénite, par exemple[16]), c'est une divinité qui n'est plus vénérée. En Chine et au Tibet, il est représenté par Vajrapâni.

Cependant, en Chine, il est parfois confondu avec le Précieux Empereur Yüdi (aussi appelé Yühang Shangdi) et est parfois appelé Dishi, Yühuang Dadi par les taoïstes.

Il siège théoriquement en compagnie des autres Deva, sur le mont Meru[17], et est très souvent en compagnie de Brahmâ (jap. Bon-ten), en guerrier revêtu d'une armure, avec une écharpe céleste, assis ou debout sur un éléphant blanc[18] qui tient un vajra avec sa trompe. Sa tête est ornée d'un unique chignon (*ekâjatâ*) qui indiquerait l'unicité de la Connaissance acquise et de la raison. Son visage est celui d'un Bodhisattva. Il tient un vajra devant sa poitrine, et son corps est décrit comme ayant la couleur de l'or[19]. On le représente également au Japon vêtu d'une longue robe à larges manches et avec une ceinture, des chaussures aux pieds, la main droite en Abhaya-mudrâ, la main gauche en Varada-mudrâ[20].

En peinture, il est montré assis en aise royale sur le dos d'un éléphant blanc au milieu d'un nuage de cinq couleurs, surtout sur les mandala. Il tient alors à la main droite un vajra (à trois ou cinq pointes) et son poing gauche est campé sur sa hanche. Il possède trois yeux, étant considéré comme le chef des Deva des « trois mondes ». Sur quelques rares images, il est représenté debout sur une feuille de lotus, tenant un vajra dans la main droite, et un bol à couvercle dans la main gauche.

Agni (jap. Ka-ten ; tib. Me-lha ; chin. Zhurong Dadi)

C'est la divinité brâhmanique du Feu sacrificiel, le « gouverneur du Sud-Est ». Dans le *Mahâvairochana-sûtra* (jap. *Dainichi-kyô*), il est considéré comme une des formes de Mahâvairochana[21], Agni symbolisant, selon l'ésotérisme du Shingon, la destruction par le « feu de la sagesse du *Bodhichitta* » des trois obstacles sur la voie de l'Éveil : l'illusion, l'activité et la douleur[22]. Il passe pour avoir le rôle d'annoncer aux autres divinités les désirs et prières des êtres humains (autrefois par l'entremise du sacrifice) car il est, de par sa nature, la flamme même des sacrifices.

Bien que cette divinité ait été connue au Tibet (elle est un des attributs de Hevajra) et en Chine, elle ne semble pas avoir fait l'objet d'un culte séparé de celui des douze Deva dans ces régions.

En revanche, on trouve assez fréquemment ses représentations au Japon, où il est normalement représenté comme un vieillard barbu assis sur un bélier bleu[23] au milieu des flammes. Sa couleur est rouge vif et ses cheveux sont noués en deux chignons (symbole de son ubiquité ?). Il peut avoir deux ou quatre bras[24] qui symboliseraient les quatre « sapiences » de Mahâvairochana. Il tient dans ses mains droites un bâton, un vase ou une branche, dans ses mains gauches un rosaire et fait une Abhaya-mudrâ.

Le *Hizôki*[25] le décrit dans le *Vajradhâtu Mandala*[26] comme ayant « la forme d'un Rishi de couleur très rouge, tenant à la main droite le bâton des Rishi et à la main gauche l'emblème de la Connaissance du feu » (jap. *Kachi-in*). Dans le *Mahâvairochana-sûtra*, il est décrit comme portant un rosaire et un vase à eau ; il a trois taches de cendre sur le front, et sa poitrine est ornée d'un triangle, symbole du feu. Selon Tajima Ryûjun, il représenterait le culte brâhmanique[27]. On ne le trouve plus guère représenté que sur des mandala car il ne fait plus, dans le bouddhisme, l'objet d'un culte séparé de celui des douze Deva pris collectivement.

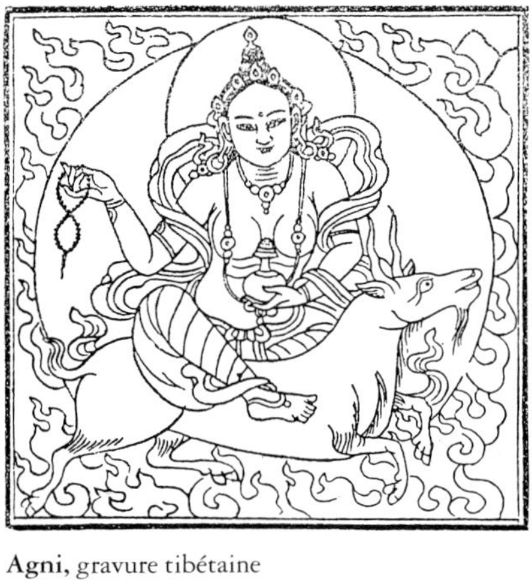

Agni, gravure tibétaine

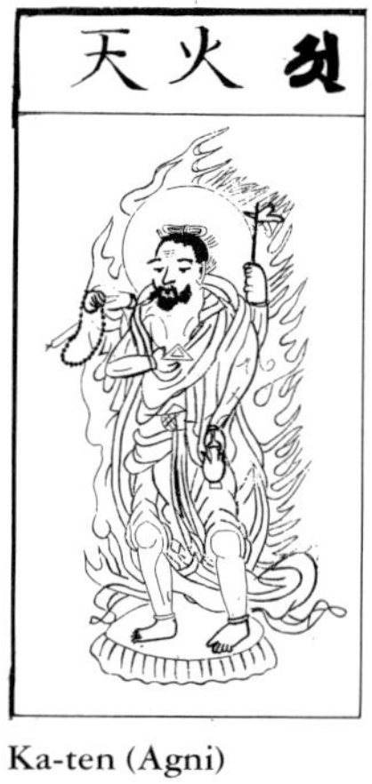

Ka-ten (Agni)

Nîrritî (Nairritirâja ; jap. Rasetsu-ten)

C'est à l'origine, un Râkshasa et non un Deva, et on le considère parfois comme le chef des Asura. Cette divinité anthropophage est réputée dévorer les passions[28]. Le bouddhisme ésotérique japonais en a fait un Deva qui, dans le *Vajradhâtu Mandala*, est assimilé à Ketu (jap. Suisei), un des deux démons des éclipses. Selon le *Hizôki*[29], il est de couleur rouge et tient une massue à la main[30]. Il préside normalement au sud-ouest. On ne le représente qu'en peinture, revêtu d'une armure chinoise, assis sur un lion, ou bien comme un vieillard barbu, les cheveux en broussaille, tenant à la main droite un glaive vertical ou un bâton, avec la main gauche fermée, l'index et le majeur dressés[31]. Il ne fait pas l'objet d'un culte séparé de celui des douze Deva.

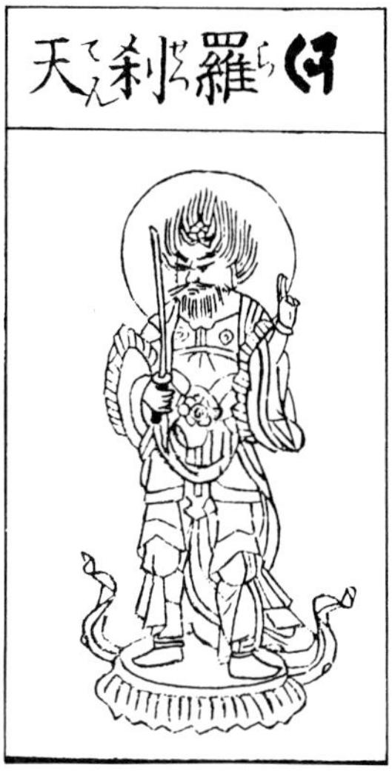

Rasetsu-ten (**Nîrritî**)

Varuna (jap. Sui-ten, Suisen ; chin. Shui-sen ; tib. Chu-lha)

C'est l'ancienne divinité védique des eaux, le « gouverneur de l'Ouest ». C'est celui qui, selon Manu, « lie les coupables avec des cordes » et qui, dans les *Purâna*, est appelé Nâgapâsha, la « Corde magique » (jap. Ryûson, le Vénérable Dragon). Le *Vajradhâtu Mandala* le place au sud-ouest, lui prête un teint bleu ou gris-vert et lui fait chevaucher un dragon à neuf têtes. On le représente au Japon, surtout en peinture, assis sur une tortue ou un dragon au milieu des eaux[32]. Des serpents sortent de son chignon. Il tient la main droite fermée (ou tenant un glaive vertical), et dans la main gauche une corde ou un serpent. Il est parfois debout sur une tortue ou un dragon, tenant une corde à la main, ou encore assis et tenant un lotus supportant un triple joyau. Certains le considèrent comme un guérisseur et un protecteur contre les maladies. On ne lui rend cependant plus aucun culte particulier.

Au Tibet, il n'est connu que comme étant l'un des acolytes de Hevajra. Il ne semble pas avoir été très connu des bouddhistes chinois.

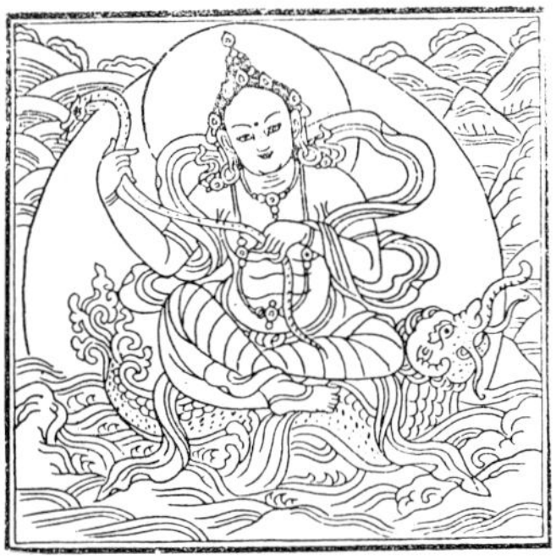

Varuna, gravure tibétaine

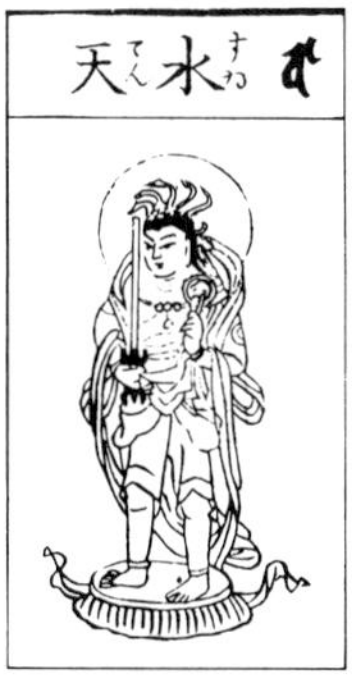

Sui-ten (Varuna)

Vâyu (jap. Fû-ten ; chin. Feilian)

C'est la divinité brâhmanique du vent, qui préside au nord-ouest, considéré comme un protecteur contre les calamités naturelles. Il fut représenté sur des fresques des grottes de Dunhuang en Chine, entre autres, bien qu'il ne semble pas avoir fait l'objet d'un culte particulier au

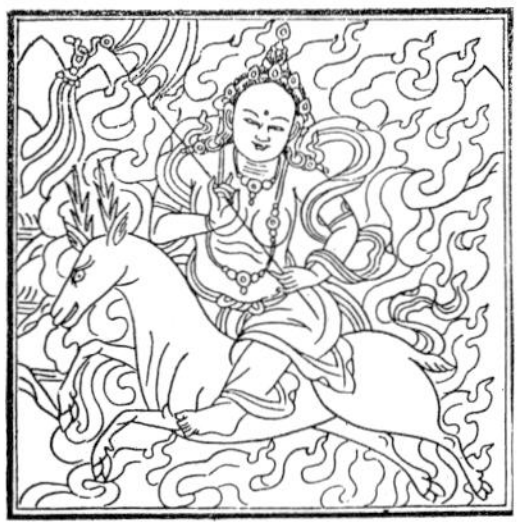

Vâyu, gravure tibétaine

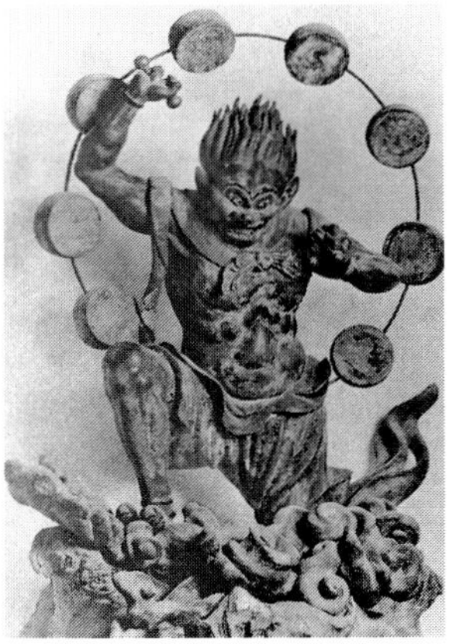

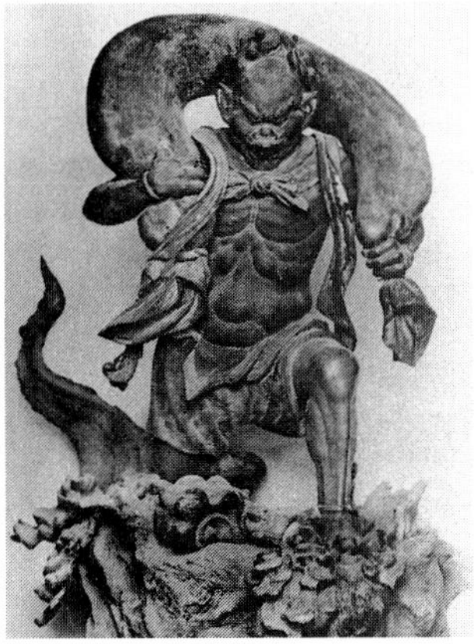

À gauche : **Raijin,** bois, Japon, Kyôto, Myôhô-in, XIIIe siècle

À droite : **Fûjin,** bois, Japon, Kyôto, Myôhô-in, XIIIe siècle

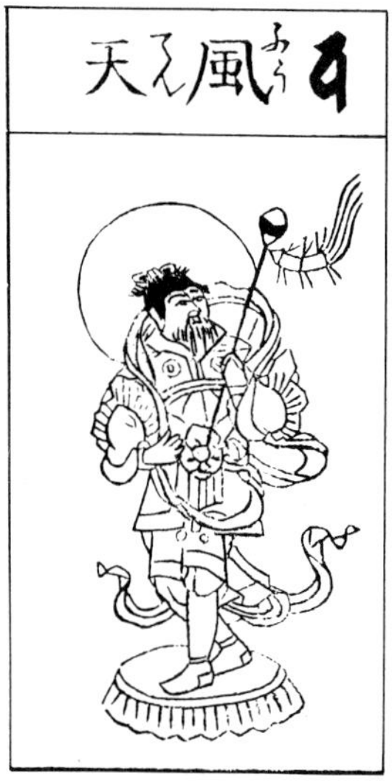

Fû-ten (Vâyu)

Tibet ou en Chine. Dans le *Vajradhâtu Mandala* on le représente de couleur bleu clair et il porte un vajra dans sa coiffure. En peinture, on le représente assis sur un daim au milieu des nuages. Vêtu à la chinoise, il a des ailes dans les cheveux. Il est parfois aussi revêtu d'une armure, tenant à la main droite une lance ou un simple vajra. Dans ce cas sa main gauche fermée est posée sur sa hanche.

Sur certaines peintures, il est représenté comme un vieillard à la peau rouge[33] avec d'amples vêtements flottants, et tenant à la main gauche une bannière qui claque au vent.

Au Japon, Fû-ten est souvent confondu avec Fûjin qui est, avec Raijin (divinité du tonnerre), un des vingt-huit « acolytes » de Senju Kannon Bosatsu[34]. En fait, il est difficile de dire dans quelle mesure Fû-ten se différencie de Fûjin dans l'esprit populaire. Fûjin et Raijin ont souvent été représentés en sculpture comme en peinture au Japon. Leur forme cependant est chinoise. Leur statue parfois remplace celle des Ni-ô à la porte de certains temples ou sanctuaires shintô, Fûjin soufflant au loin les mauvaises influences et Raijin effrayant les mauvais esprits avec ses roulements de tambour. Fûjin porte sur son dos un grand sac empli de vent. Raijin (aussi appelé Kaminari, du nom japonais du tonnerre) porte deux maillets doubles avec lesquels il frappe sur une série de petits tambours disposés en arc de cercle au-dessus de sa tête, afin de produire le tonnerre. Son corps est de couleur verte (alors que celui de Fûjin est rouge). Ces deux divinités sont celles du sanctuaire shintô du Kamo-jinja à Kyôto.

Ni Fû-ten ni Fûjin ne reçoivent de culte individuel (de même que Raijin ou Rai-ten). Fû-ten est vénéré collectivement avec les autres Deva de la série des douze Deva, et avec celle des Nijûhachi-bushû de Senju Kannon Bosatsu.

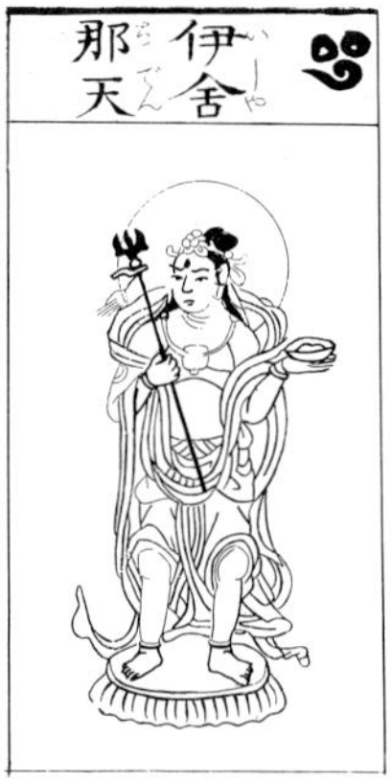

Îshâna-ten (Shiva)

Îshâna (jap. Ishana-ten ; Jizai-ten ; Makeishura-ten)

Cette divinité, qui préside au nord-est, représente l'aspect farouche de Shiva, le dieu brâhmanique de la Destruction et de la Création. Il est parfois identifié syncrétiquement, au Japon, à Izanagi[35], l'un des deux géniteurs primordiaux des îles du Japon selon la mythologie du shintô.

Sous sa forme de Maheshvara, Shiva (ou Îshâna) est considéré dans le bouddhisme ésotérique comme l'un des huit protecteurs du monde et, sous cet aspect, il préside au sud-ouest dans le *Garbhadhâtu Mandala*. Il est l'équivalent des formes brâhmaniques de Shiva (Shankara Mahâdeva). Dans le *Garbhadhâtu Mandala*, il serait également identique (ou confondu ?) avec Vishnu (jap. Bichû-ten) ou Nârâyana (jap. Naraenten), une de ses nombreuses formes. Il ne fait pas l'objet d'un culte particulier et n'est invoqué que dans le cadre collectif des douze Deva[36].

À cette divinité, pratiquement ignorée des bouddhistes des écoles du Nord, il faut associer sa parèdre féminine, déesse de la danse et des arts, Devî (ou Vâch), qui serait née de la frange des cheveux de Shiva-Maheshvara. Cette divinité fut autrefois vénérée au Japon sous le nom de Gigei-ten (parfois tardivement confondue avec Benzai-ten Sarasvatî). Très rarement représentée, nous n'avons pas connaissance d'images de cette Gigei-ten faites après le IXe siècle. En sculpture[37], elle est montrée comme une jeune et jolie femme souriante, avec un haut chignon. En peinture, elle est debout sur une feuille de lotus, vêtue d'une robe et de chaussures chinoises, les cheveux tombant sur les épaules et un diadème sur la tête[38]. Sa main droite tient un pan de sa robe, sa main gauche supporte à la hauteur de son épaule une coupe de fleurs de lotus. Cette divinité ne fait plus l'objet d'un culte ou même d'une vénération quelconque au Japon. Il est probable qu'elle n'a jamais joui de la faveur populaire car ses fonctions lui furent très tôt enlevées par Kichijô-ten et Benzai-ten.

Brahmâ (jap. Bon-ten ; chin. Fantian-wang ; tib. Changs-pa Dkar-po ; mongol Esrua, Esrun Tengri ; khmer Ta-Prohm)

C'est le chef du monde et le plus glorieux des Deva. Il est le Directeur du Ciel. En Inde brâhmanique, il était à l'origine de la Divinité suprême, le premier membre de la triade hindoue (Brahmâ, Shiva, Vishnu), l'Esprit suprême et créateur. Par la suite, son influence déclina au fur et à mesure que les cultes de Shiva et de Vishnu se développaient. Son culte semble avoir eu peu de faveur au Tibet et en Chine, alors qu'au Japon il fut « bouddhisé » très tôt bien que son culte eût été abandonné très rapidement.

Il est souvent représenté en compagnie d'Indra, avant la période de Heian. Il est alors vêtu comme un guerrier en armure chinoise avec une écharpe céleste (jap. *tenne*), ou en longue robe à larges manches, les pieds cachés, en station debout, ou parfois assis sur un lotus porté par quatre oies sacrées (*hamsa*). Il a un visage serein, son front est orné d'une touffe de poils blancs (*ûrnâ*) et il a une haute couronne autour de son chignon. Sa main droite est en Abhaya-mudrâ, la gauche en Varada-mudrâ (parfois le contraire). Il peut également être représenté tenant un livre dans la main gauche. Il a parfois (comme ses représentations indiennes) quatre têtes et quatre bras. Ses mains droites sont alors en Varada-mudrâ et tiennent une lance ; ses mains gauches tiennent un lotus et un vase (celui de l'ambroisie divine). Il ne fait plus l'objet d'un culte indépendant de celui, collectif, des douze Deva.

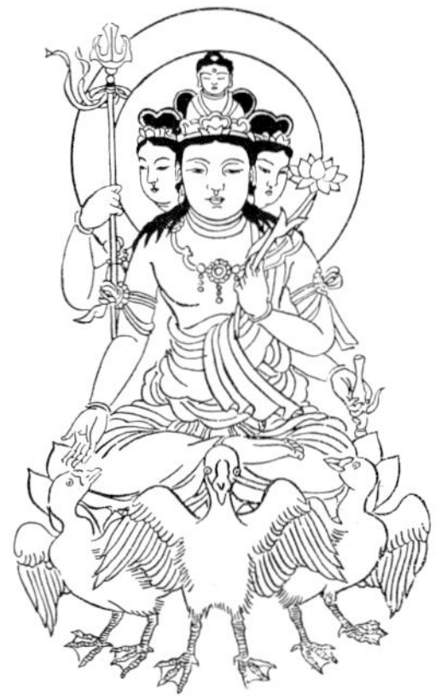
Brahmâ

Prithivî (jap. Chi-ten)

Cette divinité personnifie la Terre. Elle est également appelée Dhâranîdhâra (jap. Jishin ou Kenrô-jishin). Bien qu'elle fasse partie des douze Deva, elle ne représente aucun horizon. Elle est principalement associée

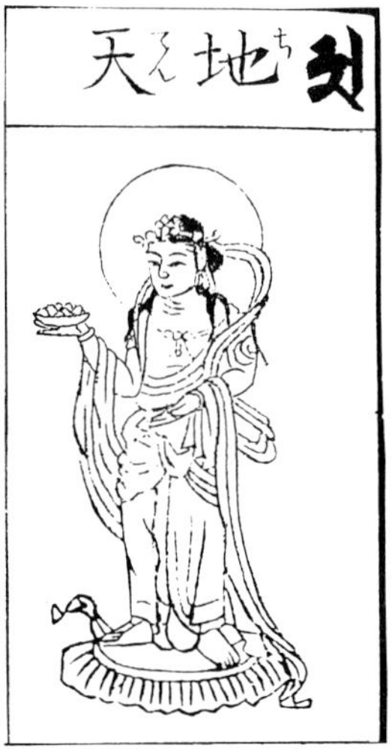

Chi-ten (Prithivî)

à Vaishravana dont elle supporte à deux mains l'effigie japonaise appelée Tôbatsu Bishamon-ten. Prithivî a un visage serein et un haut chignon. En peinture, on la représente assise en Padmâsana au milieu des nuages, avec un diadème sur la tête, les cheveux ramenés en un haut chignon laissant des mèches flotter sur ses épaules. Elle peut avoir, selon les images, deux ou quatre bras[39], la main droite tenant une coupe pleine de graines ou posée sur la poitrine, la main gauche en Varada-mudrâ ou tenant un coupe de fleurs (parfois un bol et une lance). Cette divinité, rarement représentée, ne fait l'objet d'aucun culte.

Sûrya (Âditya ; jap. Nitten ; tib. Ni-ma ; thaï Phra Atithi)

Cette divinité personnifie le Soleil. Elle est très rarement représentée dans le bouddhisme, sauf peut-être au Japon. On décrit ce Nitten comme étant assis sur un lotus posé sur cinq ou huit chevaux ou traîné dans un char attelé.

Dans le *Vajradhâtu Mandala*, il est parfois monté sur un seul cheval, tenant la boule du soleil devant lui[40], sa main gauche fermée étant posée sur sa hanche. En peinture, il est également représenté debout sur une feuille de lotus et habillé d'une longue robe flottante à la chinoise, tenant (ou non) un lotus dans chaque main. Parfois aussi on lui octroie un nimbe solaire orné de courtes flammes. Deux génies peuvent éventuellement lui servir d'acolytes[41].

En sculpture, il est représenté avec Gatten (Chandra) – et ces deux divinités sont alors souvent confondues avec Nikkô et Gakkô Bosatsu –, dans certains mandala sculptés de la secte de Nichiren, appelés *Sankô-ten Mandara* (mandala des Trois Lumières), le luminaire du centre étant appelé Aruna (jap. Myôjô-tenji). Nitten prend alors le nom de Nittenji.

On ne lui rend, en dehors de la secte de Nichiren, aucun culte particulier.

Chandra (Soma ; jap. Gatten ; chin. Yue ; tib. Zla-ba ; thaï Phra Chan)

C'est la personnification de la Lune, divinité de sexe indéterminé. De même que Nitten dont elle forme le pendant, Gatten n'est plus l'objet d'un culte particulier au Japon, sauf dans le cadre collectif des douze Deva et des Sankô-ten de la secte de Nichiren[42] (où elle est appelée Gattenji).

Normalement Chandra n'est représenté qu'en peinture et sur des mandala. On le montre assis sur une feuille de lotus supportée par trois oies blanches. Ses longs cheveux flottent sur ses épaules, et il porte un croissant de lune sur son haut chignon et sur son diadème[43]. Il tient le disque lunaire dans la main droite, à la hauteur de la poitrine ; ce disque est parfois orné de l'image d'un lièvre pilant le *mochi* (pâte de riz) dans un mortier[44], sa main gauche étant posée sur sa hanche.

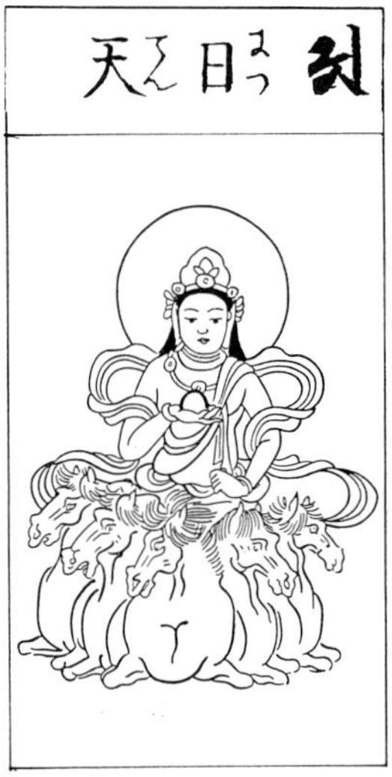

Nitten (Sûrya)

Skanda (Veda, Karttikeya ; jap. Ida-ten, Kumara-ten ; chin. Weituo)

Ce personnage du panthéon brâhmanique aurait été créé en Chine et serait une « bouddhisation » du Lokapâla chinois Weituo (ce dernier nom étant peut-être d'ailleurs la sinisation phonétique de Veda). Il aurait été adopté par le bouddhisme à la suite d'une vision qu'aurait eue un moine au VIIe siècle[45]. Son culte serait alors passé au Japon. Une expression japonaise populaire : « *Ida-ten bashira* » (« courir comme Ida-ten ») désigne une course très rapide, Veda étant supposé avoir rattrapé à la course un Yaksha qui, lors du partage des reliques du Bouddha

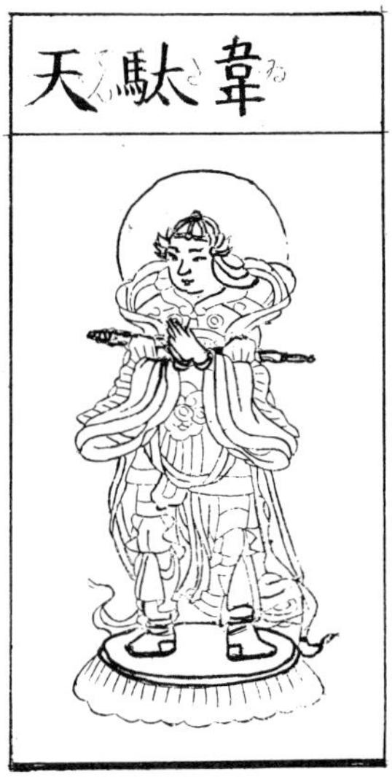

Ida-ten (Skanda)

sur Son bûcher funéraire, aurait dérobé une dent du Maître[46]. Ida-ten est réputé être un protecteur (Vihârapâla) des communautés monastiques et il est, à ce titre, particulièrement vénéré dans les sectes Zen[47].

On le représente généralement comme un jeune guerrier chinois en armure et casqué, les deux mains appuyées sur un sabre ou un bâton noueux, ou bien l'un de ceux-ci posé transversalement sur ses avant-bras, alors qu'il joint les mains en prière[48]. Ses pieds sont posés sur les pans de son écharpe céleste, ceci afin de symboliser l'apaisement des sens, car Ida-ten présiderait à la prière, à l'apaisement et au repos. Dans certains monastères, son effigie est placée dans le réfectoire des moines afin d'assurer à ces derniers le calme et la paix. Cette divinité ne fut jamais très populaire, et ses représentations sont relativement rares, bien que son culte ne se soit jamais totalement éteint.

En Chine son image se trouve généralement placée derrière celle de Maitreya et est parfois accompagnée par une divinité tutélaire appelée Jialan, nom d'un des disciples du Bouddha. Son image se trouve souvent aussi accompagnant celle d'Avalokiteshvara (Guanyin). Il est également considéré en Chine comme un protecteur du bouddhisme, et on lui donne parfois le rang de Bodhisattva. On fête son anniversaire en Chine le 1er jour de la 6e lune.

Un autre aspect de Skanda, vénéré au Japon, est celui de *kumâra* (jeune prince), appelé Kumara-ten et considéré comme une divinité de la guerre. On le représente comme un jeune garçon avec une coiffure à trois chignons, le teint pâle, assis sur un paon faisant la roue (aspect traditionnel hindou). Selon le *Vajragarbhadhâtu Mandala*, il aurait une seule tête et deux bras, la main droite agitant un grelot (jap. *suzu*), la main gauche fermée. Il est également représenté en peinture avec deux bras et six têtes. Il arrive que son effigie soit confondue avec celle de Kujaku Myô-ô, en raison de leur monture commune, le paon. C'est une divinité mineure, qui ne fut guère vénérée autrefois et qui est maintenant totalement oubliée.

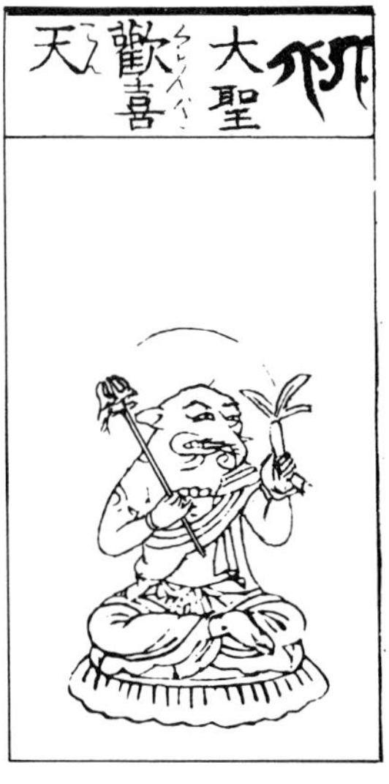

Vinâyaka (Daishô Kangi-ten)

Vinâyaka (Ganesha, Ganapati ; jap. Kangi-ten ; tib. Log-Dren ; thaï Vinatok)

Cette divinité hindoue, surtout vénérée au Japon, est parfois syncrétique. Elle est également connue dans ce pays sous les noms de Daishô Kangi-ten (le Grand et Noble Dieu réjoui)[49], de Shôten-sama, de Tenson-sama. C'est certainement une des divinités les plus secrètes et les plus difficiles à saisir du panthéon bouddhique japonais : peu de traités lui sont consacrés, et les moines n'en parlent pas volontiers, en raison de la puissance cachée qu'il recèle. Kangi-ten représente le dieu hindou Ganesha à tête d'éléphant, le fils de Shiva. On le nomme également Binayaka, simple phonétisation japonaise de son nom sanskrit. C'est aussi Nandikeshvara, « Celui qui écarte les obstacles ». Il est réputé être le fils de Daijizai-ten (Shiva) et de Shô Kannon Bosatsu (Âryâvalokiteshvara) sous une forme identique à celle d'Umâ, l'épouse de Maheshvara-Shiva. Dispensateur des richesses, il serait doué d'une puissance formidable[50] et redoutable. Il est invoqué comme protecteur de l'État aussi bien que des particuliers. Sa nature étant double, masculine et féminine (Shiva et Âryâvalokiteshvara), alliant ainsi le brâhmanisme et le bouddhisme, il est à la fois maléfique et bénéfique. Il est représenté par deux corps étroitement entrelacés (ceux de Shiva et d'Âryâvalokiteshvara sous la forme de Jûichimen Kannon « à onze

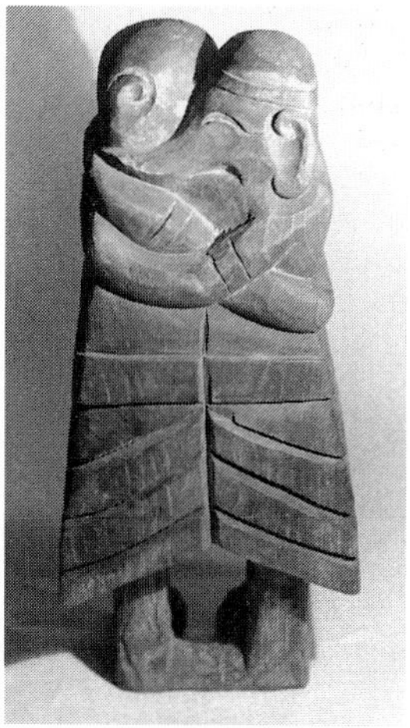

Kangi-ten, Shôten-sama, bois coloré, Japon, XVIIIe siècle. Tôkyô, anc. coll. R. de Berval

têtes »). Selon les sectes ésotériques (ou tantriques), la partie masculine ne serait autre qu'une métamorphose de Mahâvairochana (jap. Dainichi Nyorai), et le couple représenterait l'union intime du fidèle avec le Bouddha – principe de toutes choses. Selon la philosophie chinoise, les deux corps symboliseraient l'union parfaite du Ciel et de la Terre[51] ou ceux des principes confucéens du *Li* et du *Ji* (jap. *Ri* et *Ki*). Cette divinité secrète, introduite au Japon par la secte Shingon, fut reprise par la suite à des fins tantriques, par la secte Tendai entre autres. Son image n'est jamais exposée à la vue des fidèles. Des rites particuliers, comprenant des immersions de sa statue dans l'huile, lui sont attachés. Dans les sectes ésotériques japonaises, la double nature de Kangi-ten symboliserait l'union intime des deux grands mandala de la secte Shingon (*Ryôbu Mandara*).

L'atmosphère de secret qui entoure ses images, « et, de façon générale, tout ce qui touche le dieu, explique que celui-ci soit, dans le panthéon bouddhique, une des très rares divinités qui inspirent aux Japonais un sentiment de crainte[52] ». On représente Kangi-ten par des effigies, généralement de petites dimensions, le plus souvent en métal (à cause des immersions dans l'huile), le bois n'étant pas exclu mais plus rarement utilisé.

On rencontre parfois son image au centre des anneaux des bâtons de pèlerin (*khakkhara*), à la place du petit stûpa qui s'y trouve habituellement : il indique alors que le pèlerin appartient à une secte tantrique. Kangi-ten peut présenter un assez grand nombre d'aspects qu'il est possible de ranger, tout au moins au Japon, sous deux rubriques principales : aspects tantriques et aspects normaux.

Aspects tantriques. Kangi-ten a, dans le tantrisme surtout, nous l'avons vu, une double nature[53]. Il est donc représenté par deux figures humaines à tête d'éléphant, face à face et étroitement enlacées. Leurs attributs sexuels sont parfois apparents et joints, mais cela est assez rare[54]. Ils ont une étoffe jetée sur les épaules, et leurs hanches sont également drapées. L'élément féminin porte une couronne simple (ou un diadème), des bijoux et des bracelets ; ses pieds marchent sur ceux de son partenaire. Ce corps féminin serait censé être une métamorphose assumée par Avalokiteshvara afin de contenir et rendre bénéfique la redoutable énergie de Vinâyaka. Sa défense droite est cassée. Les deux corps sont de couleur blanche. On en connaît au moins trois formes :

– Têtes joue à joue et regardant du même côté, trompes enroulées.
– Têtes reposant sur l'épaule droite de la divinité complémentaire, et regardant dans des directions opposées.
– Le mâle a une tête d'éléphant, la femelle une tête de laie (forme très rare et très secrète).

Ces formes sont vénérées secrètement car elles sont supposées posséder une puissance terrifiante. Elles sont soigneusement tenues à l'abri des regards dans de petits sanctuaires portatifs (jap. *zushi*) dans les temples des sectes ésotériques. Nul n'en parle à celui qui n'en est pas adepte.

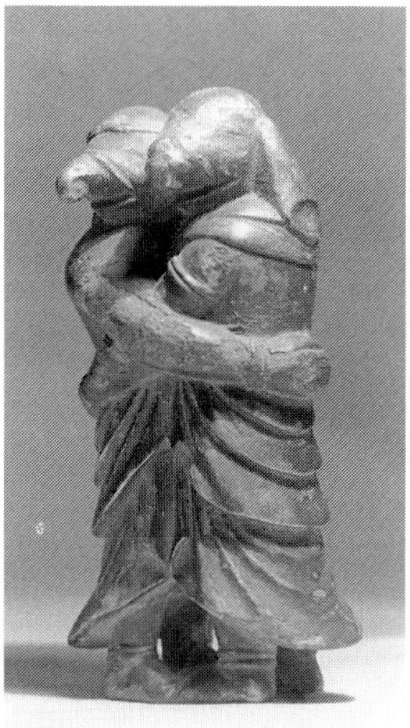

Kangi-ten, bronze, Japon, XVIe siècle. Tôkyô, anc. coll. R. de Berval

Aspects normaux. Ces aspects sont généralement constitués par une seule figure de Vinâyaka, sans contrepartie féminine. Ils sont moins secrets et sont généralement vénérés par des particuliers qui leur attribuent une grande puissance. Ces Kangi-ten peuvent prendre plusieurs formes :

– Une seule figure humaine à tête d'éléphant (Ganapati); il est assis, avec deux bras, et tient des attributs divers[55] : dans la main droite un radis japonais (*daikon*), dans la main gauche une pelote de fil (également un parasol, un arc et des flèches, un rosaire, un glaive).
– Avec quatre bras et quatre jambes (usage parfois tantrique[56]). Dans ses mains droites, il tient une hache, une pelote de fil (parfois sur un plateau) ou une corde et un trident ; dans ses mains gauches il tient une défense d'éléphant et un bâton (ou une hache et un vajra à une pointe).
– Avec six bras : il a la tête tournée vers la gauche, la trompe relevée, la défense droite cassée, le corps de couleur orangée ou rouge[57]. Dans ses mains droites, il porte un bâton, une corde, une défense d'éléphant (ou une aiguille) ; dans ses mains gauches un glaive, un plateau de fruits (ou une pelote de fil), un chakra.
– Debout sur un rocher, avec quatre bras[58]. Dans ses mains droites il porte une hache et une pelote de fil ; dans ses mains gauches une corde et un couteau.
– Debout sur un rocher, avec six bras[59]. Mains droites tenant un vajra à cinq pointes, une corde et un sceptre (ou un bâton) ; mains gauches tenant un glaive ayant la poignée ornée d'un vajra à cinq pointes, une pelote de fil et un chakra.

Ces formes sont loin d'être les seules car on ne les connaît pas toutes, de même qu'on ignore la raison d'être de leurs attributs. On vénère tout spécialement Kangi-ten dans le sanctuaire de Matsuchiyama à Asakusa (Tôkyô) et dans celui d'Ikoma à Nara.

Il ne semble pas que Vinâyaka ait été l'objet d'un culte particulier au Tibet. En fait, on ne rencontre son image que sous sa forme brâhmanique de Ganesha (aussi appelée ici Vinataka), en tant que démon (tenant dans les mains une fleur, un rat ou une calotte crânienne), sous les pieds d'un des aspects de Mahâkâla. D'autre part, son culte ne semble pas attesté en Chine, bien qu'il soit presque certain que cette divinité complexe ait été vénérée secrètement dans les temples des sectes ésotériques... Cependant, nous n'en possédons, tout au moins à notre connaissance, aucune image.

DIVINITÉS MINEURES ET SYNCRÉTIQUES

De nombreux autres divinités existent encore dans le panthéon bouddhique, lesquels sont tous plus ou moins théoriques, ne se trouvant décrits que dans les textes, parfois représentés dans les mandala, mais ne faisant jamais l'objet d'un culte. Ils ne sont décrits dans les mandala que par souci de représenter le monde divin dans la totalité de ses aspects.

Ce sont généralement des divinités mineures hindoues qui ont été « bouddhisées » pour les besoins de la cause et qui représentent soit des protecteurs du bouddhisme, soit des démons faisant obstruction au développement spirituel de l'homme.

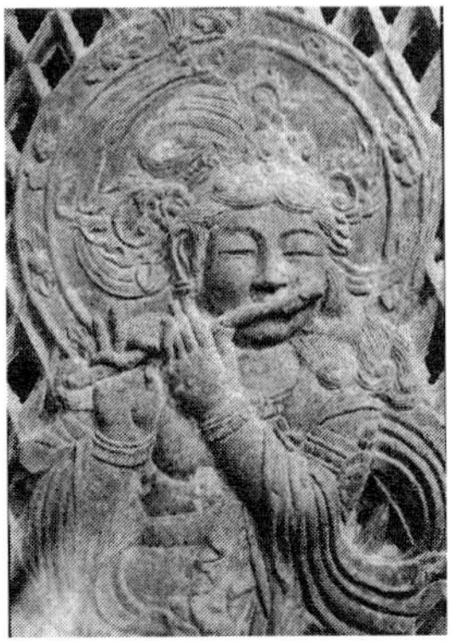

Apsarâs musicienne, lanterne de bronze, Japon, Nara, Tôdai-ji, VIIIe siècle

Les êtres célestes, Apsarâs, Devatâ (jap. Tennin, Hiten ; thaï Tevoda, Nang-fa ; tib. Lha'i Bu-mo ; chin. Tiannü, Feitian ; khmer Tepanom)

Ce sont les Apsarâs ou Devatâ, que l'on a souvent assimilés aux Deva. Ces êtres célestes, qui ne sont pas en réalité des divinités auxquelles on peut rendre un culte, ne sont que des serviteurs des Deva. La plupart du temps, ce sont des danseurs et des musiciens. Ces Devatâ sont en général des êtres divins anonymes qui font normalement partie de l'entourage (cour) des grands dieux ou Deva. Ce mot de Devatâ désigne en fait l'ensemble des divinités du monde du Désir (Kâmadhâtu) et du monde des Formes (Rûpadhâtu), soit la presque totalité des êtres divins. Mais on entend aussi par Devatâ les petits génies locaux, les petits dieux qui vivent près des hommes et souvent veillent sur eux.

Ces Devatâ ou Apsarâs ont été fort utilisés pour la décoration des temples et sanctuaires, notamment en Thaïlande, en Birmanie et au Laos (où ils prennent le nom de Tevoda) où on les représente généralement de face, couronnés et les mains jointes, sur des embouts de tuiles et divers décors. Au Cambodge, les Tepanom sont le plus souvent représentées comme des danseuses très décorées de bijoux et de coiffures, et le torse nu. Certaines statues de ces Tepanom ornent les niches des murs des sanctuaires bouddhiques et brâhmaniques. Ils symbolisent probablement dans tout l'art du Sud-Est asiatique les génies tutélaires et les génies du sol, les Phi. Mais on ne leur rend aucun culte particulier. Le populaire a parfois pris l'habitude de leur montrer une certaine vénération en déposant à leurs pieds des fleurs, de l'eau et du riz.

Dans leurs représentations normales, en Chine et au Japon en particulier, on les voit debout sur des lotus, assis ou debout sur des nuages (ils sont alors parfois assimilés à des Bodhisattva, comme en sculpture sur les murs du Hôô-dô du Byôdô-in à Uji, au Japon), ou sur des lanternes (Tôdai-ji, VIIIe siècle). Ils sont généralement vêtus de robes célestes légères et flottantes, agrémentées d'écharpes de gaze (jap. *tenne*), parfois jouant d'un instrument de musique. Leurs attitudes, n'étant pas codifiées par les textes, sont par conséquent très variées. Ils sont souvent représentés dans une attitude de vol, en poses aériennes et pleines de grâce, soit sur des bas-reliefs (cloches de bronze, comme par exemple la cloche du roi Seong-deog de Corée, fondue en 771 à Gyeong-ju), soit en décor ajouré (Sui-en de la pagode du Yakushi-ji, à Nara), ou sur de nombreuses peintures accompagnant les images du Bouddha ou des Bodhisattva. Une des plus anciennes représentations de ces êtres célestes orne les angles supérieurs du halo entourant le célèbre « Bouddha prêchant » de Sarnâth, en Inde. Ils sont en quelque sorte l'équivalent asiatique des « anges » de notre folklore européen. On ne leur attribue aucun pouvoir. Ils ne sont là que pour témoigner de la multitude des êtres peuplant les cieux.

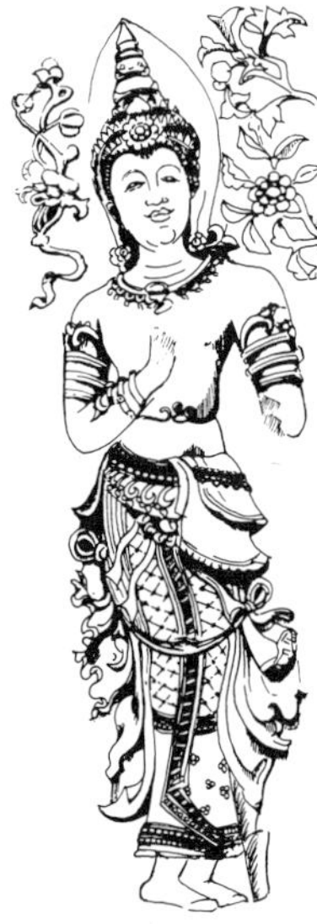

Devatâ, bois, Thaïlande, Chieng-mai, XVe siècle

DIVINITÉS SYNCRÉTIQUES DU JAPON

Ces divinités, surtout japonaises, appartiennent au syncrétisme shintô-bouddhique. Le shintô, étant aniconique, ne représente pas les Kami ou « forces supérieures » autrement que par des symboles (miroir, sabre, bijoux, etc.). À partir du IXe siècle, les moines bouddhistes japonais, désirant « recruter » au profit du bouddhisme les divinités proprement japonaises, conçurent l'idée de créer pour les besoins de la cause des divinités syncrétiques. Ces Gongen ou avatâra (descentes) sont des incarnations temporaires des Kami dans des divinités bouddhiques. De cette manière furent inclus dans le panthéon bouddhique nombre de divinités du shintô.

Les divinités syncrétiques japonaises appartenant au Suijaku ou Doctrine de la descente , dans laquelle les divinités traditionnelles ou Kami sont assimilées à celles du bouddhisme dont elles seraient des émanations ou « descentes », furent assez populaires, surtout parmi les religieux suivant les doctrines du Shugendô[60] ou Voie des Yamabushi (moines de la montagne) à partir du IXe siècle.

Des formes d'art religieux ayant été élaborées afin de satisfaire aux besoins de ces cultes particuliers, de nouvelles divinités furent ainsi créées. Parmi celles-ci, les plus communes sont celles de Zaô Gongen, Shômen Kongô, Sanbô Kôjin et Sôgyô Hachiman-shin. Des mandala particuliers furent alors conçus, tels que le *Kasuga Shika Mandara*, l'*Ikoma Mandara* ou le *Kumano Mandara*. À l'époque de Kamakura (1185-1333), de nombreuses images syncrétiques furent alors réalisées, en gravure ou en bas-relief généralement, notamment sur des miroirs ronds destinés à être suspendus (*kakebotoke*), pour illustrer les aspects de ces divinités.

Au Japon, d'autres divinités, appartenant au syncrétisme shintô-bouddhique, sont parfois difficiles à classer avec précision dans l'une ou l'autre catégorie de divinités : ces Gongen ou « descentes » de divinités bouddhiques dans des Kami du shintô sont cependant réputées temporaires, et ont pour la plupart été créées lors de l'effort de syncrétisme fait au IXe siècle par les moines des sectes ésotériques désireux d'inclure dans leur panthéon les divinités du terroir japonais. D'autres, au contraire, sont des « bouddhisations » pures et simples de Kami du shintô, tel Sôgyô Hachiman-shin.

Zaô Gongen

Kongô Zaô ou Zaô Gongen (dont nous avons déjà parlé à propos du Bouddha Shâkyamuni Gautama) connut une place importante dans le bouddhisme japonais, mais il semble maintenant presque oublié, sauf peut-être de certaines sectes ésotériques se rapportant aux doctrines du Shingon et du Tendai. Kongô Zaô qui, de Bodhisattva qu'il paraît avoir été à l'origine, est devenu, dans le Ryôbu-Shintô, l'incarnation de ce Bodhisattva sous le nom de Zaô Gongen, est également appelé Himitsu Kongô (Vajra secret) et Tokkyô Kongô (Celui qui donne un enseignement spécial)[61]. Sous l'influence du shintô, ce Bodhisattva se transforma en Vidyârâja (jap. Myô-ô). Un temple lui fut dédié (sous son aspect de Gongen) sur le mont Kinbu où il était fort vénéré par les Yamabushi (moines-guerriers ascètes de la montagne) aux XIIIe et XIVe siècles[62]. Le *Taiheiki* en donne une description précise : « Il se montra sous l'aspect d'un être très fort et très furieux, tenant dans la main droite le vajra, les coudes relevés par la colère, la main gauche aux doigts écartés pressant sa hanche, le regard chargé d'indignation ; il semblait subjuguer les démons qui font obstacle à la Loi ; de ses pieds haut levés, il frappait le sol en déployant toutes les vertus du Ciel et de la Terre[63]. »

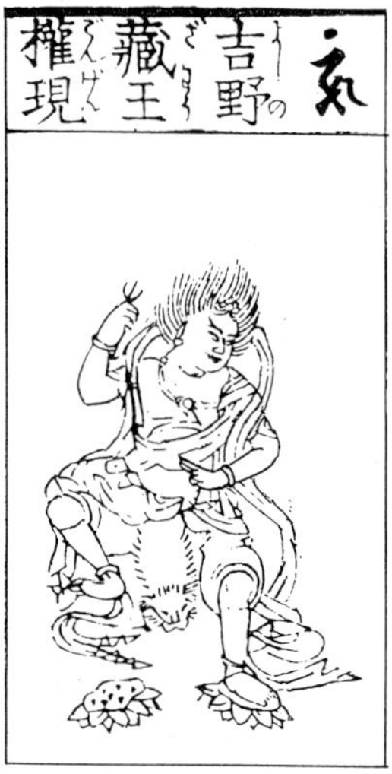

Yoshino Zaô Gongen

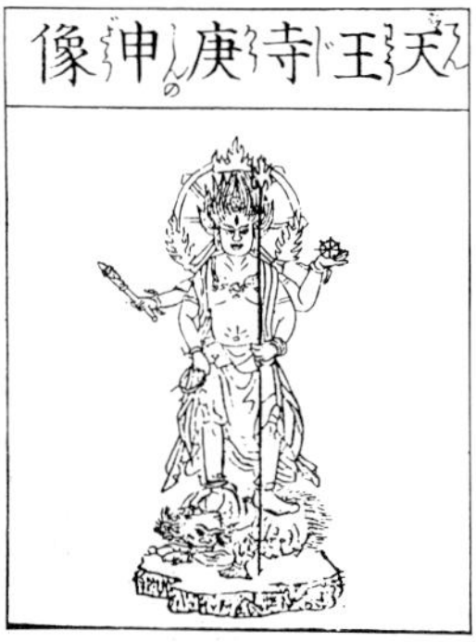

Shômen Kongô
(Ten-ô-ji Kôshin no Zô)

On ne le trouve plus guère représenté en Bodhisattva, mais principalement en Vidyârâja[64]. Zaô Gongen fait partie (adjonction relativement tardive) du mandala en deux parties de la secte Shingon. Dans le *Garbhadhâtu Mandala*, sous le nom de Kongô-zô, il se trouve parmi les « porteurs de vajra » (Vajradhara) au sud des Cinq Jina (Gochi Nyorai). Il y est alors confondu avec Vajrasattva (jap. Kongôsatta). Dans le *Vajradhâtu Mandala*, il se trouve placé dans l'enceinte intérieure du *Samaya Mandala* et fait alors partie des seize Bodhisattva du Bhadrakalpa (Kalpa actuel). Il se trouve également représenté dans le *Sukshma Mandala* (jap. *Bisai-e*) et dans le *Pûjâ Mandala* (jap. *Kuyô-e*). Cependant Zaô Gongen n'aurait été incorporé dans ces mandala qu'à partir de l'époque de Kamakura.

Lorsque ce Vidyârâja est assimilé à un Bodhisattva, il est parfois identifié comme étant une forme de Kshitigarbha[65]. On le considère aussi, nous l'avons vu, comme une forme colérique de Shâkyamuni. Cependant, sa forme la plus répandue est celle d'une divinité terrible.

Shômen Kongô

C'est peut-être un aspect de « descente »(*Gongen*) de Gundari Myô-ô ou de Daigensui Myô-ô. Il est représenté debout avec un collier et des bracelets de serpents, arborant une expression furieuse. Ses cheveux sont hérissés, des crocs sortent de sa bouche et il a un troisième œil sur le front. Il est censé punir la méchanceté et combattre les démons des maladies. Cette divinité est représentée avec six bras et parfois trois visages, les mains supérieures tenant le soleil et la lune au-dessus de sa tête, les mains droites tenant entre autres objets un glaive emmanché d'un vajra, les autres mains gauches en poing de colère sur la poitrine et tenant un chakra.

En tant que divinité populaire, Shômen Kongô est la divinité principale du Kôshin-shinkô, culte séparé qui aurait été créé à la fin du Moyen Âge japonais d'après des concepts taoïques. Dans ce culte, Shômen Kongô est aussi appelé Kôshin. Une coutume populaire veut

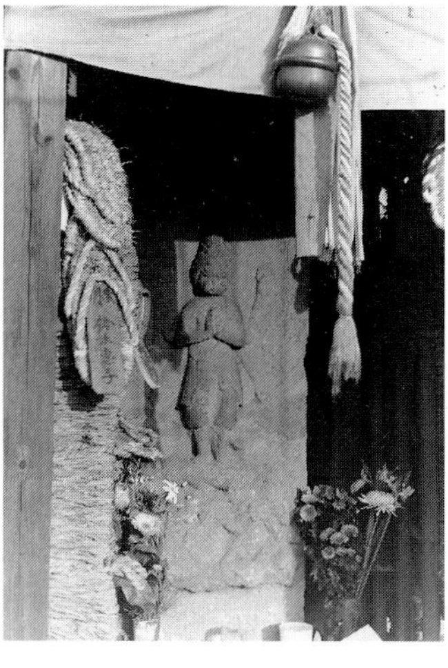

Shômen Kongô, pierre, Japon, Tôkyô, Sendagaya-ku, XVIIIe siècle

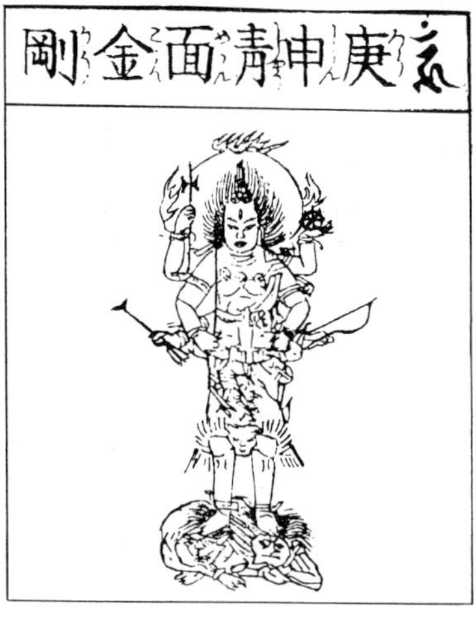

Shômen Kongô

qu'on lui offre de grandes sandales de paille (*waraji*) car cette divinité, qui est censée voyager loin afin de poursuivre méchants et démons, use beaucoup de chaussures. Il est parfois représenté avec le visage bleu, tenant un arc, des flèches et un glaive[66]. Le populaire le confond parfois avec Fudô Myô-ô (skt. Achalanâtha). Deux enfants (Dôji) et quatre Yaksha lui servent d'acolytes. Sur le socle-rocher de ses images sont souvent représentées les effigies des « trois singes » (Sanbiki-zaru), dont l'image est devenue populaire à partir des XVIe-XVIIe siècles, que l'on voit se bouchant les yeux, les oreilles et la bouche[67]. Étant parfois assimilé au Kami du shintô Saruta Hiko (dans les sanctuaires Hie), ces singes sont souvent considérés comme les messagers des Kami.

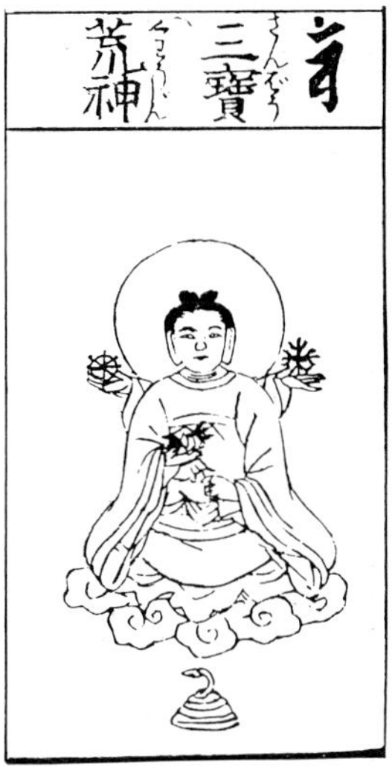

Sanbô Kôjin

Sanbô Kôjin

Cette autre divinité populaire, appelée également Kôjin ou Kôshin, dite « des trois trésors », appartient également aux doctrines du Suijaku. On ne trouve guère de représentations de cette divinité syncrétique avant l'époque de Muromachi (XVe siècle), et alors principalement sur des peintures. C'est le dieu du foyer, de la cuisine (parfois d'ailleurs confondu avec Mañjushrî). Son origine est indéterminée, mais il est probablement la « bouddhisation » d'un Kami. Il peut avoir trois formes :

– Avec un visage souriant, identique à Vajrasattva, mais avec huit bras et, en plus des attributs de Vajrasattva, un stûpa et un lotus dans ses mains droites, un chakra et un joyau dans ses mains gauches. On le nomme alors Nyorai Kôjin : ses mains principales sont en mudrâ des Six Éléments, et on le dit être un aspect de Mahâvairochana.

– Avec un visage en colère, huit têtes, six ou huit bras (lorsqu'il n'a que six bras il possède les mêmes attributs que dans sa forme souriante, mais sans les mains en Chiken-in. On le nomme alors Sanbô Kôjin).

– Avec quatre bras, une haute couronne, portant un joyau et un chakra, il est appelé Kojima Kôjin.

Sôgyô Hachiman-shin

Ce Kami religieux « aux huit bannières » est au Japon une forme « bouddhisée » du Kami de la guerre Hachiman (ou Yahata, Yawata) qui fut intronisé comme divinité protectrice, avec le titre de « Grand Bodhisattva », au temple du Tôdai-ji, à Nara, en 749. Par la suite, il devint la divinité protectrice particulière (Ujigami) de la branche de la famille Minamoto (Genji), descendant de l'empereur Seiwa. Cet Hachiman Daimyôjin serait à l'origine le Kami de l'empereur Ôjin, quinzième selon la liste traditionnelle, et qui serait devenu dieu de la guerre sous le nom de Yawata (autre prononciation des caractères sino-japonais formant le nom de Hachiman). On voit dans le *Taiheiki* (chap. 4) l'empereur Go-Daigo sur le chemin de l'exil s'arrêter devant un sanctuaire dédié à Hachiman et prier « le Bodhisattva Hachiman » qui aurait fait le vœu d'accorder la paix et la sécurité aux générations des empereurs.

Il est généralement représenté en moine bouddhiste, assis en tailleur, les pieds cachés par sa robe, le crâne rasé, avec un halo rond derrière la tête ; il tient un khakkhara dans la main gauche, la main droite reposant sur son genou (il est alors parfois confondu avec Kshitigarbha). Les sanctuaires qui lui sont dédiés, appelés Hachiman-gû, et qui sont les plus célèbres sont ceux de Usa-Hachiman-gû en Higo, Otoko-yama en Yamashiro et Tsurugaoka à Kamakura.

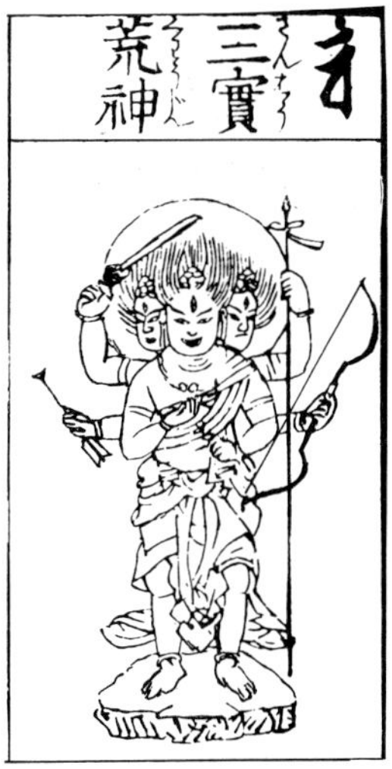
Sanbô Kôjin

Sôgyô Hachiman, bois coloré, Japon, Kamakura, Tsurugaoka Hachiman-jinja, XVIIe siècle

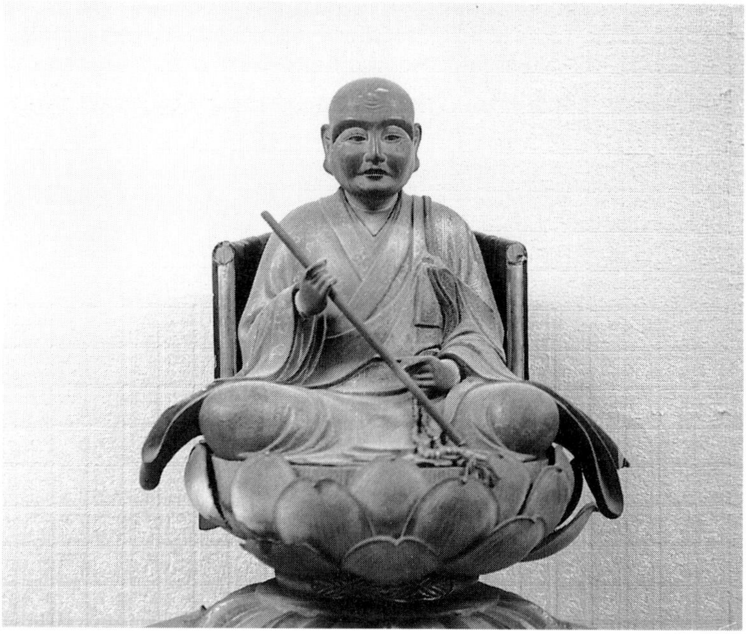

Cependant certaines représentations montrent cette divinité en position assise, vêtue comme un noble guerrier, armée d'un arc et de flèches, peut-être par confusion avec les Zuishin (nobles guerriers assis) qui parfois gardent les portes des temples bouddhiques ou des sanctuaires shintô.

Nombre de divinités bouddhiques chinoises ont également un aspect syncrétique et sont parfois confondues avec des divinités des panthéons taoïque ou confucéen. Elles sont représentées sous leurs aspects taoïque ou confucéen et ornent les temples chinois appartenant à ces deux courants de pensée. Mais il est rare de les trouver dans les temples bouddhiques. Il est cependant une catégorie de divinités syncrétiques populaires qui connut, tant en Chine qu'au Japon, une grande faveur dans le peuple : ce sont les divinités « donneuses d'enfants ».

Appelées au Japon Koyasu, les divinités « donneuses d'enfants » sont des aspects populaires d'Avalokiteshvara et de Kshitigarbha, mais en réalité ce ne sont que des aspects particuliers que les Japonais et les Chinois ont attribué à certaines statues de ces Bodhisattva plutôt qu'à d'autres. Ce sont donc des aspects populaires de divinités bouddhiques plus que des divinités proprement dites. Mais, en raison de leur grande popularité et de leur appartenance au panthéon bouddhique vivant du Japon et de la Chine, nous nous devions de les signaler ici. Ce sont principalement, en dehors de l'aspect « donneur d'enfants » de Kshitigarbha, ceux de Koyasu attribués à Avalokiteshvara et à une divinité appelée Kishimojin ou Karitei-mo (Hârîtî).

XI

ÊTRES DIVINS ET PERSONNAGES HISTORIQUES DIVINISÉS

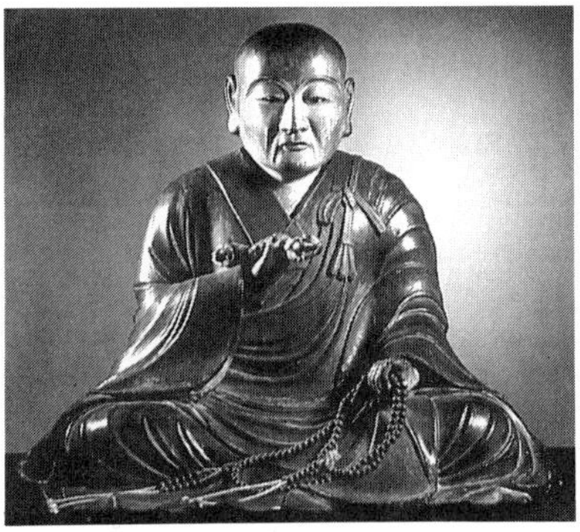

Kôbô Daishi, bois, Japon, époque Kamakura, musée Guimet

Les protecteurs du monde
Les divinités astrales
Les personnages historiques
Les lamas tibétains
Shôtoku Taishi
Autres personnages religieux

Dans le panthéon bouddhique, en dehors des divinités proprement dites et des divinités populaires ou syncrétiques, existent de nombreux êtres divins et éléments divinisés qui gravitent autour des divinités majeures, soit comme gardiens ou acolytes, ou plus simplement pour compléter sur les mandala une vision globale du cosmos tel que le conçoivent les religieux bouddhistes. Ces êtres divins peuvent être rangés en deux catégories principales : celle des protecteurs et celle des divinités astrales. On ne leur rend évidemment aucun culte. Cependant les représentations sont (ou furent) souvent importantes dans l'iconographie bouddhique. Nous décrirons donc ici très brièvement les « protecteurs » dont le rôle fut très important, et nous ne ferons que donner la liste, pour mémoire, des divinités astrales qui, bien que fort rarement représentées, n'en sont pas moins utiles à la compréhension du panthéon bouddhique.

LES PROTECTEURS DU MONDE

Les protecteurs du monde (ou du Bouddha et de la Loi bouddhique) sont traditionnellement répartis en huit classes (appelées collectivement Hachi-bushû en japonais) : les dragons ou Nâga, les Garuda, les Titans ou Yaksha, les Gandharva, les Asura, les Mahôrâga, les Kimnara et enfin les Deva. Nous ne parlerons pas ici de cette dernière catégorie, qui fut examinée dans un précédent chapitre. Ces huit classes d'êtres n'ont pas toutes été représentées avec la même fréquence, même dans les mandala et sur les peintures. On trouve néanmoins certaines de leurs images en sculpture, notamment au Kôfuku-ji à Nara (Japon, VIIIe siècle, en laque, réparés en 1232), et en quelques autres endroits [1].

LES DRAGONS (Nâga ; jap. Ryû ; chin. Long ; tib. Klu ;
mongol Lus ; thaï Phi ; khmer Neak)

En réalité, ce sont des serpents, symboles des puissances chtoniennes associés à l'élément eau. Ils sont, en Inde surtout, les gardiens des trésors de la terre. Bien qu'étant des divinités mineures, largement vénérées cependant par le peuple indien, ce sont des êtres puissants qui posséderaient toutes les sciences. Ce serait eux qui auraient transmis à Nâgârjuna la *Prajñâpâramitâ*, texte majeur des doctrines du Mahâyâna. Leur culte semble s'être propagé en Chine (et de là au Japon), et en Inde du Sud à partir du Cachemire. De nombreux sanctuaires étaient autrefois élevés à ces serpents : le pèlerin Xuanzang en vit au Cachemire au VIIe siècle. Maintenant encore, en Inde, leur culte est très populaire. C'est tout naturellement que ces divinités chtoniennes furent adoptées par le bouddhisme, et cela dès le début. La légende rapporte qu'un roi des Nâga, nommé Elapâtra, se déguisa en roi humain afin de venir écouter un prêche du Bouddha. Déjà on voit des rois des Nâga assister à la naissance du prince Siddhârtha Gautama. L'un d'eux, nommé Muchilinda, aurait même abrité le Bouddha méditant lors d'une grande inondation et d'une pluie torrentielle, formant un siège élevé avec des anneaux de son corps et un auvent protecteur des capuchons de ses sept têtes. Les images rappelant cet épisode sont nombreuses dans l'art bouddhique, et notamment dans le Sud-Est asiatique. D'autres images montrent des couples de Nâga, queues entrelacées, ou bien des Nâga à multiples têtes dans de nombreuses représentations bouddhiques de stûpa (comme sur les bas-reliefs d'Amarâvatî, en Inde), ou bien encore accompagnant des images du Bouddha ou de l'un des Jina (entre autres Amoghasiddhi au Nepâl). Certaines images montrent les Nâga avec un buste et une tête humains (avec une sorte d'auréole formée par des têtes de cobra) et une queue de serpent, d'autres plus simplement comme des cobras munis d'une ou plusieurs têtes. Avant le XIIe siècle, en Inde, les Nâga étaient représentés comme des êtres humains, mais avec une sorte d'auréole faite de trois, cinq ou sept têtes de cobra.

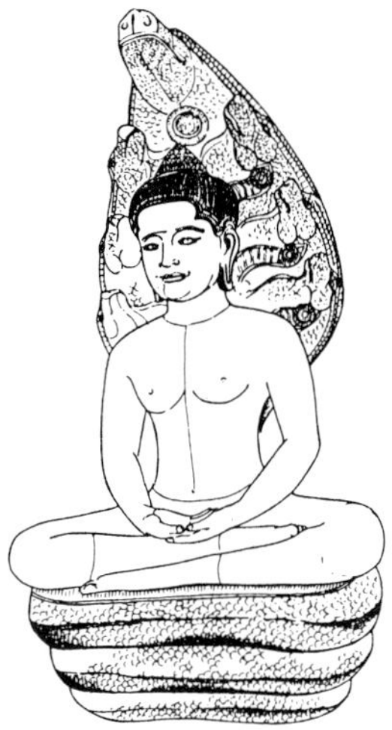

Bouddha sur Muchalinda

Le roi suprême des Nâga est le Lokapâla Virûpâkhsa, bien que ce dernier ne soit pas lui-même un Nâga. Un autre de leurs rois, Nanda, un Nâgarâja, est parfois représenté comme un être mi-homme, mi-serpent, soit avec une seule tête (il tient alors des serpents dans ses mains), soit avec quatre têtes et six bras (deux de ses mains peuvent alors bander un arc).

Les Nâga, en nombre considérable, sont des sortes de génies bienveillants, amis des êtres humains, contrôlant les pluies et protégeant des incendies provoqués par les éclairs. Ces qualités ont, en Chine et au Japon, été dévolues aux dragons, bien que certains serpents aient également été vénérés (parfois associés à des cultes phalliques). Au Japon, notamment, un grand serpent blanc est associé au culte de Ugajin et de Sarasvatî-Benzai-ten. Les Nâga sont traditionnellement pourchassés par les Garuda.

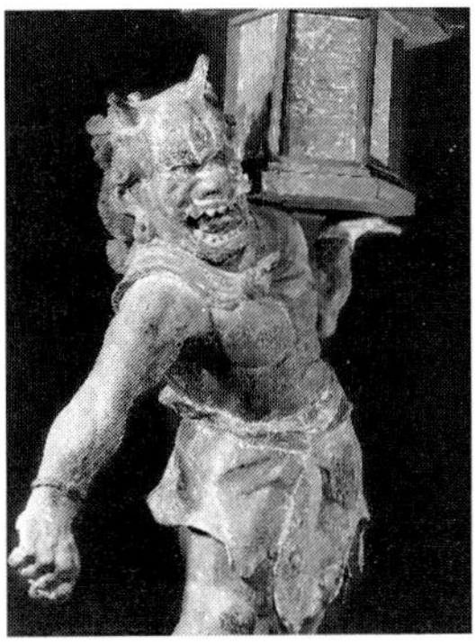

Tentôki, dragon, bois par Kôben, Japon, Nara, Kôfukuji, début XIIIe siècle

Au Japon et en Chine, les dragons-serpents (appelés aussi Ryû-ô ou Ryûjin) sont des divinités des eaux, vivant à la fois dans la mer, les rivières, les étangs et les nuages. Ce sont surtout des sortes de génies bienfaisants (rarement malfaisants) associés au culte de l'eau. En Chine comme au Japon et dans le Sud-Est asiatique, ils sont invoqués lors des danses rituelles faites généralement pour provoquer la pluie. On les considère également comme étant les dépositaires du chintâmani, le Joyau magique qui dispense les trésors et qui donne la Connaissance. Dans ces pays, ils sont représentés avec un corps composite, sortes de monstrueux serpents ailés, avec une tête de lion (ou de chameau) ornée de bois de cerf. Ils ont quatre pattes de reptile armées de griffes d'aigle. Certains dragons ne possèdent pas d'ailes. On ne peut jamais voir leur

Dragon (Ryû) en fontaine, bronze, Japon, Fuji-Kawaguchi, Sengen-jinja

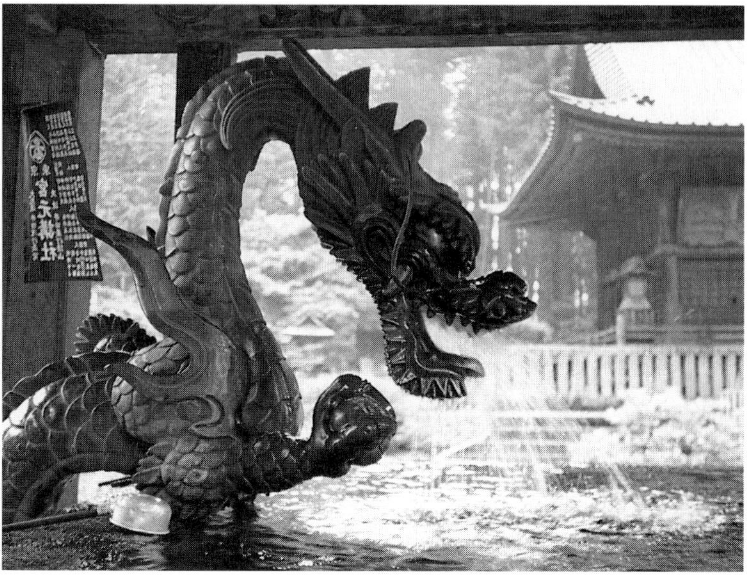

corps en entier, celui-ci étant toujours enveloppé de nuages ou seulement en partie hors de l'eau. Les Chinois connaissent plusieurs sortes de dragons (Long) selon qu'ils règnent sur des mers différentes (ils ont alors des couleurs particulières) ou qu'ils contrôlent la pluie, les nuages, les eaux terrestres et les cours d'eau (un des plus grands fleuves chinois se nomme d'ailleurs Heilongjiang, « fleuve du Dragon noir »).

Au Japon, leurs formes ont des noms différents : Kôryû (avec des écailles), Kyûryû (avec des cornes), Ô-ryû (grand dragon ailé), Hanryû (petit dragon de neuf couleurs), etc. Les dragons japonais sont en général représentés avec des pattes pourvues de trois ou quatre griffes, alors que les dragons chinois en ont souvent cinq. Au Japon, dans la presqu'île d'Ise, le peuple vénère un dragon faiseur de pluie appelé Ichimokuren et qui serait borgne. Une légende rapporte que Benzai-ten (Sarasvatî) épousa un dragon afin de le rendre inoffensif.

Les dragons sont également associés aux équinoxes : au Japon le Nobori-ryû est le dragon « ascendant » de l'équinoxe de printemps, le Kudari-ryû est le dragon « descendant » de l'équinoxe d'hiver. De très nombreuses légendes populaires chinoises, japonaises et vietnamiennes sont attachées au dragon, lequel est aussi l'un des douze animaux (appelé Tatsu en Japonais) du cycle des douze années (chin. Yuanjia) du calendrier sino-japonais. Bien que leur culte ne semble pas avoir été vivace au Tibet, on les trouve parfois représentés sur des peintures ayant subi une influence chinoise. En fait c'est là un animal qui, de même que le serpent Nâga, appartient plus généralement au folklore qu'à la tradition bouddhique pure. On trouve cependant nombre d'effigies de dragons, en sculpture ou en peinture, dans les temples bouddhiques (sauf en Inde où ils sont remplacés par des Nâga) où ils servent à la décoration. Leur effigie se trouve également souvent placée sur les

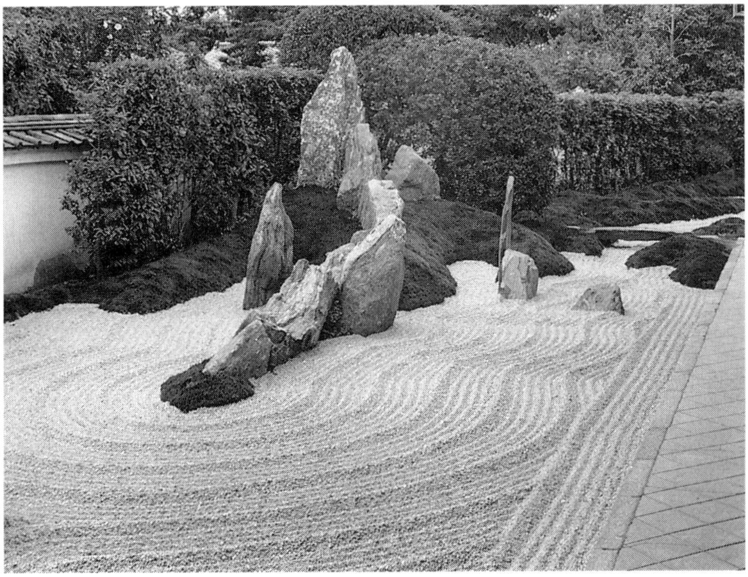

Jardin de sable et pierres symbolisant un dragon, Japon, Kyôto, Daitoku-ji

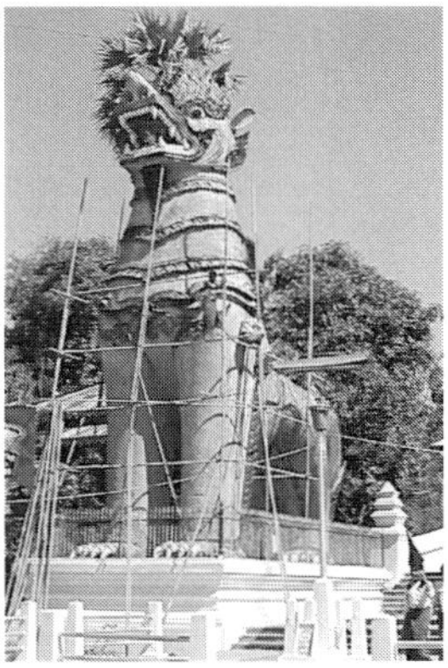

Chinthe, brique, Birmanie, Mingun, XIXe siècle

toits des pagodes, car ils représentent l'élément liquide qui protège du feu, et sur les fontaines et bassins d'ablution des monastères et des temples, afin que l'eau ne vienne pas à manquer. Ils servent également de motif décoratif pour des objets à usage religieux, de thème à de nombreuses peintures décoratives (surtout dans les temples d'obédience zen) et de sujet d'arrangement de pierres pour les jardins des monastères au Japon[2]. Des sortes de dragons sculptés ou peints protègent également les entrées et les toits des bâtiments bouddhiques, en Thaïlande et au Laos entre autres. Les dragons sont également les animaux-symboles du Bhûtan, dont le drapeau s'orne de leur effigie.

LES GARUDA (jap. Karura ; chin. Jinchi Niao ; tib. Namka-lding ; thaï Khut ; khmer Khrut ; birman Galon)

Ce sont des oiseaux mythiques du panthéon brâhmanique, ennemis mortels des Nâga. Le Garuda, monture de Vishnu, a été adopté par le bouddhisme comme l'un des protecteurs de la Loi bouddhique. Seuls les Nâga possédant une relique bouddhique ou convertis au bouddhisme peuvent leur échapper. Les Garuda ont été relativement peu représentés dans l'art bouddhique, sauf peut-être comme sujets décoratifs. Ils ne semblent pas avoir été représentés en Chine ou au Tibet. Au Japon, leurs effigies sont extrêment rares (au Kôfuku-ji de Nara et au Sanjûsangendô de Kyôto). Ils sont alors montrés comme des hommes en armure, avec une tête d'oiseau et jouant de la flûte. Parfois, comme au Kôfuku-ji, une tête d'oiseau se trouve simplement placée en guise de coiffure sur leur tête d'homme. On appelle également cette dernière

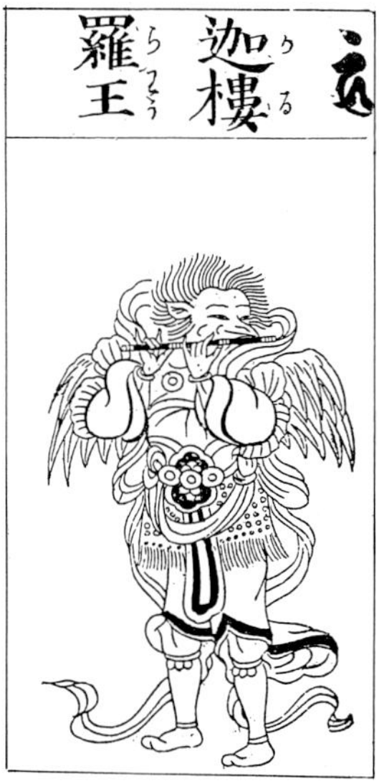

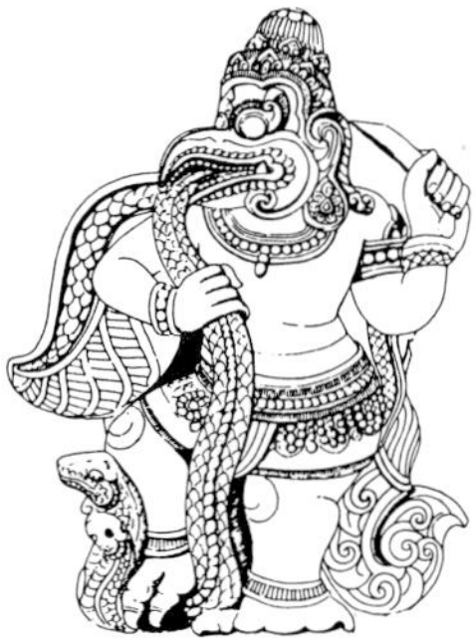

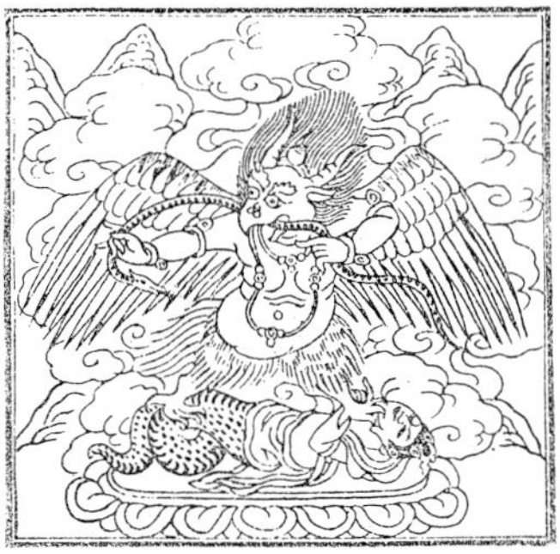

représentation Konjichô [3]. En peinture, les Karura japonais affectent la forme d'un oiseau à tête humaine, marchant sur des serpents (Nâga) ou tenant deux de ceux-ci dans leurs mains. Ils ont une expression féroce. Dans le Sud-Est asiatique, ils ornent fréquemment les murs des temples, comme à Angkor ou à Java.

Ci-dessus :
Karura-ô (Garuda)

À droite :
Garuda, d'après une sculpture d'art cham, Viêt-nam, Da-nang, XIe-XIIe siècles

Garuda, gravure chinoise

LES YAKSHA (jap. Yasha ; chin. Yecha ; tib. Gnod-sbyin ; thaï Yak, Nhak)

Nous avons souvent, au cours de cet exposé, évoqué les Yaksha, ces protecteurs du Bouddha et de la Loi bouddhique, qui sont des sortes de génies de la nature. Ce sont des êtres semi-divins, parfois assimilés aux Asura, et qui sont surtout évoqués dans les légendes. Ils ont été rarement représentés en relation avec le bouddhisme, sauf peut-être en Inde ancienne et dans les contes. On ne leur connaît pas de représentation bien définie dans le Sud-Est asiatique (où ils sont souvent, comme à Java, utilisés comme gardiens des temples), au Tibet ou en Chine. Au Japon, des êtres mythiques particuliers sont parfois considérés comme des Yaksha : ce sont les Tengu. On trouve en effet dans certains cas des images de ces êtres (qui n'appartiennent pas au bouddhisme mais au folklore) associées à des cérémonies ou même à des personnages en relation avec le bouddhisme : le *Tengu-zoshi*, un rouleau peint vers 1360, représente des moines bouddhistes déguisés en Tengu. Les bouddhistes japonais associent ces Tengu à des Yaksha qui jouent des tours aux fidèles afin de les éprouver. Mais à part ces rares cas, ces Tengu (figurés comme des hommes ailés avec un très long nez parfois d'apparence phallique) appartiennent au folklore.

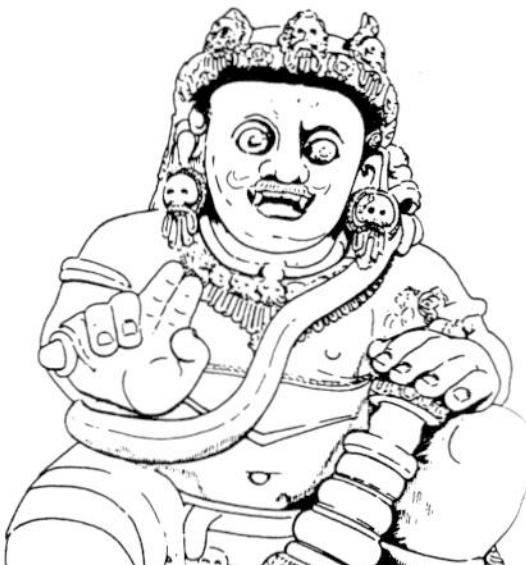

Yaksha, d'après une sculpture de Prambanan, Java, XIe siècle.

LES GANDHARVA (jap. Kandabba ; chin. Gantapo ; tib. Dri-za ; thaï Tephakhôn)

Ce sont les musiciens du paradis d'Indra, bien connus du panthéon brâhmanique. Ils sont rarement représentés. En peinture, ils apparaissent assis en aise royale, entourés des douze animaux du cycle

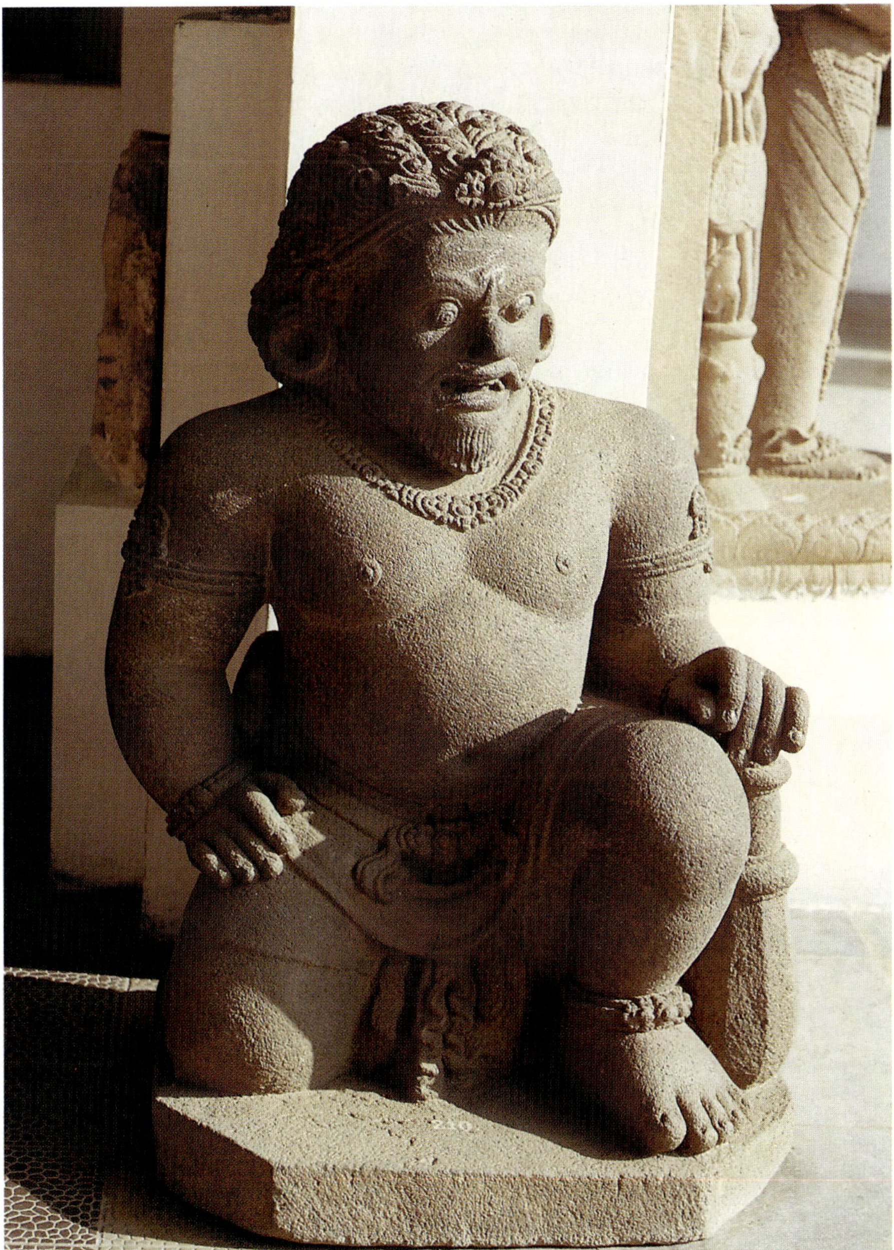

Un Dvarapâla (Yaksha), pierre, Java, Kedu, XIe siècle, Jakarta, musée national.

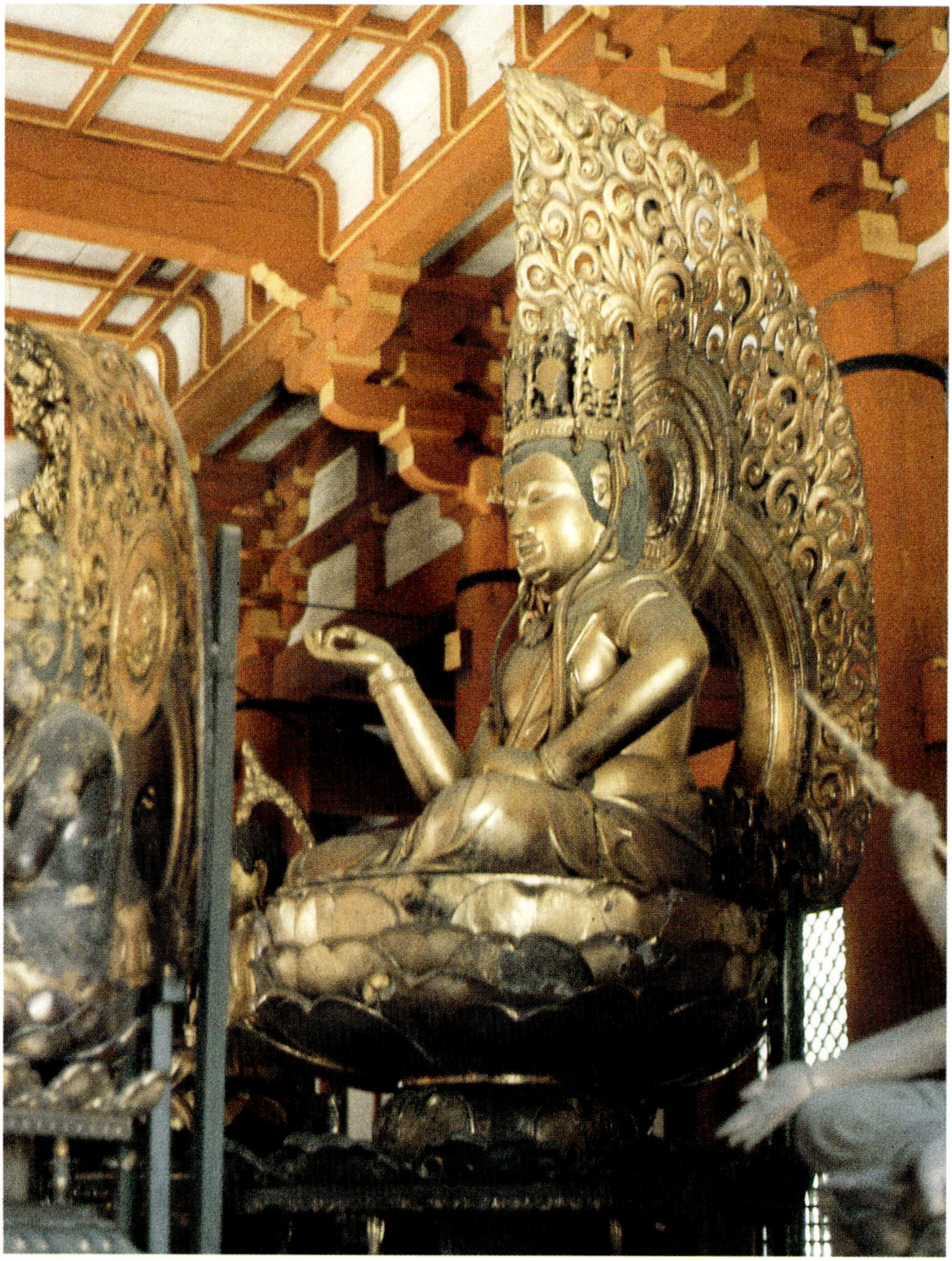

Acolyte d'Amoghapasha, bois doré, Japon, Nara, Tô-ji, XVIIe siècle.

des années, tenant à la main droite un trident et à la main gauche un chasse-mouches. Une auréole enflammée se dresse derrière leur tête. En sculpture, on ne connaît d'eux que de rares images (au Kôfuku-ji de Nara, VIIIe siècle, et au Sanjûsangendô de Kyôto) les montrant comme de jeunes hommes en armure, debout, avec une tête de lion sur la coiffure. On les nomme aussi Kendatsuba-ô (rois des Gandharva).

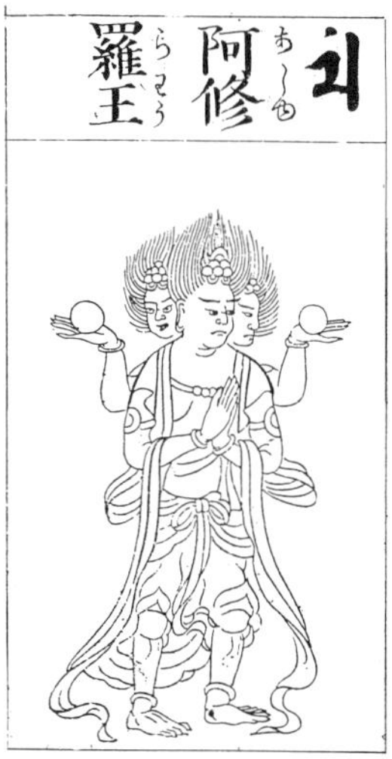

Ashura-ô (Asura)

LES ASURA (jap. Ashura ; chin. Axiuluo, Axulun ; tib. Lha-ma-yin ; mongol Assuri)

Ce sont les « anti-dieux » de la mythologie védique et brâhmanique, rivaux et ennemis des Deva. On les a souvent comparés aux Titans de la mythologie européenne. Dans le canon pâli, on assimile assez souvent les Yaksha aux Asura. Ces derniers ne sont nullement gigantesques, bien que le nom de Titans qu'on leur donne parfois le laisserait supposer. On a voulu en faire des divinisations hindoues de l'Ahura des zoroastriens, mais sans certitude, bien que leurs noms mêmes semblent avoir une origine commune. Le bouddhisme en a fait des protecteurs de la Loi bouddhique. Leurs représentations en relation avec le bouddhisme sont extrêmement rares et, à notre connaissance, n'ont existé qu'au Japon (laque au Kôfuku-ji de Nara, VIIIe siècle, et au Sanjûsangendô de Kyôto). C'est surtout Ashura-ô (Asurarâja), le roi des Asura, qui est représenté, symbolisant ainsi tous les Asura. Il est le roi de la faim, ogre en colère perpétuelle, le roi des querelles. Il est grand, maigre, avec trois têtes : celle du centre a une expression douloureuse, les autres paraissent en colère. Son haut chignon est bien arrangé. Il a six bras, les mains principales jointes en Añjali-mûdra, les autres mains levées vers le ciel et portant des attributs divers: soleil, lune, arc et flèches généralement. Il est orné de colliers et porte des sandales. Rasetsu-ten (un Râkshasa) est considéré comme le chef des Asura.

LES MAHORÂGA (jap. Magoraka ; tib. Lto-bye-chen-po ; chin. Mang-shen)

Ce sont des êtres mythiques, « serpents marchant sur leur poitrine », appartenant au panthéon brâhmanique, et que le bouddhisme a assimilés à des Nâga. Ils furent très rarement représentés, sauf au Japon où quelques-unes de leurs images subsistent (en laque au Kôfuku-ji de Nara, et au Sanjûsangendô de Kyôto). Sous le nom japonais de Makora, ils sont parfois considérés comme des Yaksha. L'un des guerriers de Bhaishajyaguru est parfois considéré comme étant un Mahorâga.

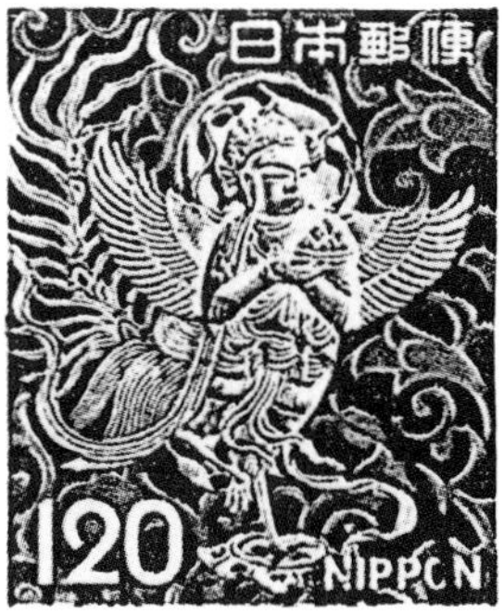

Kinnara (Kimnara),
timbre-poste japonais

LES KIMNARA (jap. Kinnara ; chin. Jinnaluo, Feiren, Yishen ; tib. Mi-an-chi ; thaï Kinon)

Ce sont des êtres mythiques, musiciens célestes avec un corps humain et une tête de cheval, officiant à la cour de Kuvera. En Chine, les moines bouddhistes prétendent que la divinité taoïste des cuisines, Zao

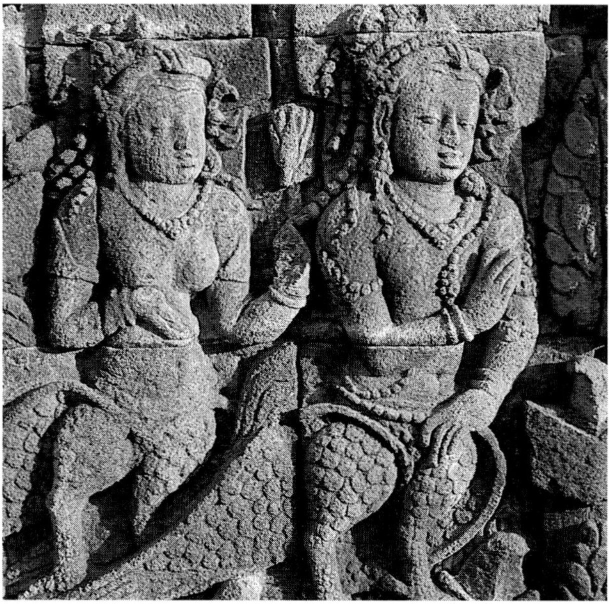

Kimnara, pierre, Java, Chandi Mendut, fin VIIIe siècle

Jun, est en réalité un Kimnara qui, à l'époque des Tang, s'incarna sous les traits d'un moine. Dans les légendes hindoues, les Kimnara sont également des oiseaux paradisiaques dont il est souvent question dans les récits bouddhiques et qui furent, en Inde, fréquemment représentés dans les bas-reliefs des grottes bouddhiques, sous la forme d'oiseaux à tête humaine, jouant d'un instrument de musique. Au Japon, il semble que, parmi les nombreux oiseaux de ces légendes, n'ait été retenu que le Kalavinka (jap. Karyôbinga), réputé posséder une voix merveilleuse. Son image est surtout utilisée pour la décoration de bannières et de *keman*, sortes de réflecteurs en bronze ou en cuivre ajouré que l'on suspendait devant les lampes dans les temples bouddhiques.

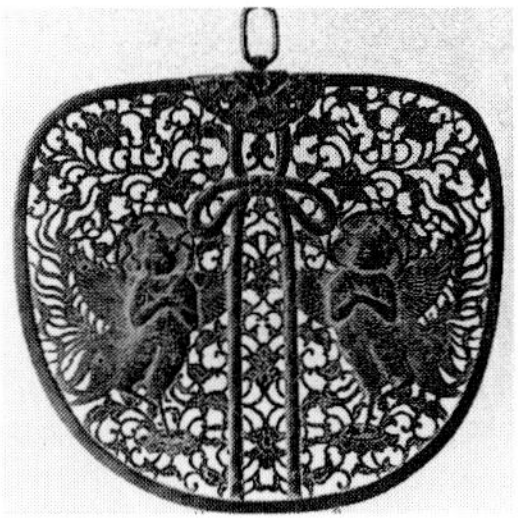

Keman de bronze doré, montrant des **Kinnara**, Japon, Iwate, Konjiki-in, XIIe siècle

LES DIVINITÉS ASTRALES

Ce sont pratiquement les mêmes que celles de l'Inde ; le bouddhisme les a adoptées, leur donnant des noms locaux. Ce sont les neuf planètes (Navagrahâ), composées des sept planètes plus les deux dragons des éclipses (voir à *Nâga*), ascendant et descendant (Ketu et Râhu). Les Saptagrahâ (sept planètes) correspondent aux jours de la semaine. Ces divinités astrales ne sont représentées que sur des mandala [4]. Les douze signes du zodiaque paraissent également sur les mandala [5].

Enfin les Nakshatra, ou « vingt-huit constellations principales » qui régissent le ciel de l'hémisphère boréal, ne sont pratiquement jamais représentés, sauf sur certains mandala [6].

LES PERSONNAGES HISTORIQUES

L'iconographie bouddhique mahâyânique fourmille de « portraits » de sages et de moines, principalement au Tibet, au Nepâl, en Chine, en Corée et au Japon. Ces sculptures ou peintures décrivant des fondateurs de sectes, des sages (Mahâsiddha) ou autres ne peuvent être considérées comme de véritables portraits, au sens occidental du mot. Ce ne sont que des images symbolisant, suivant la lettre des textes, des personnages importants, la plupart du temps des religieux, bien qu'il y ait eu des exceptions, telles que les images du roi tibétain Srong-btsan Sgam-po ou du prince japonais Shôtoku. L'art du portrait, bien que relativement ancien en Chine et au Japon, ne semble s'être imposé au Tibet qu'après la période des Yuan, grâce à l'influence chinoise. La plupart du temps, ces portraits, difficilement reconnaissables même pour des initiés, ne peuvent être identifiés que grâce à des inscriptions. À part certains personnages probablement mythiques, tels que les Mahâsiddha, les moines sont représentés vêtus de la robe et du chapeau caractéristiques des ordres auxquels ils appartiennent. Ces moines et ces personnages étant extrêmement nombreux dans leurs représentations, il n'entre pas dans notre propos de les décrire tous ici. Nous ne donnerons que quelques indications essentielles concernant les images des principaux d'entre eux.

LES MAHÂSIDDHA

Surtout représentés dans l'art tibétain, ces sages indiens ou tibétains, au nombre de quatre-vingt-quatre selon la tradition, auraient joué un très grand rôle dans la transmission des doctrines du lamaïsme. Ils sont généralement représentés assis, faisant un geste d'enseignement avec la main droite et tenant une coupe crânienne dans la main gauche. Tel est le cas, par exemple, pour Bir-va-pa (Virûpa), de l'ordre des Saskya-pa. Mais cette attitude n'est pas toujours la même pour tous les Mahâsiddha. Avaddudhipa, par exemple, montre la terre du doigt entre ses jambes repliées (Victoria and Albert Museum), Nag-po-pa présente ses paumes à hauteur de la poitrine (Los Angeles County Museum), Tilopa fait un geste presque analogue à une Dharmachakra-mudrâ de la main droite, au-dessus d'une coupe tenue de la main gauche (Los Angeles County Museum), etc. Ils ont en général des boucles d'oreilles en spirale, bien que cette caractéristique n'ait pas toujours été observée par les imagiers. Certains, au lieu d'être représentés assis, sont debout, dans une pose plus ou moins dynamique. En général, ils sont difficilement identifiables en l'absence d'une inscription indiquant leur nom.

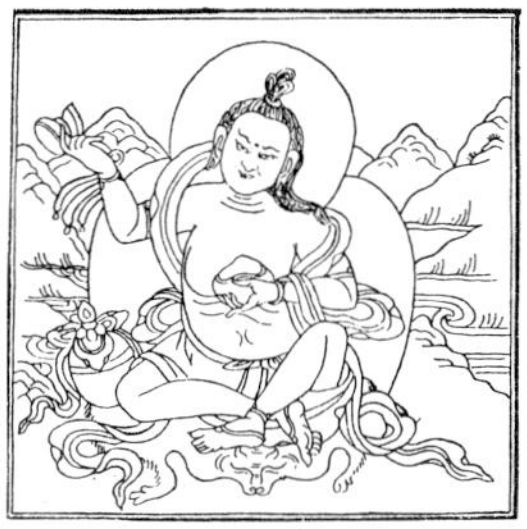

Mahâsiddha

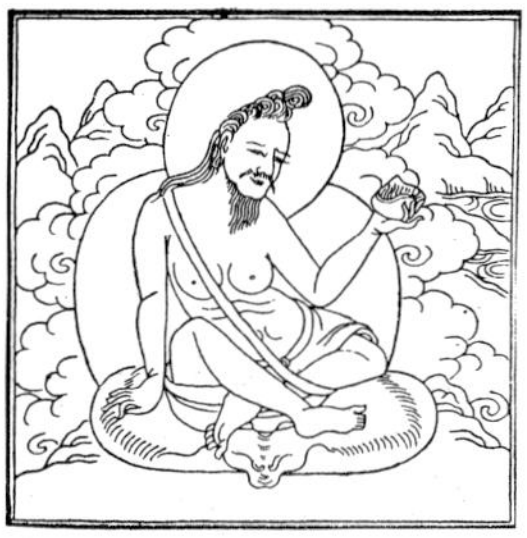

Mahâsiddha

LES LAMAS (BLA-MA) TIBÉTAINS ET GRANDS SAGES

De même que les Mahâsiddha, ces personnages religieux ne peuvent, la plupart du temps, être identifiés que par une ou des inscriptions. Cependant ils sont toujours représentés assis, réalisant des mudrâ avec une ou deux mains. Ils sont vêtus d'une robe monastique et sont soit nu-tête, soit coiffés du bonnet distinctif de leur ordre. La plupart du temps ils sont entourés de disciples, vêtus comme eux de la robe monastique. Parfois aussi, en peinture, leur image est entourée de scènes représentant différentes étapes de leur carrière spirituelle.

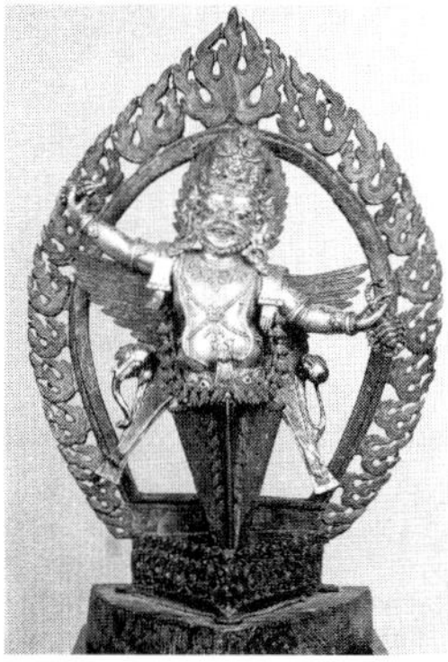

Padmasambhava en Phur-bu, bronze doré, Tibet, XVIIIe siècle

Padmasambhava (tib. Pad-ma Hbyung-gnas)

Ce moine indien, invité au Tibet au VIIIe siècle pour y prêcher le bouddhisme, y introduisit la pratique des incantations (*dharanî*) mystiques, ainsi que les doctrines du Yogâchâra. C'est lui qui incorpora dans le panthéon bouddhique nombre de divinités locales, notamment celles du bön-po, la religion chamanique ancestrale des Tibétains. Padmasambhava disparut mystérieusement après avoir séjourné cinquante années au Tibet. Il fut divinisé par la suite et est généralement représenté assis en Padmâsana, tenant un vajra et le bol à aumônes (*pâtra*). Son attribut distinctif est le bâton magique (*khatvânga*) qu'il tient contre sa poitrine. Sa robe et son bonnet sont rouges. Il n'est pratiquement jamais invoqué en Chine ou au Japon mais l'est surtout au Bhûtan, où, selon une légende, il serait venu prêcher. Il est parfois entouré de ses deux épouses, Mandârava et Yeshes Mcho-rgyal, et de ses vingt-cinq ou vingt-six disciples. Ses effigies et apparences mystiques sont extrêmement nombreuses au Tibet.

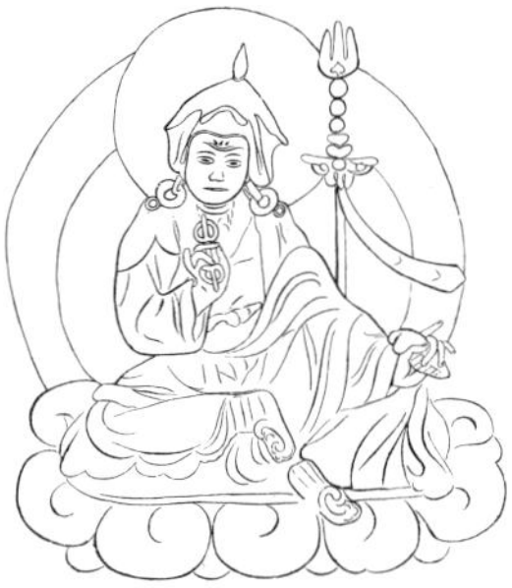

Padmasambhava

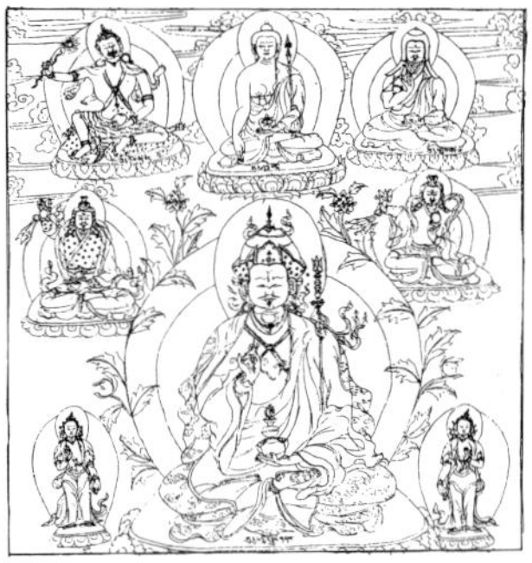

Les huit formes de Padmasambhava, gravure tibétaine

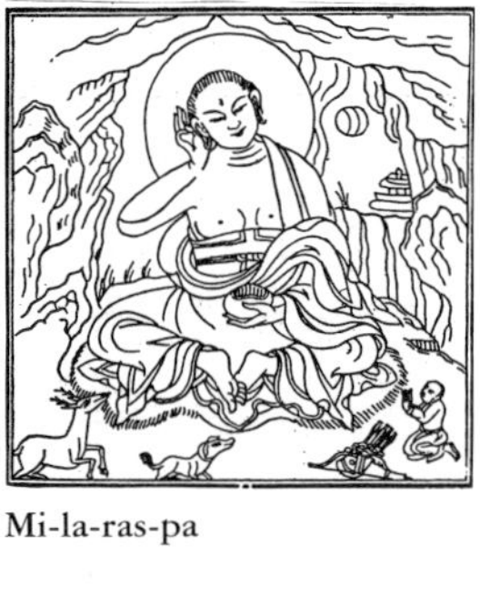

Mi-la-ras-pa

Mi-la-ras-pa (Milarépa ; tib. Grub-pai Dbyang-phyug Mi-la)

Célèbre moine tibétain qui vivait au début du XIIe siècle, se déplaçant sans cesse et composant des chants sacrés. Il fut également divinisé et est généralement représenté assis sur une peau de gazelle posée sur un lotus. Il a une coiffure bouclée avec une ûrnâ au milieu du front et tient la main droite ouverte derrière l'oreille, comme pour écouter quelque chose, le bol à aumônes étant soutenu sur sa cuisse par la main gauche. Il est généralement entouré de disciples.

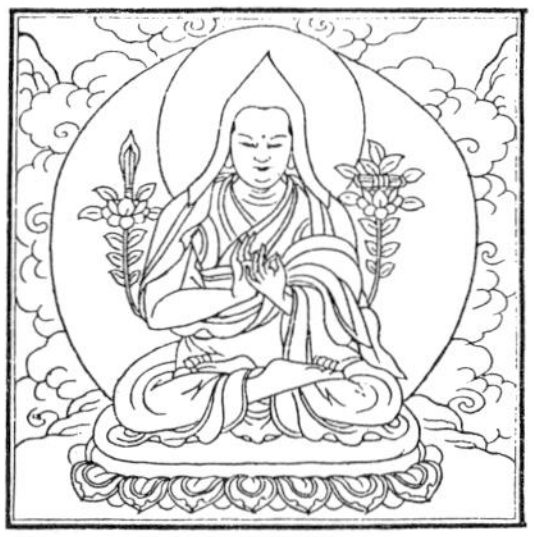

Tsong-kha-pa

Le roi Tsong-kha-pa (skt. Sumatikîrti ; mongol Chongqaba ; tib. Blo-bzang Grags-pa)

Ce souverain (1357-1419), originaire de la vallée de Tsong-kha, fut le fondateur de la secte des Dge-lûgs-pa ou « Bonnets jaunes ». À sa mort il fut divinisé, et les lamas croient qu'il attend, dans le ciel Tushita, en compagnie de Maitreya, la prochaine création. Il est supposé être une incarnation de Mañjushrî. On le représente assis, tenant une fleur de lotus ou avec les main en Dharmachakra-mudrâ. Sur sa tête est le bonnet jaune pointu caractéristique de la secte qu'il créa. Parfois, les lotus qui sortent de ses mains supportent les symboles de Mañjushrî, le livre et le glaive. Ses vêtements sont rouges.

Nâgârjuna (jap. Ryûju Bosatsu ; chin. Longsuzixi ; mongol Naganchuna Baksi ; tib. Klu-sgrub)

Nâgârjuna était un moine bouddhiste indien de la fin du IIe siècle de notre ère, originaire de l'Inde du Sud. Il fut l'un des premiers propagateurs des doctrines du Mahâyâna et le maître de l'école du Yogâchâra (Mâdhyamika). Certaines écoles, notamment celles qui vénèrent Amida, assurent qu'il reçut des Nâga[7] le texte de la *Prajñâpâramitâ*. Mais chaque école donne une version différente : il serait ainsi une réincarnation d'Ânanda, le premier disciple du Bouddha. Divinisé par la plupart des écoles du Nord, Nâgârjuna est généralement représenté comme un Bouddha, les mains en Dharmachakra-mudrâ, avec une auréole de têtes de serpents.

Au Japon, il est appelé Ryûju Daishi, Ryûju Bosatsu, Ryûshô Bosatsu et Ryûmyô Bosatsu. Il est souvent associé à la personne d'Ashvaghosha (Memyô Bosatsu) et est principalement vénéré par les sectes Jôdo et Shingon.

La *Prajñâpâramitâ* était autrefois lue au Japon au cours des cérémonies célébrées pour demander la pluie, les Nâga étant identiques aux dragons faiseurs de pluie (Ryû)[8]. Selon R. Tajima, Nâgârjuna apparut huit cents ans après le Parinirvâna du Bouddha. Par la bénédiction de Mahâvairochana qui lui aurait révélé le *Mahâvairochana-sutrâ* (jap. *Dainichi-kyô*), il aurait pu ouvrir un stûpa de fer et ainsi aurait été mis en présence de Vajrasattva qui lui fit une onction d'eau sacrale sur la tête (*abhisheka*, jap. *kanjô*) et lui transmit le grand Mandala des Deux Parties (*Ryôbu Mandara*)[9]. Selon Fujishima Ryûjun[10], Nâgârjuna aurait ensuite transmis ce mandala à son disciple Nâgabodhi (jap. Ryûchi), qui l'aurait à son tour donné à Vajrabodhi (jap. Kongôchi). Au Japon, Nâgârjuna est représenté comme un moine bouddhiste, le crâne rasé, assis sur un lotus. On le confond parfois avec Kshitigarbha. Il tient les mains jointes en vénération (Añjali-mudrâ) ou bien en Dharmachakra-mudrâ, ou encore en Vitarka-mudrâ. Les images japonaises le représentant furent principalement réalisées pendant et après la période de Kamakura.

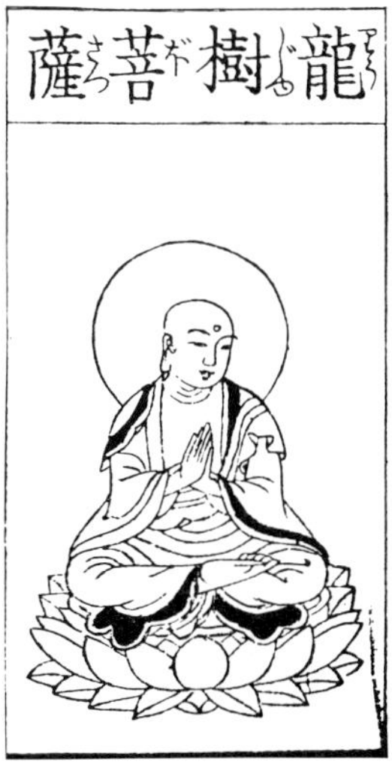

Ryûju Bosatsu (Nâgârjura)

Ashvaghosha (jap. Memyô Bosatsu ; chin. Maming Zunzhe)

Ce moine et philosophe bouddhiste (Ier ou IIe siècle) n'est pratiquement représenté qu'en peinture. Bien que divinisé et assimilé, tout comme

Nâgârjuna, à un Bodhisattva, il ne fait l'objet d'aucune vénération particulière. Au Japon, il fut cependant assez populaire car on lui a attribué le pouvoir de « vêtir les pauvres », l'identifiant à une divinité protectrice des vers à soie et au patron des tisserands (culte populaire d'origine chinoise). Sous ces derniers aspects il est entouré d'acolytes appelés Sanhitsu (salle des vers à soie), Sanmyô (vie des vers à soie), San'in (sceau des vers à soie), Sanmo (mère des vers à soie) et de un ou deux disciples vêtus de robes chinoises, les mains en Añjali-mudrâ. Ce groupe est montré voyageant sur des nuages [11].

Sur les mandala japonais, Memyô Bosatsu est représenté comme un Bodhisattva monté sur un cheval et assis en aise royale sur un lotus [12]. Il possède alors six bras. Dans le *Memyô Bosatsu Mandara* [13], il est accompagné de six acolytes. Quelques images populaires, distribuées par des temples bouddhiques et des sanctuaires shintô, et représentant Memyô Bosatsu, servent de charmes pour la protection des vers à soie et des magnaneries.

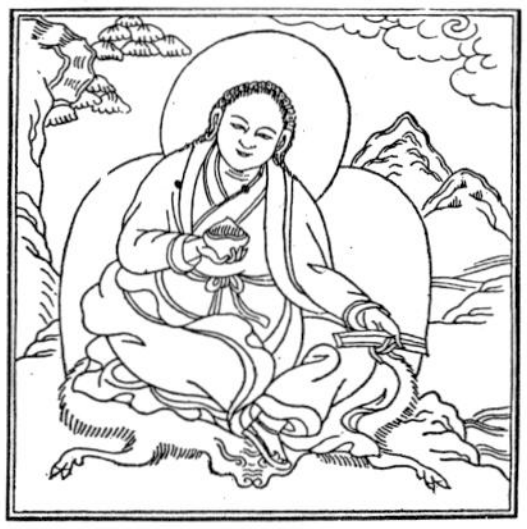
Mar-pa

Mar-pa (tib. Chos-kyi Blo-gros, Chos-Kyi Dbang-phyung, Sgra-bsgyur)
Ce religieux indien (1012-1096) aurait importé du Bengale au Tibet des chants et des textes, notamment ceux appartenant à la doctrine de la Mahâmudrâ. Il est surtout réputé pour avoir traduit en tibétain de très nombreux textes indiens (d'où le surnom de « Traducteur », Marpa, qu'on lui a donné) et pour avoir été le maître (*gurû*) de Mi-la-ras-pa. Il était lui-même un disciple de Bron-ston (1005-1064), et aurait fondé la secte des Bka-rgyud-pa. Il est très souvent représenté au Tibet sur des thangka ou des mandala, assis en méditation, vêtu comme un moine, ou bien en train d'écrire.

SHÔTOKU TAISHI

Régent de l'impératrice japonaise Suiko (593-vers 628 ?), une sœur de l'empereur Yômei, et fils de ce dernier, le prince Shôtoku est un personnage si célèbre au Japon qu'il a fini par être considéré comme une incarnation d'Avalokiteshvara et que le titre de Bodhisattva (jap. Bosatsu) lui fut souvent appliqué. Il est devenu la divinité gardienne des maçons et des charpentiers, car c'est lui qui fit construire au Japon les premiers édifices bouddhiques. Il existe de ce prince, mort en 622 à l'âge de quarante-neuf ans, de très nombreuses représentations :
– Assis, en robe chinoise, tenant à deux mains devant lui un sceptre de religieux (jap. *nyo-i*) ou une « plaque de fonction » (jap. *shubi*), au Hôryû-ji, à Nara.
– Debout, en adolescent vêtu d'une robe d'apparat, tenant à deux mains un encensoir à long manche (jap. *ekôro*), au musée de Nara, entre autres.
– Accompagné de son jeune frère et d'un de ses enfants, en costume de l'Asie centrale (VIIe siècle), au Shôsôin de Nara, en peinture sur soie.
– En enfant (son nom de jeunesse était Umayado), debout.
– En enfant, debout en robe longue, les cheveux roulés en macarons sur les oreilles, les mains dans les manches.

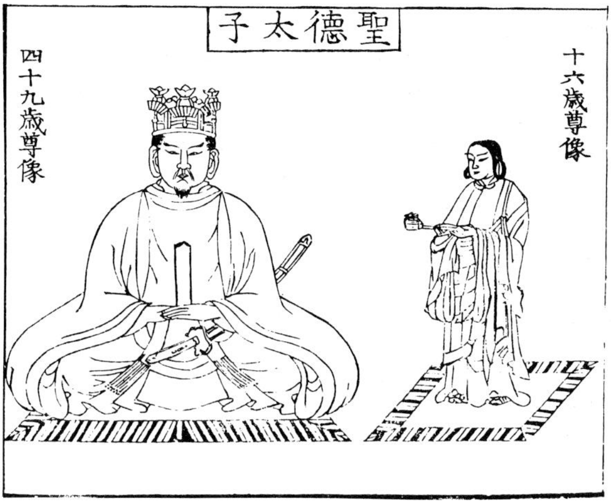

Shôtoku Taishi en prince régent (âgé de 49 ans) **et en enfant** (âgé de 16 ans), gravure du *Butsu-zô-zu-i*

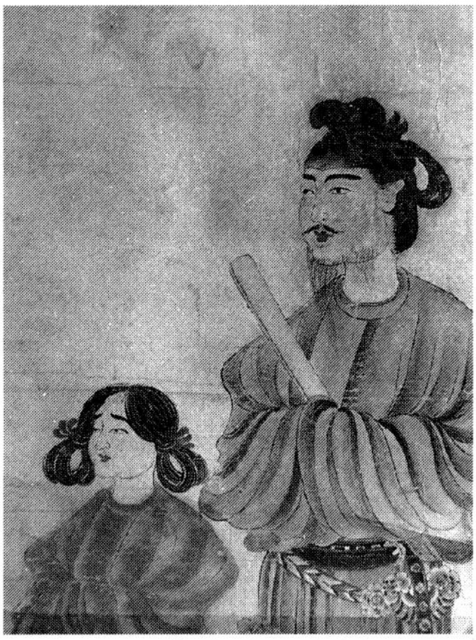

Shôtoku Taishi avec son fils (?), peinture sur soie, Japon, VIIIe siècle, musée de Nara

– En enfant, debout en robe longue, les mains en Añjali-mudrâ.
– En adolescent, assis en tailleur sur un trône recouvert par sa robe, la main droite posée sur la jambe, la main gauche tenant un éventail rond (jap. *uchiwa*), etc.

C'est le 11 avril que l'on fête au Japon l'anniversaire de sa mort.

AUTRES PERSONNAGES RELIGIEUX

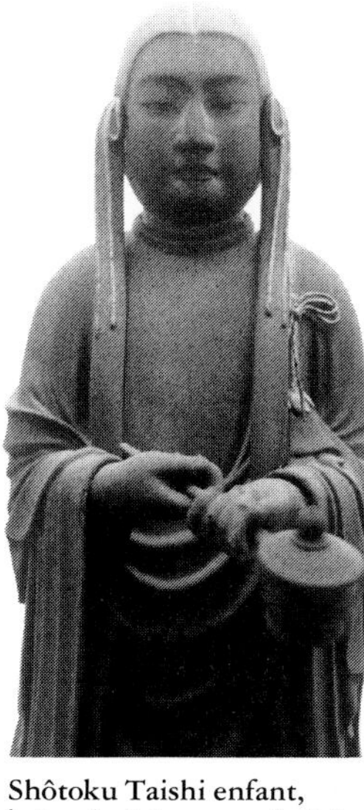

Shôtoku Taishi enfant, bois coloré, Japon, XIIIe siècle, musée de Nara,

Dans tout le bouddhisme des écoles du Nord, mais principalement en Chine, en Corée et au Japon, les moines importants, sans pour autant être divinisés, virent leurs « portraits » reproduits, soit en peinture, soit en sculpture, à de très nombreux exemplaires, afin d'orner les salles des temples. Chaque temple important appartenant à une secte déterminée avait à cœur d'exposer, sinon toute la série des « saints » de la secte, tout au moins les effigies des principaux « patriarches » de celle-ci. Étaient parfois ajoutés à cette galerie de portraits ceux des fondateurs du temple. Ces portraits étaient le plus souvent exécutés en peinture (*kakemono*) ou bien, mais plus rarement, en sculpture. Les moines étaient généralement en habit monastique (celui-là même qui distinguait leur secte), en position assise, soit tenant un accessoire de culte (souvent un vajra pour les sectes ésotériques, ou une cassolette à encens), soit faisant un geste d'enseignement (index droit levé), ou bien tenant un pan de leur robe, ou faisant une mudrâ de vénération. Certains (surtout dans les sectes ésotériques) ont les mains cachées sous leur robe ; leurs pieds sont rarement apparents dans les images appartenant aux sectes ésotériques. Les moines fondateurs des sectes du Tiantai (jap. Tendai) sont souvent représentés en Dhyâna-mudrâ, assis en Padmâsana sur une

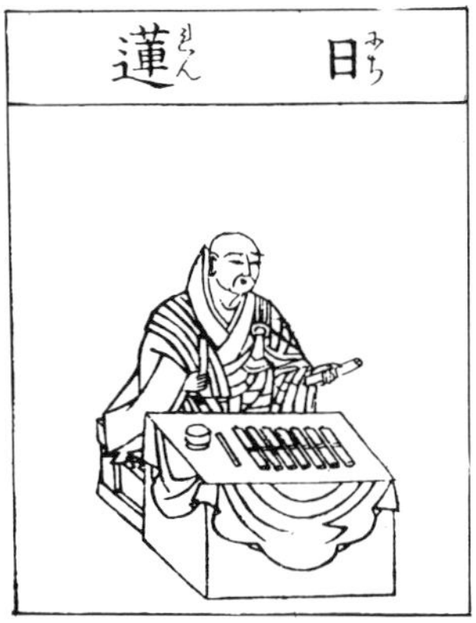

Nichiren

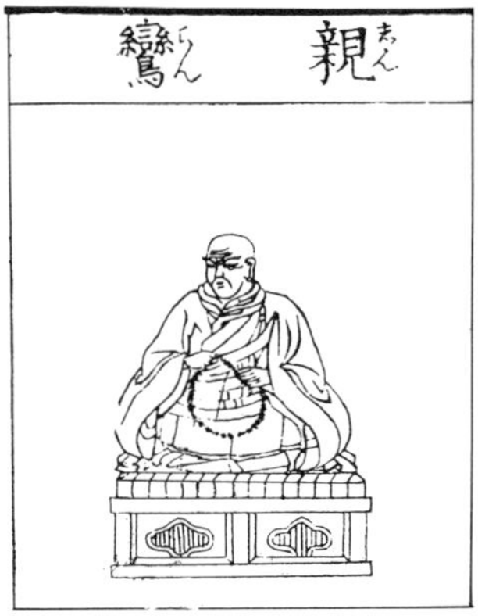

Shinran

haute chaise à dossier. Ceux qui appartiennent aux diverses sectes amidistes sont parfois représentés à genoux, les mains en Añjali-mudrâ. Quant aux moines des sectes du Chan (jap. Zen), ils sont dépeints dans de nombreuses positions, sauf Bodhidharma qui, lui, est toujours en Dhyâna-mudrâ ; on le montre souvent en méditation, tourné la face contre un mur. Mais l'art des sectes du Chan, non conformiste, peut montrer les moines de la secte de toutes les manières possibles et imaginables, surtout en Chine. D'autres religieux se sont vus représenter dans certains cas, comme par exemple Enno Gyôja (634- ?), un moine japonais dont les théories syncrétiques ne furent acceptées que par certaines catégories de Yamabushi (moines de la montagne) : il est parfois montré assis sur une chaise, à l'occidentale, les jambes apparentes et tenant à la main un khakkhara, un pan de sa robe monastique lui recouvrant la tête. Nous avons vu que Kûya Shônin (903-972) avait été représenté de diverses façons.

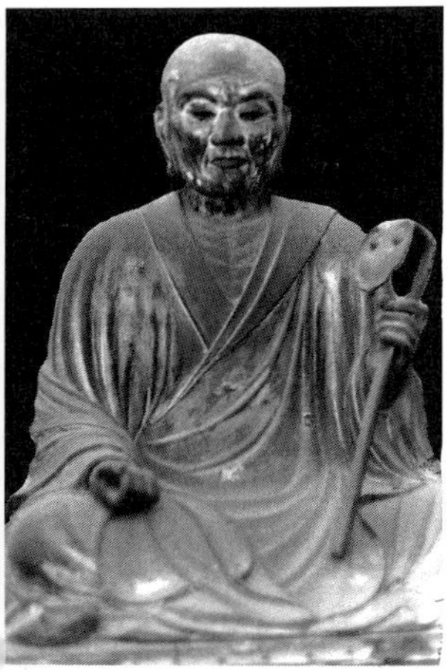
Religieux bouddhiste, bois, Japon, Kyôto, Rokuharamitsu-ji, XIIIe siècle

Parmi les fondateurs de sectes, citons également au Japon Shinran (1173-1262), dont, à vrai dire, nous ne possédons qu'un portrait (au Nishi Hongan-ji, à Kyôto), et Nichiren (1222-1282), en sculpture (au Honmon-ji, au Japon). D'autres moines, célèbres à des titres divers (comme par exemple Musô Kokushi, au Japon), ont également été représentés. En Chine, les portraits (surtout en peinture) des moines sont innombrables. Nous avons vu qu'au Tibet, certains religieux tels que Padmasambhava, le traducteur Mar-pa et d'autres firent le sujet de thangka, étant proposés en exemple aux fidèles. Il ne semble pas, par ailleurs, que les moines bouddhistes aient fait l'objet de représentations systématiques en Inde et en Asie du Sud-Est. À Ceylan, les portraits des moines sont relativement récents. En Corée, l'art bouddhique suivit les tendances chinoise et japonaise, et des portraits des moines célèbres furent fréquemment exécutés.

Mais avec la désaffection de la plupart des pays d'Asie pour le bouddhisme, sauf peut-être au Japon, ces représentations pieuses devinrent de moins en moins fréquentes. Seuls quelques artistes, se référant à la tradition, puisèrent leur inspiration dans l'iconographie ancienne et tentèrent de donner, à l'époque moderne, leur interprétation personnelle de personnages par ailleurs pratiquement oubliés.

TABLE DES CARACTÈRES SINO-JAPONAIS

Caractères japonais	Japonais	Sanskrit
阿耆尼	Agini	Agni
愛金剛	Ai Kongô	Râgavajra
愛樂金剛女	Airaku Kongô-nyo	Râgavajrinî
愛染明王	Aizen Myô-ô	Vajrarâjapriya
阿氏多尊者	Ajita Sonja	Ajita
阿麼提([illegible])観音	Amadai Kannon	Abhetrî
阿難	Anan	Ânanda
阿難陀	Ananda	Ânanda
阿那律	Anaritsu	Aniruddha
阿儞底耶	Anichiya	Âditya
阿儞羅	Anira	Anila (Majila ?)
安底羅	Anteira	Andira
アパラジタ	Aparajita	Aparâjita
阿遮羅嚢他	Asharanata	Achalanâtha
阿閦如来	Ashuku Nyorai	Akshobhya
阿修羅	Ashura	Asura
阿修羅竜王	Ashura Ryû-ô	Asurarâja
阿吒縛迦	Atabaka	Âtavaka
跋陀羅尊者	Badara Sonja	Bhadra
馬宮	Ba-gû	Dhanus
伐闍羅弗多羅尊者	Bajarabutara Sonja	Vajraputra
伐折羅	Bajira, Bazara	Vajra
伐那婆斯尊者	Banabasu Sonja	Vanavâsin
半託迦尊者	Bantaka Sonja	Panthaka
縛嚕拏	Baruna, Sui Ten	Varuna
婆藪仙人	Basu Sennin	Vasubandhu
婆藪大仙	Basu-daisen	Vasû-rishi
縛蘇枳竜王	Basuki Ryû-ô	Vâsuki
婆藪仙	Basû-sen	Vâsu (Vasishthâ)
馬頭観音	Batô Kannon	Hayagrîva
馬頭明王	Batô Myô-ô	Hayagrîva
馬頭金剛明王	Batô Kongô Myô-ô	Hayagrîva
伐折羅	Bazara	Vajra
伐折羅(吽)金剛	Bazara (un) Kongô	Vajrahûmkara
弁積菩薩	Benshaku Bosatsu	Pratibhânakûta
弁財天	Benzai Ten	Sarasvatî
毘羯羅	Bikyara	Vikarâla
毘倶胝観音菩薩	Bikuchi Kannon Bosatsu	Bhrikutî
毘那夜迦天	Binayaka Ten	Vinâyaka (Ganapati)
賓度羅跋囉惰闍	Bindora Baradaja	Pindola Bharadvâja
秤宮	Bin-gû (Ten Bin-gû)	Tulâ
賓度羅跋囉惰闍尊者	Binzuru Harada Sonja	Pindola Bharadvâja
毘藍婆	Biranba	Vilambâ
毘楼博叉天	Birubakusha-ten	Virûpâksha
毘楼勒叉天	Birurokusha-ten	Virûdhaka
毘盧遮那如来	Birushana Nyorai	Mahâvairochana
毘沙門天	Bishamon-ten	Vaishravana
ビシャシャ	Bishasha	Pishâcha
毘首羯磨	Bishukatsuma	Vishvakarma
尾宿	Bi-shuku	Mûla

Caractères japonais	Japonais	Sanskrit
蟹宮	Bokai-gû	Karkataka
木棍金剛薩埵	Boken Kongôsatta	Vajrayâkshavajrapânî
梵天	Bon-ten	Brahmâdeva, Brahmâ
梵天妃	Bon Tenhi	Brahmî
菩薩	Bosatsu	Bodhisattva
房宿	Bô-shuku	Anurâdhâ
歩擲明王	Buchaku Myô-ô	Padanakshipa
仏頂	Bucchô	Ushnîsha
仏頂尊	Bucchô-son	Ushnîsha
歩擲明王	Buteki Myô-ô	Padanakshipa
仏	Butsu	Buddha
仏眼仏母	Butsugen Butsumo	Buddhalochanî
仏眼尊	Butsugen-son	Ushnîsha
白衣觀音	Byakue Kannon	Pândaravâsinî
白毫	Byakugô	Ûrnâ
白衣人觀自在	Byakujin Kanjizai	Shvetabhagavatî
白傘蓋仏頂	Byakusangai Bucchô	Sitâtapattroshnîsha
白処觀自在	Byakusho Kanjizai	Pândaravâsinî
瓶宮	Byô-gû	Kumbha
智童	Chi-dô	Jnânaketu
智波羅蜜	Chi-haramitsu	Jnânapâramitâ
鎮星	Chin-sei	Shanaishchara
智如来	Chi Nyorai	Dhyâni-Buddha
地天	Chi Ten	Prithivî
頂輪王	Chô Rinnô	Ekâdasha Ushnîshachakra
張宿	Chô-shuku	Pûrvaphalgunî
注荼半吒迦尊者	Chudahantaka Sonja	Chûdapanthaka
大毘盧遮那如来	Daibirushana Nyorai	Mahâvairochana
大梵天	Dai Bon Ten	Brahmâ
太元帥明王	Daigensui Myô-ô	Âtavaka
大医王仏	Daii-ô Butsu	Bhaishajyaguru
大威徳明王	Daiitoku Myô-ô	Yamântaka
大自在天	Daijizai Ten	Maheshvara
大自在天女	Daijizai Tennyo	Devî, Vâch
大迦葉	Dai Kashô	Mahâkâshyapa
大吉祥天明王	Daikichijô-myô-ô	Shrîmahâvidyâ
大金輪明王	Dai Kinrin Myô-ô	Ekâdasha Ushnîshachakra
大黒天	Daikoku-ten	Mahâkâla
大目犍連	Dai Mokkenren	Mahâmaudgalyâyâna
大日如来	Dainichi Nyorai	Mahâvairochana
大日金輪	Dainichi Kinrin	Ekâdasha Ushnîshachakra
大力金剛	Dairiki Kongô	Mahâbala
大力持明王	Dairikiji Myô-ô	Hayagrîva
大輪金剛	Dairin Kongô	Mahâchakravajra
大勢至菩薩	Dai Seishi Bosatsu	Mahâsthâmaprapta
太山府君	Daisen Fukun	Chitragupta
大聖天	Daishô Ten	Ganapati, Vinâyaka
大転法輪仏頂	Dai Tempôrin Bucchô	Mahoshnîshachakravartin
大随求菩薩	Daizuigu Bosatsu	Mahâpratisarâ
提頭頼吒天	Daizurata-ten	Dhritarâshtra
荼吉尼天	Dakini-ten	Dâkinî
達磨	Daruma	Bodhidharma
奪一切衆生精気	Datsu-issai Shujô-seiki	Sarvasattvajohâri
童子	Dôji	Kumâra
土曜	Do-yô	Shanaishchara
恵波羅蜜	E-haramitsu	Prajñâpâramitâ
翳囉嚩蹉	Erabasa	Elavâshâ, Airâvâtî (?)
焔摩魔天	Enmama Ten	Chitragupta

Caractères japonais	Japonais	Sanskrit
焰摩天	Enma Ten	Yamarâja
閻魔王	Enma-ô	Yamarâja
穢積金剛	Eshaku Kongô	Ucchushma
不動明王	Fudô Myô-ô	Achalanâtha
不動	Fudô-shisha	Achalacheta
不壊金剛	Fue Kongô	Ucchushma
普賢菩薩	Fugen Bosatsu	Samantabhadra
普賢延命菩薩	Fugen Enmyô (Enmei)	Vajrâmoghasamayasattva
不浄忿怒	Fujô Funnu	Ucchushma
不空成就如来	Fukûjôju Nyorai	Amoghasiddhi
不空羂索観音	Fukûkensaku Kannon	Amoghapâshâvalokiteshvara
不空金剛	Fukû Kongô	Amoghavajra
不空供養	Fukû Kuyô	Amoghapûjâmani
忿怒	Funnu	Krodha
忿怒月天	Funnu Gatten	Krodhachandratilaka
富楼那	Furuna	Pûrna (Maitrâyânipûtra)
補沙毘摩竜王	Fusabima Ryû-ô	Pûshavimah
不思議慧童子	Fushigie-dôji	Achintyamatidatta
風天	Fû Ten	Vâyu
風天童子	Fû Ten-dôji	Vâyudevatâ
風天女	Fû Tennyo	Vâyavî
月光菩薩	Gakkô Bosatsu	Chandraprabhâsana
誐那鉢底	Ganabachi	Ganapati (Vinâyaka)
合掌印	Gasshô-in	Anjali-mudrâ
月天	Gatten	Chandra
月天	Gatten-hi	Chandra
月曜	Getsu-yô	Soma, Chandra
伎芸天	Gigei-ten	Devî, Vâch
降閻摩尊	Gô-enma-son	Yamântaka
護軍	Gogun	Guptasena
業波羅蜜菩薩	Gô-haramitsu Bosatsu	Karmapâramitâ
極広大仏頂	Goku-kôdai Bucchô	Mahâshnîshachakravartin
降魔印	Gôma-in	Bhûmishparsha-mudrâ
劫比羅	Gopira	Kapila
降三世明王	Gôzanze Myô-ô	Trailokyavijaya
軍荼利明王	Gundari Myô-ô	Kuñdalî, Amrita Kuñdikâ
軍荼利夜(薬)叉	Gundari Yasha	Kuñdalî
救世観音	Guze Kannon	Avalokiteshvara
魚宮	Gyo-gû	Mîna
牛宮	Gyû-gû	Vrishabha
牛宿	Gyû-shuku	Shravana
波夷羅	Haira	Pajira
白羊宮	Hakuyô-gû	Mesha
般若菩薩	Hannya Bosatsu	Prajñâpâramitâ
般若波羅蜜	Hannya Haramitsu	Prajñâpâramitâ
壁宿	Heki-shuku	Uttarabhâdrapadâ
比里底毘	Hiruchibi	Prithivî
畢宿	Hitsu-shuku	Rohinî
飛天	Hi-ten	Devatâ, Apsarâs
被葉衣観音	Hiyoe Kannon	Palâshâmbarî
宝瓶宮	Hôbyô-gû	Kumbha
法護	Hôgo	Dharmapâla
宝波羅蜜菩薩	Hô-haramitsu Bosatsu	Ratnapâramitâ
法波羅蜜菩薩	Hô-haramitsu Bosatsu	Dharmapâramitâ
法印手	Hô-in Shu	Ratna-mudrâhasta
宝冠	Hô-kan	Ratnakuta
宝鉤	Hô-kô	Ratnâkara
北斗妙見	Hokuto Myôken	Sudrishti, Dhruva
宝生如来	Hôshô Nyorai	Ratnasambhava
宝珠	Hôshu	Ratnapâni, Mani

Caractères japonais	Japonais	Sanskrit
宝幢如来	Hôtô Nyorai	Ratnaketu
水揭羅天	Hyôgara Ten	Pingala
一字金輪	Ichiji Kinrin	Ekâksharoshnîsha
韋駄天	Ida-ten	Skanda, Veda
稲荷天	Inari-ten	Yaksha Dâkinî
因達(陀)羅天	Indara-ten	Indra
因揭陀尊者	Ingada Sonja	Angada
婬宮	In-gû	Mithuna
伊舎那天	Ishana-ten	Îshâna
意生金剛	Ishô Kongô	Ishtavajra
胃宿	I-shuku	Bharanî
持国天	Jikoku Ten	Dhritarâshtra
持金剛	Ji-kongô	Vajrasattva
持明	Jimyô	Vidyâdhara
持明金剛	Jimyô Kongô	Suvajradhara
人馬宮	Jinba-gû	Dhanus
深沙大將	Jinja Taishô	Vaishravana
持世菩薩	Jise Bosatsu	Vasudhârâ
慈氏菩薩	Jishi Bosatsu	Maitreya
地天	Ji Ten	Prithivî
持瓔珞	Jiyôraku	Mâlâdharî
自在女天	Jizai-nyo Ten	Raudrî
自在天	Jizai Ten	Shiva, Maheshvara
地藏菩薩	Jizô Bosatsu	Kshitigarbha
増長天	Jôchô Ten	Virûdhaka
除蓋障菩薩	Jogaishô Bosatsu	Sarvanîvâranavishkambin
女宮	Jo-gû	Kanyâ
嚢虞梨童女(天)	Jôguri-dôjo Ten	Jângulî
定光仏	Jôkô Butsu	Dîpankara-Buddha
青頸觀音	Jôkyô Kannon	Nîlakanthî
除障仏頂	Joshô Bucchô	Vikîrnoshnîsha
女宿	Jo-shuku	Abhijit
戎博迦尊者	Jubaka Sonja	Jîvaka
十一面觀音	Jûichimen Kannon	Ekâdashamukha Av.
准提仏母	Juntei Butsu-mo	Chundîbhagavatî
准提觀音	Juntei Kannon	Chundî
十二宮	Jûni-gû	Râshî
迦比羅	Kabira	Kapila
開敷華王如來	Kaifuke-ô Nyorai	Samkusumitarâja
蟹宮	Kai-gû	Karkata
角宿	Kaku-shuku	Chitrâ
迦楼羅	Karura	Garuda
迦諾迦跋釐堕闍尊	Kanakabaridaja Sonja	Kanakabharadvâja
迦諾迦伐蹉尊者	Kanakabassa Sonja	Kanakavatsa
歓喜天	Kangi-ten	Ganapati, Vinâyaka
觀自在	Kanjizai	Avalokiteshvara
觀音	Kannon	Avalokiteshvara
觀世音	Kanzeon	Avalokiteshvara
迦哩迦尊者	Karika Sonja	Kâlika
訶利帝母	Karitei-mo	Hârîtî
迦楼羅	Karura	Garuda
迦陵頻伽	Karyôbinga	Kalavinka
迦施延	Kasenen	Katyâyana (Nalada)
華歯	Kashi	Pushpadantî
火天	Ka-ten	Agni
火頭金剛	Katô Kongô	Ucchushma
蝎宮	Katsu-gû	Vrishchika
羯磨波羅蜜	Katsuma-haramitsu	Karmapâramitâ
火曜	Kayô	Ângâraka, Pingala
奎宿	Kei-shuku	Revatî

Caractères japonais	Japonais	Sanskrit
計都星	Keiti-sei	Ketu
熒惑天（星）	Keiwaku Ten (Sei)	Pingala, Ângâraka
肩目天	Kemmoku Ten	Amshalochana
堅牢地神	Kenrô-jishin	Dhâranîdhâra (Prithivî)
計設尼童子	Keshini-dôji	Keshinî
金輪如来	Kinrin Nyorai	Ushnîshachakra
危宿	Ki-shuku	Dhanishthâ
箕宿	Ki-shuku	Pûrvashâdhâ
吉祥天	Kichijô-ten	Mahâshrî, Shrî Mahâdeva
鬼子母神	Kishimojin	Hârîtî
緊那羅	Kinnara	Kimnara
金曜	Kin-yô	Shukra
金牛宮	Kingyû-gû	Mîna
吉利吉利明王	Kiri-kiri Myô-ô	Kundalî
吉祥天	Kisshô Ten	Mahâshrî, Shrî Mahâdeva
広大仏頂	Kôdai Bucchô	Mahâshnîshachakravartin
光聚傘蓋仏頂	Kôju Sangai Bucchô	Tejorâchyushnîsha
黒歯	Kokushi	Makutadanti
虚空蔵菩薩	Kokûzô Bosatsu	Âkâshagarbha
広目天	Kômoku Ten	Virûpâksha
金毘羅天	Kompira Ten	Kumbhira
矜羯羅童子	Kongara Dôji	Kimkara
金剛愛	Kongô-ai	Vajrarâga
金剛舞菩薩	Kongô-bu Bosatsu	Vajranrita
金剛童子	Kongô Dôji	Vajrakumâra
金剛牙菩薩	Kongô-ga Bosatsu	Vajrayaksha
金剛華菩薩	Kongô-ge Bosatsu	Vajrapushpâ
金剛護菩薩	Kongô-go Bosatsu	Vajrarâksha
金剛語菩薩	Kongô-go Bosatsu	Vajrabhâsha
金剛業菩薩	Kongô-gô Bosatsu	Vajrakarma
金剛軍荼利	Kongô-gundari	Vajrakundalin
金剛波羅蜜菩薩	Kongô-haramitsu B.	Vajrapâramitâ
金剛宝菩薩	Kongô-hô Bosatsu	Vajraratna
金剛法菩薩	Kongô-hô Bosatsu	Vajradharma
金剛宝菩薩	Kongô-hô Bosatsu	Âryâvalokiteshvara
金剛因菩薩	Kongô-in Bosatsu	Vajrahetu
金剛食天	Kongô-jiki-Ten	Vajrabhakshana
金剛歌菩薩	Kongô-ka Bosatsu	Vajragîtâ
金剛界	Kongô-kai	Vajradhâtu
金剛華	Kongô-ke Bosatsu	Vajrapushpâ
金剛拳菩薩	Kongô-ken Bosatsu	Vajramushti
金剛嬉菩薩	Kongô-ki Bosatsu	Vajrasâdhu
金剛鈎菩薩	Kongô-kô Bosatsu	Vajrângkusha
金剛光菩薩	Kongô-kô Bosatsu	Vajratejas
金剛鈎女	Kongô-kôjo	Vajrângkushî
金剛鬘菩薩	Kongô-man Bosatsu	Vajramâlâ
金剛面天	Kongô-men Ten	Vajramukha
金剛明王	Kongô Myô-ô	Vidyottama
金剛王	Kongô-ô	Vajrarâja
金剛鈴菩薩	Kongô-rei Bosatsu	Vajravesha
金剛利菩薩	Kongô-ri Bosatsu	Vajratîkshna
金剛力士	Kongô Rikishi	Vajravîravajrapâni
金剛鏁菩薩	Kongô-sa Bosatsu	Vajrasphota
金剛索菩薩	Kongô-saku Bosatsu	Vajrapâsha
金剛薩埵	Kongô Satta	Vajrasattva
金剛使者	Kongô-shisha	Vajracheta
金剛笑菩薩	Kongô-shô Bosatsu	Vajrahâsa
金剛焼香菩薩	Kongô-shôkô Bosatsu	Vajranritya
金剛手菩薩	Kongô-shu Bosatsu	Vajrasattva
金剛燈菩薩	Kongô-tô Bosatsu	Vajralokâ
金剛夜（藥）叉明王	Kongô-yasha Myô-ô	Vajrayakshavajrapânî
金剛藏	Kongô-zô	Vajragarbha
金剛塗香菩薩	Kongô-zukô Bosatsu	Vajragandha

Caractères japonais	Japonais	Sanskrit
金輪如來	Konrin Nyorai	Ushnîshachakra
香王菩薩	Kô-ô Bosatsu	Gandharâja
亢宿	Kô-shuku	Svâtî
皐帝	Kôtei	Kuntî
子安地藏	Koyasu Jizô	Kshitigarbha
子安観音	Koyasu Kannon	Hârîtî
鳩盤荼	Kubanda	Kumbhânda
宮毘羅	Kubira	Kuvera
功徳天	Kudoku-ten	Mahâshrî, Shrî Mahâdeva
救護慧童子	Kugoe-dôji	Paritrânâshayamati
孔雀明王	Kujaku Myô-ô	Mahâmayûrividyârâjnî
鳩(倶)摩羅天	Kumara-ten	Kumâra, Kârttikeya
金毘羅	Kumbira	Kumbhira
巨蟹宮	Kyokai-gû	Karkata
曲歯	Kyokushi	Kûtadantî
虚宿	Kyo-shuku	Shatabhisha, Pushya
摩睺羅伽	Magoraka	Mahorâga
摩訶毘盧遮那如來	Makabirushana Nyorai	Mahâvairochana
摩訶迦葉	Makakashô	Mahâkâshyapa
摩訶迦羅天	Makakara Ten	Mahâkâla
摩竭宮	Makatsu-gû	Makara
摩醯首羅天	Makeishura Ten	Maheshvara
摩虎羅	Makora	Makura
曼荼羅	Mandara	Mandala, Mahâchakra
マニ虚空藏	Mani Kokûzô	Mani Âkâshagarbha
卍	Manji	Svastikâ
満賢	Manken	Pûrnâbhadra
慢金剛	Man-kongô	Mânavajra
摩利支天	Marishi-ten	Mârîchî
摩耶夫人	Maya Fujin (Bunin)	Mâyâ
迷企羅	Mekira	Mikila (Mihara)
馬鳴菩薩	Memyô Bosatsu	Ashvaghosha
馬頭観音	Mezu	Hayagrîva
弥勒菩薩	Miroku Bosatsu	Maitreya
密迹力士	Misshaku Rikishi	Garbhavîra
木曜	Moku-yô	Brihaspati
文殊菩薩	Monju Bosatsu	Manjushrî
無著	Muchaku (Mujaku)	Asanga
無厭足	Muensoku	Achalâ
無垢光童子	Mukukô-dôji	Vimalaprabha
無能勝明王	Munôshô Myô-ô	Aparâjita
無量寿如來	Muryôju Nyorai	Amidâyus, Amitâbha
無量光如來	Muryôkô Nyorai	Amitâprabha, Amitâbha
妙道菩薩	Myôdô Bosatsu	Sudrishti, Dhruva
明星天子	Myôjô Tenshi	Aruna
妙見菩薩	Myôken Bosatsu	Sudrishti, Dhruva
妙吉祥菩薩	Myô-Kisshô Bosatsu	Manjushrî
明王	Myô-ô	Vidhyârâja
那伽犀那尊者	Nagasena Sonja	Nâgasena
諾距羅尊者	Nakora Sonja	Nakula
難陀竜王	Nanda Ryû-ô	Nanda
那羅延天	Naraen Ten	Nârâyana
涅槃	Nehan	Nirvâna
日曜	Nichi-yô	Sûrya (Âditya)
肉髻	Nikkei	Ushnîsha
日光菩薩	Nikkô Bosatsu	Sûryaprabhâsana
仁王	Ni-ô	Vajravîra
尼藍婆	Nirambâ	Vilambâ
涅哩底	Nirichi	Nairritirâja
日天	Nitten	Âditya (Sûrya)
如意輪観音	Nyoirin Kannon	Chintâmanichakra

Caractères japonais	Japonais	Sanskrit
如來	Nyorai	Tathâgata
囉怙羅尊者	Ragora Sonja	Râhula
羅睺星	Rago-sei	Râhu
來迎印	Raigô-in	Vitarka-mudrâ
藍婆	Ramba	Lambâ
羅刹童子	Rasetsu-dôji	Râkshasa
羅刹天	Rasetsu-ten	Nairritirâjarâkshasa
蓮花(華)	Renge	Padma
蓮華軍荼利	Renge Gundari	Padmakundalî
力士	Rikishi	Vajravîra
婁宿	Ro-shuku	Ashvinî
婁多羅尼菩薩	Ro-Tarani Bosatsu	Târâ
瑠璃光王	Rurikô-ô	Bhaishajyaguru
竜王	Ryû-ô	Nâgarâja
竜智	Ryûchi	Nâgabodhi
竜樹菩薩	Ryûju Bosatsu	Nâgârjuna
竜猛	Ryûmô	Nâgârjuna
竜星	Ryû-sei	Nirgnâtaketu
柳宿	Ryû-shuku	Âshleshâ
摧砕仏頂	Saisai Bucchô	Vikîrnoshnîsha
歳星	Sai-sei	Brihaspati
最勝傘蓋仏頂	Saishô Sangai Bucchô	Vijayoshnîsha
参宿	San-shuku	Ârdrâ
散脂大將	Sanshi Taishô	Samjneya
珊底羅	Santeira	Sandila
井宿	Sei-shuku	Punarvasu
星宿	Sei-shuku	Maghâ
勢至菩薩	Seishi Bosatsu	Mahâsthâmaprapta
制吒迦童子	Seitaka Dôji	Chetaka
世自在王如來	Sejizai-ô Nyorai	Lokeshvarâja
施無畏印	Semui-in	Abhaya-mudrâ
千手観音	Senju Kannon	Sahashrabhûja Av.
世親	Seshin	Vasûbandhu
釈迦牟尼	Shakamuni	Shâkyamuni
釈迦如來	Shaka Nyorai	Shâkyamuni
遮文荼	Shamonda	Chamunda
舎利弗	Sharihotsu	Shâriputra (Upatisya)
七倶胝仏母	Shichigutei Butsumo	Saptakotibuddha
熾盛光仏頂	Shijô-kô Bucchô	Vikîrnoshnîsha
真達羅	Shindara	Sindûra, Kimnara
辰星	Shin-sei	Buddha
心宿	Shin-shuku	Ârdrâ-jyeshthâ
軫宿	Shin-shuku	Hastâ
獅子宮	Shishi-gû	Simha
獅子吼菩薩	Shishiku Bosatsu	Simhanôda
觜宿	Shi-shuku	Mrigashiras
四天王	Shi Tennô	Chaturmahârâja
室宿	Shitsu-shuku	Pûrvabhâdrapadâ
處女宮	Shojo-gû	Kanyâ
勝仏頂	Shô Bucchô	Jayoshnîsha
聖観音	Shô Kannon	Âryâvalokiteshvara
商羯羅	Shôkara	Shânkara
青頸観音	Shôkyô Kannon	Nîlakanthî
正了知大將	Shôryôchi Taishô	Samjneya
勝傘蓋仏頂	Shô Sangai Bucchô	Jayoshnîsha
勝三世明王	Shôzanze Myô-ô	Trailokyavijaya
聖天様	Shôten-sama	Ganapati, Vinâyaka
招杜羅	Shôtora	Chatura
須菩提	Shubodai	Subhûti
珠賢	Shuken	Manibhadra
双魚宮	Sôgyo-gû	Mîna

Caractères japonais	Japonais	Sanskrit
双婬宮	Sô-in-gû	Mithuna
双目天后	Sômoku Tengô	Lochana
尊星王	Sonsei-ô	Sudrishti, Dhruva
尊勝仏頂	Sonshô Bucchô	Vikîrnoshnîsha
卒都婆大吉祥	Sotoba Dai-Kichijô	Stûpamahâshrî
蘇頻陀尊者	Subinda Sonja	Subinda
須菩提	Subodai	Subhûti
水星天	Sui-sei Ten	Ketu
水天	Sui-ten	Varuna
水曜	Sui-yô	Buddha
塞建陀	Sukanda	Skanda, Veda
蘇摩那竜王	Sumana Ryû-ô	Sumana
蘇利耶	Sûruya	Sûrya
多髪	Tahatsu	Keshinî
多宝如來	Tahô Nyorai	Prabhûtaratna
太白星	Taihaku-sei	Shukra
太陰	Tai-in	Soma, Chandra
帝釈天	Taishaku-ten	Shakra, Indra
太陽	Tai-yô	Sûrya
泰山府君	Taizan Fukun	Chitragupta
胎蔵界	Taizô-kai	Garbhadhâtu
多聞天	Tamon-ten	Vaishravana
誕生釈迦	Tanjô Shaka	Shâkyamuni (naissance)
多羅菩薩	Tara Bosatsu	Târâ
多羅使者	Tara-shisha	Târâchetî
帝釈天	Teishaku Ten	Indra
氐宿	Tei-shuku	Vishâkhâ
転法輪菩薩	Tempôrin Bosatsu	Divyadundhubhimeghanirghosha
天秤宮	Tembin-gû	Tulâ
天	Ten	Deva
天鼓雷音如來	Tenkuraion Nyorai	Divyadundhubhimeghanirghosha
天鼓雷音仏	Tenkuraion Butsu	Akshobhya
天人	Tennin	Devatâ, Apsarâs
兜跋毘沙門天	Tobatsu Bishamon-ten	Kuvera (?)
斗宿	To-shuku	Uttarâshâdhâ
都史多天	Tosotsu Ten	Tushita
烏波計設尼童子	Ubakeshini-dôji	Upakeshînî
優婆離	Ubari	Upali
烏摩妃	Umâhî	Umâ
烏枢沙摩明王	Ususama Myô-ô	Ucchushma
烏枢澁摩明王	Usushima Myô-ô	Ucchushma
藥上菩薩	Yakujô Bosatsu	Bhaishajya, Samudgata
藥王菩薩	Yaku-ô Bosatsu	Bhaishajyarâja
藥叉持明	Yakusha Jimyô	Yakshavidyarâja
藥師如來	Yakushi Nyorai	Bhaishajyaguru
藥師瑠璃光如來	Yakushi Rurikô Nyorai	Bhaishajyaguru
夜（藥）叉	Yasha	Yaksha
葉衣観音	Yôe Kannon	Pâlâshâmbarî
与願印	Yogan-in	Vara(da)-mudrâ
羊宮	Yô-gû	Mesha
欲金剛	Yoku Kongô	Ishtavajra
翼宿	Yoku-shuku	Uttarâphalgunî
楊柳観音	Yôryû Kannon	Bhaishajyarâja
維摩居士	Yuima Kôji	Vimalakîrti
善無畏	Zemmui	Subhakarasimha
増長天	Zôchô-ten	Virûdhaka

CORRESPONDANCES SANSKRIT-JAPONAIS

Sanskrit	Japonais
Abhaya-mudrâ	Semui-in
Abhetrî	Amadai Kannon
Abhijit	Jo-shuku
Abhisheka-mudrâ	Kanjô-in
Achalâ	Muensoku
Achalacheta	Fudô-shisha
Achalanâtha	Fudô Myô-ô
Achintyamatidatta	Fushigie-dôji
Âdi-Buddha	Nyorai
Âditya	Nichi-yô
Agni	Ka-ten
Airavâti	Erabasa
Ajita	Ajita Sonja
Akârshanî	Shôjô-dôji
Âkâshagarbha	Kokûzô Bosatsu
Akshobhya	Ashuku Nyorai
Amitâbha	Amida Nyorai
Amitâprabha	Muryôkô Nyorai
Amitâyus	Amida Nyorai, Muryôju Nyorai
Amoghapâshâ-valokiteshvara	Fukûkenjaku (Fukûkensaku)
Amoghasiddhi	Fukûjôju Nyorai
Amoghavajra	Fukû
Amrita	Kanro
Amritarâja	Kanro-ô
Amshalochana	Kenmoku
Ânanda	Anan, Ananda
Anantasvaraghosha-chakravartin	Muhen-onsei (jô) Bucchô
Andira	Anteira
Angaja	Ingada Sonja
Angâraka	Ka-yô
Angkusha	Kô
Anila	Anira
Aniruddha	Anaritsu
Añjali-mudrâ	Gasshô-in
Anurâdhâ	Bô-shuku
Aparâjita	Munôshô Myô-ô
Apsarâs	Tennin, Hiten
Arahant, Arhat	Arakan, Rakan
Ârdrâ	San-shuku
Âryâchalanâtha	Fudô Myô-ô
Âryâvalokiteshvara	Shô Kannon, Kannon Bosatsu
Ashleshâ	Ryû-shuku
Ashvaghosha	Memyô Bosatsu
Ashvinî	Ro-shuku
Asura	Ashura
Âtavaka	Daigensui Myô-ô, Atabaku, Atabaka
Avalokiteshvara	Kannon, Kanjizai, Kanzeon Bosatsu
Bhadra	Badara Sonja
Bhaishajyaguru	Yakushi Nyorai
Bhaishajyarâja	Yaku-ô Bosatsu
Bharanî	I-shuku
Bhrikutî	Bikuchi Kannon, Bikuchi Bosatsu
Bhûmishparsha-mudrâ	Gôma-in, Sokuchi-in
Bodhidharma	Daruma, Bodai Daruma
Bodhisattva	Bosatsu
Brahmâ	Bon-ten
Brahmâdeva	Dai Bon-ten
Brihashpati	Moku-yô
Buddhalochanî	Butsugen Butsumo
Buddhapâtra-mudrâ	Hachi-in
Budha	Sui-yô
Chakra	Rimbô
Chakradevanam Indra	Taishaku-ten
Chakradevendra	Taishaku-ten
Chandra	Gatten
Chandraprabha	Gakkô Bosatsu
Chatura	Shôtora
Chaturmahârâja	Shi Tennô
Chetaka	Seitaka Dôji
Chintâmanichakra	Nyoirin Kannon
Chitrâ	Kaku-shuku
Chitragupta	Taizan Fukun
Chûdapanthaka	Chudahantaka Sonja
Chundî	Juntei Kannon
Chundîbhagavatî	Juntei Butsumo
Dâkinî	Dakini-ten
Deva	Ten
Devarâja	Ten-ô, Tennô
Devatâ	Tennyo, Tennin

Sanskrit	Japonais
Dhanishthâ	Ki-shuku
Dhanus	(Jin) Ba-gû
Dhâranîdhâra	Jichi Jizô Bosatsu, Kenrô-jishin
Dharmachakra-mudrâ	Hôkai Jô-in, Tenpôrin-in, Tembôrin-in
Dharmapâla	Hôgo
Dharmapâramitâ	Hô-haramitsu Bosatsu
Dhramanâ(s)	Hô-in-shu Jizô Bosatsu
Dhritarâshtra	Jikoku Ten
Dhruva	Myôken Bosatsu
Dhyâna-mudrâ	Jô-in
Dhyânabara	Daruma
Dhyâni Bodhisattva	Chi Bosatsu
Dhyâni Buddha	Chi Nyorai
Dîpankara	Jôko Butsu
Divyadundhubhimeghanirghosha	Tenkuraion Nyorai
Dvarapâla	Ni-ô
Ekâdashamukha	Jûichimen Kannon
Ekâdashara Ushnîshachakra	Ichiji Kinrin Nyorai
Ekâksaroshnîshachakra	Ichiji Kinrin Bucchô
Elabasha	Erabasa
Ganapati	Kangi-ten
Gandharva	Kandabba
Garbhadhâtu	Taizô-kai
Garbhavîra	Misshaku Rikishi
Garuda	Karura
Guptasena	Go-gun
Hârîtî	Karitei-mo
Hastâ	Shin-shuku
Hayagrîva	Batô Kannon, Batô Myô-ô
Indra	Indara
Indrachakra	Taishaku-ten
Îshâna	Ishana-ten
Ishtavajra	Yoku-kongô Bosatsu
Jâlinîprabha	Kômô-dôji
Jañgulî	Jôguri-dôjo
Jayoshnîsha	Shô Bucchô
Jîvaka	Jubaka Sonja
Jyeshthâ	Shin-shuku
Kalavinka	Karyôbinga
Kâlika	Karika Sonja
Kanakabharadvâja	Kanakabaridaja Sonja
Kanakavatsa (Kanakavadsa)	Kanakabassa Sonja
Kanyâ	(Sho) Jô-gû

Sanskrit	Japonais
Kapila	Kabira
Karkata	(Kyô) Kai-gû
Karma	Inga
Karmapâramitâ	Gô-haramitsu Bosatsu
Kârtikkeya	Kumara-ten
Kâshyapa	Dai Kashô
Kâtyâyana	Kasenen
Kelikilavajra	Soku-kongô Bosatsu
Keshinî	Tahatsu
Ketu	Keito-sei
Khumbîra	Kompira-ten
Kimnara	Kinnara
Kînkara	Kongara Dôji
Krittikâ	Bô-shuku
Kshitigarbha	Jizô Bosatsu
Kumâra	Kumara-ten
Kumbha	(Hô) Byô-gû
Kundalî	Gundari Myô-ô
Kuntî	Kôtei
Kûtadantî	Kyôkushi
Kuvera (Kubera)	Kompira Ten
Lambâ	Nirambâ
Lochanâ	Sômoku Tengô
Lokapâla	Shi Tennô
Maghâ	Sei-shuku
Mahâchakravajra	Dairin Myô-ô
Mahâdeva	Daijizai-ten
Mahâkâla	Daikoku-ten
Mahâkâshyapa	Dai Kashô
Mahâmayûrîvidyarâjñî	Kujaku Myô-ô
Mahâpratisarâ	Daizuigu Bosatsu
Mahâshnîshachakravartin	Kôdai Bucchô
Mahâshrî	Kisshô Ten (Kichijô Ten)
Mahâshthâmaprapta	Dai Seishi Bosatsu
Mahâvairochana	Dainichi Nyorai
Maheshvara	Daijizai-ten
Mahorâga	Magoraka
Maitrâyânipûtra	Furuna
Maitreya	Miroku Bosatsu
Majila	Makora
Makara	Makatsu-gû
Makutadantî	Kokushi
Mâlâ	Juzu
Mâlâdhari	Jiyôraku
Mâlâvajra	Man-kongô
Mandala	Mandara
Mani	Hôshu
Mani Âkâshagarbha	Mani Kokûzô Bosatsu
Manibhadra	Shûken
Manjushrî	Monju Bosatsu
Mârîchî	Marishi-ten
Mâtrî	Shichigûtei Butsu-mo
Maudgalyâyana	Mokukenren

Sanskrit	Japonais
Mâyâ	Maya Fujin, Maya Bunin
Mesha	(Haku) Yô-gû
Mikila	Mekira
Mîna	(Sô) Gyo-gû
Mrigashiras	Shi-shuku
Mudrâ	In (Sô)
Mûla	Bi-shuku
Muruga	Kumara-ten
Nâga	Ryû
Nâgârjuna	Ryûmô, Ryûju Bosatsu
Nâgasena	Nagasena Sonja
Nairritirâja	Rasetsu-ten
Nakshatra	Nijûhachi Shuku
Nakula	Nakora Sonja
Nâmahkâra-mudrâ	Gasshô-in
Nandikeshvara	Kangi-ten, Shôten
Nârâyana	Naraen-ten
Navagrahâ	Ku-yô
Nîlakanthî	Jôkyô Kannon (Shôkyô Kannon)
Nirvâna	Nehan
Pâdanakshipa	Buchaku Myô-ô
Padma-mudrâ	Renge no In
Padmapâni	Rengeshû
Pajira	Haira
Palâshâmbarî	Hiyoe Kannon
Pândaravâsinî	Byakue Kannon
Panthaka	Bantaka (Hantaka) Sonja
Parinirvâna	Nyû-nehan
Paritrânâshyayamati	Kugoe-dôji
Pârvatî (Umâ)	Umâhî, Umagô
Pâsha	Saku
Pâtra-mudrâ	Hachi-in
Pindola Bharadvâja	Bindora Baradaja, Binzuru Sonja
Pingalâ	Hyôgyara Ten
Pippalayâna	Dai Kashô
Prabhûtaratna	Tahô Nyorai
Prajnâpâramitâ	Hannya Bosatsu
Prithivî	Chi-ten
Punarvasu	Sei-shuku
Pûrna	Furuna
Pûrnabhadra	Manken
Pûrnabhadrapadâ	Shitsu-shuku
Pûrvaphalgunî	Chô-shuku
Pûrvâshâdhâ	Ki-shuku
Pûshavimâ	Fusabima Ryû-ô
Pushpadantî	Kashi
Pushya	Ki-shuku
Râgarâjapâga	Aizen Myô-ô
Râgavajra	Ai Kongô
Râhu	Rago-sei

Sanskrit	Japonais
Râhula	Ragora
Râkshasa	Rasetsu-ten
Rashi	Jûni-gû
Ratnakâra	Hôshô Jizô Bosatsu
Ratnaketu	Hôtô Nyorai
Ratnapâni	Hôshu Jizô Bosatsu
Ratnapâramitâ	Hô-haramitsu Bosatsu
Ratnasambhava	Hôshô Nyorai
Revatî	Kei-shuku
Rohinî	Hitsu-shuku
Sachittotpâdadharmachakravartin	Tempôrin Bosatsu
Samantabhadra	Fugen Bosatsu
Samantabhadrâyus	Fugen-Enmei (Enmyô) Bosatsu
Samjñeya	Sanshi Taishô, Jinja Taishô
Samkusumitarâja	Kaifuke-ô Nyorai
Samudgata	Yakujô Bosatsu
Saptakotibuddhabhagavati	Shichigûtei Butsu-mo
Sarasvatî	Benzai-ten
Sarvanivarana-vishkambhin	Jogaishô Bosatsu
Sarvasattvajohârî	Datsu-issai Shujô
Shâkala	Shakara
Shanaischara	Dô-yô
Shandila	Santeira
Shankara	Daijizai-ten
Shâriputra	Sharihotsu
Shatabhishâ	Kyo-shuku
Shiva	Daijizai-ten
Shravana	Gyû-shuku
Shrî Mahâdeva	Kisshô Ten (Kichijô Ten)
Shukra	Kin-yô
Simha	Shishi-gû
Simhanâda	Shishiku Bosatsu
Sindura	Shindara
Sitâtapattroshnîsha	Byakusangai Bucchô
Skanda	Kumara-ten, Ida-ten
Soma	Homa, Getsu-yô
Subhakarasimha	Zemmui
Subhûti	Subodai
Subinda	Suhinda Sonja
Sudrishti	Myôken Bosatsu
Sumana	Sumana Ryû-ô
Sunyadsa	Daruma
Sûrya	Nitten
Sûryaprabha	Nikkô Bosatsu
Sûtra	Kyô
Svastikâ	Manji
Svâtî	Kô-shuku
Târâ	Tara Bosatsu

Sanskrit	Japonais
Tathâgata	Butsu, Nyorai
Tejorâchyushnîsha	Kôju Bucchô
Trailokyavijaya	Gôzanze Myô-ô
Triratna	Sambô
Tulâ	(Ten) Bin-gû
Tushita	Tosotsu Ten
Ucchushma	Ususama (Usushima) Myô-ô
Umâ	Umagô (Umahi)
Upakeshinî	Ubakeshini-dôji
Upâli	Ubari
Ushnîsha	Nikkei
Uttarabhâdrapadâ	Heki-shuku
Uttaraphalgunî	Yoku-shuku
Uttarâshadhâ	To-shuku
Vairochana	Birushana Butsu, Dainichi Nyorai
Vaishravana	Tamon Ten, Bishamon Ten
Vajra	Kongô
Vajra-Añjali-mudrâ	Kongô-gasshô-in
Vajramudrâ	Chiken-in (?)
Vajrabhâsha	Kongô-go Bosatsu
Vajradhara	Kongô-shu Bosatsu
Vajradharma	Kongô-hô Bosatsu
Vajradhâtu	Kongô-kai
Vajradhûpâ	Kongô-shôkô Bosatsu
Vajragandhâ	Kongô-zukô Bosatsu
Vajragîtâ	Kongô-ka Bosatsu
Vajrahâsha	Kongô-shô Bosatsu
Vajrahasta	Kongô-shu Bosatsu
Vajrahetu	Kongô-in Bosatsu
Vajrahûmkara	Kongô-dôji
Vajrakarma	Kongô-kô Bosatsu
Vajrakumâra	Kongô-dôji
Vajrâlokâ	Kongô-tô Bosatsu
Vajramâlâ	Kongô-man Bosatsu
Vajrâmoghasa-mayasattva	Fugen Enmei (Enmyô) Bosatsu
Vajrângkusha	Kongô-kô Bosatsu
Vajrânrita	Kongô-bu Bosatsu
Vajrapâni	Kongô-renge Shu

Sanskrit	Japonais
Vajrapâramitâ	Kongô-haramitsu Bosatsu
Vajrapâsha	Kongô-saku Bosatsu
Vajrapushpâ	Kongô-ge Bosatsu
Vajrapûtra	Bajarabutara Sonja
Vajrarâga	Kongô-ai Bosatsu
Vajrarâja	Kongô-ô
Vajrarâjapriya	Aizen Myô-ô
Vajrarâksha	Kongô-go Bosatsu
Vajrasâdhu	Kongô-ki Bosatsu
Vajrasattva	Kongôsatta
Vajrasphota	Kongô-sa Bosatsu
Vajratîkshna	Kongô-ri Bosatsu
Vajrâvesha	Kongô-rei Bosatsu
Vajravîra	Kongô-rikishi
Vajrayaksha	Kongô Yasha Myô-ô, Kongô-ga Bosatsu
Vanavâsin	Banabasu Sonja
Varada-mudrâ	Yogan-in, Segan-in
Varuna	Sui-ten
Vasubandhu	Basu Sennin, Seshin
Vâsuki	Basuki Ryû-ô
Vâyu	Fû Ten, Fû Jin
Veda	Ida-ten
Vidyâdhara	Myô-ô
Vijayoshnîsha	Saishô Bucchô
Vikarâla	Bikyara
Vikîrnoshnîsha	Jôshô (Sangai) Bucchô
Vilambâ	Biramba
Vimalakîrti	Yuima Kôji
Vimalaprabha	Mukukô-dôji
Vinâyaka	Binayaka Ten, Kangi Ten
Virûdhaka	Jôchô Ten (Zôchô Ten)
Virûpâksha	Kômoku Ten
Vishâkhâ	Tei-shuku
Vishnu	Bichu Ten
Vishvakarman	Bishukatsuma
Vishvaparipuraka	Jizô Bosatsu
Vitarka-mudrâ	An-i-in
Vrisha	(Kin) Gyû-gû

NOTES

* Le texte mis en exergue, et dont l'auteur est le moine Kûkai, est extrait de Anesaki Masaharu, « Quelques pages de l'histoire religieuse du Japon », *Annales du musée Guimet*, XLIII, Paris, 1921, p. 55,56.

CHAPITRE II : Généralités iconographiques

1. G. Nitschke, « Kyôto, un urbanisme ésotérique », *Est-Orient*, Tôkyô, 1967, I, 1, p. 30.
2. Tajima R., *Les Deux Grands Mandala et la doctrine de la secte Shingon*, p. 34 à 46. P. : Tô-ji, Kyôto, couleurs sur soie, 1693 ; Jingo-ji, Kyôto, sur soie violette, par Kûkai (?), vers 824-834 ; Kangaku-in, Onjô-ji, Nara, sur soie violette (XIe siècle) ; Chôkoku-ji (Hase-dera), Nara, daté de 1834 ; Myô-ô-in, Kôyasan, sur soie ; Daigo-ji, Kyôto, peint sur bois .
   S. : Jizô-in, Kyôto, bas-relief sur bois, XIe siècle ; Daigo-ji, Kyôto, bas-relief en bronze ; Tokuman-ji, Ibaragi-ken.
   Nous mentionnerons seulement pour mémoire :
   P. : *Ichiji-Kinrin Mandara* (Minami-hokke-ji, Nara), sur soie ; *Sonshô Mandara* (Gokoku-ji, Kyôto) ; *Hôrôkaku Mandara,* «de la tour précieuse» (Sanbô-in, Kyôto) ; *Hoke-kyô Mandara* (d'après une interprétation ésotérique du *Saddharmapundarîka-sûtra*), au Kaijûsen-ji, Kyôto ; *Butsugen Mandara* (Tô-ji, Kyôto) ; *Hachidai-bucchô Mandara* (Onjô-ji, Shiga) ; *Ninnô-kyô Mandara* (« des bons rois », tiré de la *Prajñâpâramitâ-sûtra*) au Daigo-ji, Kyôto ; *Shô-ugyô Mandara* (Sanbô-in, Kyôto) ; *Hossô Mandara* (musée Nezu, Tôkyô) ; *Kegon-kyô Mandara* (Kôzan-ji, Kyôto ; Tôdai-ji, Nara) ; *Kusha Mandara* (de Shaka Nyorai) au Hokkedô du Tôdai-ji, Nara ; *Sei Mandara* (« des étoiles »), au Hôryû-ji, Nara ; au Kumeda-dera, à Ôsaka ; *Anchin Mandara* (des Jûni-ten), au Kokubun-ji, Yamaguchi ; *Taima Mandara* (Taima-dera, Nara) ; *Bonmôkyô Mandara* (tiré du *Brahmâjâla-sûtra*); *Muryôju-kyô Mandara* (tiré de l'*Amitâyus-sûtra*, *Aparamitâyus-sûtra*, *Sukhâvatî-vyûha*) ; *Shômangyô Mandara* (*Shrîmâlâdevî-sûtra*) ; *Yuimakyô Mandara* (*Vimalakîrti-nirdesha)* ; *Konkômyô-kyô Mandara* (*Suvarnaprabhâsa-sûtra*).
3. Le mot «sceau» est ici la traduction littérale des caractères sino-japonais correspondant au sanskrit *mudrâ.*
4. E. Dale Saunders, *Mudrâ*, New York, 1960, Bollinger Series, LVIII.
5. E. Dale Saunders, *op.cit.*, p. 35.
6. Tajima R., *Étude sur le Mahâvairochana-sûtra*, Paris, 1936, p. 122.
7. La Kudara Kannon du Hôryû-ji, à Nara, réalise cette mudrâ avec la main droite.
8. Avec une variante appelée *Vitarkaparigraha-mudrâ* (jap. *An-i-shôshu-in*) : main gauche en Vitarka, main droite en avant comme pour ramasser un objet.
9. Ou mudrâ de la subjugation des démons suscités par Mâra pour empêcher le Bouddha de parvenir à l'Éveil.
10. Appelée également au Japon *Hokkai-jô-in*. On ne sait pas à quelle expression sanskrite correspondent les deux premiers caractères de ce nom.
11. E. Dale Saunders, *op.cit.*, p. 102.
12. Équivalences sanskrites douteuses, selon M.-Th. de Mallman. E. Dale Saunders (*op.cit.*, p. 102) propose également *Vajra-mudrâ*, *Bodhashrî-mudrâ* ; d'autres proposent également *Jñânamushti-mudrâ.*
13. E. Dale Saunders, *op.cit.*, p. 117, 118.
14. *Hôbôgirin*, p. 309.
15. C'est-à-dire des moines ou des disciples. E. Dale Saunders (*op.cit.*, p. 112) indique divinités et Myô-ô. Cette mudrâ est très rare au Japon.

16. Cette position serait plus justement appelée « à l'iranienne » car elle semble avoir son origine en Iran. Premières représentations au Gandhâra, avant le Ve siècle.
17. A.K. Coomaraswâmy, *Elements of Buddhist Iconography*, Harvard, Cambridge, 1935, p. 43.
18. J. Auboyer, « Les influences et les réminiscences étrangères au Kondô du Hôryû-ji », p. 45 *sq.* et 55, « Le trône et son symbolisme dans l'Inde ancienne », *Annales du musée Guimet*, Paris, 1941 et 1949.
19. *Cf.* note 18.
20. Il n'existe pas de terme sanskrit équivalant exactement à *Jimotsu. Lakshanâ* serait le terme le plus approchant.
21. Trad. par Foucaux.
22. Tajima R., *op.cit.*, p. 65.
23. Tajima R., *op.cit.*, p. 106.
24. E. Dale Saunders, *op.cit.*, p. 159 *sq.*
25. Selon M. Jean Naudou, « Les bouddhistes kashmîriens au Moyen Âge », (*Annales du musée Guimet*, LXVIII, p. 113, Paris, 1968.) : « Son apparition ancienne la plus vénérable figure dans le titre d'un *Prajñâpâramitâ-sûtra,* la *Vajracchedikâ* , ce qu'on traduit souvent en français par "le couperet de diamant". L'intention est claire : le mot *vajra* évoque la puissance destructrice de la dialectique des *Prajñâpâramitâ-sûtra* qui, par une fine dissection, réduit à néant les apparences, aussi efficacement que le feraient des carreaux de foudre répétés. Dès lors, l'évolution sémantique est évidente : *Vajra* désigne ce qui subsiste lorsque les apparences sont dépassées, c'est-à-dire la vacuité, indestructible comme le diamant. »
26. E. Dale Saunders, *op.cit.*, p. 68.
27. E. Dale Saunders, *op.cit.*, p. 187.
28. E. Dale Saunders, *op.cit.*, p. 188. Selon Tajima R. (*op.cit.*, p. 68), les trois pointes correspondent aux trois classes de divinités : Bouddha, Padma, Vajra, et représenteraient « cette vérité de notre coeur, le Bouddha et les êtres ne sont pas d'essence différente ».
29. E. Dale Saunders, *op.cit.*, p. 188.
30. Tajima R., *op. cit.*, p. 70.
31. *Hôbôgirin*, III, p. 265 à 270.
32. *Taizô-zu-zô*, V, 540, figure centrale.
33. *Taizô-zu-zô*, I, 774, n° 242.
34. Les sept joyaux (*Saptaratna*) du roi universel (Chakravartin) sont, selon le *Mahâsudassana-sûtra* (M.-Th. de Mallman, *op.cit.*, p. 306) : la roue (*chakraratna* ; jap. *hô-rinbô, kinrin*); l'éléphant (*hastiratna* ; jap. *hô-zô, zô-hô*), le cheval (*ashvaratna* ; jap. *danpô, ba-hô*); le joyau (*chintâmani* ; jap. *nyo-i hôshu*) ; la femme (*strîratna* ; jap. *nyo-hô*) ; l'intendant ou assistant (*grihapariratna* ; jap. *shuzô-hô*) ; le guide ou général en chef (*parinâyakaratna ;* jap. *shuhyôshinpô*). Cette liste comporte des variantes, et les sept joyaux peuvent également être « sept métaux précieux ».
35. J. Troup, *op.cit.*, p. 6.
36. E. Dale Saunders, *op.cit.*, p. 165.

CHAPITRE III : Le Bouddha et les Grands Bouddha de vénération (Jina)

1. « On appelle Tathâgata celui qui, étant toute sagesse et ayant détruit les ténèbres de l'*Avidya* (ignorance), réalise pour lui-même une sagesse dont la nature propre est ineffable ». Tajima R., *op.cit.*, p. 137. *Inde classique*, II, § 2274.
2. *Samsâra* (jap. *Rinne*).
3. *Hôbôgirin*, III, p. 192-194.
4. Selon certaines écoles anciennes (mais relativement tardives), le Bouddha historique ne serait qu'un aspect phénoménal de l'être supramondain, le Bouddha éternel et immuable (*Inde classique*, II, § 2326). Ces écoles distinguaient en effet trois « corps de Bouddha » (*Inde classique*, II, § 2327 et 2328). Les écoles mahâyânistes en distinguaient elles aussi trois et parfois même quatre :
   - un corps qui est l'être propre (*Svabhâvikakâya*) ;
   - un corps « pour sa propre jouissance » manifesté seulement pour les Bouddha (*Dharmakâya,* « corps de Doctrine » (jap. *Hôsshin*), ou encore *Svasambhogakâya*) ;
   - un corps de fantasme qui a l'apparence humaine (*Nirmânakâya* ; jap. *Keshin*, *Ôjin* ou *Ôshin*) ;
   - un corps de jouissance pour les autres (*Parasambhogakâya*).

   Les caractères de ce Tathâgata sont essentiellement : état absolu de réalité ; domaine de la loi ; sagesse absolue et maîtrise absolue ; non-dualité ; éternité et permanence ; enfin inconcevabilité (*Inde classique*, II, § 2329).
5. *Hôbôgirin*, II, art. « Busshin ».
6. Ce sont les Quatre Bouddha (Jina) des quatre directions de l'espace . Est : Akshobhya ; Sud : Ratnasambhava ; Ouest : Amitâbha ; Nord : Amoghasiddhi.

7. Liste dans *Hôbôgirin*, III, p. 196. Voir également plus loin, à *Bouddha du passé.*
8. La secte japonaise Shingon, par exemple, vénère une série de treize Bouddha ; les diverses sectes du Zen invoquent au début des repas des moines une série de dix Bouddha des dix directions (*Hôbôgirin*, III, p. 197). Ces Bouddha ne sont d'ailleurs pas tous des Tathâgata, mais divers Hotoke. De même, la secte de Nichiren vénère elle aussi une série de Hotoke groupés autour de l'invocation au titre de *Sûtra du Lotus* musée Guimet.
9. Cependant tous les fidèles du Jôdo-Shinshû se considèrent comme les fils de Shaka. Après leur mort, on ajoute à leur nom celui de Shaka. Selon M. Ôtani Chojun, une statue de Shaka se trouverait même au-dessus de la porte d'entrée, à l'intérieur du Higashi Hongan-ji, le temple principal de la secte à Kyôto.
10. Au Japon, les petits enfants appellent parfois Shaka du nom qu'ils donnent à la lune, Nono-sama, à cause peut-être de la ressemblance de la pleine lune avec le halo qui entoure la tête du Bouddha sur les représentations peintes ou dessinées, peut-être aussi suivant l'idée que le Bouddha surveille les actions des hommes comme la lune semble le faire du haut du firmament : « *Nono-sama ga mitara Wareware-masu yô* » » (Mock Joya, *op.cit.*, p. 401-402). Signalons aussi que depuis la période de Meiji (1868), les *tokuhon* (livres de lecture pour les écoles primaires) incluent Shaka parmi les quatre grands sages de l'humanité (Shâkyamuni, Confucius, Socrate et le Christ) : *Sekai no Shisei*, *op.cit.*, p. 138.
11. A.C. Soper, *Art and Architecture of Japan*, Penguin, Londres, 1960, p. 213.
12. *Inde classique*, § 626, 2260 et 2270.
13. A.C. Soper, « Literary Evidence for Early Buddhist Art in China », *Artibus Asiae*, Ascona, 1959, p. 259 *sq.*
14. *Hôbôgirin*, III, *Butsuzô*, p. 259 *sq.* Les légendes chinoises racontent qu'en 122 avant J.-C. une image du Bouddha fut envoyée à l'empereur de Chine.
15. S.: Musée de Delhi, Inde.
16. L. Frédéric, *Inde, temples et sculptures*, Paris, 1959, p. 123, 127. Au sujet de cette tradition, *cf.* B. Franck, *Konjaku-monogatari Shû*, IV, 5, trad. parue chez Gallimard (Paris, 1968) sous le titre *Histoires qui sont maintenant du passé*, « Connaissance de l'Orient », série patronnée par l'UNESCO.
17. On peut cependant signaler qu'à Pagan (Birmanie), au musée archéologique local, se trouve un haut-relief en bois, de style pâla et datant probablement du XIIe siècle, montrant le Bouddha au pied de l'échelle menant au Trâyastrimsha (Ciel des trente-trois dieux, *cf.* L. Frédéric, *Sud-Est asiatique, temples et sculptures*, Paris, 1964, p. 81, et « France-Asie », R. de Berval éd., *Présence du bouddhisme*, Saigon, 1959, p. 274, pl. IX). Quelques rares peintures japonaises et chinoises montrent la même scène.
18. Certains auteurs disent 552. Si cette date de 552 était confirmée (ce qui ne semble pas être le cas), ce serait le roi Syeong-myeong (jap. Seimei).
19. Sansom, *A Short Cultural History of Japan*, Appleton Century Croft, New York, 1943, p. 68 ; J. Buhot, *Histoire des arts du Japon*, Paris, 1949, p. 59-60.
20. Takaichi-gun, Nara-ken, Japon.
21. Cette dimension est appelée du nom de Jôroku au Japon.
22. O. Sirén, *La Sculpture chinoise*, pl. 89.
23. J. Buhot, *Histoire des arts du Japon*, pl. 35, n° 295.
24. J. Buhot, *op.cit.*, p. 209.
25. Cette dernière statue fut souvent imitée, surtout à l'époque de Kamakura, au Japon. Les plus admirées de ces répliques sont celles de Tôshôdai-ji (Nara), d'une hauteur de 1,64 m, en bois (époque de Kamakura), du Saidai-ji (Nara), d'époque Muromachi ; du Gokuraku-ji, époque de Kamakura (fin XIIIe siècle) ; de l'Enmei-ji ; du Sho-myô-ji, etc.
26. Takagamine, Kamikyôku, Teramachi-dôri, Seiwa-in, Kyôto. Renseignement communiqué par M. Bernard Frank.
27. Ces images dateraient, selon la tradition du temple, de 1194, et auraient été commandées à Kaikei par le régent Kujô Kanezane qui les aurait installées dans sa maison de Tsuki-no-wa. Temple de Kenkô-in, Kitano-ku, Takagamine, Koetsu, Kyôto.
28. Dans certains textes et par licence poétique, on écrit souvent Mida au lieu de Amida.
29. « *Shigan no Shaka Ikeyo, Higan no Mida Koiyo.* »
30. *Mitera* : nom donné à certains temples « impériaux ».
31. Mains en Jô-in (Dhyâna-mudrâ).
32. Main droite en Abhaya-mudrâ, main gauche à plat sur le genou, statues attribuées à Unkei, époque de Kamakura.
33. Dans le mandala du Taizô-kai, « le respect de Bouddha » est symbolisé par un Bouddha de sagesse appelé Ratnaketu (jap. Hôtô Nyorai). Le Bouddha Shâkyamuni est également dans certains cas symbolisé par un parasol (insigne distinctif des Râja, rois), lequel est divinisé sous le nom de Byakusangai Bucchô (Sitâtapatra-Buddha-ushnîsha), « le grand parasol blanc du Bouddha », personnification d'une formule ésotérique. *Cf. Hôbôgirin*, p. 221 et 222.

34. *Cf.* Statuette en bronze de Nâlandâ (Inde), L. Frédéric, *Dans les pas du Bouddha*, Paris, 1957, p. 39, 116.
35. Jap. « *Tenjô Tenga Yuiga Dokuson.* » Toutes les scènes de la naissance du Bouddha se trouvent bien illustrées dans une peinture tibétaine du musée Guimet à Paris ; voir *Présence du bouddhisme*, « France- Asie », pl. v.
36. Cet *amacha* est fait d'une infusion de feuilles d'une plante, *Hydrangea hortensis*, appartenant à la famille des hortensias. Cette infusion n'est cependant utilisée que depuis le XVIIIe siècle. On utilisait auparavant de l'eau parfumée.
37. Cette cérémonie eut lieu pour la première fois au Japon en l'an 840 (d'après le *Masu Kagami*, chronique historique de la fin du XIIIe siècle traitant des siècles antérieurs). M.V. de Visser, *op.cit.*, I, p. 53 *sq*.
38. Autrefois on installait à côté du bassin deux représentations de montagnes ornées d'un dragon rouge et d'un dragon bleu (ou vert) censés symboliser les deux rois des Nâga (jap. Ryû-ô) Nanda et Upânanda, qui, selon les légendes tardives, auraient ondoyé le Bouddha à Sa naissance.
39. Appelé également Kari-dô ou encore Hana-tei, mais plus rarement.
40. La tradition japonaise veut que ce soit l'impératrice Suiko qui, en l'an 606, ait pour la première fois fait célébrer cette cérémonie dans la cour du temple du Senkô-ji (Ikoma-gun, Nara).
41. Cet *amacha* passe aussi pour guérir du diabète (Mock Joya, *op.cit.*, p. 72). Avant l'importation du sucre au Japon (XVIIe siècle), on se servait de l'amacha pour édulcorer les boissons.
42. B. Franck, « Le panthéon bouddhique au Japon », *Mythologies*, Larousse, Paris, 1963, p. 158. Cet *Amacha*, mêlé à l'encre d'une inscription sur un papier collé au mur, était censé préserver la maison de l'intrusion des insectes et des centipèdes (*Daijiten*, I, p .970) et contre le danger de la foudre, grâce à une formule différente (*Kokushi Daijiten*, 1908, p. 929, et M.V. de Visser, *op.cit.*, p. 57).
43. *Cf.* Curieuse peinture reproduite *in* J. Troup, *op.cit.*, p.185, pl. III, par exemple.
44. L'enfant sortant de la manche droite du vêtement de sa mère a les mains jointes en vénération (Añjali-mudrâ). Sa coiffure, non bouclée, comporte cependant une protubérance crânienne (*ushnîshâ*). Une sculpture en bas-relief en pierre, provenant de Loriân-Tangai au Gandhâra et représentant la naissance du Bouddha, montre l'enfant dans la même position que sur la statuette décrite plus haut, sortant non pas de la manche, mais du flanc droit de sa mère (*Zuzetsu Nihon Bijutsu-shi*, Tôkyô, 1959, vol. I, p. 38, et pl. XIV). Scène identique, mais en peinture, sur un mandala de Dunhuang en Chine (époque Tang) se trouvant au musée national de Delhi (Inde).
45. *Cf.* bas-relief de la porte nord du grand stûpa de Sâñchî (Inde) datant des environs de notre ère, *in* L. Frédéric, *Dans les pas du Bouddha,* op.cit., pl. VII, p. 117 ; dans le même ouvrage (pl. X, p. 117), bas-relief du stûpa d'Amarâvatî actuellement au musée de Madras, sur lequel on voit le prince Siddhârtha prenant congé de son épouse Yashodharâ...
46. Cependant, d'autres sectes peuvent attribuer à Shaka Nyorai des acolytes différents (en bois, au Murô-ji, Nara). Dans le *Hôrôkaku -Mandara* (mandala de la Tour précieuse), Shaka est assisté de Seishi Bosatsu et de Shô Kannon, parfois aussi de Vajradhâra et de Ratnavajra (J. Buhot, *Histoire des arts du Japon*, § 228, pl 46, n° 228). Au Hôryû-ji de Nara dans le Kondô, Shaka est assisté par Yaku-ô et Yaku-jô, deux Bodhisattva de la médecine (en bronze, datées de 623, hauteur : 2 m.) Parfois, Shaka possède, en plus de ses deux acolytes habituels, deux Shômon (Shrâvaka) ou deux de ses disciples, groupe qui est alors nommé Goson (Cinq Vénérables). Plaque de cuivre repoussé du Hôryû-ji, Nara.
47. Renseignement obtenu par M. Bernard Franck auprès d'un religieux du Tengen-ji, Azabu, Minato-ku, Tôkyô (secte Rinzai), le 20 octobre 1962, et aimablement communiqué à l'auteur.
48. Le thème pictural du Bouddha ascétique, souvent représenté sur des *kakemono* en *sumi-e* (encre et lavis), semble être d'origine chinoise ainsi qu'en témoignerait le célèbre tableau du peintre Liang Kai (jap. Ryôkai) datant du XIIIe siècle, et reproduit *in* R. Grousset, *Histoire d'Extrême-Orient* , pl.24, p. 399 (coll. Sakai, Japon). Cependant, en sculpture, le Bouddha en ascèse, presque squelettique, existait déjà dans l'art du Gandhâra au Ve siècle (Bouddha ascétique du Peshâwar).
49. *Cf. Nihon no Hotoke-sama,* Ôta et Owadani, p. 136.
50. En Buddhapâtra-mudrâ (jap. *Buppatsu-in*).
51. Du sanskrit *Kâshâya*, couleur brun-rouge qui fut adoptée en Inde par les moines et ascètes pour la couleur de leur robe monastique ou de Samnyasin.
52. *Inde classique*, II, § 2275, p. 535.
53. Les premiers styles japonais de cet aspect de Shaka comme le Shaka de Tori (723) au Hôryû-ji, le Daibutsu de l'Ango-in (Asuka-dera) et aussi le Shaka dénommé faussement « Yakushi » et daté de 607 (au Hôryû-ji), sont à rapprocher du style du Bouddha de la grotte n° 135 de Maiji Shan (Chine) datant de l'époque des Wei du Nord (386-534) dont ils semblent provenir directement. *Présence du bouddhisme,* « France-Asie », pl.41, XLI, p. 722.
54. Au Japon, lorsque le Bouddha est représenté dans la position de la prise de la terre à témoin, le bout des doigts de sa main droite touche le sol ou les pétales du siège. On le désigne alors sous le nom de Gômajodo Nyorai. P. : en couleur sur bois dans la pagode à cinq étages du Daigo-ji, à Kyôto, d'époque Heian. S. : Au Kômyô-ji

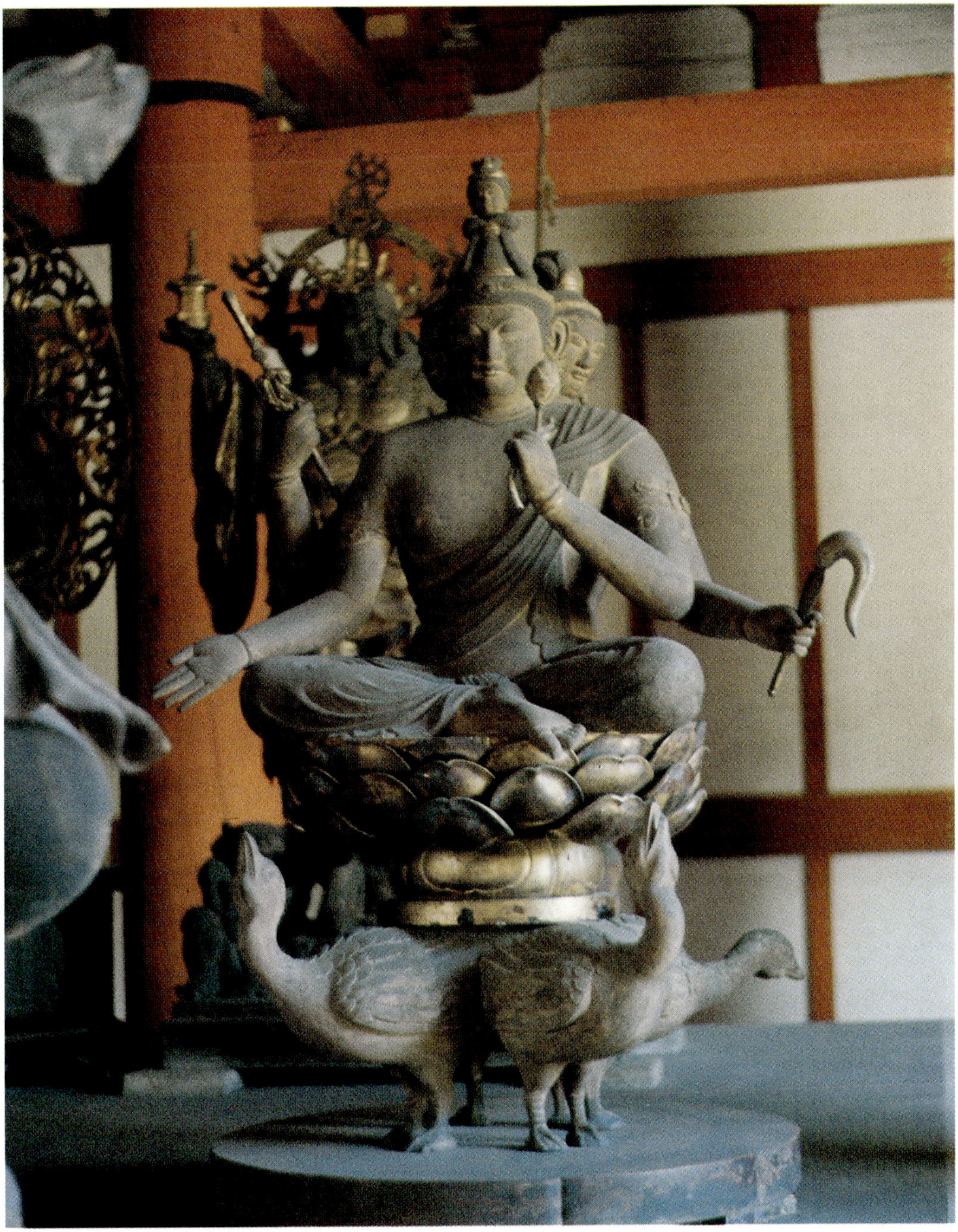

Bon-ten, bois coloré, Japon, Nara, Tô-ji, XVIIe siècle.

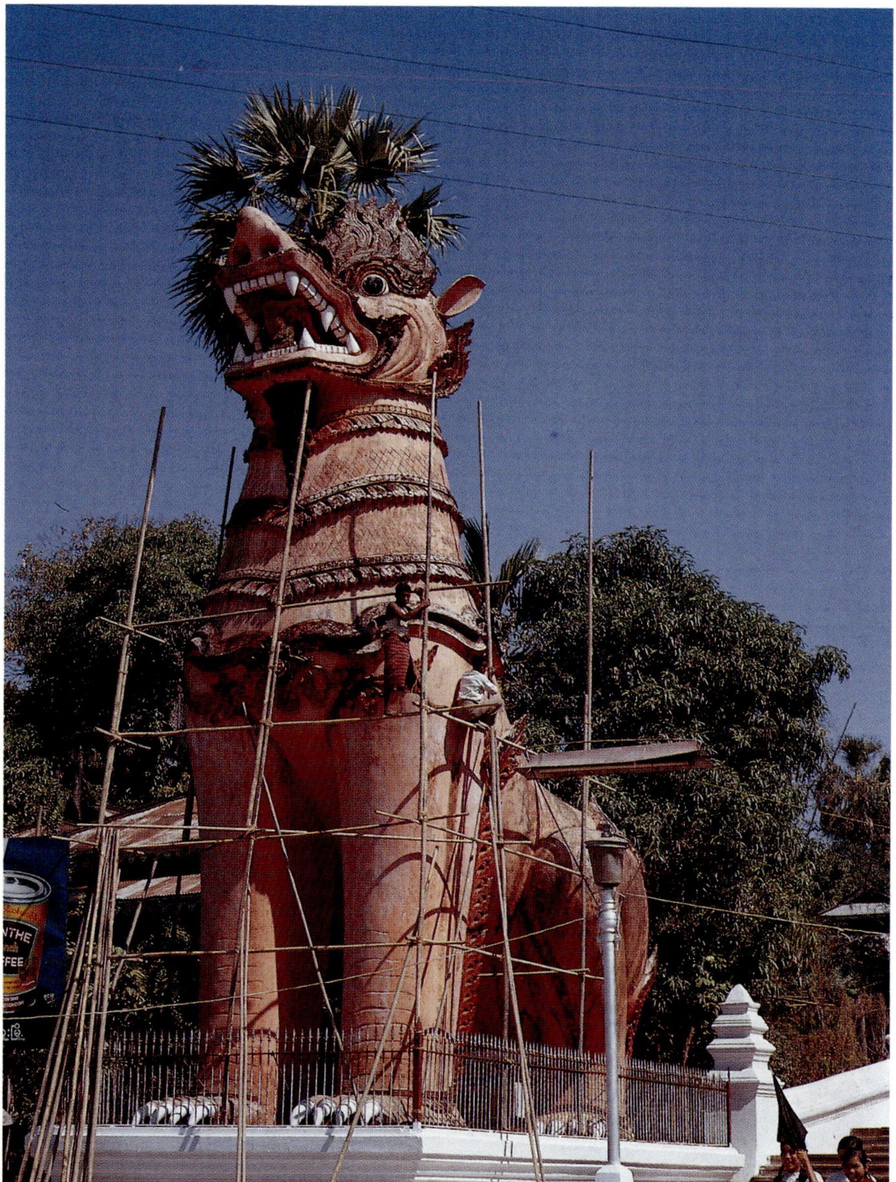

Chinthe, brique, Birmanie, Mingun, XIXe siècle.

de Kamakura, Japon ; au Hôryû-ji à Nara ; et aussi bas-relief en terre cuite datant du VIIe siècle au Minami-Hokke-ji (Nara, Japon).

55. Dans le *Hôrôkaku Mandara*, Shaka est assisté de Seishi Bosatsu (*cf.* note 48).
56. Dans la secte Kegon-shû, il est identique à Birushana Butsu, autre nom de Birushana Nyorai ou Dainichi Nyorai (voir chapitre traitant de ce dernier Grand Bouddha).
57. Ve siècle. L. Frédéric, *Dans les pas du Bouddha,* pl.46, p. 123.
58. Au centre d'une illustration du *Dai Hannya Kyô* (*Prajñâpâramitâ-sûtra*) entouré de Fugen Bosatsu, Kannon Bosatsu, de Shâriputra et des « protecteurs des sûtra », y compris Xuan Zang et les quatre Lokapâla. J. Troup, *op.cit.*, p.6, pl. II.
59. « Prédication de Shaka », sur sûtra calligraphié et illustré. J. Buhot, *Histoire des arts du Japon des origines à nos jours*, pl. 54, n° 253. P. : assis en I-zô, sur broderie du Kanshû-ji, époque de la fin d'Asuka (VIIe siècle). S. : assis en I-zô, sur plaque d'argile dorée, au Hôryû-ji ; assis en Padmâsana, sur pétale de lotus en bronze, gravé au Tôdai-ji (Nara).
60. J. Buhot, *op.cit.*, § 245, p. 179. Cette scène est souvent décrite sur les peintures chinoises, en particulier sur une peinture murale d'époque Wei du Nord (386-534) des grottes de Dunhuang (*Présence du bouddhisme,* pl. XIV, p. 351, et M.V. de Visser, « A Japanese Painting of the Death of the Buddha in the Museum of Asiatic Art, Amsterdam », *Artibus Asiae*, X, p. 43 *sq.*, Ascona, 1947). Voir aussi le « Bouddha dans le cercueil », peinture murale du Qyzil, du VIe siècle, au Museum für Volkerkunde, à Berlin. S. : sur bois au Kannon-ji de Kyôto ; en glaise dans la Gojunotô (pagode à cinq étages) du Hôryû-ji ; en bois doré (XIIIe siècle) au musée de Nara. P. : sur soie au Saikyô-ji à Nagasaki ; au Yata-dera de Kogawa ; au Koetsu-ji de Tokushima ; au Hemmyô-ji d'Okayama ; au Jissô-in d'Okayama ; au Jôkyô-ji et au Chôhô-in de Wakayama ; au Kongô-bu-ji du Kôyasan (daté de 1086) ; à l'Ishiyama-dera (époque de Kamakura) ; à l'Engaku-ji de Kamakura ; peint par Myôzen en 1323 (coll.Fujita) ; au Kenchô-ji de Kamakura (daté de 1697) ; au Gokuraku-ji de Kamakura (XIIIe siècle), etc.
61. *Taishô*, XII, 383. J. Buhot *op.cit.*, p. 180. P. : couleurs sur soie, au Chôhô-ji, Kyôto (XIe siècle).
62. F. Joüon des Longrais, *Est-Ouest*, p. 90.
63. B. Frank, *Mythologies*, p. 90.
64. J. Buhot, *Arts de la Chine*, Paris, 1951, p. 72 et pl. 54. Prabhûtaratna était un Bouddha qui vivait dans le monde de l'Est, Ratnavishuddha (de Pureté précieuse), qui avait fait le vœu d'apparaître après son Pârinirvâna partout où le *Sûtra du Lotus* serait expliqué.
65. *Cf.* bas-relief en bronze daté de 686, au Hase-dera, à Nara (J. Buhot, *Histoire des Arts du Japon…*, § 87, p. 91).
66. Sanctuaires portatifs, au musée Guimet, Paris.
67. Ofuda du Gochikokubun-ji d'Echigo (Japon).
68. M.V. de Visser, *op.cit.*, I, p. 247.
69. *Hoke-kyô Mandara* ; *Bodaijô Mandara* ; *Shôgyô Mandara* ; *Hôrôkaku Mandara* ; *Kusha Mandara* ; *Nehangyô Mandara*, etc. P. : au Hase-dera, Nara.
70. Il est parfois appelé Kongô Zaô Gongen, notamment au Kimbusan-ji.
71. Une forme statique exceptionnelle, en bois, debout sur un rocher, se trouve au Sanbutsu-ji de Tottori, au Japon (XIIIe siècle).
72. Et pour cette dernière raison, il est parfois confondu avec Dakini-ten.
73. Ce culte aurait été créé dans le temple du Yakuô-in, lequel fut détruit en 1673 (*Shin Bukkyô Jiten*, p. 520, art. « Yakuô-in »).
74. *Hotoke-sama no Kosei Shirabe*, p. 141, et *Nihon no Hotoke-sama*, p. 124 *sq.*
75. Ces deux disciples forment la paire des meilleurs disciples (Agrashrâvakayuga). A. Bareau, *Présence du bouddhisme*, « France-Asie », p. 351 *sq.*
76. Dans la liste que nous donnons ici, l'ordre n'est pas défini : il varie en effet dans une assez large mesure selon Oda, *Bukkyô Daijiten*, p. 922 ; Sawa Ryûken, *Butsu zo-zu-ten*, p.180-181 ; selon le *Daming sanzang fashu* (jap. *Dainin sanzô hossû*), texte chinois daté de 1151 ; et aussi selon le *Butsuzô-zu-i*, IV, p.18. Cette liste est d'ailleurs loin d'être exhaustive. Les représentations les plus connues de ces dix grands disciples du Bouddha sont, au Japon : S. : au Daihôon-ji de Kyôto (secte Shingi Shingon), attribuées à Unkei (époque de Kamakura) ; en laque sèche colorée au Kôfuku-ji (Nara), h. : 1,47 m, datées de 734 et représentant Subodai debout sur un rocher, sandales aux pieds, ainsi que Ragora et Kasenen ; aux musées de Nara et de Kyôto ; au Kenchô-ji de Kamakura; au Gokuraku-ji de Kamakura.
77. Yamaguchi S., *History of Prajñâpâramitâsûtra Thought* (jap. *Hannya Shisô-shi*), Kyôto, Hôzôkan, 1951.
78. H. Oldenberg, *Vinayapitaka*, Londres, 1879, 1885, 5 vol.
79. A. Bareau, « Les disciples », *Présence du bouddhisme* ,p. 351 *sq.*
80. Ils auraient renoncé à l'état de Bouddha afin d'aider les êtres à suivre la voie de la Perfection. Selon A. Getty (*op.cit.*, p. 174), « Gautama Bouddha, avant de faire le grand vœu de Bodhisattva, fut, dans l'une de ses

incarnations, Sumedha » (*cf. Sumedha Jâtaka*). Selon A. Bareau, toute la tradition bouddhique admet depuis l'Antiquité que le futur Bouddha ne devint un Bodhisattva que le jour où il rencontra le Bouddha antérieur Dîpankara et devint son disciple, alors qu'il était un ascète portant le nom de Sumedha (il y a quelques variantes). Le *Jâtaka* de Sumedha est donc le premier par ordre chronologique, tous les autres se référant à des existences postérieures à celles de Sumedha. Cependant, ce dernier ne fut jamais un Arahant, sans quoi il aurait pû renaître puisqu'un Arahant est, par définition, un saint bouddhique qui a atteint, comme un Bouddha, le terme de ses existences. Le fait que, selon la légende, Sumedha renaquit ensuite des centaines de fois comme Bodhisattva prouve qu'il n'était pas un Arahant. Voir, à ce sujet, les articles sur Sumedha dans les dictionnaires de Malasekhara et le *Bukkyô Daijiten*.

81. Chavannes et S. Levi, « Les seize Arahant protecteurs de la Loi », *Journal asiatique*, Paris, sept-oct. 1916.
82. M.V. de Visser, « The Arhats in China and Japan », *Ostasiatische Zeitschrift*, 1919, x, p. 62.
83. Les enfants japonais ont un jeu appelé *rakan-san* dans lequel, assis en groupe, ils essaient d'imiter les gestes que fait l'un d'entre eux en chantant : « *Rakan-san ga sorottara mawaso-ja naika, Yoi ya sa, Yoi ya sa...* » (« Si tous les Rakan sont là, on va jouer en tournant, Yoi ya sa, Yoi ya sa.... »), jeu qui est un peu l'équivalent de notre « Jacques a dit... ».
84. M.V. de Visser, « Arhats in China and Japan », *op.cit.*, VII, Maspero, BEFEO, 1916, p. 73, 74.
85. Coutume racontée par un religieux du Daitoku-ji à l'auteur en octobre 1965. Ce religieux ajouta qu'il pensait que les gens confondaient alors probablement les cinq cents Rakan (Gohyaku Rakan) avec les mille Jizô (Sentai Jizô). Voir également Yamaguchi, *We Japanese*, Hakone, 1950, p. 129.
86. M. V. de Visser, « Arhats in China and Japan », *op.cit.*, vol. VII, 1918.
87. Trad. anglaise par H. Kern., Londres 1909, *SBE*, XXI. Publié par N. Dutt (BI n° 276), Calcutta, 1952.
88. Concernant certaines de ces croyances, *cf.* Mock Joya, *Things Japanese*, Tôkyô, 1964, p. 665, 607, 749.
89. H. Kern, *Histoire du bouddhisme dans l'Inde* , I, p. 152.
90. M. V. de Visser, *op.cit.*, note 93.
91. Dans certains cas son effigie est placée dans le réfectoire des monastères, comme au Jikidô (Shakudô) du Tôdai-ji à Nara, et au Hieizan. Ce rôle de médecin protecteur du Samgha vient peut être d'une confusion avec Jîvaka (*cf.* note 105).
92. Sawa Ryûken, *Butsuzô-zu-ten*, p. 177-178.
93. Il est mentionné, ainsi que Vajraputra, dans le *Samyuktâgama-sûtra* (jap. *Zô Agongyô*).
94. *Ibid.*
95. Selon une légende, Jîvaka aurait été, lui aussi, l'auteur de cures chirurgicales par trépanation et laparatomie (*Inde Classique*, II, § 1675).
96. Son histoire, ainsi que celle de son frère, est racontée dans le *Mûlasarvâstivâda Nikâya Vinaya.*
97. Publié par V. Trencker, RAS, Londres, 1928. H. Kern, *Manual of Buddhism* , *op.cit.*, p. 9 ; P. Demiéville, *Les Versions chinoises du Milindapañha*, BEFEO, XXIV, 1903.
98. A Bareau, *Présence du bouddhisme*, p. 360. Ces Jûroku Rakan sont aussi décrits dans le *Taishô Daizô-kyô*, *op.cit.*, 49-12. S. : en bois, au Rakan-ji (secte Sôtô) à Wakayama, datés de 1766 ; effigie des seize Rakan au second étage de la Sanmon du Daitoku-ji à Kyôto (XVIIe siècle).
99. *Cf.* note 96.
100. *Cf. Journal asiatique*, 1916, p. 283, 287 *sq.*
101. Watters, *Journal RAS*, 1898, p. 346 *sq.*
102. Werner, *op.cit.*, p. 276 *sq.*
103. Takakusu Junjirô, *The Essentials of Buddhist Philosophy*, Honolulu, 1949.
104. Cette cérémonie de « l'ouverture des yeux », appelée Kaigen Kuyô en japonais, se fait chaque fois qu'une statue de divinité est achevée et consacre celle-ci en lui conférant la vie. La plus importante des cérémonies de Kaigen Kuyô eut lieu en 749 lors de la consécration de la grande statue de bronze du Daibutsu du Tôdai-ji à Nara.
105. *Inde clasique*, II, § 2332.
106. W. Rahula, *L'Enseignement du Bouddha*, Paris, 1961, p. 38.
107. Sman-bla (Manla) au Tibet et Yaoshi-fo en Chine.
108. *L'Amritahridayâstângaguhyopadeshatântra* (72-786) ou « Livre d'enseignement des secrets médicaux, essence de l'ambroisie », *Inde classique*, II, § 1665.
109. Images de Bhaishajyaguru en Inde et dans l'Asie du Sud-Est : dans l'empire khmer, la chapelle centrale des «hôpitaux» de Jayavarman VII contenait l'image d'une trinité bouddhique composée du Bouddha « Maître des remèdes à l'éclat de béryl » et de deux Bodhisattva nommés « Éclat solaire » et « Éclat lunaire », qui, dit une inscription, « tous deux écartent des créatures les ténèbres des maladies » (G. Coedès, « L'assistance médicale au Cambodge au XIIe siècle », *Présence du bouddhisme*, p. 495.
Le paragraphe XVI de la stèle de Say Fong de Jayavarman VII dit : « Il érigea le Sugata Bhaishajya avec un hôpital

à l'entour et les deux fils du Jina (ici Sûryaprabha et Chandraprabha) pour le soulagement perpétuel des maladies de ses sujets ». Les paragraphes suivants ajoutent (XVII) : « Il établit ici cet hôpital avec un temple de Sugata et un Sugata Bhaishajya par le cœur, lune de son corps, ciel. » (XVIII) : « Il érigea de même ici ces deux guérisseurs des malades, les vénérables Sûrya et Chandravairochana, fils de Jina » (trad. G. Coedès).

110. *Cf.* Grottes de Yüngang en Chine. Mission Chavannes, R. Grousset, *Les Civilisations de l'Orient*, III, p. 171 entre autres. Grottes de Dunhuang en Chine, *in* R. Grousset *op.cit.*, p. 319. Voir également Sir Aurel Stein, *Serindia*, II et IV, et R. Petrucci, p. 1409, 1410.

111. Ou encore Dai-i-ô Butsu, le Grand Bouddha roi des médecins (Tajima R., *op.cit.*, p. 314).

112. Ofuda du Gochi Kokubun-ji, Echigo, Japon (document aimablement communiqué par M. Bernard Frank).

113. Tajima R., *op.cit.*, p. 320. Yakushi est également compté parmi les treize Bouddha de la secte Shingon (A. Getty, *op.cit.*, pl. XVII).

114. B. Frank, *Mythologies*, p. 158.

115. Ces douze vœux sont (d'après Tajima R., *op.cit.*, p. 316,317) : 1. Éclairer le monde par la lumière émise par son corps et ceux des autres ; 2. Faire son corps ainsi que celui des autres purs comme le béryl (Vaidûrya) ; 3. Donner aux êtres vivants tout ce qu'ils peuvent désirer ; 4. Faire entrer les vivants dans la voie du salut ; 5. Faire suivre par les vivants les préceptes et commandements divins ; 6. Faire guérir tous ceux qui sont infirmes ; 7. Guérir les maladies des êtres vivants et leur procurer des médicaments ; 8. Aider ceux qui sont nés femmes à renaître dans un corps d'homme ; 9. Débarrasser les êtres vivants des opinions hérétiques et les remettre dans la voie de la Vérité ; 10. Sauver les êtres vivants de tous les malheurs et de toutes les difficultés ; 11. Sauver ceux qui souffrent de la faim et de la soif ; 12. Donner de beaux vêtements et des parures à ceux qui n'ont rien à se mettre. (*Cf.* également M.V. de Visser, *Ancient Buddhism in Japan*, II, p. 534).

116. Résidant à l'est, il est également assimilé au soleil levant, tandis qu'Amida, à l'ouest, est assimilé au soleil couchant, Dainichi Nyorai représentant le soleil à son zénith, dans toute sa force.

117. Ou de lapis-lazuli, bleu intense, ainsi qu'on la considérait autrefois. On la nomme aussi Setsudo.

118. *Nihongi*, XXIX, p. 541, et Aston, *op.cit.*, II, p.376 ; Kuno Takeshi et Inoue Takeshi, « Study of the Yakushi Triad in the Kondô, Yakushi-ji », *Acta Asiatica*, I, Tôkyô Tôhô Gakkai, 1960.

119. Dengyô Daishi (Saichô) avait placé dans le sanctuaire principal de l'Enryaku-ji (Hiei-zan) une statue de Yakushi Nyorai, dès son retour de Chine en 805 (B. Frank, *Mythologies*, p. 159). Par ailleurs l'*Inabadô Engi-emaki* raconte comment Tachibana no Yukihira, gouverneur de l'Inaba, avait fait repêcher une statue de Yakushi qui avait été jetée à l'eau et fait construire pour elle un temple à Kyôto (J. Buhot, *op.cit.*, § 346, p. 233, et notice *in* Okudaira, *Emaki*, coll. « Zoku Nihon Emakimono Shusei-i »). Cet Inabadô Yakushi se trouve dans le temple de Byôdô-ji (de l'égalité) du Hondô du Gion (Jetavana) de l'époque de l'empereur Seiwa. Il était placé sur un Goban ou damier de jeu de go (*Butsuzô-zu-i* ,IV). *Cf.* également étude dans *Kokka*, n° 563, et Okudaira, *Museum*, II. Selon M.V. de Visser (*op.cit.*, II, p. 547), Saichô aurait établi en 788 dans le Chûdô une image de Yakushi de taille humaine. En 803, il aurait fait réaliser quatre images de Yakushi Nyorai de plus de 6 shaku (1,80 m) de hauteur, qu'il aurait appelées Mushôjodo Zenmyôshô Kichijô-ô Nyorai (*cf.* note 134) et qu'il aurait placées dans le Kamodô du Yama-dera à Dazaifu (Kyûshû) afin d'obtenir la faveur d'un bon voyage en Chine (M.V. de Visser, *op.cit.*, II, p. 548). On réalisait autrefois couramment des statues de Yakushi Nyorai lors des cérémonies faites pour obtenir des guérisons, ainsi que des copies du *Yakushi-kyô* (M.V. de Visser, *op.cit.*, II, p. 559), ou pour obtenir un voyage heureux (M.V. de Visser, *op.cit.*, p. 564). On demandait également à Yakushi d'exaucer tous les vœux, même parfois les plus frivoles. On voit, au début du *Sarashina-nikki* (1059-1060), la fille de Sugawara no Takasue qui avait fait faire une statue de Yakushi de même taille qu'elle (Yakushibotoke) pour la prier en cachette en disant : « Faites-moi aller à la ville-capitale (Heian-kyô) car là-bas je peux trouver beaucoup de romans (à lire). Faites que je puisse tous les lire... » (*Sarashina Nikki*, Iwanami Shoten, Iwanami Bunko, Tôkyô, 1966, n° 643, p. 7, et A. Shepley Omori, *Diaries of Court Ladies of Old Japan*, Tôkyô, 1963, p. 3).

120. Dans ce culte on utilisait un drapeau de cinq couleurs appelé *Zoku Myôban* (var. *Zokumyô Shinban*). *Daijiten*, p. 1096, et M.V. de Visser, *op.cit.*, I, p. 300. La cérémonie de repentance (Keka) fut, à partir de 843, remplacée par une autre appelée Yakushi Hô (*Himitsu Jirin*, p. 107, et M.V. de Visser, *op.cit.*, I, p. 306). En 994, elle fut rétablie au Shakuzen-ji (secte Hossô). *Cf.* *Bukkyô Daijiten*, « Hôkô-in », p. 4109, et M.V. de Visser, *op.cit.*, I, p. 246, 247. Dans ce même temple fut établie une statue de Vairochana (Dainichi Nyorai) de taille Jôroku, avec pour acolytes Shaka et Yakushi, ce dernier représentant la puissance de guérison du soleil.

121. M.V. de Visser, *Ancient Buddhism in Japan*, I, p. 299.

122. Pour obtenir la guérison de Fujiwara no Fubito en 720, par exemple (*Nihongi*, VIII, p. 123, cité par M.V. de Visser, *op.cit.*, I, p. 295) et, en 1015, pour la guérison de l'empereur Sanjô (M.V. de Visser, *op.cit.*, I, p. 306).

123. Selon M.V. de Visser, *The Dragon in China and Japan* (Amsterdam, 1930, p. 33), Yakushi était censé avoir le pouvoir de faire cesser la pluie s'il était invoqué en récitant la *Bhaishajyagurudhâranî*. Le *Taiheiki* (VIII, p. 215 de la trad. de H. MacCullough relate comment Kôgon fit faire un rite spécial à Yakushi par le moine Jiyû de l'Uratsu-ji afin d'obtenir la victoire contre les armées de l'empereur Go-Daigo...

124. M.V. de Visser, *op.cit.*, I, p. 401. Dans les campagnes on fête Yakushi le 8e jour du 6e mois (vers le 14 juillet). *Cf.* à ce sujet F.Joüon des Longrais, *Est-Ouest*, p. 73.
125. Notamment le *Yaoshi Rulai Niansong Yigui* (jap. *Yakushi Nyorai Nenju Giki*), *Taishô*, 925, et le *Yaoshi Liuli guang Wang Cifo ben yuan gong de Jing nian Song Yigui gongyang fa* (*Taishô*, 926 ; Tajima R., *op.cit.*, p. 320).
126. *Taishôzô*, XIX, 29. Ils sont aussi appelés « les Sept Bouddha guérisseurs » (Shichi Butsu Yakushi) depuis Dengyô Daishi (805). *Bukkyô Daijiten*, Tôkyô, 1919.
127. Parfois représenté en peinture avec un chintâmani en main gauche (ou un triple chintâmani) à la place du pot à médecine (Sawa Ryûken, *Butsuzô- zu-ten*, p. 31, fig. 10).
128. En Chine sur une niche et représentant Bhaishajyaguru, daté de 527, dans la Grotte nº 13 de Long men, entre autres.
129. Ou sans chintâmani sur l'arche au-dessus de la tête de Bhaishajyaguru dans des grottes de Yüngang en Chine (période Wei) : R. Grousset, *Civilisations de l'Orient, Chine*, p. 171, fig. 133.
130. Ces busshin ou émanations sont, d'après le texte traduit par Yijing (cité par Tajima R., op.cit., p. 321 ; par Sawa Ryûken, *Butsuzô-zu-ten*, p. 30, et par Oda, *Bukkyô Daijiten*, p. 740 *sq.*) : 1. Zen Myôshô Kichijô-ô Nyorai, Nom vertueux et roi de félicité ; 2. Hôgetsu Chigen Kô-on Jizai-ô Nyorai, Lune précieuse, Majesté de sagesse, Son lumineux et roi indépendant ; 3. Konjiki Hôkô Myôkô Jôju Nyorai ; 4. Muyû Saishô Kichijiô Nyorai ; 5. Hôkairaion Nyorai ; 6. Hôkaishô Sui Yûgi Jintsû Nyorai ; 7. Yakushi Rurikô Nyorai. Ils sont considérés, pris ensemble, comme la divinité principale (Honzon) de l'Enyû-ji (Yamashiro) et furent installés dans ce temple en 983.
131. D'après O. Sirén, Bhaishajyaguru tient (souvent) à la main un petit accessoire « pharmaceutique » ou un bol couvert ; l'autre main repose sur son genou où elle tient le « fruit d'or » (mirobolam). E. Dale Saunders, *Mudrâ*, p. 144. Cependant, il nous semble que cela ne peut être, Bhaishajyaguru portant toujours (au Japon) le pot (couvert ou non) dans la main gauche, l'autre étant toujours (tout du moins à notre connaissance) en absence de crainte (sauf exceptions citées dans le texte et ci-dessous). Par ailleurs l'« accessoire pharmaceutique » est presque invariablement au Japon un pot à onguent. Ailleurs, il peut être remplacé par une branche de saule. Cependant, sur certaines peintures (comme celle entourée des Jûni Shinshô au Kôyasan, Wakayama), cette position se trouve inversée, et Yakushi tient dans la main droite une grappe de raisins, alors que sa main gauche est en Abhaya-mudrâ. Cette position est très rare et on peut la considérer comme exceptionnelle. Elle est décrite comme étant une Ratnamudrâ dans l'*Unkadayagiki* (chin. Hongjia Toyeyigui, *Taishô*, 1251) cité par Tajima R., *op.cit.*, p. 318. Au Tibet, le pot à médecine est souvent remplacé par un fruit de mirobolam (ou « fruit d'or »), selon P. Pelliot, *Bhaishajyaguru*, BEFEO, III, nº1, 1903, p. 34.
132. *Taishô*, XIX, p. 29, et Tajima R., *op.cit.*, p. 317.
133. À la fin de l'époque des Fujiwara, dans l'école Kose du Yamato-e (XIIe siècle), dans le *Yakushi Mandara*, Yakushi se trouve assis sur un trône avec un pot à onguent dans la main gauche. Douze de ses manifestations (ses Kebutsu ou Busshin) sont représentées sur son auréole (*kôhai*) avec Nikkô et Gakkô Bosatsu tenant le soleil et la lune sur des tiges de lotus. Les Jûni-Shinshô sont disposés autour (*Kokka*, nº 32, I, coll. Matsui). Dans les peintures chinoises, Bhaishajyaguru est parfois assis sur un éléphant avec un bâton de pèlerin (*khakkhara*) dans la main droite et le pot à onguent dans la main gauche. Il est accompagné de Chandraprabha sur une oie et de Sûryaprabha sur un cheval (*Himitsu Jirin*, p. 1063). En Asie centrale, il est représenté avec Sûryaprabha, Chandraprabha et les douze guerriers. S. : en bronze au Kondô du Hôryû-ji, daté de 607 ; au Shin Yakushi-ji (Nara) : il est debout sur un lotus et tient un pot dans sa main en Varada-mudrâ (cette main est pendante, et il est possible que le pot ait été ajouté tardivement sur une image qui n'en possédait pas et qui n'était peut-être pas, à l'origine, destinée à représenter Yakushi), époque Hakuhô, h. : 0,72 m. En bois, comme Honzon du Shin Yakushi-ji, assis, un pot dans la main gauche, six de ses Busshin sur son auréole et le septième représenté au sommet de celle-ci sous la forme d'un chintâmani (jap. *hôshu*). Époque Tempyô. En laque sèche, au Kôzan-ji (Yamashiro), assis en Padmâsana, avec Nikkô (ou Gakkô) assis en Mahârâjalîlâsana. En bronze, comme Honzon du Yakushi-ji, avec Nikkô et Gakkô et six de ses Busshin sur son auréole. En pierre, accompagné des Jûni Shinshô, au Yogawamiya de l'Enryaku-ji du mont Hiei. En bois, debout, au Gangô-ji de Nara ; au Tôdai-ji ; dans le Kondô du Jingo-ji de Kyôto (il porte le pot sur sa main gauche à hauteur de l'épaule ; h. 1,70 m) ; au Tôshôdai-ji (h. :2,07 m). Assis à l'Empuku-ji de Niigata ; dans le Hôjôbô de Kanagawa ; au Jôruri-ji de Nara ; au Rokuharamitsu-ji de Kyôto. Tête en bronze, haute de 1,07 m., au Kôfuku-ji de Nara, peut-être d'un Yakushi Nyorai, était autrefois le Honzon du Kôdô du Yama-dera incendié en 1411, date présumée : entre 678 et 685.
134. Tajima R., *op.cit.*, p. 319.
135. Le Yakushi Nyorai du Hôkai-ji (Yamashiro) tient le pot dans ses mains en Dhyâna-mudrâ (Hôkaijô-in) : doigts réunis, pouces se touchant. Il est assis. Cette position particulière se rencontre aussi sur quelques mandala (*Kokka*, nº 32, I, époque fin Fujiwara) et le Yakushi Nyorai du Kakuon-ji de Kamakura.
136. *Taishô-zu-zô*, IV, V, VIII et IX.
137. Tajima R., *op.cit.*, p. 320, 321.

138. Tajima R., *op.cit.*, p. 230, et A. Getty, *op.cit.*, pl. XVII.
139. En 857, les deux Kami Ôaraiisaki et Sakatsura-isosaki, de la province de Hitachi, furent considérés comme des incarnations (*Gongen*) de Nikkô et de Gakkô (*Dai Nihon Chimeijisho*, III, p. 3674 et 3703 ; *Nihon Montoku Tennô Jitsuroku*, IX, p. 560 ; et M.V. de Visser, *Ancient Buddhism*, II, p. 567).
140. Surtout sur les peintures chinoises et les mandala (*Himitsu Jirin*, p. 1063).
141. Dans le *Yakushi-kyô*.
142. Un édit de Jayavarman VII du Cambodge (stèle de Say Fong, § XIV) dit : « Par des guerriers – les médecins – versés dans la science des armes – les remèdes –, il détruisait les ennemis qui infestaient le royaume – les maladies – au moyen de ces armes, les remèdes. » (trad. G. Coedès.)
143. Le *Bhaishajyaguruvaidûryaprabhâsa pûrvanidhânavishesvistara* et le *Saptatathâgatapûrvanidhânavishesavis-tara*.
144. Le *Yaoshiliuliguang Wang Cifo ben Yuan gong te Nian song yigui* (jap. *Yakushi Rurikô-ô Kebutsu Hongan Kudoku-kyô Nenzu Giki*), *Taishô*, 925.
145. *Son-yô shô* et *Kakuzen-shô* (Tajima R., *op.cit.*, p. 322).
146. Appelé aussi Kompira dans une autre version (Oda, *Daiji-ten*, p. 503).
147. Cette liste est comparée par M.V. de Visser (*op.cit.*, II, p. 554) avec celle des personnages qui, pense-t-il, sont groupés autour du Bouddha Shâkyamuni dans une grotte d'Ellorâ en Inde : Mañjushrî, Avalokiteshvara, Maitreya, Âkâshagarbha, Samantabhadra, Vajrapâni, Sarvanîvarana-vishkambhin et Kshitigarbha, tous acolytes d'Amida dans son Raigô (descente), sauf toutefois le Hôdange de la première liste selon le *Himitsu Jirin*, p. 1038, et le *Daijiten*, p. 1709.
148. *Butsuzô-zu-i*, II, 9a, et M.V. de Visser, *The Bodhisattva Ti Ts'ang (Jizô) in Ancient Buddhism in China and Japan*, p. 122 ; *cf.* également, du même auteur, *Dragon in China and Japan*, intr. § 4, p. 33, et de Groot, *Le Code du Mahâyâna en Chine*, VIII, p. 57.
149. *Taishô* XIX, 603 ; XX, 660. Sawa Ryûken, *Butsuzô-zu-ten*, p. 93, fig. 67. Yaku-ô est représenté assis en Padmâsana tenant un lotus dans la main droite (*Butsuzô-zu*-i , IV, 8) ou bien debout sur des lotus avec des bannières à la main, lorsqu'ils sont tous deux (Yaku-ô et Yakujô) représentés comme acolytes d'Amida dans le Raigô (*Butsuzô-zu-i*, II, 9a). Ces deux Bosatsu sont parfois considérés comme étant deux des seize Dôji (acolytes enfants) de Benzai-ten (*Butsuzô-zu-i*), III, 10a, et M.V. de Visser, *Ancient Buddhism*, I, p. 20).
150. *Gigeiki*, « Geste de Yoshitsune », trad. par H. MacCullough, p. 47-49.
151. Mock Joya, *Things Japanese*, p. 268.
152. Sir Charles Eliot, *Hinduism and Buddhism*, III, p. 384.
153. Ou « Éclat infini » (*Inde Classique*, II, § 2331).
154. Ou « Longévité infinie ».
155. En japonais, *Kanro* (ambroisie), d'où le nom de Kanro-ô parfois donné à Amrita.
156. *Hôbôgirin*, I, 24. La naissance de son culte dans le sein du Grand Véhicule est encore obscure.
157. Le Jôdo correspond à Sukhâvatî, la « Terre heureuse », paradis dans lequel tous les mortels renaissent sans distinction de sexe (ou tous de sexe masculin), semblables aux dieux (*Inde classique*, II, § 2331). Ce paradis est décrit dans les deux *Sukhâvatîvyûha*, « Développement (ou Description détaillée) sur l'Heureuse » (*Inde classique*, II, § 2010, et sur M. Müller, « The larger Sukhâvatîvyûha and the smaller Sukhâvatîvyûha », *Mahâyâna Texts*, SBE, Londres, 1894, II, p. 1,85,89,107. Ce paradis de l'Ouest est appelé, particulièrement celui d'Amida Nyorai, Saihô Gokuraku Jôdo.
C'est aussi une «Terre de rétribution» ou Hôdô (Ôtani Chôjun, *Tannishô*, « France-Asie », août 1961, ch. II, p. 2299). Selon M.V. de Visser, *Ancient Buddhism*, p.322 et 323, le *Tenjukoku Mandara*, broderie du VIIe siècle (au Chûgû-ji, à Nara), serait une représentation de la Sukhâvatî.
158. H. de Lubac, *Amida*, Paris, 1955, p.145 ; A. Lloyd, *Creed of Half Japan*, p. 201 ; A. Getty, *op.cit.*, p. 41.
159. Tajima R., *op.cit.*, p. 75
160. P. Mus, *Bârâbudur*, BEFEO, intr., 1e partie.
161. Ce vœu en 48 points est cité dans le *Sukhâvatîvyûha-sûtra (*SBE, vol. 49, II, p. 11,12). Pour les adeptes du Jôdo Shinshû, c'est le 18e (alors que c'est le 19e qui est plus particulièrement prisé dans le Jôdo-shû) point de ce vœu qui est le plus important, celui où Amida déclare que lorsqu'il aura atteint l'état de Bouddha, tout être qui ferait appel à lui et désirerait renaître en Terre pure serait exaucé (ch. I du *Muryôju-kyô* ou *Sûtra de la Vie éternelle*). Anesaki M., « Vows », *Encyclopaedia of Religious and Ethics*, par Hastings, XII, p. 644,646.
162. Il semblerait que le premier temple consacré à Amida fut l'Amida Jô-in du Hokke-ji à Nara, en 761.
163. Ce Ryôbu-Shintô, commencé dès le VIIIe siècle, fut « codifié » au début du IXe par Kôbô Daishi.
164. H. Coates et Ishizuka R., *Hônen, The Bouddhist Saint*, Kyôto, 1925, XV, p. 290, 306.
165. M.V. de Visser, *op.cit.*, p. 228, 229. Hachiman était gardien tutélaire du Tôdai-ji depuis l'an 750.
166. *Hôbôgirin*, I, p. 27.
167. Minoru Ôoka et Ôsamu Mori, « History of Japanese Architecture and Gardens », *Pageant of Japanese Art*, Tôkyô, 1957, p. 19.

Quelques-uns des Bosatsu
du Raigô d'Amida
(*note 203*)

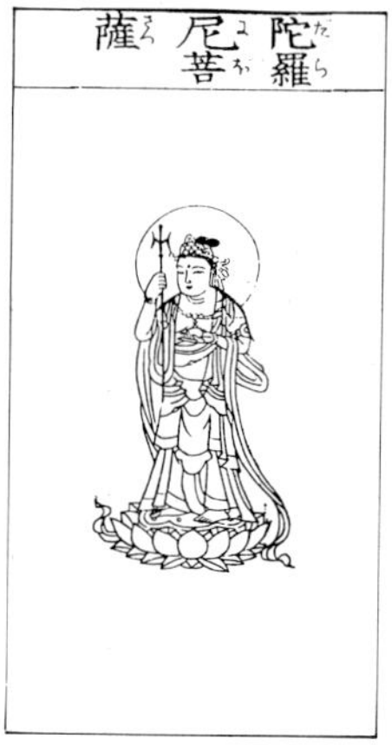

Darani Bosatsu

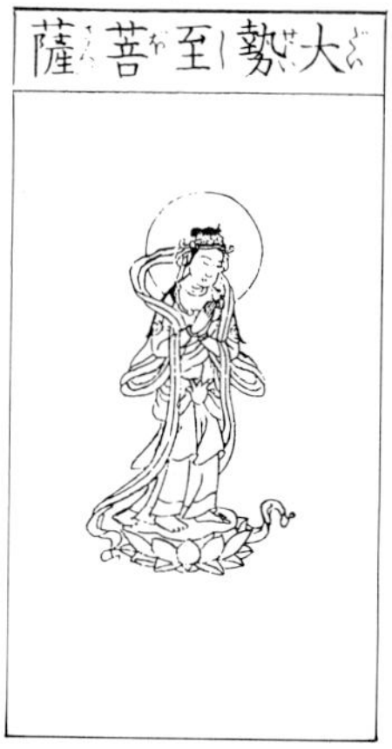

Daiseishi Bosatsu

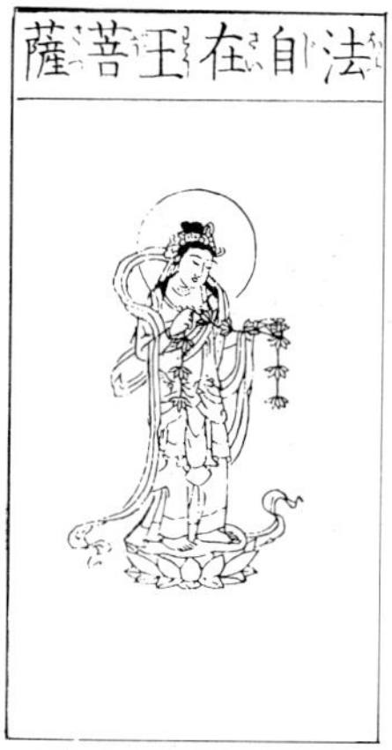

Hôjizai-ô Bosatsu

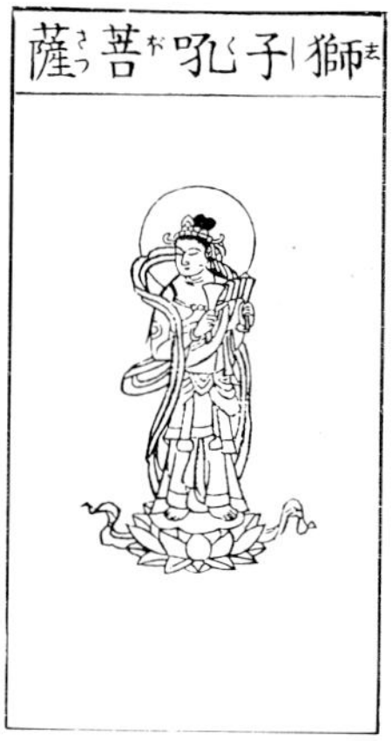

Shishiku Bosatsu

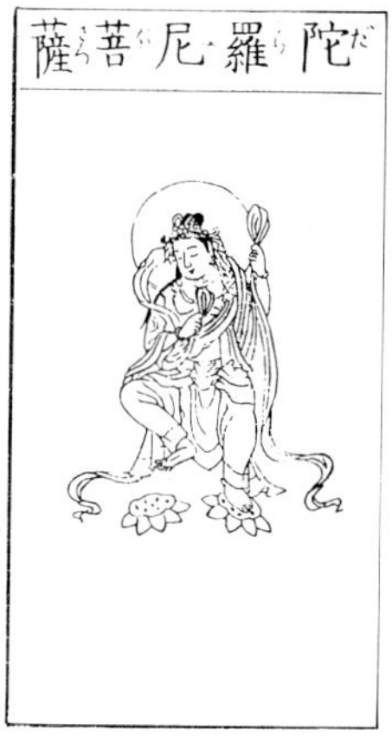

Darani Bosatsu

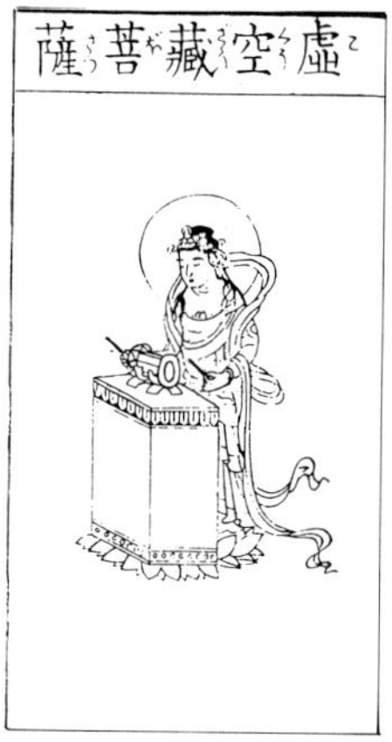

Kokûzô Bosatsu

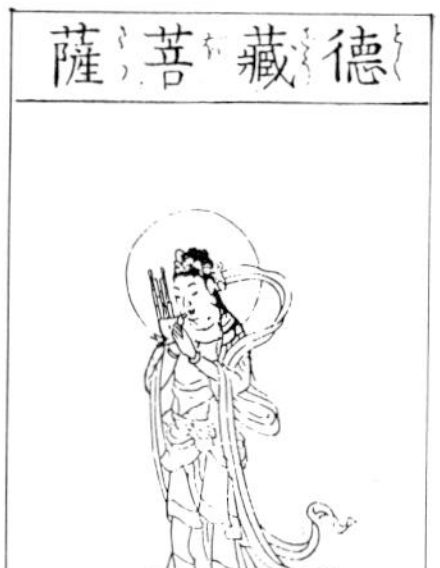

Tokûzô Bosatsu

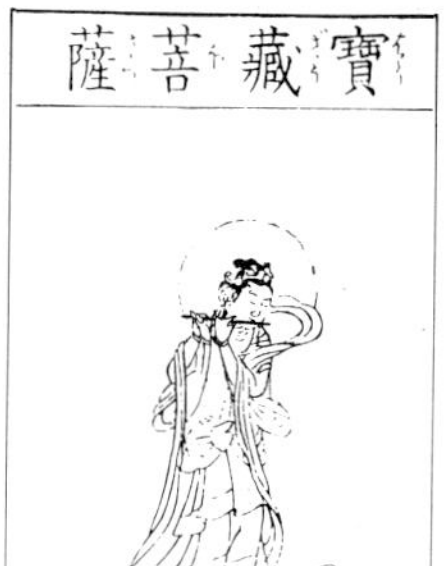

Hôzô Bosatsu

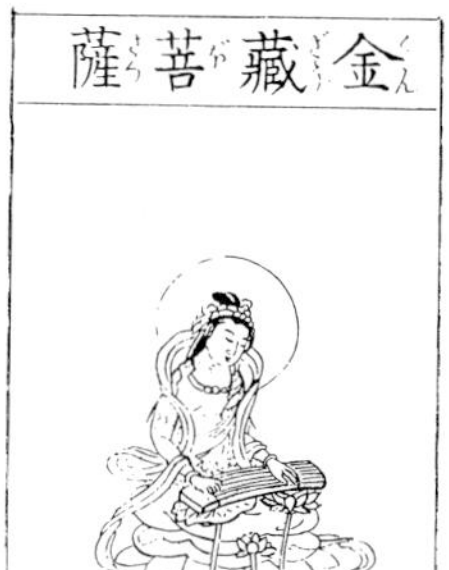

Konzô Bosatsu

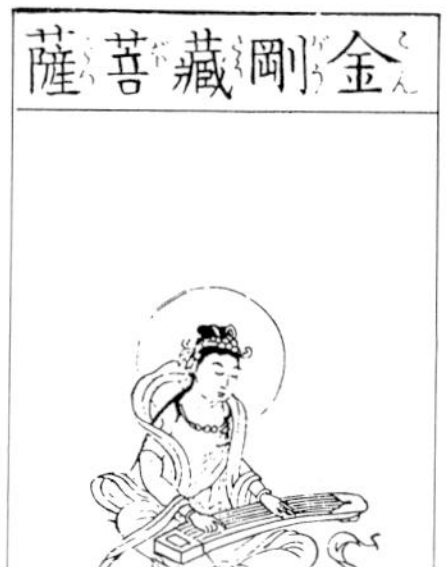

Kongôzô Bosatsu

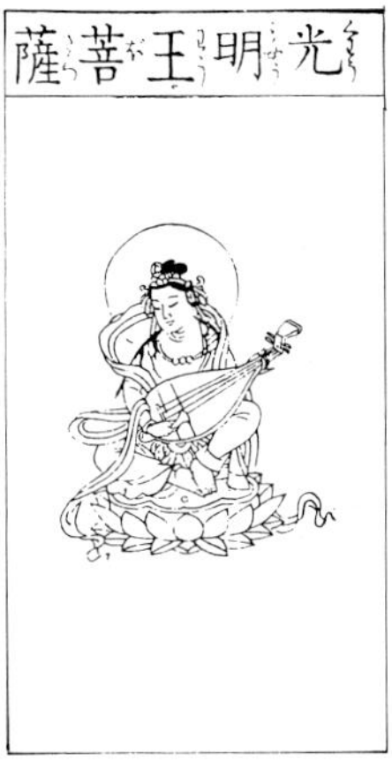

Kômyô-ô Bosatsu

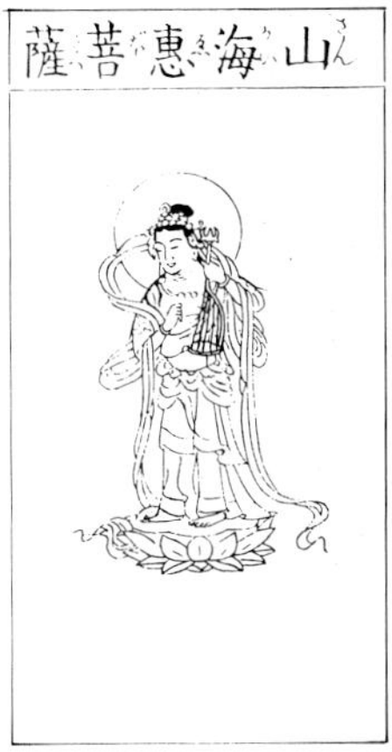

Sankai-e Bosatsu

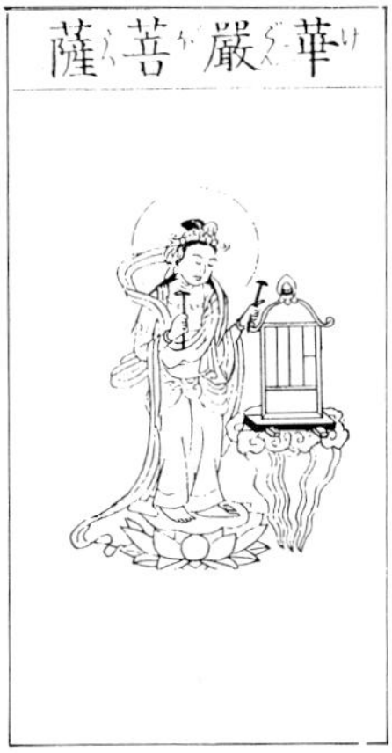

Kegon-ô Bosatsu

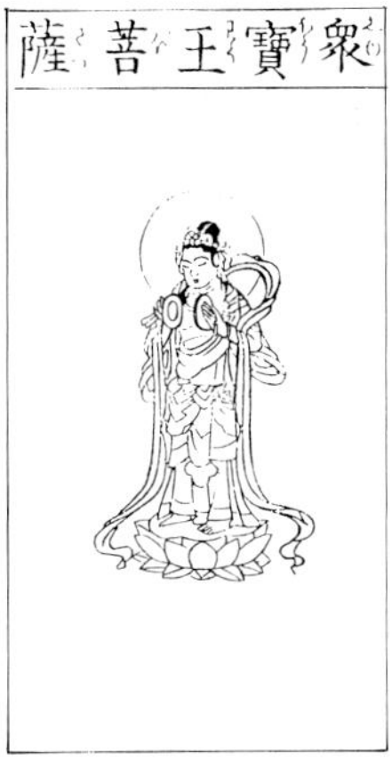

Shûhô-ô Bosatsu

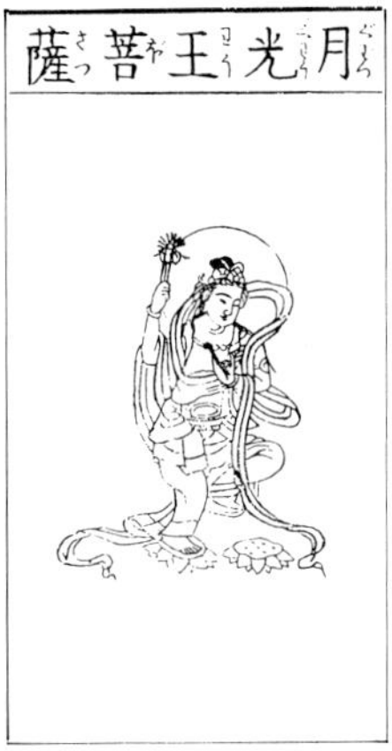

Gakkô-ô Bosatsu

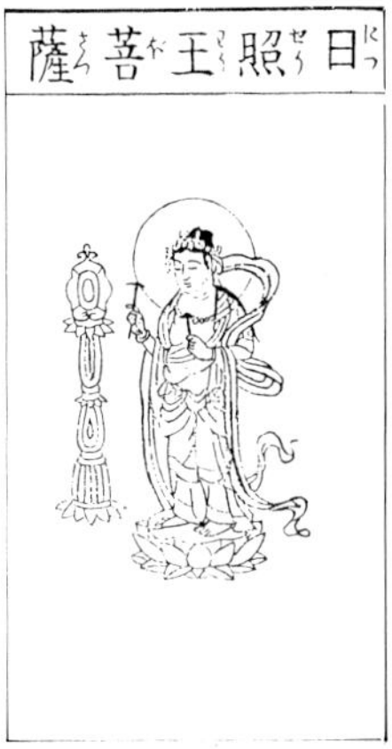

Nisshô-ô Bosatsu

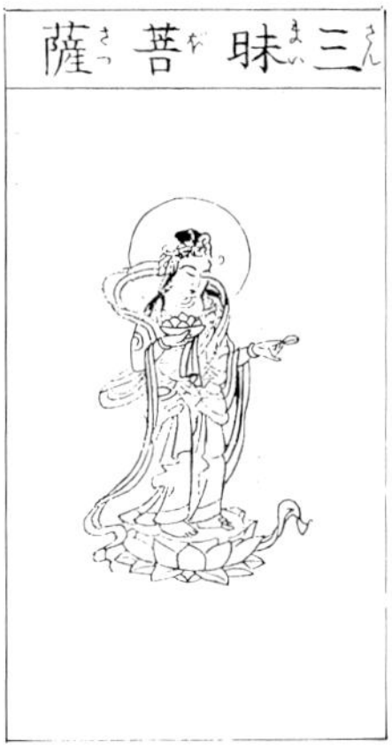

Sanmai-ô Bosatsu

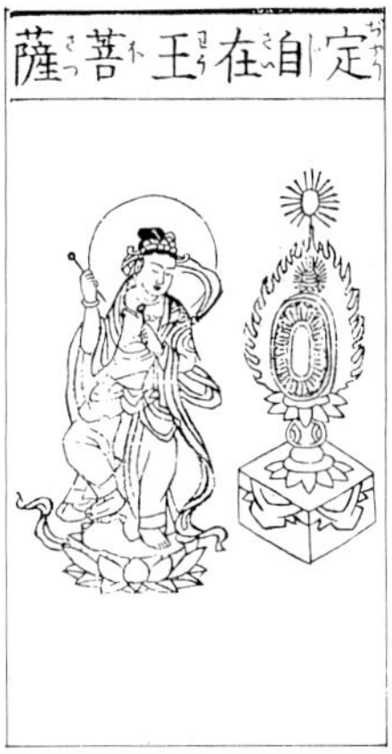

Jôjizai-ô Bosatsu

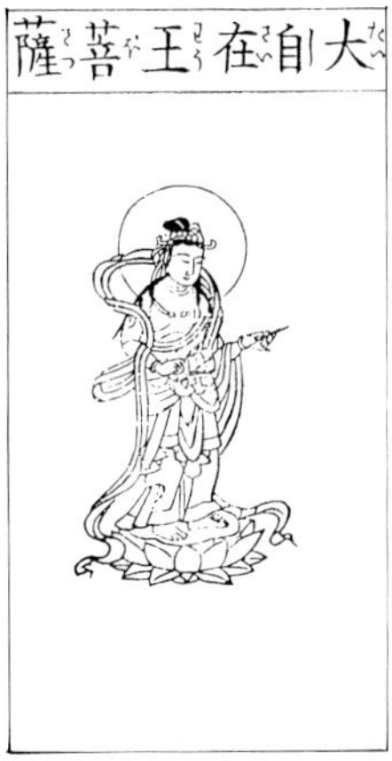

Daijizai Bosatsu

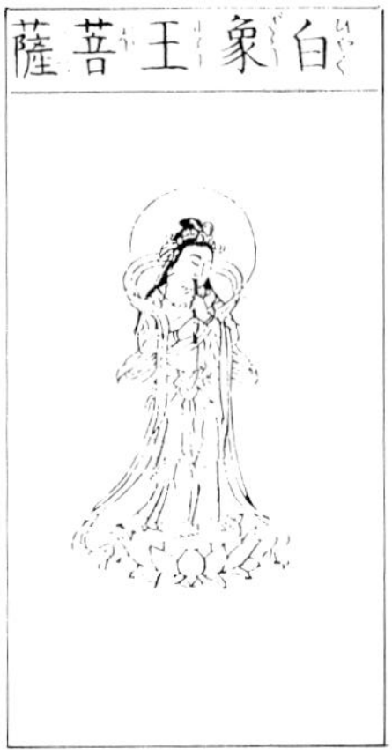

Yakuzô-ô Bosatsu

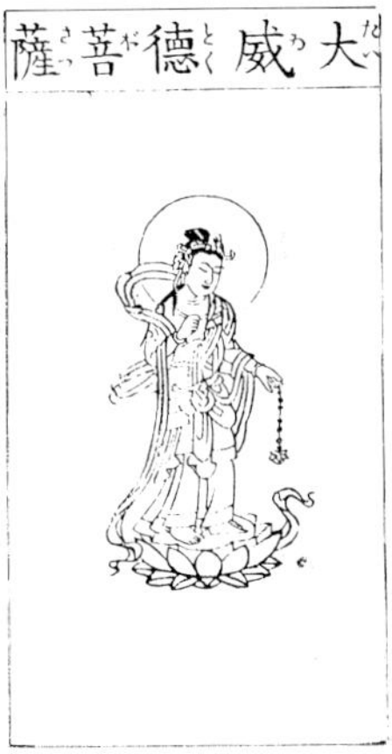

Daiitoku Bosatsu

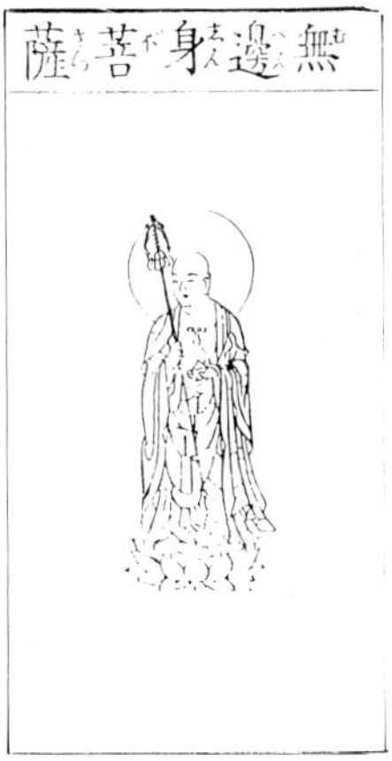

Muhenshin Bosatsu

168. Amida-dô du Hôkai-ji, Kyôto ; Amida-dô du Shiramizu à Fukushima, entre autres...
169. Ce *Nembutsu* (« Namu Amida Butsu », Nâma Amitabhâya Buddhâya) ou Buddhânusmriti, « méditation sur le nom du Bouddha », répété sans cesse, est analogue au *Japa* hindou et aux « litanies » chrétiennes.
170. Ainsi la salle des Neuf Amida (Ku-Amida-dô) du Jôruri-ji à Kyôto.
171. F. Joüon des Longrais, *op.cit.*, p. 73.
172. B. Frank, *Mythologies*, *op.cit.*, p. 159. Cette invocation fut aussi recommandée par Hônen. La formule était cependant connue depuis longtemps par les tenants des sectes Tendai et Shingon, mais semblait alors réservée à l'usage des religieux. Kûya et Hônen « démocratisèrent » son emploi.
173. Le *Taima Mandara Engi-emaki* de la période de Kamakura offre un bon exemple de la dévotion à Amida, ainsi d'ailleurs que le *Ippen Shônin E-den Emaki* (daté de 1299) et le *Hônen Shônin Emaki*.
174. Mock Joya, *op.cit.*, p. 185.
175. Une miniature indienne de date inconnue représente Amitâbha assis au-dessus d'Avalokiteshvara (A. Foucher, *Étude sur l'iconographie bouddhique de l'Inde*, I, p.76, 108, 196). À Sarnâth (Inde), un Amitâbha serait représenté assis sur un lotus au-dessus d'un Lokeshvara assis (L. Finot, *Lokeshvara en Indochine*, BEFEO). Amitâbha serait peut-être aussi représenté dans l'iconographie bouddhique du Gandhâra (sur les faces des stûpa), mais cela n'est pas attesté.

D'après A. Grünewald et A. Foucher (*L'Art gréco-bouddhique du Gandhâra*, II, p. 374), les images d'Amitâbha seraient plus tardives que celles d'Avalokiteshvara. M. Bénisti, dans son *Étude sur le stûpa dans l'Inde ancienne* (BEFEO, Paris, 1960, L, fasc. I, p. 84, 85), cite un panneau de Nâgârjunikonda (pl. XXIV) où un Bouddha est assis, les jambes croisées et serait Amitâbha (selon la *Nidhânakathâ* citée par P. Mus dans *Bârâbudur*, BEFEO, XXXIV, p. 185, et A. Foucher, *Une liste indienne des actes du Bouddha*, Paris, 1908, p. 12).

176. L. Frédéric, *Sud-Est asiatique*..., Paris, 1964, p. 162, pl. 172a. Bien que le *Hôbôgirin* (I, p. 25) dise : « Hors la civilisation chinoise, l'existence d'Amitâbha ne semble attestée par un simple autre (que dans la coiffure d'Avalokiteshvara) document épigraphique ou iconographique ».
177. Les antécédents indiens d'Amida ont été longtemps discutés. De nombreux auteurs (Sir Charles Eliot, *Hinduism and Buddhism*, II, p. 29 ; *L'Inde classique*, II, § 2331 ; P. Pelliot, *Traité manichéen*, p. 336 ; X, W. Willett,*Chinese Art*, Londres, 1958, p.346) lui assigneraient une origine iranienne, d'où la notion d'un paradis lumineux qui se serait superposée à la notion indienne du Brahmâloka.
178. A. Getty, *op.cit.*, p.39 et pl. XVIII c, d, XIX, b. *Cf.* également V.L. Jisl, J. Vaniš, *L'Art tibétain*, Prague, 1958, pl. 71 (à droite) et 40.
179. La forme Amitâyus ne possède pas de Shakti.
180. P. Mus, « Le Bouddha paré », BEFEO, XXVIII, 1928.
181. Les sectes amidistes disent qu'Amida se révéla lui-même, en tant qu'Âdi-Buddha (Bouddha primordial), à Nâgârjuna (jap. Ryûju Bosatsu) au Nepâl, venant du Tibet (apocryphe chinois postérieur à Ashvaghosha, le *Mahâyânashraddhotpâdashastra*, jap. *Daijô Kishin-ron*, « Traité de l'éveil de la foi mahâyâniste »). P. Démiéville, *Sur l'authenticité de Ta Tch'eng ki sin louen*, BMFJ, II, Tôkyô, 1929. Amitâbha et Amitâyus, théoriquement confondus au Japon, auraient été, au Tibet comme au Nepâl, différents et interchangeables. Les opinions diffèrent à ce sujet (Tucci, « À propos d'Avalokiteshvara », *Mélanges chinois et bouddhiques*, 1951, IX, p. 176).
182. Cette mudrâ est, au Japon, soit Yogan-in, soit Semui-in (Abhaya- mudrâ).
183. Nous retrouverons plus loin cette triade (*Sanzon*).
184. B. Frank, *Mythologies*, p. 160.
185. Forme appelée dans le *Butsuzô-zu-i* (II, p. 3). Mandara Mida (*Taishôzô*, XII, 343, et XVIII, 276).
186. Tradition rapportée dans le *Dai Muryôju-kyô* (*Grand Sukhâvatîvyûha*).
187. S. : en bois, au Tôdai-ji, Nara ; en pierre, au Kurodani (cimetière de Kyôto). *Cf.* Godard et Fukui, « La Chine et le Japon », *Religions du monde* , Paris, 1966, p. 99.
188. À ce sujet, nous rappellerons qu'en Chine, on fête la « naissance d'Amida » le 17e jour de la 11e lune, au moment du solstice d'hiver, c'est-à-dire lorsque le soleil est au plus bas sur l'horizon (P.H. Doré, *Manuel des superstitions chinoises* , Pékin, 1926, p. 136). On trouve peut-être l'origine de cette forme dans les grottes de Dunhuang (Mogao-ku) en Chine (*Kokka*, n° 32, juillet 1915, et P. Mus, « Le Bouddha paré », *op.cit.*, p.258 et 261.
189. P. : « Niga Byakudô zu » au Kômyô-ji. *Cf.* Sawa Ryûken, *op.cit.*, p. 28.
190. On raconte aussi que Taira no Shigemori fit exécuter 48 statues de ces Jûnikô Butsu (une par point de son vœu).
191. À signaler également une sculpture de Koyasu Amida (Amida « donneur d'enfants ») au temple de Nanneri à Wakayama. Une autre statue d'Amida, œuvre de Unkei, sert de reliquaire aux cendres du célèbre sculpteur, dans le Kômyô-ji à Kamakura. Documents aimablement communiqués par M. Bernard Frank.
192. « La Descente d'Amida », *Mélanges Linossier*, p. 99 à 129.
193. Textes : *Muryôju-kyô* ; *Amida-kyô* (*Sukhâvatîvyûha-sûtra*) ; *Kanmuryôju-kyô* (*Amitâyurdhyâna*). Ces trois textes forment les écritures canoniques de la secte du Jôdo : « Là (dans le Jôdo), une fois qu'ils (les fidèles) seront groupés autour de Lui (Amida), ils s'élèveront par degrés jusqu'à l'état de maturation où ils seront à même

d'obtenir la délivrance finale » (B. Frank « Le Konjaku Monogatari, miroir du Japon ancien », *France-Asie*, XIX, n° 181, 1963, p. 975).

194. Sawa Ryûken, *Butsuzô-zu-ten*, p. 24.

195. Cependant, les théories diffèrent quelque peu selon les textes et les époques. Selon le *Taima Mandara* (dans la partie appelée « Gai-en Kubon ») et dans le *Kubon Amida Mandara* du religieux E-un, les mudrâ indiquées ne sont pas identiques. Ces mudrâ d'Amida furent d'autre part adoptées (ou devinrent plus fréquentes) à des époques diverses. Pendant les ères Hakuhô et Tempyô (époque de Nara), ce fut surtout le Seppô-in (Vitarka-mudrâ) qui fut utilisé (sculpture au Kôryû-ji de Kyôto et au Saidai-ji de Nara) ; à l'époque de Heian et surtout pendant la pédiode de Fujiwara, ce fut principalement le Jô-in (Dhyâna-mudrâ) ; quant au Raigô-in, il fut surtout en faveur à l'époque de Kamakura. Pendant cette dernière époque, il n'y eut pratiquement que le Raigô-in à être utilisé pour montrer Amida accueillant les fidèles, les autres mudrâ étant réservées à ceux des fidèles qui étaient déjà entrés dans le Jôdo et qui étaient admis à voir Amida dans ses deux autres positions (de l'enseignement et de la méditation), selon leurs mérites et leurs progrès. Enfin, Amida accueille la plupart du temps ses fidèles avec la mudrâ inférieure de la classe la plus haute (Jôbon Geshô) et pratiquement jamais avec les autres. Selon certains religieux, les deux classes les plus basses seraient destinées à accueillir dans le Jôdo les êtres non humains, Amida ayant fait vœu de sauver *tous* les êtres sans exception. Ce serait la raison pour laquelle, sur les peintures représentant le Raigô, il n'est fait usage que du Jôbon Geshô (les Jôbon Chûshô et Jôbon Jôshô étant réservés aux fidèles déjà entrés dans le Jôdo). Les représentations sculptées des « neuf corps d'Amida » (Kuhon, Kutai) ne présentent en effet pas toutes les mudrâ correspondant aux neuf degrés décrits par les textes ou sur certaines images. Ces sculptures, comme celles du Jôruri-ji par exemple, ne montrent que des mudrâ qui ne nous semblent pas correspondre à la théorie parce que, selon toute vraisemblance, elles ne datent pas toutes de la même époque d'une part, et parce qu'elles furent rassemblées par les religieux afin de compléter un ensemble disparate, avec les statues dont ils disposaient (les autres ayant été probablement détruites), de l'autre. Or, les statues en Seppô-in étaient infiment plus rares que celles en Jô-in ou en Raigô-in, beaucoup ayant disparu au cours des troubles. Aussi est-il préférable de s'en tenir aux mandala et aux images peintes, les diverses formes d'Amida n'ayant pu, sur ceux-ci, être interchangées.

196. Forme la plus courante au Japon.

197. Forme surtout courante en Corée.

198. Forme rare.

199. *Nô Kashiwazaki* ; *Nô Seiganji* (ouvrages de G. Renondeau sur le théâtre Nô).

200. Anesaki M., *Buddhist Art*, Boston, 1915, p. 27, 28.

201. Les Raigô auraient été, selon une tradition, créés par le moine Genshin (942-1017). En réalité, ils existaient au Japon avant son époque. Une des premières mentions de la « Descente d'Amida entouré de son cortège » aurait été celle racontant la mort d'un moine nommé Gômyô, de la secte Hossô, en 834. Au temple du Gangô-ji, à Nara, Amida et son cortège seraient venus chercher ce religieux sur son lit de mort (« Shoku Nihon Kôki », *Mélanges Linossier*, I, p. 102). Son ancienneté aurait également été attestée ailleurs (M.V. de Visser, *op.cit.*, p. 35).

202. Notamment, dans la grotte n° 139 A de Dunhuang (P. Pelliot, *Les Grottes de Touen Huang*), IV, et Sir Aurel Stein, *Serindia*, II.

203. Liste des vingt-cinq Bosatsu du Raigô d'Amida (Nijûgo Raigô Bosatsu) au Japon : 1. Kanzeon Bosatsu ; 2. Daiseishi Bosatsu ; 3. Yaku-ô Bosatsu ; 4. Yakujô Bosatsu ; 5. Fugen Bosatsu ; 6. Hôjizai-ô Bosatsu ; 7. Shishiku Bosatsu ; 8. Darani Bosatsu ; 9. Kokûzô Bosatsu ; 10. Tokûzô Bosatsu ; 11. Hôzô Bosatsu ; 12. Konzô Bosatsu ; 13. Kongôzô Bosatsu ; 14. Kômyô-ô Bosatsu ; 15. Sankai-e Bosatsu ; 16. Kegon-ô Bosatsu ; 17. Shuhô-ô Bosatsu ; 18. Gakkô-ô Bosatsu ; 19. Nisshô-ô Bosatsu ; 20. Sanmai-ô Bosatsu ; 21. Jôjizai-ô Bosatsu ; 22. Daijizai-ô Bosatsu ; 23. Hakuzô-ô Bosatsu ; 24. Daiitoku-ô Bosatsu ; 25. Muhenshin Bosatsu, et exceptionnellement, dans l'*Amida Jizô Raigô*, Jizô Bosatsu. (cf. illustrations p.310-311).

204. Eshin Sôzu (*Genshin*, 942-1017) dit notamment : « Lorsqu'une personne pieuse meurt, le Bouddha (Amida) apparaît devant elle. Le Seigneur compatissant (Kannon Bosatsu), un de ses grands Bodhisattva, apporte une fleur de lotus pour porter l'âme pieuse, et le Seigneur puissant (Daiseishi Bosatsu) lui tend les mains en signe de bienvenue, cependant que d'autres saints et d'innombrables êtres célestes chantent des hymnes de louange et de bienvenue pour le pieux (fidèle). » (Anesaki Masaharu, *History of Japanese Religion*, Londres, 1930, Tôkyô, 1963, p. 152.) Les vingt-cinq Bosatsu d'Amida sont symbolisés, au Hônen-in (Amaku-ju) de Kyôto, par vingt-cinq fleurs fraîches disposées chaque jour autour de la statue d'Amida par les religieux du temple.

205. Ces douze Kô Butsu sont aussi parfois représentés sur le halo (Kôhai) des statues d'Amida : S. : en bois doré au Seiryô-ji, Kyôto (IXe siècle), et au Sangen-in de Kyôto (IXe siècle ?).Liste des douze Kô Butsu d'Amida (Amida Jûni Kô Butsu) (l'ordre donné par le *Butsuzô-zu-i* se trouve entre parenthèses) :
1. Muryôkô (Amitâprabha), Lumière infinie (1) ; 2. Muhenkô, Lumière sans limite (2) ; 3. Mutaikô, Lumière sans égale (4) ; 4. Shôjôkô, Lumière pure (6) ; 5. Kangiekô, Lumière de joie (7) ; 6. Chiekô, Lumière d'intelligence (8) ; 7. Fudankô, Lumière ininterrompue (9) ; 8. Mushôkô, Lumière indicible (11) ; 9. Nanshikô,

Lumière inconcevable (10) ; 10. Chônichigakkô, Lumière qui dépasse celle du soleil et de la lune (12) ; 11. Mugekô, Lumière qui ne rencontre aucun obstacle (3) ; 12. En-ô-kô, Lumière flamboyante et ardente (5). (cf. illustrations p.315).

206. B. Frank, *Mythologies*, p. 160 ; Inoue Mitsusada, *Jôdo-kyô no Kenkyû*.

207. Une peinture dérivée du Raigô et probablement unique en son genre (mais qui montre bien le sens que donnaient les Japonais à l'action d'Amida) est celle, découverte récemment, qui montre Amida assis sur un lotus et attirant à lui, avec une corde, un fidèle. Shô Kannon à sa droite montre le fidèle de la main tandis que Seishi Bosatsu pousse celui-ci par-derrière (le fidèle est lui aussi assis sur un lotus) : peinture monochrome appelée *Amida Kôshô-hô*, dessinée à l'encre par Genshô (1147-1208), un moine du Getsujô-in du Kôyasan, et se trouvant au Kôzan-ji à Kyôto (Sherman Lee, *Far-Eastern Art*, New York, 1964, p. 300, fig. 386). À l'époque de Heian et à celle de Kamakura, il était d'usage de lier le poignet d'un mourant à la main d'une statue d'Amida à l'aide d'une cordelette rouge, afin qu'Amida ne puisse oublier de l'emmener avec lui dans le Jôdo. On raconte aussi que Hônen, sur son lit de mort, aurait refusé ce rite, ne voulant devoir son salut qu'à la seule invocation au Bouddha Amida, en récitant le *Nembutsu* (G.B. Sansom, *A Short Cultural History...*, New York, 1943, p. 330 ; *cf.* également F. Joüon des Longrais, *op. cit.*, p. 74).

208. Parfois c'est le contraire. Cette image (triade) apparaît sur les peintures murales des grottes de Dunhuang en Chine à la fin du VIIIe siècle. Mais dès 668, à Shiga (Ômi, Japon) dans le Shûfuku-ji (Shiga-dera), fut installé un Amida Sanzon (dans le Kondô du temple). *Cf.* aussi le « Zushi » de Tachibana.

209. *Hôbôgirin*, I, 30 et pl. IV.

210. Tajima R., *op. cit.*, p. 179 *sq.* (cf. illustrations p. 316) :
À l'est : Vajradharma (jap. Kongô-hô) représente Shô Kannon ; sa main droite effeuille un lotus tenu dans sa main gauche. Il symbolise la pureté.
Au sud : Vajratîkshna (jap. Kongô-ri) représente Monju Bosatsu. Il détruit les péchés. Il tient à la main droite un « glaive de sagesse » et à la main gauche un coffret à sûtra (*Taishô -zu-zô*, I, 12).
Au nord : Vajrahetu (jap. Kongô-in) représente Miroku Bosatsu. Il est la Cause (jap. *In*) qui fait tourner la roue de la Loi. Il tient un chakra (jap. *rimbô*) dans la main droite sur sa poitrine et ferme la main gauche en poing de sagesse (jap. *Ken-in*).
À l'ouest : Vajrabhâsa (jap. Kongô-go) explique la Loi. Il tient un chintâmani (jap. *hôshu*) dans la main droite contre sa poitrine et tient la main gauche en poing de sagesse. Ou bien il tient des deux mains un vajra à trois pointes posé sur un lotus.
Dans le mandale du Taizô-kai, Amida possède également : 1. un Kuyô Bosatsu (Pûjâ Bodhisattva) intérieur masculin qui lui est « offert » par Dainichi Nyorai et qui se trouve situé au nord-ouest. C'est Vajragîta (jap. Kongô-ka) qui préside aux vertus de prédication et de chant religieux. Il tient une *vîna* indienne ou un *kugo* (petit *koto* coréen) à la main gauche (*Taishô*, XVIII, 296) ; 2. un Kuyô Bosatsu extérieur féminin pour faire l'offrande de ses vertus, et qui est situé aussi au nord-ouest. C'est Vajrâlokâ (jap. Kongô-tô). Il tient de la main droite une lampe sur un lotus ou une cassolette à encens, sa main gauche étant fermée sur sa poitrine ; 3. un Shô Bosatsu (Samgraha-Bodhisattva) féminin (?) situé à l'ouest, qui représente les moyens de salut proposés par Amida. C'est Vajrasphota (jap. Kongô-sa). Il porte une chaîne terminée par un crochet (Tajima R., *op. cit.*, p. 189) ou une corde avec un vajra à trois pointes à chaque extrémité.

211. Ce sont : 1. Avalokiteshvara (jap. Kanjizai Bosatsu) ; 2. Maitreya (jap. Jishi Bosatsu) ; 3. Âkâshagarbha (jap. Kokûzô Bosatsu) ; 4. Samantabhadra (jap. Fugen Bosatsu) ; 5. Vajrahastavajra (jap. Kongôshu Bosatsu) ; 6. Mañjushrî (jap. Monju Bosatsu) ; 7. Sarvanîvaranavishkambhin (jap. Jogaishô Bosatsu) ; 8. Kshitigharbha (jap. Jizô Bosatsu). (Sawa Ryûken, *Butsuzô-zu-ten*, p. 26).

212. Tajima R., *op.cit.*, p.281.

213. « Celui qui a obtenu la plus haute autorité », selon H. Coates et Ishizuka R., *op.cit.*, p. 100.

214. Ce Bodhisattva est mentionné, entre autres, dans les deux *Sukhâvatîvyûha-sûtra* et dans le *Saddharmapundarîka-sûtra.*

215. Sir Charles Eliot, *Hinduism and Buddhism*, II, p. 23.

216. *Taishôzô*, XII, 344 ; XVIII, 800. S. : Sanzon du Zushi de Dame Tachibana. Assis en Lalitâsana, en bois (h : 1 m.) daté de 1151, au Chôgaku-ji.

217. S. : en bois, debout (XIIIe siècle), au musée national de Tôkyô. Au Saiko-ji, Mie-ken. Au Zenkô-ji une légende japonaise rapporte que l'image appelée Zenkô-ji Nyorai aurait été faite par Shakyamuni Lui-même, avec de l'or trouvé au pied du mont Meru (A. Getty, *op.cit.*, p.14).

218. Forme rare en bronze, datée de 1271 (Sanzon) à l'Engaku-ji de Kamakura.

219. Johnston, *Buddhist China*, p. 103 *sq.*

220. Il est célébré dans les Nô *Atago Kûya* et *Sumidagawa* (G. Renondeau, *Le Bouddhisme dans les Nô*, p. 100, 106.

221. Notamment celui du Saiko-ji dans le Yamato (Takura J. , *The Essentials of Buddhist Philosophy*, Honolulu, 1946, p. 170, 171).

Les douze « lumières » d'Amida (*note 205*)

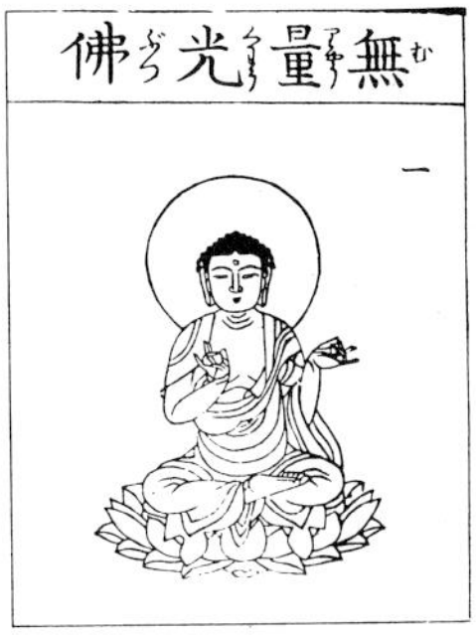

1 - Muryôkô Butsu

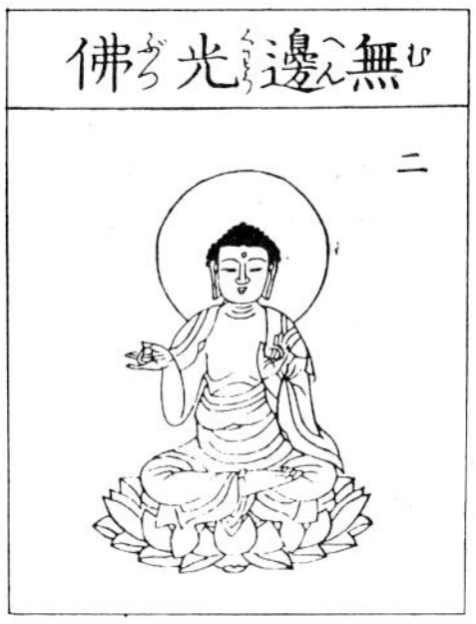

2 - Muhenkô Butsu

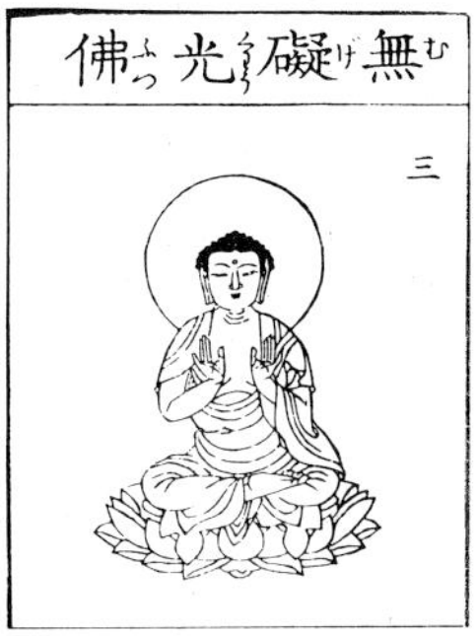

3 - Mugekô Butsu

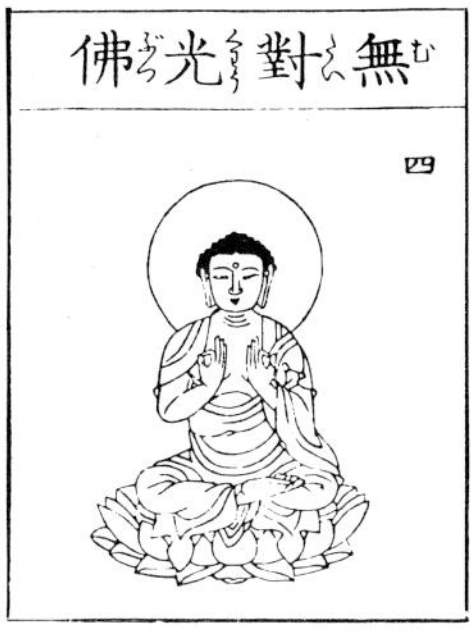

4 - Mutaikô Butsu

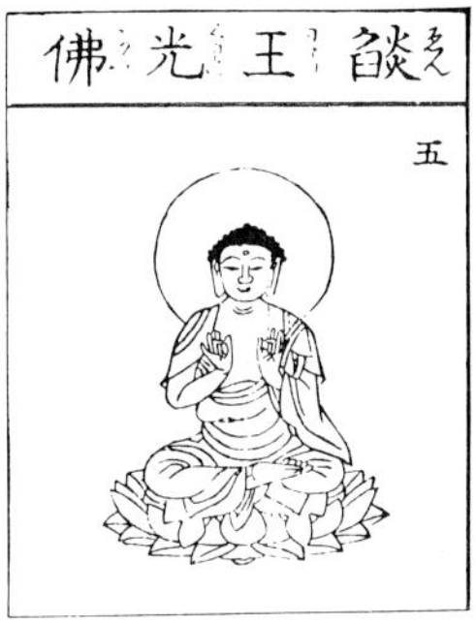

5 - En-ô-kô Butsu

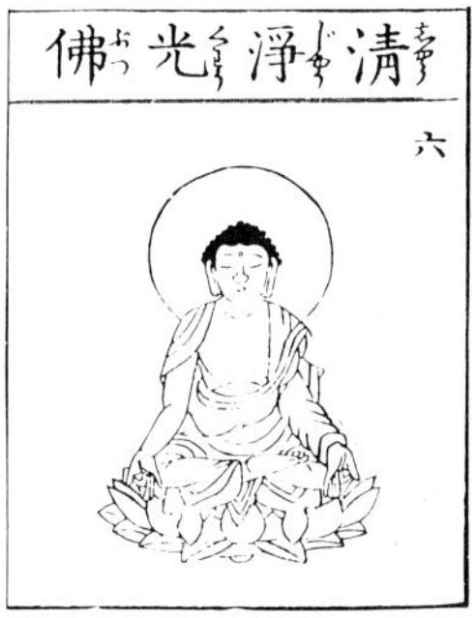

6 - Shôjôkô Butsu

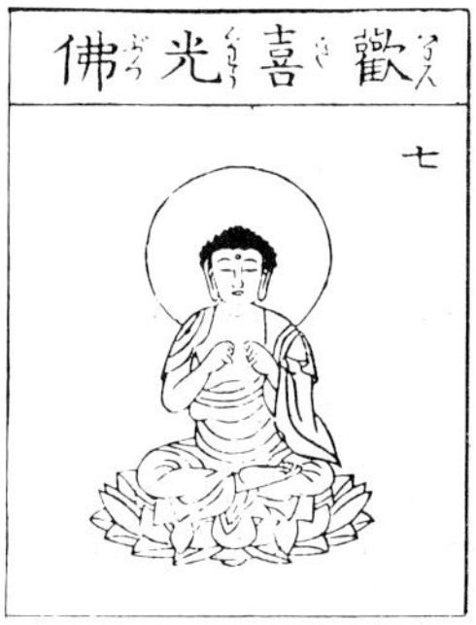

7 - Kangiekô Butsu

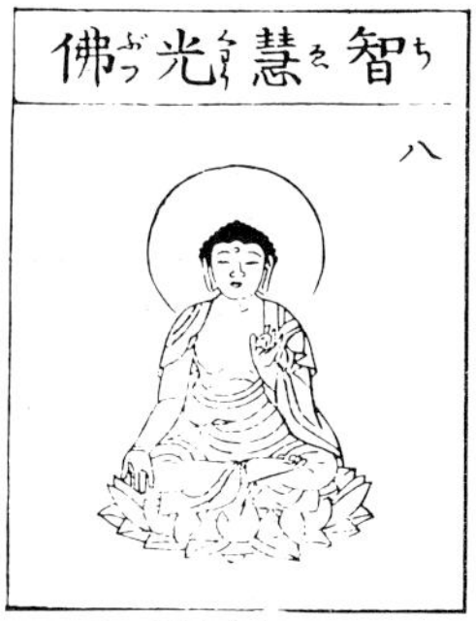

8 - Chiekô Butsu

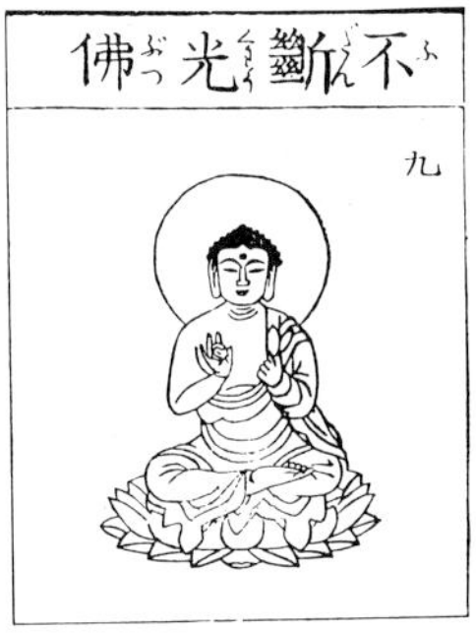

9 - Fudankô Butsu

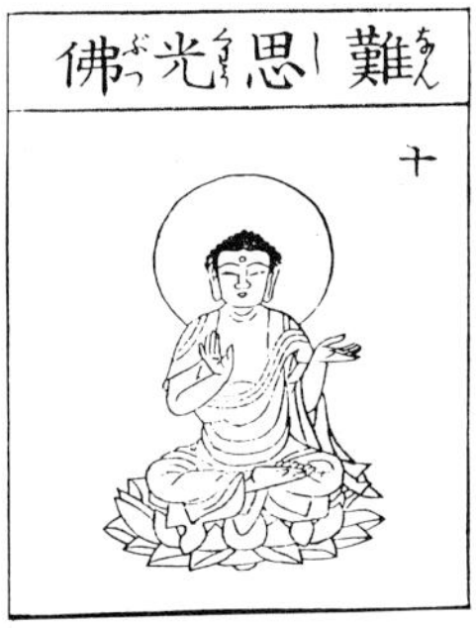

10 - Nanshikô Butsu

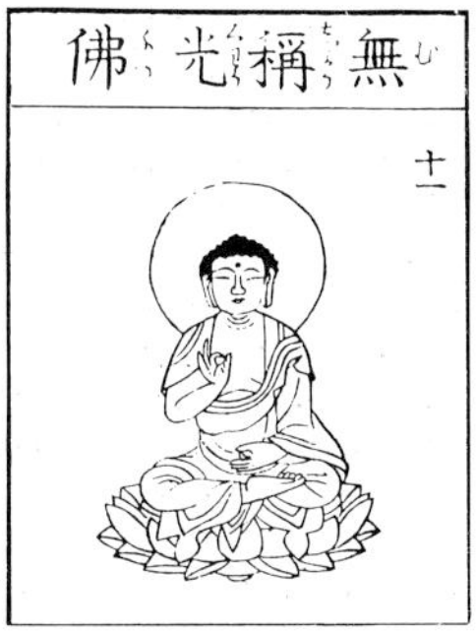

11 - Mushôkô Butsu

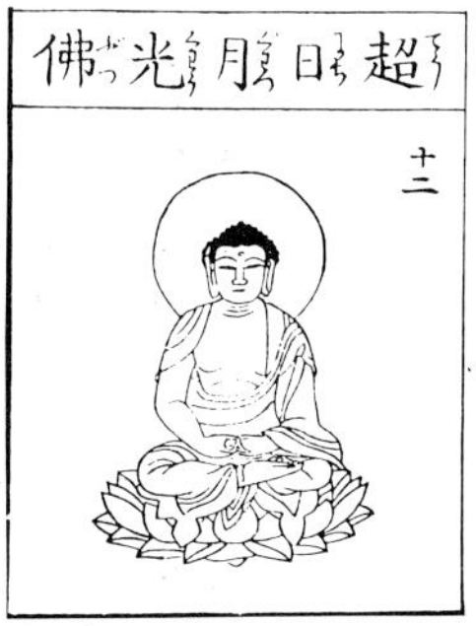

12 - Chônichigakkô Butsu

222. Kûya Shônin disait : « *Hito tabi mo, Namu Amida Butsu, Yû Hito no, Hasu no Utena ni, Noboramu wa Nashi* » (« Celui-là ne manque jamais d'atteindre le pays de la félicité, qui appelle, même seulement une fois, le nom d'Amida ».) Tsunoda, *Sources of the Japanese Tradition*, New York, 1958, p. 193.
223. *Inde classique*, II, § 2281 et 2337.
224. P. Mus, *Bârâbudur*, p. 574.
225. H. de Lubac, *Amida*, p. 83, 85.
226 *Cf.* le Miroku du Kondô du Taima-dera, d'époque Hakuhô, datant de 682-686. La tradition assure qu'à l'intérieur de cette statue se trouve une effigie de Kujaku Myô-ô (Akiyama T., *Art Guide*, I, p. 274).
227. B. Frank, *Mythologies*, p. 161.
228. Tajima R., *op.cit.*, p. 65 ; *Taishô*, XVIII, 36.

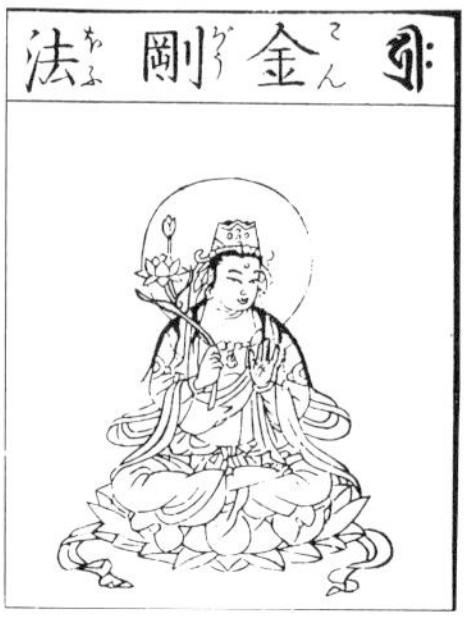

1 - Kongô-hô

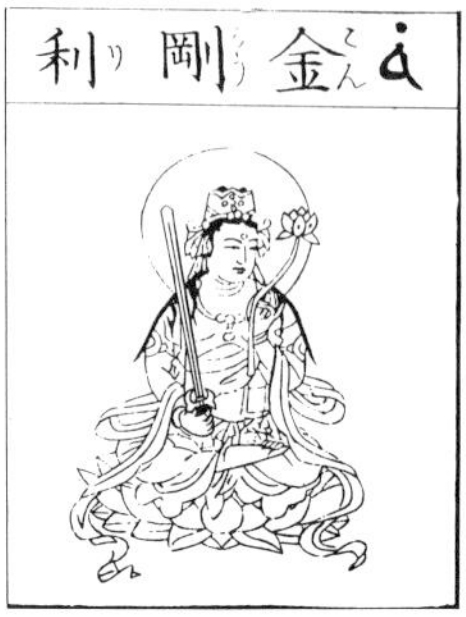

2 - Kongô-ri

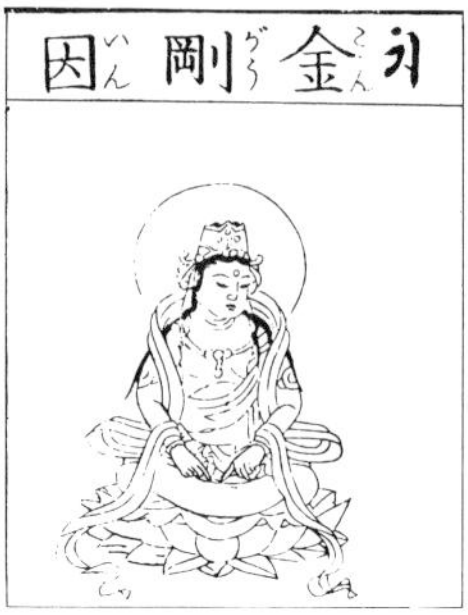

3 - Kongô-in

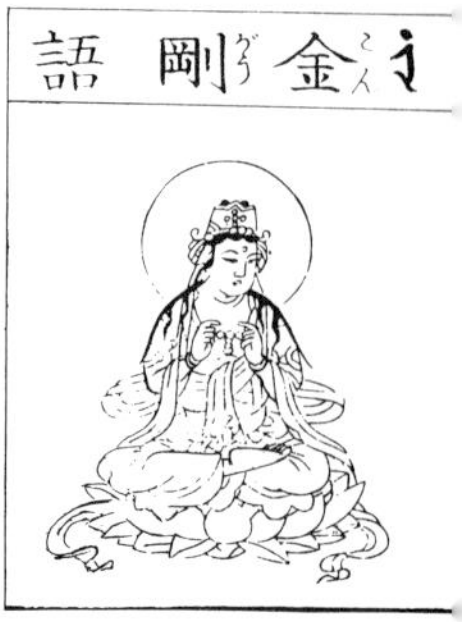

4 - Kongô-go

Quatre Vajra (*note 210*)

229. Tajima R., *op.cit.*, p. 69.
230. *Ibid.*
231. *Ibid.*
232. Tajima R., *op.cit.*, p. 198. Symbole de la continuité (B. Frank, *Mythologies*, p. 162). Dans les sculptures indiennes, il tient à la main gauche un vase rond tandis que dans celles du Gandhâra, ce vase a une forme pointue.
233. C'est même le seul Bodhisattva que l'on connaisse dans l'art du Petit Véhicule. Il est généralement représenté avec Shâkyamuni, les mains en Dharmachakra-mudrâ ou en Vitarka-Varada-mudrâ (*Maitreyavyâkarana,* éd. par N. Gutt, *Gilgit Manuscripts*, IV, 1959, Calcutta, p. 187 et 214.
234. À Nâlandâ (Inde), avec des cheveux tombant sur les épaules et représenté en Bodhisattva, orné de bijoux. Il est alors debout (VIIIe siècle).
235. Dans les cellules du Ri-bo-Khang à Lhasa (L. Jisl, V. Sis, J. Vanis, *L'Art tibétain*, Paris, 1958, fig. 62, 76). Il a les mains en Dharmachakra-mudrâ et est considéré soit comme un Tathâgata, soit comme un Bodhisattva.
236. *Taishô*, XX, 591, 595, 596 ; *Taishô-zu-zô*, I, 16.
237. Une image en bronze, avec petit stûpa (celui-ci d'ailleurs ressemble plus à l'empilement des parasols des stûpa qu'à l'édifice complet). Il est auréolé d'une sorte de couronne de plumes (?) que l'on peut également voir sur quelques statuettes coréennes de Mirüg. Cette coiffure forme une sorte de bonnet dont les pattes retombent sur les épaules. Ce Miroku (?) possède un large collier. Musée de Nara.
238. S. : au Kôryû-ji, daté de 603 (?), Kyôto ; au Hôryû-ji, Nara ; au musée national de Seoul (Corée). *Cf.* E. MacCune, *The Arts of Korea*, Tôkyô, 1962, fig. p.130,131. *Cf.* également *Trésors d'art coréen*, catalogue du musée Cernuschi, Paris, 1961-1962 (Royaume de Silla, pl. 11, 18, 19). *Cf.* Ill. *in* Sawa Ryûken, *Butsuzô-zu-ten*, p. 77, fig. 51.
239. Surtout dans les représentations de la secte Shingon et dans celles du Tendai.
240. M.V. de Visser, *op.cit.*, p. 223, 224 ; *Kokka*, n° 572 (1938), pl. III, kakemono de Kamakura.
241. Illustration *in* Sawa Ryûken, *op.cit.*, p. 77, fig. 52.
242. Ce sont : Le *Yogâchâryabhûmishastra* (jap. *Yugashijiron*) ; Le *Vibhâgayogashastra* (jap. *Funbetsuyugaron*) ; Le *Mahâyânâlamkkara* ou *Sûtrâlamkara* (jap. *Daijôshô-gonron*) ; Le *Mâdhyânta-vibhâgashastra* (jap. *Benshûhenron*) ; Le *Vajracchedikâprajñâpâramitâshastra* (jap. *Kongô Hannyaron*).
243. Notamment la *Vidyâmâtrasiddhishastrakârikâ*, par Asanga (jap. *Jôyuishiron*). *Cf.* Fujishima R., *Le Bouddhisme japonais*, Paris, 1889, p. 35, et l'*Abhidharmakoshastrakârikâ*, par Vasubandhu (*Inde classique*, II, § 2019 et 2022).
244. Dans le Mikkyô, un des Grands Bosatsu, Tenbôrin Bosatsu (Sachittotpâdadharmachakrapravartin), correspond à Miroku Bosatsu. Il est théoriquement assis en Padmâsana, vêtu en Bodhisattva, avec une haute couronne, et tient à la main droite une roue entourée de flammes et posée sur un lotus, à la main gauche un vajra à trois pointes (illus. *in* Sawa Ryûken, *op.cit.*, p. 94, fig. 68). C'est l'un des huit grands Bodhisattva. Bien que symbolisé par seize divinités, il n'est représenté que par une seule. Ces seize divinités sont : Bishukatsuma (Vishvakarma) Kabira (Kapila) ; Hôgo (Dharmapâla) ; Kenmoku (Amshalochana) ; Kômoku (Virûpaksha) ; Gogun ; (Guptasena) ; Shuken (Manibhadra) ; Manken (Pûrnabhadra) ; Jimyô (Vidyârâja) ; Atabaku (Âtavaka) ; Basuki Ryû-ô (Vâsuki) ; Sumana Ryû-ô (Sumana) ; Fusahima Ryû-ô (?) ; Karitei-mo (Hârîtî) ; Erabasa (Airâvana ?) ; Sômoku Tengo (Lochana). Ces divinités ne sont jamais représentées en sculpture et ne sont pas l'objet d'un culte séparé au Japon (*Taishô-zu-zô*, XIX, 514). Dans le *Ninnô-kyô*, Tenbôrin Bosatsu est identifié à Kongô Haramitsuta Bosatsu (Vajrapâramitâ). Il est alors représenté tenant en main un *kongôrin* (anneau) ou un *rengejô hôshu* (joyau posé sur un lotus). Toutes ces divinités n'ont été citées ici que pour mémoire.

CHAPITRE IV : LES GRANDS BOUDDHA DE SAGESSE ET L'ÂDI-BUDDHA

1. Hiuan Tsang (Xuan Zang), *Mémoires*, trad. par S. Julien, I, p. 427.
2. H. de Lubac, *Amida*, Paris, 1955, p. 31, note 5.
3. B. Bhattâchârya, *Indian Buddhist Iconography*, p. 2 ; R.D. Banerji, cité par P. Mus, *Bârâbudur*, XXXIII, p. 878.
4. Ou Manushi Buddha. Ce sont Krakucchanda, Kanakamuni, Kâshyapa, Gautama et le futur Bouddha Maitreya, tous faisant partie de ce cycle ou *Kalpa*. Le *Lalitavistara* donne une liste de 56 Bouddha ayant appartenu aux cycles précédents et au présent *Kalpa* (A. Getty, *op.cit.* , p. 10).
5. P. Mus, « Bârâbudur », BEFEO, XXXIV, p. 192.
6. Ces éléments types sont l'éther, l'air, le feu, l'eau et la terre. Ils sont symbolisés au Japon par une sorte de petit stûpa en cinq parties (*gorin-no-tô*) : la première, cubique, représente la Terre et Amoghasiddhi ; la deuxième, sphérique, représente l'eau et Amitâbha ; la troisième, pyramidale, représente le feu et symbolise Ratnasambhava ; la quatrième, semi-sphérique, représente l'air et symbolise Akshobhya ; la cinquième, enfin, en forme de joyau sacré ou de flamme, représente l'éther et symbolise Vairochana. Ces éléments correspondent également aux cinq parties du corps : hanches (jaunes), nombril (blanc), cœur (rouge), entre les sourcils (foncé, noir ou bleu), sommet du crâne (brillant) ou sièges des chakra dans la *Kundalinî Yoga*. Un sixième élément, l'Esprit, est symbolisé par l'ensemble (Tajima R., *op.cit.*, p. 258, 259 ; *Taishô*, XVIII, 31 ; N. Péri, *Introduction au Nô Sotoba Komachi*, *BMFJ*, Tôkyô, 1944, p. 144 *sq.*).
7. P. Mus, « Bârâbudur », *op.cit.*, XXXIV, p. 199 : « La pentarchie des Jina est donc un résumé de l'Univers : sous de nouveaux noms, il ne nous est pas difficile de reconnaître en elle le cosmogramme religieux qui faisait tenir tout l'espace dans la combinaison symbolique et orientée des cinq positions ». Cité par M. Bénisiti, *Le Stûpa dans l'Inde ancienne*, Paris, 1960, p. 82, note 5.
8. P. Mus, « Bârâbudur », BEFEO, XXXIII, XXXIV.
9. H. de Lubac, *Amida*, p. 30.
10. M. Bénisti, *Le Stûpa...*, p. 83 à 85.
11. Tajima R., *op.cit.*, p.72 *sq.*
12. Le mandala du Kongô-kai représente « les idées indestructibles et de base présentes dans l'esprit totalement compréhensif du Grand Illuminateur » (Anesaki M., *History of Japanese Religions*, Tôkyô, 1964, p. 127). Le mandala du Taizô-kai représente le dynamisme de la vie cosmique. Les divinités « idéées » dans le domaine du Kongô-kai se manifestent dans le domaine du Taizô-kai selon leur activité. Les manifestations « actives » sont indiquées dans ces mandala par un double halo rouge. Toutes les autres divinités sont des manifestations, soit de la Sagesse infinie de Dainichi Nyorai, soit de son Infinie Compassion. Ainsi ces deux mandala, tendent-ils à représenter l'univers sous ses deux aspects, idéal et actif, aspects qui sont aussi ceux du Grand Illuminateur Dainichi Nyorai (Mahâvairochana). On ne peut donc séparer ces deux mandala l'un de l'autre. En fait, ils ne sont qu'un seul mandala en deux parties, ce qui est bien indiqué par le nom qu'on leur donne conjointement de *Ryôkai Mandara* (Mandala des Deux Mondes) ou de *Ryôbu Mandara* (Mandala des Deux Parties). Sawa Ryûken, *Butsuzô annai*, Tôkyô, 1963, p. 26.

    On trouve les mandala *Rishu-kyô Mandara*, *Gobushinkan*, *Katsuma Mandara*, *Shûji Mandara*, *Sanmaya Mandara* etc., représentés en sculpture et en peinture et, plus rarement, en gravure : S. : en bronze (Ryôkai) au Jizô-in à Uji ; au Dainichi-ji, à Nara ; P. : à l'Enjô-ji, Tôdai-ji, Nara ; sur soie au Tô-ji et au Jingô-ji, Kyôtô ; *Kanmuryô-ji*, sur bois, au Taima-dera (VIIIe siècle), à Nara, au Gojunotô du Daigo-ji (Xe siècle) à Kyôtô.

    Cependant, les plus célèbres des mandala décrivant (au Japon) les Gochi Nyorai sont ceux du Tô-ji, à Kyôtô (conservés dans le Kanjô-in ; l'original ayant été perdu, la copie qui reste date de 1693 ; Tajima R., *op.cit.*, intr. VIII) ; et celui de Takao, conservé au Jingô-ji de Kyôto et qui serait dû au pinceau de Kûkai lui-même.
13. Tajima R. , *op.cit.*, intr. VII *sq.*
14. Les Gochi Nyorai appartenant à ce mandala sont censés réaliser cinq sortes de méditations (jap. *Chi*) :

    1. *Dharmadhâtusvabhâvajñâna* (jap. *Hokkai Taishô Chi*), sur le caractère du corps du monde de la Loi, pour Mahâvairochana ; 2. *Âdarshajñâna* (jap. *Dai Enkyô Chi*), sur le « grand miroir rond », pour Akshobhya ; 3. *Samatajñâna* (jap. *Byôdôshô Chi*), sur le caractère égal des choses pour Ratnasambhava ; 4. *Pratyavekshanâjñâna* (jap. *Myôkansatsu Chi*), sur l'observation excellente, pour Amitâbha ; 5. *Krityânusthânajñâna* (jap. *Jôshosa Chi*), sur la connaissance de l'exécution des devoirs, pour Amoghasiddhi.

    Chacun de ces Gochi Nyorai, en dehors de Dainichi Nyorai (Mahâvairochana) et des quatre grands Bodhisattva, est assisté par un certain nombre de Bodhisattva féminins ou masculins, appelés Pûjâ Bodhisattva (jap. Kuyô Bosatsu), chargés d'offrir des hommages, et Samgraha Bodhisattva (jap.Shô Bosatsu), qui donnent les moyens de salut correspondant aux Pâramitâ Bodhisattva (jap. Haramitsu Bosatsu) et qui représentent des divinités de contemplation. Il y a ainsi seize acolytes masculins (divinités de sagesse) et seize acolytes féminins (divinités de contemplation) représentant les vertus des quatre Jina. Il y a donc en tout trente-sept divinités majeures : Mahâvairochana, les quatre autres Jina et leurs trente-deux «vertus» que protègent vingt Deva (jap. Ten).

Tajima R., *op.cit.*, p. 170, 171. À chacun de ces Jina correspond aussi un Bodhisattva (*Inde classique*, II, § 2358 et 2360) ; ils sont comme leur hypostase et représentent les « quatre sapiences » (*pâramitâ*) de Vairochana. Ce sont : 1. Avalokiteshvara, pour Amitâbha ; 2. Maitreya, pour Divyadundubhimeganirghosha ; 3. Samantabhadra, pour Ratnaketu ; 4. Mañjushrî, pour Ratnasambhava.
Dans le Kongô-kai, chacun d'eux possède également quatre autres Bodhisattva comme acolytes. Ces seize grands Bodhisattva (jap. Jûroku Dai Bosatsu) sont les divinités de sagesse symbolisant les qualités et les vertus des Cinq Bouddha de sagesse. De même chaque Jina possède une ou plusieurs manifestations terribles (jap. Funnu) pour la destruction des passions et la protection des fidèles. Ces manifestations sont des rois de Science magique (Vidyârâja ; jap. Myô-ô).

15. Les sectes ésotériques japonaises (Shingon et Tendai principalement) admettent un sixième Bouddha de sagesse, Vajrasattva (jap. Kongô Satta), concrétisant le sixième élément, Sagesse ou Intuition, et représentant la Perfection (couleur blanche) résultant du mélange intime des qualités et des vertus des cinq autres Jina car « Ce sixième Jina est placé, selon certaines écoles (notamment le *Guhyasamâjatântra*) ,en dehors et au-dessus de tous les autres » (*Inde classique*, II, § 2358).
16. Ces Cinq Jina se trouvent au nombre de quatre-vingt-douze sur chaque face du stûpa du Borobudur à Java (VIIIe siècle), Vairochana étant représenté dans les stûpa ajourés des terrasses supérieures et l'Âdi-Buddha (ou la Shunya, « vacuité ») par le stûpa terminal. À ce sujet, il est bon de préciser que la notion d'Âdi-Buddha est inconnue en Chine et au Japon, ce terme appartenant à un autre système de pensée plus particulièrement indien (*Inde classique*, II, § 2358 ; E. Dale Saunders, « Note on Shakti and Dhyâni Buddha », *History of Religions*, Univ. of Chicago, 1961, I, p.2).
17. Selon certaines listes, les Cinq Jina seraient : Bhaishajyaguru, Ratnasambhava, Akshobhya et Amoghasiddhi (ou Gautama – Shaka Nyorai). Cependant, au Japon, la secte Shingon considère qu'Akshobhya, Ratnasambhava, Amitâbha et Amoghasiddhi ne sont en réalité que des manifestations diversifiées de Mahâvairochana (A. Getty, *op.cit.*, p. 29).
18. *Inde classique,* II, § 2346. Cette école s'était développée en Inde au IVe siècle (N. Péri, « Disciples et commentateurs de Vasubandhu », BEFEO, p. 377, 390) ou, selon certains auteurs, en 445 (Takakusu J., *op.cit.*),ou encore en 450 (A. Grünewald). Asanga (jap. Muchaku, Mujaku) aurait été inspiré par Maitreya (A. Getty, *op.cit.*, p. 31). L'école tantrique de Mahâvairochana aurait été introduite en Chine par les religieux indiens Vajrabodhi et Amoghavajra en 720.
19. Le Bouddha exotérique Shâkyamuni et le Bouddha ésotérique Vairochana sont en réalité identiques car, selon la secte Shingon, Vairochana serait le Dharmakâya de Shâkyamuni (Tajima R., *op.cit.*, p. 21, 47). Ce serait le Bouddha historique idéalisé en Dharmakâya (jap. Ôshin) « qui ne naît ni ne meurt » (Tajima R., *op.cit.*, p.48).
20. Ce nom aurait été, à l'origine, une épithète du Bouddha (A.C. Soper, *Art and Architecture of Japan*, Londres, 1960, p. 35). Mahâvairochana « écarte les ténèbres et répand la clarté, remplit toutes les fonctions, brille d'une splendeur éternelle » (Tajima R., *op.cit.* , p. 45).
21. *Taishôzô*, XVIII, 6, 23, 242.
22. Un des noms de Vairochana dans la grande salle des sermons de l'Enryaku-ji au mont Hiei (Kyôto), de secte Tendai, était Dainichi Henjô (*Taiheiki*, II, p. 1).
23. Dans la secte Kegon au VIIIe siècle. Dans certains cas il est aussi nommé Shana-ô.
24. Par ailleurs, la secte Kegon vénère Dainichi Nyorai dans une triade formée par Dainichi Nyorai, Monju Bosatsu et Fugen Bosatsu. La secte Shingon vénère également treize Bouddha : Dainichi Nyorai et ses onze « disciples » (Shaka, Monju, Fugen, Jizô, Miroku, Yakushi, Shô Kannon, Daiseishi, Amida, Ashuku et Kokûzô) avec en plus Fudô Myô-ô (A. Getty, *op.cit.*, pl. XVII). S. : au Kakuon-ji de Kamakura.
25. Les deux images se trouvent au Daikôdô du Mudô-ji-dani de l'Enryaku-ji, au mont Hiei (époque d'Edo). S. : au musée Guimet, Paris.
26. P. Mus, « Le Bouddha paré », *op.cit.*
27. Terre, eau, feu, air, éther et sagesse (ou intuition ou esprit). S. : En bois laqué, daté de 1176, par Unkei (h : 0,99 m), à l'Enjô-ji, Nara. P. : Au Jingo-ji, Kyôto (IXe siècle) ; Mandala du Kojima-dera (début Heian).
28. *Brahmâjâla-sûtra.*
29. Ou cent pétales, ou cent milliards, suivant les versions.
30. Le Grand Bouddha de bronze (Daibutsu) du Tôdai-ji, à Nara, par Ono Goraemon (749), refait au XVIIIe siècle, serait l'image d'un Birushana Nyorai. Il était connu sous le nom de Roshana Butsu en 749 lors de son érection par la secte Kegon (B. Frank, *Mythologies*, p. 160 ; J. Buhot, *Histoire des arts du Japon*, § 294, p. 208, 209, et § 118, 119, p. 110 ; S. Elisséeff, « The *Bommôkyô* and the Great Buddha of Tôdai-ji », HJAS, 1936, p. 84, 85).
31. « Celui dont l'essence est l'éclair » (A. Grünewald, *op.cit.*, p. 96).
32. Dans le stûpa de Borobudur, à Java, il serait l'Âdi-Buddha symbolisé (théoriquement) par le stûpa terminal.
33. Selon Tajima R. (*op.cit.*, p. 21), il aurait reçu la Doctrine des lèvres mêmes du Tathâgata (*Taishôzô*, XIX, 610 ; *Taishô -zu-zô*, I, 34).

34. Il porte parfois (rarement) dans sa couronne une effigie d'Akshobhya.
35. A. Getty, *op.cit.*, p. 7-8.
36. Une forme de Vajrasattva (jap. Kongô Satta) appelée Vajrarâja (jap. Kongô-ô), elle aussi considérée comme une émanation de Mahâvairochana, combine Vajrasattva et Râgarâjâ (jap. Aizen Myô-ô). Elle est représentée sur un lotus (comme un Bodhisattva) avec quatre bras dont deux portent les attributs de Vajrasattva (clochette et vajra à cinq pointes) et les deux autres ceux de Râgarâja (arc et flèche). Sawa Ryûken, *op.cit.*, p. 51, fig. 26.
37. *Taishôzô*, XX, § 510, 513.
38. Les autres formes de *Pâramitâ* (jap. *Haramitsu*) sont :
1. *Dânapâramitâ* (jap. *Danna Haramitsu*), Pratique parfaite de l'aumône ; 2. *Shîlapâramitâ* (jap. *Shira Haramitsu*), Pratique parfaite de la moralité ; 3. *Kshântipâramitâ* (jap. *Sendai Haramitsu*, *Nin Haramitsu*), Pratique parfaite de la patience ; 4. *Vîryapâramitâ* (jap. *Shôjin* (*Shin*) *Haramitsu*), Pratique parfaite de l'énergie ; 5. *Dhyânapâramitâ* (jap. *Zenna Haramitsu*), Pratique parfaite de la méditation ; 6. *Prajñâpâramitâ* (jap. ?), Pratique parfaite de la sagesse.
En dehors de ces six principales Pâramitâ ou vertus de perfection des Bodhisattva représentant les pratiques nécessaires pour atteindre à la Bodhi, quelques-unes sont dérivées de la *Prajñâpâramitâ* : *Upâyapâramitâ* (jap. *Hôben-Hô-Haramitsu*), les moyens ; *Pranidhâñapâramitâ* (jap. *Gan Haramitsu*), les vœux ; *Balapâramitâ* (jap. *Riki Haramitsu*), le savoir ; *Jñânapâramitâ* (jap. *Chi Haramitsu*), la Connaissance ; ainsi que les quatre Pâramitâ qui accompagnent Mahâvairochana dans le mandala japonais du *Taizô-kai* (*cf.* note 46).
Les cinq Pâramitâ, outre Vajrasattva (parfois assimilé à Samanthabhadra et nommé alors au Japon Daishô Kongô), qui tous tiennent la clochette sur le ventre et le vajra à cinq pointes sur la poitrine, sont : Ishtavajra (jap. Yoku Kongô, ou Kongô Sen, ou Ishô Kongô, ou encore Gensen Kongô) qui tient une flèche ; Kelikilavajra (jap. Soku Kongô, ou Kongô Kietsu, ou Kerikira Kongô) qui tient Vajrasattva à bras le corps ; Râgavajra (jap. Ai Kongô, ou Kongô Ai, ou Aigetsu Kongô) qui tient une bannière surmontée d'un poisson (jap. Makatsugyo) ; Mâlâvajra (jap. Man Kongô, ou Kongô Yoku Jizai, ou Iki Kongô), qui tient une clochette-vajra à trois ou cinq pointes.
39. Voir le paragraphe des Généralités concernant les Cinq Grands Jina.
40. Ces aspects sont ceux de Ichiji Kinrin Bucchô-ô, Kinrin Nyorai, Dai Kinrin Myô-ô, Dainichi Kinrin, Chô Rinnô, Shaka Kinrin Nyorai et Daishô Kongô (nom parfois donné à Kongô Satta (Vajrasattva, *cf.* note 43). *Cf.* également note 46.
41. Autres aspects : Dainichi Kinrin Nyorai (au musée national de Tôkyô, époque de Kamakura) : mains en Chiken-in ; Dainichi Kinrin : mains en Hôkaijô-in (Dhyâna-mudrâ) ; Shaka Kinrin Nyorai : mains en Myôkansatsuchi-in avec anneau d'or (jap. *Kinrin*) : au Daigo-ji, Kyôto (XIIIe siècle). Dans le *Rokuji-kyô Mandara*, Shaka Kinrin a une tête bouclée, les mains en Dhyâna-mudrâ tenant un anneau d'or, et est entouré de six acolytes : Shô Kannon, Senju Kannon, Batô Kannon, Jûichimen Kannon, Juntei Kannon et Nyoirin Kannon. En bas de ce mandala se trouvent représentés Fudô-Myô-ô et Daiitoku Myô-ô. Ces « divinités assistantes » peuvent être interchangeables et parfois ce sont les cinq grands Vidyârâja (jap. Myô-ô, Godai Myô-ô) qui les remplacent. *Cf.* Sawa Ryûken, *op.cit.*, p. 52. Bucchô Son (skt. *Ushnîsha*) ou Ichiji Kinrin Bucchô-ô (skt. Ekâksaroshnîshachakrarâja). Ce dernier n'existe que dans quelques mandala seulement (sur soie, coll. Kitamura Shigeki ; au Kôzan-ji à Kyôto ; sur le *Sonshô Mandara*, *Hôbôgirin*, II, p. 148, pl. XI). Il a alors les mains en Dhyâna-mudrâ et se trouve entouré par trois grands rois (Mahâchakravartin, jap. Dai Bucchô) :Kôdai Bucchô (skt. Mahoshnîshachakravartin), appelé aussi Hossô Bucchô ou Dai Tembôrin Bucchô, qui porte à la main gauche un chintâmani sur un lotus épanoui ; Goku Kôdai Bucchô, qui lui est identique mais tient à la main droite un lotus épanoui sur lequel est posé un vajra simple à une pointe ; Muhen Onjô Bucchô (skt. Ânantasvaraghoshachakravartin) « à la voix sans limite » (appelé aussi Muryô Onjô Bucchô), qui porte à la main droite une conque posée sur un lotus (*Taishôzô*, XIX, 230, 343, 376 ; *Taishô Zuzô*, I, 13), et de « cinq rois ordinaires » (Mahârâja, jap. Bucchô) : Byakusangai Bucchô (skt. Sitâtapattroshnîsha), qui personnifie l'ombrelle blanche abritant le Bouddha (J. Auboyer, *Les Influences du Kondô...*, p. 59) et qui porte une ombrelle blanche sur un lotus ; Shô Bucchô (skt. Jayoshnîsha), appelé aussi Shushô Bucchô, « Celui qui est excellent », avec, à la main droite un bouton de fleur de lotus et à la main gauche un glaive posé sur un lotus ; Saishô Bucchô (skt. Vijayoshnîsha), « Celui qui est le meilleur », avec à la main gauche un chakra posé sur un lotus ; Kôju Sangai Bucchô (skt. Tejorâshyushnîsha), « Lumière concentrée », appelé aussi Kakô Bucchô, « Feu naissant », ou Hôkô Bucchô, « Donnant de la lumière », avec à la main droite un chintâmani et à la main gauche une tige de fleur de lotus ; Joshô Bucchô (skt. Vikîrnoshnîsha), « Lumière répandue », avec les mains en mudrâ de méditation tenant un lotus sur lequel se trouve un vajra, ou bien debout et habillé en moine portant le bol à aumônes et un bâton de pèlerin sur l'épaule droite, les pieds posés sur deux lotus (comme au Daigo-ji, à Kyôto) et auréolé de flammes...
Tous ces Bucchô sont disposés autour de Ichiji Kinrin et placés sur des pétales de lotus (Sawa Ryûken, *op.cit.*, p. 50, fig. 24).

Dans le *Sonshô Bucchô Mandara* (Sawa Ryûken, *Butsuzô annai*, p. 36), on ajoute à ces huit Bucchô Son les Vidyârâja Fudô Myô-ô (skt. Achalanâtha) et Gozanze Myô-ô (skt. Trailokyavijaya), ainsi que des êtres célestes appelés Jôgo-ten (skt. Shuddhavâsadeva). Un neuvième Bucchô est parfois ajouté à cette liste : Shôissai Bucchô, « Bucchô syncrétique », aussi appelé Henjô Bucchô, « Bucchô lumineux », ou Shijôkô Bucchô, « Celui qui est très fort » (le *Hôbôgirin*, II, 149, indique aussi un groupe de dix Bucchô, pl. XIII). Dans le *Ichiji Kinrin Mandara*, Ichiji Kinrin et entouré des « sept trésors » (skt. *Saptaratna*) représentés entourés de flammes (*Inde Classique*, II, § 2272 ; Burnouf, *Lotus de la Bonne Loi*, p. 321, note).

42. *Hôbôgirin*, II, p. 20 *sq*. (Butsugemmo) et illustr. 68, 69, pl. XVIII.

43. Une forme d'Ichiji Kinrin avec douze bras, nommée Taishô Kongô ou encore Daishô Kongô, combinerait les formes de Dainichi et d'Aizen Myô-ô.

44. D'après le *Rokuji-kyô Mandara*, Ichiji Kinrin serait entouré de six enfants divins (jap. Rokuji-ten) ayant chacun une tête et six bras, debout sur un pied sur un lotus ou bien assis en Padmâsana (avec deux bras seulement).

45. Fig. *in* Sawa Ryûken, *op.cit.*, p.51, n° 25.

46. Ces Shi Haramitsu (quatre Pârâmitâ) sont : à l'est : Vajrapâramitâ (jap. Kongô Haramitsu), main droite en Bhûmishparsha, main gauche en poing de sagesse ; à l'ouest : Ratnapâramitâ (jap. Hô Haramitsu), main droite avec un anneau d'or, main gauche avec un chintâmani sur un lotus ; au sud : Dharmapâramitâ (jap. Hô Haramitsu), mains en Dhyâna-mudrâ tenant un lotus sur lequel est posé un rouleau de sûtra ; au nord : Karmapâramitâ (jap. Katsuma-Gô-Haramitsu), main droite avec un Katshumasho (bâton sommé de quatre vajra en croix) et main gauche avec un lotus sur lequel est posée une boîte.

47. On le nomme aussi parfois Myôko Bosatsu.

48. Churchward, *Signs and Symbols of Primordial Man.*

49. Au Taima-dera, à Nara, une statuette de Jizô Bosatsu est appelée Myôdô Bosatsu. Il réalise une mudrâ indéterminée avec la main droite.

50. A. Getty, *op.cit.*, p. 35.

51. Ces constellations ont pour nom, en japonais : Donrô, Rentei, Kyomon, Rokuzon, Bunkyoku (ou Mongyoku), Bugyoku et Hagun.

52. Au musée Guimet, Paris.

53. *Taishôzô*, V, 398 ; Sawa Ryûken, *op.cit.*, p. 135, fig. 138, 139, 140.

54. *Ibid.*

55. Ce stûpa peut être à un ou à cinq étages.
S. : au Hokke-ji, Nara (XIVe siècle), Hôtô tardif ; en bois au Kongôshô-ji, Ise, Mie ken (époque de Heian).

56. Ce débat, pendant lequel Kôbô Daishi se serait transfiguré, eut lieu en 813, en présence des représentants des huit sectes alors admises au Japon : Kusha-shû, Jôjitsu-shû, Ritsu-shû, Hossô-shû, Sanron-shû, Kegon-shû, Tendai-shû et Shingon-shû.

57. *Hôbôgirin*, I, 39, fig. 18.

58. *Hôbôgirin*, I, 39, 40 et 24.

59. *Butsuzô-zu-i*, IV, p. 8. *Cf.* note 26.

60. *Taishô*, *XVIII*, 227, 275.

61. Ces quatre bodhisattva sont, à l'est : Vajrasâdhu (jap. Kongô Ki), poings fermés sur la poitrine ; à l'ouest ; Vajrasattva (jap. Kongô Satta), main droite tenant un vajra à trois pointes, main gauche une clochette avec vajra à trois pointes ; au sud : Vajrarâga (jap. Kongô Ai), tire à l'arc ou tient une flèche avec les deux mains ; au nord : Vajrarâga (jap. Kongô-ô). Trois formes : a) poings croisés sur la poitrine ; b) cheveux hérissés, poings croisés sur la poitrine avec index tendus (Kongô-ô In) ; c) quatre bras : mains droites avec vajra à trois pointes et flèches, mains gauches avec vajra à trois pointes et arcs.

62. À l'est :Vajratejas (jap. Kongô-kô), tenant le soleil dans la main droite ; à l'ouest : Vajraketu (jap. Kongô-tô), avec une bannière ; au sud : Vajrahâsa (jap. Kongô-shô), tient ses poings fermés de chaque côté de sa tête ; au nord : Vajraratna (jap. Kongô-kô), main droite sur la poitrine, main gauche en Varada-mudrâ « extérieure ».

63. M. Bénisti, *Étude sur le stûpa*..., p. 82.

64. *Taishô-zu-zô*, I, 12. Ces quatre Bodhisattva sont : à l'est : Vajrayaksha (jap. Kongô-ga), les deux poings fermés sur la poitrine ou bien main droite en poing de sagesse et main gauche tenant un lotus supportant un vajra à trois pointes ; à l'ouest : Vajrarâkshâ (jap. Kongô-go), poings fermés, joints sur l'estomac ; au sud : Vajrakarma (jap. Kongô-ge), mains en vénération (Añjali-mudrâ) au-dessus de sa tête ; au nord : Vajrasamdhi (jap. Kongô-ken), les deux poings fermés sur la poitrine,ou bien main droite avec katsuma (vajra en croix), main gauche en poing de sagesse sur la cuisse.

65. A. Getty, *op.cit.*, p. 3 et note 3.

66. A. Getty, *op.cit.*, p. 5 et note 4.

67. A. Getty, *op.cit.*, p. 4.

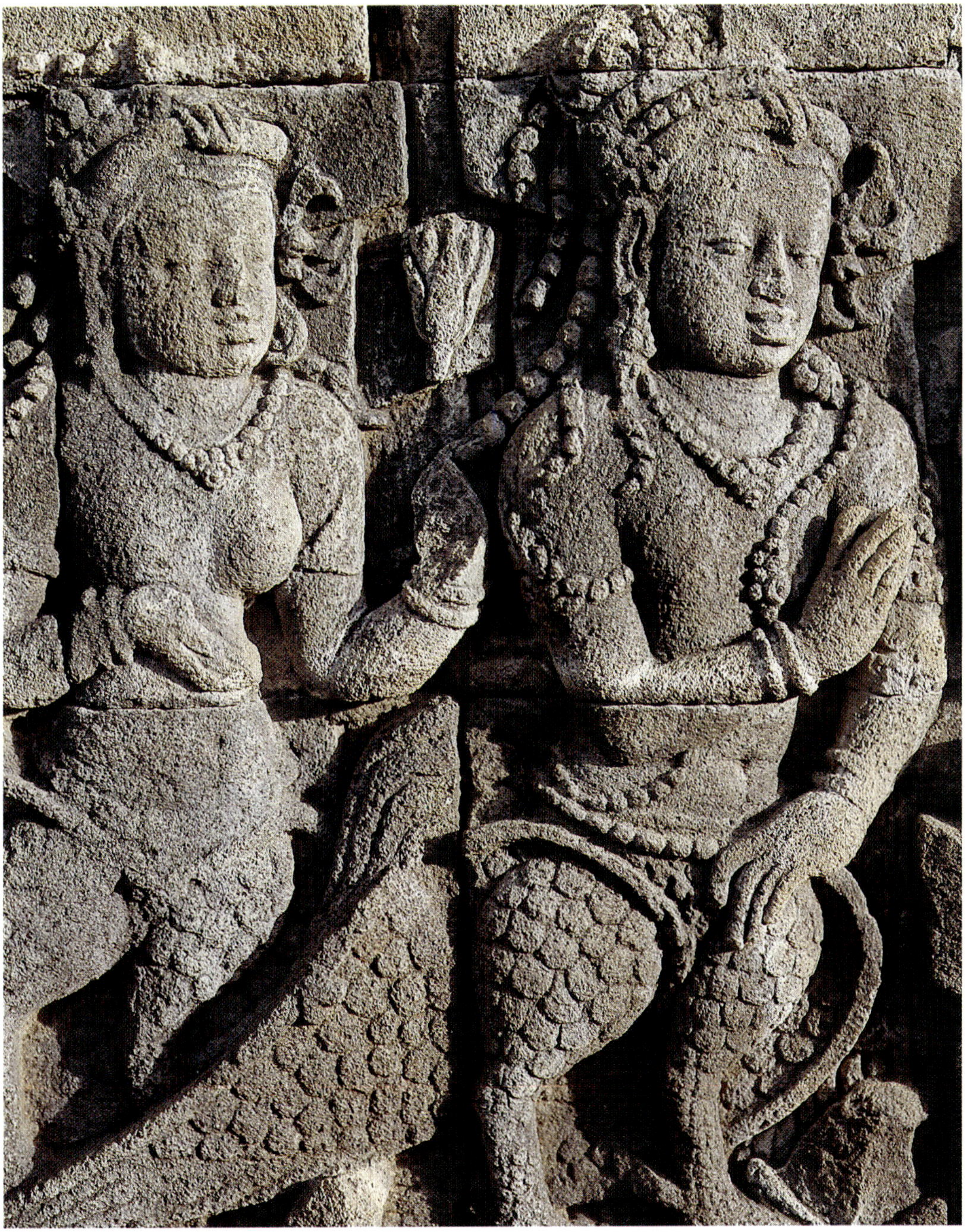

Kimnara, pierre, Java, Borobudur, vers 900.

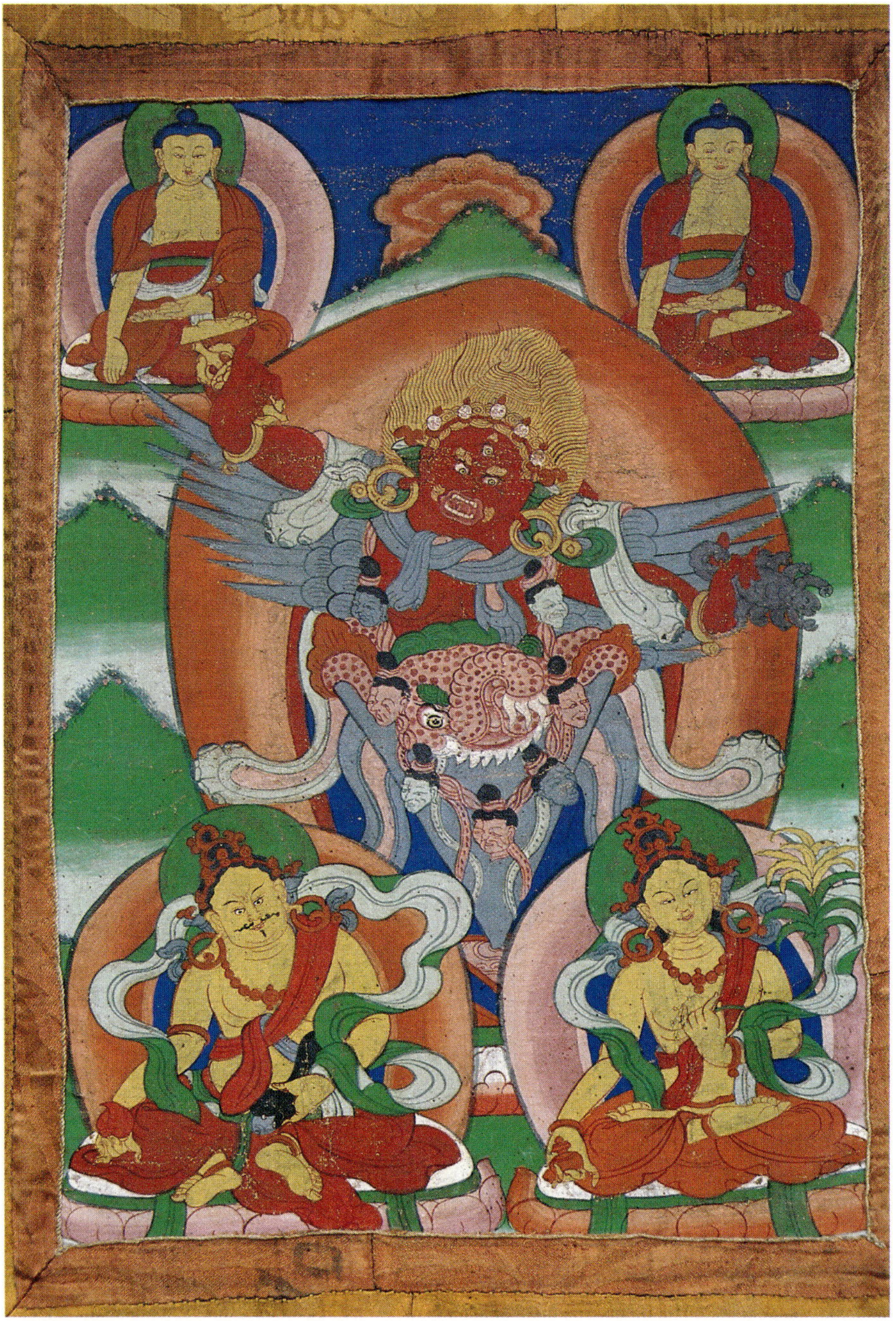

Un des aspects de Padmasambhava, mandala, peinture sur toile, Bhûtan, XIXe siècle, collection privée.

CHAPITRE V : LES BODHISATTVA DE COMPASSION.

1. *Hôbôgirin*, II, p.136.
2. *Hôbôgirin*, II, p.136.
3. E. Lamotte, « Mañjushrî », *T'oung-pao*, XLVIII, p. 9.
4. *Prajñâpâramitâ* (jap. *Chi Haramitsu*).
5. *Ashtasâhashrikâ*, p. 4, cité par E. Lamotte, *op.cit.*, p. 10, note 24.
6. *Hôbôgirin*, II, p.136.
7. *Hôbôgirin*, II, p.136.
8. Traité de Vasumitra sur les sectes, la *Vibhâsha*, l'*Abhidharmakosha*.
9. Notamment dans les textes de la *Prajñâpâramitâ*.
10. E. Lamotte, « Mañjushri », *T'oung Pao*, XLVIII, 1-3.
11. E. Lamotte, *op.cit.*, p. 94, 95. Le texte de la *Kâshyapaparivarta*, § 88, cite : « Les Tathâgata tirent leur origine des Bodhisattva. »
12. Ces dix lieux de naissance ou « terres » (*Bhûmi*) sont, selon le *Mahâvairochana-sûtra*. (Tajima R., p.110) : 1.Pramuditâ, de la Pensée de l'Éveil (*Bodhichitta*) ; 2. Vimalâ, de la Haute Résolution (*Adyâshaya*) ; 3. Prabhâkaharî, des terres (*Bhûmi*) ; 4. Arcishmatî, des Grands Vœux (*Mahâpranidhâna*) ; 5. Sudurjayâ, de la Grande Compassion (*Mahâkarunâ*) ; 6. Abhimukhî, de la Réflexion correcte (*Yonishomanashikâra*) ; 7. Dûramgamâ, du Grand Véhicule (*Mahâyâna*) ; 8. Achalâ, de la Maturation des êtres (*Sattvaparipâchâna*) ; 9. Sâdhumatî, de la Connaissance (Jñâna) et des moyens de Salut (*Upâya*) ; 10. Dharmameghâ, de la culture des Bons Dharma (*Sarvadharmabhâvanâ*). Mañjushrî, Avalokiteshvara et Maitreya appartiennent à cette dixième Terre. Dans le bouddhisme ésotérique, chacune de ces «dix terres» (jap. *Jûji*) est divisée en trois « étapes » : entrée, séjour, sortie. La première terre seule ne comprend que deux étapes : avant l'entrée et après l'entrée. Le bouddhisme ésotérique ne considère que deux étapes dans la carrière des Bodhisattva : avant les « dix terres » et les « dix terres » qui sont considérées comme des « rameaux » égaux des « mérites du cœur pur de la Bodhi » (Tajima R. *op.cit.*, p. 61, 105, 106). Dans le bouddhisme exotérique, on considère qu'il est nécessaire de parcourir 50 étapes avant de devenir un Bodhisattva : les « dix degrés de la Foi » (*Shraddha*, jap. *Shinjin*) ; les « dix degrés de séjour » (*Vihâra*, jap. *Jûsho*) ; les « dix degrés de pratique » (*Charyâ*) ; « les dix degrés de changement ou maturation » (*Parinâmana*, jap. *Ekô*) et les « dix degrés d'ascèse » ou « Terres » (*Bhûmi*, jap. *Jûji*).
13. Ils peuvent prendre toutes les formes. La tradition rapporte à ce sujet l'apparition de Samanthabhadra (jap. Fugen Bosatsu), au XIIIe siècle, au moine Shôkû (910-1007) sous les traits d'une courtisane, montrant ainsi que la « nature de Bouddha » se trouve dans toutes les créatures (B. Frank, *Mythologies*, p. 164). Ces Bodhisattva seraient répartis en deux classes, selon la « durée » de leur carrière : 1. Ceux qui, ayant atteint à la Bodhi dans leur dernière incarnation, deviennent des Tathâgata après avoir eu une seule renaissance dans le ciel Tushita (jap. Tosotsu-ten). Le Bouddha Gautama appartient à cette classe. 2. Ceux qui renoncent, par compassion pour les êtres, à devenir des Tathâgata. Selon le *Prajñâpâramitâ-sûtra*, les Bodhisattva de cette seconde catégorie suivent une «carrière» en quatre étapes : a) Préliminaire (skt. *Prakritichâryâ*) pendant laquelle se manifestent les qualités innées. b) De la pensée de l'Illumination (Éveil, *Prathamachittotpâdika*) lorsque le Bodhisattva formule son vœu d'aider les êtres à obtenir le salut. c) Début de la « carrière » véritable du Bodhisattva et mise en pratique des divers points de son vœu. d) Pratique « sans recul » du vœu formulé.
    Les trois premières étapes constituent les « sept premières terres » d'action des Bodhisattva (Joyeuse, Immaculée, Éclatante, Radieuse, Difficile à gagner, Droit en face et à Allant droit (*Inde classique*, II, § 2334). La quatrième correspond aux huitième, neuvième et dixième terres (Immobile, Bonne Pensée, Nuage d'Essence ou de La Loi) : *Hôbogirin*, II, p. 136 ; *Inde classique*, II, § 2334. Les Bodhisattva pour lesquels une seule renaissance dans le paradis Tushita est nécessaire pour parvenir à l'état de « non-retour », de « non-renaissance », de Tathâgata, appartiennent à la dixième « terre ».
14. *Hôbogirin*, II, p.146.
15. Selon le *Mahâvairochana-sûtra*, I, (Tajima R., *op.cit.*, p.53).
16. Voir détail *in* Tajima R., *op.cit.*, p. 170 *sq.*
17. B. Frank, *Mythologies*, p.162.
18. Cité dans l'*Avalokiteshvaragunakarandavyûha-sûtra* et dans le *Saddharmapundarîka-sûtra* (E. Burnouf, *Introduction à l'étude du bouddhisme Indien*, p. 201-202).
19. Selon P. Mus, cité dans la préface à M.-Th.de Mallmann, « Introduction à l'étude d'Avalokiteshvara », *Annales du musée Guimet*, t. 57, 1948.
20. Sukhâvatîvyûha (sûtra long), n°s 31, 34 (S. Levi, *L'Inde et le monde*, p. 45).
21. H. de Lubac, *Amida*, p. 104-105.
22. Interpolation tardive, appelée *Sûtra d'Avalokita* (jap. *Kannon-gyô*). J. Przyluski, « Le Vidyârâja », BEFEO, XXIII, 1923, p. 316, 317.

23. M.-Th. de Mallmann, *op.cit.*, p. 81-82, note 2.
24. P. : Au musée Guimet, Paris. J. Hackin, *Guide-catalogue du musée Guimet*, 1923, p. 40.
25. J.J.M. de Groot, *Sectarianism and Religious Persecutions in China*, Amsterdam, 1903, I, pl. II, p. 230.
26. Parfois aussi Barokiteishibara (*Hôbôgirin*, I, p. 55) et Rengeshu Kannon Bosatsu (M.-Th. de Mallmann, *op.cit.*, p. 72).
27. Tajima R., *op.cit.*, p. 180.
28. *Ibid.*, p. 90.
29. *Cf.* L. Frédéric, *L'Inde*..., p. 139, pl. 108.
30. Notamment le Shishireshvara mandir à Bhûbhaneshvar, Inde. (K.C. Panigrahi, « Bhauma Arts and Architecture in Orissa », *Arts asiatiques*, Paris, 1957, IV, p. 288).
31. J. Boisselier, « À propos d'un bronze cham inédit d'Avalokiteshvara », *Arts asiatiques*, Paris, 1957, IV, p. 255.
32. Sculpture d'Avalokiteshvara de Rach-Gia (J. Boisselier, *op.cit.*, p.269, note 4, fig. 11 ; P. Dupont *La Statuaire pré-angkorienne*, p. 52 *sq.*).
33. Notamment chez les Khmers et en Asie centrale (H. Marchal, *Mythologie asiatique illustrée*, p. 179-180 ; L. Finot, « Lokeshvara en Indochine », *Études asiatiques* ,1925, I, p. 243-244).
34. H. Maspéro, « Le monastère de la Kan Yin qui ne veut pas s'en aller », BEFEO.
35. J. Buhot, *op.cit.*, p. 138.
36. Shunjô, *Vie de Hônen*, ch. XVI ; H. Coates, *op.cit.*, p. 317- 318.
37. B. Frank, *Mythologies*, p. 162. On le fêtait dans les villages le 17e jour du 6e mois (F. Joüon des Longrais, *Est-Ouest*, p. 74).
38. Une effigie de Kannon se trouve placée à l'intérieur de la tête du grand Daibutsu (Amida) de Kamakura, datant de 1252.
39. De cette figure émanent parfois, dit-on, des rayons de lumière qui illuminent les mondes distants, selon le *Kanmuryôju-kyô* (skt. *Amitâyurdhyâna-sûtra*).
40. M.-Th. de Mallman, Head-dresses with Figurines in Buddhist Art, *Indian Arts and Letters*, XXI, 1947.
41. *Taishô*, XII, 343, 344.
42. Dans le *Saddharmapundarîka-sûtra*, Avalokiteshvara est décrit comme s'incarnant lui-même dans beaucoup de personnages différents.
    Par exemple, quand il voit qu'il est plus aisé, afin de sauver une certaine classe de gens, d'adopter un certain mode d'expression, il assume cet aspect particulier et exerce son influence de cette manière. Il sera un philosophe, un marchand, un homme de lettres, une personne de basse naissance ou n'importe qui selon l'occasion, car son seul but est de délivrer tous les êtres sans exception de l'ignorance et de l'égoïsme.
43. *Hôbôgirin*, II, p. 185. Selon le *Hoke-kyô Kanzeon Bosatsu Fumonbon* et le *Shômu Gekyô*, Shô Kannon prend trente-trois « corps » (jap. Sanjûsan Ôgeshin) dont les noms diffèrent de ceux des formes traditionnelles (ils diffèrent également quelque peu selon ces deux textes), selon les terres d'élection de ce Bodhisattva. Ces corps sont décrits dans le *Taishôzô-kyô Zuzô -bu*, XX, 126, 127. La couleur de leur corps et leurs attributs varient également. Ils ne furent presque jamais représentés (sauf peut-être en sculptures de petites dimensions, attribuées à Unkei, au Suginomoto no Kannon-ji, à Kamakura). Ces trente-trois corps ou *Keshin* (*Ôshin*, *Ôgeshin*, skt. *Nirmânakâya*), ou corps de transformation (Sawa Ryûken, *op.cit.*, p 55 *sq.*; E. Burnouf, *Le Lotus*..., dans la version de Kumârajîva, p. 264), sont :
    1. Corps de Bouddha (jap. Butsu Shin) ; 2. Corps de Pratyekabuddha (jap. Byakushin Butsu Shin) ; 3. Corps de Shrâvaka (jap. Shômon Shin) ; 4. Corps de Brahmâ (jap. Daibontennô Shin) ; 5. Corps de Shakradevendra (jap. Taishaku Shin) ; 6. Corps d' Ishavara (jap. Jizai-ten Shin) ; 7. Corps de Maheshvara (jap. Daijizay-ten Shin) ; 8. Corps de Senâpati ou général (jap. Tendaishôgun Shin) ; 9. Corps de Vaishrâvana (jap. Bishamon Shin) ; 10. Corps de prince (jap. Shô-ô Shin) ; 11. Corps d'homme riche (jap. Chôja Shin) ; 12. Corps de fidèle laïc (jap. Koji Shin) ; 13. Corps de courtisan (jap. Saikan Shin) ; 14. Corps de brâhmane (jap. Baramon Shin) ; 15. Corps de moine (jap. Biku Shin) ; 16. Corps de nonne (jap. Bikuni Shin) ; 17. Corps d'Upâsaka ou fidèle laïc (jap. Ubasoku Shin) ; 18. Corps d'Upâsikâ ou femme dévote (jap. Ubai Shin) ; 19. Corps d'homme ordinaire (jap. Jin Shin) ; 20. Corps de femme ordinaire (jap. Bunyo Shin) ; 21. Corps de garçon (jap. Dônan Shin) ; 22. Corps de fillette (jap. Dônyo Shin) ; 23. Corps de Deva (jap. Ten Shin) ; 24. Corps de Devî (jap. Dômokutennyo Shin) ; 25. Corps de Vajrapâni (jap. Shukongô Shin) ; 26. Corps de Nâga ou dragon (jap. Ryû Shin) ; 27. Corps de Yaksha (jap. Yasha Shin) ; 28. Corps de Gandharva (jap. Kendatsuba Shin) ; 29. Corps d'Asura (jap. Ashura Shin) ; 30. Corps de Garuda (jap. Karura Shin) ; 31. Corps de Kimnara (jap.Kinnara Shin) ; 32. Corps de Mahoraga (jap. Makoraka Shin) ; 33. Corps de « non-humain » (jap. Hinin Shin).
44. *Hôbôgirin*, II, p. 183.
45. Ces légendes auraient été importées au Japon par des peintres et des sculpteurs chinois de l'époque des Ming (1334-1668). Plusieurs des formes de Kannon appartiendraient donc à la légende chinoise du Miao Shan (*Annales du musée Guimet*, Paris ; A. Getty, *op.cit.*, p. 79, 84).

46. Liste des trente-trois places sacrées (jap. Sanjûsan Sho) du pèlerinage aux trente-trois temples de l'ouest, au Japon :
1. Seiganto-ji (Nachizan, Nyorin-ji), Wakayama. 2. Kongô-hô-ji (Kimii-dera), Wakayama. 3. Kokawa-dera (Seon-ji), Wakayama. 4. Makinoo-dera (Sefuku-ji), Ôsaka. 5. Fujii-dera, Nakano. 6. Tsubosaka-dera (Minami Hokke-ji), Nara. 7. Oka-dera (Ryûkai-ji), Nara. 8. Hase-dera, Nara. 9. Nanendô du Kôfuku-ji, Nara. 10.Mimurodô-dera (Myôshôzan), Uji. 11. Kamidaigo-dera, Uji. 12. Iwama-dera (Shôhô-ji), Shiga. 13.Ishiyama-dera, Shiga. 14. Mii-dera (Onjô-ji), Ôtsu. 15. Ima (shin) Kumano Kannon-ji (Sennyû-ji), Kyôto. 16. Kiyomizu-dera, Kyôto. 17. Rokuharamitsu-ji, Kyôto. 18. Rokkakudô du Chôhô-ji, Kyôto. 19. Kôdô du Gyôgan-ji, Kyôto. 20. Yoshimine-dera, Kyôto. 21. Bodai-ji, Anô. 22. Sôzen-ji, Ôsaka. 23. Kachio-dera (Toyokawa), Ôsaka. 24. Nakayama-dera, Hyôgo. 25. Shin Kiyomizu-dera, Hyôgo. 26. Hokke-ji, Hyôgo. 27.Enkyô-ji (Shôshazan, Nyoirin-dô), Hyôgo. 28. Nariai-dera (Seisô-ji), Kyôto. 29. Matsunoo-dera, Kyôto. 30. Hôgon-ji (Chikubu-ji, Chikubujima), Shiga. 31. Chômei-ji (Okushima), Shiga. 32. Kannon-ji, Shiga. 33. Kegon-ji, Gifu.(liste selon le *Nihonshi Shôjiten*, Tôkyô, 1966, annexe p. 10). Dans l'est du Japon, il existe pareillement trente-trois lieux ou temples qui constituent les étapes d'un pélerinage à Kannon. Avec les trente-trois temples du pèlerinage de l'ouest (le plus fréquenté) et deux autres, le nombre total des temples constituant le pèlerinage complet qui doit préserver le pieux pèlerin des tourments des enfers et lui ouvrir les portes d'une renaissance heureuse se monte à 88 (nombre symbolique qui, au Japon, équivaut à une infinité). Parmi les temples les plus importants du « pèlerinage de l'Est » se trouvent le Suginomoto-ji, l'Iwadono-ji, l'Anyô-in, le Hase-Kannon-ji de Kamakura, etc.
47. Une forme exceptionnelle, appelée Chigo Kannon (dans le *Chigo Kannon Emaki*), montre Shô Kannon sous la forme d'un enfant.
P. : Bodai-in du Kôfuku-ji, Nara, coll. Akimoto.
48. *Taishô*, XX, 122.
S : en bois, au Daian-ji ; au Hôryû-ji (sans ornement).
49. *Hôbôgirin*, III, p. 217, 221.
50. *Hôbôgirin*, III, p. 217 *sq.*, fig. 72 à 77 et pl. XIX, XX.
51. *Taishô*, XVIII, 564 ; XXXIX, 632.
52. *Zuzôshô*, *Hôbôgirin*, III, p. 279, fig. 17.
53. *Cf.* O. Sirén, *Histoire de la peinture chinoise*, ch. I, p. 59, 60.
S. : au Chikuron-ji, Kôchi, Japon.
54. *Hôbôgirin*, III, p. 222. Cette forme de Kannon, théorique surtout, de son nom ésotérique japonais Fuke Kongô, « Diamant de transformation », et montrée assise sur un lotus en Râjalilâsana, bras droit relié et accoudé sur le genou, main gauche tenant un lotus. Elle est de couleur jaune très pâle. Elle aurait pour attributs (*Taishô*, 1092, et XXII, 349) un chintâmani et un vase (*kundîkâ*, jap. *byô*). Elle ne serait en fait qu'un des aspects de Byakue Kannon.
55. Avec une seule tête, assise sur une feuille de lotus, ornements de tête en métal orfévré, attribuée à Unkei, au Tôkei-ji de Kamakura.
56. *Taishô*, XX, 271, 490.
57. *Taishô*, XX, 503. Elle est aussi appelée Mu-i, « sans crainte ».
58. *Hôbôgirin*, I, p. 23 et fig. 12 (par Shûei).
59. « Habillée de feuille » (*Taishô* , XX, 134, 448).
60. *Taishô*, XX, 453.
61. Vajradatta, « Lokeshvarashataka », trad. par S. Karpelès, *Journal asiatique*, Paris, 1919, XIe série, XIX, p. 357 à 465.
62. *Mahâvairochana-sûtra*.
63. Coll. Maeda, Tôkyô, repris dans Sawa Ryûken, *op.cit.*, p. 76. Elle était particulièrement vénérée par les pêcheurs de Nagasaki.
S. : au cimetière du Kôyasan, au musée Guimet, Paris.
64. Cité par P. Claudel, *Connaissance de l'Est*, 1907.
65. *Taishô*, XX, 141, 150. Cette forme aurait été, selon la tradition, importée de Chine au début du VIIIe siècle par le moine chinois Kanshin Daishi, qui en aurait offert une statue à l'empereur Shômu en 746 (J. Auboyer, *Les Influences...*, p. 86 et note 183).
66. Il arrive parfois que l'auréole porte, à la place des soleils et des chintâmani, des bîja ou lettres-germes sanskrites. Chaque divinité possède ainsi son propre son-symbole. Mais parfois également, le nom du temple se trouve inscrit sur l'auréole.
67. Elle serait la copie d'une œuvre chinoise datant de 719 (au Hôryû-ji, Nara).
68. Renseignements communiqués à l'auteur par Mlle Shirahata, du musée de Kyôtô, en 1966. Parmi les images de Jûichimen Kannon, citons :

S. : en bois au Hase-dera, Nara (elle tient un bâton de pèlerin à la main droite, est debout sur un socle sans lotus, datée du XVIe siècle (h : 7,90 m) ; en bois au Hôki-in de Wakayama ; au Kojima-dera, Nara ; au Yakushi-ji, Nara ; au Kiyomizu-dera, Kyôto ; au Jôfuku-ji, Shiga ; au Eishô-in, Shiga ; au Hakadera, Fukui ; au Tôgan-ji, Ômi (VIIIe siècle), etc.

P. : une hypostase de ce Bhodisattva se trouve sur le *Shika Mandara* du Kasuga Taisha (sanctuaire shintô) de Nara, gravée sur le miroir se trouvant sur l'arbre Sakaki qui y est montré (daté de 768, musée de Nara) ; une petite statue de Jûichimen Kannon se trouve aussi sculptée à l'intérieur de la tête d'une statue de Tenjin-sama (déification shintô du ministre Sugawara no Michizane), au Tenmangû d'Egara, *Kamakura* (Iso Mutsu, *Kamakura*, p. 27, 29, 210).

69. On trouve l'histoire de l'une de ces statues dans le *Kokawa-dera Engi Emaki* (*histoire d'un temple de la province de Kii*), attribué à Toba Sôjô (h : 0,31 m). Trois copies de ce rouleau, datant du XVIIIe siècle, se trouvent au musée de Nara.
P. : en couleurs sur soie (fin Heian) au Kinbusen-ji, Nara.
S. : avec vingt-sept têtes et quarante-deux bras, au Hosshô-ji, Kyôto ; avec quarante-deux mains plus neuf cent onze petites, par Tankei, au Tôshôdai-ji, Nara ; assis avec mille bras, au Fuji-dera d'Ôsaka ; debout, de taille Jôroku (2,64 m), en pierre, à l'Oya-ji, Utsunomiya.
70. *Cf.* M. -Th de Mallmann, *Introduction à l'étude d'Avalokiteshvara*, *op.cit.*
71. À l'Oku-no-in du Kiyomizu-dera, Kyôto, cette image, dite secrète, n'est montrée aux fidèles qu'une fois tous les trente-trois ans. Sa dernière sortie eut lieu en 1964.
72. *Taishô*, XX, 120.
73. S. : sur bois, au Jôroku-ji, Shiga ; au Sanjûsangendô, Kyôto ; en laque sèche, au Kôfuku-ji, Nara (il ne reste plus que huit effigies de ceux-ci, lesquelles correspondent aux nos 7, 8, 20, 21, 22, 23, 24 et 25 de notre liste.)
74. *L'Art japonais à travers les siècles* , musée d'Art moderne, Paris, 1958, légende 91, pl. 17, 18.
75. *Ibid.*, pl. 18.
76. S. : au Kosô-ji, Gifu. C'est la divinité qui secourut le pèlerin chinois Xuanzang dans le désert. C'est une hypostase d'Avalokiteshvara et de Vaishravana tout à la fois. Représenté comme un guerrier avec une guirlande de crânes autour du cou (influence tibétaine ?), un visage d'enfant sur le ventre (remplaçant la tête de lion habituelle) et un tablier orné de têtes d'éléphants (attributs des soldats de Mâra, démon de l'enfer), J. Buhot *Histoire des arts du Japon*, § 208, p. 162.
77. Les six destinées de la transmigration (*Gati*, jap. *Rokudô*) sont aussi les « six voies de l'existence » qui, selon le *Kanmuryôju-kyô*, sont celles des démons de l'enfer, des Preta (jap. Gaki), des animaux, des Asura, des hommes et des dieux, catégories dans lesquelles sont placés les êtres en rétribution des actes de leurs vies antérieures (les Asura étant parfois comptés avec les Preta – esprits affamés des trépassés), on compte alors seulement cinq catégories (*Inde classique* , II, § 2266). Des illustrations de l'*Ôjôyôshû* de Genshin (942-1017) reproduites *in* J. Troup, *op.cit.*, p. 178, pl. I, et p. 182, pl. II, montrent ces « six voies » augmentées de la classe des Rishi (jap. Sennin) ainsi que les huit purgatoires (Naraka, jap. Jigoku) ou prisons terrestres, dénommées aussi « enfers » : 1. Sañgîva (jap. Tôkatsu Jigoku) ; 2. Kâlasûtra (jap. Kokujô Jigoku) ; 3. Sanghâta (jap. Shûgô Jigoku) ; 4. Raurava (jap. Kyôkan Jigoku) ; 5. Mahâraurava (jap. Daikyôkan Jigoku) ; 6. Tapana (jap. Shônetsu Jigoku) ; 7. Pratapana (jap. Daishônetsu Jigoku) ; 8. Avîchi (jap. Muken Jigoku) ou « enfer sans fin ».
Ces huit enfers (chauds ou froids) sont compris dans les vingt et un enfers brâhmaniques. On les appelle aussi « enfers bouddhiques » (H. Kern, *Manual of Indian Buddhism.*, p. 58). Ces six formes d'Avalokiteshvara étaient vénérées pour obtenir victoire sur les ennemis et bonne santé, en répétant six mots magiques ou les six bîja (jap. *shûji*) caractérisant ce Bodhisattva (H. MacCullough, *Taiheiki*, p. 12, note 25).
Les images des six Gati sont très souvent représentées peintes sur les murs des temples et monastères du Tibet, du Sikkim et du Bhûtan, entre les rayons d'une grande « roue de la Loi » que semble dévorer un monstre (le Temps).
78. *Taishô*, XX, 193.
S. : en bronze, au Shôrin-an, Fukui ; au Jinnô-ji du Tôdai-ji, Nara ; au Kanshin-ji, Ôsaka ; ou en bois, au Kôryû-ji, Kyôto ; à l'Ishiyama-dera, Shiga.
79. *Taishô*, XX, 193.
80. Ou avec épaule droite seule dénudée, avec une haute couronne (S. : Seki Butsu du Hannya-ji, Nara ; en pierre, époque d'Edo).
81. Dans le *Nyoirin Mandara* , il se trouve au centre d'une grande roue de la Loi (*chakra*, jap. *rinbô*) entre les rayons de laquelle se trouvent ses huit acolytes (Deva, jap. Ten). Une autre représentation de ce mandala montre Nyoirin Kannon entourée de ses huit acolytes mais sans roue de la Loi.
82. Forme du « cheval sauveur », Balâha ou Valâha..., aux crins duquel s'accrochent, pour retraverser l'océan, des naufragés réfugiés sur une île peuplée d'ogresses (Râkshasî). *Inde classique*, II, § 2361. Cette forme est peut-être représentée à Angkor dans le sanctuaire du Neak Pean, en connexion avec Avalokiteshvara.

83. B. Frank, *Mythologies*, p. 163.
84. Avec lotus et feuille à la main droite, hachette à la main gauche, assis en Râjalilâsana (*Hôbôgirin*, I, p. 58, fig. 27). Ce type est dit « des Tang » (jap. *Tôzu*). La tête de cheval porte une petite effigie d'Amida assis sur un lotus.
85. Mains jointes tenant un rosaire, tête de cheval dans les cheveux, assis en Padmâsana sur un lotus blanc, avec pour support un cheval et un bœuf (ou buffle ?), Ofuda de l'Entsû-ji, *Hôbôgirin*, I, p. 59, fig. 28. *Cf.* également R. Van Gulik, *Hayagrîva*.
86. *Taishô*, XX, 131, 167, 168, 271.
87. A. Foucher, *Iconographie bouddhique*, I, p. 144, et II, p. 93.
88. La branche Ono de la secte Shingon la reconnaît comme étant Âryâvalokiteshvara (jap. Shô Kannon).
89. *Taishô*, XX, 178 à 184.
90. *Taishô*, XX, 140, 292, 332, 342.
91. *Hôbôgirin*, I, p. 72, fig. 35.
92. Une représentation datant de l'époque de Kamakura, attribuée à Unkei et appelée Suigetsu Kannon, serait une forme de cette divinité. Elle est parfois appelée Komochi Kannon. (S. : au Taizan-ji du Kiyomizu-dera, Kyôto ; au Tôkokû-ji, Nara, debout avec un enfant assis sur sa main gauche ; au Tokei-ji, Kamakura. P. : panneau du fond de la châsse (jap. *zushi*) de Kichijô-ten, au Jôruri-ji, Kyôto (actuellement à l'Université des Arts, à Kyôto). Péri et Maspéro, *Le monastère de la Kuan Yin qui ne veut pas s'en aller*, BEFEO, IX, p. 797 à 807, et A. Foucher, « La madone bouddhique », *Iconographie bouddhique*, *op. cit.*.
93. *Monuments et Mémoires de l'Académie des inscriptions et belles-lettres*, XVII, 1910 (gravure).
94. B. Frank, *Mythologies*, p. 173 ; R.P. Humbert Claude, « Maria Kannon, iconographie mariale au Japon, durant la persécution », *L'Apôtre de Marie*, 1953, p. 97 à 104.
95. Des associations de femmes, appelées Koyasu-kô, sous l'invocation de Koyasu Kannon prise pour Koyasu Myôjin, se formèrent au Japon dans le but de guérir leur stérilité (Lucy S. Itô, « Japanese confraternities, Kô », *Monumenta Japonica*, VIII, 1952, p. 412, 414).
96. Hârîtî. C'est également la personnification de la variole (A. Foucher, *La Madone bouddhique*, pl. XVIII, XIX).
97. Dans le *Saddharmapundarîka-sûtra*, Hârîtî est en effet l'une des huit Râkshâsî qui écoutèrent la Bonne Loi prêchée par le Bouddha. Elle était vénérée alors plus comme protectrice du sûtra que comme « donneuse d'enfants » (N. Péri, *Hârîtî, mère des démons*, p. 41 *sq*).
98. Selon la légende, après sa conversion, Hârîtî nourrit ses enfants non plus avec du sang humain mais avec du jus de grenade, de même couleur. Ce serait la raison pour laquelle on la représenterait avec une grenade à la main (comme en sculpture à l'Onjô-ji, Kyôto, entre autres), la grenade, en raison de ses nombreux grains, symbolisant la fécondité.
99. *Taishô*, XXI, 286, 289.
100. A. Getty, *op.cit.*, p. 98.

CHAPITRE VI : LES BODHISATTVA ORDINAIRES

1. Il est parfois appelé, dans le *Taizô-Kai*, Myôkichijô ou encore Myôon (skt. Mañjughosha), « Celui qui possède une voix merveilleuse » (pour parler de la Loi). Tajima R., *op.cit.*, p. 105 ; B. Frank, *Mythologies*, p. 164.
2. E. Lamotte, « Mañjusrî », *T'oung Pao*, XLVIII, p. 1 ; *Inde classique*, II, § 2339, où il est traduit par « suave ».
3. Evans-Wentz, *Le Livre tibétain de la grande libération* (trad. Paris, 1960, p. 306) : « Son adoration confère la sagesse divine, la maîtrise du Dharma, une mémoire fidèle, la perfection mentale, l'éloquence. »
4. E. Lamotte, *op.cit.*, p.3.
5. On trouvera la liste des textes sanskrits et chinois concernant Mañjushrî dans E. Lamotte, *op.cit.*, p. 5 *sq*.
6. Ainsi que le *Mañjushrîbuddhakshetragunavyûha* (E. Lamotte, *op.cit.*, p. 18) et une version tibétaine de l'*Avatamsaka*, déclarée apocryphe (*cf.*, à ce sujet, discussion dans E. Lamotte, *op.cit.*, p. 75 *sq.*).
7. Une de ses épithètes est Kumârabhûta, « devenu jeune homme » ou « devenu prince royal ». D'autre part, on lui attribuait le nom de Pañchashika, en raison de sa coiffure de jeune garçon, à cinq tresses (Buddhaghosha dans la *Sumangalavilâsinî*, II, p. 647, cité par E. Lamotte, *op.cit.*, p. 2, note 3).
8. « Celui qui n'est pas chauffé » et d'où naîtraient les quatre grands fleuves, Indus, Gange, Oxus et Tarim (E. Lamotte, *op.cit.*, p. 35).
9. E. Lamotte, *op.cit.*, p. 55 *sq.*
10. D'après l'*Ajatashatrukaukrityavinodana*, t. 629, cité par E. Lamotte, *op.cit.*, p. 93-96.
11. *Ajatashahtrurâjasûtra*, t. 626, p. 394 b, 18-20, cité par E. Lamotte, *op.cit.*, p. 95.
12. Traduit par E. Lamotte, *op.cit.*, p. 35-39.
13. Notamment à Nâlandâ (Inde).

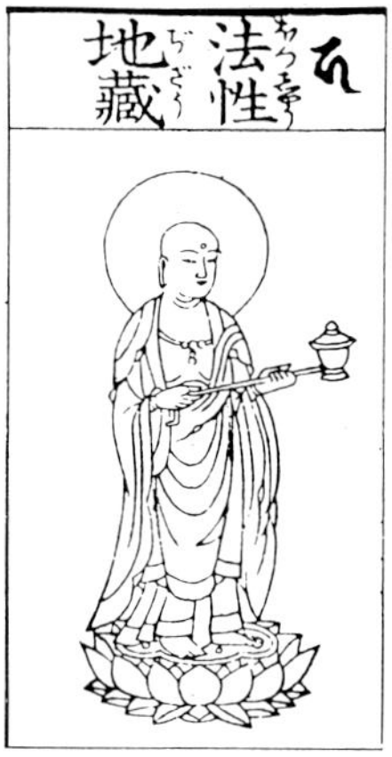

Hôshô Jizô

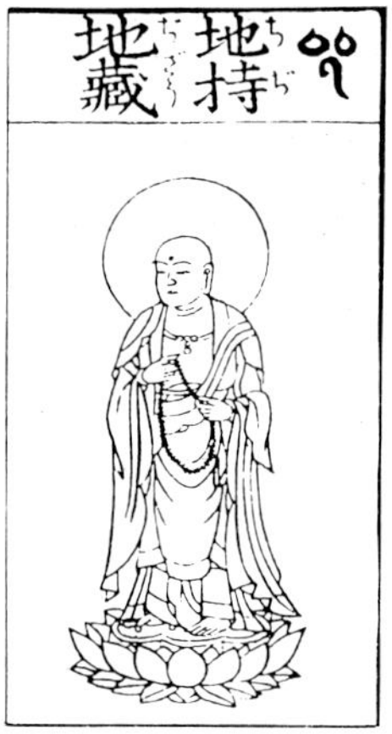

Chiji Jizô

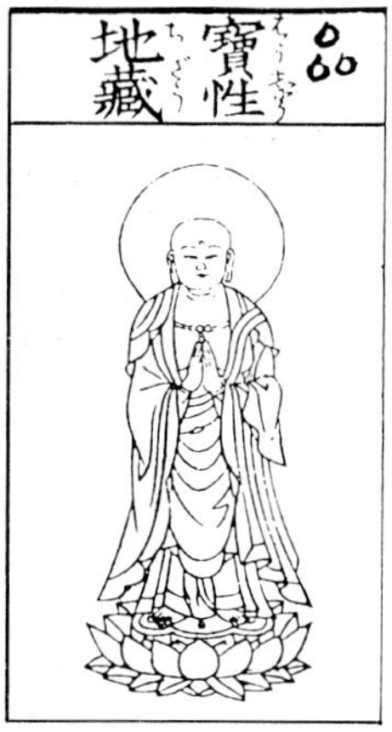

Kyûshô Jizô

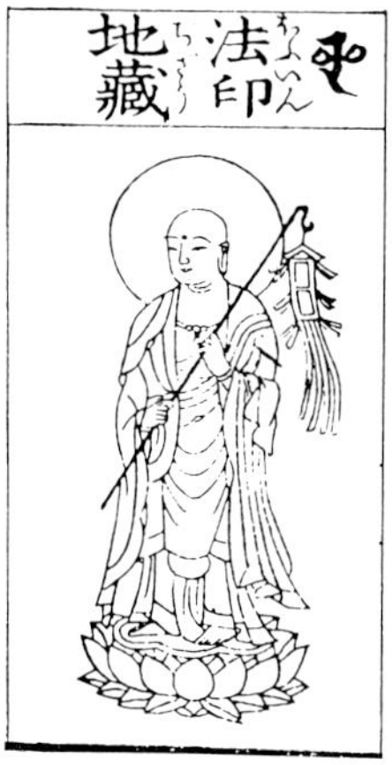

Hô-in Jizô

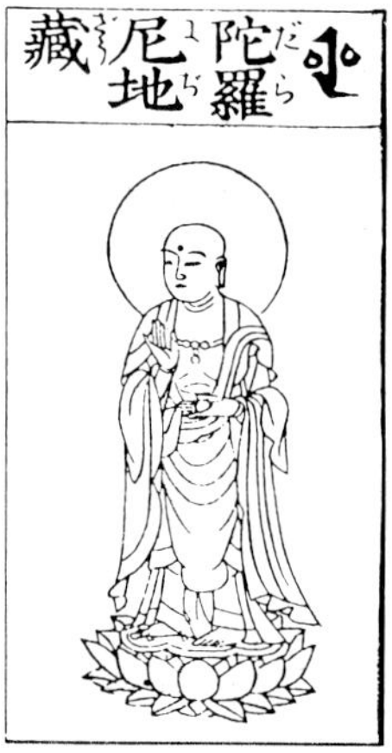

Darani Jizô

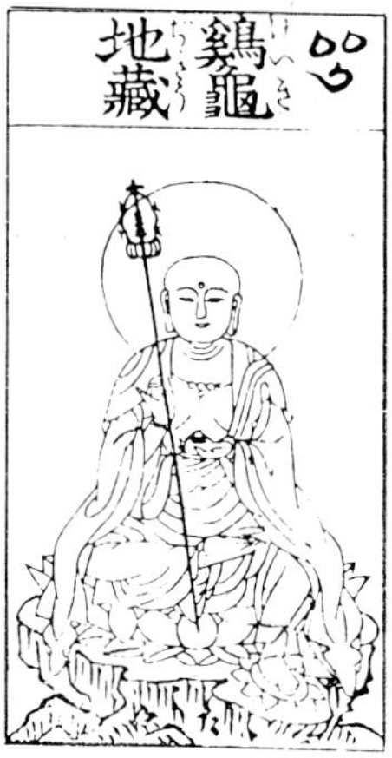

Keiki Kizô

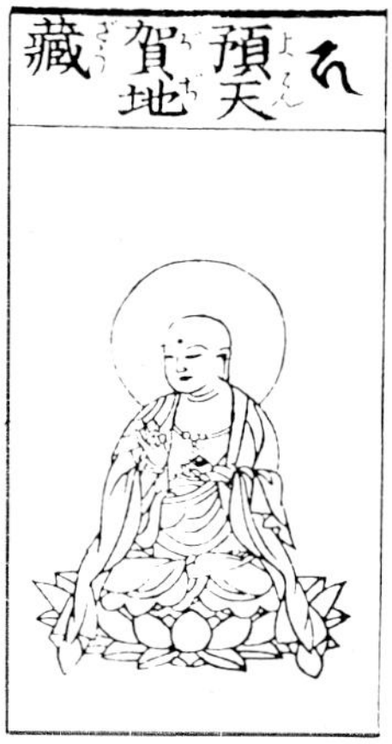

Yotenga Jizô

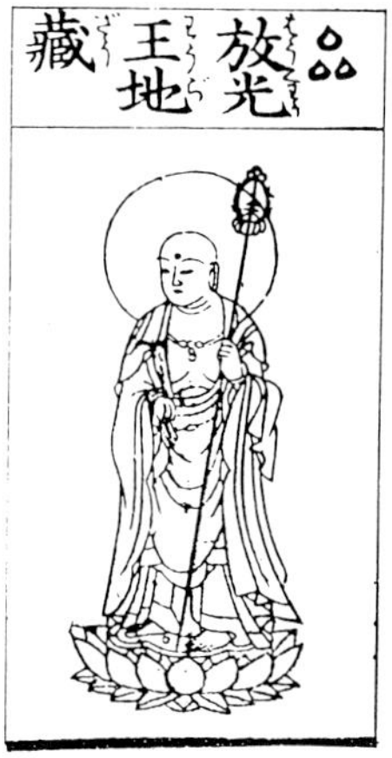

Hôko-ô Jizô

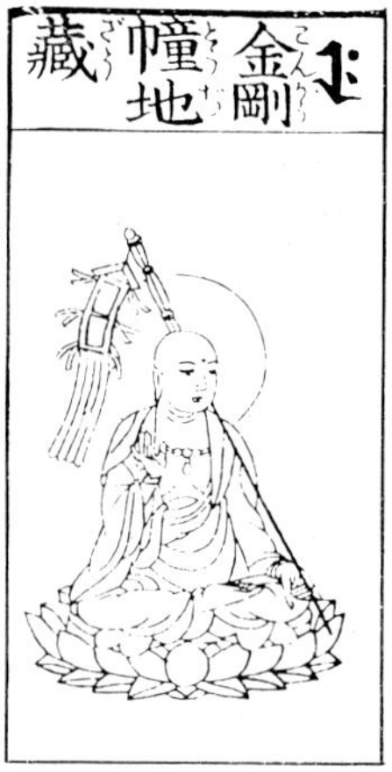

Kongô-tô Jizô

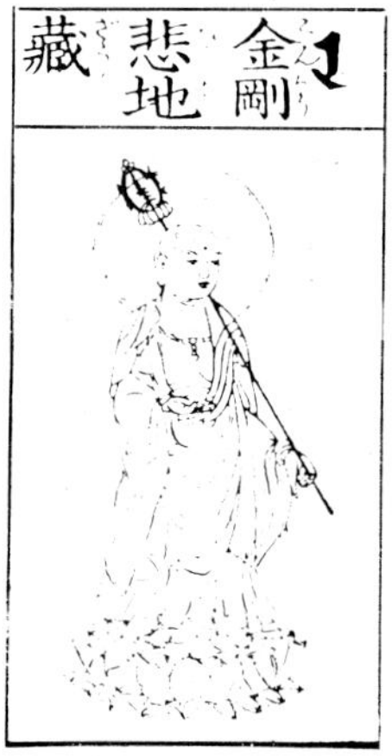

Kongô-hi Jizô

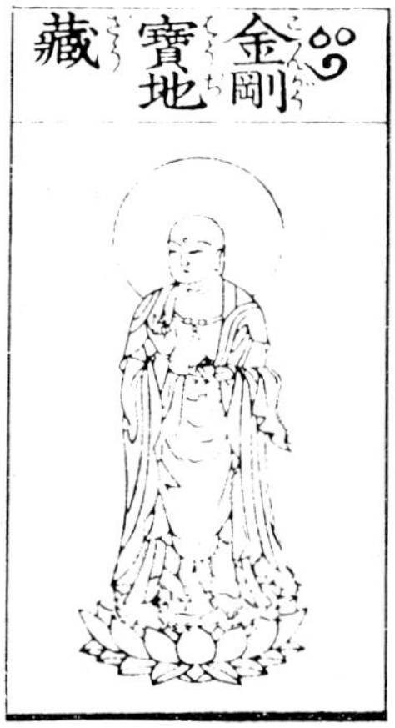

Kongô-ho Jizô

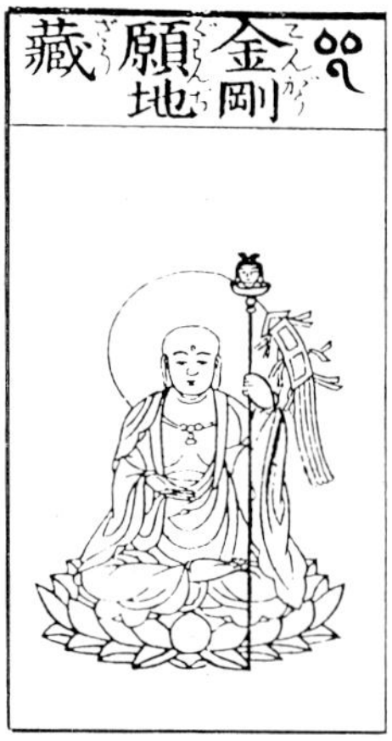

Kongô-gan Jizô

14. A. Foucher, *Étude sur l'iconographie bouddhique de l'Inde*, Paris, 1900-1905 ; M. Lalou, *Iconographie des étoffes peintes dans le Mañjushrîmûlakalpa*, Paris, 1930 ; B. Bhattâchârya, *The Indian Buddhist Iconography*, Calcutta, 1930.
15. *Svayambhû Purâna*, B. Bhattâchârya, *op.cit.*, p. 15-16.
16. Son nom serait à l'origine de celui des Mandchous (*Inde classique*, II, § 2339).
17. P. Pelliot, *Les Grottes du Touen Houang*, Paris, 1921, VI, pl. 24 ; E. Lamotte, *op.cit.*, p. 4, note 13.
18. P. Demiéville, « La musique chame au Japon », *Études asiatiques*, Paris, 1925, I, p.208-209 ; E. Lamotte, *op.cit.*, p. 89.
19. E.O. Reischauer, *Ennin's Diary*, New York, 1955, p. 269-270.
20. On lui attribue aussi, dans le *Kañjur* canonique tibétain, beaucoup d'autres ouvrages.
21. *Taishô*, XXXIX, 741, 787.
22. Il représente la cause (jap. *In*) de l'ascèse dont Samkusumitarâja (jap. Kaifuke-ô Nyorai) est l'effet (jap. *Ka*). C'est « le trésor des inépuisables moyens de salut de la Grande Compassion » (Tajima R., *op.cit.*, p. 69 et 75).
23. Tajima R., *op.cit.*, p. 69.
24. Tajima R., *op.cit.*, p. 74-75.
25. Tajima R., *op.cit.*, p. 107.
26. B. Frank, *Mythologies*, p. 164.
27. Ou avec une tiare à cinq pointes (surtout en Chine), avec parfois une effigie d'Akshobhya dont il serait l'hypostase (*Inde classique*, II, § 2339).
28. Ce rouleau ou livre (*pushtaka*) est censé être le traité de sagesse fondamental, le *Prajñâpâramitâ-sûtra* (jap. *Hannya-kyô*).
29. *Cf.* illustr. *in* Sawa Ryûken, *Butsuzô-zu-ten*, p. 79, fig. 53.
30. La désignation *Ji* (Ichiji, Goji, Rokuji, Shichiji, Hachiji) correspondrait aux «paroles authentiques» (jap. *Shingon*). Celle de *Kei* (Ikkei, Gokei, Rokkei, Shichikei, Hakkei) correspondrait au nombre de chignons ou tresses.
31. Ces cinq chignons ont souvent été considérés comme symboliques des cinq « sommets » du Wutai Shan en Chine. Ils sont parfois ornés des effigies des Cinq Jina et représenteraient les enseignements de ceux-ci.
32. *Taishô*, XX, 675, 715.
S. : en bois, au Hannya-ji, Nara ; au Tô-ji, Kyôto.
P. : *in* Sawa Ryûken, *op.cit.*, p. 79, fig. 54.
33. *Cf.* illustration *in* Sawa Ryûken, *op.cit.*, p. 80, fig. 55.
34. *Hachiji Monju Mandara*, *in* Sawa Ryûken, *op.cit.*, p. 81, fig. 56.
P. : sur soie, au Shôji-in, Wakayama : au Sekaikyûsei-kyô, Shizuoka.
35. *Taishô*, XX, 790.
36. Pour aller d'Inde en Chine par voie de mer, sous la conduite du roi indien Udayâna ?
37. « Kegongojûsho Emaki » (Les cinquante-cinq stations du Kegon), au Tôdai-ji, à Nara.
38. Appelé parfois Buddhapâli, du nom d'un traducteur du *Tripitaka*, ou Xuanzang (jap. Genjô).
39. Cités dans les sûtra et mandala ésotériques : *cf.* illustr. *in* Sawa Ryûken, *op.cit.*, p. 81, fig. 5 ; au Sekaikyûseikyô, Shizuoka.
40. Ces Hachidai Dôji, tous féminins, sont :
- *Au nord-est* : Keshinî (jap. Keshini, Keseni, *Shinshû Nihon Butsuzô zuzetsu*, *op.cit.*, p. 284) : avec un triple chignon et un corps jaune, tenant une lance à la main droite et un lotus bleu à la main gauche.
- *Au sud-est* : Upakeshînî (jap. Uba Keshini, Uba Keseni) tenant un glaive ou une lance à la main droite, un lotus bleu à la main gauche.
- *À l'est* : Paritrânâshâyamatî (jap. Kugoe), la « Sapience qui sauve et protège ». Elle tient une bannière ou une canne surmontée du disque lunaire ou d'une étoile à la main droite, et un lotus bleu à la main gauche.
-*Au sud* : Jâlinîprabhâ (jap. Kômô), « Qui a l'éclat du filet », aussi appelé en jap. Môkô Dôji (Tajima R., *op.cit.*, p. 105), tient une corde dans la main droite et un lotus bleu dans la gauche.
- *Au sud-ouest* : Vasumatîdhvajâ (jap. Chie-tô), « Celle qui est le drapeau de la terre », lance flammée dans la main droite, lotus bleu dans la main gauche.
- *À l'ouest* : Vimalaprabhâ (jap. Mukukô), « Qui est d'un éclat sans tache », bol à aumônes ou chintâmani tenu de la main droite sous le nombril, lotus bleu dans la main gauche.
- *Au nord-ouest* : Achintya-matidattâ (jap. Fushigie), « Celle à qui a été donnée l'intelligence inconcevable », tient dans ses mains jointes une canne supportant une demi-lune et une étoile ou un lotus épanoui dans la main droite, un lotus bleu dans la main gauche.
-*Au nord* : Akârshânî (jap. Shôjô), tenant une lance dans la main droite, un lotus bleu dans la main gauche.
41. Dans le *Taizô-kai Mandara*.
42. En sculpture, sous le nom de Gien, en habit de religieux, et destiné à présider aux repas des moines dans un réfectoire du monastère de l'Oka-dera à Nara.

Les dix Râkshasî (*note 54*)

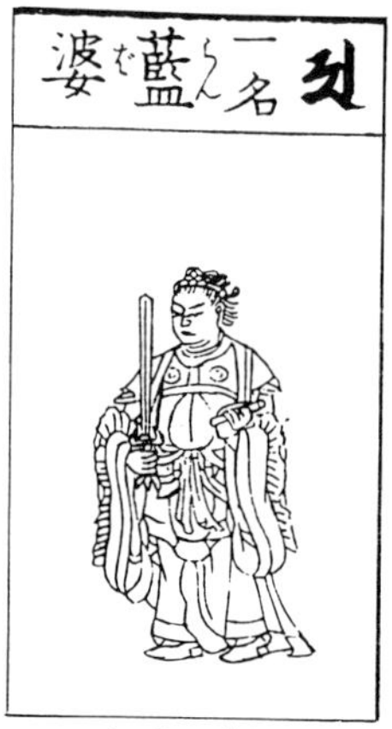

1 - Lambâ

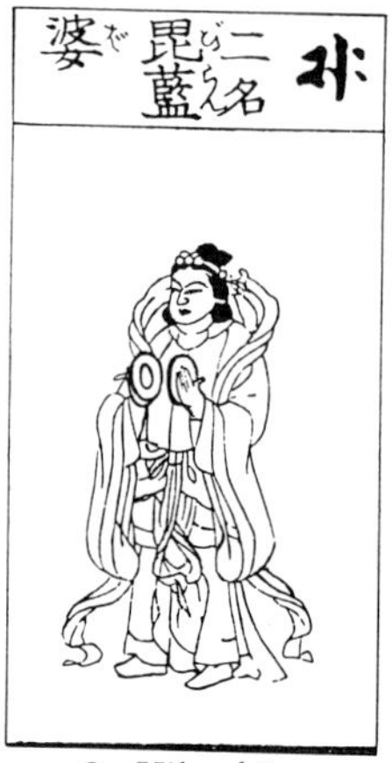

2 - Vilambâ

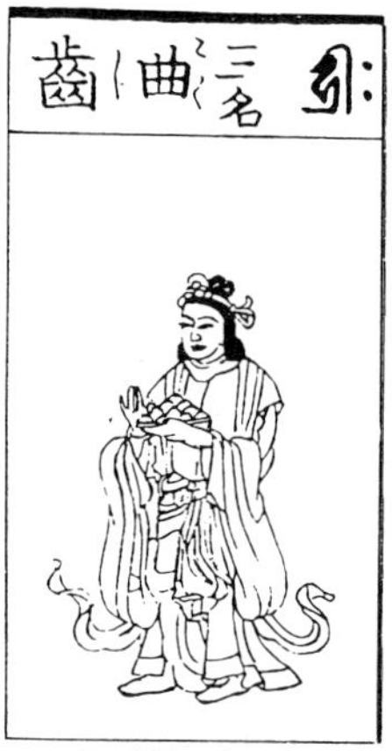

3 - Kûtadantî

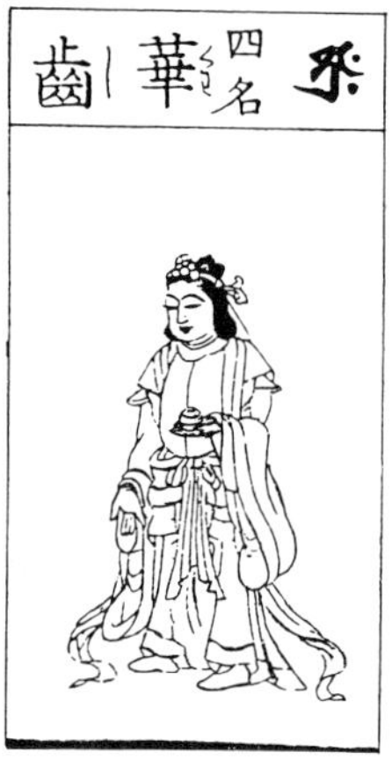

4 - Pushpadantî

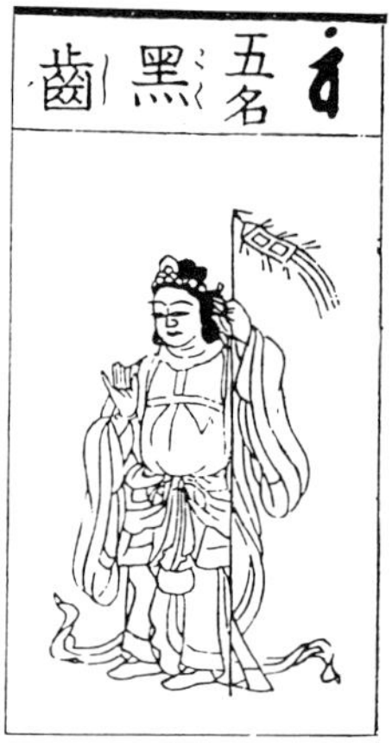

5 - Makutadantî

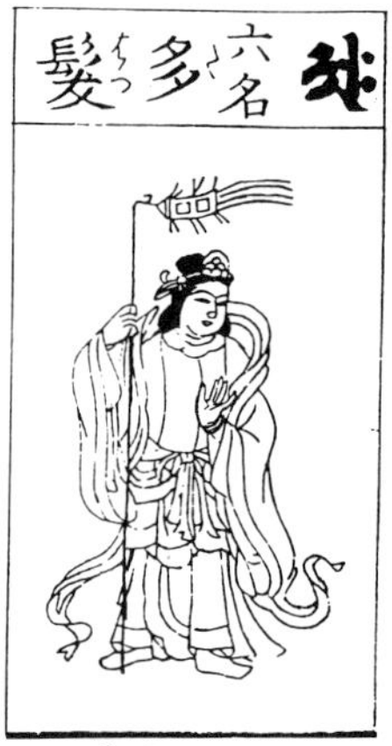

6 - Keshinî

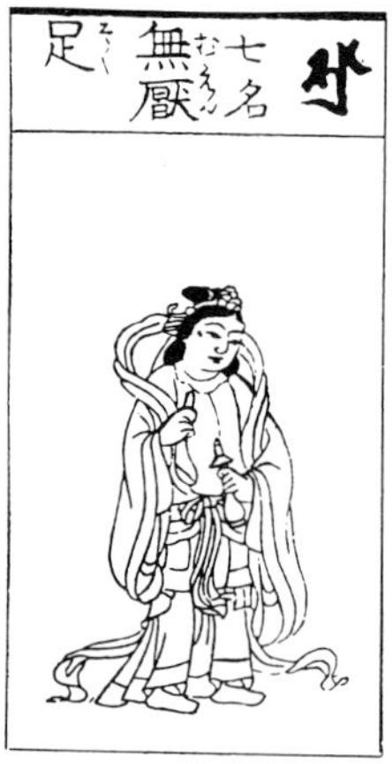

7 - Achalâ

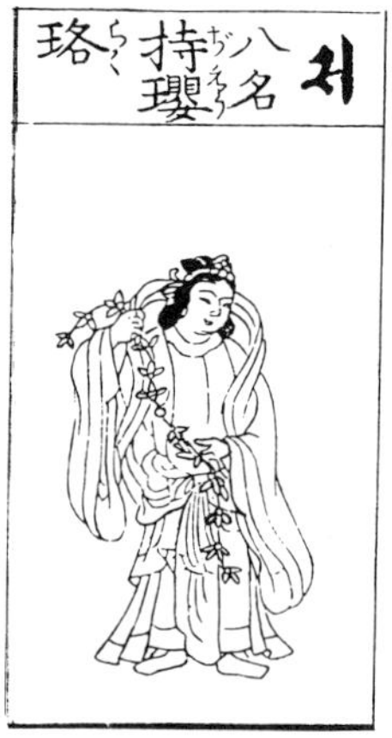

8 - Mâlâdharî

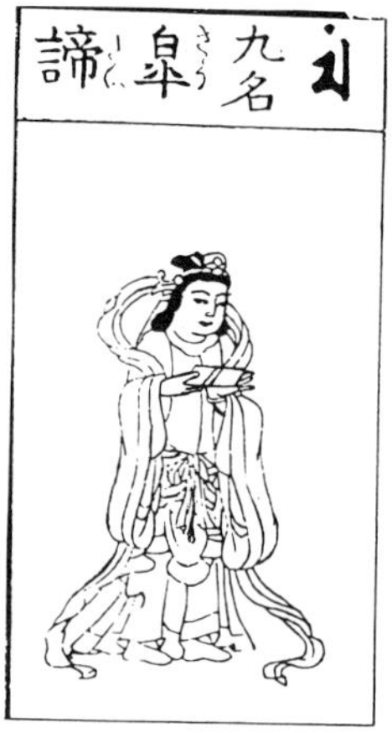

9 - Kuntî

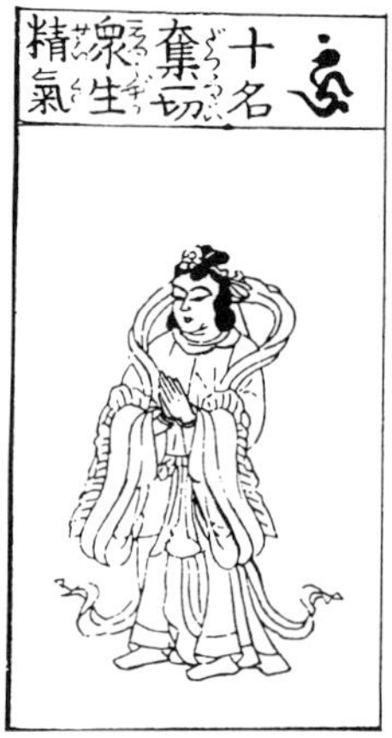

10 - Sarvasattvajohârî

43. Sculpture en terre, en discussion avec Vimalakîrti, au Hôryû-ji (E. Lamotte, « L'enseignement de Vimalakîrti », *Mélanges chinois et bouddhiques*, Institut belge des hautes études chinoises, Bruxelles).
44. Les histoires de ces discussions doctrinales sont relatées dans le *Vimalakîrti-sûtra* (jap. *Yuima-kyô*).
45. B. Frank, *Mythologies*, p. 164.
46. A. Getty, *op.cit.*, p. 47.
47. *Cf.* note 45.
48. C'est le « trésor des prières et des pratiques inépuisables » (Tajima R., *op.cit.*, p. 69, 74).
49. *Taishô*, XX, 132. Il tient l'une de ses mains droites en Abhaya-mudrâ, les autres tenant bâton, vajra à cinq pointes, chintâmani, etc., et dans ses mains gauches : chakra, lotus, rosaire, clochette avec vajra à cinq pointes, etc.
50. Quatre Lokapâla se tiennent sur la tête de ces quatre éléphants, ou quatre gardiens des orients (jap. Shi Tennô). Sculptures en bois, au Hôryû-ji, Nara ; au Jôkoku-ji (XIIe siècle), Nara. Parfois, à la place des Lokapâla, se trouvent des triples chintâmani. Les quatre éléphants se tiennent aussi parfois debout sur un piédestal soutenu par huit ou « mille » éléphants qui tous tiennent avec leur trompe un double vajra à une pointe (*Taishô*, XX, 579). Kakemono en couleurs, sur soie, du XIIe siècle, au Matsunoo-dera, Kyôto. Dans ce dernier cas, au Japon, Fugen Enmei ne présente que deux bras, main droite tenant un vajra à trois pointes sur sa poitrine, dans la main gauche une clochette à manche avec vajra à cinq pointes. On peut parfois le confondre avec Vajrasattva, ce qui serait une erreur.
51. On le trouve en Chine sous cet aspect à l'E-mei Shan, daté de 980 (*Présence du bouddhisme*, *op.cit.*, pl. XXXVII).
52. *Taishô*, XX, 415, 675.
S. : en bois, à l'Onjô-ji, Shiga ; au musée Okura, Tôkyô ; au musée de Nara (provenant de l'Enshô-ji et datant du Xe siècle).
53. Dans ce dernier cas (comme dans celui cité note 50), Samantabhadra est identifié à Vajrasattva et prend alors le nom de Samantavajrasattva (jap. Fugen Kongô Satta). Il est parfois montré assis sur quatre éléphants couchés et orientés portant sur leur tête les quatre Lokapâla ou des triples chintâmani. Dans sa forme « douce », Vajrasattva est parfois confondu avec cette forme de Samantabhadra.
54. Liste des dix Râkshasî (jap. Jû Rasetsunyo) qui, dans le *Saddharmapundarîka-sûtra*, accompagnent Samantabhadra (cf.illustrations p. 328) : 1. Lambâ (jap. Niramba) : main droite tenant un glaive (jap. Dokko Tôken, selon le *Shinshû Nihon Butsuzô-zu-ten*, p. 170 ; sur l'épaule selon le *Butsuzô-zu-i*, 3-1), main gauche tenant un rosaire ou (selon le *Butsuzô- zu-i*), un rouleau de sûtra. 2. Vilambâ (jap. Biramba) : main droite attrapant un nuage (jap. *hafû-un*) ou bien tenant des cymbales (*Nihon Butsuzô Zuzetsu*, p. 170 ; *Butsuzô-zu-i*, 3-11) et dans la main gauche un objet indéterminé (jap. *katsukinji*).
Ces deux Râkshasî se trouvent souvent représentées sous les pieds de Tobatsu Bishamon-ten (une forme japonaise de Vaishravana) avec Prithivî (jap. Chi-ten), la Terre. Ce sont, à notre connaissance, leurs seules représentations en sculpture (musée de Kyôto, peut-être d'origine chinoise?).
3. Kûtadantî (jap. Kyokushi) : avec des crocs, tenant dans les mains un plateau de fleurs (jap. *khôzenbôkôge*). Selon le *Butsuzô-zu-i*, elle tient ce plateau de la main droite et fait avec la gauche le geste de prendre une des fleurs. 4. Pushpadantî (jap. Kashi), « aux dents fleuries », main droite en Varada-mudrâ pendante, chintâmani dans la main gauche. Selon une autre version, elle tient un objet (jap. *hakegi*) dans la main droite et un plateau de fleurs (jap. *keban*) dans la main gauche. 5. Makutadantî (jap. Kokushi), « aux dents en diadème », main droite en Abhaya-mudrâ, main gauche tenant une bannière (*Butsuzô-zu-i*, 3-12) ou bien une hallebarde et un objet (jap. *gunji*) dans la main gauche. 6. Keshinî (jap. Tahatsu), « qui a beaucoup de cheveux », main droite tenant une bannière, main gauche en Abhaya-mudrâ (*Butsuzô-zu-i*, 3-12), ou bien main droite agitant des cymbales, main gauche tenant une sorte de sceptre (jap. *nyobu*). 7. Achalâ (jap. Muensoku) : main droite avec sceptre (jap. *shugyokushaku*), main gauche avec une guirlande de fleurs (jap. *kesarikko*) ou un vase à eau (*Butsuzô-zu-i*, 3-12). 8. Mâlâdharî (jap. Jiyôraku), « qui tient une guirlande ». 9. Kuntî ou Kuntadharî (jap. Kôtei), « qui tient une lance ». 10. Sarvasattvajohârî (jap. Datsu-issai Shujô-seiki), « Celle qui prend la force vitale (qui fait mourir) de tous les êtres ». Elle tient dans la main droite un bâton et dans la main gauche une massue à trois têtes. Parfois, elle tient les mains en vénération (Añjali-mudrâ). (Selon le *Taishô Zuzô*, IX, 555, et le *Butsuzô-zu-i*.)
55. Il représente le cinquième élément de l'univers, l'éther (*âkâsha*), les autres étant la Terre (*bhû*), l'eau (*jala*), le feu (*tejas*) et le vent (ou air, *anila*). *Cf.* discussion de ces éléments *in* M.V. de Visser, « The Bodhisattva Âkâshagarbha (Kokûzô) in China and Japan », *Uitgave van de Koninklijke Akademie van Wetenschappen te Amsterdam*, 1931, p. 5-16.
56. *Taishô*, XIII, 649 à 656. Pour l'explication des sûtra concernant Âkâshagarbha, *cf.* M.V. de Visser, cité en note 55, p. 37 à 45.
57. A. Getty, *op.cit.*, p. 102.
58. A. Lloyd, *Creed of Half Japan*, p. 65.

59. Ces huit Bodhisattva sont, *à droite* : Avalokiteshvara, Âkâshagarbha, Vajrapâni et Kshitigarbha ; *à gauche :* Sarvanîvaranavishkambhin, Maitreya, Samantabhadra et Mañjushrî.
60. *Himitsu Jirin*, p. 294 (trente-cinq Bouddha, représentés sur la couronne, au lieu de cinq).
61. M.V. de Visser, *op.cit.*, p. 39-40.
62. M.V. de Visser, *op.cit.*, p. 43.
63 *Himitsu Jirin*, p. 296, 1.
64. *Taishô*, XVIII, 227, 263.
65. Ces Godai, Kokûzô sont :
- *Au centre*, correspondant à Dainichi Nyorai : Hôkai Kokûzô, de couleur blanche (en sculpture, monté sur un cheval, au Kanchi-in, Kyôto ; monté sur un lion, au Jingo-ji, Kyôto). Main droite en Abhaya-mudrâ ou tenant un chintâmani, main gauche tenant une lance.
- *À l'est*, correspondant à Ashuku Nyorai : Kongô Kokûzô, de couleur jaune (en sculpture, monté sur un éléphant, au Kanchi-in, Kyôto), main droite tenant un double vajra sur la poitrine, lance verticale dans la main gauche.
- *Au sud*, correspondant à Hôshô Nyorai : Hôkô Kokuzô, de couleur bleue (en sculpture, monté sur un cheval, au Jingo-ji, Kyôto), tenant un triple chintâmani dans la main droite, une lance verticale dans la main gauche.
- *À l'ouest*, correspondant à Amida Nyorai : Renge Kokûzô, de couleur rouge (en sculpture monté sur un paon au Jingo-ji, Kyôto), lotus épanoui en main droite, lance verticale en main gauche.
- *Au nord*, correspondant à Fukûjôju Nyorai : Gôyû Kokûzô, de couleur violet foncé (en sculpture, monté sur un Garuda, au Jingo-ji, Kyôto), un vajra en croix dans la main droite, une lance verticale dans la main gauche.
66. « Kokûzô Bosatsu-kyô » et autres (liste *in* M.V. de Visser, *op.cit.*, p 17, 18).
67. *Taishô*, XX, 607. Selon Sawa Ryûken, *Butsuzô- zu-ten*, p. 88, ils peuvent aussi se nommer : *au centre* : Gedatsu Kokûzô Bosatsu ; *à l'est* : Fukutoku Kokûzô Bosatsu ; *au sud* : Nôman Kokûzô Bosatsu ; *à l'ouest* : Segan Kokûzô Bosatsu ; *au nord* : Muku Kokûzô Bosatsu.
Dans le *Kongô-kai Mandara*, il se nomme Kongô-hô bosatsu (skt. Vajraratna) et se trouve au nord de Ratnasambhava (jap. Hôshô Nyorai) dont il est l'un des quatre acolytes. Il tient d'une main un chintâmani et de l'autre fait le geste d'accorder les prières (Varada-mudrâ) ; dans les *Mahâmandala* (jap. *Jôjin-ne Mandara*) et le *Sûkshma Mandala* (jap. *Katsuma Mandara*). Il correspond à Gaganagañja dans le *Samaya Mandala* où il siège au sud, portant trois chintâmani enflammés (Tajima R., *op.cit.*, p. 177, 178, 198, 201).
68. *Taishô*, XX, 601. S. : en bronze, au Gakuan-ji, Nara ; P. : à l'Enjô-ji, Kamakura ; sur soie, au Kanshin-ji, Kyôto.
69. Il est également appelé, dans le *Taizô-kai Mandara*, Mani Kokûzô Bosatsu (skt. Mani Âkâshagarbha) ou « Kokûzô jaune » (S. : en bois, dans le Tahô-tô du Jingo-ji, Kyôto. Ce Tahô-tô contient également quatre autres effigies de Kokûzô Bosatsu.)
70. Ce glaive est arrondi en forme de chintâmani et non pointu.
71. *Taishô*, XVIII, 8 ; XXXIX, 635.
72. Tajima R., *op.cit.*, p. 303-304 et p. 116 à 122.
73. C'est le « protecteur des six destinées de la transmigration » (*Gati*). P. : sur soie, « Yata no Jizô Engi », au Kongôsan-ji, Nara ; au Yata-no-dera (XVe siècle), Kagawa ; « Jizô Engi » (XVe siècle), Musée national, Tôkyô.
74. A. Getty, *op.cit.*, p. 102.
75. A. Getty, *op.cit.*, p. 104.
76. M.V. de Visser, « The Bodhisattva Ti Tsang », *Ostasiatische Zeitschrift*, I, 1914.
77. Lorsque ce khakkhara comporte six anneaux, il indique qu'il appartient non à un simple pèlerin (deux anneaux) mais à un Bodhisattva. Les six anneaux représenteraient le vœu fait par Kshitigarbha de sauver les « êtres des six voies ».
78. Bannière rapportée par P. Pelliot (musée Guimet, Paris). Kshitigarbha est alors représenté assis sur un lotus posé sur un lion ailé, son Vâhana habituel (Chine centrale).
79. B. Bhattâchârya, *Buddhist Iconography*, p. 40. Dans ce dernier cas, les images attribuées à Kshitigarbha ne seraient-elles pas plutôt des représentations de Maitreya ?
80. Peinture à l'Eigen-ji, Shiga (M. Soymié, « Les acolytes de Ti-Tsang », *Arts asiatiques*, XIV, 1966, fig. 1).
81. B. Frank, *Mythologies*, p. 165.
82. Les sectes de Nichiren et du Jôdo Shinshû ne lui rendent aucun culte. En revanche, en raison de son association avec le monde des morts (donc avec Amitâbha), il est vénéré par les autres sectes amidistes.
83. B. Frank, *Mythologies*, p. 167.
84. Au Japon, la croyance populaire veut que ce soit une hideuse créature du nom de Shozuka-no-Baba qui induise les enfants à amonceler les pierres pour s'en faire un escalier menant au paradis, et cela après les avoir dépouillés de leurs vêtements. Kshitigarbha consolerait les enfants affligés et les cacherait, pour les sauver, dans les grandes manches de sa robe. Les Japonais des campagnes attachent souvent de petits morceaux de vêtements d'enfant aux statues représentant Jizô, croyant que ce dernier pourra ainsi vêtir ses protégés...

85. Weber, *Kôjihôten*, article « Jizô », Paris, 1923.
86. Selon les textes, ces six Jizô peuvent être représentés différemment, selon au moins trois versions (cf. illustrations p. 326) :
A – Version du *Livre de Rayu* (*Taishô*, V, 127, et Sawa Ryûken, *op.cit.*, p. 91) de la secte Shingon et datant du XIIIe siècle : 1. Kenko-i Jizô (Nikkô-Jizô), correspondant aux dieux : main droite avec disque solaire, main gauche avec un lotus supportant un vajra en croix (jap. *katsuma*). 2. Jichi Jizô (skt. Dharanîdhara), correspondant aux humains : main droite en Abhaya-mudrâ, main gauche tenant un lotus supportant un glaive. 3. Hôshô Jizô (skt. Ratnakara) ou Jôgaishô, correspondant aux Asura : main droite en Abhaya-mudrâ, main gauche tenant un triple chintâmani. 4. Hô-in-shu Jizô (skt. Ratnamudrâpâni), correspondant aux animaux : main droite en Abhaya-mudrâ, main gauche tenant un lotus supportant une svastikâ. 5. Hôshu Jizô (skt. Ratnapâni), correspondant aux Preta : main droite posée sur la poitrine, main gauche tenant un lotus supportant un chakra. 6. Jizô (skt. Vishvaparipûraka, Danda), correspondant aux enfers : main droite tenant un disque lunaire, main gauche tenant un lotus supportant une tête.
B – Version selon le *Butsuzô-zu-i* (*Taishô*, V, 127 ; Weber, *op.cit.*, art. « Jizô Bosatsu ») : 1. Fukyûsoku Jizô (Hoshô Jizô), correspondant aux dieux : il tient un encensoir à long manche. 2. Gosan Jizô (Chiji Jizô), correspondant aux humains : il tient un rosaire. 3. Kyûshô Jizô (Hôshô Jizô), correspondant aux Asura : mains en Añjali-mudrâ. 4. Shoryû Jizô (Hô-in Jizô), correspondant aux animaux : il tient une bannière. 5. Benni (ou Muni ?) Jizô (Darani Jizô), correspondant aux Preta : main droite en Abhaya-mudrâ, main gauche tenant un bol à aumônes pour nourrir les affamés. 6. Kômi (ou Enmei) Jizô (Keiki Jizô), correspondant aux enfers : il tient un bâton de pèlerin dans la main droite, un chintâmani dans la main gauche. C'est la forme la plus souvent représentée.
C – Version selon le *Jû-ô-kyô* (sûtra des Dix Rois), Sawa Ryûken, *Butsuzô annai*, p. 65 : Jizô Bosatsu Hosshin innen Jû-ô-kyô) : 1. Yotenga Jizô, « qui apporte les félicités du ciel », correspondant aux dieux. 2. Hôkô-ô Jizô, « qui répand l'éclat », correspondant aux humains. 3. Kongôtô Jizô (skt. Vajradhvaja), correspondant aux Asura : il tient une bannière de vajra. 4. Kongô-hi Jizô (skt. Vajrakarma), correspondant aux animaux : c'est la « compassion du vajra ». 5. Kongô-ho Jizô (skt. Vajraratna), correspondant aux Preta : c'est le « trésor du vajra » 6. Kongô-gan Jizô, correspondant aux enfers : il représente le « vœu du vajra ».
87. B. Frank, *Mythologies*, p. 167.
88. Dans le Enmei-ji de Kamakura se trouve une curieuse statue d'un Jizô nu, au corps féminin, debout sur un échiquier. Il aurait été sculpté d'après une légende selon laquelle Jizô aurait pris la place d'une femme qui, ayant perdu au jeu, devait, en gage, se déshabiller, cela afin de lui éviter cette honte. Ce Jizô est appelé Hadaka Jizô (Jizô nu). Iso Mutsu, *Kamakura*, p. 249, 250. Cette statue, grandeur nature, est habituellement revêtue de vêtements. Au Kakuon-ji de Kamakura se trouve également autour des effigies des Sentai Jizô une statue vénérée par les pompiers et nommée Hitaki Jizô. On la nomme aussi Kuro Jizô en raison de sa couleur noire, due à un incendie auquel la statue aurait miraculeusement échappé. Jizô Bosatsu est aussi considéré comme guérisseur par le peuple des villes et des campagnes. Plusieurs de ses aspects sont très populaires, tels ceux de Tawashi Jizô (ou Jizô de la brosse de cuisine) et de Hôroku Jizô (des assiettes en terre cuite) : on leur offre des brosses de cuisine avec lesquelles on lave une partie de la statue de Jizô correpondant à celle du corps atteinte de rhumatismes, et des assiettes de terre cuite lorsque l'on souffre de maux de tête... De même en temps d'épidémie ou de désastre, c'est la coutume de peindre d'innombrables images de Jizô que l'on jette ensuite dans la mer ou dans une rivière lors d'une cérémonie particulière appelée Jizô-nagashi (Jizô flottant sur les eaux). Cette dernière cérémonie a parfois également lieu lors des périodes des équinoxes de printemps et d'automne. En 1923, par exemple, après le terrible tremblement de terre qui détruisit la ville de Tôkyô, plus de 700 000 images de Jizô furent ainsi réalisées et jetées dans la rivière Sumida afin d'attirer l'attention de Jizô Bosatsu sur les esprits de ceux qui avaient péri dans la catastrophe...
On peut aussi lui adresser des prières par écrit : ceci est le cas notamment pour le Tsunbo-Jizô (Jizô sourd) de Komagome (Hongo, Tôkyô) lorsque l'on est atteint d'une toux rebelle. Le peuple pense que, puisque Jizô est sourd (faisant partie du monde des morts), il ne saurait entendre les prières : il est donc nécessaire de les lui envoyer par écrit, soit par la poste, soit en confiant le papier inscrit à l'eau d'une rivière ou de la mer. Ce Jizô est réputé grand amateur de sake et il est plus sûr de lui promettre une bouteille de ce vin de riz en cas de guérison...
89. Une coutume veut que les femmes désirant avoir un enfant doivent « emprunter » en secret une des statues des Sentai Jizô pour l'installer dans le *butsudan* (autel familial) de leur demeure. Elles doivent remettre la statuette en place une fois que leur désir a été satisfait (Iso Mutsu, *op.cit.*, p. 71). Cette coutume est également observée à l'égard des statuettes des « cinq cents Arahant » (jap. Gohyaku Rakan).
90. Au Taima-dera, à Nara, une de ses représentations est assimilée à Myôdô Bosatsu (skt. Sudrishti). Il réalise une mudrâ avec la main droite.
91. « Karutoki no Jizô gao, Nasutoki no Enma gao » (Iso Mutsu, *op.cit.*, p. 116).

92. A. Getty, *op.cit.*, p. 106. À propos de ces deux acolytes parfois identifiés comme étant Seitaka et Kongara Dôji, les acolytes de Fudô Myô-ô (M. Soymié, « Notes d'iconographie chinoise : les acolytes de Ti-tsang », *Arts asiatiques*, XIV, 1966, particulièrement p. 63). Également Mochizuki, *Bukkyô Daijiten*, I, 675.
93. « Nehanzô », J. Troup., « Illustrations of Buddhism », *Transactions of the Japan Society of London*, XII, pl. IV.
94. *Taishô*, XVIII, 8 ; XXXIX, 635 ; Tajima R., *op.cit.*, p. 108 à 112.
95. *Taishô*, XIX, 603 ; XX, 660.
96. J. Filliozat, *Journal asiatique*, 1963, CCLI, fasc. 1 ; J. Gernet, « Les suicides par le feu chez les bouddhistes chinois du Ve au Xe siècles », *Mélanges de l'Institut des hautes études chinoises*, III, Paris, 1960 : B. Frank, *Histoires qui sont maintenant du passé*, p. 270-271.
97. *Inde classique*, II, § 2361.
98. E. Burnouf, *Introduction à l'histoire du bouddhisme indien*, Paris, 1876, p. 221 à 225.
99. Tajima R., *op.cit.*, p. 69-70.
100. *Taishô*, XXXIX, 635 ; Tajima R., *op.cit.*, p. 114-115 ; Tajima R., *Étude sur le Vairochana-sûtra...*, p. 52, notes 9 à 12.
101. Sawa Ryûken, *op.cit.*, p. 95, fig. 69.
102. Il est parfois aussi représenté en sculpture, bien que très rarement (musée Guimet, Paris). Daizuigu Bosatsu était le Bouddha protecteur personnel (jap. Nenjibutsu) de Toyotomi Hideyoshi (sculpture dans le Zuigudô du Kiyomizu-dera, à Kyôto).
103. Nakamura Hajime, *Shin Bukkyô Jiten*, p. 224.
104. Comme Myô-ô Bosatsu (B. Frank, *Mythologies*, p. 167 ; *Kata-imi* et *Kata-tagae*, p. 41, note 68 ; *Hôbôgirin*, I, p. 15 - Aizen Myô-ô ; Tajima R., *op.cit.*, p.86 ; M. V. de Visser, *op.cit.*, p.142 *sq.*, etc.) et Jise Bosatsu (*Taishôzô*, XX, 672, 666), entre autres...

CHAPITRE VII : LES ROIS DE SCIENCE MAGIQUE (VIDYÂRÂJA)

1. B. Frank, *Mythologies*, p. 167.
2. Tajima R., *op.cit.*, p. 86.
3. *Hôbôgirin*, I, p. 15 (Aizen Myô-ô).
4. Première mention faite dans l'*Azuma Kagami* en date du 21e jour du 1er mois de l'année 1235 (B. Frank, *Kata-imi et Kata-tagae*, p. 41, note 68).
5. M.V. de Visser, *op.cit.*, p. 142 *sq.* Ces cinq grands Vidyârâja sont groupés dans le *Taizô-kai Mandara* à l'ouest du quartier central représentant Mahâvairochana entouré des autres Jina et de leurs Bodhisattva correspondants.
6. Tajima R., *op.cit.*, p. 288.
7. B. Lane-Suzuki, « Fudô the Immovable », *The Eastern Buddhist*, II, n°s 3, 4, p. 130, Ôtani University library, Kyôto, 1922.
8. *Taishô*, XVIII, 7.
9. B. Frank, *Mythologies*, p. 167.
10. I.Morris, *The World of the Shining Prince*, New York, 1964, p. 139, note 1.
11. B. Frank, *Mythologies*, p. 168.
12. B. Lane-Suzuki, *op.cit.*, p.144.
13. *Ibid.*, p. 143.
14. Et représentant peut-être un Bhairava ou un Krodharâja.
15. S.F. Moran, « The Blue Fudô, a Painting of the Fujiwara Period », *Arts asiatiques*, II, p. 35 à 46, Paris, 1935.
16. M.-Th. de Mallmann, « Notes d'iconographie tantrique », *Arts asiatiques*, IX, 1962-1963, p. 73 *sq.*
17. « Qui détient le Samsâra de tous les êtres », Tajima, R., *op.cit.*, p.289.
18. B. Lane-Suzuki, *op.cit.*, p.133, 135.
19. B. Bhattâchârya, *Gaekwad's Oriental Series*, CIX, XLI, 1925 et 1928, Baroda, p. 435 (d'après des descriptions indiennes).
20. Tajima R., *op.cit.*, p. 289.
21. *Taishô*, XXXIX, 633.
22. *Taishô*, XXI, 28 ; XVIII, 924.
23. Une forme particulière en sculpture, appelée « Namikiri Fudô », debout sur un rocher, tête inclinée, se trouve dans le Nan-in du Kôyasan. Ce Namikiri Fûdo « qui coupe les vagues » aurait apaisé la tempête à la prière de Kûkai alors que celui-ci se trouvait en danger sur le bateau qui le ramenait de Chine en 806. Il a une pose statique et possède une grosse et longue tresse (B. Frank, compte-rendu *Annuaire EPHE*, 1961-1962, p. 61-62).
24. Ou tenir un foudre (vajra) à cinq pointes (jap. *gokosho*) des deux mains devant la poitrine ou, lorsqu'il est assis sur un lion (*cf.* note 40), un arc, des flèches, un vajra et un chakra (Sawa Ryûken, *op.cit.*, p. 103, fig. 77).

25. B. Lane-Suzuki, *op.cit.*, p. 135.
26. Peinture au Daigo-ji, Kyôtô. *Cf.* B. Frank, *Mythologies*, p. 167 ; *L'Art japonais à travers les siècles*, musée national d'Art moderne, Paris, 1958, catalogue n° 15, pl. 28.
27. Ces deux Dôji, Anokuta et Shitoku, semblent plus tardifs que les autres.
28. M. -Th. de Mallmann, *op.cit.*, p. 78.
29. B. Lane-Suzuki, *op.cit.*, p. 135.
30. *Ibid.*, p. 146 (temple à Tôkyô, près de la rivière Sumida, à Fukagawa).
31. Nakamura Hajime, *op.cit.*, p. 457, 458.
32. Sawa Ryûken, *op.cit.*, p.108. Cependant, le *Taizô-kai Mandara* semble faire une distinction entre Shôzanze Myô-ô, idenfié à Trailokyavijaya, et Gôzanze Myô-ô, identifié à Vajrahûmkara (jap. Bazara-Un-Kongô) et à Trailokyavijaya (Tajima, R., *op.cit.*, p. 85). Gôzanze présiderait au sud-est dans le *Kongô-kai Mandara* (Tajima R., *op.cit.*, p. 196).
33. Nakamura Hajime, *op.cit.*, p.157.
34. Ce sont aussi le désir-passion (*Râga*), la haine (*Dvesha*) et l'erreur, l'égarement (*Moha*). *Taishô*, XXXIX, 685, et Tajima, R., *op.cit.*, p. 290.
35. Tajima R., *op.cit.*, p. 213.
36. *Taishô*, XXI, 41.
37. Tajima R., *op.cit.*, p. 290.
38. Umahî est parfois appelée Umagô. Elle représenterait la curiosité féminine.
39. Tajima R., *op.cit.*, p. 290.
40. P. : en pose dynamique, daté de 1127, au Tô-ji, Kyôto ; au Daigo-ji (XIIIe siècle), Kyôto. Gôzanze est aussi représenté sur les mandala avec trois têtes et huit bras ou avec une tête et quatre bras. Il a une tête et deux bras dans le *Taizô-kai Mandara*.
41. *Taishô-zu-zô*, I, 13.
42. Quatre visages et huit bras (*Taishô*, XXI, 41) ; trois visages et huit bras (*Taishô*, XX, 133) ; un visage et quatre bras (*Taishô*, XX, 545) ; un visage et deux bras (*Taishô*, XVIII, 7). Cependant, les représentations les plus communes sont celles qui ont quatre visages et huit bras (sculpture au Daigo-ji, à Kyôto, entre autres).
43. Sawa Ryûken, *op.cit.*, p. 109.
44. Nakamura Hajime, *op.cit.*, p. 136.
45. Tajima R., *op.cit.*, p. 93, 124.
46. *Taishô*, XVIII, 856. S. : au Daigo-ji, Kyôto ; au Kyaku-den du Sangen-in, Kyôto.
47. *Taishô*, XX, 133.
48. *Taishô*, XXI, 47. Une forme très rare le montre avec deux visages et quatre (ou mille) bras.
49. Tajima R., *op.cit.*, p. 292.
50. *Butsuzô-zu-i*, II, 9 a, et M. V. de Visser, *op.cit.*, p. 555.
51. Collier de crânes et peau de tigre (Shô Enmatokukainu-ô). *Taishô*, XXI, 73.
52. Tajima R., *op.cit.*, p. 292.
53. *Taishô*, XX, 785.
54. *Taishô*, XXIX, 642 ; XXI, 92.
55. Voir au chapitre des Bodhisattva, à *Samantabhadra*.
56. *Taishô*, XVIII, 7 ; Tajima R., *op.cit.*, p. 298.
57. *Taishô-zu-zô*, I, 13 ; Tajima R. *op.cit.*, p. 299.
58. Tajima R., *op.cit.*, p. 298, 299.
59. *Taishô*, XVIII, 269 ; XXI, 98.
60. Ils correspondraient également à des Tathâgata et à des Bodhisattva dont ils seraient des émanations (sculpture en bois, XVe siècle, mais parfois attribuées à Unkei, à l'Akishino-dera, Nara). Ce sont :
au centre : Vajrapâramitâ (jap. Kongô Haramitsu Bosatsu), correspondant à Dainichi Nyorai, Tenbôrin Bosatsu et Fudô Myô-ô (*Taishô*, VIII, 843) ; *à l'est* : Vajrahasta (jap. Kongô-shu Bosatsu), correspondant à Ashuku Nyorai, Fugen Bosatsu et Gôzanze Myô-ô ; *au sud* : Vajraratna (jap. Kongô-hô Bosatsu), correspondant à Hôshô Nyorai, Kokûzô Bosatsu et Gundari Myô-ô ; *à l'ouest* : Vajratîkshna (jap. Kongô-ri, Bosatsu), correspondant à Amida Nyorai, Monju Bosatsu et Daiitoku Myô-ô ; *au nord* : Vajrayaksha (jap. Kongô Yasha Bosatsu), correspondant à Fukûjôju Nyorai, Seishi Bosatsu et Kongô Yasha Myô-ô. Cependant, selon le *Ninnô-kyô* (*Taishô*, VIII, 833), les Godairiki suivants leur correspondraient : Kongô-ku Bosatsu ; Ryû-ô-ku Bosatsu ; Muijû-rikiku Bosatsu (ces trois dernières images seules subsistent. Nous ignorons quel a pu être l'aspect des autres, leurs représentations, probablement rares, ayant été perdues). Peinture au Yushi Hachimankô Jinja (IXe siècle), Kamakura. Un « Muijû-rikiku » est reproduit dans *L'Art japonais à travers les âges*, catalogue n° 2, pl. 20. Muijû-rikiku est parfois appelé Muihôku ; Raiden-ku Bosatsu ; Muryô-rikiku Bosatsu.
61. *Hôbôgirin*, I, p. 15.

62. B. Frank, *Mythologies*, p. 168, 169.
63. *Himitsujirin*, p. 6, et A. Getty, *op.cit.*, p. 8, note 1. Cependant, bien que Vajrasattva soit parfois représenté assis sur un éléphant, Râgarâja est toujours assis sur un lion : il porte d'ailleurs l'image de la tête d'un lion sur sa tête ou sur son « vase jaillissant ».
64. D'après le *Myôkyôjôchinshô* cité par A. Getty, *op.cit.*, p. 170.
65. *Dictionnaire historique du Japon* (Maison franco-japonaise, 1963), art. « Aizen Myô-ô ».
66. *Hôbôgirin*, I, p. 16. Cette tête de lion est parfois surmontée d'un vajra à cinq pointes.
67. *Taishô*, XVIII, 256.
68. *Taishô-zu-zô*, V, 23 ; *Hôbôgirin*, I, p. 16, fig. 8.
69. *Hôbôgirin*, I, p. 16, fig. 7. Celui-ci peut alors se nommer Ryôtô Aizen.
70. *Hôbôgirin*, I, p. 16-17, fig. 9.
71. *Hôbôgirin*, I, p. 17. P. : au Taizan-ji, Harima ; au Zuishin-in, Yamashiro.
72. *Taishô*, XX, 572 ; Sawa Ryûken, *op.cit.*, p. 120.
73. B. Frank, *Mythologies*, p. 169.
74. Tajima R., *op.cit.*, p. 124-125.
75. Selon le *Kujaku-kyô-hô* (Nakamura Hajime, *op.cit.*, p. 128).
76. *Taishô*, XIX, 440.
77. H. MacCullough, *Taiheiki*, p. 12, note 25.
78. *Hôbôgirin*, I, p. 44.
79. *Taishô Issaikyô*, 1237, 1238, 1239, 1240.
80. *Taishô*, XXI, 181, 194, 195.
81. Sawa Ryûken, *op.cit.*, p.118, fig. 92.
82. *Taishô*, XXI, 196.
83. H. MacCullough, *Taiheiki*, p. 12, note 25.
84. Sawa Ryûken, *op.cit.*, p. 113.
85. Renseignement dû à l'obligeance de M. Bernard Frank.
86. *Hôbôgirin*, I, p. 84.
87. Sawa Ryûken, *op.cit.*, p. 113, fig. 84.
88. *Hôbôgirin*, I, p. 76.
89. Sawa Ryûken, *op.cit.*, p. 113, fig. 85, 86.
90. Sawa Ryûken, *op.cit.*, p. 114, fig. 87.
91. *Taishô*, XXI, 144, 149.
92. *Taishô*, XVIII, 864 ; XXI, 143, 148, 153, 155.
93. *Taishô*, XX, 133.
94. H. MacCullough, *Taiheiki*, p. 12, note 25.
95. *Taishô*, XX, 133 ; Sawa Ryûken, *op.cit.*, p. 121, fig. 96 (S. : à l'Onjô-ji, Kyôto).
96. *Taishô*, XX, 122.
97. Sawa Ryûken, *op.cit.*, p. 116, fig. 91.
98. *Hôbôgirin*, p. 147-148, fig. 62.
99. Un article intéressant est consacré à cet aspect de Kannon dans *Hôbôgirin*, I, p. 58 *sq*.

CHAPITRE VIII : LES DIVINITÉS FÉMININES

1. D'après A. Waddell (*Buddhism and Lamaism in Tibet*, p. 360, note 1), ces vingt et une Târâ seraient : 1. Prasura Târâ (la vaillance suprême) ; 2. Chandrojasa Târâ (de la brillante lune blanche) ; 3. Gaurî Târâ (de couleur d'or) ; 4. Ushnîshajaya (victorieusement couronnée) ; 5. Hûmdâ Târâ (qui prononce l'invocation Hûm) ; 6. Târâ la meilleure ouvrière des « trois mondes » ; 7. Târâ qui supprime les querelles ; 8. Târâ qui accorde la puissance suprême ; 9. Târâ la providentielle ; 10. Târâ qui dissipe les chagrins ; 11. Târâ qui aime les pauvre ; 12. Târâ la glorieuse ; 13. Târâ la travailleuse universelle ; 14. Bhrikutî Târâ (aux sourcils froncés) ; 15. Târâ dispensatrice de prospérité ; 16. Târâ qui vainc les passions ; 17. Sarsiddhi Târâ (qui donne le bonheur) ; 18. Târâ l'Immense ; 19. Târâ qui écarte le malheur ; 20. Siddhârtâ Târâ (qui réalise la puissance spirituelle) ; 21. Târâ la Toute-perfection. (Voir également A. Waddell, JRAS, 1894, p. 63 *sq.*).
2. Sawa Ryûken, *op.cit.*, p. 97, fig. 73.
3. *Taishô*, XVIII, 805 ; XIX, 521 ; XX, 614.
4. B. Frank, *Mythologies*, p. 170.
5. *Hôbôgirin*, I, p. 63 à 65 et pl. 8.
6. En bois coloré, musée de Kamakura, provenant de l'Enoshima-jinja, datée Bun-ei 3 (1266). Elle présidait au

Les quinze Dôji de Benzai-ten (*note 8*)

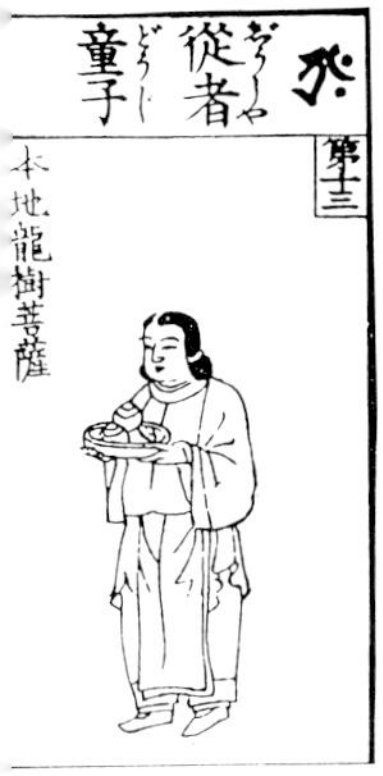

1 - Jûsha Dôji

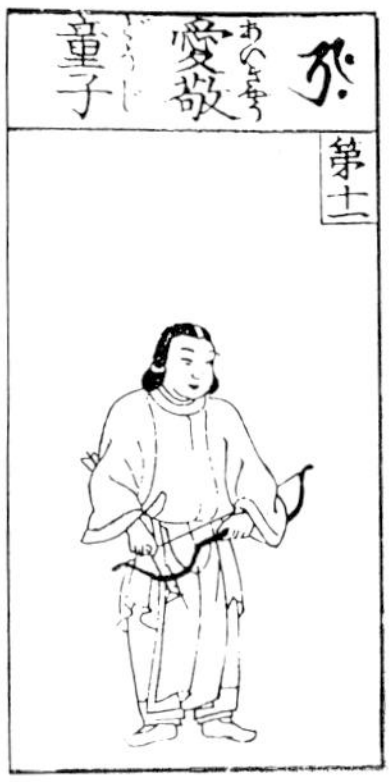

2 - Aikyô Dôji

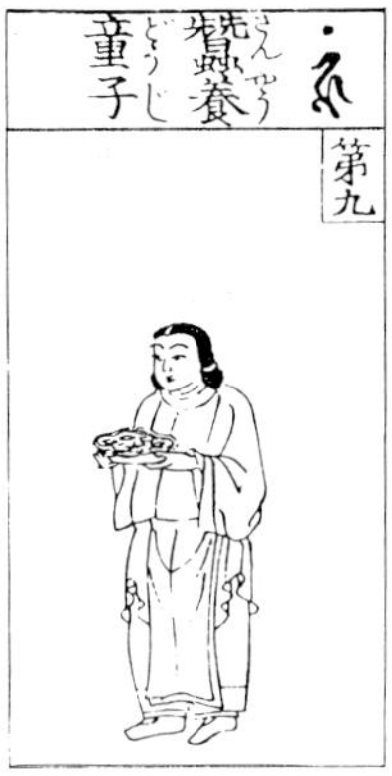

3 - Sanyô Dôji

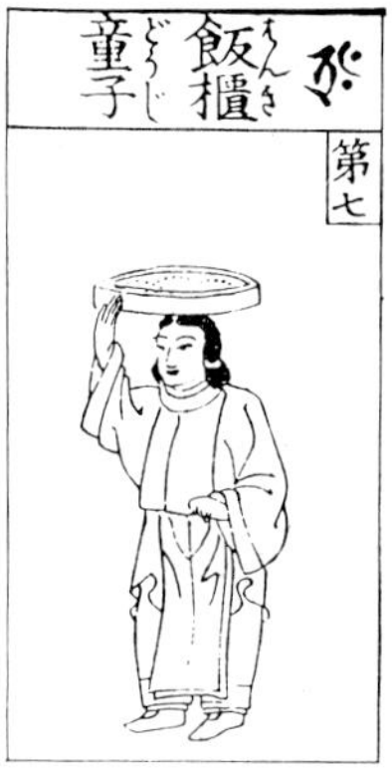

4 - Hanki Dôji

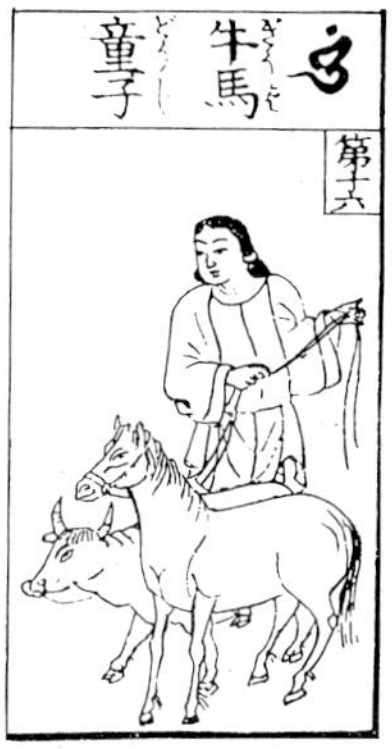

5 - Gyûba Dôji

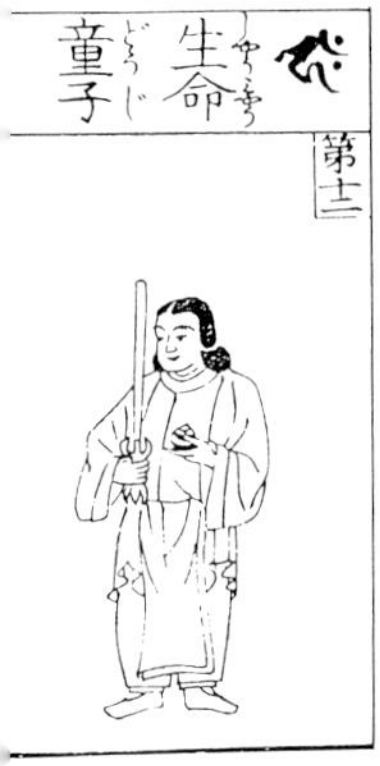

6 - Shômyô Dôji

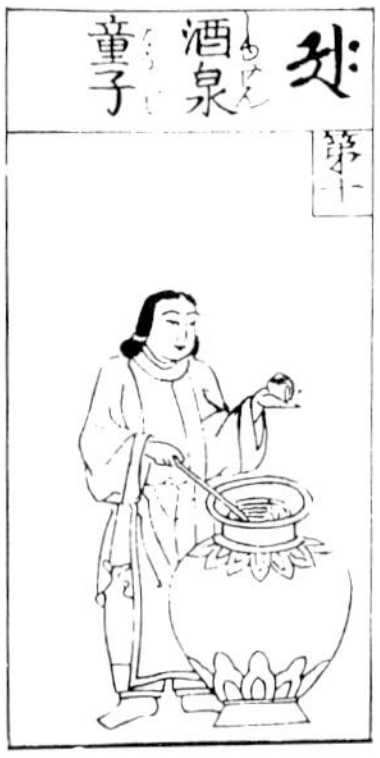

7 - Shusen Dôji

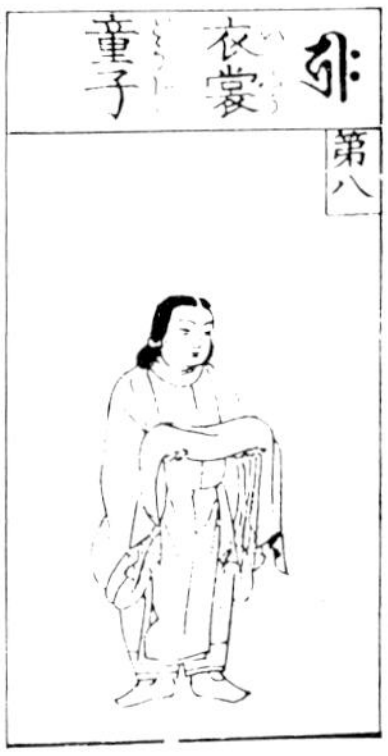

8 - Ishô Dôji

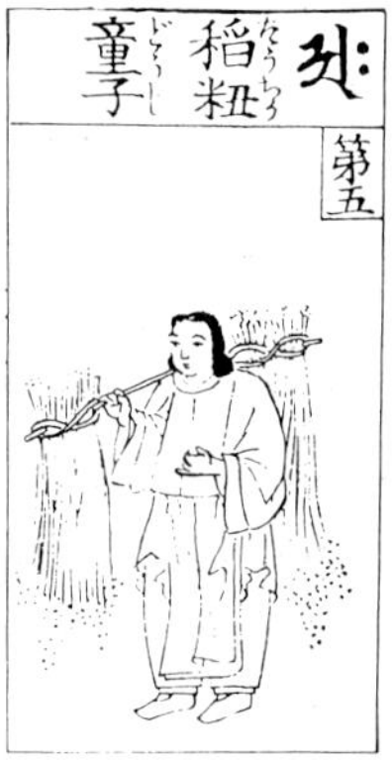

9 - Tôchû Dôji

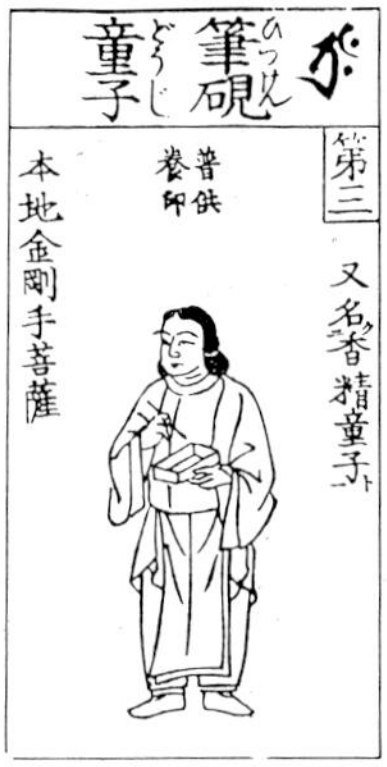

10 - Hikken Dôji

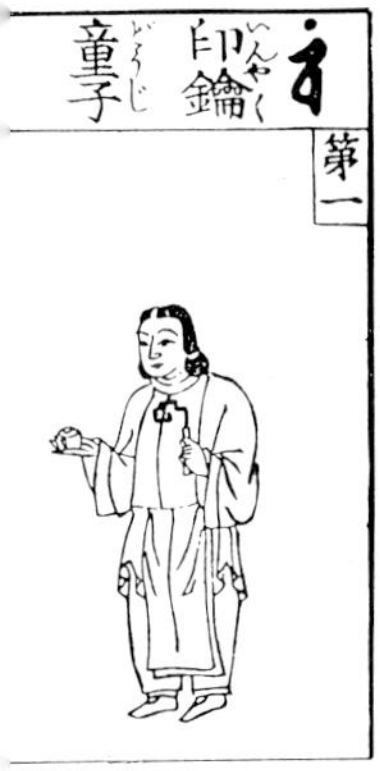

11 - Inyaku Dôji

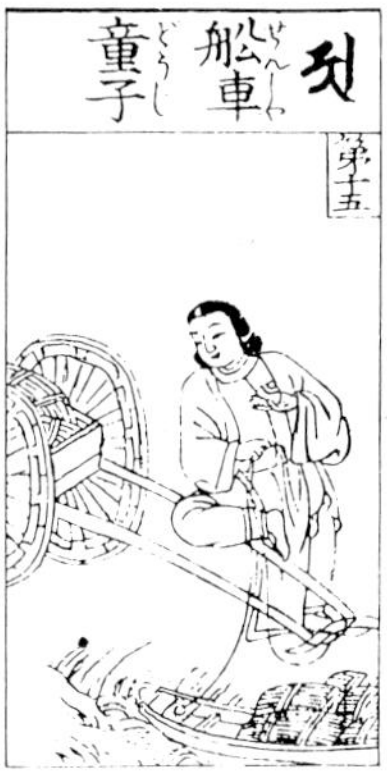

12 - Sensha Dôji

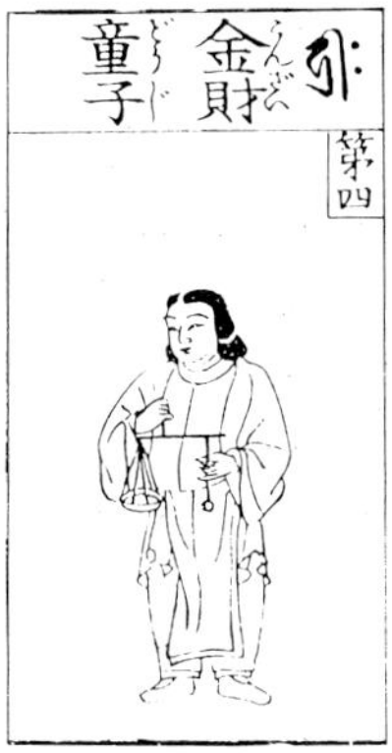

13 - Konzai Dôji

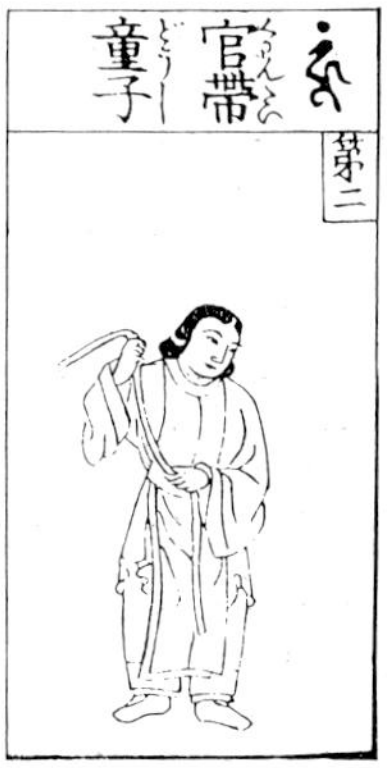

14 - Kantai Dôji

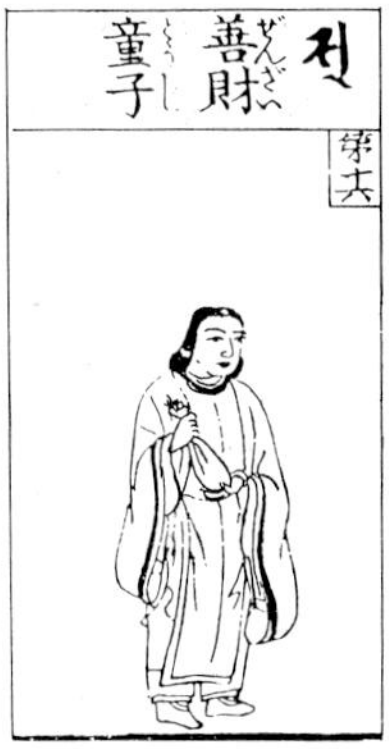

15 - Zenzai Dôji

Bugaku-in, salle de musique et de danse du Hachiman-gû à Kamakura. Elle était alors richement vêtue de robes de soie et de bijoux (J. Buhot, *op.cit.*, p. 210, § 296). S. : au Sangatsu-dô du Tôdai-ji, Nara (trois bras manquants) ; au Sanjûsangendô, Kyôto. P. : sur soie, au Hôju-in, Wakayama ; avec Karitei-mo, Kangi-ten, Sôryôchi Taishô, sur le fond d'un *zushi* illustrant le *Konkômyô Saishô-kyô*, au Jôruri-ji, Kyôto ; dans le « Kichijô-ten Zushi » du musée des Beaux-Arts de Tôkyô (datant peut-être du VIIIe siècle, selon le *Hôbôgirin*).

7. *Taishô*, XVI, 437. On raconte au sujet de Benzai-ten qu'un jour Hôjô Tokimasa (1138-1215), se retirant dans l'île d'Enoshima afin d'y prier, vit apparaître une femme vêtue d'une robe couleur vert saule passée sur une chemise rouge. Cette apparition lui fit une prédiction, puis, se transformant en un serpent immense, disparut dans la mer, abandonnant trois écailles que la famille des Hôjô prit alors comme insigne familial (jap. *mon*). Cette histoire est relatée dans le *Taiheiki*.
8. Weber, *op.cit.*, article « Benzai-ten ». D'après le *Butsuzô-zu-i* qui donne leurs images, ces quinze fils (jap. Jûgo Dôji) sont (deux noms chacun) : 1. Jûsha (Semmui) incarnation de Ryûju Kannon. Il porte un plateau de chintâmani et représenterait la corporation des joailliers. 2. Aikyô (Sekon), incarnation de Shô Kannon. Porte arc et flèches. Représenterait la classe militaire. 3. Sanyô (Himan), incarnation de Seishi Bosatsu. Porte un bol rempli de vers à soie. Représenterait les sériciculteurs. 4. Hanki (Shitsugetsu), incarnation de Senju Kannon. Porte sur sa tête un plat de riz. Représenterait les cuisiniers. 5. Gyûba (Zuirei), incarnation de Yakûo Bosatsu. Représenterait les éleveurs de bétail. 6. Shômyô (Saikoku), incarnation de Miroku Bosatsu. Porte un glaive et un chintâmani. Représenterait les magistrats. 7. Shusen (Misshaku), incarnation de Muryôju Nyorai. Porte une jarre de sake et un chintâmani. Représenterait les distillateurs. 8. Ishô (Jôki) incarnation de Marishi-ten. Porte des étoffes. Représenterait les tisserands. 9. Tôchû (Daijin), incarnation de Monju Bosatsu. Il tient un bâton soutenant une gerbe d'épis de riz. Représenterait les agriculteurs. 10. Hikken (Kôsei), incarnation de Kongôshu Bosatsu. Tient un pinceau et une écritoire. Représenterait ceux qui font des études ou les fonctionnaires. 11. Inyaku (Jôkô), incarnation de Shaka Nyorai. Il tient un chintâmani et une clé. Représenterait les gardiens. 12. Sensha (Kômyô), incarnation de Yakujô Bosatsu. Il garde un bateau et un chariot chargés de riz. Représenterait les transporteurs. 13. Konzai (Shôjô), incarnation de Yakushi Nyorai. Il représenterait les médecins. 14. Kantai (Sekion), incarnation de Fugen Bosatsu. Il tient une ceinture. On ignore quelle profession il représente. 15. Enfin, Zenzai (Otsugo) ne serait qu'un fils adoptif de Benzai-ten. Peut-être incarne-t-il Daikoku-ten ? Il porte un sac. C'est le héros du *Kegon-kyô*.
   Ces Jûgo Dôji ne sont pratiquement jamais représentés, sauf en peinture et sur certains mandala, surtout lorsque Benzai-ten est vénérée indépendamment, et lorsqu'elle considérée comme un des Shichifukujin.
   S. : au Gokuraku-ji (époque de Kamakura).
9. C'est l'image de Ugajin qui se trouve parfois placée dans la coiffure de Benzai-ten. Cet Ugajin (ou Hakuja, serpent blanc) est aussi représenté sous la forme d'un vieillard entouré par un grand serpent blanc, laissant seule la tête apparente.
10. *Cf.* note 6.
11. M. Soymié, « Notes d'iconographie chinoise : les acolytes de Ti Tsang », *Arts asiatiques*, XIV, 1966, p. 70. Elle a alors huit bras et trois yeux.
12. A. Foucher, *Iconographie indienne*, I, p. 150.
13. J. Troup. *op.cit.*, p. 15.
14. A. Foucher, *Iconographie Indienne*, II, p. 93, 144.
15. H. MacCullough, *Taiheiki*, V, p. 136.
16. B. Frank, *Mythologies*, p. 175.
17. *Ibid.*
18. *Taishô*, XXI, 266.
19. *Taishô*, XXI, 258.
20. *Taishô*, XXI, 273, 277.
21. *Butsuzô-zu-i*.
22. A. Foucher, *Iconographie indienne*, I, p. 117. Dans le *Hindu Pantheon* de Moore, Chandra est monté sur un char tiré par une antilope. J. Troup, *op.cit.*, VIII, pl. X.
23. *Taishô*, XXI, 294.
24. Il n'est peut-être pas inutile de rappeler ici que les Dâkinî étaient, dans la mythologie hindoue, des sortes de Yakshinî réputées buveuses de sang et anthropophages, acolytes de Kâlî. Le rapport avec le Dakini-ten japonais n'en est pas pour autant évident.
25. Dr. Buchanan, « Inari », *Transactions of the Asiatic Society of Japan*, XII, Tôkyô, 1935.
26. Mock Joya, *op.cit.*, p. 754 *sq.*
27. B. Frank, *Mythologies*, p. 171.
28. *Taishô*, XVIII, 87 ; XXI, 215.

CHAPITRE IX : DÉFENSEURS ET GARDIENS DE LA LOI BOUDDHIQUE

1. *Taishô*, XXI, 355 ; LIV, 209.
2. Weber, *Kôjihôten*, Paris, 1923 : 1. Biku Daikoku : moine debout portant un maillet et un glaive. 2. Makakara Daikoku-nyo : femme en robe chinoise, portant du riz sur sa tête ou un gros sac (*tawara*), lequel est peut-être une mauvaise interprétation du voile de la nuit que tire Mahâkâla ? 3. Ojikara Daikoku : prince debout, armé d'un glaive et d'un vajra. 4. Shinda Daikoku : adolescent portant un chintâmani dans la main gauche. 5. Yasha Daikoku ; debout, portant un chakra dans la main droite. 6. Makara Daikoku : homme debout ou assis sur une feuille de lotus, tenant un maillet et un sac. Il semblerait que ce soit cette dernière représentation qui ait eu la ferveur populaire et qui fut considérée comme celle du Daikoku en tant que dieu du bonheur.
3. Il remplacerait également, dans les cuisines, comme divinité de la richesse, les effigies de Bishamon-ten (J. Buhot, *op.cit.*, p. 162, § 208). Il est à signaler à ce propos que le pilier principal d'une maison de style japonais traditionnel prend le nom de *Daikoku-bashira* ou « pilier de Daikoku », signifiant « pilier du bonheur et de la richesse ».
4. À Hyôgo, Japon.
5. Une légende rapporte, contre toute évidence, que Fudaishi aurait été l'inventeur des édifices destinés à contenir les sûtra (bibliothèques tournantes,appelées *kyôdô* auJapon), et construits selon la technique dite Azekura-zukuri. Ses deux fils, représentés battant des mains et riant, sont parfois appelés Fuwaku (ou Fuken) et Fukon (ou Fujô). Sculptures dans le Kyôdô du Kômyô-ji, Kamakura ; du Daikoku-ji, Kyôto, etc.
6. Shakradevanâm Indra.
7. *Inde classique*, II, § 2269.
8. B. Frank, *Mythologies*, p. 169.
9. *Lalitavistara*, trad. de Müller-Manjio, p. 209, cité par J. Auboyer, in *Les Influences étrangères*..., p. 94 et note 219.
10. Amanojaku est un démon (jap. Oni) qui fait obstacle à la Loi bouddhique. Dans les contes populaires, c'est un démon qui gêne toujours les actions des gens. Selon le *Dictionnaire historique du Japon*, p. 30, art. 97, son nom serait dérivé de celui de la devineresse Ama-no-Sagune citée dans le *Nihon Shoki*. Dans le *Kojiki*, ce nom s'écrit avec des caractères différents.
11. *Taishô*, XVIII, 879 ; XIX, 231 ; XXI, 378.
12. J. Auboyer, *op.cit.*, p. 93, 98.
13. Tajima R., *op.cit.*, p. 127 à 129.
14. *Taishô*, XV, 118.
15. Tajima R., *op.cit.*, p. 140.
16. De la racine sanskrite *shru*, « entendre » (*Hôbôgirin*, I, p. 79, pour les divers noms de Bishamon-ten).
17. B. Frank, *Annuaire* EPHE, 1961-1962, *op.cit.*, p. 56.
18. Conservé au Chôgosonshi-ji, Nara-ken. C'est le rouleau n° 2 qui décrit la guérison miraculeuse de l'empereur Daigo, par l'entremise d'un des Dôji (Kumâra) de Bishamon-ten, vêtu d'un « tissu de glaives », porteur d'un glaive et d'une corde (également attributs de Fudô Myô-ô) et qui vole sur des nuages, précédé de la roue de la Loi. Cet *emakimono* a été attribué, mais sans certitude, à Kakuyû (Toba Sôjô, 1053-1140).
19. *Taishô*, XXI, 228.
20. *Hôbôgirin*, I, p. 82. Bishamon-ten est le chef des huit grands Yaksha (jap. Hachidai Yasha Taishô) qui sont réputés être ses frères. Ces « généraux » l'entourent dans le *Taizô-kai Mandara*. Ce sont : Manibhadra (jap. Hôken) ; Pûrnabhadra (jap. Manken) ; Pâñchikha (jap. Sanshi) [ce dernier, sous le nom de Jinja Taishô, est représenté en sculpture au Tôdai-ji de Nara et au Reihokan du Kôyasan] ; Shatagiri (jap. Shatagiri), Haimavata (jap. Keimabata) ; Vishâkha (jap. Bishaka) ; Âtavaka (jap. Atabaka) et Pañchâla (jap. Hanshara), dont les représentations sont rares en dehors des mandala (Sawa Ryûken, *op. cit.*, p. 134, 136, fig. 108).
    Bishamon-ten aurait également cinq acolytes enfants (Kumâra, jap. Dôji) considérés comme ses fils et qui lui servent de messagers pour aller assister les combattants ou vaincre les démons des maladies. Ce sont : Nada (jap. Nata), l'aîné ; Dakshin (jap. Dokkon), le chef de ses guerriers ; Amrita (jap. Zennishi ou Kanro), représenté en sculpture par Tankei au Sekkai-ji, Kôchi ; et Kûbara (jap. Jôken ou Kubara), selon les versions du *Sonyôshô* ou du *Nashômondô* (Sawa Ryûken *op.cit.*, p. 134, et *Hôbogirin*, I, p. 80). Selon une autre liste du *Hôbôgirin*, ces cinq Dôji seraient des Yaksha chargés de veiller sur sa personne et auraient pour noms : Pañchâla (jap. Hanjarô ou Gojô) ; Âtavaka (jap. Dandara ou Kôya) ; Haimavata (jap. Keimatsuda) ; Hema (jap. Konsen) ; Sûchiloma (jap. Shuitsuroma ou Shimmô) et Daigera ou Jôshin. Bishamon-ten aurait aussi d'autres fils, en nombre variable selon les textes, parmi lesquels Pâñchika, déjà cité. Ces acolytes sont aussi appelés collectivement les « cinq ministres » (jap. Go-Taishi). Ils sont conformes à la tradition indienne qui faisait de Vaishravana le chef des Yaksha.
21. B. Frank, *Mythologies*, p. 170.
22. Lorsque le démon est seul, il se nomme généralement Amanojaku (*cf.* note 10).

23. *Hôbôgirin*, I, p. 77. Ils sont appelés Godaiji et lui sont attribués par divers textes dont celui du *Konkômyô-ô-kyô*.
24. Dans le *Dai-Hannya-kyô*, il est vert, tient dans la main droite un trident avec oriflamme, sa main gauche étant posée sur sa hanche.
25. Sa lance est parfois ornée d'un oriflamme.
26. *Taishô*, XXI, 219.
27. *Taishô*, XVIII, 923.
S. : en bois au Kawai-dera, Ôsaka, par exemple.
P. : à l'Uesugi-Jinja, Yamagata-ken (époque de Heian).
28. Le Tamon-ten du Kaidandô du Tôdai-ji élève son bras droit au-dessus de sa tête. Le Bishamon-ten du Hôryû-ji tient un stûpa à cinq tours (mont Meru ?).
29. *Hôbôgirin*, I, p. 76.
30. *Hôbôgirin*, I, p. 83, fig. 40.
31. Dans le *Prajñâpâramitâ-sûtra* (illustr. *in* J. Troup, *op.cit.*, p. 8 et pl. II), il est de couleur blanche et tient une flèche à la main.
32. Au Hôryû-ji, à Nara, il est monté sur un démon à tête de buffle (ou de bœuf, *gozu* ?) avec une auréole simple derrière la tête, un bâton dans la main droite, une lance dans la main gauche.
33. P. : en couleurs sur soie, au Kôfuku-ji, Nara.
34. Parfois le contraire.
35. Tajima R., *op.cit.*, p. 131.
36. Les deux mains peuvent être appuyées sur la lance dont le talon repose sur le sol.
37. Parfois blanc, ou avec un visage vert.
38. Surtout en peinture.
39. B. Frank, *Mythologies*, p. 175.
40. *Taishô*, XX, 137 ; XXIV, 283 ; XXXIX, 580.
41. *Taishô*, XX, 137 ; XXIV, 283 ; XXXIX, 580.

CHAPITRE X : LES GROUPES DE DIVINITÉS

1. B. Frank, *Mythologies*, p. 173, 174.
2. Sawa Ryûken, *op.cit.*, p. 166. Cette liste comporte d'ailleurs des variantes selon les textes ;
P. : au Hôfuku-ji, Wakayama ; au Hônen-ji, Kagawa ; au Daikaku-ji, au Jôfuku-ji, au Nison-in, Kyôto ; dans la coll. Morimura Chizaemon, Tôkyô ; peint par Rikyû Tadanobu à l'Engen-ji, Shiga ; etc.
3. Gozu est parfois considéré comme étant la déification bouddhique du Kami shintô d'Izumo, Susanoo.
4. M. Soymié, *Les Acolytes de Ti-tsang*, p. 50 à 77.
5. M. Soymié, *op.cit.*, p. 56. *Taishô-zu-zô*, V, 540. Ce sont les acolytes des « dix rois ».
6. Orient

	rois	divinités correspondantes	cérémonie (après la mort du fidèle)
Ouest	Shinkô-ô	Fudô Myô-ô	le 7e jour
Sud	Shokô-ô	Shaka Nyorai	le 27e jour
Sud-Est	Sôtei-ô	Monju Bosatsu	le 37e jour
Est	Gokan-ô	Fugen Bosatsu	le 47e jour
Nord-Est	Enma-ô	Jizô Bosatsu	le 57e jour
Nord	Hensei-ô	Miroku Bosatsu	le 67e jour
Nord-Ouest	Taizan-ô	Yakushi Nyorai	le 77e jour
Sud-Ouest	Toshi-ô	Seishi Bosatsu	le 100e jour
Ouest	Byôdô-ô	Kannon Bosatsu	un an après
	Godôtenrin-ô	Amida Nyorai	trois ans après
	Renjô-ô	Ashuka Nyorai	sept ans après
	Bakku-ô	Dainichi Nyorai	treize ans après
	Jion-ô	Kokûzô Bosatsu	trente-trois ans après

Ces treize « juges » sont parfois représentés ensemble sur des mandala ;
P.: sur soie, famille Tanaka (*in* Sawa Ryûken, *op.cit.*, p. 167).
S. : dix rois seulement à l'Ennô-ji de Kamakura (par Kôyu en 1251), au Kenchô-ji, Kamakura (par Unkei en 1250), etc.

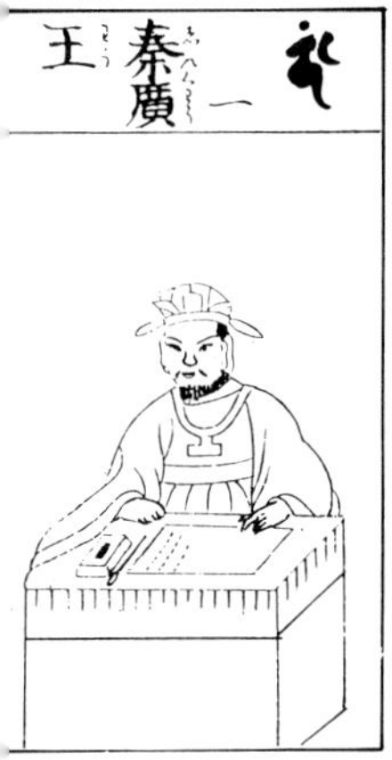

Shinkô-ô

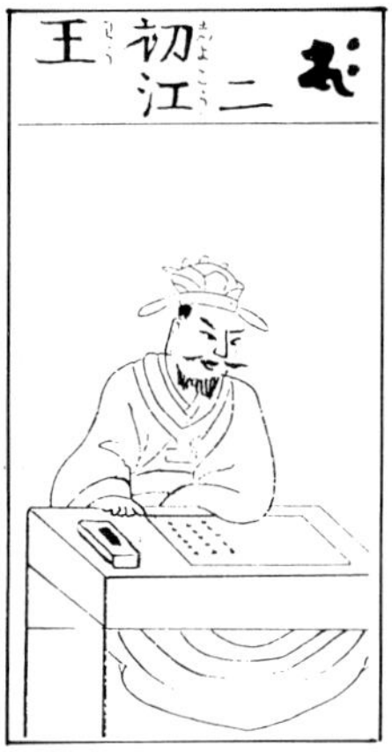

Shôkô-ô

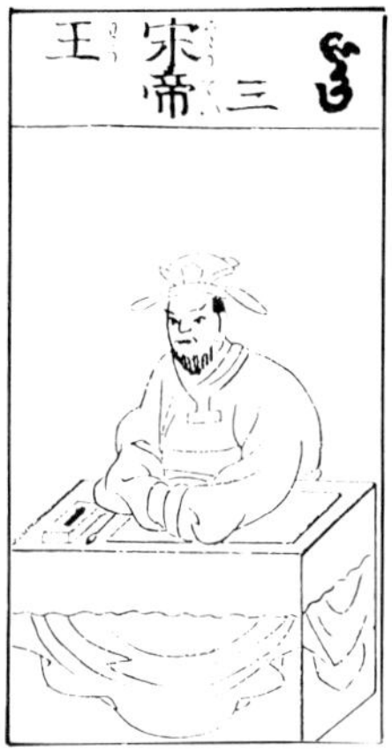

Sôtei-ô

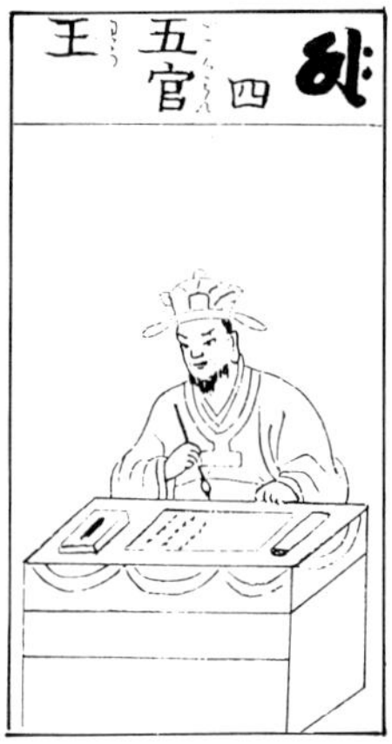

Gokan-ô

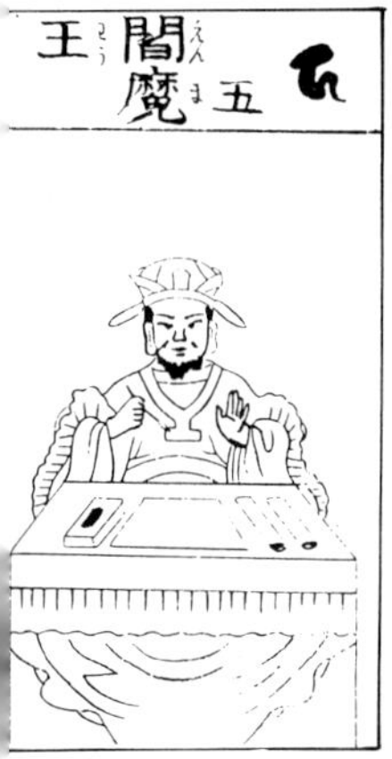

Enma-ô

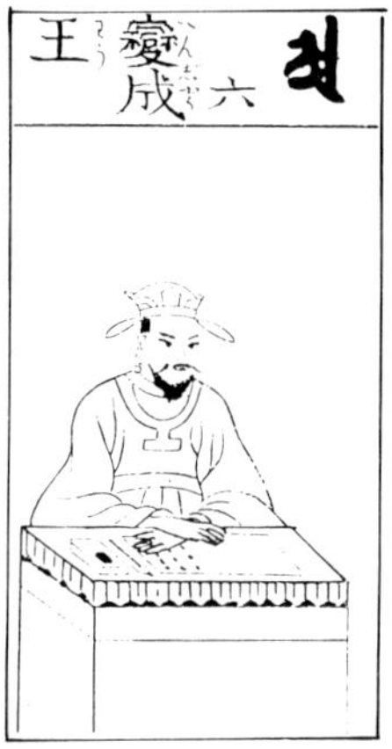

Hensei-ô

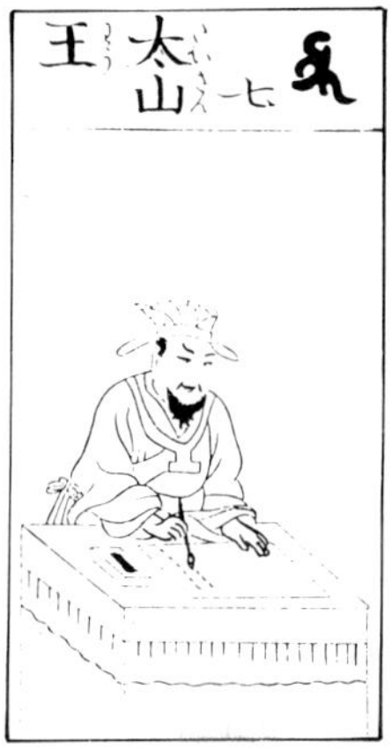

Taizan-ô

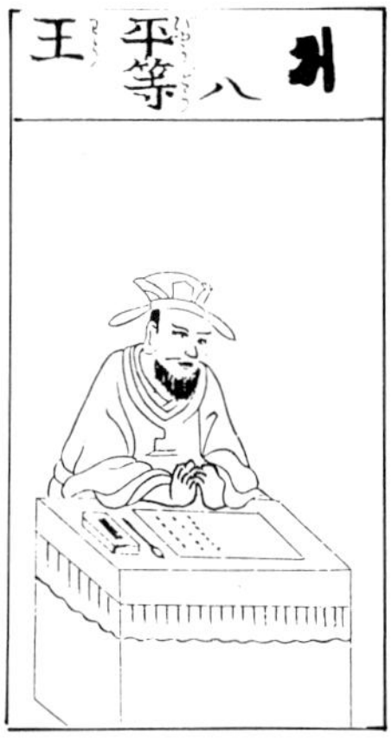

Byôdô-ô

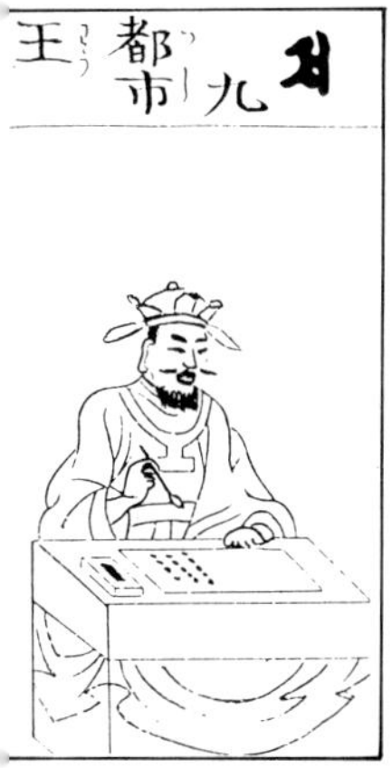

Toshi-ô

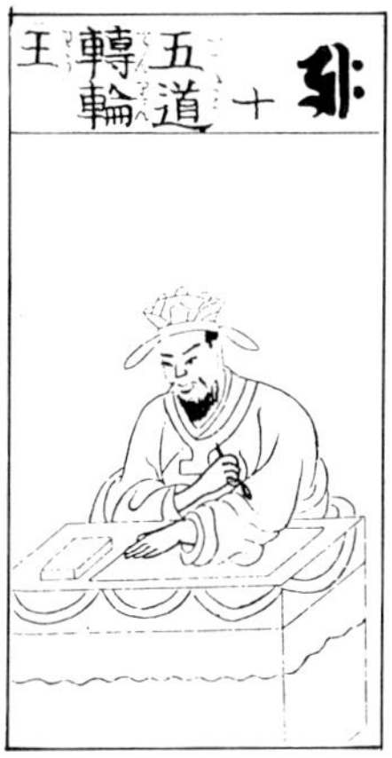

Godôtenrin-ô

Les dix rois des enfers (*note* 6)

7. La 1re semaine : Fudô Myô-ô ;
la 2e semaine : Shaka Nyorai ;
la 3e semaine : Monju Bosatsu ;
la 4e semaine : Fugen Bosatsu ;
la 5e semaine : Jizô Bosatsu ;
la 6e semaine : Miroku Bosatsu ;
la 7e semaine : Yakushi Nyorai ;
le 49e jour est le plus important car c'est ce jour-là que le corps du défunt est fixé : il quitte le monde intermédiaire (tib. Bar-do) pour entrer dans celui de la renaissance. Un service bouddhique est assuré ce jour-là afin de rendre ce « passage » propice et d'aider le défunt à atteindre le paradis :
- Shô Kannon est ensuite prié pendant cent jours ;
- Seishi Bosatsu pendant une année ;
- Amida Nyorai pendant trois années ;
- Ashuku Nyorai pendant sept années ;
- enfin Kokûzô Bosatsu et Dainichi Nyorai indéfiniment.
8. *Inde classique*, II, § 2269, 2270.
9. Indication donnée verbalement à l'auteur par un religieux du Saidai-ji, à Nara.
10. Tajima R., *op.cit.*, p. 129 ; *Taishô*, XXI, 384.
11. Tajima R., *op.cit.*, p. 129 à 138.
12. Sawa Ryûken, *op.cit.*, p. 128.
13. Notamment dans le *Prajñapâramitâ-sûtra*.
14. *Taishô*, LI, 859 ; XIX, 379 ; XVIII, 162, 34 ; XXXIX, 634.
15. *Taishô-zu-zô*, I, 123, 130, 199.
16. Aimablement signalé à l'auteur par M. Bernard Frank.
17. *Inde classique*, II, § 2270.
18. C'est l'éléphant à trois têtes (parfois avec une seule, mais avec six défenses) d'Indra, Airâvata. Cette forme n'apparaît qu'avec les doctrines ésotériques et en Inde dans les *Jâtaka*.
19. *Taishô-zu-zô*, I, 123, 194.
20. Sculpture au Tôdai-ji, dans le Sangatsu-dô, à Nara. Il fait pendant à Bon-ten. Nous ne connaissons pas d'autre représentation de cet aspect d'Indra après le IXe siècle, tout au moins au Japon.
21. Tajima R, *op.cit.*, p. 311-313.
22. *Ibid.*, p. 312.
23. *Taishô-zu-zô*, I, 14.
24. *Taishô*, XIX, 379.
25. *Taishô-zu-zô*, I, 12.
26. Tajima R., *op.cit.*, p. 191.
27. *Ibid.* p. 312, 313.
28. *Ibid.* p. 125.
29. *Taishô-zu-zô*, I, 12.
30. Tajima R., *op.cit.*, p. 194.
31. *Taishô*, XIX, 379. Sawa Ryûken, *op.cit.*, p. 114, fig. 120.
32. *Taishô*, XVIII, 881 ; XIX, 379.
33 Tajma R., *op.cit.*, p. 195.
34. *Taishô*, XXI, 334 ; Sawa Ryûken, *op.cit.*, p. 65, 146 et 271.
35. Nakamura Hajime, *op.cit.*, p. 19.
36. Il est représenté presque uniquement sur les mandala, de façons diverses :
- Sous sa forme normale, de couleur rouge, chakra dans la main droite, main gauche fermée. Il est assis sur un taureau blanc, a le corps orné de colliers faits avec des ossements humains. Deux acolytes peuvent l'accompagner (*Taishô-zu-zô*, I, 397). Il peut aussi tenir un trident dans la main droite, et dans la main gauche, une coupe faite dans un crâne humain. Cependant, le *Jûni Ku Giki* (chin. *Shi'er Tian Gong Yigui*) le décrit comme ayant un teint bleu-clair, avec trois yeux, des crocs et un aspect irrité. Il serait accompagné par deux divinités féminines (*Taishô*, XXI, 386 ; Tajima R., *op.cit.*, p. 310). Dans d'autres textes, son teint serait bleu-noir, la coupe tenue dans la main gauche serait pleine du sang des passions et il serait assis sur une natte, comme un Yogin (notamment dans le *Hizôku*, *Taishô-zu-zô*, I, 14).
- Sous la forme de Daijizai-ten, il peut revêtir d'autres aspects, avoir une tête et huit bras, une tête et quatre bras, une tête et dix-huit bras (assis sur un bélier rouge), ou prendre une forme féminine avec le visage vert, un trident dans la main droite et un bol de sang caillé dans la main gauche (*Taishô-zu-zô*, I, 127). Mais sa forme n'est pas fixée avec rigueur au Japon et elle est souvent différente sur les mandala et dans les textes.

37. S. : en laque sèche, à l'Akishino-dera, daté de 780. Détruite dans un incendie, sa tête fut réparée au IXe siècle et son corps entièrement refait au XIIe siècle par Unkei.
38. *Taishô-zu-zô*, I, 340.
39. *Taishô*, XX, 379, XXXIX, 635.
40. Le disque solaire porté par Nitten est parfois représenté avec, au centre, l'image noire d'un corbeau à trois pattes, emprunt direct fait au folklore chinois.
41. *Taishô*, XIX, 379.
42. D'après un renseignement aimablement communiqué à l'auteur par M. Bernard Frank.
43. *Taishô*, XIX, 379.
44. L'image de ce lièvre, très populaire au Japon, est venue de Chine. Elle est probablement d'origine indienne : l'un des noms de Soma (la lune) est en effet Shâshin, « marquée d'un lièvre ».
    P. : au Tô-ji daté de 1191 ; *Tenjukoku Mandara* au Chûgû-ji, Nara.
45. B. Frank, *Mythologies*, p. 175.
46. Légende racontée dans le *Taiheiki* (ch. V), entre autres.
47. B. Frank , *Mythologies*, p. 175.
48. N. Péri, (« le dieu Wei-t'o ») BEFEO, XVI, no 3, 1916.
49. B. Frank. Il est également nommé Yoshino Shôten dans le Sakuramoto-bô, près de Nara.
50. B. Frank, *Annuaire EPHE*, 1961-1962, p. 56.
51. Voir à ce sujet B. Frank, *Mythologies*, p. 172-173.
52. B. Frank.
53. *Taishô*, XXI, 296, 297, 298, 299, 322, 323.
54. B. Frank, *Annuaire EPHE*, note 2.
    S. : attributs sexuels joints, au musée de Shimoda.
55. *Taishô*, XXI, 306.
56. *Taishô*, XXI, 323.
57. *Taishô*, XXI, 297, 303, 322, 323.
58. Dans le *Kangi-ten Mandara,* les deux corps se font face, tenant la pelote devant leur poitrine. Autour du Kangi-ten principal sont disposés ses autres aspects, notamment ceux à deux ou six bras (époque de Kamakura).
59. Une autre forme le montre avec trois têtes à trois yeux et avec quatre bras, tenant dans ses mains droites un radis et un bâton, dans ses mains gauches un plateau et un glaive.
60. G. Renondeau, « Le Shugendô », *Cahiers de la Société asiatique*, XVIII, Paris, 1965 ; « Histoire des moines-guerriers du Japon », *Bibliothèque de l'Institut des hautes études chinoises*, t. XI, Paris, 1957.
61. G. Renondeau, *Le Shugendô...*, p. 47.
62. *Ibid.*
63. Le *Taiheiki*, XXVI, cité par G. Renondeau, *op.cit.*, p. 46, 48.
64. Sawa Ryûken, *op.cit.*, p. 171.
65. *Ibid.*, note 63, p. 47.
66. *Taishô*, XVIII, 868.
67. Représentations tardives. S. : en bois peint au Tôdai-ji, Nara. L'image la plus célèbre de ces trois singes (Sanbiki-zaru)se trouve sculptée en bois et colorée, au Tôshôgû de Nikkô (XVIIe siècle).

CHAPITRE XI : ÊTRES DIVINS ET PERSONNAGES HISTORIQUES DIVINISÉS

1. Cependant, les divinités représentées en laque sèche au Kôfuku-ji de Nara sont désignées dans les textes sous des noms différents. On ne les a pas identifiées avec certitude.
   Gobujô correspondrait à la classe des Deva ; Sakara à celle des Nâga ; Karura à celle des Garuda (?) ; Kubanda à celle des Yaksha ; Ashura à celle des Asura ; Kendatsuba (Kendabba) à celle des Gandharva (?) ; Kinnara, à celle des Kimnara, Hibakara à celle des Mahoraga.
   On les désigne sous le titre de «rois», on ne sait trop pourquoi.
2. Jardins du Daitoku-ji, par exemple.
3. *Taishô*, XXI, 459. S. : au Jôraku-ji, Shiga (en bois, époque de Kamakura).
4. Ces signes, ainsi que ceux des Nijûhachi Shuku, dont l'énumération suit, se trouvent décrits dans le *Hokuto Mandara* du Kôzan-ji, Kyôto. Ce sont :
   1. Nichiyô, Taiyô (skt. Âditya) : Soleil, dimanche. 2. Getsuyô, Taiin (skt. Soma) : Lune, lundi. 3. Kayô-sei, Keiwaku-sei (skt. Angâraka, Pingala) : Mars, mardi. 4. Suiyô, Shinsei (skt. Budha) : Mercure, mercredi. 5. Mokuyô, Seisei (skt. Brihaspati) : Jupiter, jeudi. 6. Kinyô, Taihakusei (skt. Shukra) : Vénus, vendredi. 7. Doyô,

Les Jûni-gû (douze signes du zodiaque) (*note 5*)

十二宮

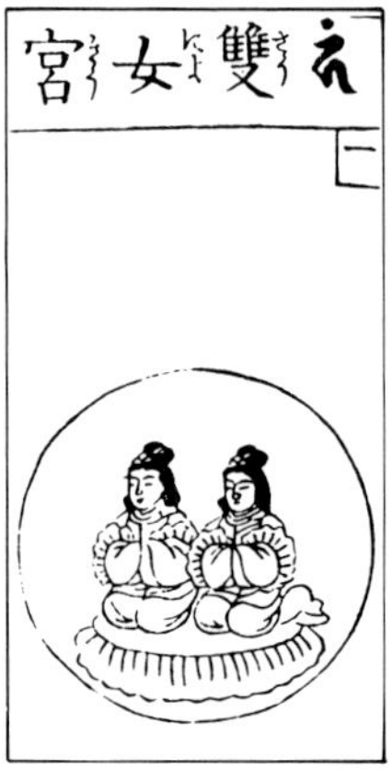
Gémeaux

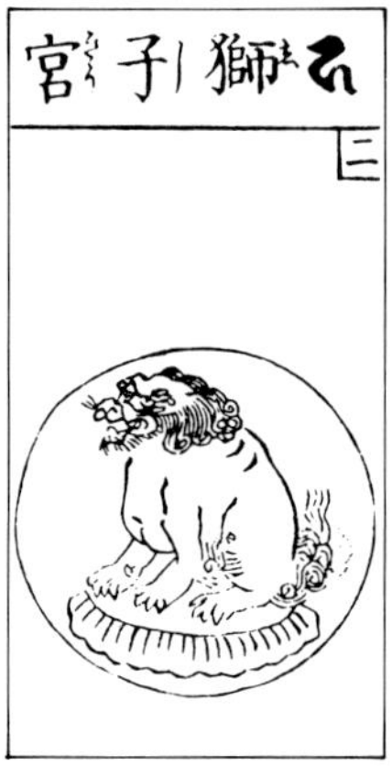
Lion

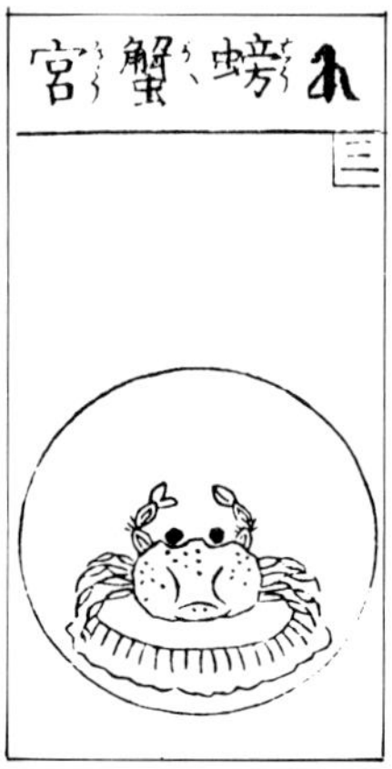
Cancer

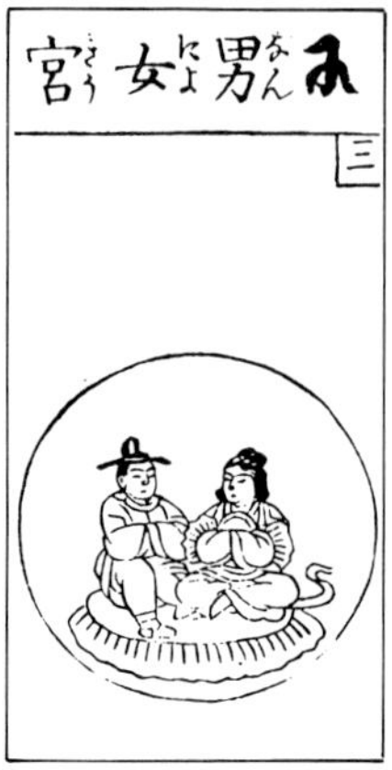
Vierge

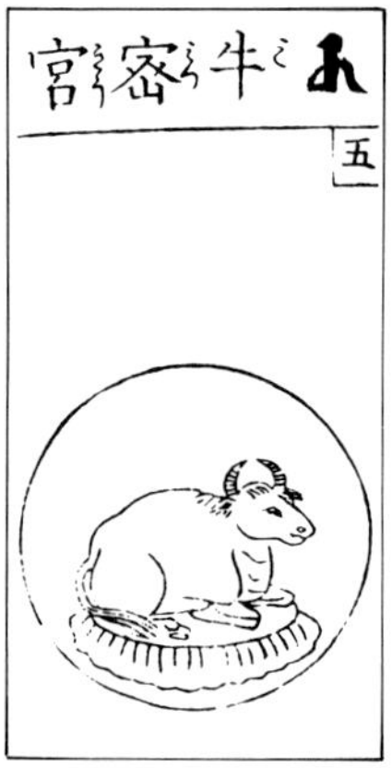
Taureau

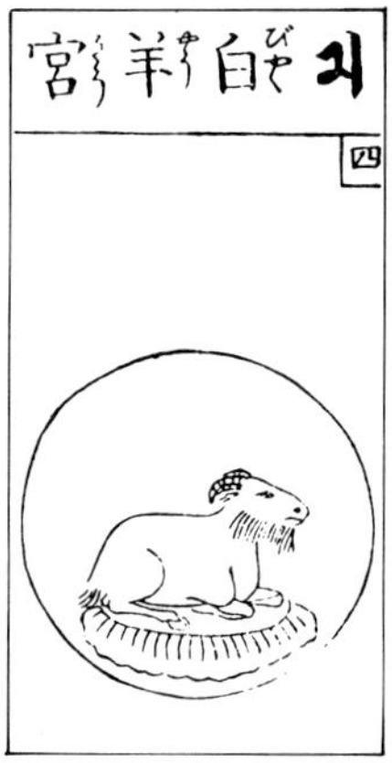
Bélier

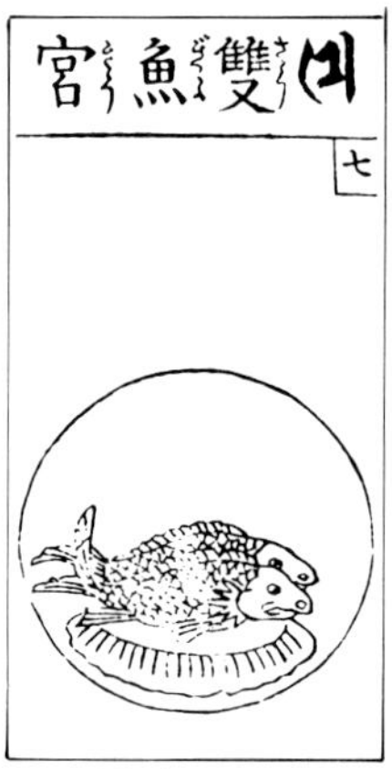
Poissons

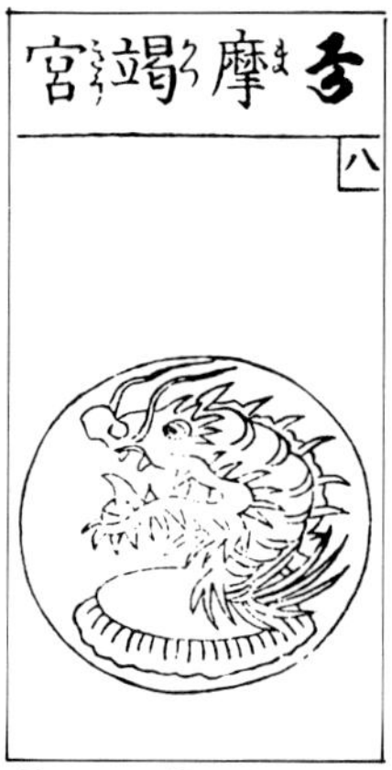
Dragon (Capricorne)

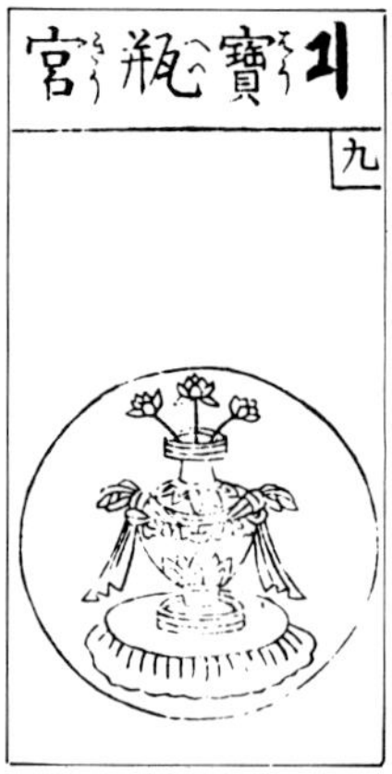
Verseau

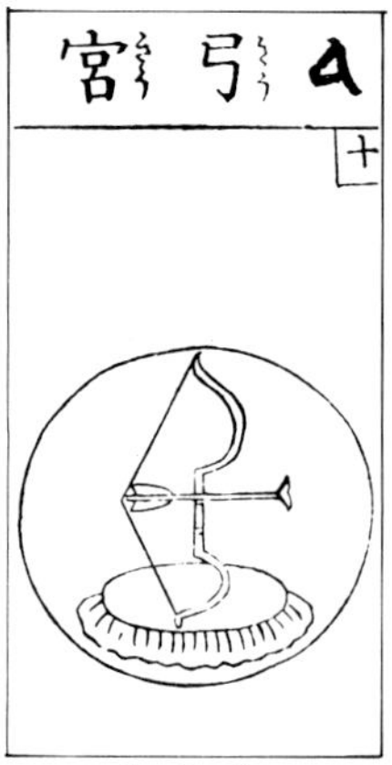
Sagittaire

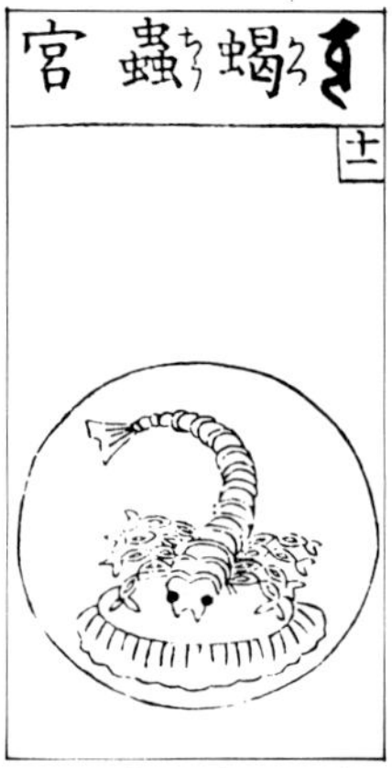
Scorpion

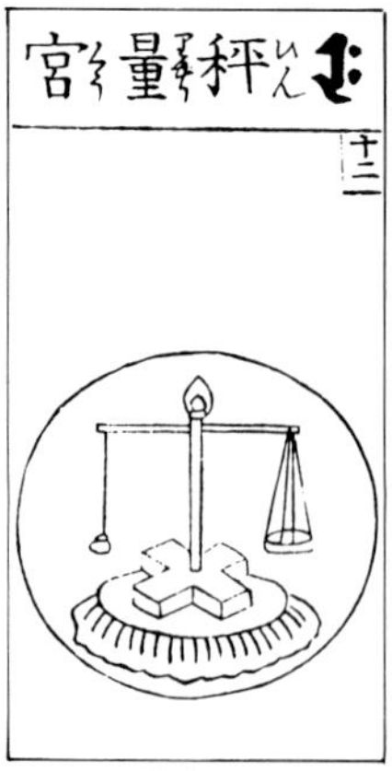
Balance

Chinsei (skt. Shanaishchara) : Saturne, samedi. 8. Ragosei (skt. Râhu) : éclipse du sud-ouest, printemps, tête du dragon ascendant (Nobori-ryû). 9. Keitosei (skt. Ketu) : éclipse du nord-est, hiver, queue du dragon descendant (Kudari-ryû).

P. : *Sei Mandara*, sur soie, au Kumota-dera, Ôsaka ; mandala du Hôryû-j ; *Hokuto Mandara* du Kôzan-ji, Kyôto.

5. Correspondances planétaires et astrales établies d'après J. Filliozat, *L'Inde classique*, II, p.729 *sq.*(ill. p. 342) :

1.	(Haku)yô-gû	(skt. Mesha)	Bélier
2.	(Kin) gyû-gû	(skt. Vrishabha)	Taureau
3.	(Sô) in-gû	(skt. Mithuna)	Gémeaux
4.	(Kyo) kai-gû	(skt. Karkataka)	Cancer
5.	(Shi) shi-gû	(skt. Simha)	Lion
6.	(Sho) jo-gû	(skt. Kanyâ)	Vierge
7.	(Ten) bin-gû	(skt. Tulâ)	Balance
8.	(Ma) katsu-gû	(skt. Vrishchika)	Scorpion
9.	(Jin) ba-gû	(skt. Dhanus)	Sagittaire
10.	Makatsu-gû	(skt. Makara)	Capricorne
11.	(Hô) byô-gû	(skt. Kumbha)	Verseau
12.	(Sô) gyo-gû	(skt. Mîna)	Poissons

6. Les divinités astrales (Nakshatra) :

- *À l'est* :			
	Bô-shuku	(Krittikâh)	η*du Taureau
	Shi-shuku	(Mrigashiras)	λ*$\varphi^1\varphi^2$ d'Orion
	Sei-shuku	(Purnavasû)	$\alpha\beta$* des Gémeaux
	Ryû-shuku	(Âshleshâh)	α^1*α^2 du Cancer et de $\delta\epsilon\eta\rho\sigma$ l'Hydre
	Hitsu-shuku	(Rohinî)	α du Taureau (Aldelbaran) et $\theta\gamma\theta\epsilon$* du Taureau (les Hyades)
	San-shuku	(Ârdrâ)	α*d'Orion
	Ki-shuku	(Pushya)	$\gamma\delta$*θ du Cancer
- *Au sud* :			
	Sei-shuku	(Maghâh)	α* de Régulus et $\eta\gamma\xi\mu\epsilon$ du Lion
	Kô-shuku	(Svâtî)	α* du Bouvier (Arcturus)
	Yoku-shuku	(Uttaraphalgunî)	β* et 93 du Lion
	Kaku-shuku	(Chîtrâ)	α* de la Vierge
	Tei-shuku	(Vishâkhâ)	α^2*β de la Balance
	Chô-shuku	(Pûrvaphalgunî)	δ*θ du Lion
	Shin-shuku	(Hasta)	$\delta\gamma$ *$\epsilon\alpha\beta$ du Corbeau
- *À l'ouest* :			
	Bô-shuku	(Anurâdhâ)	$\beta\delta$*π du Scorpion
	Bi-shuku	(Mûla)	ϵ*-ν du Scorpion
	To-shuku	(Uttarâshâdhâh)	$\sigma\xi$ du Sagittaire
	Jo-shuku	(Abhijit)	α* de Vega $\epsilon\xi$ de la Lyre
	Shin-shuku	(Jyeshthâ)	α* Antarès $\sigma\tau$ du Scorpion
	Ki-shuku	(Pûrvashadhâh)	α*$\beta\gamma$ de l'Aigle
- *Au nord* :			
	Shitsu-shuku	(Pûrvabhadrapadâh)	α*β de Pégase
	Kei-shuku	(Revatî)	ξ* des Poissons
	I-shuku	(Bharanîh)	α*$\beta\gamma$ de la Mouche
	Heki-shuku	(Uttarabhadrapadâh)	γ * de Pégase et α d'Andromède
	Ro-shuku	(Ashvinî)	β*ξ du Bélier
	Ki-shuku	(Dhanishthâh)	$\alpha\beta$*$\delta\gamma$ du Dauphin
	Kyo-shuku	(Shatabhisha)	λ* du Verseau

7. A. Getty, *op.cit.*, p. 175, 176.
8. M.V. de Visser, *The Dragon in China and Japan*, Amsterdam, 1913, p. 166.
9. Tajima R., *op.cit.*, p. 21.
10. Fujishima, *op.cit.*, p. 82.
11. Sawa Ryûken, *op.cit.*, p. 97, fig. 72.
12. À l'Ichijô-ji, Shimozato-mura, Harima (h : 1,26 m), la main droite principale avec un sceptre de religieux (jap. Nyo-i), la main gauche principale portant un petit reliquaire.
13. *Taishô*, XX, 674.

BIBLIOGRAPHIE

La bibliographie concernant le bouddhisme est immense. Celle qui traite de l'iconographie bouddhique, bien que moins fournie, demeure considérable. Nous avons donc été obligés de faire un choix. Celui-ci porte principalement sur les ouvrages que nous avons consultés, mais d'autres, consistant surtout en articles divers, ont été signalés dans les notes accompagnant le texte de ce livre. Cette bibliographie succincte comprend donc les ouvrages les plus généraux. Certains sont aisément accessibles, d'autres, plus anciens, sont épuisés et ne se trouvent que dans les bibliothèques spécialisées. Nous espérons néanmoins que les quelques titres donnés ci-dessous permettront au lecteur curieux d'approfondir le sujet, et l'aideront à trouver plus ample documentation.

AKIYAMA AISABURÔ
– *Buddhist Hand Symbols*, Yokohama, 1939.

AKIYAMA TERUKAZU
– *La Peinture japonaise*, Skira, Genève, 1961.
– « Les rouleaux enluminés (*E-Maki*) du Japon médiéval », *Présence du Bouddhisme*, « France-Asie », XVIII, 172, Tôkyô, 1962.

ANESAKI MASAHARU
– *History of Japanese Religion*, Tôkyô, 1963.
– « Quelques pages de l'histoire religieuse du Japon », *Annales du musée Guimet*, XLIII, Paris, 1921.
– *Buddhist Art in Relation to Buddhist Ideals*, Boston, Londres, 1916.
– *Religious Life of the Japanese People*, Kokusai Bunka Shinkôkai, Tôkyô, 1961.
– *Buddhist Art*, I, Boston, 1915.

ART GUIDE OF NIPPON, Nara, Mie, Wakayama, The Society of Friends of Eastern Art, Tôkyô, 1943.

ART JAPONAIS À TRAVERS LES SIÈCLES (L'), Catalogue du musée d'Art moderne de Paris, 1958.

ASTON, W.G.,
– *Shintô, the Way of the Gods*, Londres 1905.

AUBOYER, Jeannine
– « Le trône et son symbolisme dans l'Inde ancienne », *Annales du musée Guimet*, LIV, Paris, 1949.
– « Les influences et les réminiscences étrangères au Kondô du Hôryû-ji », *Annales du musée Guimet*, Paris, 1941.
– *Buddha* (photos de J-L. Nou), Seuil, Paris, 1982.
– «Moudrâ et Hasta, ou le langage par signes», *Oriental Art*, III, Londres, 1951.

BANDÔ, S., HANAYAMA et collab.
– *A Bibliography of Japanese Buddhism* , The Cultural Interchange Institute for Buddhists, *Tôkyô, 1958.*

BAREAU, André
– « Les disciples », *Présence du bouddhisme*, « France-Asie », Saïgon, 1959.
– Les Religions de l'Inde (III - *Bouddhisme*), « Bibliothèque historique, Religions de l'humanité », Payot, Paris, 1966.
– *En suivant Bouddha*, Philippe Lebaud, Paris, 1985.
– *Le Bouddha*, Paris, 1962.
– *Recherches sur la biographie de Bouddha*, - *BEFEO*, Paris, 1970 (I) et 1971 (II).

BECHERT, Heinz et GOMBRICH, Richard
– *Le Monde du bouddhisme*, préface de J. Auboyer, Bordas, Paris, 1984.

BEGUIN, Gilles
– Bronzes himalayens, *La Revue du Louvre*, Paris, 1976.
– *Dieux et démons de l'Himâlaya*, Grand Palais, 1977.

– *Tibet, terreur et magie*, Musées royaux d'art et d'histoire, Bruxelles, 1989.
BERNET-KEMPERS, A.J.
– *Ancient Indonesian Art*, Van der Peet, Amsterdam, 1959.
– *The Bronzes of Nâlandâ and Hindu-Javanese Art*, Brill, Leyde, 1933.
BERTHIER, François
– *Genèse de la sculpture bouddhique japonaise*, POF, Paris, 1979.
BEYER, S.
– *The Cult of Tara, Magic and Ritual in Tibet*, Berkeley, Californie, 1973.
BHATTACHARYA, Benoytosh
– *The Indian Buddhist Iconography*, Oxford University Press 1925, Mukhopâdhyâya, Calcutta, 1968.
– *An Introduction to Buddhist Esoterism*, Oxford University Press, 1932.
BLONAY, Godefroy de
– *Matériaux pour servir à l'histoire de la déesse bouddhique Târâ*, Paris, 1895.
BOISSELIER, Jean
– « À propos d'un bronze cham inédit d'Avalokiteshvara », *Arts asiatiques*, IV, Paris, 1957.
– *Asie du Sud-Est, le Cambodge*, Manuel d'Archéologie d'Extrême-Orient, Picard et Cie, Paris, 1966.
BUCHANAN, D.C.
– « Inari, its Origin, Development and Nature », *Asiatic Society of Japan*, XII, Tôkyô, 1935.
BUHOT, Jean
– « La pluralité des bouddhas, les principaux personnages du panthéon bouddhique », *Bulletin de l'association française des amis de l'Orient, le panthéon bouddhique*, Paris.
– *Histoire des arts du Japon des origines à 1350*, Paris, 1949.
– *Arts de la Chine*, Paris, 1951.
BUKKÔ DAIJITEN, *Grand Dictionnaire du bouddhisme*. Voir Mochizuki Shinko et Oda Tokunô.
BUKKYÔ DAINENPYÔ, *Grande Chronologie du bouddhisme*, par Mochizuki Shinkô, Tôkyô, 1909.
BUKKYÔ NO BIJUTSU TO REKISHI, *Histoire illutrée de l'art bouddhique*, par Onô Gemmyô, Tôkyô, 1937.
BURNOUF, Étienne
– *Le lotus de la Bonne Loi*, traduction Paris, 1852, rééd. Maisonneuve, Paris, 1925.
– *La Science des religions*, Paris, 1885.
– *Introduction à l'étude du bouddhisme indien*, Paris, 1876.
BUTSUZÔ ANNAI, *Guide des images bouddhiques*, par Sawa Ryûken, Yoshikawa Kôbunkan, Tôkyô, 1962.
BUTSUZÔ IKONÔGURAFÎ- Iwanami Shoten, Tôkyô, 1952.
BUTSU-ZÔ-KENKYÛ-KAI
Nishodo Shoten, Tôkyô, 1934 .
BUTSUZÔ-ZU-I, *Manuel illustré des divinités bouddhiques*, 5 vol., dessins de Ki Tosa no Hidenobu, Kyôto, 1783, rééd. Morie Shôten, 1895.
BUTSUZÔ-ZU-TEN, *Dictionnaire des images bouddhiques*, par Sawa Ryûken, Yoshikawa Kôbunkan, Tôkyô, 1961.
BENISTI, Mireille
– « Étude sur le stûpa dans l'Inde ancienne », *BEFEO*, I Paris, 1960.
CHAMBERLAIN, Basil Hall
–*Things Japanese*, Kelly et Walsh, Londres, 1905.
CHARLES, Pierre
– « Kannon vêtue de blanc », *Xavierana*, 146, Paris, 1936.
CHAVANNES, Édouard et LÉVI, Sylvain
– « Les seize Arhats protecteurs de la Loi », *Journal Asiatique*, Paris, 1916.
CHURCHWARD, Albert
– *Signs and Symbols of Primordial Man*, Londres, 1910.
CLAUDEL, Paul
– *Connaissance de l'Est, Paris, 1907.*
COATES, H. et ISHIZUKA RYÛGAKU
– *Hônen, the Buddhist Saint*, Kyôto, 1925.
COEDÈS, Georges
– « L'assistance médicale au Cambodge au XVIe siècle », *Présence du bouddhisme*, « France-Asie », Saïgon, 1959.
– « Bronzes khmers », *Acta Asiatica*, V, Paris, 1923.
COOMARASWAMY, A.K.
– *History of Indian and Indonesian Art*, Londres, 1927.
– *Elements of Buddhist Iconography*, Harvard, Cambridge, 1935.
– « Mahâyâna Buddhist Images of Ceylon and Java », *JRAS*, avril 1909.
–*The Origin of the Buddha Image*, New York University Press, 1927.
DALE SAUNDERS, E.
– *Mudrâ*, Bollinger Series, LVIII, Pantheon, New York, 1960.
– « Note on Shakti and Dhyâni Buddha », *History of Religions*, University of Chicago, 1961.
– *Buddhism in Japan*, Philadelphie, 1964.

DEMIÉVILLE, Paul
– « Sur l'authenticité de Ta-cheng K'i Sin Louen », BMFJ, II-2, Tôkyô, 1929.
– « Les versions chinoises du Milindapaña » , BEFEO, XXIV, Paris, 1924.
– « La musique chame au Japon », *Études asiatiques*, Paris,1925.
DICTIONNAIRE DU BOUDDHISME, Trad. par R. de Berval, Ed. du Rocher, Paris, 1991.
DICTIONNAIRE HISTORIQUE DU JAPON, *Bulletin de la Maison franco-japonaise*, en cours de publication depuis 1963, Tôkyô.
DICTIONNAIRE SANSKRIT-FRANCAIS, Par L. Renou, N. Stchoupak, L. Nitti, Institut de civilisation indienne, Paris, 1932.
DÔGEN
– *La vision immédiate*, trad. et commentaires de B. Faure, Le Mail, Paris, 1987.
DORÉ, P.-H.
– *Manuel des superstitions chinoises*, Zi-ka-wei, Shanghai, 1926, rééd. avec introduction de M.Soymié, Centre de publication Extrême-Orient, Paris, Hong Kong, 1970.
DOWSON, J.
– *A Classical Dictionary of Hindu Mythology*, Routledge et Kegan, Paul, Londres, 1961.
ELIADE, Mircéa
– *Aspects du mythe*, Paris, 1963.
ELIOT, Sir Charles
–*Japanese Buddhism*, Arnold, Londres, 1935.
ELISSÉEFF, Serge
– « Notes sur le portrait en Extrême-Orient », *Mélanges Linossier*, Leroux, Paris, 1932.
– « Mythologie du Japon », *Mythologie asiatique illustrée*, Librairie de France, Paris, 1928.
– « The Bommokyô and the Great Buddha of Tôdai-ji » , HJAS, 1936.
EVANS-WENTZ, W.Y.
– *Le Livre tibétain de la grande libération*, Paris, 1960.
– *Tibet's Great Yogi Milarepa*, Oxford, 1928.
FENELLOSA, E.
– *L'Art en Chine et au Japon* adapté par A.Migeon, Paris, 1913.
FILLIOZAT, Jean et RENOU, Louis
– *L'Inde classique*, I, Paris, 1949 ; II, Paris, 1954.
FINOT, Louis
– « Lokeshvara en Indochine », *Études asiatiques*, I, Paris, 1925.
FOUCHER, A.
– « La madone bouddhique », *Monuments et Mémoires de l'Académie des Inscriptions et Belles Lettres*, XVII, Paris, 1909
– *Les Débuts de l'art bouddhique*, Leroux, Paris, 1911.
– *L'Art gréco-bouddhique du Gandhâra*, 2 vol., Leroux, Paris, 1905, rééd. 1951.
– « Étude sur l'iconographie bouddhique de l'Inde », *Bibliothèque de l'École des hautes études*, XIII, Leroux, Paris, 1900-1905.
FRANK, Bernard
– « Kata-imi et Kata-tagae », BMFJ, nlle série V, 2-4, Tôkyô, 1958.
– « Textes des rouleaux à peintures des époques de Heian et de Kamakura », *Compte-rendu annuaire EPHE*, Paris, 1961-1962.
– « Le panthéon bouddhique au Japon », *Mythologies*, Larousse, Paris, 1963.
– *Konjaku Monogatari, Histoires qui sont maintenant du passé*, « Connaissance de l'Orient », Gallimard, Paris, 1968.
– *Le Panthéon bouddhique au Japon, collections d'Émile Guimet*, musée Guimet, Paris, 1991.
FRÉDÉRIC, Louis
– *Japon, art et civilisation*, AMG, Paris, 1969.
– *Inde, temples et sculptures*, introduction par J. Naudou, AMG, Paris, 1959.
– *Sud-Est asiatique, temples et sculptures*, introduction par J.Auboyer, AMG, Paris, 1964.
– *Dictionnaire de la Civilisation indienne*, « Bouquins », R. Laffont, Paris, 1987.
FUJISHIMA RYÔON
– *Le Bouddhisme japonais*, Maisonneuve, Paris, 1889.
– *Les Douze Sectes bouddhiques du Japon*, Trismégiste, Paris, 1983.
GENZU MANDARA NO SÔJO, *Le Tôji et la transmission des mandalas traditionnels*, par Takata O., Bukkyô Geijutsu 24, Ôsaka.
GETTY, Alice
– *The Gods of Northern Buddhism*, Clarendon Press, Oxford, 1914, 1928, rééd. Tuttle, Tôkyô, 1962.
– *Ganesha*, Clarendon Press, Oxford, 1936.
GLASENAPP, H. de
– *Mystères bouddhistes et rites secrets du « véhicule de diamant* », Payot, Paris, 1944.
GODARD et FUKUI
– « La Chine et le Japon », *Religions du monde*, Paris, 1966.
GONZE, Louis
– *L'Art japonais*, Paris, 1926.
GORDON, Antoinette K.
–*The Iconography of Tibetan Lamaism*, Columbia University Press, *1939*.
GORIS, F.
– *We Japanese*, Yokohama, 1942.

GRANET, Marcel
– *La Pensée chinoise*, La Renaissance du Livre, Paris, 1934, rééd. A. Michel, Paris, 1968.
– *La Civilisation chinoise*, La Renaissance du Livre, Paris, 1929, rééd. A. Michel, Paris, 1968.
GREAT TEMPLES OF NARA, *Catalogue of Art Treasure of Japan*, 25 vol., Tôkyô, 1932.
GRIFFIS, W.E.
– *The Religions of Japan*, New York, 1907.
GRISWOLD, A.B. et LUANG, B.B.
–*Thai Images of the Buddha*, Fine Arts Department, Bangkok, 1962.
GROOT, J. de
– « La fête de KouanYin, déesse de la grâce divine », *Annales du musée Guimet*, II, Paris, 1886.
– *Sectarianism and Religious Persecutions in China*, Amsterdam, 1903.
GROUSSET, René
– « Histoire de l'Extrême-Orient », *Annales du musée Guimet*, XXXIX et XL, Paris, 1910.
GRÜNWEDEL, Albert
– *Buddhist Art in India*, Quaritch, Londres, 1901.
– *Mythologie des Buddhismus*, Brockhaus, Leipzig, 1900.
GUHYASAMAJÂTANTRA, Traduction par B. Bhattâchârya, *Gaekwad Oriental Series*, 53, Baroda, 1931.
HACKIN, Joseph
– *La Sculpture indienne et tibétaine au musée Guimet*, Leroux, Paris, 1931.
– *Guide catalogue du musée Guimet*, Van Oest, Paris, 1923.
– « Les scènes figurées de la vie du Bouddha d'après les peintures tibétaines », *Mémoires concernant l'Asie orientale*, II., Paris, 1916.
– « Mythologie du lamaïsme », *Mythologie asiatique illustrée*, Paris, 1928.
HIMITSU JIRIN, *Dictionnaire d'ésotérisme*, par Tomita Gakujun, Kaji Sekai Shisha, Tôkyô, 1911.
HIZÔKI, *Notes sur les divinités du Shingon*, attribué à Kûkai ou à Wenpi, in *Taishô-zu-zô*, I, Tôkyô, s.d.
HOKUSAI
– *The Hokusai Sketchbook (Manga)*, par J.A. Michener, Tuttle, Tôkyô, 1958.
HÔBÔGIRIN, *Dictionnaire encyclopédique du bouddhisme d'après les sources chinoises et japonaises*, publication sous la direction de S. Lévi, J. Takakusu et P. Démiéville, en cours de publication depuis 1929, Maison franco-japonaise, Tôkyô.
ISO MUTSU
– *Kamakura, Facts and Legends*, Tôkyô, 1929.
ITÔ, Lucy S.
– « Japanese Confraternities », *Monumenta japonica*, VIII, Tôkyô, 1952.
JISL, V.L., et VANISH, J.
– *L'Art tibétain*, Artia, Prague, 1958.
KERN, H.
– *Manual of Indian Buddhism*, Strasbourg, 1896.
KIRFEL, W.
– *Symbolik des Buddhismus*, Stuttgart, 1959.
KUANG LIN-LI
– « L'Aide-mémoire de la Vraie Loi » introduction par P. Démiéville, *Annales du musée Guimet*, LIV, Paris, 1949.
KUBOTA KANROKU
– *Masterpieces Selected from the Fine Arts of the Far-East*, 15 vol., Tôkyô, 1913.
KUNO TAKESHI et INOUE TAKASHI
– « Study of the Yakushi Triad in the Kondô, Yakushi-ji », *Acta Asiatica*, I, Tôhô Gakkai, Tôkyô, 1960.
LALITAVISTARA, Traduction par E. Foucaux, *Annales du musée Guimet*, VI et XIX, Paris, 1884-1892.
LALOU, Marcelle
– « Le dieu bouddhique de la Fortune », *Artibus Asiae*, Ascona, 1946.
– *Iconographie des étoffes peintes dans le Mañjushrîmûlakalpa*, Paris, 1930.
– *Les Religions du Tibet*, PUF, Paris, 1957.
LAMOTTE, Étienne
– « L'enseignement de Vimalakîrti », *Mélanges chinois et bouddhiques*, Bruxelles, s.d.
– « Mañjushrî »,*T'oung-pao*, XLVIII, 1-3, Leyde.
– *Histoire du bouddhisme indien des origines à l'ère Saka*, Publications Orientalistes, Louvain, 1958, rééd. 1976.
– *Le Traité de la grande vertu de la sagesse de Nâgârjuna, Mahâprajñapâramitâshastra*, 5 vol., Louvain, 1944-1980.
LANE-SUZUKI, Bernard
– « Fudô the Immovable », *The Eastern Buddhist*, II, Ôtani University, Kyôto, 1922.
LAUF, D.I.
– *Das Bild als Symbol imTantrismus*, Munich, 1973.
LEE, Sherman E.
– *Far-Eastern Art*, Abrams, New York, 1964.
LEROY-DAVIDSON, D.
– *The Lotus Sûtra in Chinese Art*, New Haven, 1954.

LEVI, Sylvain
– « Matériaux japonais pour l'histoire du bouddhisme », *BMFJ*, Tôkyô, 1927.
LINOSSIER, Raymonde
– « Iconographie de la descente d'Amida », *Mélanges d'orientalisme* publié par le musée Guimet, I, Leroux, Paris, 1932.
LLOYD, Arthur
– *The Praises of Amida*, Tôkyô, 1908.
– *Creed of Half-Japan*, Smith Elder, Londres, 1911.
LUBAC, H. de
– *Amida*, Seuil, Paris, 1955.
MAC-CUNE, Evelyn
– *The Arts of Korea*, Tuttle, Tôkyô, 1962.
MALASEKHARA, G.M. et collab.
– *Encyclopaedia of Buddhism*, Colombo, 1961-1979.
MALLMANN, Marie-Thérèse de
– « Les enseignements iconographiques de l'Agni-purâna », *Annales du musée Guimet*, Paris.
– « Introduction à l'étude d'Avalokiteshvara », *Annales du musée Guimet*, LVII, PUF, Paris, 1967.
– *Introduction à l'iconographie du bouddhisme tântrique*, Paris, 1975.
MASPÉRO, Henri et PÉRI, Noël
– « Le monastère de la Kan-Yin qui ne veut pas s'en aller », *BEFEO*, IX, p. 797-807.
MASPÉRO, Henri
– *La Chine antique*, Paris, 1927.
MATSUNAGA, Alicia
– *The Buddhist Philosophy of Assimilation*, Tôkyô, 1969.
MIGEON, Gaston
– *Promenades aux sanctuaires de l'art*, Paris, 1926.
MOCHIZUKI SHINKÔ
– *Bukkyô Daijiten*, Tôkyô, 1932-1936, rééd. 1954.
MOCK JOYA
– *Things Japanese*, Tôkyô News Service, Tôkyô, 1964.
MORAN, Sherwood F.
– « The Blue Fudô, a painting of the Fujiwara Period », *Arts asiatiques*, II, Paris, 1935.
MUS, Paul
– « Bârâbudur, les origines du stûpa et la transmigration, essai d'archéologie religieuse comparée », *BEFEO*, XXXII 1932, rééd. Arma Artis, Paris, 1990.
– « Le Bouddha paré », *BEFEO*, XXVIII, 1-2, Hanoi, 1928.
– *La Lumière sur les six voies*, Institut d'ethnologie, Paris, 1939.
MÜLLER, M.
– « The Larger Sukhâvatîvyûha and the smaller Sukhâvatîvyûha », *Mahâyâna Texts*, II, SBE, Londres, 1894.
NAKAMURA HAJIME
– *Shin Bukkyô Ji-ten*, Seishin-Shobô, Tôkyô, 1962.
NANJÔ BUNYU
– *A short History of the Twelve Japanese Buddhist Sects*, Maruzen, Tôkyô, 1886.
NIHON NO CHÔKOKU, *Sculptures du Japon*, 4 vol., par Hisano Ken, Bijutsu Shuppansha, Tôkyô, 1943.
NIHON NO HOTOKE SAMA, *Bouddhas du Japon*, par Ôta Koboku et Awatani Toshihiro, Tôkyô, s.d.
NIHON NO SETSUWA-E, *Légendes illustrées du Japon*, Benridô, Tôkyô, 1961.
NITSHKE
– « Kyôto, un urbanisme ésotérique », *Est-Orient*, I-1, Tôkyô, 1967.
ODA TOKUNÔ
– *Grand Dictionnaire du Bouddhisme (Bukkyô Daijiten)*, Tôkyô, 1928.
OKADA, Amina et NOU, Jean-Louis
– *Ajantâ*, Imprimerie Nationale, Paris, 1991.
OLDENBERG, H.
– *Vinayapitaka*, 5 vol., Londres, 1879-1885
ÔOKA MINORU et MORI OSAMU
– « History of Japanese Architecture and Gardens », *Pageant of Japanese Art*, Tôto Shuppan-sha, Tôkyô, 1957.
PAGEANT OF JAPANESE ART, 6 vol., Musée national de Tôkyô, Tôto Shuppan-sha, Tôkyô, en cours de publication, 1952.
PAINE, Robert Treat et SOPER, Alexandre
– *The Art and Architecture of Japan*, Pelican Books, Londres, 1955.
PANIGRAHI, K.C.
– « Bhauma Art and Architecture in Orissa », *Arts asiatiques*, IV, musée Guimet, Paris, 1957.
PELLIOT, Paul
– *Les Grottes de Touen Houang*, 6 vol., Geuthner, Paris, 1920-1924.
– « Bhaishajyaguru », *BEFEO*, III-1, Paris, 1903.
PETRUCCI
– « Les peintures bouddhiques de Touen-Houang (mission Aurel Stein) », *Annales du musée Guimet*, XLI, Paris, 1914.
PRZYLUSKI, J.
– « From the Great Goddess to Mahâkâla », *The Indian Historical Quarterly*, XIV, Delhi, 1938.

– « Les Vidyârâja », *BEFEO*, XXIII, Paris, 1923.
– « Mudrâ », *Indian Culture*, Calcutta, avril 1936.
PRZYLUSKI, J. et LALOU, M.
– *La Bibliographie bouddhique*, Geuthner, Paris, 1930, 1931, 1933 ; Maisonneuve, Paris, 1934-1967.
PRÉSENCE DU BOUDDHISME , Ouvrage collectif sous la direction de R. de Berval, « *France-Asie* » 153-157, Saigon, 1959, rééd. Paris, 1989.
PERI, Noël
– « Le dieu Wei-t'o », *BEFEO*, XVI-3, Paris, 1916.
– « Hârîtî, la mère des démons », *BEFEO*, XVII, Paris, 1917.
REISCHAUER, A.K.
– *Studies in Japanese Buddhism*, New York, 1917.
RENONDEAU, Georges
– *Le Bouddhisme japonais, textes fondamentaux*, A. Michel, Paris, 1965.
– « Le bouddhisme au Japon », *Présence du bouddhisme*, *op.cit.*
– « Le bouddhisme dans les Nô », *BMFJ*, Tôkyô, 1950.
RENOU, Louis ; FILLIOZAT, Jean et collab.
– *L'Inde classique, manuel des études indiennes*, 2 vol., Hanoï, 1947, Paris, 1953.
SADDHARMAPUNDARÎKASÛTRA, *Le Lotus de la Vraie Loi*, éd. par N. Dutt, « Bibliotheca Indica » , 276, Calcutta, rééd. 1952. Trad. par E. Burnouf, Maisonneuve, Paris, 1925.
SAGARA TOKUZÔ
– *Japanese Fine Arts*, JTB, Tôkyô, 1960.
SANSOM, G.B.
– *A Short Cultural History of Japan*, Appleton Century, New York, 1943.
SHIMA KEIRYÛ
– *A Bibliography on Japanese Buddhism*, Cultural Interchange Institute for Buddhists, Tôkyô, 1958.
SIRÉN, Oswald
– *Histoire de la peinture chinoise*, 2 vol., Van Oest, Paris, 1925-1934.
SNELLGROVE, D.L.
– *The Image of the Buddha*, Londres, 1978.
– *The Nine Ways of Bon*, Londres, 1967.
SOOTHILL, William Edward et HODOUS, Lewis
– *A Dictionary of Chinese Buddhist Terms*, Kegan Paul, Londres, 1937.
SOPER, A.C.
– « Literary Evidence for Early Buddhist Art in China », *Artibus Asiae*, Ascona, 1959.
SOYMIÉ, Michel
– « Les acolytes de Titsang », *Arts asiatiques*, XIV, Paris, 1966.
STEIN, Aurel M.
– *Serindia*, Londres, 1921.
– *Ruins of Desert Cathay*, Londres, 1912.
STEIN, Rolf A.
– *Le Monde en petit, jardins en miniature et habitations dans la pensée religieuse d'Extrême-Orient*, Flammarion, Paris, 1987.
– *La Civilisation tibétaine*, Dunod, Paris, 1962, rééd. l'Asiathèque, Paris, 1981.
STEINILBER-OBERLIN
– *Les Sectes bouddhiques japonaises*, Crès, Paris, 1930.
STERN, Philippe et BENISTI, Mireille
– *Évolution du style indien d'Amarâvatî*, Publications musée Guimet, PUF, Paris, 1961.
TAISHÔ ISSAI-KYÔ, Textes bouddhiques, le *Tripitaka*, publiés sous la direction de Takakusu Junjirô et Watanabe Kaigyoku, 100 vol. dont 12 d'illustrations, Tôkyô, 1924-1932.
TAISHÔ SHINSHÛ DAIZÔKYÔ (ZUZÔBU), Nouvelle édition de l'ensemble des textes bouddhiques (*sutrâ)*, 88 vol. dont 12 d'illustrations, Daizô Shuppansha Kankôkai, Tôkyô, 1932-1934.
TAJIMA RYÛJUN
– « Bhaishajyaguru au Japon », *BMFJ*, nlle série, VI, Tôkyô, 1959.
– « Les deux grands mandalas et la doctrine de la secte Shingon »,*BMFJ*, nlle série VI, Tôkyô, 1959.
– *Étude sur le Mahâvairochanasûtra (Dainichi-kyô)*, Maisonneuve, Paris, 1936.
TAKAKUSU JUNJIRÔ
– « Amitâyurdhyânasûtra », *SBE*, Londres.
TOKI, H .
« Shi-do-in-dzou », *Annales du musée Guimet*, VIII, Paris, 1899.
TRESSAN, Capitaine de
– « Les influences étrangères sur la formation de l'art japonais », *Annales du musée Guimet*, XL, Paris, 1913.
TROUP, J.
– « Illustrations of Buddhism from Japanese Pictures », *Transaction of the Asiatic Society of London*, XII, Londres, 1914.
TRÉSORS D'ART CORÉEN, Catalogue du musée Cernuschi, Paris, 1961-1962.
TSUNODA RYÛSAKU
– *Sources of the Japanese Tradition*, Columbia University, New York, 1958.

TUCCI, Giuseppe
– *Il Giappone, tradizione storica e tradizione artistica*, Milan, 1943.
– « À propos d'Avalokiteshvara », *Mélanges chinois et bouddhiques*, IX, Bruxelles, 1951.
–*Tibetan Painted Scrolls*, 3 vol., Rome, 1979, rééd. Kyôto, 1980.
– *Théorie et pratique du mandala*, trad. par H.J. Maxwell, Fayard, Paris, 1974.
TÔKYÔ NATIONAL MUSEUM
– *An Aid to the Understanding of Japanese Art*, Tôkyô, 1964.
VANDIER-NICOLAS, N.
– *Bannières et peintures de Touen-huang*, Paris, 1974.
VAN GULIK, Robert H.
– *Hayagrîva, the Mantrayânic Aspect of the Horse Cult in China and Japan*, Leyde, 1935.
VISSER, M.V. de
– « Die Pfauenkönigin (Kujaku Myô-ô) im China und Japan », *Festschrift für Friedrich Hirth, Ostasiatische Zeitschrift*, 1920.
– *The Dragon in China and Japan*, Amsterdam, 1913.
– « The Arhats in China and Japan », *Ostasiatische Zeitschrift*, X, Leipzig, 1919.
– « The Bodhisattva Âkâshagarbha (Kokûzô) in China and Japan », *Uitgave van de Koninklijke Akademie van Wetenschappen to Amsterdam*, Amsterdam, 1951.
« A Japanese Painting of the Death of the Buddha in the Museum of Asiatic Art, Amsterdam » , *Artibus Asiae*, X, Ascona.
VOGEL, J.-Ph.
– *Buddhist Art in India, Ceylon and Java*, Oxford, 1936.
WADDELL, L.A.
– *The Buddhism of Tibet or Lamaism*, Londres, 1895, rééd. Héritage, New Delhi, 1974.
– « Evolution of the Buddhist Cult ; its Gods, Images and Art », *The Imperial and Asiatic Quarterly Review*, Londres, 1912.
WALEY, Arthur
– « Avalokiteshvara et la légende de Miao Shan », *Artibus Asiae*, XI, Ascona, 1925.
WEBER, H.
– *Kojihôten*, Paris, 1923.
WERNER, E.T.C.
– *A Dictionary of Chinese Mythology*, Julian Press, New York, 1961.
WILLETS, William
– *Chinese Arts* , 2 vol., Penguin Books, Harmondsworth, 1958.
WOODROFFE, Sir John
– *Shakti and Shâkta*, Ganesh, Madras, 1929, rééd. 1959.
ZIMMER, Heinrich
– « Der Name Avalokiteshvara », *Zeitschrift für Indologie und Iranistik*, Deutsche Morgenländische Gesellschaft, I -1, Berlin, 1926.
– *The Art of Indian Asia*, 2 vol., Bollinger Series, XXXIX, Pantheon, New York, 1955.
– *Mythes et symboles de l'Inde*, Payot, Paris, 1951.
ZUROKU NIHON BIJUTSU, *L'Art japonais illustré*, par Kadokawa Shoten, Tôkyô, 1964.
ZUSETSU NIHON BIJUTSU SHI, *Histoire illustrée de l'art japonais*, 2 vol., par Tezawa Yukata et Ôoka Minoru, Tôkyô, 1956.
ZÔZÔ MEIKI, *Catalogue des sculptures bouddhiques*, Kôkogakkai, Tôkyô, 1926.
ZUZÔ DAISHÛSEI, *Images bouddhiques illustrées*, Bukkyô Tosho Kankôkai, Tôkyô, 1932.

INDEX GÉNÉRAL

(Les pages des articles principaux sont indiquées en **gras**, les numéros des notes en *italique*)

A
Abhaya-mudrâ, **36-37**
Abhidânottara-tantra, 146
Abhidharma, 95
Abhimukhî, 321 (*12*)
Abhiratî, 142
Abhisheka-mudrâ, **46**
accessoires du culte, **69-70**
Achalâ, 321 (*12*)
Achala Âsana, 53
Achala-Vajrapâni, 202, 210
Achalanâtha, **201 sq.**, 214, 247
Achintya-matidattâ, 327 (*40*)
Achu, 142
Adachi Hime, 118
Adarsha, 68
Adarshajñâna, 143, 187
Âdi-Buddha, 138, **146**
Âdi-dharma, 146
Âdi-prajña, 146
Âditya, 266
Advaya, 146
Advayajñâna, 151
Agedatami-za, 56
Agni, **262**
Agni Purâna, 30
Agrashrâvakayuga, 305 (*75*)
Ahang Jing, 86
Ai Kongô, 211
Aikyô Dôji, 334 (*8*)
Airaku-zô, 88
Aishvarika, 146
Aizen Myô-ô, **211 sq.**
Ajita, **102**
Aka Fudô, 203
Akârshânî, 327 (*40*)
Âkâshagarbha, **188 sq.**
Akshayamati, 113
Akshobhya, **142 sq.**, 257
Alîdha, 53, 54
Altan Chidakshi, 129
Ama-no-Sagune, 336 (*10*)
Amacha, 86
Amadai Kannon, 163
Amagoi Jizô, 193
Amanojaku, 241
Amarâvatî, 20, 79
Amaterasu Ômikami, 113, 117, 138
Amida, **115 sq.**
Amida-dô, 117
Amida Goson, 126
Amida Jizô Raigô, 126
Amida Jô-in, 41
Amida Jûni Kô Butsu, 313 (*205*)
Amida Mandara, 126
Amida Nyorai, 126, **115 sq.**
Amida Sanzon, 35, 126
Amitâbha, **114 sq.**, 145, 155, 215, 220, 221
Amitâbha-shâstra, 156
Amitâyur, 120, 121
Amitâyus, 119, 120, 121
Amoghapâshâvalokiteshvara, 177
Amoghasiddhi, **145**, 214, 219, 230
Amoghavajra, 138, 177, 241, 261
Amrita, 119, 337 (*20*)
Amrita-kalasha, 65
Amrita Kundalî, 207
Amrita Kuñdikâ, 207
Amritahridayâstângaguhyopadeshatântra, 306 (*108*)
Amshuvarman, 219
An-i-in, 38
An-i-shôshu-in, 39
Anan, 95
Ânanda, **95**, 285
Anaritsu, 96
Anchi-in, 40
Andira, 111
Angaja, **102**
Anghan Burhan, 146
Angkusha, 69
Ango-in, 82
Anila, 111
animaux du cycle (douze), 91, 92
Anira, 111
Aniruddha, **96**
Añjali-mudrâ, **44-45**
Anoku Kannon, 163
Anokuta Dôji, 204
Anteira, 111
Anupapâdaka, 146
Anwei Shechu Yin, 39
Anwei Yin, 38
Anzan-in, 40
Aoi Fudô, 203
Apâyajaha, 183
Apsarâs, **270**
Arahant (seize), 98 sq.
Arcishmatî, 321 (*12*)
arcs, **64**
Ardhapadmâsana, 51
Ardhaparyanka, 50, 53
armes, **63, 64**
armoires, 70
Aruna, 266
Âryajañgulî, 222, **228**
Âryâvalokiteshvara, 153
Âsana, 48 sq.
Asañga, 132, 138
Ashi-arai Jizô, 193
Ashiduo, 102
Ashoka, 13, 16
Ashtasâhashrikâ, 320 (*5*)
Ashura, 281
Ashura-ô, 174, 281
Ashvaghosha, 104, **285**
Assuri, 281
Asura, 280, **281**
Asurarâja, 174
Atago Gongen, 194
Âtavaka, **213, 214**, 337 (*20*)
attributs, 58 sq ;
– d'Avalokiteshvara, 168-170
Aum, 146
auréoles, **57 sq.**
Avadana-shataka, 104
Avaddudhipa, 283
Avalokita, 154
Avalokiteshvara, **127 sq.**, **153 sq.**, 218, 219
Avalokiteshvara aux mille bras, **167 sq.**
Avalokiteshvara aux onze têtes, **165 sq.**
Avatamshaka-sûtra, 151
Avatâra, 93, **271**
Axiuluo, 281
Axulun, 281

B
Badara, 100
Baima Si, 117
Baisosheng, 132
Bajaraputara, 100
Bajira, 111
Bakku-ô, 338 (6)
Baku-in, **47**
Bakura, 100
Bala, 78
Balâha, 324 (*82*)
Banabasu, 102
Banan, 158
Bantuojia, 100
Bar-do, 338 (7)
Barokiteishibara, 321 (*26*)
Barong, 249
Basu Sennin, 173
Batô-in, **47**
Batô Kannon, **176**
Batô Myô-ô, 176, 216
bâtons, 65, 69
Bazara, 111
Bazara-kongô-in, 46
Bazara-un Kongô, 248
Bde-mchog, 257
Bdug-spös-ma, 230
Beg-tse, **236**
Benshi Heshang, 116
Benzai-ten, **222-223**, 231, 260, 265 ; les quinze fils de –, 334 (*8*)
Bhadra, **100**
Bhadragatha, 64
Bhadrâsana, 48
Bhairava, 200
Bhaishajyarâja, 196
Bhaishajyaguru, **107 sq.**
Bhishaka, 107
Bhrikutî, 178, 220
Bhûmishparsha-mudrâ, **40**, 41
Bi-har, 256
Bibakara-ô, 171
Bichû-ten, 261
Bîja, 57, 71
Bikuchi Kannon, **178-179**
Bikyara, 111
Biliduoshe, 100
Bilig-un Chinadu Kichaghar-a Kürük-sen, 221
Bimbisâra, 100
Binayaka, 215, 267
Bindora Baradaja, 99
Bindu, 67
Binimatou Jingang, 216
Bintouluo, 99
Binyangdong, 82
Binzuru Sonja, 99
Bir-va-pa, 283
Biranba, 243
Birorokusha-ten, 246
Biroshana-in, 42
Birubakusha Ten-ô, 173
Birubakusha-ten, 247
Birurokusha Ten-ô, 173
Birusa-bul, 139
Birushana, 138, 139
Bisai-e, 272
Bishamon Ten-ô, 173
Bishamon-ten, 242
Bisman Tengri, 242
Bla-ma, 234, **284**
Blo-bzang Grags-pa, 285
Bo, 66
Bodai-daruma, 104
Bodaisenna, 183
Bodhashî-mudrâ, 301 (*12*)
Bodhi, 74
Bodhichitta, 151
Bodhidharma, **104 sq.**, 288
Bodhisattva, **150 sq.**
Bodhisena, 183
Bodhyagrî-mudrâ, 43
Bodhyañgi-mudrâ, 43
Bofo, 249
Bôhai, 69

bol, **66**
Bon Odori, 127
Bon-ten, 257, 261, 265
Bonmô-kyô, 139
Botuoluo, 100
Bouddha d'émeraude, 84
Bouddha de Go-oc-éo, 21
Bouddha marchant, 23
Bouddha paré, 76, 139
Brahmâ, 174, 222, **235**, 257, 261, **265**
Bron-ston, 286
Bstan-djur, 258
Bucchô, 319 (*41*) ; voir aussi Butchô
Buchaku Myô-ô, **216**
Budai Chanshi, 104
Budai Heshang, 104
Budaishi, 240
Buddhadâkinî, 229, 257
Buddhalochanî, 140
Buddhânusmriti, 309 (*169*)
Buddhapâda, 72
Buddhapâli, 327 (*38*)
Buddhapâtra, 43, 66
Buddhasmarana, 37
Budong Fo, 201
Bukkyô-Daijiten, 151
Buppatsu-in, 43
Bushû, **171 sq.**, 260
Busshin, 75, 109, 125, 308 (*130*)
Butchô (Bucchô), 228, 319 (*41*)
Butsu, 74
Butsudahari Sanzô, 185
Butsugen Butsumo, 140, 141
Butsugen-son, 140
Butsumetsu, 83
Byakue Kannon, 162
Byakurenge, 59
Byakusangai, 228
Byakushin Kannon, 162
Byams-pa, 130
Byô, 64
Byôdô-ô, 253, 338 (6)

C
Chag-un Kürde, 258
Chaghan Sigürtei, 228
Chaghlasi ügei Nasutu, 122
Chakra, 57, 62
Châmara, 67
Châmundî, 235, 236
Chandra, 178, **266**
Chandraprabha, 110, 111, 185, 196
Chandravairochana, 110
Changmei Chanshi, 95
Changs-pa Dkar-po, 265
Changsheng Fo, 122
Châpa, 64
chasse-mouches, **67**
Chatura, 111
Chaturmahârâja, **241 sq.**
Chetaka, 202, 204
Chhos-hkor, 70
Chi-jô, 66
Chi-ten, 244, 265
Chigo Fugen Bosatsu, 187
Chigo Kannon, 323 (47)
Chigo Monju Bosatsu, 185
Chiguo, 246
Chihna, 58
Chiken-in, **42,** 43
Chikichi-jô-in, 39, 40, 45
Chikola Akchi, 96
Chimyô-e, 183
Chintaku Fudô, 203
Chintâmani, 45, 57, **67**
Chintâmanichakra, 57, 174
Chinthe, 250
Chishô Daishi, 212
Chitipati, 253, **254**
Chitragupta, 253, 254
Chô Agongyô, 86
Choi-chung, 256
Chôjô Butsu, 166
Chôjû-za, 55, 56
Chônen, 82
Chongqaba (Tsong-kha-pa), 285
Chorten, 68
Chos-kyi Blo-gros, 286
Chos-kyi Dbang-phyung, 286
Chos-skyong, 234
Chos-rgyal, 236, 253
Chu-lha, 263
Chûbon, 124, 125
Chudahantaka, 102
Chûdapanthaka, **102**
Chudi Yin, 40
Chula Choqiaqchi, 129
Chundî, Chundâ, 177, 226
Chuzhuzhang, 196
Cinq grands rois, **255 sq.**
clochettes, 62
Congshen Chanshi, 104
conque marine, **67**
constellations, 320 (*51*), 341 (*5, 6*)
corbeau à trois pattes, 340 (*40*)
cordes, **68**
couperet, **71**

D
Da-hla, 256
Dabiancaitian Nü, 222
Daci Dabei, 116
Dahei Wang, 237
Dahuan Jingang, 257
Dai Benkudoku-ten, 171
Dai Benzai-ten, 171
Dai Hannya, 222
Dai Hannya-kyô, 242
Dai Kashô, 95
Dai Mokkenren, 96
Dai Seishi, 127
Dai-i-ô, 107
Dai-Kokûzô Bosatsu Nenjuhô, 189
Daibontennô, 174
Daichi-in, 42
Daigen Myô-ô, 213
Daigensui Myô-ô, **213-214,** 272
Daigera, 337 (*20*)
Daiitoku Myô-ô, **208-209**
Daijizai-ten, 267
Daijizai-tennyo, 206, 207
Daikoku (formes de), 336 (*2*)
Daikoku-ten, **237,** 260
Dainichi Henjô, 318 (*22*)
Dainichi Ken-in, **42**
Dainichi Nyorai, **137 sq.**
Dainichi-kyô, 201, 262
Dairikiji Myô-ô, 176
Dairin Myô-ô, **215-216**
Daishize, 127
Daishô Kangi-ten, 267
Daishô Kongô, 141, 319 (*43*)
Daishô Myô-ô, 207
Daison Myô-ô, 200
Daitaka, 102
Daiza, 54
Daizuigu Bosatsu, **197,** 230
Daizurata-ten, 246
Dâkinî (cinq), **229 sq.**
Dâkinî, 226, 257
Dakini-ten, 229
Dakshin, 337 (*20*)
Dalai-lama, 154
Damarû, 71
Damodashi, 104
Danda, 65
Daniepan, 50
Daotong Chanshi, 104
Daoyue Chanshi, 104
Dara eke, 218
Darani Bosatsu, 179
Darani Jikkyô, 214
Daruma, **104 sq.**
Daxisekong, 104
Dbyangs-chan-ma, 222
Deb, 258
Deva, **258 sq.**
Devatâ, **270**
Devendrachakra, 171
Devî, 265
Dhanadâ, 220
Dharanî, 70, 71
Dhâranîdhâra, 265
Dharma, 42
Dharmachakra-mudrâ, **39-40,** 62
Dharmadhâtu Mañjushrî, 186
Dharmakâya, 68, 128, 302 (*4*)
Dharmameghâ, 321 (*12*)
Dharmapâla, 202, 210, **234**, 252
Dharmashankha, 67
Dharmatrata, 104
Dharmavajra, 148
Dhritarâshtra, **246**
Dhruva, **141**
Dhupâ, 230
Dhvaja, 58
Dhyâna-mudrâ, 41
Dhyânabara, 105
Dhyâni-Bodhisattva, 135, 152
Dhyâni-Buddha, 135, 152
Di-lac, 130
diagrammes, **30 sq.**
Dig-gaja, 241
Digâmbarâ, 146
Dikpâla, 111
Ding Yin, 41
Dingguang Fo, 129
Dîpâ, 230
Dîpan
Dipañkara-Buddha, 128
Dîrghâgama-sûtra, 86
Disciples (dix), **95**
Dishi, 261
Divyachakshus, 96
Divyadundhubhimegha-nirghosha, 145
Dizang Pusa, 190, 254, 255
Djam-dpal, 182
Dokurojô, 66
Don-grub, 145
Dôsojin, 194
Dpal-ldan Lha-mo, 231, 235
Drag-ched, 220, **234**
dragons, **276-278**
Dri-cha-ma, 230
Dri-za, 280
Dril-bu, 62, 71
Dung-dkar, 67
Duobao Rulai, 129
Duowen, 242
Dur-khrod Bdag-po, 254
Dûramgamâ, 321 (*12*)
Durgâ, 177, 253
Dus-khor, 258
Dus-khyi-hkor-lohi Btsan, 146
Dvîpañkara, 129

E
Ebisu, **239**
Egechi Degüü, 236
Egôrô, 69
Eiga-monogatari, 117
Eisai, 99
Ekâdashamukha, 165
Ekajatâ, 220
Ekâkshara Ushnîshachakra Tathâgata, 137, **140**
Eki Dôji, 204
Ekô Dôji, 203
Ekottara Agama Shâstra, 99
Elapâtra, 277
empreintes, **72**
Enkô Kannon, 162
Enkôhai, 57
Enma-dai-ô, 254
Enma-ô, 191, 236, 253, 338 (6)
Enma-ten, 254
Enmatokukai Kongô, 208
Enmatokukainu-ô, 208
Enmei (Enmyô) Kannon, 163
Enmei Jizô Bosatsu, 194
Ennin, 183
Ennô Gyôja, 94, 288
Ensôkôhai, 58
Eppu, 64
Erlig-jin Jarghagchi, 208
Erlig Khân, 236, 253
Éros, 211, 212
Eshaku Kongô, 215
Eshin, 190, 203
Esrüa, 235, 265

Esrun Tengri, 265
étoile polaire, 141, 225, 226
Etsufu, 64

F
Fabao, 116
Faluo, 67
Fan-wang, 235
Fanaposi, 102
Fantian Wang, 265
Fasheluofuduoluo, 100
Faxian, 77, 155
Fazhu Li, 98
Feilian, 263
Feiren, 281
Feitian, 270
Fenggan Chanshi, 104
flèches, **64**
Fobo Yin, 43
Foding, 228
Foshuo chang, 86
foudres, **60 sq.**
Fu, 64
Fû-ten, 263
Fûdaishi-ten, 240
Fudô Myô-ô, **201 sq.**
Fudô-in, 47
Fudôshisha Darani Himitsu Hô, 202
Fue Kongô, 215
Fugen Bosatsu, **187-188**
Fugen Enmei Bosatsu, 187
Fuhi Kannon, 164
Fûjin, 264
Fujô Funnu, 215
Fujô, 336 (*5*)
Fuke Kongô, 323 (*54*)
Fuken, 336 (*5*)
Fukon, 336 (*5*)
Fukûichiman Kokûzô Bosatsu, 190
Fukûjôju Nyorai, 145
Fukûkensaku Kannon, **177-178**
Fukurokuju, 232, **239**
Fukutoku Kokûzô, 330 (*67*)
Fumiwari-renge-za, 54
Funbetsu Kudoku-ron, 99
Funi Kannon, 164
Funnu-ken-in, 46, 47
Funnu, 200
Funnu-in, 47
Funnugatsu-enson, 206
Furuna, 96
Fuwaku, 336 (*5*)
Fuzi, 67

G
Ga-zô, 50, 91
Gachar-un Jirüken, 190
Gadâ, 65
Gai-Segan-in, 39
Gairenge-in, 46
Gakki, 124
Gakkô Bosatsu, 110, 178
Galon, 279
Ganapati, 267, 269
Gandhâ, 230
Gandharva, 174, 246, **280-281**
Ganesha, 260, 267, 269
Gantapo, 280
Gantha, 61
Garbhadhâtu, 135-136
Garbhadhâtu Mandala, 34, 131
Garbhamushti-mudrâ, 46
Garbhavîra, 211, 248
Garuda, 174, 210, **279-280**
Gascib, 95
Gasshô Kannon, 164
Gasshô-in, 44
Gati ("six voies"), 125, 190, 192, 208, 324 (*77*)
Gatten, 266
Gattenji, 266
Gdugs-dkar Chan-ma, 228
Ge, 64
Ge-baku-in, 47
Ge-batô-in, 47
Ge-ten, 85
Ge-tosotsu, 85
Gebaku-in, 46
Gebon, 124, 125
Gedatsu Kokûzô, 330 (*67*)
Genjô, 77, 132
Genno, 113
Genshin, 190
Gerelsaqiqchi, 129
gestes symboliques, **35 sq.**
Ghanta, 62
Ghantapâni, 147
Ghasiba, 129
Gien, 327 (*42*)
Gigei-ten, 265
Gijô, 201
Gion Tenjin, 113
Gîtâ, 230
Glug-ma, 230
Gnod-sbyin, 280
Gô-enma-son, 208
Go-himitsu Bosatsu, 140
Go-Taishi, 337 (*20*)
Gobujô, 171
Gochi Nyorai, 137, 317 (*14*)
Gochi Nyorai du Kongô-kai, 32
Gochi Nyorai du Taizô-kai, 33
Godai Kokûzô Bosatsu, 190
Godai Myô-ô, 200
Godai Myô-ô-rei, 62
Godai-son, 200
Godaiji, 337 (*23*)
Godairiki Bosatsu, 211
Godairiki-son, 211
Godaizan, 183
Godôtenrin-ô, 253, 338 (*6*)
Goji (Gokei) Monju Bosatsu, 184
Gokan-ô, 253, 338 (*6*)
Gokorei, 62
Gokôshiyui no Amida, 121
Gokosho, 62
Gokotsuka-no-ken, 63
Gokuraku Jôdo, 115
Gôma Hanka-za-zô, 51
Gôma-in, 40
Goma-za-zô, 51
Gomagatana, 63
Gômajodo Nyorai, 304 (*54*)
gong, 64, 69
Gongen, 93, 94, **271**
Gongyangshi'er Daweidetian Bao'enbin, 261
Gorin-no-tô, 317 (*6*)
Gorintô, 69
Gôrô, 69
Goshiki-un, 69
Gôyû Kokûzô, 329 (*65*)
Gôzanze Myô-ô, **206-207**
Gôzanze-in, 47
Gozu, 254
Gozu Tennô, 113
Gri-gug, 71
Grub-pai Dbyang-phyug Mi-la, 284
Gsang-sgrub, 236
Gser-be-u, 100
Gser-thub, 129
Gshin-rje, 236, 253
Gshin-rje-gshed, 208
Gtsug-tor-rnam-par Rgyal-ma, 228
Guanding Yin, 46, 47
Guangmu, 247
Guanshiyin, 153, 155
Guanxiu, 102
Guanyin, 120, 153, 155, 158, 267
Guanyin Sanshi'erxiang, 158
Guanzizai Bimifo, 258
Guerriers (douze), **111**
Guhari-shiki no Amida, 120
Guhyapati, **258**
Guhyasamâjatântra, 318 (*15*)
Gui, 100
Guixing, 141
Gumonji Kokûzô Bosatsu, 190
Gumonjihô, 189
Gunakarandavyûhagâtha, 196
Gunamati, 104
Gundari Myô-ô, **207**, 272
Gundari-in, 47
Gunji, 65
Gunsho Mingwang, 212
Guohai Guanyin, 158, 162, 163
Gurenge, 59
Gushôjin, 254
Gyoban, 69
Gyôdo-keka, 109
Gyôki, 94, 183
Gyoran Kannon, 162
Gyûba Dôji, 334 (*8*)
Gyung-drung, 72
Gzag-gsang, 72

H
haches, 64
Hachibushû, 260
Hachi, 66
Hachi Fudô Dôji, **203-205**
Hachi-in, 43
Hachidai dôji, 185
Hachidai Yasha Taishô, 337 (*20*)
Hachiji (Hakkei) Monju Bosatsu, 184
Hachiman, 117, 130, 273
Hadaka Jizô, 331 (*88*)
Hae Kannon, 164
Haimavata, 337 (*20*)
Haira, 111
Hakuja, 224
Hamsa, 156
Hana Matsuri, 86
Hana-tei, 304 (*39*)
Hanamidô, 86
Hanatori Jizô, 193
Hanka-i-zô, 50
Hanka-shiyui-zô, 46, 50
Hanki Dôji, 334 (*8*)
Hannya Bosatsu, **221-222**
Hannya-kyô, 222
Hanryû, 278
Hanshan, 104
Hantaka, 100
Happi Benzai-ten, 223
Haramitsu, 141, 222
Harana, 100
Harebi, 117
Hârîtî, 177, 179, 245, 259, 274
Hasshûron Dainichi Nyorai, 142
Haya Raigô-zu, 125
Hayagrîva, **176**, 216, 226
Hema, 337 (*20*)
Hensei-ô, 253, 338 (*6*)
Hevajra, **256**, 262
Hezhang Yin, 44
Hibakara-ô, 171
Hibutsu, 211
Hikeshi Jizô, 193
Hikken Dôji, 334 (*8*)
Hime-daruma, 106
Himitsu Kongô, 271
Himitsujirin, 189, 200
Hînayâna, 15, 150
Hiriyôku-shû, 102
Hiten, 270
Hiten-kôhai, 58
Hitsubakara-ô, 171
Hiyoe Kannon, 164
Hiyôi Kannon, 227
Hiyôi-ten, 227
Hiyoshi Shoshin, 117
Hizôki, 209, 262, 263
Hô-in, 69
Hô-za, 55
Hôben-Hôshin, 124
Hôbô, 65
Hôbuppatsu-in, 43
Hôbyô, 65
Hod-srung, 129
Hod-zer Chan-ma, 225
Hôdange, 309 (*147*)
Hôkai Jô-in, 41
Hôkai Kokûzô, 329 (*65*)
Hoke-kyô Mandara, 156
Hokkai-jô-in, 301 (*10*)
Hokken, 77
Hokkesanmai, 187
Hôko, 64
Hôkô Kokûzô, 329 (*65*)
Hokukuru-shû, 100
Hôkyô, 64

Hôkyô-in, 43
Honnôgata, 65
Hôra, 67
Hôrôkaku-mandara, 304 (*46*)
Hôsen, 64
Hôshaku-kyô, 214
Hôshi Oshô, 167
Hôshin-seppô-in, 39
Hôshu, 45, 57, 67
Hôshu-in, **45**,
Hôshugatakôhai, 57
Hôshurei, 62
Hôshusho, 67
Hossu, 67
Hotei, 132, **240**
Hôtô Nyorai, 143
Hôyaku, 69
Hôzô Nyorai, 121
Hphags Skyes-po, 246
Huashan, 104
Huiyuan Chanshi, 104
Huizang Chanshi, 104
Hushizhe, 241

I
I-zô, 48
Ichiji Kinrin Nyorai, 137, 138, **140**
Ichiji Monju Bosatsu, 184
Ichinyo Kannon, 164
Ichiyô Kannon, 163
Ida-ten, 260, 265
Ietsu no Mikoto, 117
Ikkei Monju Bosatsu, 184
Ikoma Mandara, 271
In-kin, 69
Inabadô Yakushi, 307 (*119*)
Inari Myôjin, 229
Inari-ten, 229
Indara, 111
Indatsura, 111
Indra, 111, **261**, 280
Inga-kyô, 81
Ingada, 102
instruments de musique, 71
Inyaku Dôji, 334 (*8*)
Îshâna (Ishana-ten), **264-265**
Ishô Dôji, 334 (*8*)
Ishvara, 104
Itoku Kannon, 163
Itsukushima Hime, 224
Iwa-za, 55
Iwato Kannon, 163
Izanagi, 155, 194, 264
Izanagi, Izanami, 239
Izuna Gongen, **94**

J
Ja-ritsu-zô, 53
Jaki, 241, 243
Jâlâvanaddhahastapâda, 89
Jâlinîprabhâ, 327 (*40*)
Jambhala, 225, 242, 245
Jañgulî, 228, 261
Jañgulî-târâ, 219, 220
Janmasthâna (ou "dix terres"), 151, 321 (*12*)
Jâtaka, 32, 74, 213
Jayavarman VII, 306 (*109*), 308 (*142*)
Jialan, 267
Jialijia, 100
Jian, 63
Jiangsanjie, 206
Jianuojia Facuo, 100
Jiaye Fo, 129
Jieyin Fo, 120
Jigen Daishi, 238
Jigoku, 191, 255
Jigong Laofo Pusa, 95
Jihachi-sô Shaka, 88
Jijiku, 102
Jikô-in, 119
Jikoku Ten-ô, 171
Jikoku-ten, **246**
Jikyô Kannon, 162
Jiloujiachan, 117
Jilugacan, 117
Jimotsu, 58
Jina, 14, **107 sq.**, **134 sq.**
Jinbo-ten, 171
Jinchi Niao, 279
Jing, 68
Jingang, 209
Jingangchu, 60
Jingang Hezhang Yin, 44
Jingang Wang Yin, 46
Jinja Taishô, 173, 244
Jinmo-ten, 171
Jinnaluo, 281
Jintôjô, 66
Jion-ô, 338 (*6*)
Jiren Kannon, 165
Jirenge, 60
Jise Bosatsu, 331 (*104*)
Jishi Bosatsu, 130
Jishin, 265
Jittai Amida, 126
Jiunashimuni, 129
Jîvaka, **100**
Jizô Bosatsu, **190 sq.** ; six – 330 (*86*)
Jizô-in, 45
Jizô-nagashi, 331 (*88*)
Jizô-san, 193
Jizô-son, 193
Jñâna-mudrâ, 43
Jñânamushti-mudrâ, 301 (*12*)
Jñaneshvarî, 146
Jñeyâvarana, 207
Jô-in, 41
Jôbon, 124, 125
Jôchô-tennô, 246
Jôdo-e, 87
Jôdo-shinshû, 115
Jogaishô Bosatsu, 196
Jôguri-dôjo, 261
Jôguri-dônyo, 228
Jogyô Kongô, 164, 227
Joissaigaishô, 197
Jôjû Kongô, 201
Jôroku, 303 (*21*)
Jôsen, 69
Joshô Kongô, 179, 220
Joshoakushu, 183
joyau, **67**
Jû Rasetsunyo, 188, 329 (*54*)
Jû-in, 45
Juanfalun Yin, 39
Juanyuelehong Jingang Yin, 46
Jubaka, 100
Jûbu, 102
Jûdai-deshi (les dix grands disciples), **95 sq.**
Judi Heshang, 104
Jûgo Dôji, 334 (*8*)
Jûhi-za, 56
Jûichimen Kannon, **165 sq.**, 267
Jûji, 321 (*12*)
Jûji kongôsho, 61
Juka Shiyui-zô, 89
Jundei, 177
Jûni Daishô, 111
Jûni Shinshô, 111, 244
Jûni-ten, **259 sq.**, 261
Jûnikô Butsu, 118, 121
Juntei Butsu-mo, 177
Juntei Kannon Bosatsu, **177**
Jurôjin, 239
Jûroku Rakan (les seize Arahant), **98 sq.**
Jûrokuyasha-shin, 244
Jûsan Butsu, 202, 255
Jûsha Dôji, 334 (*8*)
Jushoku Kongô, 215
Jvâla, 57, 58

K
Ka-ten, 262
Kaeribana, 54
Kagami, 68
Kagi, 69
Kagu Hana, 254
Kaguzuchi-no-Kami, 194
Kaigen-kugyô, 83
Kaiguang, 83
Kairenge, 60
Kaito Monju Bosatsu, 185
Kajû, 102
Kakebotoke, 94
Kakushô-in, 42
Kâlachakra, **258**
Kâladevî, **235**
Kâlâmañjushrî, 202
Kalasha, 64
Kalavinka, 185, 282
Kâlika, **100**
Kalpa, 74, 115, 120
Kamachi-za, 54
Kâmadhâtu, 151
Kamala, 59, 60
Kamandalu, 64
Kaminari, 264
Kan Muryôju-kyô, 122
Kanakabaridaja, 100
Kanakabatsusa, 100
Kanakabharadvâja, **100**
Kanakamuni, **128-129**, 144
Kanakavatsa, **100**
Kanbutsu-e, 83
Kandabba, 280
Kane, 62
Kangi-ten, 260, **267 sq.**
Kangon, 229
Kanjizai, 155
Kanjô-in, 46
Kanjur, 258
Kanmuryôju-kyô, 156
Kannon, **153 sq.** ; groupes de –, 165
Kanro, 119, 141, 309 (*155*)
Kanro Gundari Myô-ô, 207
Kantai Dôji, 334 (*8*)
Kanzeon, 153
Kara-shishi, 250
Kâranda-vyûha, 38, 196
Kari-dô, 304 (*39*)
Karika, 100
Karitei-mo, 180, 274
Karmadâkinî, 229
Karmavajra, 61
Kartrikâ, 71
Kârttikeya, 260, 266
Karunâchitta, 150
Karura, 279
Karura-ô, 174
Karyôbinga, 185, 282
Kasenen, 96
Kâshâya, 72, 304 (*51*)
Kashô-butsu, 129
Kashô-za, 56
Kâshyapa, **129**, 131, 144
Kassapa, 129
Kasuga Shika Mandara, 271
Katabako, 70
Katana, 64
Katô Kongô, 215
Katsuma-sho, 61, 64
Kâtyâyana, **96**
Kayane Hime, 224
Kayô, 54
Kayô-za, 55
Kâyotsarga, 48, 52
Kebutsu, 57, 156, 166
Kebyô, 64
Kekka-fuza-zô, 51
Kekka-zô, 51
Keko, 70
Keleyin ükin Tegri, 222
Keman, 282
Ken, 63
Ken-in, 46
Kendabba-ô, 174
Kendatsuba-ô, 174, 281
Kenjitsushi-in, 45
Kenkô-in, 82
Kenrô-jishin, 265
Kensaku, 68
Kesa, 72
Kesa Ken-in, 38
Keshinî, 327 (*40*)
Ketu, 282
Kevajra, 256
Khadga, 63
Khadivarani-Târâ, 220
Khakkara, 66
Khandarohâ, 226
Khatvângha, 65
Khechara, 229
Khetaka, 69
Khrut, 279
Khumbîra, 111
Khut, 279
Kichijô Hanka-za-zô, 51
Kichijô-in, 39, **45**
Kichijô-ten, 223, **231-232**, **239**, 260, 265

Kichijô-za-zô, 51
Kichijôbyô, 65
Ki Fudô, 203
Kikuta Sanzô, 167
Kilingtu eke, 220
Kimkara, 204
Kimnara, 111, 145, 174, **281-282**
Kimyô Gasshô-in, 44
Kindai-ô, 174
Kinjû-za, 55, 56
Kinkan Shutsugen-zô, 91
Kinnara, 281 ; voir aussi Kimnara
Kinnara-ô, 174
Kinon, 281
Kinsu, 69
Kiri-kiri Myô-ô, 207
Kishi Monju Bosatsu, 184, 185
Kishimojin, 274
Kishin-Taishô, 244
Kiza-zô, 49
Klu, 276
Klu-sgrub, 285
Kô, 64, 69
Kôbô Daishi, 12, 320 (*56*)
Kôbutsu, 125
Kôbyô, 65
Kochijô Komagata, 176
Kofunagatakôhai, 58
Kôhai, 57
Kojima Kôjin, 273
Kôjin, 238, 273
Kokûzô Bosatsu, **188 sq.**
Kôkyaku-zô, 48
Kôkyô, 102
Kolita, 96
Koma-inu, 250
Komochi Kannon, 324 (*92*)
Komochi-daruma, 106
Kômoku-Ten-ô, 173, **247**
Kompira, 243, 245, 309 (*146*)
Kompira-ô, 171
Kongara Dôji, 204
Kongô Dôji Myô-ô, **215**
Kongô Gasshô-in, 44
Kongô Gundari Bosatsu, 207
Kongô Gundari Myô-ô, 207
Kongô Ken-in, 46, 47
Kongô Kokûzô, 329 (*65*)
Kongô Rikishi, 201, 202, 211, **248**, 250
Kongô Zaô, 271
Kongô Zaô Gongen, 305 (*70*)
Kongô-hô Bosatsu, 155
Kongô-kai Mandara, 34
Kongô-ô, 318 (*36*)
Kongô-ô Bosatsu, 211
Kongô-ô-in, 46
Kongô-sho, 60
Kongô-za, 55
Kongô-zô, 272
Kongôchi, 285
Kongôrei, 62
Kongôsatta, 146, 207, 209, 272
Kongôyasha Myô-ô, 209
Konjaku-monogatari Shû, 303 (*16*)
Konjichô, 280
Konjiki Kujaku-ô, 173
Konkômyô-ô-kyô, 222
Konkômyô-saishô-ô-kyô, 222, 231
Konohana Sakuya Hime, 180
Konpira, 243 voir Kompira
Konzai Dôji, 334 (*8*)
Kôri Kannon, 164
Kôryû, 278
Kôshin, 272, 273
Kôshin-shinkô, 272
Koti-shrî, 177
Kotohira, 245
Kotoshiro-nushi no Mikoto, 239
Kôya-shin (Kôya Kishin), 244
Koyasu, 259, 274
Koyasu Jizô, 191, 194
Koyasu Kannon, 177
Koyasu-sama, Koyasu-gami, 180
Kôzeon, 155
Krakucchanda, 128, 142, 152
Krityânusthânajñâna, 131
Kro-gnyer Chan-ma, 220
Krodha, Krodharâja, 200
Kshitigarbha, **142, 190 sq.**, 253, 255, 273, 285
Ku-ru-ku-le, 221
Kûbara, 337 (*20*)
Kubira, 111, 243, 245
Kubon (neuf accueils d'Amida), 117, **122 sq.**
Kudara, 81
Kudari-ryû, 278
Kudoku-ten, 231
Kugyô-zô, 88
Kujaku Butsu-mo, 213
Kujaku Myô-ô, **212-213**, 267, 314 (*226*)
Kujaku-ô kyô, 214
Kujaku-ô Mo, 213
Kujaku-Ten-ô, 173
Kûkai, 136, **142**, 202
Kukosho, 62
Kumano Mandara, 271
Kumâra, 260
Kumara-ten, 260, **266 -267**
Kumârajîva, 78, 102, 104
Kumen Kannon, 167
Kumo-kôhai, 58
Kun-dgah-bo, 95
Kun-tu Bcan-po, 187
Kuñchikâ, 69
Kuñdalî, **207**
Kuñdikâ, 65
Kunta, 64
Kurikara, 201, 205
Kurukullâ, 221
Kuvera, 171, 243, 244, 245, 281
Kûya Shônin, 116, 118, 127, 288
Kuyô Jûni Daiitoku-ten Hôon-bon, 260, 261
Kuyô-e, 272
Kye-ba Rdo-rje, 256
Kyô, 68
Kyokuroku-za, 56
Kyôkyô, 69
Kyoshinkôhai, 57, **58**
Kyûkorei, 62
Kyûkosho, 62
Kyûryû, 278

L
Labazhu, 87
Lakshana, 36, 58
Lakshmî, **231-232**, 260
Lalîtâsana, 49
Lalîtavistara, 59, 241
Lâmâ, 226
Lamas, **284**
Lambâ, 243
lances, **64**
Laozi, 240
Lâsyâ, 230
Lcam-Sring, 236
Lha Yi-dam, 258
Lha-ma-yin, 281
Lha-mo, **231, 235, 236**
Lha'i Bu-mo, 270
Lianhua, 59
lièvre sur la lune, 266, 340 (*44*)
Lin Tinggui, 99
Livre des Écritures, **68**
Lo-ma-gyon-ma, 227
Lochanâ, 140, 142, 143, 231
Log-Dren, 267
Lokanâtha, 155
Lokapâla (Rois-gardiens), 140, **241 sq.**
Lokeshvara, 119, 154, 155, 157
Long, 276, 278
Longsuzixi, 285
lotus, **59 sq.**
Lto-bye-chen-po, 281
Lu-vang, 256
Luohan, **98 sq.**
Luohuluo, 96, 102
Luoso, 68
Lus, 276

M
Magoraka, 281
Magoraka-ô, 174
Mahâbrahmâdeva, 174
Mahâchakra, 210
Mahâchakravajra, **215-216**
Mahâkâla, 204, 238, 260, 269
Mahâkâshyapa, 95, 104
Mahâmayâ, **257**
Mahâmâyâ-kyô, 91
Mahâmayûrî, 212, 213, 230
Mahâmayûrîvidyârâjñî, 213
Mahâmudrâ, 286
Mahâparinirvâna-sûtra, 91, 99
Mahâparivâra, 151
Mahâprajñâpâramitâ-sûtra, 242
Mahâpratisarâ, **197**, 230
Maharacha, 241
Mahârâjalîlâsana, 49
Mahâsâhasrapramardanî, 230
Mahâshrî, 231, 260
Mahâsiddha, **283**
Mahâsîtavatî, 230
Mahâsthâmaprapta, 127
Mahâvairochana, **137 sq.**, 148
Mahâvairochana-sûtra, 36, 201, 209, 262, 285
Mahâyâna, 15, 150
Maheshvara, 171, 201, 206, 215, 265, 267
Mahorâga, 111, 174, **281**
Maijdari, 130
Maitreya, **130 sq.**, 145, 215, 240
Maitreya-mudrâ, **46**
Maitreyâniputra, 96
Maitreyâsana, 50
Maitrî, 96
Majila, 111
Makabirushana, 138
Makakashô, 95
Makaravaktrâ, 235
Makeishura-ô, 171
Makeishura-ten, 264
Makiakara-ten, 237
Makora, (Makura), 111, 281
Mâlâ, 67, 230
Mâmakî, 143, 144, 231
Maming Zunzhe, 104, 285
Manchushri, 182
Mandala, 16, **30 sq.**
Mandara Mida, 312 (*185*)
Mandârava, 284
Mang-shen, 281
Mani Kokûzô, 330 (*69*)
Mani, 45, 57, 67
Manibhadra, 337 (*20*)
Manji, 72
Mañjughosha, 183, 185, 325 (*1*)
Mañjushrî, **182 sq.**, 273, 285
Mañjushrîparinirvâna-sûtra, 183
Manmôzô, 89
Mansen-ô (Mansen-nin), 174
Mantra, 70
Manushi-Buddha, **128-129**, 134, 152, 316 (*4*)
Manzensha-ô, 171
Mappô, 116, 130
Mar-me-msdad, 129
Mar-pa, **286**
Mâra, 80, 88
Mârîchî, **142**, 163, 177, **225-226**, 260
Marishi-ten, 225, 226, 260
Marishi-ten Hôbyô-in, 45
Marut, 225
Masi Geigülün Djogiaqchi, 137

massues, **65**
Maudgalyâyana, **96**
Mawara-ô (Mawara-nyo), 171
Mawari Jizô, 193
Mâya, 164
Mâyâ, 78, 94, **104**
Maya Bunin, 104
Mayûra, 156
Mayûrarâja, **212-213**
Mchod-rten, 68
Mchog-gi Dang-po-hi sangsrgyas, 146
Me-lha, 262
Me-tog-ma, 230
Meguro Fudô, 205
Mekira, 111
Memyô Bosatsu, 285
Memyô Bosatsu Mandara, 286
Merôfu Kannon, 164
Messagers de Senju Kannon, **171 sq.**
Mezu, 176, 254
Mgon-dkar, 237
Mgon-po, 237
Mi-an-chi, 281
Mi-bskyod-pa, 142
Mi-khrugs-pa, 142
Mi-la-ras-pa, **284**
Mi-rüg, 130
Miaoshan, 158
Mibu-kôhai, 58
Mida, 115, 303 (*28*)
Mig-mi-bzang, 247
Migawari Jizô, 193
Mihira, 111
Miketsu no Kami, 230
Mikila, 111
Mikkyô, 120
Milarépa, 284
Milinda (Ménandre), 102
Milindapañha, 102
Mille Bouddha, 128
Miluo Fo, 130
Mimyôshô Nyorai, 145
miroir, **68**
Miroku Bosatsu, 29, 35, **130 sq.**, 240
Mirume, 254
Misshaku Kongô Rikishi, 171, **248**, 250
Misshaku Rikishi, 248
Mitera, 303 (*30*)
Mithra, 114
Mizuhiki Jizô, 193
Mka-gro-ma, 229
Mokukenren, 96
Mokuren, 96
Moli Hong, 246
Moli Qing, 247
Molishou, 242
Molizhi, 225
Monju Bosatsu, **182 sq.**
Monju-in Mandara, 184
montures animales, **56**
Morin Qogholai-tu, 216
Mou, 64
moulin à prières, **70**
Moyo, 104
Mu-dga-li-bu, 96
Mu-i, 323 (*57*)
Muchaku, 132,
Muchalinda (Muchilinda), 90, 277
Mudrâ, **35 sq.**
Mudrâ de l'offrande, 44
Mudrâ des six éléments, 42
Mudrâ du poing de sagesse, 42
Mugyô, 36
Muijû-rikiku, 333 (*60*)
Muka-e no Mandara, 125
Muku, 137
Muku Kokûzô, 330 (*67*)
Mukuta, 72
Mulian, 96
Muôon, 325 (*1*)
Muryôju, 120
Muryôju-in, 117
Muryôkô, 120
Mushofushi Tô-in, 42
Mushofushi-in, 42
Mushti-mudrâ, **46**
Musô Kokushi, 288
Myô-ô, **200 sq.**
Myô-ô-in, 47
Myô-on, 183, 185
Myô-on-ten, 223
Myôdô Bosatsu, 141, 320 (*49*)
Myôjin, 141
Myôjô-tenji, 266
Myôken, 141
Myôki, 142
Myôkichijô, 325 (*1*)
Myôko Bosatsu, 320 (*47*)
Myôren, 243

N
Na-ro-mkha Spyod-ma, 229
Nada, 337 (*20*)
Nag-po-pa, 283
Nâga, **276 sq.**, 279
Nâgabodhi, 138, 285
Naganchuna Baksi, 285
Nâgapâsha, 263
Nâgarâja, 90, 126, 277
Nâgârjuna, 126, 138, 221, **285**
Nâgasena, **102**
Nai-baku-in, 47
Nai-batô-in, 47
Nai-Segan-in, 39
Naibaku-in, 46
Nairâtmâ, 231
Nairenge-in, 46
Nairriti, 229
Nairritirâja, **263**
Nakora, 100
Nakshatra, 282
Nakula, **100**
Nalada, 96
Nam-mkha'i-sning-po, 188
Namikiri Fudô, 332 (*23*)
Namka-lding, 279
Namu Amida Butsu, 118
Nanda Ryû-ô, 173
Nanda, 277
Nandikeshvara, 267
Nandimitra, 98, 102
Nandisha, 204
Nang-fa, 270
Nanpo Gundari Yasha, 207
Nansenbushû, 100
Nanwu Omituo Fo, 118
Naraen Kongô-ô, 171
Naraka, 191, 255
Nârâyana, 171
Narita Fudô, 205
Navagrahâ, 282
Neak, 276
Nehan, 91
Nehan-gyô, 91
Nehan-zô, 50
Nembutsu, 117, 118
Nenji Butsu, 175
Nenju, 67
Neuf accueils d'Amida ; voir Kubon
Ngag-gi Lha-mo, 222
Nhak, 280
Ni-ma, 266
Ni-ô, 171, 202, 211, **247- 248**, 264
Nianzhu, 67
Nichiren, 288
Nid-rgyal, 95
Nidubarüsheckchi, 153
Nihon Shaji Taikan, 83
Nijûgo Raigô Bosatsu, 313 (*203*)
Nijûhachi Bushû, 170, **171 sq.**, 223, 260
Nijûhachi Shuku, 341 (*4*)
Nikkô Bosatsu, 110, 178
Nikosho, 61
Nîlâmbara, 210
Nîlotpâla, 59
Ninnô-kyô Mandara, 200
Nirambâ, 243, 244
Nirmânakâya, 75, 128, 134, 302 (*4*)
Nîrritî, **263**
Nison-in, 82
Nittai, 85
Nitten, 266
Niwa-in, 47
Nobori-ryû, 278
Nôjyô (Nôshô) Kannon, 163
Nôman Kokûzô, 330 (*67*)
Nono-sama, 303 (*10*)
Nor-bu, 45
Nuojuluo, 100
Nye-var-khor, 96
Nyo-i, 65
Nyo-i hôshu, 45
Nyo-i-shu, 67
Nyoirin Kannon Bosatsu, 162, **174 sq.**
Nyorai, **74 sq.**
Nyorai Ken-in, 43, 46
Nyorai Kôjin, 273
Nyûtai, 85

O
Ô-Binzuru-san, 99
Ô-kyô, 68
Ô-ryû, 278
Ochirdara, 148
Od-srung Chen-po, 95
Odome, 67
Ôgi, 69
Ogurusu Jôgyô, 214, 244
Oi, 70
Ôjin, 273
Ôjôyôshû, 190
Ôkuni-nushi no Mikoto, 237, 239
Om, 146
Omituo Fo, 116, 122
Ongyô-in, **45**
Ono, 64
Ono-nushi no Mikoto, 245
Oqtarghii-in Jirüken, 188
Orchilong Tetküchi, 246
Otochi, 107
Otsukiyare Jizô-san, 193
Ouji Fo, 132
Oyadama, 67
Oyako, 106

P
Pa-dan-rtse-gsum, 39
Pad-ma Hbyung-gnas, 284
Padanakshipa, **216**
Padma, 59
Padmadâkinî, 229
Padmapâni, 156
Padmapîtha, 54
Padmasambhava, 114, 256, 284
Padmâsana, 51
Pajira, 111
Palushena, 137
Pañchâla, 337 (*20*)
Pañchashikha, 182
Pâñchikha, 244, 337 (*20*)
Pândarâ, 119, 231
Pândaravâsinî, 162
paniers, **70**
Panthaka, **100**
Pâramitâ, 141, 151 ; quatre –, 320 (*46*) ; six –, 318 (*38*)
Parasambhogakâya, 302 (*4*)
Parashu, 64
Parinirvâna, 17, 91
Pârinirvânâsana, 50
Paritrânâshâyamatî, 327 (*40*)
Parnashavarî, **227**
parures, 72
Pârvatî, 206
Paryañkâsana, 51
Pâsha, 68
Pâtra, 66
Pe-dkar, 256
Phags-pa, 237
Phi, 270, 276
Pho-hiên, 187
Phra Atithi, 266
Phra Chan, 266
Phra Bang, 84
Phur-bu, 71
Phyag-na rdorje, 209
Phyi-sgrub, 236, 253
Pindola Bharadvâja, **99**
Ping, 64
Pippalayâna, 95
Pishâcha, 246
Pithâ, 54

Pîthikâ (socle), 54-56
planètes, 341 (*5*)
poignard magique, 71
postures, **48 sq.**
Potala, 154
Poussah, 240
Prabhâkaharî, 321 (*12*)
Prabhâvali, 57, 58
Prabhûtaratna, 92, **128-129**
Prajñâlinganâbhinaya, 39
Prajñâpâramitâ, 148, 158, **221-222,** 285
Prajñâpâramitâ-sûtra, 96, 162, 183, 185, 203, 211, 221, 225, 277, 302 (*25*), 327 (*28*) ; voir aussi Pâramitâ
Pralambapâdâsana, 48
Pramuditâ, 321 (*12*)
Pratyâlîdha, 53, 54
Pratyavekshañâjñâna, 115
Prem-ba-ma, 230
Preta, 124, 155
Prithivî, 244, **265**
Pûjâ, 151
Pûjâ Bodhisattva, 314 (*210*), 317 (*14*)
Pûjâ Mandala, 272
Pundarîka, 59
Punya (mérites), 84
Pûrna, **96**
Pûrnabhadra, 337 (*20*)
Pûrnagatha, 65
Pusa, 105
Pushpâ, 230
Pushtaka, 68
Putidoluo, 104
Puxian, 187

Q
Qamugha Sain, 187
Qian Fo, 128
Quan Yin, 47
Quan-âm, 153

R
Rab-hbyor, 96
Râgarâja, 247
Râgavajra, 211
Râgavidyârâja, **211 sq.**
Ragora, 96, 102
Râhu, 282
Râhula, **96**
Râhulata, 104
Rai-ten, 264
Raiban-za, 56
Raigô, 113, **122 sq.**, 165
Raigô-in, 41, 127
Raigô-zu, 125
Raijin, 264
Râjalîlâsana, 49
Rakshâ, 197, **230**
Râkshasa, 263
Râkshasî (dix), 188, 329 (*54*)
Ral-gchig-ma, 220
Râmâyana, 244
Rangda, 249
Raoli, 96
Rasetsu-ten, 263, 281
Rasiian Usnir-tu, 228
Ratnadâkinî, 229
Ratnaketu, 143
Ratnapâni, 144, 152
Ratnasambhava, **144,** 197
Rdo-rje, voir Vajra
Rdo-rje sems-dpah, 146
Rdo-rje-hchan, 148
reliquaire, **68**
Renben, 54
Renga Kannon, 162
Renge, 59
Renge Gasshô-in, 44
Renge Gundari Myô-ô, 207
Renge Kokûzô, 329 (*65*)
Renge-za, 54
Renge-za-zô, 51
Rengedai, 60
Rengegatakôhai, 58
Rengeshu Kannon Bosatsu, 321 (*26*)
Renjô-ô, 338 (*6*)
Renniku, 54
Rgyal-chen-bshi, 241
Riddhipada, 96
Rikshavaktrâ, 229
Rinbôkôhai, 57
Rinkôhai, 57
Rinnô-zô, 50
Rishi, 107
Ritô-in, 42
Ritsu-zô, 48
Rkang-gling, 71
Rlung-ta, 194
Rma-bya Chen-mo, 212
Rnam Thos-kyi Bu, 242
Rnam Thos-sras, 242
Rnam-par-snan-mdsad, 137
Rnam-sras-ser-chen, 242
Roku-Daikoku-ten, 238
Rokudô, 125, 174, 324 (*76*), voir aussi Gati
Rokuji Kannon, 164
Rokuji (Rokkei) Monju Bosatsu, 184
Rokuji-ten, 319 (*44*)
Rokumenson, 208
Rokuson Myô-ô, 208
rosaire, **67**
Roshana Butsu, 138, 318 (*30*)
roues, **62, 63**
Rta-mgrin, 216
Rulai, 74
Rûpadhâtu, 151
Rûpinî, 226
Ruri Kannon, 164
Ruri yakkô, 110
Rushana Butsu, 138, 139
Ruyi, 65
Ruyilun Guanyin, 174
Ruyizhu, 45, 67
Ryôbu-shintô, 271
Ryôtô Aizen Myô-ô, 212, 333 (*69*)
Ryû, **276 sq.**
Ryû-ô, 277
Ryûchi, 285
Ryûjin, 277
Ryûju Bosatsu, 285
Ryûju Daishi, 285
Ryûmyô Bosatsu, 285
Ryûsaku, 68
Ryûshô Bosatsu, 285
Ryûson, 263
Ryûzu Kannon, 162

S
Saddharmapundarîka-mandala, 156
Saddharmapundarîka-sûtra, 92, 99, 122, 143, 182 187-188, 196, 244
Sâdhaka, 75
Sâdhumatî, 321 (*12*)
Sahasrabhûja Sahasranetra, 167
Sahasrabhûjâryâvalokiteshvara, 168
Sai no Kami, 194
Sai no Kawara, 192
Sai-sning-po, 190
Sain Bussu Nidûdü, 247
Saishô Rôjin, 185
Sakakatsura Ryû-ô, 173
Sakara Ryû-ô, 173
Saku, 68
Samâdhi, 150
Samantabhadra, 142, 187- 188, 209, 216
Samantarâja, 253
Samantavajrasattva, 329 (*53*)
Samâpada, 52
Samaya mandala, 272
Sambhogakâya, 128, 152
Samgha, 42
Samgraha, 151
Samjñeya, 244
Samsâra, 62, 75
Samudgata, 145, 196
Samvara, 226, **257**
Samyuktâgama-sûtra, 306 (*93*)
San Fudô-son, 203
San'in, 286
Sanbaluo, 257
Sanbiki-zaru, 273
Sanbô Kôjin, **273**
Sandeira, 111
Sang-dui, 258
Sanguji, 64
Sanhitsu, 286
Sanjûsan Ôgeshin, **159 sq.**
Sanjûsan Sho, 159, 322 (*46*)
Sankaisaishô-in, 46
Sankô-ten, 266
Sankogeki, 64
Sankorei, 62
Sankosho, 61
Sankotsuka-no-ken, 63
Sanmen Daikoku-ten, 238
Sanmitsu-in, 42
Sanmo, 286
Sanmyô, 286
Sansabô, 64
Sansageki, 64
Sanshi Taishô, 173, 244
Sanyô Dôji, 334 (*8*)
Sanyutta-Nikâya, 104
Sanzon, 75, 83
Saptagrahâ, 282
Saptakotibuddhamâtri, 177
Saptaratna, 67, 302 (*34*)
Saptatathâgata-purvapranidhânavichesha-vistara, 109
Sarasvatî, 185, 219, **222-223,** 231, 260
Saruta Hiko, 273
Sarvanîvaranavishkambhin, **196, 197**
Sashu Gasshô-in, 44
Sattvaparyañka, 51
Segan Kokûzô, 330 (*67*)
Segan-in, 37
Seirenge, 59
Seiryô-ji, 78, 81
Seiryû Gongen, 175
Seitaka Dôji, 202, 204
Seitsu Kannon, 163
Sekaki, 65
Semui-in, 36
Sen, 64
Sendai-za, 55
Senju Kannon, **167 sq.**
Senju Sengen Kanjizai Bosatsu, 168
Senku-za, 56
Sennyû-ji, 83
Sensha Dôji, 334 (*8*)
Sentai Jizô, 193, 196
Seppô-in, 38
Seshin, 132
Seyaku Kannon, 162
Seyo-in, 37
Sgeg-mo-ma, 230
Sgra-bsgyur, 286
Sgra-gchan-jin, 96, 102
Sgrib-pa Rnam-sel, 196
Sgrol-dkar, 219
Sgrol-ljan, 219
Sgrol-ma, 218
Sgyû-phrul-ma, 104
Shaka Sanzon, 89, 182
Shakadô, 77
Shakradevendra, 246, 261
Shakti, 218, **230 sq.**
Shaku, 100
Shakudaikanin, 261
Shakujô, 66
Shâkyamuni, 128
Shandila, 111
Shara, 64
Shâriputra, **95-96**
Shasui Kannon, 165
Shatagiri, 337 (*20*)
Shatapatha Brâhmana, 59
Sheli-fo, 95
Sheli-zi, 95
Shenshang, 145
Shenzan Chanshi, 104
Shes-rab-pha-rol-tu, 221
Shi, 64, 151
Shi Haramitsu, 320 (*46*)
Shi Jishang, 99
Shi Tennô (Shi Ten-ô), **241 sq.**
Shi-tennô-kyô, 242
Shibauchi, 63
Shichi Butsu Yakushi, 307 (*126*)
Shichifukujin, 237, **238 sq.**

Shichigûtei Butsu-mo, 177
Shichihô, 67
Shide, 104
Shigisan Engi emaki, 243
Shikinasu, 54
Shilpashâstra, 19, 52
Shimyô, 255
Shin-funagatakôhai, 58
Shindara, 111
Shinkai, 203
Shinkô-ô, 253, 338 (*6*)
Shinran, 154, 288
Shippei, 69
Shippô, 67
Shirashchakra, 57
Shirenge, 60
Shiroku, 255
Shisetsu-in, 47
Shishiku Bosatsu, 197
Shitoku Dôji, 204
Shitsu-kongô-shin, 249
Shitsushitsu-za, 55
Shiva, 163, 265
Shiva Tândava, 254
Shiwuwei Yin, 36
Shiyuan Yin, 37
Shiyui-in, 46
Shiyui-zô, 50
Sho, 64
Shô Enmatokukainu-ô, 333 (*51*)
Shô Kannon, 155
Shô-za, 56
Shôaku, 195
Shôjo Gongen, 117
Shôjôbiku, 204
Shokô-ô, 253, 338 (*6*)
Shôkyô Kannon, 163
Shômen Kongô, 208, **272**
Shômon, 98
Shômyô Dôji, 334 (*8*)
Shôrenge, 59
Shôryô-za, 56
Shôryôchi Taishô, 173, 244
Shôten-sama, 267
Shôtoku Taishi, 156, **286- 287**
Shôtora, 111
Shôzanze Myô-ô, 206
Shôzen, 195
Shozuka-no-Baba, 330 (*84*)
Shrâvaka, 98
Shrî, **231**, **232**
Shrî Mahâdevî, 231
Shrîmahâvajrabhairavatântra, 209
Shû-kongô-shin-ô, 249
Shû-Misshaku-shin Kongô-ô, 248
Shuaidupo, 68
Shubojia, 96
Shugendô, 94, 271
Shûhô Kannon, 163
Shui-sen, 263
Shûji, 57, 71
Shukke, 87
Shula, 64
Shumi-za, 55
Shunya, 96
Shuryô-gongyô, 214
Shusen Dôji, 334 (*8*)
Shussan Butsu, 87
Shussan no Shaka, 87
Shutsuzan no Shaka, 87
Shvetabhagavatî, 162
Shyâmatârâ, 219
Siddham, 109
Siddhârtha Gautama, 77
Sikhî, 128
Simhanâda, 157, **197**
Simhavaktrâ, 229, 235
Sindura, 111
Singhaputra, 104
Sinha, 250
Sitâtapatrâ, 165, **228**
Sitâtârâ, 219
Skanda, 260, **266- 267**
Skandha (cinq), 135
Sman-bla Manla, 107
Snag-sgrub, 236, 253
Snang-gsal-ma, 230
Sôbyô, 65
Soga, 81
Sôgyô Hachiman-shin, **273**
Sôkada, 100
Sôkô, 248
Sokuchi-in, 40
Soma, 141, 266
Sonba Myô-ô, 206
Songshan, 104
Songzi Guanyin, 158
Sonja, 98
sons-symboles, **71**
Sonshô-ô, 141
Sôshin Bishamon-ten, 244
Sôtei-ô, 253, 338 (*6*)
Sotoba, 68
Sôzen, 141
Sôzu-no-Kawara no Uba, 192
Spyan-ras-gzigs, 153
squelettes, 254
Srong-bstan Sgam-po, **219**
Stûpa, 68
Subhakarasimha, 189
Subhûti, **96**
Subinda, **100**
Subodai, 96
Sûchiloma, 337 (*20*)
Sudhâna, 185, 204
Sudrishti, 141
Sudurjayâ, 321 (*12*)
Suhama-za, 56
Sui, 81
Sui-ten, 263
Suibyô, 65
Suigetsu Kannon, 163, 175, 324 (*92*)
Suijaku, 271
Suikan, 65
Sujatâ, 210
Sukhâvatî, **115 sq.**,309 (*157*)
Sukhâvatîvyûha, 115, 124, 143
Sukhâvatîvyûha-sûtra, 309 (*161*)
Sukshma mandala, 272
Sumatikîrti, 285
Sumedha, 305 (*80*)
Sûrya, 178, **266**
Sûryaprabha, 110, 111, 196
Sûryavairochana, 110
Susanoo no Mikoto, 113, 173, 194
Sutoku, 245
Sûtra de Dizang, 191
Sûtra des Dix Chakra, 191
Sûtra du Lotus, 92, 93, 155
Suvarnaprabhâsa-sûtra, 145
Svabhâva, 146
Svâbhâvika, 146
Svabhâvikakâya, 302 (*4*)
Svarga, 152
Svasambhokâya, 302 (*4*)
Svastikâ, 72
Svâyambhû, 59, 146

T
Ta, 68
Ta-no-Kami, 194
Ta-Ukanoma-no-Mitama no Kami, 229
Tachi, 64
Tae-il Yo-rae, 139
Tagenuki Jizô, 193
Tahô Nyorai, 92, 129
Tahô-tô, 69, 92
Taiheiki, 271, 273
Taimitsu, 215
Taishaku-ten, 171, 246, 261
Taishô Kongô, 319 (*43*)
Taizan-ô, 253, 254, 338 (*6*)
Taizô-Ken-in, 46
Taizô-kai Mandara, 34
Takara-bune, 239
Takimi Kannon, 162
Takutai, 85
Tam-pun, 84
Tamon-ten, 242
Tamonmaru, 243
Tanjô-e, 87
Tanka, 64
Tanmora-shû, 100
Tanuki, 142
Ta-Prohm, 265
Târâ, 140, 145, 178, **218 sq.**, 231 ; vingt et une -, 334 (*1*)
Târâ blanche, 219
Târâ bleue, 220
Tara Bosatsu, 178
Târâ jaune, 220
Târâ rouge, 221
Târâ verte, 219
Tarani Bosatsu, 164, 218, 220
Tarason Kannon, 164
Tarjanî-mudrâ, **47**
Tathâgata (cinq), **134 sq.**
Tathâgata, 14, 74
Tatsu, 278
Taue Jizô, 193
Tegri, 258
Teiji-ritsu-zô, 53
Tejas, 83
Ten, 258
Ten-i-za, 55
Tenbôrin Bosatsu, 316 (*244*)
Tenbôrin-in, 39
Tengu, 280
Tengu-zôshi, 280
Tenkai, 238
Tenkuraion Nyorai, 145
Tenkyû Aizen Myô-ô, 212
Tenmu, 109
Tennin, 258, 270
Tensen, 69
Tenson-sama, 267
Tep, 258
Tepanom, 270
Tephakôn, 280
Terre pure, **115 sq.** ; voir aussi *Sukhâvatîvyûha*
Tevabot Yom, 253
Tevoda, 270
Thangka, 23
Thatarot, 246
Theravâda, 16
Tiannu, 225, 270
Tianshen, 258
Tianxian Songzi, 180
Tilopa, 283
titans, 281
Tô, 68
Tô-in, 42
Tôbatsu Bishamon-ten, 244, 266
Tôchû Dôji, 334 (*8*)
Tôho-ten, 171
Tohôki, 260
Tok-choi, 256
Tôka-zô, 49
Tokai Monju Bosatsu, 185
Tokkorei, 62
Tokkosho, 61
Tokkyô Kongô, 271
Toku-ô Kannon, 163
Tokujô, 66
Tome-miketsu-gami, 230
Tômitsu, 215
Tôrei, 62
Tôriten, 78
Toshi-ô, 253
Toshi-ô, 338 (*6*)
Tôshôshin-shû, 100
Tosotsu Ten, 85 voir aussi Tushita
Trailokyavijaya, **206-207**
Trailokyavijayarâja-mudrâ, 46
Trâiyastrimsha, 78, 241, 261
Treize Bouddha de la secte Shingon, 318 (*24*)
Trente-trois formes de Shô Kannon, **159 sq.**, 322 (*43* et *46*)
Tribhanga, 48, 52
Tridanda, 64
tridents, **64**
Trikâya, 128
Triratna, 42, 61
Trishula, 64
Trishulashara, 64
Tsangs-pa, 257
Tsangs-pa Dkar-po, 235
Tse-dpag-med, 122
Tsong-kha-pa, **285**
Tsurugi, 63
Tsurugi-in, 47

Tüikter-Tejin Arilghaqchi, 196
Tuoluo, 218
Tushita, 85, 130, 285

U
Ubari, 96
Ucchushma, 201, **214-215**
Uchiwa, 69
Udâyâna, 78, 185
Ugajin, 223, 277
Uganoma no Kami, 229
Ugrâ-târâ, 220
Ugubaga Dôji, 204
Ugyô, 36
Ugyô-in, 48
Uhô Dôji, 142, 227
Ükin-tegri, 235
Ullambana, 127
Ülü Kudelüki, 142
Ulumchi Tereltü, 246
Umâ, 201, 206, 215, 267
Umagô, 332 (*38*)
Umâhî, 207
Umayado, 286
Un-kara Kongô, 206
Upadhyâya, 116
Upakeshinî, 327 (*40*)
Upâli, **96**
Upatishya, 95
Urabon-e, 127
Ûrnâ, 76
Ushas, 177, 226
Ushnîsha, 76, 79, 228
Ushnîshavijaya, **228**
Ususama Myô-ô, 201, **214, 215**
Utennô, 185
Utpâla, 59

V
Vâch, 265
Vachirpani, 209
Vâhana, 54, 56
Vairambha, 243
Vairochana, **137**, **139 sq.**, 146
Vaishravana, 173, 241, **242 sq.**
Vajra, **60 sq.**, 111
Vajra-Añjalikarma-mudrâ, 44
Vajra-mudrâ, 301 (*12*)
Vajramudrâ, 43
Vajra-Sarasvatî, 222
Vajra-Târâ, 220
Vajrabhâsa, 314 (*210*)
Vajrabodhi, 138, 285
Vajracchedikâ, 302 (*25*)
Vajradâkinî, 229
Vajradhâra, 146, **148**, 247, 258
Vajradhârîshvarî, 231
Vajradharma, 155, 314 (*210*)
Vajradhâtu, 135, 136
Vajradhâtu Mandala, 34, 131
Vajragîtâ, 314 (*210*)
Vajrahâsa, 320 (*62*)
Vajrahasta, 333 (*60*)
Vajrahastavajra, 314 (*211*)
Vajrahetu, 314 (*210*)
Vajrahûmkara, 46, 206
Vajrakarma, 320 (*64*)
Vajraketu, 320 (*62*)
Vajrakumâra, **215**
Vajrakundalî, 207
Vajrâmoghasamayasattva, 187
Vajramushti-mudrâ, 46
Vajrapâni (Yaksha), 202
Vajrapâni, 144, 146, 152, 171, 202, 207, 209, 210, 258, 261
Vajrapâni-Âchârya, 210
Vajrapâramitâ, 316 (*244*), 333 (*60*)
Vajraparyañka, 51
Vajraputra, **100**
Vajrarâga, 320 (*61*)
Vajrarâja, 140, 211, 318 (*36*)
Vajrarâja-mudrâ, 46
Vajrarâkshâ, 320 (*64*)
Vajraratna, 320 (*62*), 333 (*60*)
Vajrasâdhu, 320 (*61*)
Vajrasamdhi, 320 (*64*)
Vajrâsana, 51, 55, 143
Vajrasattva, 138, 140, **146, 147**, 207, 209, 273, 320 (*61*)
Vajrashâtîshvarî, 140
Vajrasphota, 314 (*210*)
Vajratîkshna, 314 (*210*), 333 (*60*)
Vajravarâhî, 225, 226, 231, 257
Vajravîra, 248
Vajrayaksha, **209-210**, 215, 320 (*64*), 333 (*60*)
Vajrayâna, 107
Vakrâlokâ, 314 (*210*)
Vakratejas, 320 (*62*)
Vakula, 100
Valâha, 324 (*82*)
Vanavâsin, **102**
Varada-mudrâ, **37-38**
Varuna, **263**
vases, **64, 65**
Vasubandhu, 132, 173, 185
Vasudhârâ, **225**
Vasumatîdhvajâ, 327 (*40*)
Vasundhârâ, 225
Vâyu, 263
Veda, 260, 266
Vidyârâja, **200 sq.**
Vidyârâjñî, 212
Vierge Marie, 153, 179
Vihârapâla, 267
Vikarâla, 111
Vilambâ, 243, 244
Vimala, 182
Vimalâ, 321 (*12*)
Vimalakîrti, 183, 185-**186**
Vimalaprabhâ, 327 (*40*)
Vinataka, 269
Vinatok, 267
Vinaya, 96
Vinaya-pitaka, 96
Vinâyaka, 215, 237, 244, 260, **267-268**
Vipashyi, 128
Vîrâsana, 51
Virûdhaka, **246**
Virulahok, 246
Virupak, 247
Virûpâksha, **247, 277**
Vishâkha, 337 (*20*)
Vishnu, 222, 231, 261, 279
Vishvadâkinî, 229
Vishvamâtâ, 231
Vishvavarnavajra, 61
Visvabhû, 128
Vitarka-mudrâ, **38**, 45
Vitarkaparigraha-mudrâ, 301 (*8*)
Vyâgravaktrâ, 229

W
Wanzi, 72
Warai-Hotoke, 106, 240
Waraji, 69
Weituo, 266
Wencheng, 219
Wenshu, 182
Wiziluosazui, 146
Wuke Chanshi, 104
Wuliang Guangming, 120
Wuliang Shu, 120
Wusobuzhi Yin, 42
Wutaishan, 183

X
Xiao Fo, 132
Xiao Luohan, 132
Xitian Jiaozhu, 116
Xitian, 116
Xizhang, 66
Xuanzang, 77, 132, 134, 218, 277
Xukongzang, 188

Y
Ya, 64
Yab-yum, 52, 139
Yabuiri, 254
Yadaijin, 248
Yahata, 273
Yak, 280
Yaksha, 78, 207, 242, 244, **280** ; huit grands –, 337 (*20*)
Yaksha Kundalî, 207
Yaku-ô Bosatsu, 113, 145, **196**
Yaku-ô Kannon, 159
Yakujô Bosatsu, 113, 145, **196**
Yakushi Nyorai, **107**
Yakushi Nyorai Nenzu Giki, 110
Yakushi Rurikô Nyorai, 107, 111
Yakushi Sanzon, 110
Yakushi-in, 39
Yakushi-keka, 109
Yakushi-kyô, 109
Yama, **236**
Yamabushi, 271, 288
Yamagoshi no Amida, 121
Yamântaka,186, **208-209**, 253
Yamarâja, 191, **253-254**
Yamarî, 204
Yamâri, 209
Yamî, 236, 253
Yanluo Wang, 236, 253
Yanmandejia, 208
Yaoshi Fo, 107
Yaoshi Rulai Niansong Yigui, 110, 307 (*125*)
Yasha, 280
Yawata, 117, 273
Yeshes Mcho-rgyal, 284
Yecha, 280
Yeke gara, 237
Yi-dam, 209-210, 215, **256 sq.**
Yijing, 201
Yinghua, 75
Yinjietuo, 102
Yinxing Yin, 45
Yishen, 281
Yogâchâra, 137, 138, 218, 284, 285
Yogâmbara, 146
Yogan Semui-in, 37
Yogan-in, 37
Yogâsana, 51
Yôryû Kannon, 159
Yoshino-shôten, 340 (*49*)
Yue, 266
Yufuhui, 83
Yûga-za-zô, 51
Yûge Kannon, 162
Yühuang Dadi, 261
Yuima, 182
Yuima Koji, 183, 185, **186**
Yuima-kyô, *95*
Yûkyaku-zô, 48
Yul-bkhor Bsrungs, 246
Yumi, 64
Yûshôjô, 66

Z
Za, 54, 55
Zaô Gongen, **94**, 204, 271
Zao Jun, 281-282
Zen Myôshô Kichijô-ô Nyorai, 109
Zengzhang, 246
Zenzai Dôji, 185, 334 (*8*)
Zhangxian, 180
Zhende Pusa, 104
Zhiquan Yin, 42
Zhong, 62
Zhucha Bantojia, 102
Zhulihou, 105
Zhurong Dadi, 262
Zizai Chanshi, 104
Zla-ba, 266
Zôchô Ten-ô, 173
Zôchô-ten, **246**
Zoku Myôban, 307 (*120*)
Zôzugen-Konpira-daigongen, 245
Zuishin, 248, 274
Zukôhai, 57
Zunshe, 104
Zuo, 54
Zushi, 120

Achevé d'imprimer en mai 1992
sur les presses de Mame Imprimeurs,
à Tours

Photocomposition et maquette : Jean-Claude Auger
Photogravure : Bussière Arts Graphiques
Façonnage par Mame

N° d'édition : 0476
Dépôt légal : juin 1992

Imprimé en France